KB241086

지역영상문화산업발전을 위한

박형균의 영화 읽기

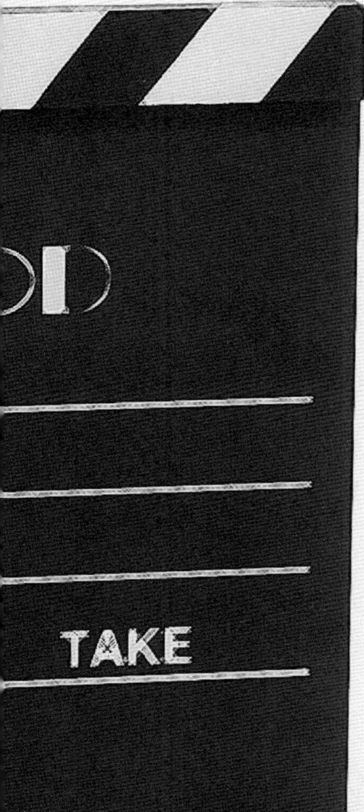

지역영상문화산업발전을 위한

박형균의 영화 읽기

박 형 균 지음

관음증(觀淫症)은 영화의 본질
2002년 12월 7일

누군가가 나의 私生活을 엿본다고 하면 매우 불쾌하고, 법적인 조치도 불사하게 되는 것이 요즈음 우리들의 모습이다. 본인의 E-mail에 한 두 번쯤 필요 없는 포르노성 스팸 메일을 받아본 경험들이 모두 있다. 처음엔 누구나 본인의 사생활과 신상기록이 아무 곳에서나 나뒹굴고 있어 무척 불쾌감을 느꼈을 것이다. 이런 사실을 우리 집 식구 모두가 경험한 바 있다. 이젠 의례 그러려니 하고 E-mail을 여는 순간 모두 삭제부터 하게 된다. 이렇듯 이름과 ID, 주소, 작업 등을 비롯해 그 어떠한 작은 사생활이라도 남에게 노출된다고 한다는 것은 매우 불쾌한 일임에는 틀림없다. 이렇게 영화에서는 현실에서 도저히 용납이 안된 사실까지도 아무 거리낌 없이 자유롭게 작가의 의지대로 상상의 나래를 펼 수 있다는 이야기이다.

한국학술정보[주]

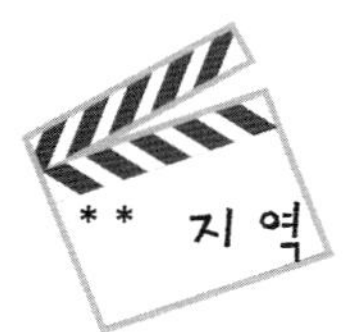

지역 영상문화산업을 살리기 위한
박형균의 칼럼집 출판을 앞두고……

누군가 필자에게 소망을 말하라 하면 물어보나 마나 그 답은 우리 지역 경제의 활성화를 위한 '영상문화', '영상발전', '영상산업'이라는 말밖에 더 이상 나올 말이 없다. 즉, 영상이 가져다주는 부가가치란 이루 말할 수 없을 정도로 어마어마한 힘을 지니고 있기에 언제 어디서나 필자의 입을 통해 나오는 소리는 영상에 관련된 말뿐이다.

필자의 성격과 지향점을 단순한 논리인 줄 알지만 스스로 분석해 밝혀 본다면 마치 과거 변방의 오랑캐나 왜구들로부터 우리나라를 지키기 위해 목숨 걸고 싸워 지켜냈던 순국선열들과 나 자신을 비교하게 된다.

그들과 절대 다를 바 없다는 것이 필자의 진정한 모습이다.

과거의 선인들은 무기와 힘으로 나라를 구하듯 필자는 영상에 관한 진한 애정으로 나라와 우리 지역을 구하겠다는 것이다. 이처럼 영화의 본질인 '환상!', '몽환!'이라는 단어처럼 항상 착각 속에 살아가고 있는 것이 필자의 생활 방식이다. 그렇지만 결코 착각은 아니니 정신병자 취급은 삼가해 주시길 바라는 마음이다.

즉, 그 뒤에 숨겨진 필자의 참뜻은 이렇다. 마치 숨어 조국의 안위를 위해 헌신했던 또 다른 애국지사들의 애국충정 못지않은 그런 구국일념이라는 숭고한 마음으로 현재 처한 광주·전남 지역 영상발전, 영상문화, 영상산업 등 굴뚝 없는 산업으로 통칭되는 지역 영상문화산업에 대한 걱정이 앞선 나머지 지역 영상 발전에 대한 애정뿐이다란 말밖에 할 말이 없어서이다.

들어서면서 이렇게 장황하게 늘어놓는 까닭으론 그 이유가 충분하기 때문이다. 한마디로 영상이 곧 큰돈이 되기에 항상 힘주어 이야기하곤 하는 것이다.

이런 단순하면서도 일방통행적인 강인한 성격 탓에 주위의 지인들과 첫 대면자들로부터 많은 질타를 받기도 한다. 그리고 필자의 강한 어투로 인해 첫인상이 딱딱하고 부드러움이 없는 너무 대쪽 같은 딱딱한 성격의 소유자라 과거 서당(書堂)의 훈장 스타일이기에 누구나 친근감 있게 접근하기가 힘들 것 같다는 평이다. 이런 소리를 들을 때마다 스스로 고쳐야지 하는 마음은 간데없고 "내가 뭘 잘못했다고!" 하면서 스스로를 인정해 버리고 반성은 커녕 외골수적인 강한 생각이 더욱 마음에 쌓이게 된다.

좀처럼 나를 버리고 마음을 비우기란 여간 힘들지 않음도 간파하고 있다. 그래도 꼭 살아생전에 필자가 해야 할 일이 있다면 그 일은 우리 지역에 <해신>, <주몽> 못지않은 대중들이 좋아하는 작품 그리고 더 나아가 세계인들이 좋아할 수 있는 한류의 또 다른 맛을 만들어 내는 영상의 메카로 탈바꿈시켰으면 하는 마음이 필자의 평생 사업이요 과업이다.

50대라 하지만 나이는 숫자에 불과할 뿐 하고자 하는 굳은 의지만 있다면 그 뭐라도 못 할 것 없다는 자신감도 얻게 되었고 이로 인해 여유 있는 삶도 기대해 보게 되는 그래서 영상으로 인한 무지개 꿈을 한없이 꾸어 보는 철부지 소년으로 되돌아가고 싶다.

이런 현상이 바로 우리 지역 영상산업 영상문화 등이 들먹거리고 있다는 증거이다.

하루빨리 미약하나마 이 글로 인해 많은 영상 마니아가 탄생되었으면 하고 더 많은 대중들이 영상문화산업 발전에 기여했으면 하는 마음 간절하다.

지난 2002년부터 갖가지 매스컴을 통해 발표된 필자의 원고들이라 하지만 언제 어디서나 다시 거론된다 해도 지역 영상문화산업 발전에 손색이 없는, 도움이 되는 내용들로 가득하다.

출판된 책을 받게 되면 어두운 구석 한곳에 넣어 두지 말고 당당하게 책상 위에 올려놓고 많은 이들이 함께 읽어 주었으면 한다.

이 책 속에는 영화의 본질에서부터 예술성, 오락성, 대중성, 흥행성까지 많은 내용들로 넘치고 있다.

이젠 관객 스스로 문화산업의 역군인 영화나 드라마들을 세밀하게 분석하고 관찰하여 항상 앞서가는 선인의 정신으로 영상물을 평가해 주었으면 한다.

부디 이 한 권의 책을 통해 종합예술인 영상예술 그리고 대중예술인 영상문화 그리고 산업으로도 또 관광자원으로도 널리 활용되는, 즉 부가가치가 탁월한 영상으로 인해 경제적 가치로서도 우위에 선 영상산업에 대해 이해하게 되는 동기가 되었으면 한다.

또한 앞으로 영상을 대할 때마다 애정 어린 시선으로 감싸 주시고 더욱 발전할 수 있도록 많은 질타와 격려를 부탁드리는 바이다.

2007. 가을날……

— 원고를 정리하면서

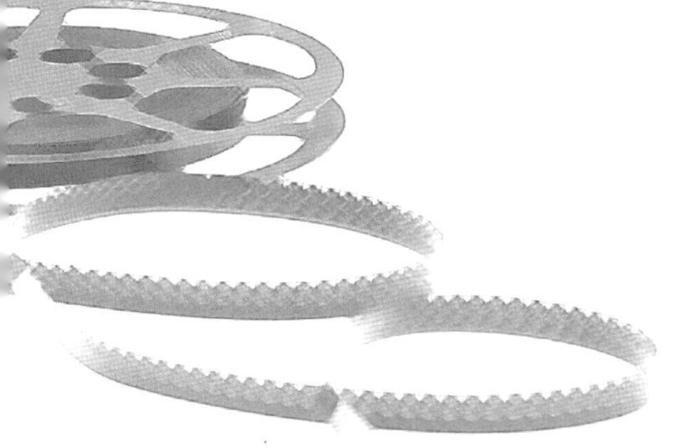

Contents

Part 1

☞ '광주지역 일간지'에 실린 박형균의 영화이야기

-'외설인가, 예술인가'- ································· 20
-관음증(觀陰症)은 영화의 본질- ················ 23
-영상언어의 칼과 무기- ·························· 26
-즐기며 사유하는 영화- ·························· 29
-입장료가 아깝지 않은 영화- ···················· 33
-컨텐츠 업그레이드 한 〈피아노〉- ············ 36
-극장이 유해시설?- ······························ 39
-흥행의 귀재 스필버그- ·························· 44
-기대되는 '광주영상예술센터'- ················ 48
-스캔들과 삼각구도 〈컨텐더〉- ··············· 51
-외세 저항하는 한국영화- ······················ 54
-세계적인 거장 대열에서 뛰쳐나오고 싶었을까?·····- ···· 57

Part 2

☞ 광주 전남 권역 영상문화 발전방향에 관한 제언

그리고 영화이야기

-지역 영상산업에 대한 제언- ···················· 62
-우리 영화도 경쟁력 갖춘 상품- ················ 88
-영화 속의 다양한 에피소드- ···················· 91
-충무로의 광주 출신 감독들- ···················· 94
-"옛 영화도 좋은 것이야!"- ····················· 97

─첸 카이거와 장예모─ ·········· 100
─아류(亞流)영화─ ·········· 103
─피눈물로 제작한 영화 〈동승〉─ ·········· 106
─영화제는 꼭 필요한 문화사업─ ·········· 109
─영상위원회의 부가가치─ ·········· 112
─설렘과 감동의 영화제─ ·········· 116
─영화제는 영화인이 중심돼야─ ·········· 119
─함께 보고픈 영화 〈나비〉─ ·········· 122
─작가주의 영화와 대중적인 영화─ ·········· 125
─영화는 세계 공통어─ ·········· 128
─늴리리맘보 밀레니엄맘보─ ·········· 131
─'창부론'이 웬 말?─ ·········· 134
─뜨거운 감자 '스크린쿼터'─ ·········· 137
─신나는 영화 어디 없나요?─ ·········· 141
─관객은 정말 무서운 존재!─ ·········· 144
─황홀한 영화 〈루나파파〉─ ·········· 147
─映畫祭여 영원하라!─ ·········· 150
─비속어도 영화 제목으로!─ ·········· 153
─화려한 영화 〈컨페션〉─ ·········· 156
─어렵지 않은 영화 〈도그빌〉─ ·········· 159
─'햇볕정책' 홍보영화 〈남남북녀〉─ ·········· 162
─영화제의 성공을 기원하며─ ·········· 165
─세계로 바람 탄 〈바람난 가족〉─ ·········· 169

Part 3

☞ 지역일간지 및 목포 KBS 칼럼에 실린

***박형균의 영화이야기
- 〈나쁜 남자〉 수행하다 - ···················· 174
- 웃음과 감동의 〈오(吳)! 브라더스〉 - ···················· 177
- 〈28일 후······〉에는 세계적인 악몽이!······ - ···················· 180
- 영화제 관객은 쾌적함을 원한다 - ···················· 183
- 미치도록 좋은 영화 〈자토이치〉 - ···················· 186
- 잊지 못할 영화 〈안녕, 용문객잔〉 - ···················· 189
- 역사가 미운 영화 〈황산벌〉 - ···················· 192
- '김선아'의 〈위대한 유산〉으로 - ···················· 195
- 꽃뱀이 물뱀이 된 〈참을 수 없는 사랑〉 - ···················· 198
- 전 국민이 봐야 할 〈여섯 개의 시선〉 - ···················· 201
- 기상천외한 영화 〈사토라레〉 - ···················· 204
- 거짓말에 핀 사랑! 〈굿바이 레닌〉 - ···················· 207
- 여러 가지 사랑 〈러브 액츄얼리〉 - ···················· 210
- 평범하지 않은 性과 映畵 - ···················· 213
- 영화 속의 여인 〈프리다〉 - ···················· 216
- 다시 또 보고 싶은 영화다운 영화 〈자토이치〉 - ···················· 219
- 숨길 수밖에 없었던 역사?! 〈실미도〉 - ···················· 223
- 색다른 소재 〈동해물과 백두산이〉 - ···················· 226
- 약소국을 겁주는 영화 〈라스트 사무라이〉 - ···················· 229
- 칼은 칼로 망한다 〈고하토〉 - ···················· 232
- 지역 영상문화산업을 꽃피울 영상위원회의 필요성 - ···················· 235
- "영상위원회 조직이 시급하다" - ···················· 238
- 현대사의 상처 〈효자동 이발사〉 - ···················· 241
- 광주영상위원회 개소에 즈음하여!······ - ···················· 244

-문화외교관 '홍상수' 감독- ·· 246
-희망의 '길' 찾는 배창호- ·· 249
-우리 삶도 하류인생일까?- ·· 252
-〈내 여자친구를 소개합니다〉 1부- ································· 255
-〈내 여자친구를 소개합니다〉 2부- ································· 258
-'서남권 영상위원회'의 필요성을 느끼며!- ······················ 261
-덩달아 따라가는 유행 〈나두야 간다〉- ························· 264
-'전도연'은 영원한 '인어공주'- ······································· 267
-'부천국제판타스틱영화제'에 참석해서 향후 '목포영화제'를
  꿈꾸어 본다- ·· 270
-40년 만에 다시 만난 〈춘몽〉- ····································· 274
-가슴을 뜨겁게 달구는 〈화씨 9/11〉- ···························· 277
-불확실한 미래영화 〈아이, 로봇〉- ································ 280
-절제된 캐릭터로 승부한 〈신부수업〉- ··························· 283
-민족의 자긍심 담긴 〈바람의 파이터〉- ························· 286
-웃으면서 보는 호러영화 〈시실리2㎞〉- ·························· 289
-영화계 구세주 '스필버그' 〈터미널〉- ···························· 292
-과장 없는 진솔한 영화 〈가족〉- ·································· 295
-세계 영화계를 겁주는 장예모 〈연인〉- ························· 298
-꼴찌에게 용기를 〈슈퍼스타 감사용〉- ··························· 301
-사랑, 진실, 감동의 영화 〈꽃피는 봄이 오면〉- ············· 304
-아픈 만큼 성숙한 〈아홉 살 인생〉- ···························· 307
-쌈짱과 범생이 〈우리 형〉- ·· 310
-꼭 봐야 할 영화 〈2046〉, 〈빈집〉- ······························· 313
-한국 상륙 실패한 일본영화들- ····································· 316
-광주 남구 드라마·영화 세트장 활용에 관한 제언- ········ 319

－욕망과 유혹이 빚어낸 파멸 〈주홍글씨〉－ ·················· 326
－지울 수 없는 영화 〈내 머리 속의 지우개〉－ ············· 329
－숨겨선 안 될 〈패닉 룸〉－ ································· 332
－늦가을 영화 〈노트북〉－ ································· 334
－인정 넘치는 〈바그다드 카페〉－ ························· 336
－몸과 마음이 자유로워지는 〈발레교습소〉－ ················ 339
－1950년대 한류원조 〈역도산〉－ ························· 342
－지역에 꼭 필요한 '영상위원회'－ ························· 345
－대단한 작품 〈하울의 움직이는 성〉－ ····················· 348
－잘 알려진 블록버스터 〈오페라 유령〉－ ··················· 351
－전편보다 잘된 속편일까? 〈오션스 트웰브〉－ ············· 354
－참신한 기획 작품? 〈키다리 아저씨〉－ ··················· 357
－사회적 통념을 깬 영화 〈공공의 적2〉－ ··················· 360
－상처뿐인 〈그때 그 사람들〉－ ··························· 363
－특수를 노린 〈B형 남자친구〉－ ·························· 366
－고정관념에서 벗어난 〈에비에이터〉－ ····················· 369
－눈빛 연기가 압권인 〈숨바꼭질〉－ ······················· 372
－미국 아카데미를 휩쓴 〈밀리언달러베이비〉－ ············· 375
－'광주영상위원회에 격려를'－ ···························· 378
－변화를 꿈꾸는 〈여자, 정혜〉－ ··························· 381
－재치와 반전 〈잠복근무〉－ ······························· 384
－촬영 유치를 못 해 〈주먹이 운다〉－ ······················ 387
－희망을 제시하는 〈달콤한 인생〉－ ······················· 390
－사랑의 대명사 〈엄마〉－ ································· 393
－다양한 볼거리 〈驛前의 명수〉－ ························· 396
－위험한 사랑 〈댄서의 순정〉－ ··························· 399

- 잔혹한 영화 〈혈의 누〉 - ······ 401
- 성스러움과 웅장한 〈킹덤 오브 헤븐〉 - ······ 404
- 희망과 비극 〈아무도 모른다〉 - ······ 407
- '광주국제영화제' 무엇이 문제인가? (1) - ······ 410
- '광주국제영화제' 무엇이 문제인가? (2) - ······ 413
- 이중성을 띤 세상사 〈劇場前〉 - ······ 417
- 통일소재를 희화화시킨 〈간 큰 가족〉 - ······ 420
- 〈거북이도 난다〉, 〈안녕 형아〉에서 - ······ 423
- 발칙, 당돌한 〈연애의 목적〉 - ······ 426
- 권태기 탈출법 〈미스터 & 미세스 스미스〉 - ······ 429
- 빽 투 더 페스트 〈천군(天軍)〉 - ······ 432
- 발견! 〈웰컴 투 동막골〉 - ······ 435
- 영상의 꽃은 언제 필까? - ······ 438
- 박수칠 때 떠나야만 하는가? - ······ 441
- 1,000만 관객! 무서운 숫자이다 - ······ 444
- 걱정 반 기대 반 〈외출〉 - ······ 447
- 〈가문의 위기〉로 外畵는 위기 - ······ 450
- 다양한 줄거리로 대박! 〈내 생애 가장 아름다운 일주일〉 - 453
- 가슴으로 우는 〈너는 내 운명〉 - ······ 456
- 차분한 영화 〈새드무비〉 - ······ 459
- 속 후련한 〈강력 3반〉 - ······ 462
- 순수함의 극치 〈천국의 아이들2〉 - ······ 465
- 바보들의 행진 〈나의 결혼 원정기〉 - ······ 468
- 映像열차 타고 文化首都 가고 싶다! - ······ 471
- 향수를 자극한 〈친구〉와 현대 비극사 〈태풍〉 - ······ 475

－긴 귀향 항로 〈청연〉 1－ ·· 479

－긴 귀향 항로 〈청연〉 2－ ·· 481

－色깔 다르고 슬픈 〈왕의 남자〉－ ······································ 484

－영화 〈홀리데이〉로 분주해질 익산－ ································· 487

－CG에 의존한 환타지 〈무극〉 ·· 492

－문화 침탈의 본보기 〈게이샤의 추억〉－ ··························· 495

－아쉬워서 이를 어쩌나 〈사랑을 놓치다〉－ ······················ 498

－엔돌핀이 솟는 오버미학의 중심 〈구세주〉－ ··················· 501

－엉큼 퓨전 므훗! 〈음란서생〉－ ·· 504

－스크린쿼터 사수는 민족적 자존심이다－ ·························· 507

－로맨틱 멜로, 숨겨진 사랑 〈데이지〉－ ······························ 511

－지역 경제 살리는 효자가 없어진다면?－ ·························· 514

－알쏭달쏭! 〈여교수의 은밀한 매력〉－ ······························· 516

－광주産 영화 〈카리스마 탈출기〉를 유치하고서－ ············ 519

－아쉬운 이연걸의 은퇴작 〈무인 곽원갑〉－ ······················ 523

－재치 있는 초현실적 영화 〈달콤, 살벌한 연인〉－ ············ 526

－통속적으로 덧칠된 멜로 〈연리지〉－ ································· 529

－우리 지역 낙후된 영상문화!－ ··· 532

－재조명된 영화 〈사랑니〉－ ·· 537

－효사랑 지극한 미워할 수 없는 영화 〈공필두〉－ ············· 540

－구원(救援)할 수밖에 없는 〈가족의 탄생〉－ ····················· 543

－누구나 영화 속에 푹 빠질 수 있다－ ································ 546

－가뭄의 단비 같은 영화 〈비열한 거리〉－ ························· 550

－문화수도를 꿈꾸며－ ··· 553

－우리 영화 이제 어쩌란 말인가?－ ···································· 559

－〈아파트〉에 오싹함이!－ ··· 562

-일촉즉발(一觸卽發) 위기의 〈한반도〉- ································ 565
-〈수퍼맨 리턴즈〉가 우월주의 샘플?- ······················· 568
-가족애로 물리친 〈괴물〉- ···································· 570
-고정관념의 틀을 깬 〈플라이대디〉- ··························· 573

Part 4

☞ 박형균의 우리 지역 영상문화 걱정!

-꼭 살려내야 할 세트장- ······································ 576
-감동 넘치는 〈각설탕〉- ······································ 585
-작금에 이슈화 된 나주시 〈주몽〉 세트장을 이렇게!- ··········· 587
-무더위를 이겨내지 못하는 〈아이스케키〉- ·················· 592
-〈화려한 휴가〉 보조출연 이대로는 안 된다- ················· 595
-감동이 약한 〈일본침몰〉- ···································· 600
-기대가 약해진 〈우리들의 행복한 시간〉- ···················· 603
-남겨 두고픈 〈화려한 휴가〉 오픈세트장- ···················· 605
-왕년스타가 꿈꾸는 노스탤지어 〈라디오 스타〉- ·············· 608
-여우 장쯔이 매력이 돋보인 〈야연〉- ························· 611
-가슴으로 볼 수밖에 없는 부산국제영화제- ·················· 614
-'장진'의 실험영화 〈거룩한 계보〉- ························· 617
-꿈나무 잔치 제8회 한국청소년영상제- ······················ 620
-가을에 보는 가을영화 〈가을로〉- ··························· 623

−영상으로 쓴 논문
〈애정결핍이 두 남자에게 미치는 영향〉− ······················ 626
−상큼, 모호, 감동의 예술극장 영화들− ······················ 629
−情! 그리고 希望? 〈해바라기〉− ······················ 632
−'삶'이 드라마! 〈사랑할 때 이야기하는 것들〉− ········· 634
−독특한 작가주의 영화 〈싸이보그지만 괜찮아〉− ········· 637
−밝고 따뜻한 웃음 〈미녀는 괴로워〉− ······················ 640
−변해야 사는 영화 '007시리즈'− ······················ 643
−영상이 살아야 나라가 산다!− ······················ 646
−한국영화의 희망 〈마파도2〉− ······················ 649
−부활한 희망과 꿈 〈로보트 태권V〉− ······················ 652
−메이드 인 헤븐(Made In Heaven) 〈허브〉− ············· 654
−깔끔한 코믹불륜 〈바람피기 좋은날〉− ······················ 657
−현실과 환상을 버무린 〈그놈 목소리〉− ······················ 660
−〈하얀물고기〉 제작 후기− ······················ 663
−노병 실베스터 스탤론의 〈록키〉 상륙기− ············· 667
−꿈★은 이루어진다. 〈복면달호〉− ······················ 670
−꿈꾸며 사는 다양한 삶 〈1번가의 기적〉− ············· 673
−행복 비전 제시 〈행복을 찾아서〉− ······················ 676
−콩가루 집안도 구원되면 〈좋지 아니한가〉− ············· 679
−어둠 속에 빛을! 〈드림걸즈〉− ······················ 682
−거침없이 세상을 향해 〈쏜다〉− ······················ 685

11

'광주지역 일간지'에 실린
박형균의 영화이야기

-'외설인가, 예술인가'-

영화란?

영화 마니아들뿐만 아니라 일반 관객들 모두 영화란! 우선 재미있어야 한다는 것이 제일의 원칙이다. 그럼 재미있는 영화란 과연 어떤 것인가? 매우 불분명한, 모호한 이야기임에는 틀림없다. 우선 영화를 판단할 땐 기초적인 기준치, 즉 자기 나름대로의 원칙이나 기준치가 필요하다.

먼저 영화의 본질을 알고서 영화를 판단하는 것이 첫 번째 원칙이다.

영화를 감상하는 데는 원칙이란 규정은 없지만, 영화는 모호성(模糊性), 관음증(觀陰症), 환상성(幻想性) 등 세 가지의 특성을 띠고 있는 것이 영화의 본질이기에 영화를 해석하는 기초적 상식을 일러둘까 한다.

모호성(模糊性)이란?

영화가 앞뒤의 순서에도 구속되지 않고 사회적으로나 역사적으로 그리고 철학적, 도덕적, 종교적 등 여러 각 분야를 소재로 삼고 있는 매체(媒體)이기 때문에 그만큼 여러 사건들이 담겨 있기 마련이다. 그러므로 영화가 이런 각 분야에서 표현되어 영상화될 땐 작가별로 모두 다르게 표현시키고 있으며 관객들 또한 본인의 취향에 맞게끔 나름대로 작품의 성격을 판단하고 있다.

예를 들면 요즈음 변영주 감독 <밀애>는 여자주인공의 행각에 의해 남편을 두고 외도하는 여자로만 판단해서 영화 전반적인 내용을 못된 중산층 가정주부를 그린, 사회적으로 도덕성의 시비에 휘말릴 수 있는 파렴치한 영화로 판단될 수도 있다.

그러나 또 다른 각도에서 본다면 매우 다른 표현도 나오게 되는데!…… 페미니즘(feminism)적인 사유(思惟)로서 능히 기존의 가치관에서 벗어난 틀을 깨는 혁신적인 대단한 영화, 또는 영화사적으로 길이 보존되어야 할 명화 중 명화인 훌륭한 가치로서도 평가받을 수 있다.

바로 이것이 영화의 모호성이다.

이렇듯 불륜 자체만 따지지 않고 그 내면에 담겨진 여러 정황 등을 고려해 볼 때, 주인공 여인의 행각이 곧 영화의 주제임에는 분명하며 화두의 불씨가 되기도 한다. 다분히 사회 관습적인 견지에서 볼 때 말이다.

영화란 사회 통념적인 상황으로만 해석되지 않는, 즉 틀 속에 갇혀 판단되고, 표현되지는 않는다. 이렇듯 허구(虛構)를 영상화하기 때문에 다분히 외설적이고, 통속적이고, 거칠고, 난해하더라도 허상으로만 간주될 뿐, 그 외에 또 다른 거론은 금물이다. 그러므로 영화를 두고 시시비비를 가려서 외설이다 예술이다 하는 시비가 더 이상 없었으면 한다.

어차피 영화는 허상이지 않는가?

영화를 '절대 사회적으로나 통념적인 사고로 판단한다면 절대 안 될 말이다.'라고 강조하는 경우를 예를 들어 본다면 세계적인 문호(文豪) 셰익스피어의 '햄릿'을 보면 엄마가 숙모로 되어 버리는 현상이 일어나고, 숙부가 아버지로 일순간에 뒤바뀌어 버리는 모호한 경우를 그린 작품이 세계의 명작으로 손꼽혀 또다시 수많은 연극 영화로 수백 번 제작되고 있다.

이런 모호한 모습들이 문학이나 영화 속에 존재하는 것이 곧 예술의 특징이자 본질이기도 하다. 즉, 영화의 모호성은 가장 큰 특징 중의 하나이며 영화를 완성시킬 수 있는 큰 재료이다.

끝으로 변영주 감독 <밀애>를 모 평론가는 이 영화가 "여성이 살과 피와 가슴뿐 아니라 존재론적 볼륨을 가진 입체임을 고요하게 각인시키고 있으며, 한형모 감독 <자유부인> 이래, 우리 영화가 탄생시킨 기존의 장르적 공식을 뿌리치는 거부의 몸짓"이라고 높이 평하고 있어, 필자의 뜻과 너무나도 뜻을 같이하기에 미처 영화를 보지 못한 분들께 꼭 한번 권하고 싶다. 이 영화에선 영화의 모호성이 매우 크게 적용되고 있기 때문이다.

─ 관음증(觀陰症)은 영화의 본질 ─

누군가가 나의 私生活을 엿본다고 하면 매우 불쾌하고, 법적인 조치도 불사하게 되는 것이 요즈음 우리들의 모습이다.

본인의 E-mail에 한두 번쯤 필요 없는 포르노성 스팸메일을 받아 본 경험들이 모두 있다. 처음엔 누구나 본인의 사생활과 신상기록이 아무 곳에서나 나뒹굴고 있어 무척 불쾌감을 느꼈을 것이다. 이런 사실을 우리 집 식구 모두가 경험한 바 있다. 이젠 으레 그러려니 하고 E-mail을 여는 순간 모두 삭제부터 하게 된다. 이렇듯 이름과 ID, 주소, 직업 등을 비롯해 그 어떠한 작은 사생활이라도 남에게 노출된다고 한다는 것은 매우 불쾌한 일임에는 틀림없다.

그러나 본인의 가정사나 성생활이 노출된다고 한다면 어떡하겠는가!? 즉, 누군가 나를 훔쳐보고 있다는 사실을 알았다면!……이런 비도덕적이고 비윤리적인 행위는 당연히 지탄의 대상이 되고 그 누구한테서도 호응을 받을 수 없을 것이다.

그러나 유일하게도 영화에선 다르다!!……

영화에선 몰래 훔쳐볼 수 있다는 사실, 즉 관음증(觀陰症)이 영화의 본질이다.

분명 영화는 입장료를 내고 허락된 장소에서 허가된 장면을 아무 거리낌 없이 관람하고 비판하고 느끼고 향유하게 된다. 이처럼 ‘훔쳐보기’라는 비윤리성도 영화 속에선 당연한 일로 간주된다. 즉, 허구이기 때문에 그 어떤 사실도 영화 속에선 가능하다.

이렇게 영화에서는 현실에서 도저히 용납이 안 된 사실까지도 아무 거리낌 없이 자유롭게 작가의 의지대로 상상의 나래를 펼 수 있다는 이야기이다.

예를 들어 건너편 아파트를 자유롭게 망원경 등으로 훔쳐볼 수 있다면, 누구나 호기심으로 한 번쯤 쳐다보게 될 것이다. 현실에선 어렵다고 판단이 되는데, 그 이유로는 여러 가지 사회적 규약과 제약 그리고 법과 또 다른 자아가 있기 때문이다.

그러나 영화 속에선 무조건 OK이다. 이 얼마나 편리하고 좋은 물건인가?

예를 들어 유명한 '알프레드 조셉 히치콕' 감독의 <이창(裏窓)> (Real Window-1954)에선 처음부터 끝까지 시종일관 훔쳐보다가 사건이 발생되고, 결말을 맺는다는 이야기 구성으로 주인공은 건너편 집을 훔쳐보다가 살인범을 잡게 된다는 영화이다.

또 유명한 폴란드의 거장 감독인 삼색(三色)으로 명성이 높은 '크쥐스토프 키에슬로프스키' 감독의 십계(데칼로그＝decalogue) 중 6부작 <간음하지 말라> 편에선 18세 소년이 30이 넘는 여인의 침실과 사생활을 훔쳐보게 되고, 급기야 구애하게 되는 영화이다.

그러나 끝내 이루어지지 못하고 끝을 맺는 영화이지만, EBS-TV에서도 방영된 바 있는 수준 높은 영화이다.

이렇듯 현실 사회에서는 지탄의 대상, 저속한 행위, 유치하고 졸렬한 방법이라고 혹평을 가할 수 있어도, 허구인 영화의 세계에선 가장 돋보이는 영화 본질 중 하나이다.

또, 히치콕 감독의 <사이코>에서도 주인공이 숙박업을 하면서 사무실 옆방을 훔쳐볼 수 있도록 벽에 붙은 액자 뒤에 구멍을 뚫어 놓지 않았는가?

물론 몰래카메라가 없던 시절 훔쳐보는 재미 또한 상당히 흥분되고 즐거운 게임이었을 것이다. 이러한 비도덕적이고 비윤리적인 요소가 영화 속에선 버젓하게 중심에 자리하고 있어 영화인들은 많은 비판을 들어 왔다.

심지어 가족들에게까지도 버린 자식 취급을 받을 정도로 외면을 받았다.

하지만 개인의 욕구가 사회적 문화적 제약에 의해 억압당하는 것을 간접적으로나마 해소시켜 줄 수 있는 것은 영화를 통해서만이다. 그래서 영화 보는 재미, 즉 훔쳐보는 것에 많은 관객들이 큰 관심을 보이는 것이다. 그러므로 영화 속에서 일어나는 그 어떤 일이건 모두 용납되어야 한다는 이야기다.

그리고 영화를 관람할 때는 우리 모두 그 스크린 최면 속에 흠뻑 빠져 들어서 작가의 의도도 깊이 생각해 보고 또 고통이나 즐거움도 함께 나누고, 함께 즐겼으면 하는 것이 필자의 바람이다.

-영상언어의 칼과 무기-

　앞서 모든 영화는 허상이며 허구(虛構)인, 즉 몽환적 요소는 모호성, 관음증과 더불어 영화 본질 중 하나임을 강조한 바 있다.

　실례로 유고의 거장인 에밀 쿠스트리차 감독의 모든 작품은 본인의 성장 과정과 비슷하게 집시 문화에 깊은 관련을 맺고 있다.

　그의 작품에 관련된 모든 영상들은 현실과는 동떨어진 마치 꿈속에서나 볼 수 있는 영상들로 가득 차 있다.

　<아빠는 출장중>, <집시의 시간>, <언더그라운드>, <검은 고양이 흰 고양이> 등 그의 작품을 살펴보면 항상 작품들 속에선 떠들썩하고 풍성한 축제 속에 집시들의 음악과 함께 황홀하게 펼쳐지는 모습을 볼 수 있는데, 모든 주요 피사체가 하늘을 날아다니는 등 거칠 것 없는 전설과 꿈의 세계를 그리고 있다.

　1981년 베니스영화제에서 <돌리벨을 아시나요?>(Do You Know Dolly Bell?)로 그랑프리를 수상한 이래, 1985년 <아빠는 출장중>의 작품에선 1950년대 티토 정권 시절, 어린아이의 눈을 통해 당시 처한 자국의 암담한 현실적 상황을 몽환적인 모습으로, 그리고 민초들이 영화를 통해 환상 속에서 나름대로 돌파구를 찾아가는 다층적인 인간의 심리와 모습을 담는 등, 신비적인 요소를 통해 암울하고 어두웠던 당시의 시절을 그려내고 있으며 마치 꿈속에서 빛과 희망을 찾아내듯 희망의 메시지를 온 자국의 국민들에게 그리고 전 세계 영화 마니아들에게 보여준 바 있다.

다시 말해 이렇게 거장으로 일컬어지는 '에밀 쿠스트리차' 감독의 작품은 환상과 몽환이 그 축을 이루고 있기에 기존의 범주로는 해석할 수 없는 감독이다.

1998년의 <검은 고양이 흰 고양이>에서도 축제와 더불어 러브스토리 등을 아주 몽환적으로 잘 그려내고 있는데, 그 누구도 작품 안에서는 선과 악을 구분할 수 없는, 즉 악당이나 선량한 사람이나 모두 다 함께 축제를 즐기고 그 축제 속에서는 하나가 되고 있음을 강조한다.

이렇게 영화는 모든 것을 화해시키는 화해의 도구로도 사용된다. 아무리 허구라 할지라도 선(善)과 악(惡)이 구분되지 않고 함께 공존(共存)한다는 것은 참으로 영화적 현상이라 할 수 있다.

요즈음에 개봉한 우리 영화 <피아노 치는 대통령>에서도 모든 설정이 허구임을 알 수 있다.

이 영화 프롤로그는 IMF 시절 대통령(안성기 분)이 민생시찰차 서울역 지하도의 노숙자로 행장을 감추고 그들과 함께하는 장면부터 시작된다. 이 장면을 보는 순간 필자의 가슴 깊은 곳으로부터 "바로 저게 영화야!"라고 저절로 감탄사가 나오고 말았다.

'아무리 영화라지만 일국의 대통령이 거리의 노숙자로 변신되고 또 주변의 경호원을 따돌린 채 젊은 여교사와 애정행각을 벌인다.'는 설정 등을 많은 관객들은 어불성설(語不成說)이라 할지 모르겠으나 필자는 처음 설정부터 매우 멋진, 그야말로 독특한 발상이며 최고의 허구성이 강조된, 즉 환상성(幻想性)과 몽환성(夢幻性)이 듬뿍 담긴 설정으로 높이 평가하고 싶다.

언제인가부터 우린 하고 싶은 말을 모두 다하고 산다.

과거 1958년 김소동 감독의 <돈>에서는 돈 때문에 고통받던 시골 출신 주인공 봉수를 통해 농촌의 삶이 근대화에 밀려 붕괴되어

가는 모습을 담은 영화인데, 영화 속에서 땅에 떨어진 이승만 대통령의 초상이 담긴 지폐를 지그시 밟고 지나가는 장면을 후일 군부독재 시절하에서도 매우 높이 평가했던 과거 시절을 생각할 땐 이젠 격세지감(隔世之感)마저 들곤 한다. 이렇게 영화 속에서는 유고에서처럼 모두를 화해시키기도 하고 <돈>에서처럼 허구로 진실을 말할 수도 있다.

이처럼 영화 속에 그려진 영상언어란 참으로 날카로운 칼이며 무서운 무기로 변할 수도 있다.

과연 칼과 무서운 무기로 바뀔 수 있다는 것이 분명 허상, 환상, 몽환일까요!?……

- 즐기며 사유하는 영화 -

항상 그러하듯이 선거철이었음을 실감케 했던 것들이 있다. 주요 메뉴로 통하는 대통령 후보자 TV 방송토론과 그 찬조 방송, 그리고 때맞추어 불어온 흔히 말하는 북풍(北風)에 관한 문제이다.

또 이번엔 한 가지 더 첨부된 사건으로 반미감정을 동반한 고(故) 심미선, 신효순 양 사건과 북한의 핵 보유 문제 등이었다.

초여름 6월의 대-한민국을 온통 들끓게 했던 월드컵 땐 우리 모두는 그들의 죽음에 어떻게 대처했던가!? ……참으로 머리 숙여 두 영혼들에게 부끄러워해야 할 우리들이다.

선거철에 들어서야 갑자기 두 어린 여중생의 죽음을 애도하며 더불어 반미감정까지 싹트고 있는 것처럼 느껴지기에 영화를 전공하고 있는 필자로서는 그동안 정치에 관심을 쏟기가 매우 부담스러웠다.

선거 전(前)에 정치적으로 발생된 큰 이슈가 어디 한두 차례일까마는 그래도 영화를 다루는 이 페이지에서 그냥 간과(看過)할 수 없기에 영화 속에서의 반미감정(反美感情)과 북한 문제에 관련해서 몇 마디 집어 본다.

정치야 어떻든 영화만큼은 그 어떤 현상을 영화 속에서 표현한다고 하여도 그건 분명 허구를 전제로 하는 틀 속에서 행하여지는 모습이기에 모든 상황이 현실과 동떨어진다 해도 100% 허용되어야 한다고 자주 필(筆)한 바 있다.

이미 몇몇 영화에서는 북한의 김정일과 남한의 김 대통령을 소재로 영화화되기도 했지만 마치 이때를 기다렸다는 듯이 <휘파람 공주>에서는 "북한 김정일 막내딸과의 남북스캔들……" 하고 반미감정을 앞세운 반. 미. 감. 정 네 글자에 4행 시(詩)를 만든 독특하고 코믹스런 홍보 문구와 함께 성탄절과 연말 특수를 겨냥해 영화 개봉을 예고하고 있다.

이 작품은 김정일 딸의 문제를 주제로 남과 북이 하나가 되어 미국에 대처한다는 내용이며, 또 필자가 듣는 정보로는 내년 1월경 크랭크인(Crank In＝촬영시작)해서 8, 9월경에 개봉하게 될 영화 중 북한 핵 문제를 다룬 작품으로 김정일이 일본 방문 時 美國첩보요원들에 의해 납치되자 남·북한의 특수요원들이 합심해서 납치된 김정일을 미(美)첩보요원들로부터 구출한다는 내용의 영화가 기획되고 있다고 한다.

이러한 모습들을 통해 우리 영화도 정치적으로나 영화적으로 상당히 성숙된 모습으로 보이고 있어 영화 선진국 대열에 함께하고 있음을 느낄 수 있다.

예를 들어 <공동경비구역 JSA>에서 보여준 장면 중 10년 전만 해도 도저히 담을 수 없던 모습으로 남북한의 장병들이 함께 어울려 같은 초소에서 먹고 놀고 즐기는 분위기를 영화 속이지만 상상도 할 수 없었다.

또 <재밌는 영화>에서는 남북의 수뇌가 서로 점심 약속을 무선통신인 '햄'을 통해 상호간에 대화를 하고, <쉬리>에서는 남북의 최고 인사들이 경기장에 함께 자리를 하는 등 이 얼마나 당혹스러운 발상들이었는가!?

그래도 영화 속 이야기이기에 아무런 반향(反響)이 없었다. 이젠 우리나라 영화도 과거 60~80년대 영화처럼 표현의 자유가 없다는 이야기는 할 수 없게 되었다.

요즈음 국내 영화제들을 통해 알려지고 우여곡절 끝에 시중 극장에서 개봉한 70대 노부부 성생활을 적나라하게 그린 <죽어도 좋아>는 아마 세계 어디에서나 쉽게 찾아보기 힘든 70대 부부의 성(性) 문제를 다룬 작품이 아닐까 생각된다.

그러나 진정 주인공들인 70대층의 관객은 거의 없다.

이렇게 70대 이상의 관객을 찾아보기 힘든 현상은 지금까지 우리의 관습적인 면에 반(反)하는 영상으로 표현의 자유이기 전에 우리나라 고유의 도덕성과 윤리성에 비추어 스스로 금기시되었던 性 문제를 피해 가려는 모양새이다.

아울러 누군가 선두에 서서 70대를 위한 영화도 외국의 경우처럼 활발하게 제작하게 될 시기가 도래(到來)했다.

이제는 영화 속에선 그 어떤 모습이어도 모두 허구로 간주하고 영상의 예술로서 승화시켜 제작하고 감상하는 태도가 절실히 요구됨과 동시에 혹 <007 어나더 데이>에서 우리나라의 모습이 색다른 모습으로 담겨져 있다 해도 영화 선진국다운 너그러운 마음으로 포용했으면 하는 솔직한 필자의 심정이다.

만약 우리 한반도가 영화 속에서 혐오스럽다든지 저속하다든지 또는 문제점이 많은 나라로 표현된들 무슨 큰 문제는 되지 않는다. 앞서 거론한 <휘파람 공주>나 '김정일 납치 사건' 등의 유형처럼 우리도 미국을 비롯한 선진국들을 모델로 얼마든지 반대 상황을 설정해 영화를 만들 수도 있기 때문이다.

표현된 영상이 우리 입장이나 현실적 상황에 맞지 않는다고 해서 영화 속 현상을 단순 논리로 평가한다면 영화의 발전은 요원할 뿐이다.

이젠 군사적인 특수 목적 등을 제외한, 영화 속의 사건은 우방이나 적군 등 가릴 것 없이 오락적인 요소로서 느끼며 즐기고 사유하기 위해 자유로운 창작이라는 틀 속에 훌륭한 작품들이 닳이 나왔으면 하는 바람이며 늦게나마 이 정도로 발전된 영화적 소재들이 있기에 우리 영화가 한층 성장되고 있다.

칸을 비롯한 베니스, 베를린 등 세계적인 영화제에서 우리의 영화가 제1, 제2의 <취화선>이 탄생되어 세계만방에 빛을 발하기를 힘껏 기원해 봅니다.

─ 입장료가 아깝지 않은 영화 ─

금년 한 해를 돌이켜 보면 영화계에 많은 일들이 있었다. 그중에서도 가장 크게 고무된 것은 금년 영화관람 총 인원이 1억 명을 넘었다는 사실이다. 그럼 이러한 영화계의 놀라울 만한 성과 속에서 우리 한국영화는 과연 어느 정도의 호응을 얻었을까?

2002년 12월 19일 선거일에 개봉한 <반지의 제왕: 두 개의 탑>이 회오리바람을 일으켜 극장가를 강타하고 있는 현시점에서, 가냘픈 허리를 지닌 우리 영화들이 초강풍에 어떻게 버티어 낼지 자못 궁금하였다.

또한 12월 13일에 이미 개봉한 바 있는 <해리포터와 비밀의 방>이 개봉 3일 만에 관객동원 100만 명이라는(최단 기간 신기록 돌파) 진기록을 세웠기에 더욱 우리의 영화가 걱정이 되었다. 그러나 꿋꿋하게 경쟁 대열 속에서 그들과 어깨를 나란히 하고 있는 우리 영화가 2~5위까지(12월 19일 현재) 하고 있어 화제이다. <색즉시공>, <광복절 특사>, <몽정기>, <피아노 치는 대통령> 등 우리 코믹장르의 영화들이 허리를 곧추세우고 있지만 거대한 공룡인 <해리포터……>와 맞붙고 있어 영화를 사랑하는 사람으로서 걱정이 이만저만이 아니다.

또 설상가상으로 <반지의 제왕: 두 개의 탑>이라는 또 다른 공룡이 합세해서 우리 측 영화를 맹공격하고 있지만 '윤제균'이라는 약관 33세의 당돌하리만치 패기가 넘친 젊은 감독이 있어 이 겨울이

훈훈할 뿐이다.

그가 만든 코믹영화 <색즉시공>이 첫 주말(2002년 12월 13~15일)에 55만 8천 명이라는 기록을 세웠고 7일 만에 100만 명이 돌파돼 우리 영화사에 또 다른 낙관론을 펼치고 있다.

이것은 윤제균 감독이 겁이 없는 아이라는 얘기다.

작년 이때쯤에도 <두사부일체>로 <해리포터와 마법사의 돌>과 맞붙어 일전을 치른 바 있다. 그 이후 윤 감독은 흥행 면에 있어 태풍의 눈으로 우리 영화계에 급부상되어 이번에도 자신 있게 거대한 허리케인들과 맞서고 있다. 기획 및 제작, 흥행 분야에서도 그 기초가 튼튼해진 우리 영화는 전체 관람객의 45%를 점유할 정도로 큰 호응을 받았다.

필자도 한때 영화를 만들었던 선배로서, 그리고 현재 영화학도들을 가르치고 있는 입장에서 볼 때 정말 대견한 일이 아닐 수 없기에, 달려가 젊은 감독들을 업어 주고 싶은 심정이다. 얼마 전 대통령 당선자도 문화 부문에 있어서 '스크린쿼터'는 꼭 지켜 나가겠다고 약속하지 않았던가!……이젠 든든한 배경도 생겼으니, 열심히 실력들을 쌓아 더 좋은 영화로 관객들에게 답해야 한다. "관객 여러분!…… 우리 영화를 지켜내기 위해선 우리 영화를 많이 봐야 합니다. 이젠 우리 영화를 보아도 입장료가 아깝지 않은 그런 시대가 되었습니다."라고 극장 앞에서 외치고 싶다.

이유는 분명하다. 그동안 1980년대 중반, 즉 소재의 자유화 이후에 많은 영화인들이 해외에서 또는 국내에서 저마다 큰 꿈을 안고 동영상 공부에 매진하였던 결과라고 생각한다.

아울러 또 다른 오늘의 밑거름이 되었던 것은 많은 씨네키드와 마니아들이 애호하는 단편영화로서 현재 저예산으로 꾸며진 독립영화나 단편영화도 많이 만들어지고 있으며 양질의 장편도 많이 제작

되고 있는 충무로 실정을 볼 때, 이젠 우리 영화계도 자신이 넘쳐
나고 있다.

그동안 우리의 눈과 감성이 할리우드산 오락적 상업영화에 길들
여져 있다가 우리 정서에 걸맞은 우리만의 오락성과 예술적 감성
코드로 그 흐름이 바뀌고 있다.

물론 아직은 기초가 부실하다는 것은 인정하지만 <색즉시공>의
윤제균 감독, <광복절 특사>의 김상진 감독, <몽정기>의 정초신 감
독, <피아노 치는 대통령>의 전만배 감독 등 무서운 젊은 감독들이
많이 포진하고 있기에 필자는 우리 영화계 앞날은 분명 밝을 것이
며 이 세상에서 으뜸가는 영화 대국이 되리라 미리 점쳐 보고 미소
를 짓는다.

관객들의 성원이 곧 우리 영화 발전의 밑거름이다!

─ 컨텐츠 업그레이드 한 〈피아노〉─

국제영화제 중, 2002년 5월, 55회째 영화제를 치른 프랑스 '칸영화제'를 세계에서 가장 으뜸가는 영화제로 꼽는다.

그 이유로는 참가하는 작품편수나 참여 국가 등의 규모가 가장 많고 또 영화인들에겐 꿈의 행사로 간주되어 작품이 선정되어 참여만 하는 데에도 큰 의의를 두고 있다.

그러나 미국의 아카데미 수상작들과는 다르게, 흥행에서는 큰 성과를 거두지 못하고 있다는 것이 '칸영화제' 수상작들의 현(現) 실정이다.

매년 5월, 인구 20만 정도의 소도시인 칸에서 펼쳐진 영화제에선 주로 외국의 작품들이 큰 상들을 차지하곤 했었다. 비슷한 점수면 타국의 작품들을 수상시키곤 했는데 그것은 많은 세계 언론인들의 따가운 시선 때문이다.

반면에 북한에서 1987년 국제영화제 규모로 처음 창설된 '비동맹 및 개발도상국 영화축전'은 2~3년에 한 번 개최되는데 1, 2회 행사 때는 북한의 작품들과 배우들이 큰 상들을 모두 휩쓸었고 이후 북한에서 치러지고 있는 국제영화제에는 영화다운 영화가 출품되지 않고 있다. 세계적 영화제인 '칸영화제'를 바라보는 시선은 어떠하겠는가?

조금이라도 수상 작품에 흠이 보이면 수많은 세계의 언론들이 그냥 내버려두지 않을 것이다.

2001년 '칸영화제' 주요 수상인 6개 부문에서 당당히 3개 부문(심사위원대상, 남·여 주연상)을 휩쓰는 쾌거를 올린 프랑스영화 <피아니스트=La Pianiste>가 독일 출신 '미하엘 하네케' 감독에 의해 탄생되어 칸의 시상식장을 흥분의 도가니로 만들었다는 후문이다.

연기와 연출의 아름답고 극적인 조화가 이루어 낸 결과물들이었다.

2002년 대통령 선거를 치르던 날 이 영화 <피아니스트>는 광주 시내 한복판 모 극장 한군데서만 개봉되었는데 겨울을 실감케 한 썰렁한 극장 객석이었기에 필자로서는 매우 안타까운 마음이 들었다.

2002년 12월 30일 신문에는 "광주시 동구 충장로 '광주극장'을 예술영화 전용관으로 지정하고 2003년 1월 1일부터 본격적인 운영에 들어가기로 했다."는 기사가 문화면을 장식한 바 있다. 영화진흥위원회에서 후원하는 이 예술영화 전용 상영관이 광주에도 세워진다고 발표된 것이다. 과연 현실적일까?!……라는 비관론마저 생각하지 않을 수 없다.

경제논리로만 따지는 것이 아니라 그만큼 마니아가 소수라는 원초적인 문제도 복합적으로 작용되고 있다.

물론 마니아 수가 적기 때문에 상설극장에 예술영화 상영 후 결손된 만큼 자금 지원을 해 주는 등 여타의 방법들을 동원해 마니아 층의 확보에 주력을 하고 또 수준 높은 관객들의 기호를 충족시킬 수 있는 영화 감상의 기회를 주며 이 지역 문화 발전에 일익을 담당할 수 있는 좋은 기회가 될 것이라고 생각되지만 우선 썰렁한 영화관 내부의 모습이 영화를 아끼는 필자의 눈에 들어와 무척 가슴이 아파 왔다.

그러나 <해리포터……>와 <반지의 제왕……>은 반대의 현상이다. "이 모든 것은 요즘 젊은 2030 관객들의 세태이려니!……" 하고 자위해 본다.

대통령 선출도 2030 바람이 불어 좌우되지 않았는가? 영화도 예외일 수는 없다. 주관객층인 2030 바람이 전 세계를 뒤흔들고 있기 때문이다.

2002년 칸영화제에서 '황금종려상'을 받았고 2003년 1월 1일 광주에도 개봉되어 감동을 선사하고 있는 '로만 폴란스키' 감독의 <피아니스트=The Pianist>는 흥행과 예술 양면에서 두각을 나타내고 있어 모처럼 칸영화제의 진면목을 생각할 수 있는 좋은 기회이다.

또 2월 1일에는 <시네마천국>을 감독한 이태리 '주세페 토르나토 감독의 휴먼 드라마인 1998년 작 <피아니스트의 전설=The Legend of 1900>이 선보일 예정이다.'

이렇게 2002년 12월 6일에 개봉한 우리 영화 <피아노 치는 대통령>을 비롯해 피아노에 관련된 작품들이 모두 문제작이며 화제작으로 특이한 현상을 보이고 있다.

2002년 10월 25일에 치른 제2회 광주 국제영화제 개막식 행사가 전국에 생방송되었고 그 행사에 노무현 대통령 당선자의 부인 권양숙 여사도 참석하여 영화제 행사에 관심을 보여주었으며 12·19선거 때 노무현 대통령 당선자도 '기타 치는 대통령'으로 부드러운 이미지를 부각시켜서 큰 도움을 받았듯이 앞으로 영화를 많이 보고 영화를 사랑하는 대통령이 되었으면 하는 것이 영화인으로서의 바람이다.

'피아노'는 클래식 예술의 기초이며 영화 컨텐츠를 업그레이드시킨 큰 재료가 되었다.

- 극장이 유해시설? -

청소년들에게는 영화, 애니메이션, 게임, 컴퓨터동영상 등 움직이는 映像物이 호응도가 대단히 높다. 그만큼 動映像의 중요성이 강조되고 있는 현시점에서 최고 인기의 장르가 바로 映畵이다.

이를 증명하듯 大學의 영화전공학과들이 수도권 및 경기, 충청지방에서 평균 30대 1의 경쟁을 통해야 전공학과에 입학할 수 있을 정도로 대만원사례이다.

아울러 우리나라의 영상 보급을 살펴보면 映像天國이라는 말이 실감이 날 정도로 많은 영화들이 제작되고 수입된다

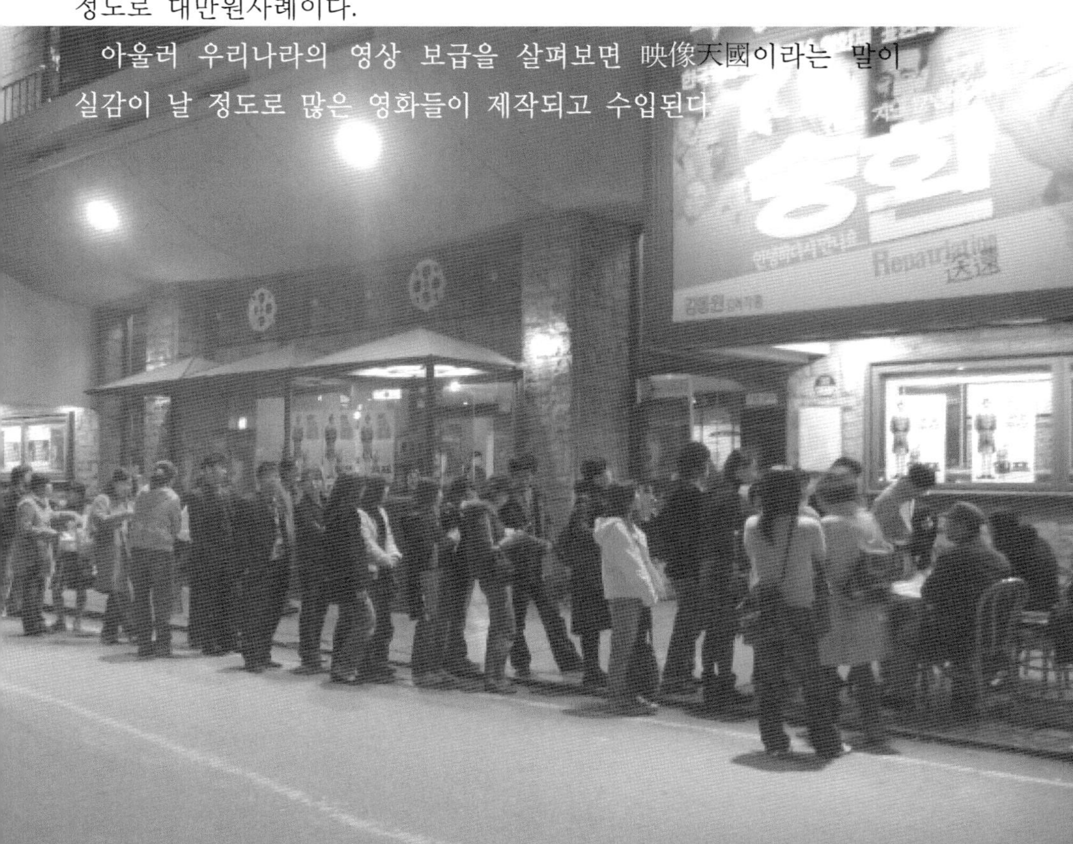

그러나 광주 시내의 많은 극장들은 오래전부터 휴·폐업하는 사례가 늘고 있는 반면 초현대식 빌딩에 200~400석 규모의 '멀티플랙스'라는 단어를 창출해 낸 영화관들이 줄지어 나타나고 있으며 신축 중인 스크린이 약 20여 개나 된다. 이렇듯 관객들의 입맛은 고급화, 오락화되어 가고 있다.

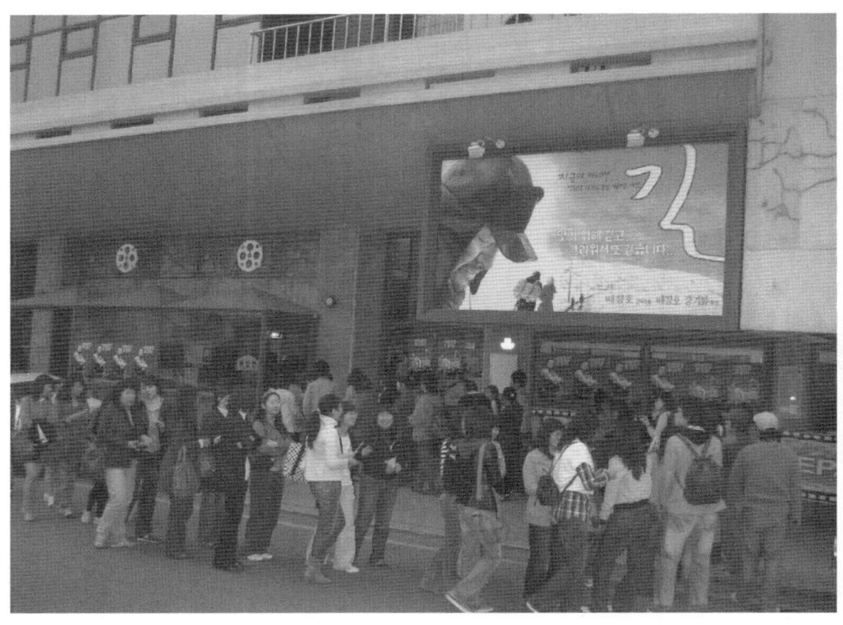

과거 영화산업이 TV영상산업으로 인해 침체기를 거치는 동안 이 고장의 많은 극장들이 경영난의 이유로 폐쇄되었고 최근에는 '신동아', '현대', '태평' 극장 등도 휴관하거나 다른 형태로 재건축된다고 발표된 바 있다.

이렇게 단일관(스크린 수가 하나뿐인 극장)들은 추억만 남긴 채 속속 문을 닫고 있어 영화를 좋아하는 필자로서는 무척 아쉬움이 남는다.

　1950년대에 미국도 TV의 탄생과 함께 오락문화가 안방으로 밀려
오자 극장가에는 엄청난 타격이 왔던 시절이 있었다.

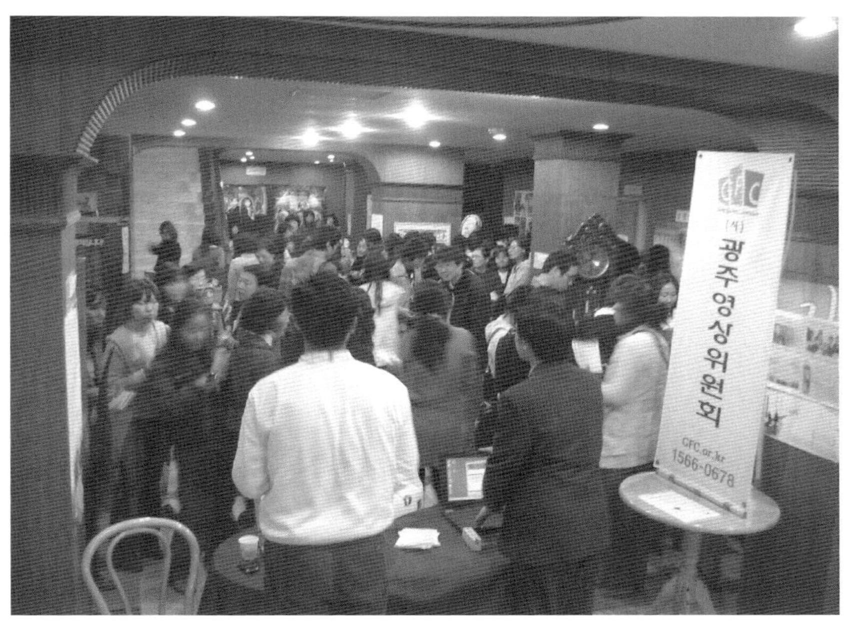

　60년대 말 할리우드에는 'New American Cinema'라는 새로운 思潮
에 의한 작품으로 <미드나잇 카우보이>, <이지 라이더>, <우리에겐
내일이 없다>, <내일을 향해 쏴라>, <대부>, <졸업> 등이 여러 가지
사회적 시대적 배경에 의해 탄생되어 위기에 처한 미국영화를 구했
을 뿐 아니라 현대 영화사에 혜성처럼 나타난 구세주 '스티븐 스필
버그'와 '조지 루카스' 등은 침체된 세계의 영화를 구하기도 했다.
　당시 미국의 극장들도 많은 곳이 문을 닫았고 심지어 관객들을
안방으로부터 끌어내기 위해 냄새나는 영화까지 실험하게 되었던
시절이 있었다.
　이후 세계 영화계는 계속되는 과학의 힘에 동승해 아날로그 시대

를 거쳐 디지털 시대까지 TV와 영화가 함께 성장해 왔다.

이젠 우리나라에서도 단일관들은 규모에 관계없이 서서히 자취를 감추고 있어 대형 스크린을 통한 스펙타클한 영화를 보고 싶기도 하다.

그런 측면에서 영화 마니아들에게 유일한 안식처가 되었던 광주의 모 극장이 아쉽게도 유해시설이라는 학교법에 따라 현 위치를 떠나야만 한다는 현실은 동영상산업 진흥을 위한 갖가지 국제적 규모의 행사나 국가지원시설 및 영상전공학교들이 늘어나고 있는 상황에서 또한 후학들에게 동영상의 중요성과 장래성을 강조하고 있는 교육자의 입장에서 매우 안타까운 일이다.

유해시설이라는 '유해' 차원에서 극장 이전 문제를 운운한다는 것은 시대적 상황과 맞지 않는다.

하루에도 수십 개의 음란사이트에 노출되는 가정의 PC들은 어떤 명분으로 규제할 수 있을까? 그렇다고 PC 자체를 단속대상으로 삼아 열쇠를 채우든지 파기시켜야 할 것인가!?……

이렇듯 순기능 역기능이 양존(兩存)하고 있는 것이 현실임을 법을 집행하는 관(官)에서도 알아야 할 때이다.

물론 곳곳에 붙어 있는 선정적인 포스터들이야말로 자라나는 청소년층들을 더욱 호기심과 환락의 세계로 유혹하기에 분명 '유해시설'이라는 단어를 만들게 한 주된 원인이기도 하지만 극장 내부는 엄연히 연령에 맞게 입장하여 허가된 장소로서 허가된 영화를 관람하고 있다. 과거처럼 선정적이거나 거친 포스터들을 강력히 규제한다는 것은 당연한 일이나 극장이 유해시설로 분류된다는 것은 타당하지 않다.

부디 학교법과 영화법이 현 실정에 맞게 수정되었으면 하는 바람이고 또 고쳐야 할 부분은 과감히 고쳐야 할 것이다. 800석이 넘고 대형 화면을 갖춘 광주의 모 극장이 오랫동안 자리를 지켜줬으면 하는, 영화를 좋아하고 사랑하는 마음에서의 바람이다.

시간이 흐를수록 대형화된 스크린이 더욱 그리워지는 현실이 매우 아쉽다.

-흥행의 귀재 스필버그-

최근 세계의 화제작들로서 주목받게 될 영화들이 인터킷과 외신을 통해 쏟아져 들어온다.

특히 '레오나르도 디카프리오'라는 연기자의 작품들이 두 편이나 선보이게 돼 화제이다.

'스티븐스필버그' 제작, 감독의 <캐치미 이프 유 캔>과 또 한 편은 '마틴스콜세지' 감독의 <갱스 오브 뉴욕>에 출연한 그는 금년 초 화두의 대상에 오르기에 충분하다.

필자는 1월 24일 개봉 예정작 <캐치미 이프 유 캔>(Catch me if you can＝잡을 테면 잡아봐)을 1월 초순 시사회에서 접할 수 있었다.

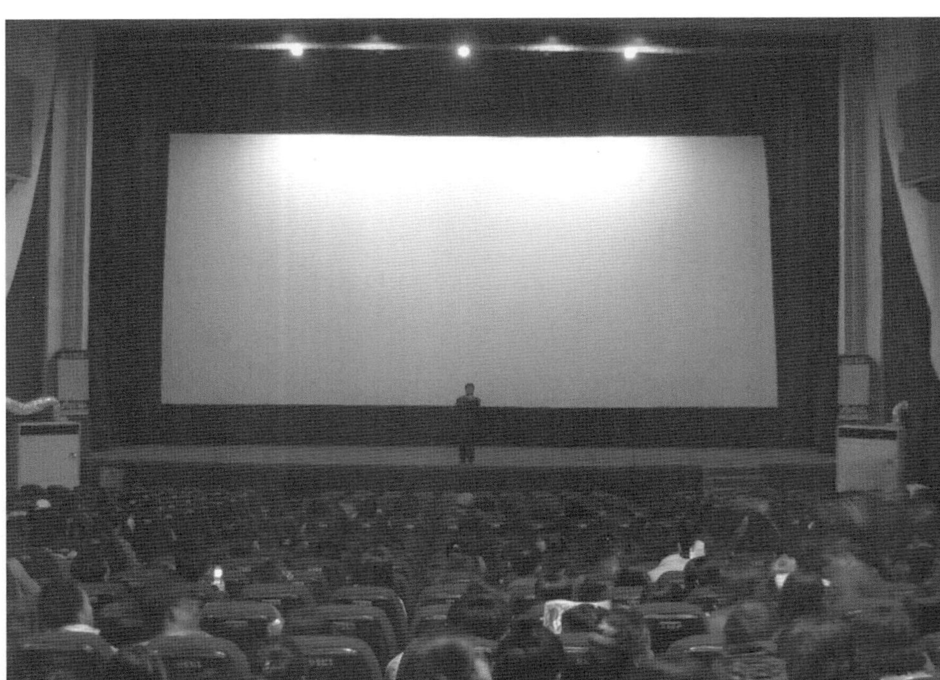

‘스필버그’ 감독 작품이라는 명성과 함께 큰 기대 속에 시사회가 열렸으나 130분 후 객석의 반응은 과거 <인디아나 존스> 때와는 사뭇 달랐다. 너무 조용했다.

무반응이라고 해야 바른 표현일 것이다.

과연 ‘스필버그’ 감독이 늙었을까?…… 아니면 나의 감성에 문제가 있을까?……

한때 세계의 영화를 구원했던 구원자인데 감히 내가 그를 어떻게 평가할 수 있을까!……

그러나 영화계 숭배의 대상이었던 ‘스필버그’가 영화 종영 후 나에겐 매우 거리감을 느끼게 하는 컬트영화감독 정도로 느껴졌다.

분명 Cast, Staff 모두가 세계의 Top으로 구성되어 있는 작품인데도 왠지 마음 한곳이 허전했고 답답함도 느껴졌다.

‘레오나르도 디카프리오’가 과거 <타이타닉>에서 보여준 소년의 이미지처럼 1960년대 실화를 소재로 주인공 16세 소년범죄자 역으로 분(扮)하여 집요한 연방수사국 FBI 수사관과의 한판 대결을 영화화한 작품으로 영화적 형식미는 완벽하게 꾸며져 과거를 다시 한 번 볼 수 있는 좋은 역사적 자료라 할 수 있다.

그러나 필자는 전개 과정에서 너무나 많은 에피소드들을 담기 위해 상황 상황들을 너무 jump시키지 않았나 하는 생각이다.

즉, 주어진 시간 안에 많은 것을 보여주기 위한 흔적들을 찾아볼 수 있다.

사건이 진행되면 어느 정도 마무리가 필요한데 이 영화에선 너무 가볍고 쉽게 상황을 마무리해서 다음에 펼쳐지게 될 장면의 기대치를 떨어트리는 큰 오류를 범하고 있는 것 같다.

그것은 작가의 타성에서 비롯된 아집으로밖에 인정할 수 없다.

영화 작업은 분업화된 종합예술이다.

그러므로 감독이 제작이나 편집 또는 극본을 함께한다는 것은 큰 부담으로 작용된다. 예를 들어 제작을 겸한 감독 입장에선 편집된 분량 시간이 오버된다고 해서 수많은 시간과 인원과 경제적인 투자를 생각할 때 투자된 분신 같은 화면들에 메스(편집 때 자른다는 뜻)를 댈 수 없기 때문이다.

이로 인해서 작품의 템포나 흐름에 막대한 지장을 초래하게 되는 경우가 종종 있다. “어떻게 자기 자식을 자기 손으로 버린단 말인가!……”

이런 상황으로 이해한다면 쉽게 이해가 된다.

필자의 생각으론 분명 연기자의 훌륭한 연기와 설정된 캐릭터들이야말로 일품이지만 편집에 큰 무리가 따르고 기획 당시 러닝타임(영화상영시간)을 잘못 계산한 것이 아닌가 한다.

그리고 시작과 끝에 자막으로 사건이 사실이었음을 크게 강조시키고 있다.

물론 사실에 접근할수록 관객들의 입맛에 맞을 줄은 모르나 판타스틱이라는 영화의 본질을 뒤바꾸기 위한 이벤트성에 지나지 않는 가벼운 발상으로 간주된다.

그러나 CG를 사용하지 않고 복고풍의 스타일로 영화를 찍어 당시의 색감을 잘 나타냈으며 음악성 또한 수준 이상이라고 하기에는 충분하다. 사기극(詐欺劇)이라는 형식 자체는 요즘에도 흔한 사건들로서 위조수표 사건이 주류를 이루고 있어 큰 반향을 불러일으키기엔 역부족이 아닌가 싶다.

물론 극 중에서 1969년에 범죄소년이 체포될 당시 250만 불이라는 거액에는 놀라움을 금치 못하지만 위조지폐를 소재로 한 영화들은 흔한 소재로서 특이한 소재는 아니다.

또한 구성 측면에서는 실화를 강조하기보단 가벼운 코믹장르로 흘렀으면 흥행에서는 큰 도움이 되리라 생각된다.

이것은 1960년대의 미국과 현재 우리의 정서가 잘 맞지 않아 그럴 수 있다.

과연 ‘스필버그가’ 이젠 氣가 빠져서 ‘흥행의 귀재’라는 별칭은 끝날 것인가 하는 의구심이 앞서는 작품이다.

또 2003년 2월 초순경에 선보이게 될 ‘마틴 스콜세지’ 감독의 영화 <GANGS OF NEWYORK>에도 또 ‘레오나르도 디카프리오’가 출연하게 돼 금년 서두를 장식하게 된다.

과연 이번엔 우리나라 어떤 작품이 이들의 氣를 잠재울 수 있을까?…… 기대해 본다.

－ 기대되는 '광주영상예술센터' －

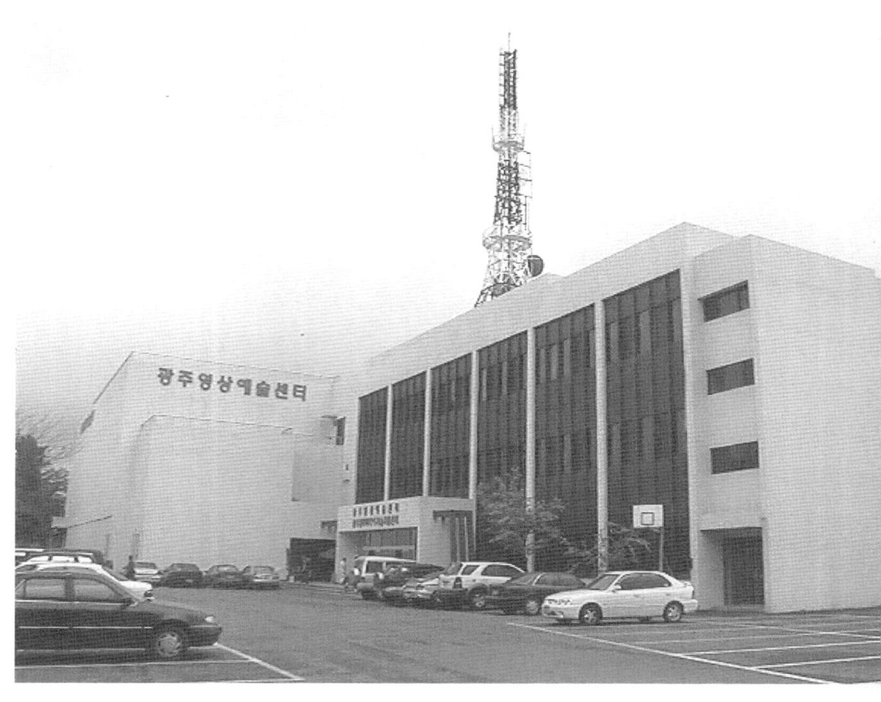

"사람은 태어나면 서울로 가라"라는 옛 이야기는 오늘날 지방화 시대 흐름에 역행되는 모순된 이야기이다.

마치 음악을 듣고 공부하기 위해 모든 음악인이나 애호가들은 오스트리아 빈으로 가야 한다는 논리이다.

과연 연극이나 영화를 하기 위해 모두 브로드웨이나 할리우드로 가야만 하느냐는 반문을 하고 싶다.

이젠 우리나라도 얼마든지 서울이나 할리우드로 가지 않고서도 이곳 광주 지역에서도 영화를 수업받을 수 있다.

필요하면 유명인사도 초청하여 교육받을 수 있는, 先進地나 본고장으로 가지 않고서도 똑같은 기자재로 훈련할 수 있다는 이야기이다.

지역에 두 대학 ‘동신, 호남대’에 영상전공학과가 있고, 舊KBS 위치에 29일 개소하게 될 광주영상예술센터 및 멀티미디어지원센터가 있다.

이곳에는 최신 장비들과 시설물들이 설치되어 영상을 전공하고자 하는 많은 학도들과 영상 관련 기업인들에겐 매우 고무적인 일이다.

과거 필자의 30년 전 대학 시절과 비교할 때 너무나 달라진 상황이다.

영상 장비나 시설, 그리고 전문인력 관계로 상경할 수밖에 없었던 것이 엊그제 같은데 이젠 사정이 다르다.

이젠 본인들이 하고자 하는 의욕과 열정만 있다면 地方에서도 얼마든지 영화를 공부할 수 있다는 이야기다.

만약 영화전공 관련 학과가 아니더라도 유사 학과에서도 모두 비슷한 교과 과정을 택하고 있으며 전공 분야도 다양화되고 있다.

예를 들어 영화전공학과를 수료하게 되면 연출, 연기, 촬영, 녹음, 편집, 무대의상, 디자인, 분장, 소품, 효과, 특수효과, 조명, CG, 기획, 제작, 연기감독, 제작감독 등 세분화된 길로 자기의 소양에 따라 길을 걷게 되는데 이처럼 젊은이들에겐 무궁무진한 방향들이 제시된다. 물론 우리나라 IT, CT산업의 엄청난 성장이 주요인이기도 하다.

과거엔 필름에만 의존하던 영상 작업들이 이젠 모두 디지털화되었기에 모든 영상 매체는 디지털에 그 의존도가 매우 높다.

특히 디지털 매체들은 최근 독립영화인들이 매우 선호하는 매체이기도 하며 또한 경비 절감의 효과로 초·중·고교 학생들에게까지 손쉽게 영상을 접할 수 있는 기회들을 제공해 주고 있다.

곧 개소하게 될 (재단법인)광주정보문화산업진흥원 소속 광주영상예술센터 및 멀티미디어지원센터에서는 영상 관련 모든 장비와 촬영 여건 등을 충분히 갖춰 놓고 사용자와 입주 업체들을 기다리고 있다.

영상예술센터의 사용자들은 주로 학생층이 될 것이고 멀티미디어지원센터에서는 현 영상산업에 종사하고 있는 소규모 업체들에게 저렴한 비용으로 사무실과 세트장, 녹음실, 기자재 등을 임대해 주고 또 무상으로 제공해 주기도 하여 영상산업의 경쟁력도 배가시켜 이 지역 영상전문 기업체들의 고민을 한결 가볍게 해 주게 된다.

우리나라 많은 지역에 이런 센터들이 생겨서 영상 교육과 영상 관련 산업 진흥의 모태가 되었으면 하는 바람이다.

혹 애독자 분들의 가정과 주위에 우왕좌왕 갈피를 못 잡고 있는 젊은이들이 있다면 영상산업에 관심을 쏟도록 유도해 주시길 당부하고 싶다.

필자는 일반 시민 대상 강좌나 대학강좌에서도 매우 강조하고 있는 부분으로, 청소년 시절 부모의 따뜻한 스킨십(skinship)의 중요성처럼 디지털 카메라를 만지게 되면 그만큼 영상 부분과 친숙하게 되어 본인의 인생이 또다시 바뀔 수 있다고 확신한다.

필자의 조언이 필요시엔 이메일(phkcinema@hanmail.net)로 연락주시면 기꺼이 영상산업 발전을 위해 상담해 드릴 수 있다.

이 지역 광주권이 문화수도의 면모를 갖출 수 있도록 광주영상예술센터의 무궁한 발전을 기원하면서 "우리의 희망인 젊은이들이여, 손엔 디지털 카메라를!……"

"청소년들이여 우리 모두 영상에 푹 빠져서 또 다른 세계를 경험해 보지 않으시렵니까?……"

－ 스캔들과 삼각구도 〈컨텐더〉－

영화는 대중성과 오락성 그리고 예술성으로 나눌 수 있다.

영화 탄생 시점을 1895년 프랑스 뤼미에르(Lumiere) 형제의 시네마토그래프(Cinematograph)로 볼 때, 당시엔 영화를 기록성에 큰 비중을 두고 있었고 점차 인간의 욕망은 영화의 기능을 오락산업으로 유도시켰다.

이후 많은 사람들로부터 가장 주목받은 매체로서 영화는 대중에게 우상의 대상이 되었다.

영화는 일상과 가상이 한데 어우러진 종합 편이면서 인간의 욕구 충족을 위해 점차 발전해 왔고 영상예술로서의 근간(根幹)으로 깊이 뿌리내려졌다.

지난 2003년 1월 17일에 <컨텐더(The Contender)>라는 정치스릴러 영화이면서 섹스스캔들에 얽힌 이야기가 개봉되었다.

이 영화가 제작되던 1999년 당시는 美 ‘클린턴’ 대통령과 ‘르윈스키’와의 스캔들이 사건화되어 떠들썩했던 시절이었다.

<컨텐더>는 미국 부통령으로 지명된 여성 상원의원의 섹스스캔들을 통해 정치인들에게 도덕성이란 어떤 의미인가를 조명해 보는 전형적인 정치스릴러물로서 정치, 여성, 스캔들이라는 커다란 삼각구도를 중심으로 펼쳐지는 드라마이다.

아무리 영화라 하지만 여성을 性的인 대상으로 너무 劇化시키고 있다는 생각이 든다.

"영화 속 여성비하(卑下)가 어디 어제오늘 이야기입니까?……"라고 쉽게 넘어갈 수도 있으며 지금까지 많은 사람들이 그렇게 그냥 스쳐갔다. 그런데 아쉽게도 필자는 여성을 상품화하지 못했기에 극영화(劇映畵) 감독과 제작에서 실패한 사람인지 모르겠다.

<컨텐더>는 美 부통령의 지위까지 지명된 여성의 신분을 '스캔들'로 묶어 버리는 남성들의 추악한 모습을 너무 잘 표현시킨 영화이다. 그래서 영화 내용에 가슴이 아파 온다.

영화 자체가 잘못되었단 이야기가 아니라 설정이 매우 가슴이 아프단 이야기다.

혹 여성 단체에서 이 영화를 금년 말 '2003년 여성이 뽑은 최악의 영화'로 꼽을지도 모르겠다. 혹자들은 이렇게 말할 것이다.

"정치와 여성의 문제가 어제 오늘의 이야기가 아니라 예부터 내려온 케케묵은 스토리일 뿐"이라고!…… 과거 여성과 정치와의 밀접한 관계를 살펴보면 1999년 1월경, 美 상원의 '클린턴 탄핵심의' 때 '케네스 스타' 검사가 끈질기게 '클린턴'의 섹스스캔들을 집요하게 파헤친 경우처럼 <컨텐더>의 내용에서도 여주인공과 청문회 의장과의 팽팽한 대치나 숨 막히는 접전 등이 마치 '클린턴'과 '르윈스키' 스캔들 당시 사건들을 연상케 하고 있으며 이후 '클린턴'의 직무지지도는 1주일 전보다 4% 상승된 72%를 기록한 사실을 상기시켜 주기도 한다.

이렇듯 <컨텐더>의 내용은 영화 속 현실인지 현실 속 영화인지 혼란스러울 정도로 드라마가 얽혀있다.

'정치, 여성, 스캔들' 하면 대표적인 예로 '케네디'家의 스캔들을 꼽을 수 있다. '마릴린 먼로(Marilyn Monroe)'는 '존 F 케네디' 대통령 취임식에 초대되어 장차 '케네디'의 아내가 될 야망을 품고 있었으나 '케네디' 대통령이 취임식에 '먼로' 자신의 인기를 이용했음을 알고 동생 ‘로버트 케네디’와 염분을 뿌리다가 결국 커다란 불행을 맞게 되었다.

또 아버지 ‘조셉 P 케네디’는 여배우와의 정사 그리고 막내 동생인 現 매사추세츠 주 상원의원 ‘에드워드 케네디’는 1969년 7월에 여비서와 함께 차를 타고 가다가 <컨텐더> 영화 속 프롤로그(Prolog)처럼 강물에 빠졌으나 자신만 살아남았고 여비서는 익사했다.

이러한 스캔들은 본인들에겐 치명적일 수 있으나 일반인들에겐 무료하고 지루한 일상에서 며칠 몇 주는 충분히 즐길 가십 거리를 제공하기도 한다.

보통 스캔들을 즐기는 사람들은 자신보다 우월한 위치에 있는 사람이 한순간 무너지는 모습에 고소함과 쾌감을 느끼며 평범하게 살아가는 자신의 모습에 위안을 얻는 이중적 심리를 內在하고 있다.

이렇듯 정치에 얽힌 스캔들은 끊임없이 세상을 뒤흔들 재료들로서 지구 역사가 다하는 날까지 항상 존재할 것이다.

과연 이 땅에 페미니스트들은 입은 있어도 말을 할 줄 모를까요?……

- 외세 저항하는 한국영화 -

언젠가부터 영화 개봉하는 날이 되면 오전 10시 조조 프로가 30분을 기다려야 표를 구할 수 있게 되었다. 그것도 다섯 줄로 티켓을 팔아도 그런 현상이 일어난다. 참으로 영화계엔 기쁜 일이지만 본인들에겐 짜증날 일이다.

2003년 1월 23일은 필자의 가슴을 뜨겁게 달구는 날이었다. 이날은 <이중간첩>이 개봉한 날이지만 눈이 내려 도로 사정이 좋지 않아서 그랬는지 극장에 손님들이 많지 않아 매우 쾌적한 분위기 속에 모처럼 좋은 영화를 감상할 수 있었다.

1972년에 대부(God Father) 1편을 봤을 때처럼 <이중간첩>에서 비슷한 감동을 받아 영화가 끝나고도 그 자리에 그대로 앉아 있을 수밖에 없었다.

이때 퉁명스럽게 "아저씨 문은 앞쪽이에요!……"라고 객석 뒷정리 하시는 아주머니의 목소리가 다른 세계에 푹 빠져 있는 나의 마음을 순간 흔들어 놔 영원히 그때 감정은 되살릴 수 없게 되어 버렸다.

모처럼 정말 영화다운 영화 한 편을 본 것이다. 이 기분은 마치 콜럼버스 신대륙 발견에 비할까마는 영화 속에 흠뻑 빠져 묘한 감상에 젖어 있을 때 현실 세계로 끌어내는 아주머니의 목소리가 유별나게 악마의 목소리처럼 들렸다.

<이중간첩>의 '김현정' 감독은 <공공의적> 시나리오를 썼고 1973년생으로 장편 극영화 감독으로서는 <이중간첩>이 데뷔작이며 이번

작품 또한 김 감독과 함께 4명이 공동으로 시나리오에 참여한 사실만 필자는 보도를 통해 알고 있을 뿐이다.

'프랜씨스 포드 코폴라 감독'의 <대부＝God Father>라는 영화와는 장르부터 많은 차이가 나지만 시종일관 관객의 눈을 화면에서 잠시도 뗄 수 없게 시선들을 스크린에 꽉 묶어 버려 마치 '프랜씨스 포드 코폴라 감독'의 제자쯤 되지 않나 하는 생각도 들었다.

또 적재적소에 필요한 양념처럼 장엄하면서도 아련하고 가슴 절절한 음악 또한 분단된 우리의 현실을 헤아리듯 '미하엘 슈타우다허'의 곡들이 영상과 잘 어울려 그 빛을 발했다.

마치 과거 격동기를 그린 TV드라마 <모래시계>의 음악이 영상과 매치가 잘 이루어지듯 <이중간첩>의 영화 음악 역시 뼛속까지 감동이 전해 오는 듯 우리의 영혼을 자극하는 계기가 되고 있다. 이렇듯 영화 속의 음악은 큰 비중을 차지한다.

영상과 음악이 잘 어울리는 사례들을 살펴보면 '존 윌리암스' 음악은 '조지 루카스' 감독의 <스타워즈>나 '스티븐 스필버그' 감독의 <ET>, <조스> 등의 영화에 잘 맞았고 또 '엔리오 모리코네' 음악은 서부극 등에 그리고 '니노 로타'와 '카마인 코폴라'(코폴라 감독의 아버지)는 <대부> 음악에, 또 일본의 젊은 감독 '이와이 슈운지'의 <러브레터>, <4월이야기> 등 그의 모든 작품에는 레메디오스(Remedios－日本의 뉴 에이지 Group)의 전자 음악 등이 어우러져 익히 영화계에선 정평이 나 있다.

이렇듯 음악이 영화를 더욱 빛나게 한 경우가 종종 있다.

그리고 조연으로 열연한 중앙정보부 부장 역의 '천호진'의 눈빛 연기는 일품이다. 마치 프랑스 연기자 '다니엘 오떼유'(<마농의 샘>, <걸 온더 브릿지>, <1850 길로틴 트래지디>)의 눈빛 연기처럼 강인한 눈빛 연기는 필자의 가슴에 오랫동안 남아 있을 것 같다.

또한 <이중간첩>은 이미 150만 달러라는 해외계약고도 올린 작품으로서 같은 시기에 개봉한 블록버스터인 <영웅>, <케치미 이프 유 캔> 등과 함께 시장 쟁탈전에 돌입하였고 여기에 1월 30일에 개봉한 우리 영화 <클래식>과 2월 7일에 개봉한 <동갑내기 과외하기>까지 합세하여 외세에 대항하듯 외화와 경쟁하고 있다.

금년엔 우리 영화가 60%의 시장을 점유했으면 하는 바람이며 그럴 가능성이 엿보인다.

'시작이 반'이기에 우린 출발이 50%부터이다.

"60%의 경쟁력을 키우기 위해 우리 영화를 많이 사랑합시다!……"

ㅡ세계적인 거장 대열에서 뛰쳐나오고
싶었을까?……ㅡ

한 달 전 2003년 1월 24일에 개봉한, 중국에서 국민감독이며 제5세대 감독이라 칭하는 장이모우[張藝謨] 감독 <영웅>의 작품으로 필자는 엄청난 충격을 받았다.

과거의 1987년에 <붉은 수수밭>으로 베를린영화제에서 금곰상을 탄 바 있는 장이모우 감독이 결코 아니었다. 그의 영화에선 이젠 자본주의 냄새가 난다.

마치 급변하고 있는 현재의 중국처럼 겁 없이 살이 쪄 가고 있어 언젠가는 거대한 비만형의 영화로 탈바꿈되지 않을까?…… 하는 걱정이다.

지금까지는 그래도 순수성이 그에게 남아 있어서 많은 영화 마니아들은 그의 작가적 정신에 박수갈채를 보내곤 했다.

꼭 블록버스터를 만들어서가 아니라 지금까지 발표된 <붉은 수수밭>, <홍등>, <국두>, <귀주이야기>, <집으로 가는 길>, <책상 서랍 속의 동화> 등에서 그의 사실주의적인 모습과 진실한 실험정신, 그리고 과거에 보여주었던 개척정신 같은 새로운 모양새를 이번 영화 <영웅>에서는 도저히 찾을 수가 없기 때문이다.

그의 영상 속엔 항상 힘[力]이 실려 있어 세계 어디에 내놔도 그의 영화는 극찬을 받아 왔었고 영상을 통해 힘을 느껴 왔다. 그래서 그가 만든 모든 작품들이 많은 영화인들의 표상이 되었고 한편으로 그를 연구하고 공경하는 영화 마니아들까지 나타났었다.

그러나 이젠 사정이 조금은 다르게 변하고 있다. 이미 그의 힘과 정신은 무너졌고 그의 타고난 본래의 예술적 혼(魂)의 상(像)은 멋과 흥과 향락의 극치를 달리고 있을 뿐 우리에게 던져 주는 메시지는 매우 빈약하다. '이젠 잠시 쉬었다 가겠단 말인가?……' 세계 유수의 국제영화제에 출품만 하면 바로 수상(受賞)으로 연결되었던 그의 작품들이 아니었는가?

과거 언젠가 국제영화제에 출품했다가도 본인 스스로 철회한 경험도 있는 진실한 저항주의 작가였다고 할까?……

어느 누구 앞에서도 굴하지 않는, 영화에 대한 열정과 혼은 정말 타의 귀감이 되었던 감독이었으며 또 중국의 제5세대와 6세대를 연결해 주는 가교 역할을 톡톡히 해낸 인물이었다.

<영웅>은 2월 6일에 개막된 제53회 베를린영화제에서 경쟁 부분이 아닌 비경쟁 부분인 '주목할 만한 시선' 부분에 초청되어 상영만 했을 뿐이다. 이 영화는 호화 액션에 장엄한 스케일 등 과장이 너무 심한 영화라고 총평하고 싶다. 또한 호화 배역진을 보면 <소림사>의 주인공 '이연걸'과 <화양연화>의 '장만옥', '양조위' 그리그 <집으로 가는 길>의 '장쯔이' 등 필자가 너무 좋아했던 연기자들이다.

우리 속담에 '썩어도 준치'라는 말이 있듯이 <붉은 수수밭>, <홍등>, <국두> 등에서 보여주었던 탁월한 색채 감각은 <영웅>에서도 발견할 수 있다.

3파트로 나누어진 이야기 형식 속에 각각 알맞은 색상을 설정하여 붉게 푸르게 하얗게 영상을 형상화시켰으며 노란 은행잎들이 붉게 물든 단풍잎 색으로 변할 땐 곧 피의 색채인 죽음으로 이미지화시키는 등 극히 기초적인 색감들로 상식적인 차원에서 색상을 매우 화려하게 꾸며 놓았다.

마치 일본 '구로자와 아키라'(黑澤明) 감독의 1950년 작 <라쇼몽＝羅生門>처럼 영화 속의 이야기를 3분화하였으며 <영웅>의 화려하고 과장된 모습 속에서 종전의 감각은 도저히 찾을 수 없었고 내용이 형식을 따라잡지 못하는 껍데기뿐인 상(像)만 전달시키고 있기에 영상의 참뜻을 저버리는 배신감마저 들었다.

다시 한번 중국의 급변하는 모습처럼 제5세대 감독다운 새로운 실험정신이 깃든 다음 작품을 기대해 본다.

예술인들에겐 아무리 배가 고파도 본인의 의지와 굳은 신념, 즉 자긍심이 바로 생명이다.

이건 전 세계 예술인들의 공통점이다.

광주 전남 권역 영상문화 발전방향에 관한 제언 그리고 영화이야기

<2003년 2월 25일 "21세기 남도포럼" 특강원고>

－지역 영상산업에 대한 제언－

Ⅰ. 서 론

"노무현 대통령 당선자의 광주 문화수도 공약에 따라 광주시가 정책 준비를 서두르고 있어 개념부터 명확하지 않은 이 문화수도정책 수립에 앞서 무엇을 어떻게 요구해야 할지 지역 사회의 합의를 이끌어 내는 일이 시급하다는 지적이다."

"문화수도 광주에 대한 기대와 관심이 높다. 하지만 그 토대 가운데 하나가 될 지역 내 문화산업은 아직 열악하기만 하다."
"광주시는 수도 서울의 기능 가운데 문화 분야 전체를 모두 맡겠다는 구상으로 문화관광부 등 국내 문화정책을 총괄하는 중앙부처와 부속기관 등을 끌어올 생각으로 문화수도에 걸맞은 규모로 구상 중이다."

"이미 지난 2천 년 김대중 대통령이 중앙부처의 지방 이전 지시를 내렸으나 무산됐을 정도로 중앙부처의 지방 이전은 난제 중에 난제임은 틀림없는 사실이다."
"특히 지난 2천 년 제4차 국토종합계획에 나온 광주권 문화예술산업수도 육성은 당시 중앙정부의 부처 이기주의와 광주시의 정책부재로 死文化되었고 최근 문화수도론을 주제로 열띤 토론을 벌이고 있는 지역학계와 시민단체들도 매우 신중한 입장을 보이고 있다.”

“노무현 정부는 지역 문화기반시설을 확충하고 특색 있는 지역축제를 세계적인 관광축제로 육성하겠다고 천명했다. 특히 광주와 관련, ‘광주비엔날레를 세계적인 미술제로 육성하겠다.’고 강조하고 전주소리축제와 안동국제탈춤 페스티벌 등을 세계적인 관광축제로 육성할 방침이다.”

“지역 문화산업에 대한 명확한 개념규정이나 업종분류 연구가 없었고, 이렇다 할 통계자료 하나 없는 것이 최근까지의 광주 문화행정의 현주소였다.” ─2003년 1월 광주 지역 언론매체 보도자료 중에서 발췌함.

최근 이 지역에 관심사가 한 가지 늘어났다.

그것은 상기 보도 내용처럼 작년 2002년 대선(大選) 당시 공약이었던 이 지역 문화수도에 관한 문제임은 모두 알고 있는 사항이다. 그래서 각 매스컴마다 이 사항에 대해서 언급한 바 있으며 각 행정관서에서도 초안을 잡고 문서화해서 중앙으로 보고한 바도 있다.

1월 26일에 모 TV 방송사에서도 일요일 오전 7시부터 1시간 30분간에 걸쳐서 문화수도에 관한 여러 계층의 의견을 듣는 집중 토론회를 방송했었다. 즉, 이 지역에 새로운 문화 관련 훈풍이 불고 있다.

대통령 당선자의 의중만 있을 뿐 확정된 사실이 아님에도 우린 미리 흥분하고 있는 것 또한 사실이다. 그래도 필자는 마냥 즐겁기限이 없다. 어떻게 생각하면 우리 모두의 마음속 깊숙이 자리 잡은 한(恨)인 것이다.

이 지역은 예부터 문화예술의 고장 藝鄕이라고 어려서부터 필자의 머릿속에 입력이 되어 있다. 그럼 무엇이 문제이기에 이토록 대통령 당선자의 '문화수도' 언급에 즉각적인 반응을 보이고 있는 것일까?!…… 그것은 정치적인 문제만은 결코 아니며 분명 우리의 가슴 속에 자리 잡고 있는 문화적 소양들이 꿈틀거리고 있기 때문이다.

얼마 전 광주 시청에서는 지역 발전의 획기적인 전기를 마련하기 위해 문화수도 육성 기본 방안과 시책들을 개발하였다.

◎ 문화수도 건설 기본 방향
1. 국가 중추적 문화예술 관련 기관·시설의 광주 이전 및 신설
2. 문화예술 활동 및 국제문화교류의 중심 역할 수행
3. 문화산업 및 문화예술 인재 육성과 문화 인프라 구축

◎ 구상 중인 사업
1. 문화 인프라 확충을 위한 국립극장·국립광주문화재연구소·역사박물관 건립
2. 광주비엔날레·국제영화제·김치축제에 대한 국비지원 확대
3. 광주디자인비엔날레 창설 등 국제문화예술 행사 육성
4. 문화컨텐츠산업 육성을 위해 디지털밸리 조성·국립영화촬영소·디지털교육자료개발원 설립
5. 문화예술 인재 양성기반 구축을 위한 한국예술종합학교 분교 유치·국립국악원 설립
6. 도시의 쾌적성 확보 차원에서 건축예술 시범도시 육성 및 민주·인권 광주타워 건립과 문화관광부 및 산하기관·연구소 광주 이전 등 중앙정부와 긴밀한 협조하에 적극적으로 추진할 6개 프로젝트에 관련된 약 25개 사업 자료들이

가시화되었다.

추후 지방 분권화의 계획화에 따라 상기의 내용들이 점차 실행될 것이며 "서울은 경제수도로 부산은 해양수도, 충청권은 행정수도, 광주는 문화수도로 육성할 경우 국토 균형 발전의 획기적인 전기가 마련될 것으로 기대되어 광주시에서는 이를 본격적으로 추진하기 위해 대학교수·문화예술인·정치인·언론인 등 각계각층이 참여하는 가칭 '문화수도건설추진위원회'와 '문화수도건설실무기획단'을 구성하고 문화수도 프로젝트 개발을 위한 연구용역 등 추진체계를 구축할 계획이다."라고 발표한 바 있다.

이러한 모든 문제들이 하나둘 가시화되어 가면 광주가 문화수도의 면모를 갖추게 되어 전남 또한 광주와 같은 혜택을 누리게 될 것이라 개인적으로 생각한다.

상기 내용을 중심으로 앞으로 펼쳐 나가야 할 이 지역의 커다란 과제인 영상산업에 대한 필자의 의견을 본론에서 논하고자 한다.

Ⅱ. 본 론

◎ 광주국제영화제를 중심으로 지역 영상산업에 대한 제언

제3회 행사를 준비 중인 광주국제영화제를 중심으로 이 지역에서 펼쳐 나가야 할 영상 관련 과제들을 살펴보면 다음과 같다.

1. 광주 전남 영상발전연구소
2. 광주 전남 영상위원회 구성
3. 영상아카데미
4. 게임산업의 토착화
5. 캐릭터 사업 및 관광 인프라 구축

6. 영상 라이브러리 설치
7. 市公館을 이용한 영상공연문화 활성화
8. 청소년들을 위한 놀이 및 영상체험 문화공간 설치
9. 영상예술센터 활용 방안
10. 예술영화 전용관 활용의 극대화 등을 들 수 있다.

1. 광주 전남 영상발전연구소

◎ 영상발전연구소 개설 목적
　A. 영상산업에 대한 자료의 수집과 제공 및 연구
　B. 올바른 영상발전방향에 대한 정책 기획
　C. 광주 전남 지역 영상산업에 대한 기초 조사 및 연구
　D. 지역 영상교육 프로그램 개발
　E. 기타 영상에 관련된 제반 문제에 대한 연구

'광주국제영화제'를 중심축으로 광주 전남 영상 발전에 관한 연구와 주요 정책을 제시하고 올바른 영상교육 방안을 모색하는 것을 목적으로 한 영상발전연구소의 개설이 필요하다.

◎ 영상발전연구소의 역할
광주국제영화제의 타당성 조사 및 제반 행사를 개최한다.
映畵祭가 시작하기 前 우리 영화계의 주요 인사들이나 해외 영화제 관계자들 그리고 세계적으로 명성 있는 영화학자나 평론가들을 초빙하여 광주국제영화제의 발전적 방향에 대한 포럼이나 세미나 형태의 논의를 실시한다.
즉, 사전에 각계각층을 대상으로 하는 다각도의 타당성 조사를

실시함으로써 영화제 행사가 명분을 찾게 되는 것이다. 또 영화제 행사가 끝난 후 평가회를 실시하기도 하여 발전적 의미의 행사로서 장단점을 파악하며 다음 영화제 때에 참고자료로 활용하기도 한다. 한편 영화제의 시너지 효과를 올리기 위해 부대 행사들도 영상발전연구소에서 연구 검토가 필요하다.

예를 들어 시나리오 공모전을 통해 영화제 위상을 업그레이드시키며 광주국제영화제에 관련된 사진촬영대회 등을 개최한다면, 전국적으로 사진촬영에 관심 있는 사람들에게 광주영화제를 널리 알리는 계기가 될 것이다.

이렇게 영화제 사무국 단독으로 처리하지 않고 영상발전연구소를 내세워 부대 행사들을 각 전문가들에게 위탁하여 처리하게 된다면 좋은 성과물이 나오게 될 것이다.

또한 문화예술 분야의 담당 공직자들의 영상예술에 대한 획기적인 마인드가 선행되어야 할 것이다. 그래서 국제영화제 업무 추진을 위한 적극적인 공직자들의 도움이 절실히 필요하다. 이 지역 공직자 업무 분담을 보면 타 지역의 영상 관련 공직자들 업무와는 약간 다른 형태들로 나타나 있다.

타 지역의 영상 관련 사업들의 주체는 거의 공공기관이나 공직자들의 몫으로 되어 있다. 부천이나 가까운 전주의 영상위원회나 영화제 사무국을 보면 반드시 시청이나 도청 공직자가 영화제 사무국에서 함께 근무하고 있는 모습을 쉽게 발견할 수 있다.

역사가 짧은 광주국제영화제 사무국엔 시 공무원이 파견되어 있지 않다. 금년 제4회 행사를 치르게 될 전주국제영화제 경우는 처음 시작되던 2000년 1회 때부터 시 공무원이 파견되어 함께 일하는 모습을 볼 수 있었고 광주비엔날레 사무국에는 민과 관이 함께 근무하는 형태를 띠고 있다.

이러한 문제도 영상발전연구소에서 타 지역이나 단체들의 사례들을 면밀히 분석, 검토 후 유관 부서나 관련 부처에 정식으로 공직자의 파견 근무협조를 요청함으로써 해결될 수 있다.

2003년에 제3회를 맞는 광주국제영화제는 금년 8월 마지막 주 금요일인 29일에 개막을 하고 9월 첫째 주 목요일인 4일에 폐막할 예정이다.

일주일 정도의 행사 기간을 위해 1년을 기획하고 준비하는 단계를 거치고 있지만 소모성 행사임에는 틀림없다. 그러므로 필자는 광주국제영화제와 연계해 부설연구기관으로 영상발전연구소의 개설을 주장하고 있으며 이것은 많은 영화계 인사들이나 국제영화제 관계자들의 여론이기도 하다.

2. 광주 전남 영상위원회의 필요성

우리나라엔 몇 군데 영상위원회라는 기구가 있다. 이 기구는 영화 제작에 도움을 주고 아울러 그 지역의 영상발전과 관광과 경제적 측면에서 크게 효과를 보고 있어 지역의 특성을 살린 홍보 효과가 대단해 지방 분권화 시대에 걸맞은 아주 좋은 아이템이다.

◎ 부산영상위원회

부산영상위원회의 역할은 국내외 영화 영상물의 보다 편리한 제작환경 조성을 위해 장소 섭외 및 촬영 허가 등 One-Stop 행정서비스를 비롯하여 영상 제작 과정에 필요한 제반 사항을 종합적으로 지원하고 있는 곳으로 제일 먼저 탄생된 부산의 영상위원회를 참고로 살펴보면 (사)부산영상위원회는 한국 최초의 민·관 합동 기구로 1999년 12월에 설립되었으며, 부산을 영화촬영하기 좋은 도시로 만드는 역할을 부산영상위원회가 수행하고 있다.

좋은 조건의 자연환경을 갖춘 부산은 시민들의 '영화사랑'과 부산시의 '영상도시 만들기'라는 실천의지가 모여 아시아 영상의 중심도시로 거듭나고 있어 많은 영화인들로부터 부러움을 한껏 받고 있으며, 특히 부산은 부산국제영화제, 아시아단편영화제 등 국제적인 영화 축제를 통해 '서울은 몰라도 부산은 안다.'라는 말이 나올 정도로 세계인들에게 영화 도시로 널리 알리는 데 주력을 해서 이젠 동북아시아의 영상 거점의 도시로 탈바꿈되어 있다.

부산영상위원회는 설립 이후 1년 동안의 국내외 영화촬영 유치성과를 세계적으로 인정받아 2000년 12월에 세계필름커미션연합(AFCI)(합리적인 로케이션 영화지원 시스템 기구)의 정회원이 됐고 부산영상위원회의 지원 아래 촬영, 제작되고 있는 영상 제작물들은 한 해 평균 80여 편이며 일본을 비롯해 홍콩, 대만, 인도 등 아시아권 영화사들도 로케이션 촬영을 위해 부산을 찾고 있다.

◎ 전주영상위원회

가까운 전주영상위원회를 살펴보면 지난 2001년 4월에 전주영상위원회가 설립된 이후 전주 권역에서 촬영한 영화 및 드라마는 2003년 2월 7일 현재 모두 24편에 달한다.

전주영상위원회에서는 "영화와 드라마 제작사를 계속 유치하고 제작에 필요한 지원을 아끼지 않은 결과 많은 제작자들이 이 지역에서 촬영하기를 희망하고 있다."고 많은 언론에 공개한 바 있다. 전주가 국제영화제를 유치한 후 부산보다 늦게 영상위원회가 탄생되었지만 많은 영화들이 개봉을 했거나 촬영을 마치고 개봉을 준비하고 있다.

이미 알려진 <재밌는 영화>, <YMCA 야구단>, <굳세어라 금순

아>를 비롯해서 <광복절 특사>, <보리울의 여름>, <해안선>, <색즉
시공>, <클래식>, <대한민국 헌법 제1조>, <태극기 휘날리며>, <별
이 빛나는 밤에> 등이 전주에서 촬영을 했거나 진행 중에 있으며,
지난달에는 한 방송사의 미니시리즈 <러브레터>와 설 특집극 <순덕
이>가 촬영되는 등 올 들어 10여 편의 영화와 방송드라마가 전주 일
대에서 촬영됐거나 될 예정이어서 전통한옥 등이 잘 보존돼 있는 전
주 지역이 영화 및 드라마 촬영 장소로 인기를 끌고 있는 실정이다.
　이처럼 많은 영화나 TV드라마들이 전주에서 로케이션으로 촬영
이 진행되는 이유는 오밀조밀한 산과 들로 시대극은 물론 고풍스러
운 향교에서부터 젊음의 거리까지 감독의 머릿속에 그려진 다양한
그림을 현실로 표현할 수 있기도 하지만 가장 큰 이유는 전주영상
위원회와 전주시의 전폭적인 지원 때문이다.

◎ 이 지역 영상 현실

　필자는 약 62만 명의 중소 도시인 전주에서 치른 2000년 제1회
전주국제영화제 때부터 그곳의 상황에 촉각을 세우고 염탐하듯 그
들을 지켜보고 있었다.
　사실 이곳 광주 지역의 모든 영상에 관련한 마인드들은 민·관
모두 발 벗고 따라가기가 버거울 정도로 이미 영상의 메카처럼 전
주는 자리를 굳혀 가고 있다.
　더욱이 필자가 이 부분에서 매우 통탄하고 있는 것은 보란 듯이
이 전주영상위원회에서 지원받은 영상 제작팀들이 지역 담양, 곡성,
목포까지 내려와 촬영지원을 받고 있기 때문이다.
　얼마든지 우리도 지역적인 특색으론 해 줄 수 있다. 그러나 조직
과 기구가 없다.
　아울러 마치 다 잡은 고기 놓치듯 우리 쪽으로 교섭이 먼저 왔다

가 전주로 향한 영상 제작팀들이 상당히 많이 있어 더욱 가슴 아플 뿐이다. 혹자들은 영상 제작팀들이 온다 해도 시간과 경제적인 면에서 수선스럽기만 하지 이 지역에 무슨 보탬이 될까 하는 의구심도 토로하곤 한다. 그때마다 필자는 힘주어 설명한다. 돈이 되는 사업이라고……

경제적인 측면은 다음 기회에 언급하고 영상위원회의 역할과 우리의 현실을 논하였다.

3. 영상아카데미의 필요성

모든 부분의 기초는 교육이다.

영상아카데미는 영상 전문인력 양성을 위해 설립하는 것으로 영상 부분에 소양이 풍부한 정예 인력만을 선발해 풍부한 기자재와 실기 위주의 특화교육을 통해 많은 전문인력을 배출, 우리 영상의 발전에 크게 기여하는 데 큰 목적이 있다.

이곳에서는 영상 제작 현장의 전문가를 초빙하여 실습 위주의 체계적인 교육에 의해 이루어지는 곳으로 기존 대학교육의 틀을 벗어난 '대안교육'으로 창의적인 인재 양성에 주력하고 곳곳에 있는 영상아카데미에서는 90년대 이후의 한국영화 제작 시스템은 물론 영화 영상 형식에까지 변화의 바람을 몰고 왔다.

영화와 애니메이션 부분의 연출, 촬영에 대한 심화교육을 통해 영화현장이 요구하는 최고의 인재만을 길러낸 기구로서 급변하는 국내외 영화환경에 적합한 창의적인 영화인재 양성을 위해 민관이 별개 구조로 지역마다 특색 있는 교육으로 진행되고 있다.

우리나라에서는 대표적으로 1984년에 개소된 영화진흥위원회 아카데미가 있다.

요즈음은 영화진흥위원회 소속 서울종합촬영소가 영화·애니메이션 제작 부분에서 큰 후원자가 되어 주고 있어 많은 타 영상아카데미들로부터 부러움을 사고 있으며, 각각 다른 특색으로 민간단체들이나 개인들이 꾸민 사설학원 규모로 영상아카데미가 성황을 이루고 있다.

특히 우리 지역에는 그 가능성이 충분히 있다.

1월 29일에 개소된 영상예술센터가 아카데미의 중추적 역할을 하게 될 것이다.

이곳에는 교육을 위한 제반 시설들이 충분히 갖추어져 있어 그 어느 영상 부분의 사업보다 빨리 착수할 수 있다.

곧 디지털의 활용으로 영화적 능력과 재능만 있다면 영화 만들기는 어디에서든 가능해졌다.

정부정책이나 세계의 제작성향도 작가성 짙은 예술영화, 저예산 영화를 키우고 지원하는 쪽으로 바뀌었다. 개인영화, 독립영화의 시대적 필요성을 절감하고 있기 때문이다.

이제 영화의 그릇인 형식은 어디서든 누구든 가능해졌다. 문제는 그 안에 담을 내용, 사람이다. 만들 작가가 절실히 필요한 시점이다. 영화 인력 양성은 광주영화제의 비약적 발전을 위해서도 꼭 수반되어야 할 버팀인 것이다.

훗날 이곳 출신 영상 관련 인재들이 속속 배출될 희망찬 날들을 손꼽아 기다려 보면서 우리 고장에서도 채플린이나 히치콕 감독 같은 위대한 인물이나 조지 루카스나 스필버그 감독처럼 천재 영화인이 곧 탄생될 수 있는, 가능성이 있는 도시로 탈바꿈될 날이 머지 않았다.

4. 영상산업과 게임산업의 접목

세계적인 추세로서 한창 상승세를 타고 있는 게임산업은 영상으로 대중들에게 소개된 여러 종류의 캐릭터들을 다각도로 게임산업에 이용하여 경제적인 측면에서 큰 성과를 올리고 있다.

이곳 광주에도 이 부분에 큰 뜻을 두고 얼마 전 개소된 영상예술센터와 멀티미디어지원센터가 영상과 게임의 접목에 큰 역할을 해주리라 생각한다.

◎ 게임산업의 비전

엔터테인먼트산업은 과거 단순한 '놀이' 또는 '오락'으로서 소비적인 활동을 조장하는 비생산적인 산업으로 취급되어 왔으나 오늘날 엔터테인먼트는 현대산업의 중심축인 정보통신산업을 포함한 서비스산업의 일원으로, 21세기 유망지식기반산업으로 부각되고 있으며 거대한 생산설비나 자본 없이도 창의적인 지식과 아이디어로 엄청난 부를 창출할 수 있는 고부가가치의 환경 친화적인 산업이다.

이 엔터테인먼트산업 중에서도 가장 꽃이라고 할 수 있는 게임산업에 많은 노력이 더욱 요구되는 시기이다. 아직까지 한국의 게임산업은 다른 엔터테인먼트산업을 포함하여 산업적 정비가 충분히 되어 있지 않다고 볼 수 있다.

이는 투자기관을 포함하여 많은 부분에서 지적되고 있는데, 보다 넓고 거시적인 안목으로 다양한 문화상품의 결합과 미디어 믹스 능력을 배양하여 한국의 게임산업은 세계 시장과 어깨를 나란히 하는데 힘을 쏟아야 한다.

◎ 미래산업의 첨병인 게임산업

○ 컨텐츠산업의 수익성

건국 이래 최대 규모의 천문학적 수익을 올린 사원 수 10만 명의 반도체산업 실적이 불과 3천여 명의 직원을 거느린 일본 2대 게임업체 수익과 비슷하다.

만화영화 <라이온 킹>(일본영화) 한 편의 수익이 국내 자동차 150만 대 판매수익과 같다. SONY 그룹 전체의 이익 중 SONY 엔터테인먼트의 수익이 절반에 가깝다.

영화 <타이타닉>의 경우 Window Effect 과정으로 제작비 4,000억 달러의 15배가 넘는 엄청난 수익을 올렸다.

게임산업은 최근 몇 년 사이에 인터넷의 지구적 확산과 더불어 디지털 웨이브를 타고 비약적으로 성장하였으며 앞으로도 급성장할 것으로 예상되고 있다.

이제 게임은 소수의 취미 오락으로서가 아니라 산업으로서 이해되어야 하고 그에 어울리는 산업 구도와 사업 전개를 위한 안목을 갖추어야 하며 제반 정책적 지원 여건도 마련되어야 한다.

S／W산업이면서 IT산업이기도 한 게임산업은 컨텐츠산업으로 분류되기도 하며 엔터테인먼트산업으로 분류되기도 한다.

◎ 게임, 애니메이션, 캐릭터는 세계적 수준으로 육성

○ 언어 장벽이 낮고 세계적 수준의 기술을 확보하고 있으며, 무한한 성장 잠재력을 바탕으로 최근 성장세가 뚜렷한 분야

－게임산업의 경우, 2000년 1억 달러→2005년 5억 달러 수출 예상

－애니메이션 <큐빅스>는 미국방송 진출로 캐릭터 포함 최소 1,300만 달러 매출 예상

　○ 국산 '큐빅스' 미국서 대박 — 에니메이션 캐릭터의 성공

미국에 진출한 우리 문화상품 중 1호라고 할 수 있을 정도로 현지에서 호응도가 매우 높다.

그동안 우리 극영화가 가끔씩 미국에서 개봉되었지만 경제적인 측면에서 보면 미미한 성과에 불과했으나 이번 <큐빅스>는 대단한 성과를 올렸다.

◎ 영화, 음악, 방송 영상은 아시아 최고 수준으로 육성

가치관과 정서가 유사한 '한류(韓流)' 영향권인 아시아

　　－영화산업은 2001년 700만 달러에서 2002년 상반기만 1,000만 달러 수출

　　－방송 영상물 중국시장 연간 5억 달러 수출 가능(2002년 5월 통계 자료)

　○ 독자적 경제 효과와 문화전파대로서 국가 문화브랜드 향상 효과

엔터테인먼트산업은 자국 문화와 상품의 이미지 제고 및 외래 전파에 크게 기여하는 특성이 있다.

예를 들어 자동차 추격 장면을 보면 튼튼한 차는 미국산 차량으로 표현시키고 한국산 차량은 한번 부딪치면 망가지는 차로 화면에 담는다. 즉, 엔터테인먼트 상품은 일반 상품과는 다르게 상품에 문화적, 정서적 요소가 내재되어 있다.

또 미국은 자국 영화를 통하여 주인공이 신고 다니는 나이키 운동화를, 손에 쥐고 있는 코카콜라와 맥도날드 햄버거를 광고하고, 이러한 장면은 은연중에 관객들에게 이들 상품에 대한 소비욕구를 자극시켜 왔다.

5. 영상문화산업 관련 캐릭터 사업 및 관광 인프라 구축

요즈음 TV에서 인기 있는 프로그램인 SBS-TV <야인시대>가 곡성 구驛舍에서 촬영을 했고 기술한 바와 같이 전주영상위원회의 도움을 받아 우리 영화사상 최대 제작비인 130억 예산 규모로 제작되는 '강제규 필림'의 <태극기 휘날리며>가 곡성 지역 엑스트라들을 기용하여 9일간 촬영할 예정으로 크랭크인됐다.

여기에 연 인원 2,500여 명이 보조출연자로 출연하게 되고 스태프 40여 명 등이 열흘 정도만 활동하게 되면 지역에 유통되는 금액이 약 1억 원 정도(가상 수치) 발생한다. 곡성이란 작은 지역 경제에 큰 보탬이 됨은 더 말할 나위 없다.

얼마 전 광주 출신인 충무로의 모 감독이 광주영상위원회 창설을 애타게 갈망하며 부탁의 제언이 있었다. 장성 홍길동 생가 부근의 땅에 약 1,000여 평 정도에 세트를 지어 홍길동 관련 영화를 촬영하고 싶다는 의견을 제시하고 세트는 촬영 후 현지에 기증 형식을 택하겠다 한다.

만약 촬영이 끝나고 영화가 개봉되어 좋은 흥행 성적이 나타나면 장성은 관광도시로 바뀔 가능성이 매우 높다. 광주 시청이나 전남 도청에서 영화자금 조성(펀드) 여부가 가장 큰 관건이다.

영화촬영 후 도시가 크게 빛을 본 사례들이 매우 많다.

예를 들면 KBS-TV의 드라마 <장보고> SET場이 ─ 전북 변산반도에 1,700억 원이 투자되어 들어서게 되고 현재 진행 중인 <무인시대>의 주 배경인 고창 선운사 지역이 또 화두에 오르고 있다.

얼마 전 세트를 지어 크게 각광을 받았던 SBS-TV의 <야인시대> 세트인 부천 촬영장에 요즈음 일요일 하루에 약 3만 명에 가까운 관광객들의 발길이 이어지고 있다.

관광객들의 입장료 4,000원에 주차비도 30분에 1,000원을 징수하고 있어 지역 경제에 큰 도움이 되고 부천영상위원회의 입지가 한층 업그레이드됨은 물론 관광수입으로 많은 수익을 올릴 승산이 매우 높다.

아울러 작품 속에 등장한 주·조연의 캐릭터들을 상품화시켜 개발한다든지 게임의 주인공으로 캐릭터를 이용할 수도 있어 부가가치가 높게 나타나게 된다.

사례: <반지의 제왕>−게임용으로 캐릭터 사용
     <해리포터 ……>−캐릭터를 이용 게임용으로 영화 종영 후에도 크게 각광을 받고 있음
     <쉬리>−제주도 해안가 벤치
     <설국>−'가와바다 야스나리' 작가가 머물던 일본 온천장 숙소
     <쇼생크 탈출>−영화 속에 나온 돌담 넘어 큰 나무 한 그루 등, 관광자원화되어 굴뚝 없는 산업으로서 명분을 충분히 발휘

6. 영상 라이브러리(Library) 설치

영상은 역사적, 문화적 가치를 지닌 한 시대의 거울이며 소중한 문화유산이다. 또한 영상자료는 시간의 흐름과 함께 소멸될 가능성이 높을 뿐 아니라 훼손 시 복원이 불가능하기 때문에 이를 디지털화함으로써 우리의 소중한 영상문화유산을 과학적인 기반 아래에서 영구 보존하는 한편, 누구나 쉽게 이용할 수 있는 멀티미디어 컨텐츠로 만듦으로써 우리 영상문화의 확대 재생산과 지역 문화의 발전을 유도하는 기반이 될 것이다.

참고로 1974년 1월에 설립되어 소중한 영상자료들을 국가적 차원에서 수집하고 보관하는 유일한 기구인 '영상자료원'에는 문화유산들이 영구히 보존되어 있다.

이곳에서는 영화필름, 영화관계 문헌 및 영상자료의 수집, 보관, 전시 및 상호 교환, 영화의 예술적, 역사적 및 교육적인 연구 활동, 국제영상자료원연맹 회원들과의 활발한 교류를 통해 영화예술 및 인류문화의 발전에 기여하는 데 목적을 두고 운영되고 있으며 그곳의 기능은 수집, 보존, 영화필름 등의 제출, 종합영상자료 정보화, 좋은 영화보기, 영화교육, 국제교류, 영상자료 열람실 등 그 밖에 다양한 기능을 갖추고 있다.

이 '영상자료원'의 설립 목적과 기능적인 면에서 맥을 같이할 수 있는 광주 지역에 또 다른 영상 라이브러리(Library)가 필요하다. 여기엔 자료로서 가치가 있는 모든 영상과 음향자료들을 영구보존관리의 원칙하에 수집, 보존함으로써 영화예술뿐 아니라 문화 전반에 걸친 발전을 도모하고 학술적 연구에 기여할 수 있도록 하기 위한 것이다.

즉, 이곳 광주 지역에서도 서울까지 가지 않고서도 많은 자료를 토대로 후학들이 영상 연구에 전념할 수 있는 터전을 마련했으면 한다. 문화수도의 일익을 담당할 수 있는 좋은 장소가 될 것이다.

지금부터라도 기존의 영상데이터를 디지털화시키고 또 디지털화된 기존의 상품들을 수집하고 보존해도 늦지 않다.

참고로 현재 영상자료원에서는 종합영상자료 데이터베이스 기반 조성 작업을 지속적으로 진행 중이며, 1919년부터 2001년까지의 국내영화 제작정보 5,100여 편과 관련 포스터 및 스틸 자료 11,000여 점, 그리고 1999년과 2000년 정보화 사업을 통해 구축된 영화인 및 애니메이터 인명정보 3,700여 명, 국내영화 예고편과 자료원 자체 제작 영화인 다큐 기록물 등의 동영상 790여 점을 인터넷으로 공개하고 있는 등 방대한 자료들이 축적되어 가고 있다.

'좋은 영화보기'를 통해 시민들에게 평소 접하기 어려운 한국의 주옥같은 고전영화와 국경을 초월한 다양한 국가의 외국영화를 시대별·작가별·장르별로 폭넓게 영화를 감상할 수 있는 기회를 제공하며 영상 인구의 저변 확대와 수준 높은 영상문화를 창출하는 데에 그 목적이 있다.

2월 6일, 광주에서도 시청과 국제영화제에서 함께 추진하여 실시한 영화시사회가 바로 이런 성격이며 같은 맥락에서 펼쳐지는 행사이다.

7. 市公館을 이용한 영상공연문화 활성화

부천이나 전주영화제에 다녀오면 괜히 짜증이 난다.

왜? 우리 광주 지역엔 1,800석의 초현대식 첨단극장인 문화예술회관 大劇場과 250석 규모의 소극장이 있어도 영사 시스템은 없을까?……하고 속상해 할 때가 자주 있다.

물론 광주공원에 있는 시민회관과 도청 앞 남도예술회관에도 영사시설이 되어 있다. 그러나 영사시설은 되어 있어도 작품을 상영하기엔 부적합한 장소로 국제영화제를 치를 수 있는 영사시설에는 매우 미흡한 점을 제2회 국제영화제 행사를 치르면서 새삼 느낀 바 있다.

그러나 상설극장이 거의 전무한 상태인 부천에서 판타스틱 국제영화제 입지를 작년에 완전히 굳힌 상태이다. 부천 시청에 있는 시민회관의 시설과 복사골 문화센터에 있는 영화 상영관들은 어디에 내놔도 손색이 없는 훌륭한 시설들로서 국제영화제 메인 상영관으로 손색이 없었다.

아울러 부천시 각 구청에 있는 공회당들도 첨단 영사시설을 갖추고 영화제 행사에 임하는 것을 보고 쓸만한 상설극장이 없는 군소 도시에서도 관의 시설만 가지고도 충분히 영화제를 치르고 있는 모습에 부천시의 영화 관계자들에게 감탄의 인사말을 아끼지 않았었다.

가까운 전주도 부천과 마찬가지였다.

작년 제3회 영화제 때는 전주시 외각에 위치한 '소리의 전당'이라는 초현대식 건물에 첨단의 시설로 꾸며진 상영관에서 개막식과 폐막식 행사들을 치렀고 메인 상영관 구실도 하였다.

또한 전북대학교 내에 위치해 있는 '삼성문화관'이라는 대극장도 영사시설 및 제반 여건들이 잘 갖추어져 있어서 1, 2회 행사 때 메인 상영관으로 사용되었으며 '덕진예술회관'이라는 관청의 상영관도 손색없는 시설로 평가된다.

이젠 이곳 광주도 공연예술을 위한 공간에는 반드시 영상 관련 시스템이 가동될 수 있도록 관에서 적극적으로 투자를 해 주어야 한다.

8. 청소년들을 위한 영상 관련 놀이문화공간 확보 및 영상체험공간 설치

요즈음 청소년들, 반항기세대들이 가정의 그늘을 빠져나가 부모의 속을 썩이는 빈도가 점차 줄어들고 있다. 그것은 IT, CT산업의 승리로 돌릴 수 있다.

필자는 그들을 위해 새로운 영상문화의 접근을 유도하고 싶다.

손엔 디지털 카메라를 들고 마음껏 영상적인 표현을 하도록 하고 싶고, 똑같은 시간에 놀이문화를 즐기면서도 영상체험을 할 수 있는 영상체험공간을 마련해 주고 싶다.

그곳에 가면 직접 본인이 뉴스앵커가 되어도 보고 카메라맨이나

아나운서, 취재기자 역할도 해 보는 기회를 직접 경험해 보는 체험의 장소가 필요하고, 또 미국 유니버설 스튜디오를 재현시켜 영화 <ET>의 주인공처럼 자전거를 타고 하늘을 나는 기분을 만끽해 본다든지 <타이타닉>처럼 침몰의 순간들을 경험하는 것처럼 스릴을 느껴볼 수 있도록 체험의 공간 확보가 필요하다.

또 홍해바다가 갈라지는 모세의 기적들이 일어나는 모습 등도 보여주어서 직접체험공간 등을 마련해 주고 또 관광산업적인 시설들이 시내 중심에 세팅되어서 영상을 꿈꾸는 청소년들에게 희망과 용기와 모험심 등을 키워 주는 방법이 바람직하다.

이처럼 젊은 청소년들의 시선을 어떻게 잡아 두어야 할 것인가에 중점을 두고 영상 관련 시설물을 이용해 다소나마 청소년 선도에 문화적 마인드로 접근을 시도해서 사회로부터 이탈되려는 이들을 살펴 주어야 할 것이다.

지금 이 시간에도 하루에도 몇 번씩 괜히 충장로를 배회하는 청소년들이 많이 있다. 광주 시내 복판으로 몰려드는 청소년들의 심리를 잘 읽을 수 있는 공간이 하루가 급한 실정이다.

9. 영상예술센터 활용 방안

얼마 전 개소한 영상예술센터는 지역 영상문화산업 발전을 뒷받침할 문화산업기반 시설로서, 멀티미디어지원센터와 연계되어 기업·학계·연구기관 등 다층의 영상 관련 분야와 영상산업에 관한 한 맥락을 같이하게 된다.

이곳은 이 지역 최고의 영상 관련 교육기관이 될 수 있으며 제작을 지원하게 되는 종합 사령탑의 구실을 하게 된다.

앞서 기술한 영상아카데미도 이곳의 모든 설비나 기제들을 사용할 수밖에 없다. 앞으로 이곳의 이용률은 매우 높아질 것이다.

이 지역에서 영상에 관한 한, 이곳을 이용할 수밖에 없는 꼭 필요한 장소로서 영상을 공부하고자 하는 학도들이나 시민들에게 자유로이 이용할 수 있는 영상의 메카로 자리매김하게 된다.

지역 영상문화 및 멀티센터의 새로운 전기를 마련한 이곳의 주요 기능들을 알아보면 영화·애니메이션·게임·멀티미디어 등 유망 영상 벤처 기업들이 입주하였고 이곳에서 작품 활동을 하게 되고 설치된 영상편집실, 음향편집실, 컴퓨터그래픽실 등 공용 장비 등을 이용하게 된다.

또한 영상자료 및 관련 도서 등을 구비한 자료실도 있고, 센터 홍보 및 영상체험의 상설전시실과 기획전시실이 있으며 회의, 작품 발표회, 강연회 등 다목적 영상관, 실내 세트장인 다목적 홀 등이 구축되어 있어 이곳에 입주한 기업이나 이곳을 이용하게 될 영상 마니아들에게는 더할 나위 없는 좋은 장소로 제공된다. 영상문화에 대한 대중적 인식의 폭을 넓히고 영상문화의 확산을 꾀하기 위해 마련된 이곳에선 전반적인 정보를 습득할 수 있는 공간으로 활용되는 데에 이곳의 설립목적이 있다.

또 이곳에서 독립영화나 애니메이션 영상물 상영 및 대학 발표회 등 각종 행사가 유치되어 지역 영상 활성화에 큰 몫을 담당하게 된다.

○ 영상사업의 필요성 및 효과

영상산업의 진흥을 위해 설립된 영상예술센터의 전문적이고 효율적인 관리, 운영으로써 또 영상·멀티미디어에 관심 있는 일반 시민과 전문가들을 교육시킴으로써 지역의 영상에 관한 인지도가 크게 바뀔 것이고 전문인력들이 배출되어 사회에 이바지하게 된다.

또한 기대 효과로서는 이곳 광주영상예술센터의 장비를 활용하여 우리 지역의 애니메이션산업 인프라 조성의 첨병으로 인력 양성, 고용 창출 등 경제 활성화에 크게 기여할 것으로 전망된다.

기존의 산업자원과 기반이 취약한 고장이지만 이 고장의 인재들은 상대적으로 풍부한 문화유산과 우수한 아이디어 및 창의력을 태어날 때부터 갖추고 있어 이곳 영상센터의 개소로 인해 '황금알'을 낳는 문화콘텐츠산업의 핵심적인 조건과 잠재력을 이미 확보하였다고 볼 수 있다.

광주영상예술센터와 광주멀티미디어 기술지원센터는 세계를 향한 광주문화콘텐츠산업의 출발점이자 산실이 될 것이며, 영화·애니메이션·게임·멀티미디어·음악·캐릭터 등 유망 영상벤처기업을 육성하고 청소년에서 일반 시민에 이르기까지 영상예술을 향유하고 멀티미디어를 활용할 수 있게 해 문화예술이 곧 경제요, 도시를 새롭게 바꾼다는 사실을 입증하게 된다.

10. 예술영화 전용관 활용의 극대화

일반 상업영화 위주의 상영 구조에서 소외된 예술영화가 영화관에서 보다 많이 상영되고 이로 인해 우리 관객들이 보다 다양한 영화와 접할 수 있는 환경을 조성하고, 한국영화의 다양성 확대를 통한 장기적인 한국영화 진흥 방안을 모색하기 위해 영화 진흥위원회(위원장 李忠植)가 지난해 12월 26일에 서울의 동숭아트센터가 운영하는 '하이퍼텍 나다', 미로비젼의 '미로스페이스', (주)광주극장의 '광주극장' 등 전국 3개 상영관을 민간 사업자가 운영하는 예술영화 전용관으로 지정하고 2003년 1월 1일부터 본격적으로 운영에 들어갔다.

이 '예술영화 전용관'은 한국예술영화의 경우에는 현행 한국영화

의무상영 일수(106일) 제도에 준해 상영하게 되며, 총 예술영화 상영일은 연간 상영 일수의 3 / 5 이상(219일)을 유지하게 된다.

이들 '예술영화 전용관'은 또 CI 작업 및 공동 웹사이트 운영, 언론 매체를 통한 광고 및 마케팅 활동을 활발히 펼쳐 우리 관객들에게 '예술영화 전용관'을 널리 알림으로써 예술영화의 저변 확대 및 시장 활성화에 적극 나서게 된다. 예술영화를 소개할 수 있는 상시적인 공간 마련과 더불어 예술영화 마니아들의 갈증을 충족시킬 수 있다.

또한 예술영화에 대한 잠재고객을 유도하고 다양한 영화와 접할 수 있는 환경을 조성하며 영화의 속성인 오락＋예술, 문화＋산업이라는 인식의 폭도 넓혀 주게 된다.

예술영화의 예: 작년 광주극장에서 레이트 쇼(심야프로)로 소개되었던 영화들 <레퀴엠>, <파이>, <헤드윅>, <범죄의 요소>, <위대한 독재자>, <이브의 아름다운 키스>은 예술영화로서 인정을 받을 수 있다.

한국 예술영화로는 <오아시스>, <취화선>을 들 수 있다.

전용관 도입의 기본 방향처럼 광주극장 측은 영화 마니아들이 바라는 예술영화의 소개에 최선의 노력을 기울이고 꾸준한 예술영화의 소개를 통해 고정 관객층도 많이 형성하게 된다.

대중예술로서의 영화가 관객과 소통되지 않고 사멸되는 것은 창작자, 관객, 영화 자체적으로도 결코 바람직하지 않다.

영화와 관객이 만들어 내는 힘은 우리가 생각하는 것보다 크고 위대하다.

단 한 명밖에 보지 않은 영화라고 할지라도 그 사람의 마음을 움직였다면 천 명이 본 영화와도 가늠할 수 있다.

예술극장의 면모를 갖추기 위한 광주극장의 입장을 살펴보면 다음과 같다.

1. 2003년에 개봉되는 영화 중 예술적 가치가 있는 신작 영화 소개
2. 상업성이 없다는 이유로 소개가 되지 않았던 비주류영화
3. 흥행이 되지 않는다는 이유로 일찍 종영할 수밖에 없었던 영화 중 작품성과 실험성이 뛰어난 영화를 엄선하여 소개
4. 고전영화 또는 작가주의 영화 소개
5. 서울을 중심으로 열리는 감독展, 회고展 등 다양한 영화제가 예술영화 전용관에서도 한 차례 이상 소개될 수 있도록 노력
6. 시네마테크를 통해 소개되는 영화들을 전용관을 통해 상영
7. 레이트 쇼(Late-Show)와 연계한 프로그램 선정(계속 유지)
8. 예술영화의 개봉 시점을 최대한 서울과 동일화
9. 영화에 따라서 감독, 평론가, 배우와 관객과의 만남과 토론의 시간을 마련할 수 있도록 노력

예술영화를 몇 편 상영했다고 해서 예술영화의 관객이 늘어나고 관객들의 영화 보는 안목과 문화적 수준이 올라간다고 할 수는 없다. 그러나 예술영화를 기대하고 보고 싶어 하는 관객이 극소수일지라도 그 소수를 위해서라도 常時 예술영화를 만날 수 있는 환경이 될 수 있도록 최선의 노력을 기울이겠다.

단 한 명의 관객을 위해서도 영사기는 돌아간다는 것이 광주극장의 입장이다.

Ⅲ. 결 론

◎ 무조건 젊어져야 하는 영상문화

모든 영상은 젊어져야 한다. 이것은 분명 진리라 할 수 있다. 그 이유로는 대다수의 영상 관련 수요자(컴퓨터·영화·TV·각종 동영

상게임)는 10~20대가 60% 이상을 차지하며 특히 영화 영상은 젊은 세대가 90% 이상을 차지하고 있다.

비단 우리나라 경우만이 아니라 전 세계적으로 알려진 공통된 현상으로 수요와 공급의 원리로 영화는 젊어질 수밖에 없다.

예를 들어 30대 이상 부부 가운데 결혼 후 부부동반 영화관람 횟수가 연간 2회를 넘기는 빈도가 거의 전무할 정도다. 사회적인 여건이나 경제적인 이유들이 있겠지만, 문화적 욕구 대상이 꼭 영화로 국한되지 않는다. 음악이나 미술 각종 전시회나 음악회 그리고 대형 TV나 VIDEO, DVD 등 안방극장 형태의 여러 가지 요소들과 연극, 오페라, 창극, 국극 등 다양한 대중성을 띤 공연예술들이 많이 확산되어 있어서 과거 영화에 관심을 보여주었던 관객들의 분포도가 나누어지는 이유도 원인이다.

그렇지만 그런 이유만은 결코 아니다.

영상 속에서 자주 표현되는 주된 세대계층이 다르기 때문이라고 누구든 말할 수 있다. 본인의 생활이나 의지와는 너무 다른 세계에 30대 이상의 세대들은 젊음의 세대에 선뜻 접근하지 못한다는 결론인 것이다.

그로 인해 영상에 관련해서 거리감을 둘 수밖에 없다는 현실이다.

최근 한국영화의 시장 점유율이 50%에 육박하고 연간 관람 인원이 67년 이후 35년 만에 1억 명을 돌파하는 등 우리 영화계에 신기록 붐이 일어나고 있다. 그러나 아직은 축배의 잔을 들기엔 이른 시점이다.

1년 전 대비 우리 영화 관객 점유율로 본 상승폭이나 상승률을 보면 분명 큰 성과임에는 틀림없으나 산업적 측면에선 여러 가지 문제점도 있다.

작년 2002년 전체적인 영화산업 측면에서 살펴본다면 적자였다.

그것도 편당 5억 6천만 원 정도에다 사전 기획료를 포함한다면 약 8~9억에 가까운 적자가 쌓여 가고 있다.

참고로 작년 우리 영화의 개봉편수는 77편이었다.

그 이유로는 미 할리우드 영화 흥을 낸 ‘블록버스터’ 급인 약 50억 원 이상이 소요된 영화들이 모두 참패하여 전체적인 제작비의 상승을 가져왔고 적자폭 또한 크게 만드는 요인이 되었다.

실례로 장선우 감독의 <성냥팔이 소녀의 재림>의 제작비 약 90억 원이 휴지가 되었고 광고비 등 홍보 및 기획비가 거의 물거품이 되었다. 이로 인해 충무로의 자금들이 경직된 현상이 일어나 영화에 투자하려고 하는 의욕들이 많이 상실된 것이다. 이런 경우가 대형인 블록버스터 급 영화에서 자주 발생하게 된다면 우리 영화는 다시 암울한 과거로 되돌아갈 뿐이다.

이렇듯 우리 영화계는 外華內貧 격이 되어 있는 현실이다.

이러한 현상들을 거울삼아 후진들의 교육에 가장 많은 투자를 해야 한다.

그리고 지역 영상발전이 곧 우리나라의 영상 발전과 밀접한 관계가 있다고 생각하며 이 지역민들의 적극적인 성원이 가장 큰 힘이 된다.

아울러 영상 관련 모든 문화가 하루속히 정착되어 많은 시민들에게 혜택이 돌아가야 할 것이다. 하루빨리 이 지역에 ‘문화수도’ 탄생의 그 날을 손꼽아 기다려 본다.

꿈은 이루어진다!…… 단 열심히 꿈을 꾸기 위해 노력이 절실히 필요할 때이다.

─ 우리 영화도 경쟁력 갖춘 상품 ─

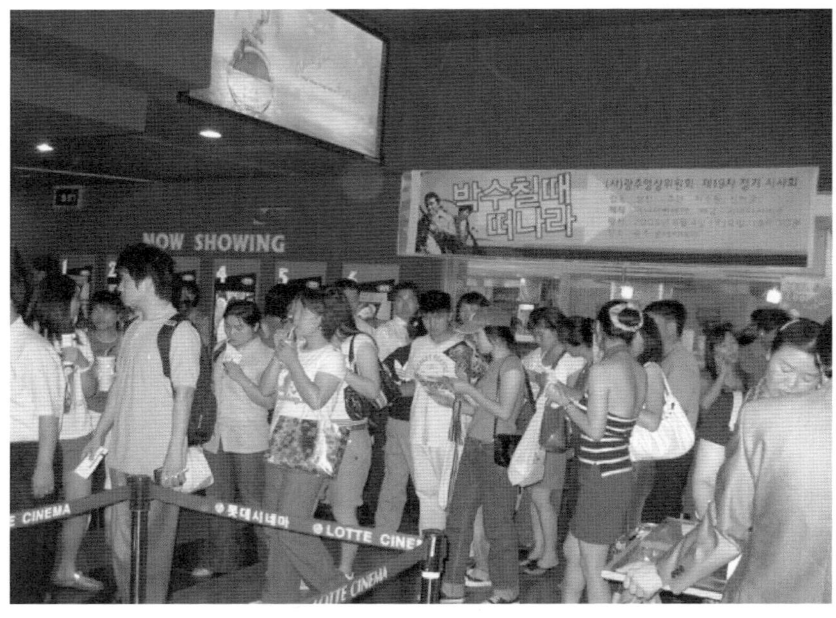

이젠 우리 영화도 경쟁력을 갖춘 상품이다.

영화진흥위원회의 통계에 의하면 2002년 국내영화시장 점유율이 47%를 넘었고 영화 관객이 작년보다 20.8% 늘어난 1억 8백여만 명으로 1973년 이후 30년 만에 영화 관객 1억 명이 돌파되었으며 제작편수 또한 작년 대비 13편이 늘어난 78편이었고 외화 개봉편수는 186편으로 2001년에 비해 42편이 줄어들었다.

하지만 샴페인을 터뜨리기엔 조금 시기상조이다.

혹자들은 껍데기뿐인 영화 또는 말초신경 자극제 정도인 가벼운 영화들로 치부해 버리고 질 높은 영화들에 언젠가는 뒤떨어지게 된다는 우려의 소리들을 높이고 있다.

작년 기준으로 볼 때 우리 영화가 1편당 평균 5억 6천만 원 정도의 적자라는 통계가 우리의 가슴을 철렁하게 만든다.

오락류 영화가 주를 이루는 우리 영화계에 적자투성이 시스템들이 움직인다고 가정하면, 이 얼마나 빛 좋은 개살구 격인가?

50억 원 이상의 제작비를 들인 블록버스터들이 연달아 실패함에 따라 우리 영화계 흥행률의 평균 수치를 떨어뜨렸다.

예를 들어 <성냥팔이……>은 100억 원이 넘는 제작비를 투자해서 거의 모두 날려버린 격이 되었고 이것을 큰 교훈으로 삼아 앞으로 이런 큰 오류를 범하지 말아야 한다.

'대마불사(大馬不死)'라는 용어는 사라진 지 오래전이다. 그래서인지 대메이저 배급사에 몰리던 펀드형 자금들이 약간 주춤거리다가 이젠 실속파형을 택한 것이 우리 영화계 자본시장이다.

필자의 영화계 조감독 시절인 70~80년대엔 인건비로 6개월 어음을 받아 월 6%의 이자를 제하고 나면 64% 정도 현금화시켜 생활비로 충당하곤 했다. 그것도 매우 아쉬운 경우인지라 영세제작자들은 이들 메이저 자금업자들에게 항상 허리 숙여 상전을 모시듯 깍듯이 모셔야만 했다.

그래도 요즘은 조금은 많이 나아진 상황이다.

그리고 과거 배급업은 각 지방에서도 크게 이루어졌는데 현 광주에 계신 분 가운데 극장을 경영하면서 영화 흥행에 관련된 사장님들께서는 당시 영화계에 막대한 영향력을 행사하곤 했었다.

영화는 타이밍이 매우 중요하다. 즉, 개봉시기를 잘 맞추지 못하면 시류에 의해 흥행에 있어 참패하는 경우들이 종종 있고 반대로 시대흐름에 편승해 대성할 수도 있다.

실례로 <공동경비구역 JSA>가 그런 경우이다.

이젠 4~5천만 원의 영화 제작비로 수백억 원을 벌어들인 경우가 탄생되어 또 다른 변화를 예고할 수 있는 시점에 와 있다고 본다.

외국의 경우엔 종종 이런 현상들이 일어나는데 1999년의 <블레어 위치>라는 영화가 바로 저예산(학생그룹)으로 완성시켜 엄청난 부(富)를 취했던 경우이다.

2003년 2월 필자의 글에서도 언급한 바 있듯이 이젠 디지털 대혁명 시대에 접하고 있어 영화 속에서만큼은 그 어떤 문제라도 해결되는 '불가능'이란 단어가 없어졌다.

바로 우리가 꿈꾸어 왔던 환상과 모험, 모든 우리 상상들을 마음껏 이젠 표현할 수 있는 시절이 온 것이다. 그래서인지 '007시리즈'가 이젠 별로 흥미롭지 못한 시절이 되었다.

차라리 <아이스에이지>, <슈렉>, <보물섬>, <센과 치히로의 행방불명> 등과 같은 2D나 3D 등의 애니메이션에 더 호감이 가는 시절이 되었다.

독자 여러분 영화를 꼭 현실에 비추어 생각하지 마시고 우리 일상에선 좀처럼 보기 힘든 경우들을 영화 속에서 특별한 경험과 체험을 한다 생각하시고 영화 감상에 임하시길 바랍니다. 그래서 자라나는 청소년들에겐 영화를 통해 꿈과 희망을 그리고 모험심과 상상력 등을 키우는 계기가 되길 바라고 중년에서 노년층에 이르기까지는 휴식과 오락 등으로서 내일을 헤쳐 나가는 활력소로서, 즉 카타르시스의 도구로 생각하시고 영화를 많이 사랑해 주시기 바랍니다.

특히 우리 영화가 경쟁력을 키울 수 있도록 많이 보아주시고 영화 감상은 반드시 극장에서 하는 습관을 길러야 합니다. 감흥이 배(倍)가 되니까요.

-영화 속의 다양한 에피소드-

1930년대 미국 대공황 시절 美 출판업계는 살아남기 위해 장편이 아닌 단편들을 모아 全集 형태로 출판하여 가까스로 살아남은 경우가 있었다. 거기서 유래된 용어로 옴니버스(Omnibus)영화라는 단어가 나왔다.

이 형식은 단편영화들을 여러 편 볼 수 있는 장점이 있다. 즉, 한 영화 속에 다양한 에피소드가 전개된다는 이야기다.

역사적으론 1949년 영국의 <서머셋 모옴>의 단편들을 원작으로 '켄 아나킨' 감독의 <4중주＝Quartet>가 1호 옴니버스영화로 기록되고 있다.

이 옴니버스영화 틀 속에는 감독들이 각각 다른 여러 소재들로 영화를 만들며 또, 한 감독이 여러 상황을 이야기한 경우들도 있다.

필자는 1960년대의 우리 영화 중 <恨>이라는 옴니버스영화를 처음 접하곤 상당한 흥미를 느꼈던 적이 생각난다. 그 영화 속엔 총각귀신, 처녀귀신, 며느리귀신 등이 나와서 여러 상황들에 의해 속박받은 존재들의 풀지 못한 원한들을 한 편의 영화 속에서 몇 가지의 에피소드로 구분되어 접할 수 있었으며, 최근엔 우리 영화 박광현, 박상원, 이현종 세 감독의 <묻지마 패밀리>가 옴니버스 형태로 상당한 호평을 받기도 했다.

왜 이런 스타일의 영화가 나오게 되었을까?……

그것은 자구책인 동시에 흥행목적으로 탄생된 형식이다.

이렇듯 경제적으로 살아남기 위한 수단으로 영화계의 시도들은 끊임없이 지속되어 왔다.

한편 영화 속에 여러 형태의 장르들이 뒤섞여 있는 경우들을 종종 볼 수 있는데 그 이유 또한 관객들에게 다양한 볼거리를 제공해 주는 차원에서 서비스가 필요하였던 것이다.

2000년 제1회 전주국제영화제 때 상영되었던 '미이케 다카시' 감독의 <오디션=Audition>이라는 일본영화는 처음엔 코믹터치로 시작되다 멜로와 스릴러로 또 서스펜스, 액션장르 등으로 진행되었고 결론은 극단적이며 엽기적인 황당한 호러장르로 진행되어 관객들로 하여금 다양한 장르를 한 영화 속에서 경험하게 하는 형태를 띠기도 해서 무척 인상적이었던 기억이 난다.

2003년 2월 21일에 개봉한 영화 중 <기묘한 이야기>라는 제명이 눈에 확 띄었다. 과연 광고대로 '奇妙한' 영화이겠지 하고 모처럼 옴니버스영화 한 편 즐기는 기회를 가졌었다. 영화 전반부는 호러 스타일로 서늘하며 무서운 부분을 담아서 관객들의 시선을 화면 속으로 끌어당기었고 두 번째는 매우 웃기는 장면들이, 그리고 세 번째는 미래의 행복한 젊은 예비 부부 이야기로 꾸며져 있다.

특히 1700년대 일본 배경의 사무라이 가족을 그린 두 번째 부분 장면들을 예로 들면, '에도[江戶]'에서 일어난 반란으로 영주가 억울한 죽음을 당하자 그 복수의 몫은 당연히 직속 부하인 주인공역인 '오이시' 장군의 몫으로 남게 된다.

'오이시' 장군은 우연히 길에서 주운 미래의 상징인 핸드폰에 의지해 본분을 잃고 다가올 역사를 미리 핸드폰을 통해서 알아보는 등 매사에 적극적이지 못한 소심하고 한심한 인물로 설정되어 있다.

그래서 大事를 앞두고 집안일에는 관심이 없고 윤락가의 여자에게만 정신이 팔려 있고 또 이런 아버지의 모습에 격분한 의협심이 강한 '오이시' 장군의 어린 아들은 아버지 대신 '에도'의 복수를 위해 칼을 빼든다. 여기까진 이야기가 되는 부분이다.

이후 '오이시' 장군의 철부지 아들은 칼을 빼들고 무능하기만 한 아버지를 먼저 죽인 후 원수를 갚겠다고 두 부자간에 쫓고 쫓기는 상황이 연출되어 분명 웃지 않을 수 없는 블랙코미디 장면이지만 관객들은 웃지를 않는다. 이유는 도덕적으로 우리나라에선 있을 수 없는 일이기에 바로 이 부분에서부터 영화는 생명력을 잃게 된다. 즉, 관객들이 웃어야 할 때 웃지 않으면 따라서 흥행적인 면도 뒷전으로 밀려나게 된다. 이런 현상이 바로 우리나라와 일본과의 정서가 다르다는 증거다.

즉, 문화가 다르기에 두 나라 사이에 나타난 차이란 이루 말할 수 없을 정도로 크게 다르다는 것이다.

일본에서 흥행에 성공한다고 해서 우리나라 관객들에게도 감흥을 불러일으켜 흥행까지 넘볼 수 없다는 결론이다.

이 영화가 일본열도를 뜨겁게 달구었다는 광고를 볼 때 그들과 우린 역시 정서와 문화 등에 많은 차이가 있다는 것을 알 수 있었다.

또 최근에 개봉한 '양조위', '유덕화' 주연의 홍콩영화 <무간도>도 흥행에서 참패하는 뜨거움을 맛보아야 했다. 정말 영화는 알쏭달쏭 흥행은 알 수 없다는 것이다.

-충무로의 광주 출신 감독들-

울고 싶을 땐 실컷 울어야 한다. 그것도 카타르시스다!

영화 속에 한번 푹 빠져서 실컷 울고 싶을 때가 있다. 아직도 소년 시절의 감성이 남아 있어서 그런지는 모르나 필자는 지금도 영화에 푹 빠져서 손수건을 적시곤 한다.

과거 <챔프>란 영화와 '김윤복'의 일기를 영화화한 <저 하늘에도 슬픔이>라는 영화에서 실컷 울었던 기억이 있다.

비슷한 예로 광주 출신 이정국 감독의 1997년의 <편지>를 비롯해 1998년의 <남자의 향기>, 2000년의 <하루>, 2001년의 <선물> 등의 영화에서 눈물을 흘려야 했다.

1968년부터 제작된 바 있는 <미워도 다시 한번>과 같은 최루탄 영화시리즈도 있지만 요즈음 관객들의 입맛에 맞는 제목을 찾다보니 상기 4작품이 언뜻 생각이 난다.

2003년 2월 28일에 개봉했던 이정욱 감독의 <국화꽃 향기>와 어제 개봉한 송경식 감독의 <대한민국 헌법 제1조>가 젊은이들과 중년 그리고 장년층에 이르기까지 심금(心琴)을 울리고 있어 화제다.

필자는 <대한민국 헌법 제1조>를 블랙코미디 정도로 가볍게 착각하고 영화를 보다가 그만 손수건을 꺼낼 수밖에 없었다.

우연인지는 몰라도 1990년의 <부활의 노래>와 1994년의 <두 여자 이야기>로 최우수작품상, 신인감독상, 각본상등을 수상한 바 있고 <편지>와 얼마 전에 개봉한 <블루>를 감독한 이정국 감독 그리고 <집으로……>의 이정향 감독 그리고 <국화꽃 향기>의 이정욱 감독 등 세 사람의 이름들이 왠지 패밀리처럼 느껴진다.

한편 이정욱 감독은 광주 출신으로 충무로에서 조감독으로 또 <넘버3>, <억수탕>, <복수는 나의 것>에서는 배우로서 얼굴을 비춘 바 있었다. 어쨌든 끼가 있는 감독으로서 많은 사람들을 울릴 수 있는 그러한 역량 있는 감독으로 평가하고 싶다.

<국화꽃 향기> 전반부는 대학 시절의 상큼한 이야기로 전개되다가 영화상영 35분이 경과한 후부터 펼쳐지는 본론 부분에선 또 다른 현실들처럼 그려지고 있다. 이 영화 속엔 고통과 함께 사랑, 슬픔, 우정, 템포감 있는 장면 전환과 젊은이들의 정열 그리고 짝사랑 등의 묘사들이 이정향 감독의 <집으로……>에서처럼 서정적이면서 순수하고 담백한 그러한 잔잔한 모습들로 그려지고 있으며 참신하고 싱그러운 내용의 질감도 느낄 수 있다.

또 영화 속 음악도 내용과 잘 조화를 이루어 관객들이 손수건을 꺼낼 수밖에 없는 수작임을 강조하고 싶다.

또 송경식 감독의 <대한민국 헌법 제1조> 클라이맥스 부분인 합동유세현장 장면에서 윤락녀 출신 국회의원 후보가 힘겹게 치르고 있는 선거전에 그만 힘을 잃고 사퇴선언을 하기 직전에 이곳저곳에서 그녀를 돕기 위해 소외되고 버려진 하층서민들로 구성된 응원군들이 몰려오자 힘을 얻게 되고 다시 한번 새로운 각오로 후보에 도전한다는 부분이 나온다.

1960년대 시절만 해도 이런 경우엔 박수가 쏟아져 나오는 부분이다. 이때 필자의 눈에는 어느새 뜨거운 김과 함께 눈물이 안경을 적시고 있었다.

이처럼 영화들이 노리는 술수가 마치 현실에서 일어날 수 있는 상황처럼 꾸며내고 있어 한층 관객들의 마음을 울리고 있는 것이다.

필자가 이 두 영화를 강조하게 된 이유는 이 고장 출신 감독들에 대한 깊은 찬사와 격려를 아끼지 않겠다는 또 다른 감정도 솔직히 담겨 있다.

어제 개봉한 <대한민국 헌법 1조>의 '송경식' 감독 역시 이곳 광주 출신 감독으로 1988년에 <사방지>를 만들었고 이 영화가 14년 후 작년 '서울여성영화제'에서 재조명되어 <사방지>가 수작이었음을 확인시켰던 감독이다.

이렇듯 이 고장 출신 감독들의 활발한 움직임들이 두드러지고 있는 현실에 매우 만족하다.

한편 부천국제영화제에서 집행위원장을 맡고 있는 김홍준 감독(1994년 <장미빛. 인생>으로 데뷔) 역시 이 고장 출신 감독임을 알려두는 바이다.

광주 전남에서 앞으로 더욱 많은 훌륭한 영화인들이 배출되었으면 한다. 그래서 영화를 공부하는 많은 후학들에게 꿈과 희망을 심어 주는 고향이 되길 바란다.

"이 고장 출신 영화인들이여 永遠하라!……"

-"옛 영화도 좋은 것이야!"-

영화의 주관객층은 10대 후반과 20대 초반이다. 이 통계 수치는 수차례 거론한 바 있다.

요즈음 흥행에서 성공한 <동갑내기 과외하기>는 바로 젊은이들의 상상을 뒤흔드는 장면들이 여러 군데 포진해 있다.

지난 2001년 이후 <엽기적인 그녀>보다 더 기발한 아이디어들이 없었던 터라 <동갑내기……>가 젊은이들의 입맛에 맞아떨어진 경우이다.

젊은이들을 위한 영화만이 흥행에 성공할 수 있으며 그런 흥행에 성공한 영화이어야만 이젠 영화로서 인정을 받는 세상이 되었다. 그러기 위해선 지난 대통령 선거전처럼 인터넷 활용이 관건이다.

2001년에 <엽기적……>가 인터넷상에서 대단한 인기를 끌었고 그로 인해 신조어들도 이 영화를 통해 많이 등장하였다. 예를 들어 '그랬습니다'를 '그랬슴다', '그랬쉼다' 등으로 표현하기도 해 약간 혼란스러운 것은 사실이다.

<동갑내기……>도 마찬가지로 인터넷상에 소설 형식으로 연재되어 그들 사이에선 상당한 인기가 있었다고 한다.

이젠 정치·경제·문화 분야 등 모든 분야에서 인터넷을 활용하지 못하거나 인터넷을 선점하지 못한다면 무엇이나 성공할 수 없음을 실감케 하고 있다.

과연 영화를 흥행의 대상으로만 여겨야 할까?…… 하고 영화의 예술성도 강조해 보긴 해도 상업적인 면을 빼놓고 생각할 수 없는 것이 영화이며 현실임을 다시 한번 느끼게 한다.

그러나 의외의 현상도 일어나곤 한다.

영화가 개봉 당시 흥행에 실패하더라도 다시 관객들이 지나간 영화를 찾는 경우도 종종 발생하고 있는 현실이다.

<와이키키 브라더스>, <고양이를 부탁해>, <라이방>, <낙타(들)>, <생활의 발견>, <로드 무비>, <나비> 등의 영화들은 개봉이 끝난 상황에서 다시 관객들의 여론에 의해 再상영되는 경우도 발생하곤 했다.

그만큼 우리 영화의 질적인 면도 많이 향상되었음을 나타내 보이는 경우이다.

과거 20여 년 전만 하여도 目的劇 위주로 영화가 제작되곤 했다.

軍事物을 비롯해 국립영화제작소에서 제작한 새마을운동에 관련된 내용들 및 국책사업에 관련된 모든 映像物들이 이처럼 주입식 형태로 이루어진 내용들로서 거의 일방적으로 교과서처럼 제작되었고 또 영화를 반복적으로 상영하였다.

필자도 충무로에서 劇映畵를 하다가 솔직히 배가 고파서 1979년부터 몇 해 동안 국군홍보관리소(舊, 국방부국군영화제작소)에서 군의 사기진작을 위해 <배달의 기수>라는 전투 단막극 영화들을 감독한 적이 있다.

이 프로그램은 매주 TV 3社를 통해 거의 의무적으로 방영되곤 했다. 매달 2편 이상 만들어 내야 하는 작업을 스스로 원해서 필자는 약 15분 정도의 전투 단막극 방영을 위해 몸으로 부딪치며 산과 들을 헤집고 다녔다.

당시 전투극을 만들 땐 軍의 사기진작을 위한 작품으로서 자식을 군대에 보낸 부모님의 입장에서 영화를 관람했을 때 '과연 우리 자식들을 군대에 보내길 매우 잘했구나!' 하고 마음이 안정되도록 유도하는 그러한 큰 과업을 가지고 제작해 낸 작품들이었다.

그래서 아군의 총 한 방에 적군들은 추풍낙엽처럼 우수수 쓰러지고 적군이 던진 수류탄이나 대포에도 아군의 피해는 거의 없는 그런 형태로 제작하곤 했다. 그런 작품들을 바로 目的劇이라고 한다.

마치 북한에서 제작된 唯一思想과 黨을 위한 영화처럼 그 형태나 성격들이 거의 다를 바 없는 특징들을 띠고 있다.

요즈음 젊은이들이 필자가 만든 영화들을 본다면 비웃음으로 일관하든지 또 코미디 소재로 채택하는 경우도 발생할 것이다.

이처럼 시대적으로나 감각적으로 매우 발전되지 않는 모습들을 과거 영화인 목적극에서 쉽게 발견할 수 있게 된다.

그러나 가끔 당시의 영화 제작 방식들이 왠지 솔직하고 진솔한 형태의 영화였음을 생각하게 한다.

디지털이 난무한 시대에선 안 되는 장면 없이 그 어떤 장면도 상상만 하면 CG(컴퓨터그래픽)에 의해 영상화가 가능한 시대에 살고 있기 때문이다.

왠지 디지털에 밀려난 시대로 느껴져 괜히 우울해질 때도 있다.

"옛것도 좋은 것이야!" 하고 혼자 중얼거리기도 한다.

－ 첸 카이거와 장예모 －

영화 <투게더>(Together)를 통해 중국의 現代化되어 가는 과정에서 통과의례처럼 치러야 할 홍역을 직감하게 된다.

중국적인 요소로 관객들을 매료시키고 있는 '첸 카이거'(陳凱歌) 감독은 <투게더>라는 영화를 통해 영상언어를 사랑하는 영화 마니아들 가슴속에 깊이 각인시켜 주고 있다.

영화는 현실적 상황과는 다르더라도 마치 현실적인 모습처럼 잘 꾸며서 관객들이 하나의 공감대가 형성될 수 있도록 감동을 자아내는 데 큰 목적이 있다.

1993년의 <패왕별희(覇王別姬)>와 1992년의 <현(絃) 위의 인생>을 감독한 '첸 카이거' 감독은 1984년에 <황토지>로 로카르노영화제 은표범상, 1985년에 <대열병>으로 몬트리올영화제 심사위원특별상, <패왕별희>로 칸영화제 황금종려상과 비평가상을 수상하였고 최근에 개봉한 <영웅>을 비롯해서 1999년의 <집으로 가는 길>, 1988년의 <붉은 수수밭(紅高梁 / Red Sorghum)> 등 작품마다 각종 영화제에서 수상을 하여 세계적인 역작들을 탄생시킨 '장예모(張藝謨)' 감독과 함께 중국의 제5세대를 대표하는 주된 감독들이다.

또 두 사람은 북경영화대학의 늦깎이 동창들로서 당시 28세의 '장예모'와 26세의 '첸 카이거'가 함께 입학하여 졸업했는데 1983년에 '첸 카이거'의 작품 <황토지>의 촬영감독으로 영화계에 첫발을 디딘 '장예모'는 현 중국영화의 거장 감독으로 불리는 데 손색이 없다.

이 두 감독들의 영화 속에선 항상 오늘을 고민하며 큰 고통을 안고 살아가고 있는 중국의 모습이 화려하면서도 서정적으로 잘 표현되곤 한다.

'장예모'가 직접 출연한 1997년의 작품 <유화호호설(有話好好說＝할말 있으면 해)－국내 미개봉작>은 코미디 장르이면서 너무 낙후된 중국 이미지를 보여준다는 이유로 중국 정부가 수출과 영화제출품을 막아 끝내 칸에 오르지 못했으며 1999년의 <책상 서랍 속의 동화(一个都不能少＝Not One Less)>도 뒤떨어진 중국의 현실을 심도 깊게 다루어서 국가로부터 감독이 지탄의 대상이 되기도 했다.

그러나 이번 <투게더>(Together)에 음악 교수로 출연한 '첸 카이거' 감독은 낙후된 중국의 현실을 도입부에 슬쩍 보여줄 뿐 지저분하고 궁핍한 모습들로 보이지 않게 촬영하였다.

'장예모' 감독에 의해 픽업된 '공리'는 1988년의 <붉은 수수밭> 이후 주가가 하늘 높은 줄 모르고 치솟다가 이젠 '공리'가 '첸 카이거' 감독의 휘하에 들어가 활동하게 되자 '장예모' 감독은 '장쯔이'(章子怡)를 발굴해 <집으로 가는 길>에 주연으로 캐스팅하였으며 최근에 상영한 <영웅>에 이르기까지 자신의 작품에 계속 기용하고 있다.

두 사람의 관계가 여배우로 하여금 사이가 멀어지는 미묘한 관계가 되었지만 중국의 현실을 비판적 시선으로 영화화시키는 두 감독들의 뜻은 하나이다.

<투게더>에 박수를 보내고 싶은 이유는 역시 라스트의 시퀀스에 있다.

큰 도시인 북경에서 바이올리니스트의 꿈을 꾸며 살아가는 사춘기 소년 주인공은 시골 출신 요리사를 아버지로 둔 바이올린의 신

동으로서 지도 교수의 권유에 따라 국제콩쿠르에 출전해 본인의 영예로운 명성을 취하지 않고 키워 주신 아빠의 마음에 감동을 받아 꿈과 희망이 보장된 앞날의 탄탄대로를 뿌리치고 북경을 떠나 다시 아버지 품으로 향한다는 내용이다. 여기서 보이는 북경과 시골의 코드는 현대화된 자본주의적 현실과 과거 사회주의적 현실로 인용되고 이면에는 자국의 전통적인 인습도 중시되고 있음을 보여주고 있다.

왠지 우리가 배워야 할 부분인 것처럼 느껴지기도 하며 사회주의 체제하에서도 영상으로 세계화를 꿈꾸는 감독의 진정한 모습들이 우리도 본받을 부분이다.

"배울 건 배워야 한다. 설령 그들이 사회주의 체제하에서 영화를 만들더라도……"

－ 아류(亞流) 영화 －

우리 영화 걱정이다.

흥행에 성공해 화제가 되었던 영화들을 모방(模倣)한 아류(亞流)의 영화가 나오지 않아야 한다는 것이 필자의 생각이다. 과거 1982년, <람보> 시리즈가 한창 인기 있을 당시 <람보> 아류의 영화들이 국적들이 모호한 채 마구잡이로 제작되어 수입되어 상영되었다.

1980년대 중반 이후 우리나라에선 이러한 영화들로 봇물을 이루어 나갔고 이후 영화계의 침체로 이어지는 홍역을 치른 바 있다.

그러나 요즈음 우리 영화가 왠지 잘되어 가는 듯하니 이젠 우리도 과거 <람보> 스타일처럼 아류의 영화들이 많이 나오고 있다.

이러한 현상들이 계속된다면 지금까지 쌓아온 우리 영화산업은 공염불이 되고 말 것이다. 분명 영화는 산업이다. 그러므로 경제적인 측면을 모두가 고려하지 않을 수 없다.

필자는 될 수 있으면 우리 영화를 아끼는 차원에서, 즉 방화를 부추겨 세우는 입장에서 많은 장소에서 이야기하고 신문 등에도 기고도 한 바 있다.

그러나 요즈음 너무 필자의 마음이 아프다.

영화마다 독특한 개성이 있어도 흥행에 실패하는 경우들이 종종 발생하는데 많은 영화들이 마치 노스탤지어(nostalgia)에 빠져 허우적거리는 모습으로 보일 뿐이다.

물론 옛 모습에 취한다고 나쁠 것은 없으나 항상 경쟁 속에 새로움을 추구해야 살 수 있는 요즈음의 영화계에선 조금은 부담스럽게 느껴진다.

영화의 소재가 현대물로는 너무 많이 선택되어 마땅한 소재가 고갈 상태인 줄 알지만 많은 영화들이 옛 교복 세대들을 자주 그리고 있다.

과거 부모님 세대나 또는 낙도나 오지 산골 등의 배경을 영상화시켜 관객들로 하여금 옛 향수들을 다시 한번 느끼게 하는 그래서 잠시나마 과거를 돌이켜 보고 현실 속에서 재충전하는 기회가 되게 하곤 한다.

2001년 3월부터 <친구>라는 영화가 크게 인기를 누리고 난 후 교복 세대들의 모습들이 많이 영화화되었다.

얼마 전 상영된 <클래식>도 그랬고 <엽기적인 그녀>에서도 노스텔지어에 빠져 보기도 하였으며 또 조폭류 영화들이 성공하자 많은 영화가 조폭류 형태로 흘러갔고 이로 인해 역기능적인 요소가 발생하기도 하여 세간에 많은 질타를 받기도 했다.

과거엔 멜로드라마가 주류를 이룬 적이 있는데 영화는 멜로와 환타지류가 가장 잘 팔리는 소재임에는 틀림없다.

2003년 3월 23일 미국의 제75회 아카데미 시상식에서는 뮤지컬 영화 <시카고>에 6개의 상을 안겨 주었다. 지난 1월 골든 글로브 시상식에서도 <시카고>에 많은 영화 평론가들은 손을 들어 주었던 작품으로 3월 아카데미시상식 수상결과를 예상하기도 했으나 과연 6개 부분에서 상을 받을 만한 이유가 무엇이었는지 궁금했다.

이 영화는 뮤지컬로서 우리 영화계에선 상상도 못하는 장르이다.

이유는 재능 있는 많은 인력과 자금력이 뒷받침되어야 한다. 그러나 우리의 실정은 조금은 빠른 감이 있다. 아직 인력수급이 안 되는 실정이다. 춤과 노래, 연기를 함께 갖춘 타고난 인물들이 그리

많지 않고 자금 투자도 미지수이다. 아마 자금력보단 인재 양성이 더욱 시급한 시점이다. 이 뮤지컬장르는 환타지한 영화이며 즐거움과 페이소스도 함께 선사해 주는 다양한 메뉴가 종합선물처럼 갖추어진 영화이다.

차라리 우리도 아류의 영화가 나올 바엔 뮤지컬을 완성도 있게 만들어 낸 인도영화들처럼 <까삐꾸시 까삐깜>=(제2회 광주국제영화제 상영작) 흉을 내듯 우리도 뮤지컬이나 모방했으면 하는 마음이 간절하다.

본래 연극에서도 뮤지컬 부분은 많은 예산이 뒷받침되어야 제작이 가능하다. 누구나 <시카고>를 보고 나면 최고의 뮤지컬임을 그냥 느끼게 될 것이다.

"영화 제작자님들 이젠 뮤지컬 아류의 영화들을 제작하시는 게 어떠실는지요!……"

－ 피눈물로 제작한 영화 〈동승〉－

많은 영화들이 개봉 전 일반 관객들을 대상으로 시사회를 갖는 것이 요즈음 추세이다.

2003년 4월 11일 개봉한 주경중 감독의 <동승>을 필자는 지난 4월 4일에 광주극장에서 시사회를 치른 직후 감독과의 대화시간을 통해 그를 알고 감독과 작품에 관한 이야기를 꼭 이 지면을 통해 소개하겠다고 스스로 다짐하게 되었다.

필자도 너무나 생생하게 직접 우리 영화계의 속성과 흐름을 겪어본 터이라 거론하게 되었다는 것이 솔직한 심정이다.

아무리 배가 고파도 자존심 하나로 버티는 것이 과거 양반들과 예술을 하는 사람들이었으며 특히 열약(劣弱)한 환경에서부터 시작된 우리 영화계는 더욱 그러하다.

그의 영화경력으론 대학 시절(외국어대 '울림'영화동아리)부터 시작한 영화수업 이후 충무로에 진출하여 1989년에 영화사 사장으로서 광주항쟁을 소재로 한 <부활의 노래>를 제작하였으나 당시 그는 빚잔치를 하고 말았다.

14년 동안을 빚더미 속에서 오로지 영화만을 생각하며 은근과 끈기로 버틴 그는 필자처럼 가족에겐 많은 죄를 지은 인물이다.

그러나 가식(假飾) 없이 솔직한 그의 태도와 솔직하며 담백한 화술 또 고향도 여수 부근 율촌 지역이기에 더욱 가까운 정감이 가는 인물인지도 모른다. 그리고 순수함이 느껴지는 그의 모습과 상대에게 절대 부담스럽지 않게 대하는 그의 품새 등이 요즈음 사람들과는 너무 다른 느낌이었다.

1930년대 월북작가인 '함세덕' 선생의 희곡으로 쓰인 (童僧)은 한국의 색채와 정서가 살아 있는 동화 같은 드라마로서 기획에서부터 3년간의 치밀한 시나리오 작업을 거쳐 7년여 간의 제작 기간이 소요되었으며 전국 각지를 계절의 변화에 맞춰 넘나들면서 철저히 자연광에 의해 순간의 신비로움을 담아내는 데 성공하였다.

큰 스님과 총각 스님 그리고 동자 스님을 내세워 불교이야기를 현대적 시각으로 풀어낸 작품이며 아홉 살 어린 스님의 동화 같은 이야기를 서정적이며 감동적으로 담아냈다.

또 <동승>은 국내 개봉보다 앞서 해외시장과 국제영화제로부터 인정을 받았었다.

작년 상하이국제영화제의 최우수각본상 수상에 이어 몬트리올영화제의 world cinema 부문과 코펜하겐국제영화제, 카이로영화제, 상파울로영화제, 시카고국제영화제, 하와이국제영화제에서도 공식경쟁부문에 초청되었고 특히 38년의 역사와 전통을 가진 시카고국제영화제에서는 관객상을 수상했다.

이 외에도 스웨덴예테보리국제영화제 등 30여 곳의 세계유수영화제에서 초청의사를 타진해 오고 있어 앞으로 <동승>의 행보는 더욱 바빠질 것으로 보인다.

제작 기간 동안 너무 괴로웠던 후일담들을 웃으면서 가볍게 털어놓는 솔직한 감독의 대화시간 뒤엔 피눈물 같은 느낌들이 감독의 가슴속 깊이 숨겨져 있음을 알 수 있었다.

촬영부원들이 어려운 <동승>의 제작 여건을 알고 前 촬영팀에서 사용하고 남은 자투리 필름을 얻어와 <동승>에 사용했다는 사실을 알았을 때 정말 이 작품은 십시일반(十匙一飯) 스태프 모두의 노력과 정성으로 탄생시킨 작품이로구나 하고 감탄할 수밖에 없었다.

　<별>로 감독 데뷔한 '장형익' 감독은 당시 <동승>의 조감독으로서 갖은 고생과 역경을 헤친 숨은 공로자인데 그는 주경중 감독의 고교와 대학 후배라는 이유 하나만으로 촬영을 마치고 십여 일 동안에 밀린 숙식료를 대신하여 마치 과거 악극단 시절을 연상케 하는 경우처럼 영화사 대표로 여관에 볼모로 잡혀 있다가 우여곡절 끝에 서울로 올라왔다는 등 괴로웠던 일들도 한두 번이 아니었다 한다.

　"마지막까지 그와 함께 자리를 지켜준 스태프과 배우들에게 꼭 보답할 터이다."라고 힘차게 외치는 '주경중' 감독이 왠지 부럽게만 느껴진다.

　이렇듯 아무리 배가 고파도 한 방향으로 꾸준히 노력한다면 마음이 큰 부자로 바뀐다는 사실을 <동승>을 통해 새삼 터득하게 하였다.

- 영화제는 꼭 필요한 문화사업 -

언제 봄이 왔었던가. 산과 들엔 매화, 벚꽃, 이화, 유채 꽃들이 피고 지면서 무공해의 상징인 나비들도 찾아들어 이젠 무겁고 차가운 겨울이라는 계절은 스스로 외투를 벗어 던져 버린 지 오래다.

그러나 겨울인지 여름인지 모호한 날씨가 계속되어 혼란스러운 계절임에는 사실이다.

잔인한 4월이라고 했던가. 연일 이어지는 전쟁뉴스로 아침을 시작해서 지친 경제 속에서 허우적거리는 우리들의 모습을 하루 종일 지켜보다가 또 피곤한 자화상을 보듯 전쟁의 공습소리와 함께 저녁 뉴스를 맞으며 그렇게 하루를 보내고 있다.

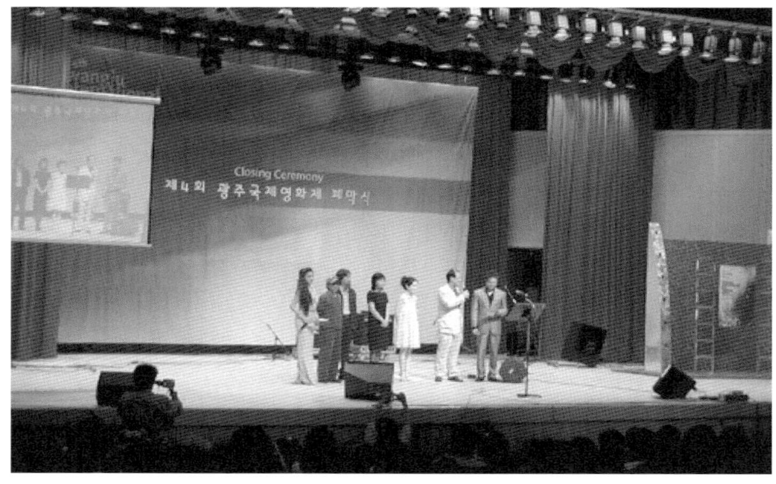

여기에 영화를 대입시켜 이야기하기란 왠지 신선놀이나 하고 있는 조금은 모호함과 환상 속에 살아가는 자신을 느낄 수 있다.

영화보기 좋은 계절이며 책보기도 좋은 호절기((好節期)이다.

영화보기 좋은 날을 알리는 듯 2003년 4월 11일 서울여성영화제를 시작으로 금년 우리나라 영화제행사들이 일제히 기지개를 켜고 나름대로 준비와 가동에 들어갔고 다가오는 4월 25일에 개막되는 제4회 전주국제영화제는 눈코 뜰 사이 없이 한창 바삐 움직이고 있으리라 생각한다.

우리나라엔 국제영화제라는 타이틀로 장편 극영화를 주 소재로 선택한 영화제는 부산, 부천, 전주 그리고 광주가 있다.

"조그마한 우리나라에 왜 이렇게 영화제가 많은가? 예산 낭비다." 라고 의문을 제시하는 분들이 대부분이다. 그때마다 필자는 이렇게 대답한다. "영화제를 개최하는 큰 이유로는 여러 나라에서 제작된 영화들을 일정한 장소나 인접한 부근에서 짧은 기간에 다수의 작품들을 상영하여 영화 마니아들이 짧은 시간에 타국의 큰 영화제까지 가지 않고 골고루 쉽게 경제적으로 접할 수 있다는 큰 장점이 있고 아울러 그 지역에 관광이나 문화산업적인 측면에서도 플러스알파가 적용되는 그런 시너지 효과도 얻을 수 있다는 일석이조(一石二鳥)의 장점을 그 특징으로 들 수 있다."라고 강변(强辯)하곤 한다.

또 우리에겐 좋은 문화를 향유할 수 있는 특권도 있다.

'기왕이면 다홍치마'라고 하였듯이 영화를 볼 바엔 좋은 영화를 다양하게 보고 싶어 하는 것이 영화 마니아들의 열망이기도 하다.

각종 영화제에서는 지난 1년간 제작된 영화와 최근 미개봉한 작품들 기준으로 상영하거나 이미 제작되었어도 또 많은 이들에게 인정을 받아 수작으로 정평이 난 화제작품들을 그리고 크게 부각시켰어야 할 작품들이 이러저러한 사정들로 인해 오랫동안 지하에 묻혀 있다가 영화제를 통해 다시 세상 밖으로 햇빛을 보게 되는 그래서 새롭게 재조명시키는 경우들을 종종 접할 수 있다.

후자의 경우는 다행스러운 이야기다. 예를 들어 1960년대에 제작되었으나 당시는 잡다한 이유들로 빛을 보지 못했지만 어제 막을 내린 제5회 서울여성영화제에서는 1963년의 '또순이'(박상호 감독) 1967년의 '월하의 공동묘지'(권철휘 감독) 1967년의 '산불'(김수용 감독) 1969년의 '백골령의 마검'(박윤교 감독) 등의 작품들이 연기자 '도금봉 선생의 회고전'이라는 섹션으로 상영되어 관객들로부터 뜨거운 찬사를 받았다.

작년 서울 여성영화제에서도 이 고장의 출신인 송경식 감독의 '사방지'가 14년 만에 다시 재조명되었다고 알려 드린 바 있지만 또 이번에도 많은 영화들이 이처럼 새롭게 각인되었다. 이렇듯 영화제를 통해 3~40년 만에 다시 새싹처럼 피어올라 튼실한 열매를 기약하며 영화 마니아들의 화두(話頭)에 오르고 있어 영화제의 또 다른 순기능을 엿볼 수 있다.

필자는 영화제가 고을마다 있어야 한다고 주장한다.

외국의 경우를 보면 거의 중소 도시들은 적은 규모이지만 여러 가지 영화제들을 통해 영상문화의 마인드를 키워 나가는 경우들을 볼 수 있다.

'경제대국' 또 '이코노믹에니멀' 등으로 불리고 있는 일본의 경우 국제영화제 성격보다 소규모로 치르는 영화제 행사들이 250여 곳에서 펼쳐지고 있다.

즉, 영상으로 인한 '문화대국'이 곧 '경제대국'이며 바로 영상문화 수준이 세계의 강국임을 알리는 바로메타이다.

"영화제는 꼭 필요한 문화사업이다."

- 영상위원회의 부가가치 -

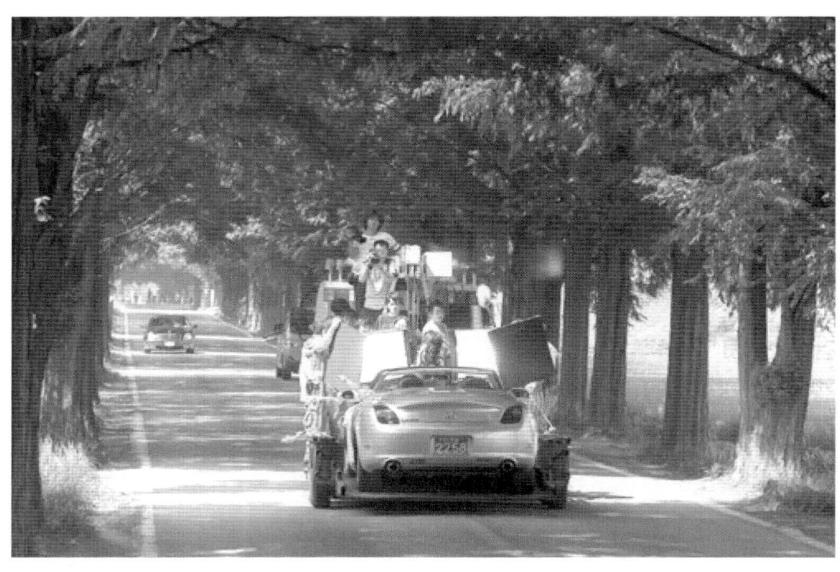

오는 30일, 광양, 순천, 여수 등 3개 도시가 연합하여 설립한 '남도영상위원회'(위원장 조충훈 순천시장)가 본격적인 출범을 하게 된다.

'남도영상위원회'(이후 '영상위'로 표기) 탄생이 주는 여러 가지 의미는 매우 크다.

필자는 이들 3지역 '영상위' 관계자들의, 그동안 보이지 않는 노고에 진심으로 감사드리며 '남도영상위' 탄생은 '예향', '문화수도' 등등을 운운하며 자아도취(自我陶醉)나 자가당착(自家撞着)에 빠져 있는 광주광역시를 비롯한 타 지역 영상 관련자들에게 큰 경종을 울려 주기에 충분하다.

영화전문가라고 자부하고 있는 필자도 '남도영상위'의 출범을 진심으로 반기면서도 고개를 들 수 없을 정도로 관계자들에게 송구스러울 뿐이다.

필자는 2003년 2월 하순에 "광주 전남 권역 영상문화 발전방향에 관한 제언"이라는 주제로 某 포럼단체에서 연사로서 '영상위원회'에 관련된 사항을 발표한 바 있다.

또다시 2개월 전 필자의 제언들을 되새기고자 하는 이유는 너무나 황망(惶忙)하고 허전해서이다.

'영상위'란 서울에 집중된 영화 영상산업을 지역으로 끌어 들여 해당 지역의 영상문화 마인드를 구축시키고 아울러 지역 경제에 큰 도움을 주는 단체이다.

다시 말해 영화 한 편이 지방에서 촬영되어 만들어지면 문화적인 인프라 구축은 물론이거니와 관광산업, 숙박업, 요식업 등 여러 분야가 그 혜택들을 누리게 된다는 결론이다.

얼마 전 '전주영상위'에서 발표한 통계 수치를 참고로 알려 드리면 서울에 소속한 영화사 1팀이 지방에서 영화를 한 편 완성할 경우 해당 지역 경제에는 평균 5억 원이라는 거액이 유통되어 지역 경제에 상당한 도움을 주게 된다.

요즈음 돈의 가치를 따져보면 지역에 뿌려진 5억 원이란 효과는 그리 크지 않게 생각될지 모르지만 이후 영화 성공으로 인한 부가적인 가치는 실로 어마어마한 가치를 창출하게 된다.

예를 들면 부산의 경우 세계적으로 '서울은 몰라도 부산은 안다.'라는 말이 통할 정도로 영상도시로 탈바꿈되지 않았는가.

2002년에 부산에서 촬영된 영상 관련 제작편수가 80편이며 전주는 24편에 달한다.

참고로 작년 우리 영화가 78편 제작되어 77편이 개봉되었던 통계 수치를 볼 때 부산이나 전주에 몰린 영상 촬영 관련 팀 수는 우리나라 제작편수를 능가하고 있다. 그것은 해외에서도 이곳을 촬영지로 선정해 많이 찾고 있다는 증거다.

그러나 우린 거꾸로 동남아나 미주 지역으로 눈을 돌려 TV드라마, 영화, CF, 뮤직비디오 등을 촬영해 오고 있는 실정이다.

앞서 밝힌 바와 같이 가까운 전주를 예로 들면 작년 영상 제작팀을 유치한 24편×5억 원=120억 원이 지역 경제에 이바지하였고 '영상위'를 1년 꾸려 나가는 살림 비용은 1억 9천만 원의 市 예산이 집행되었다.

단순한 논리(120억 원−1.9억 원=118.1억 원)라 해도 이것은 분명 남는 장사가 아닌가……

각 지역의 단체장님들께선 아마 이 정도의 기초적인 수학실력들은 갖추었으리라 생각된다.

필자는 지면이나 포럼 그리고 TV, 라디오방송 등을 통해 자주 이러한 문제들을 거론한 바 있다. 그러나 공염불에 불과한 공허한 메아리만 돌아올 뿐 진지하며 참다운 영상에 관련한 관청(官廳)에서의 반향(反響)은 전무한 실정이다.

부디 각 관청의 문화, 예술, 홍보 분야 관계자들께서 막중한 업무 속에 영상 업무까지 곁들여 일 보시기 바쁘고 고달픈 줄 잘 알지만 조금 다른 각도에서 다시 한번 영상 관련 업무 쪽에 안테나를 세워 보심이 어떨지 제언해 본다.

경제적, 문화적, 관광산업 측면 등 지역 활성화에 기여할 수 있는 이 좋은 아이템에 민(民)과 관(官)이 눈과 귀를 기울여 현실의 흐름을 직시하였으면 한다.

변화하는 시대에는 변화의 흐름을 잘 읽어 대처했던 나라나 지역이 크게 발전했던 경우를 생각해 본다면 영상과 관련된 대중문화에 대한 관심과 애정이 절실히 필요하다.

- 설렘과 감동의 영화제 -

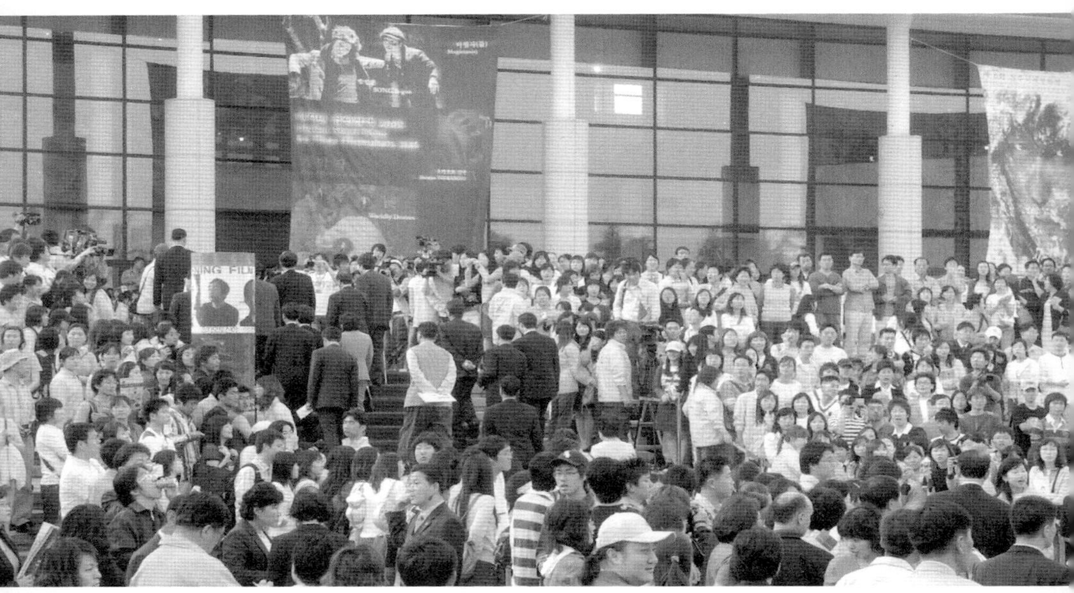

이런 경험들 있으시지요!……

어린 시절 소풍가기 전날 밤 설레는 가슴으로 밤잠을 설치곤 했던 추억들.

필자는 규모가 크든 작든 그 어떤 영화제에만 참석하게 되면 어릴 적 소풍을 갔었던 당시의 마냥 즐거웠던 그때와 다름없이, 모든 것을 잊고 훌훌 도시의 묶은 때와 먼지를 털어 내듯이 가족을 팽개친 채 혼자 영화제 심연 속으로 깊이 빠져 들곤 한다.(가족들에게는 진심으로 미안!…… 대한민국 남성들 저를 따라하면 복(?) 받을 거예요!……) 지난 4월 25일에 전북 온고을(全州)에서 제4회 전주국제영화제가 개막되었다.

벌써 10일째인 내일 폐막식이 순서를 기다리며 또 내년을 기약하고 있다.

개막 당일부터 너무나 많이 몰린 마니아들 덕분에 기후 변화에는 아랑곳하지 않고 심플하면서도 경쾌하고 훌륭한 방식으로 말끔하게 치러 냈다. 그것도 62만 중소 도시에서 어쩌면 25만 명 도시인 '칸'처럼 조용하게 그리고 실속 있게 거뜬하게 치렀다는 것이 매우 대견스럽다.

그것은 바로 관청의 힘이 매우 컸기 때문이다. 종래에 볼 수 없었던 문화관광부장관도 참석을 했기에 더욱 자리가 빛났다고 보며 그곳에 대통령이 참석하게 된다면 국제적 규모의 영화제가 더욱 빛이 나리라 사료된다.

그야말로 성대히 개막식을 치러 냈다고 관계자들은 싱글벙글이다.

매년 온고을 전주영화축제에는 참가했었으나 이번처럼 필자는 가슴 뿌듯했던 기억이 없다.

많은 인파 속에서 치러낸 행사도 행사이거니와 내용과 질적인 측면에서 예년에 비해 훨씬 변화되었음을 피부로 직접 느낄 수 있었다. 그러나 이 모든 것들은 단 한 영화 프로그램으로 필자의 마음을 사로잡고 말았다. 과거 연극무대를 그대로 영화에 옮겨 상영했던 Film d'art(필림다르)라는 세계 영화사에서 크게 다루는 사조가 있었다.

Film d'art(필림다르)란 연극무대를 영화 필림에 기록하는 단순 작업에 불과했지만, 줄거리 전달 및 연극배우들의 먼 거리(Long Shot)에서 행해지는 연기들을 마치 환상 속의 연기처럼 관객들은 받아들였고 그 자체를 또 하나의 장르인 영화로 느끼고 감상했던 시절이 있었다.

그런데 필자는 과거 '필림다르' 시절의 그 흥분을 이번 전주에서 작품 '마지막 편지'(The Last Letter 2002년 프랑스, 미국제작 '프레드릭 와이즈만' Frederick Wiseman 감독과 여자주인공인 연로한 '카트리느 세이미' Catherine Samie)를 통해 재삼 느낀 바 크다.

그 이유는 다른 영화제에선 프로그램 선정 당시 대중성이 크게 결여된다는 이유 하나로 조건 없이 대부분 작품선정 과정에서 제외되곤 했다.

그러나 이번 전주국제영화제에선 과감하게 받아들이고 대안적인 요소로 승화시켜 차분하게 풀어 가려는 재치 또한 일품이었다.

영화의 줄거리는 간단하다.

유대인 포로수용소에서 죽음을 눈앞에 두고 대항군의 전선에서 고군분투하는 아들에게 어머니의 절박한 감정이 실린 음성과 감정을 유언처럼 크게 부각시켜 보내는 편지를 주 내용으로 하는 영화이다.

이 영화 속에는 그림자극을 비롯하여 영화의 가장 특징인 클로즈업, 그리고 유리나 그림자를 통해 투영된 피상적이며 다분히 상징적인 화면들로 엮어 가는 모노드라마 형식의 독특한 영화로 많은 마니아들에게 새롭게 선보여 영화의 또 다른 맛을 느끼게 했다.

예를 들어 빅 클로즈업(Big Close Up)된 어머니의 자상한 손과 어머니의 인자하신 모습 등 어머니의 이미지가 모두 이 영화 속에 담겨 있기 때문이다.

영화 마니아 여러분!…… 영화제 기간이 아니면 볼 수 없는 작품들 위주로 선택해 보시는 것이 영화제를 즐기는 요령 중 하나입니다.

다음 제7회 부천영화제를 손꼽아 기다려 봅니다.

-영화제는 영화인이 중심돼야-

  광주에서 어떻게 국제영화제가 치러질 수 있을까 하는 걱정이 앞서기에 필자는 지면을 통해 광주국제영화제(이하 'GIFF'로 표기함)의 활성화를 위한 쓴 소리를 하고자 한다.

  사단법인 광주국제영화제는 사무국 중심으로 잠정적으로 오는 8월 22일을 개막 D-DAY로 정해 놓고 새롭게 홈페이지도 단장하고 나름대로 영화제 준비를 하고 있다.

  그러나 안타까운 일은 아직도 몇몇 영화인들이나 중부 지방 위에 있는 많은 영화전공 학생들도 'GIFF'의 개최 사실도 모르고 있는 안타까운 현실이기에 더욱 마음이 아프다.

  작년 제2회 개막식은 TV 생중계라는 우리나라 영화제 역사상 전무한 시도로서 '부산국제영화제'에서도 광주의 생방송 사실에 상당히 고무되어 부랴부랴 TV 생중계를 실시한 바 있었다. 이처럼 어려운 여건 속에서도 나름대로 알리기에 주력을 했던 'GIFF'는 최선을 다했었다고 본다.

  각설하고 필자가 주장하고 싶은 것은 2000년 1회를 치러낸 '전주국제영화제' 성과 정도쯤 2003년 광주국제영화제 행사가 잘 치러졌으면 한다.

  매년 'GIFF'는 행사 2개월 전에야 영화제 팀

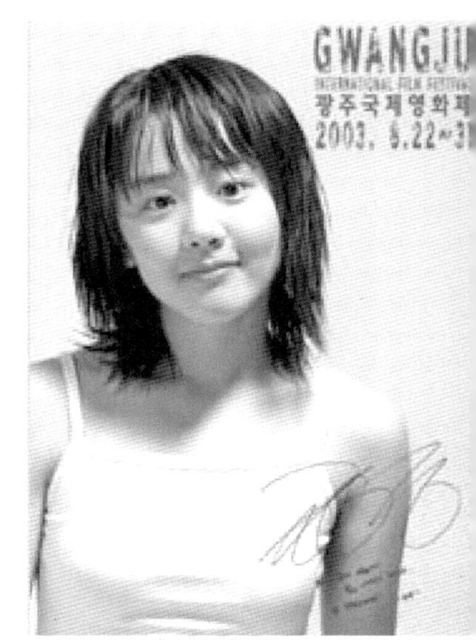

들이 정상적으로 가동이 되는, 그러한 잘못된 습관이 금년에도 또 답습될 공산이 매우 크다는 이야기다.

예를 들어 최소한 6개월 전에는 모든 시스템들이 정상적으로 가동이 되어도 좋은 성과를 기대하기 어렵다고 하는 것이 모든 영화제 진행자의 공통된 의견들이다. 더욱이 타 영화제보다 더욱 빨리 시작한다 해도 노하우가 약한 광주로서는 버거운 것이 사실이다.

영화제의 꽃이라 하는 자원봉사자들의 모집부터 시작해서 그들의 교육과 조직위나 집행위 등의 인적구성 그리고 프로그래머 선정 등이 약 6개월 전에는 완료되어 카운트다운에 들어가야 한다는 이야기다.

물론 'GIFF'가 내적으론 밑그림들을 구성해 놓고 있다 하지만 외적으로 여러 부분에서 걸림돌들이 있어 아직 조직위나 집행위, 프로그래머 선정 등의 발표가 늦어지고 있어 아직도 매끄럽게 진행이 안 되고 있는 현실이다.

여기엔 여러 가지 이유들이 있다. 관청의 이러저러한 사유들로 인해 예산 집행이 늦어지고 있어 8월 영화제행사를 앞두고 관에선 먼 산의 불구경하듯 방관만 하고 있다는 느낌이 든다. 좀더 적극적인 관청의 지원이 아쉽다는 이야기이며 아울러 예산 집행이 늦은 이유로 인해서 지난 1, 2회 행사처럼 상황이 급조되어 급히 액션을 취하게 되는 현상들이 영화를 하는 필자로서 마치 양심을 속이고 얼렁뚱땅 행사만 억지로 치러내는 짜 맞추기 형태의 불합리한 현상들을 직접 보면서 몹시 유감스럽고 개탄(慨嘆)스러웠었다는 사실이다.

한편 'GIFF'의 활성화를 위해선 광주 시청을 비롯하여 유관 단체 그리고 범도·시민적인 행사로 성장할 수 있도록 언론매체들이나 문화예술 분야의 관계자들의 적극적이고 성의 있는 행동과 이 지역에 있는 규모 큰 기업들의 경제적인 지원책들이 적극적으로 이루어져야만 한다.

또 중요한 부분은 조직위원장인 광주시장님께서 직접 타 지역 영화제에 참석해서 어떻게 행사를 하고 있는지 한 번쯤 관찰자의 입장에서 바라보고 연구, 분석해 봐야 한다고 강조하고 싶다.

한편 이 지역 영상 발전에 관련하여 과감하게 메스를 대야 할 부분이 있다. 그것은 다름 아닌 영상하고는 아무 관련이 없는 지역인사들이 서로 'GIFF' 행사에 참여하려는 것이다.

영화제는 영화에 몸담고 있는 자들이 주축이 되어 이루어져야 올바른 행사가 된다. 아무리 대중성을 띤 영화라 하지만 아무나 영화제 행사를 치를 수는 없다. 正道를 걷지 않는 영화제는 필요 없는 영화제이다.

음악제는 음악인이, 미술제는 미술인이, 무용제는 무용인이 관련된 행사를 다루고 치러내는 것이 당연하지 않는가. 영화제 역시 영화인들이 적극적으로 참여할 수 있도록 지역 사회에서 서로 힘을 모아 영화인들을 도와주어야만 한다.

-함께 보고픈 영화 〈나비〉-

〈나비〉(김현성 감독)를 보고 '오락영화의 장르도 여러 가지다!'라고 강조하고 싶다.

필자는 종종 이 면을 통해 영화란 종합선물이어야 한다고 피력한 바 있다. 〈나비〉에 대한 사전 정보 없이 며칠 전 오락성 영화로만 알고 극장을 찾았었다.

이 영화는 우리만의 독특한 정서를 모르면 그 참맛을 알 수 없을 정도로 대한민국적인 요소가 듬뿍 담겨진 작품으로서 과거 우리의 모습을 통해 현재 미래를 살펴볼 수 있는 좋은 기회였으며 기술한 종합선물의 다양성을 찾아볼 수 있었다.

프롤로그 부분인 영화 속 1975년 배경은 한때 우리 영화계를 풍미했던 오버미학의 진수로 일컬어지는 신파(新派) 유형의 스타일로 꾸며져 더욱 흥미로웠고 이후 코믹과 멜로 부분이 펼쳐지고 이어서 1980년대의 조직폭력배들이 등장하는 액션장르도 담겨진다.

또 속칭 3류 인생들을 표현하는 양아치들의 세계도 잠시 보이며 그 밖에 황당한 상황 설정 등으로 인한 대중적인 요소들도 함께 아우러져 보는 즐거움도 담겨 있다.

'이 정도로 영화가 마무리되겠지!……' 하였는데 큰 착오였다.

순간 필자는 이 영화가 '그냥 넘겨서는 안 될 영화구나!' 하고 모든 촉각과 신경을 곤두세워 곧바로 관람 자세를 곧추세운 채 머리에 쥐가 나도록 낱낱이 살피며 영화를 분석하는 데 전력을 다했다.

다시 말해 이 영화 속엔 인간의 大命題인 삶과 죽음 그리고 사랑 등이 담겨 있었으며 또한 갖가지 에피소드들과 함께 영화적 요소들이 넘치도록 들어 있었다.

한편 장면마다 의미가 부여된, 즉 영화용어로 미장센(mise－en－scene^장면화)화된 매우 탄탄한 작품이기에 필자는 금년 들어 우리 영화 중 최고의 영화가 아닌가 싶을 정도로 감탄하게 되었다.

영화 <나비> 속에는 사랑과 배반, 부적절한 삶 그리고 부조리한 상황들과 또 과거 우리의 큰 아픔 등이 담겨 있었고 당시 크게 부각되었던 정치적인 문제들과 통수권자의 독재 행위가 영화의 소재로 인용되어 한편으로는 다시는 기억하기조차 싫은 회색빛 과거들이 영상을 통해 그 반성의 장을 마련한다.

그리고 영화 속에서 매우 중요한 위치를 차지하는 구원적(救援的)인 요소와 함께 반전(反轉)에 반전이 거듭되어 그럴듯한 영화적인 맛도 느낄 수 있었다.

한정된 시간 속에 다양한 에피소드를 담다 보니 다른 철학적 요소를 강조한 지적이며 중후한 스타일의 영화에 비해 깊은 맛이 떨어지는 부분도 볼 수 있었고 억지스러움도 엿보이나 영화라고 하는 매체 속에선 다분히 그냥 넘어갈 수밖에 없는 그러한 상황들로 연출되었다.

또한 과거에 금기시되었던 삼청교육대 부분들을 <나비>에선 과감하게 민과 군의 첨예한 부분들까지 사실성에 바탕을 두고 매끄럽게 극적인 구성을 표현시켰기에 높이 평가된다.

이처럼 작품 <나비>는 사회정화를 빙자한 삼청교육대가 독재의 도구로 활용되던 시절을 배경으로 다룬 작품으로서 지나간 모든 일들을 망각 속에 까마득히 잊고 오늘을 살아가는 우리들에게 다시 한번 자극을 주고 있다.

마치 6년을 애벌레로 지내다 세상에 나와 불과 몇 시간 또는 며칠을 날갯짓하며 살다가 영원히 사라지는 나비들처럼 이 작품 또한 숱한 각고 끝에 탄생된 걸작이라 판단되기에 좀더 오랫동안 작품 <나비>가 관객들의 뇌리에 남겨졌으면 한다.

필자가 영화의 줄거리도 밝히지 않고 이야기하고 있어 아직 못 보신 관객들은 조금은 의아해하며 답답하시게 느껴지시리라 생각되지만 왠지 이 지면을 통해 구체적인 <나비>의 줄거리는 소개하고 싶지 않다.

꼭 극장에 가서 확인들을 해 보셨으면 하기 때문이다.

필자처럼 가끔은 아무런 예비지식과 정보 없이 영화를 접해 보는 것도 본인 스스로 자신의 영화 감상에 대한 척도를 살펴볼 수 있는 좋은 기회가 되기도 한다.

－작가주의 영화와 대중적인 영화－

요즘 <살인의 추억>, <와일드카드>가 박스오피스의 1, 2위 순위에 올라가 있다.

두 작품 모두 대중적인 요소들이 매우 강하면서도 작가주의적인 코드들도 담겨 있어 관객들 마음속에 깊이 파고들고 있다.

금년 우리 영화 최고의 자존심으로까지 예상되는 <살인의 추억>은 두 연기자의 독특한 캐릭터와 종래에 찾아보기 힘든 튼튼한 시나리오 그리고 치밀하고 안정된 연출로 인해 관객몰이에 성공한 모습을 보여주고 있다. 그러나 필자는 지난 5월 16일에 개봉한 <와일드카드>(김유진 감독)에 왠지 애정이 더 많이 간다.

1990년에 <단지 그대가 여자라는 이유 하나만으로>라는 문제작으로 데뷔한 이후 김유진 감독은 줄곧 본인의 의지가 강하게 돋보인 작품들만을 선보였었다.

아울러 이번 <와일드카드> 또한 너무 인간적인 냄새가 물씬 풍기는 작품이기에 더욱 필자의 마음을 동요시켰다.

40세 미만의 젊은 감독들이 한국영화계를 뒤흔드는 요즈음의 흐름 속에서 꿋꿋이 54세의 적지 않은 나이로 젊은 감성에 호소하며 힘이 넘치는 진실한 영화를 연출하는 용기가 고귀하게 느껴질 정도이다.

물론 몇몇의 연세 드신 대선배 감독들도 아직 충무로를 지키고 계시지만……1998년에 조폭의 보스와 여의사와의 운명적인 사랑을 그린 <약속>으로 전국 300만 관객들의 가슴을 두들겼던 김유진 감독이 이번엔 또 다른 인간적인 카드를 들고 자신 있게 관객들에게 다가섰다.

<와일드카드>는 고달픈 직업으로 분류되는 '형사'라는 직업을 집요하면서 적나라하게 파헤쳤다고나 할까? 2년에 걸친 밀착 취재 결과 네이크 리얼리티(naked reality)를 추구하는 리얼형사극으로 영화를 탄생시켰다.

김 감독은 데뷔 시절부터 그의 작품 속엔 작가주의적인 정신과 대중적인 상황들이 알맞게 담겨 있으며 또한 미리 관객들의 마음을 꿰뚫어 보면서 완성시키는 철저한 프로정신이 앞선 감독으로 알려져 있다.

<와일드카드>는 선(善)을 구(救)하는 입장에서 죄를 짓고 살아가는 집단들과 공존·공생할 수밖에 없는 수사관들의 모습들을 가감없이 그대로 자연스럽게 표출시켰다. 그래서 필자는 이 영화를 다큐영화 장르처럼 진실한 영화로 분류한다. 또한 <와일드카드>라는 제목은 직접 몸으로 부대끼면서 거친 상황 속에서도 묻혀 지낼 수밖에 없는 그들의 직업적인 현실에 걸맞은 단어이기도 하다.

거친 화법 속에서도 곳곳에 숨겨진 휴머니즘적인 요소와 함께 페이소스도 들어 있어 2시간이 훌쩍 넘어가고 결말 부분에 기대했던 선과 악의 대결구도는 관객들의 상상을 미리 예측해 상황을 미궁으로 슬쩍 미루어 놓는, 즉 명쾌히 끝내 주지 않고 관객들의 몫으로 여운을 남기고 있어 더욱 영화 보는 재미를 더욱 맛깔스럽게 해 준다.

작가주의적인 관점에서 볼 때 <와일드카드>는 선과 악의 대결구도가 공존하는 현실 속에서 관객들에게 세상을 살아가는 방법과 아울러 반성의 기회까지도 제공하며 또 이 사회 속엔 언제든지 또 다른 악의 요소들이 도사리고 있음도 라스트 시퀀스에서 슬쩍 운을 남기고 있다.

그래야 선(善)이 더욱 돋보인다.

대중적인 요소로써 강한 인상을 주었던 라스트 시퀀스는 일품이었다.

형사 집단들은 몽둥이와 쇠파이프 등의 거침없는 세례로 그동안 법의 테두리 속에 갇혀 있던 참을 수 없는 울분들을 한 장면으로 처리해 움츠리며 수사하던 자신들의 처지를 일순간에 해소하고 만다.

또한 주인공 '방형사' 역인 양동근이 범인으로부터 다리에 큰 상처를 입는 안타까움도 곁들여 관객들로 하여금 더욱 동정심을 유발시키는 재치도 담고 있다.

이처럼 대중적이면서도 작가주의적인 영상들로 꾸며져 있기에 영화 보는 재미가 그 무엇과도 바꿀 수 없는 최상의 기쁨이 되었다. 우리 영화 너무 좋다!!

- 영화는 세계 공통어 -

영화社 '워너브러더스 코리아'는 "가상의 현실을 대전제로 미래의 인간구실을 하게 될 기계인간들이 순수인간들로부터 생체 에너지를 약탈하려 한다."는 주제로 설정하여 만들어진 <매트릭스2 리로디드>가 전국 320여 개의 스크린을 장악하였음을 자랑스럽게 발표하였다.

어떻게 보면 허무맹랑하면서 환상적일 수밖에 없는 상황들로 엮어진 <매트릭스2 리로디드>가 세계 영화계 평정에 나섰다고 해도 과언이 아니다.

예를 들어 이곳 광주 지역 37개의 개봉 스크린 가운데에서도 10개의 스크린이 <매트릭스2 리로디드>를 상영하고 있어 거대 공룡의 실체를 새삼 느끼게 한다.

얼마 전 미국이 짧은 기간에 이라크를 점령해 버리듯, 많은 영화들이 거대한 공룡의 포효 속에 숨죽이며 <메트릭스2……>의 열기가 식기만을 기다리고 있다. 2003년 5월 14일에 개막된 제56회 칸영화제가 25일에 그 막을 내렸다.

당시 현장의 분위기를 알리는 기사 중에 <메트릭스2……>의 주인공들도 눈에 띄는 세계적 톱스타들이 함께 찍은 사진과 함께 "프랑스는 미국을 싫어한다. 그러나 칸은 미국을 좋아한다."라는 사진 밑에 쓰인 글을 본 적이 있다.

언뜻 듣기엔 부조화된 현상이라 느끼면서도 왜! 무슨 이유일까 하는 의구심을 갖게 하는 문구이다. 역시 칸은 다르다.

언제 전쟁이 있었던가 싶게 그들을 환영하고 환호하고 열광하고 모두 함께 영화의 심연 속으로 빠져 들었으며 또한 영화제 기간을 이용해 메인 상영관 지하 1층에서 '필름마케팅 시스템'도 가동이 되었다.

필름마케팅 시스템은 세계 각처에서 자국의 영화를 소개하기 위해 부스를 설치하고 마케팅 전략을 펼치기도 해 영화제 기간 중에 정식적으로 선정된 공식프로그램 이외에도 각국의 부스를 통해 또 다른 영화들을 접할 수 있는 좋은 기회가 마련되어 있다.

즉, 다양한 행사로 칸은 영화 속에 푹 빠져 들게 하는 마력을 지 닌 영화제이다.

언제부터인가 행사 기간 중엔 칸 어느 곳을 가도 우리나라 사람들을 만나게 된다.

우리나라도 영화를 사랑하는 인구가 많아졌다는 데 그 이유가 있다. 그러므로 영화 마니아들의 욕구를 충족시켜 주기 위해 칸을 찾아 새로운 타입의 영화를 구하기도 하고 우리 영화를 판촉하는 데 열을 올리기도 한다.

여기에 많은 한국의 영화사 관계자들이 대다수 참여해서 영화의 수출입을 상담하는 장이 펼쳐지기도 한다.

금년 우리나라는 마케팅 부분에서 좋은 성과가 있었다. 그러나 매년 칸국제영화제에서 그랑프리를 받은 작품들은 '대중성 결여'라는 큰 상처를 안고 탄생된다.

'역사에 기록은 되어도 대중의 사랑은 별로다'라는 대접을 받는다. 즉, 영화를 심의하는 전문가 집단과 영화를 관람하는 대중과의 사이엔 많은 관점의 차이가 있음을 여실히 증명해 주는 단적인 예이다. 다시 말해 대중성과 순수성은 많은 차이가 있다. 아무리 영화라는 매체가 오락적인 성격이 강하다고 해도 예술적 순수성의 범주를 벗어나게 되면 1회용 라이터 또는 1회용 휴지에 불과하다고 필자는 항상 강조하고 있다. 그래서 대중가요와 클래식 음악을 구분하듯 영화도 대중영화와 순수영화 등으로 구분된다고 지난주에도 기술한 바 있다.

우리나라에도 많은 영화제가 있다. 어느 곳에서나 순수 장르를 비중이 있게 다루고 있어 우리나라 영화 마니아들로부터 많은 사랑을 받고 있다.

필자는 대중적인 영화들도 좋지만 순수영화, 독립영화, 작가주의영화, 저예산영화, 단편영화, 실험영화, 안티(anti)영화, 대안영화 등의 단어들이 나열된 영화 프로그램엔 주목을 하셔서, 순수를 지향하는 영화예술인들의 사기를 높이 올려 주셨으면 하는 마음 간절하다.

앞서 프랑스 칸을 예로 들어 기술한 것처럼 영화는 이념이나 사상 그리고 국경도 없으며 오직 영상의 힘만으로 이견(異見)들을 하나로 만들어 내기도 하며 세계를 화합으로 유도하는 세계 공통어임을 다시 한번 상기시켜 주고 있다.

－닐리리맘보 밀레니엄맘보－

무엇이든 처음이 중요하다.

마치 남녀가 첫 선을 볼 때 설렘의 이미지가 평생 가듯 영화도 첫 장면이나 첫 시퀀스가 그 영화의 흐름을 일러 주는 이정표가 된다.

세계적 시네아스트(cineaste)인 대만의 후 샤오시엔(侯孝賢) 감독의 2001년의 <밀레니엄맘보(千禧曼波)> 첫 장면에 홍콩 모델 출신이며 '첨밀밀2' 등 20여 편의 영화 속에서 아름다운 여성의 미모와 매우 인상적인 캐릭터들을 잘 소화해 낸 홍콩스타 서기(舒淇)가 강인한 인상으로 황홀하게 등장한다.

그녀는 걷는 듯, 뛰는 듯, 웃는 듯, 괴로운 듯 다양한 표정으로 사랑, 그리움, 고통, 불안, 아픔, 절망 등 혼자서 모든 젊은이들의 고민을 보듬은 채 심장을 울리는 테크노 음악과 함께 환상적이며 몽롱한 형광등 불빛 터널 속을 향해 서서히 발걸음을 옮긴다. 그것도 어두움으로 향한 발걸음인 것이다.

이 한 장면만으로도 충분히 '주인공이 한때는 즐거웠으나 고민하고 아픔이 많았던 인물이구나.' 하고 짐작할 수 있게 하고 있다.

더욱 카메라 시선도 손에 들고 찍는 핸드헬드의 기법으로서 흔들린 화면을 통해 영상의 내용이 다소 불확실한 상황임을 음악과 함께 대변해 주기도 한다.

이 매혹적인 장면은 영화가 그려낼 주된 이미지인 곧 젊음과 막막함, 두려움 그리고 벅찬 설렘이다.

여기에 여주인공의 목소리로 "이 일은 10년 전, 2001년에 일어난 일이다……"라고 두 번이나 영화 속에서 내레이션으로 강조하고 있다.

動的이지 못한 느린 영상들로 엮어진 롱-테이크 위주였던 과거 후 샤오시엔 감독 작품인 1989년의 '비정성시(悲情城市)'는 템포감의 상실로 많은 관객들이 졸면서 관람하였다. 그러나 영화가 끝난 후엔 차마 자리를 그냥 박차고 나올 수 없는 그 무엇인가에 사로잡힌 기분을 느끼게 하는 그래서 관객의 마음을 흔들어 놓았던 수준 높은 걸작이었다.

14년이 흐른 이제야 우리 곁에 그의 작품 2001년의 <밀레니엄맘보>가 선을 보였다. 물론 2001년 부산국제영화제에 감독이 초대되었고 작품도 상영된 바 있다.

살그머니 과거 속으로 묻히려고 하는 그러면서도 이젠 잊혀 가는 '밀레니엄버그 공포증' 다시 말해 00의 숫자에 전 세계의 운명이 걸린 양 1999년 하반기부터 온통 세상이 떠들썩했던 지난날들이 생각난다.

당시 아무 탈 없이 잘 넘긴 지구인들의 지혜야말로 인간다움을 과시했다고 본다. 그러나 이면에는 아픔과 아쉬움도 많이 담겨 있었다.

바로 그런 과거의 아픔들을 소재로 <밀레니엄맘보>는 지나간 젊은 시절의 나태했던 모습들을 영상으로 은유하고 상징화시켰다.

일 년에 10여 편의 영화도 제작되지 못한, 즉 영화의 인프라가 약한 대만에서 후 샤오시엔 감독은 뉴-웨이브 시네마의 기수로서 <하나 그리고 둘>의 에드워드 양, <애정만세>의 차이밍량, <와호장룡>의 리안 감독 등과 함께 대만을 대표하는 세계적으로 인정받는 거장이다.

1982년 이후 대만의 시대적 아픔을 승화시키고 인간다워지려는 대만사람들을 대변해 뉴-웨이브시네마를 주도해 온 후 샤오시엔 감독은 '대만 현대사 3부작'으로 일컬어지는 비정성시(悲情城市 1989), 희몽인생(戲夢人生 1993), 호남호녀(好男好女 1994)를 발표했고 앞으로 '밀레니엄 3부작'을 목표로 10년에 걸쳐 발표할 계획이다.

그 序幕으로 <밀레니엄맘보(千禧曼波)>를 발표했다.

과거 우리나라도 안보를 빙자한 독재 치하에서 돌파구를 찾기 위해 널리 불렸던 유행가 가사 '노세 노세 젊어서 놀아……'와 '늴리리야 늴리리 늴리리 맘보'를 부를 수밖에 없었던 당시의 우리 모습처럼 이젠 아픔을 간직한 채 현대를 살아가는 '밀레니엄맘보' 시대의 우리 자화상들이 영화 속에 그대로 투영되고 있다.

후 샤오시엔 감독의 <밀레니엄맘보(千禧曼波)> 또 한 번 보고 싶다.

-‘창부론’이 웬 말?-

족보 있는 집안에 ‘창부론’이 웬 말?

자본주의 사회에서 영화는 매체의 속성상 많은 사람들로부터 찬사와 사랑을 받아야만 한다.

일단 제작자의 호주머니를 가득 채워 주고 난 후에야 감독과 스태프들은 자기 나름대로의 예술을 주장할 수 있다. 이것이 오늘의 현실이다.

약 한 달 전 문화관광부 이창동장관은 모 계간지 좌담에서 영화매체를 ‘누가 아비인지 모르는 시장판 창부(娼婦)의 자식’에 비유했다.

자타가 인정하는 예술영화감독 출신 장관의 ‘창부론’ 발언이 왠지 필자의 가슴을 아프게 한 경우이다.

“모든 예술장르가 인간이 지니는 욕망의 자연스러운 구현의 형태로 만들어졌지만 영화는 어느 날 갑자기 기술 때문에 만들어진 매체여서 족보가 없다.”면서 영화가 갑자기 하늘에서 뚝 떨어진 단순 메커니즘의 산물로 치부되어 버릴 수 있는 영화를 우리 스스로 비하(卑下)시키는 위험 수준의 발언이라 생각된다.

이어 “영화는 기술과 돈이 결합돼 탄생한 매체로서 마치 생일은 있는데 태생이 없는 창부의 자식이라고 할 수 있다.

물론 아비가 누구인가는 짐작이 간다. 사진, 연극, 소설 등이 있지만 누가 아비인지는 정확히 모른다.”고 부연해 설명까지 했다.

노무현 대통령의 말씀처럼 이쯤 되면 막가자는 말이 아닌가 싶다.

그야말로 영화는 족보 없는 거리의 자식이 아닌가! 그럼 천한 예술매체로서 태어나 언제까지 천하게 대접받고 천하게 영역을 넓히며 천하게 활동해야 하는 것인가.

과거 우리 선배들이 멸시받으며 들어왔던 '딴따라'라는 소리만으로도 기가 막힌 상황인데 언제까지 영화인들은 스스로를 낮추며 살아가야 하는가.

필자는 충무로 활동시절 제작자에게 아부하지 못해 흥행 위주의 오락성 작품이나 예술영화들을 생산해 내지 못한 충무로의 패잔병이었다.

바로 그 점이 매우 안타깝고 서러워서 직접 영화를 제작하기 위해 회사를 설립하여 극영화를 만들었다.

그러나 제작자의 입장에 서서 영화사를 경영하다 보니 현실을 무시하며 모험할 수 없다는 것을 스스로 깨달은 바 있다. 그땐 철들자 이미 때는 늦었고 거리로 가족들을 데리고 나와야 할 형국이 되고 말았다. 이처럼 아픔을 알기에 함부로 '창부론'에 거들먹거리기가 약간 조심스럽기도 하다.

그러나 필자는 그를 감싸고 그의 입장을 두둔하기보다는 먼저 예술의 입장에서 살펴볼 때 너무 섭섭함이 앞서기에 이렇게 항변하고 싶다.

영상예술이 기술과 자본 그리고 대중적인 요소가 많다 하여 '창부론'에 의해 비하된다면 영상 이외의 다른 사회 각 분야 중 대중적인 요소들이 가미된 모든 경우들까지도 '창부'라는 단어와 무관할 수 없다.

예를 들어 우리가 사는 집을 짓는 건축가도 우리가 먹는 쌀을 생산하는 농부도 많은 사람을 상대로 기술과 자본을 투자하고 자기의 이득을 노린다.

과연 그들에게도 '창부……' 어쩌고 하는 용어를 붙일 수 있는가? 바로 대중적이지만 작가주의적이며 내면적으로 깊은 요소가 내재된 영상 매체는 결코 '창부론'과는 어울리지 않는다는 것이다.

인간이 움직임을 보존하고자 하는 충동은 알타미라동굴 벽화에서부터 발견할 수 있다.

바로 회화가 그 아비이며 사진을 만나 영화가 탄생되었다.

이처럼 어미 아비가 있는 족보 반듯한 예술장르이며 대중과 호흡하며 함께 생동하는 매체이지 결코 창부가 아니다.

"자기 집 개를 주인이 발로 차면 남들도 발로 찬다."

우리 영화인 스스로 자긍심을 갖고 영상예술을 다룬다면 절대 그러한 비유는 해서도 안 되며 추후 '창부……' 어쩌고 하는 언사는 피해야 한다.

아마 자신을 항상 낮추면서 겸허한 자세로 남을 존경하고 배려하는 우리의 아름다운 미덕의 차원에서 '창부론'이 나왔을 거라 생각해 본다.

또한 그동안 게으름으로 일관된 영화인들에게 경종을 울려 주는 그래서 깊이 반성도 하고 스스로를 채찍질하는 기회로 삼아야 할 것이다. "분명 족보 있는 영상예술이 영화이다."

− 뜨거운 감자 '스크린쿼터' −

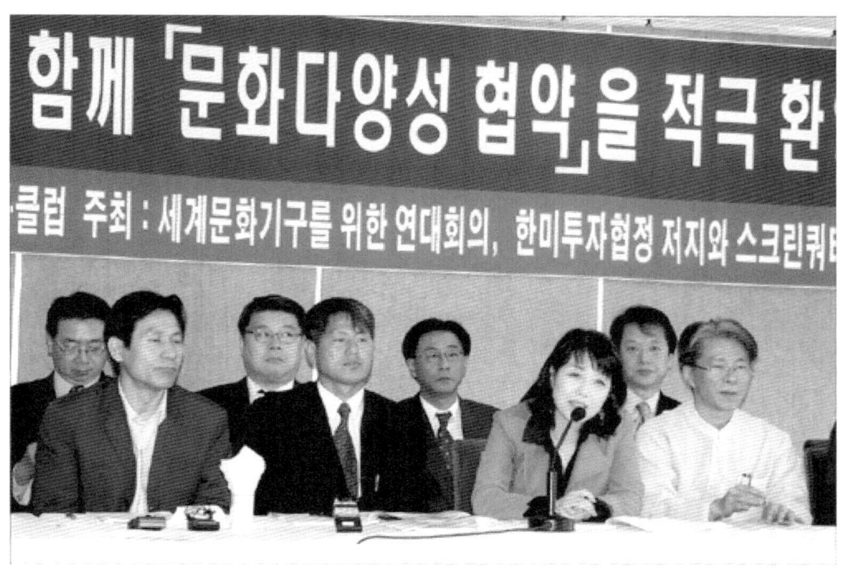

　요즘 부쩍 '스크린쿼터(한국영화 의무상영제도)'라고 하는 용어가 인터넷이나 신문, 언론매체들의 정치, 경제, 사회, 문화 부분 등 곳곳에 등장하고 있다.

　이 '스크린쿼터'는 각 극장에서 상영해야 할 한국영화 의무상영 일수를 법으로 정해 준 경우로서 영화진흥법에 의해서 1966년부터 시행된 제도이다. 현행 영화진흥법은 모든 극장이 연중 5분의 2에 해당하는 146일 이상 한국영화를 상영하도록 의무화하고 있으며 약

간의 예외를 두어 문화관광부장관이나 시－구청장이 20일씩 줄여
주는 재량권을 감안하면 실제론 106일이 의무상영 일수다.

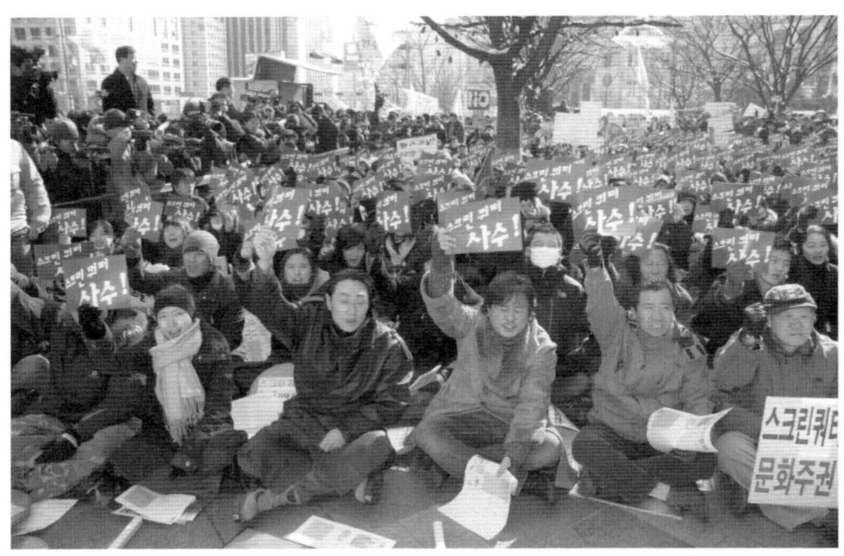

이 '스크린쿼터'는 영화계의 아주 치명적일 수 있는 아킬레스건이
나 다름없는 부분이며 신중을 기해야 할 상황이기에 필자는 신경이
매우 날카로워진다. 지난 12일에 "미국과의 자유무역협정(FTA) 전
단계인 한·미 투자협정(BIT)이 최종단계에서 스크린 문제 때문에
진전되지 않고 있다. 한국영화의 영화시장 내 비중이 40%를 넘어섰
는데도 아직도 보호하려고 하는 것은 집단이기주의다."라며 스크린
쿼터제 양보의 필요성을 재정경제부 권태신 국제업무정책관이 공개
적으로 제기해 영화계에 불을 지폈고 이어 반박기자회견 등의 파문
이 일어났다. 이 사건의 배경엔 분명 거대한 공룡으로 불리는 할리
우드 영화사들이 우리 영화계를 한입에 삼켜버리려는 술수가 담겨
있다. 그래서 영화인들은 사생결단을 할 수밖에 없다.

　1988년 올림픽개최 직전에 외국인들에게 안정된 대한민국의 위상을 보여준다는 명분하에 잠시 올림픽을 빙자한 독재가 이루어지던 시절 단체행동이나 집단시위를 금지하던 때가 있었다.

　그러한 당시의 시국을 교묘하게 이용하여 미국의 UIP(미국의 대 메이저회사로 이루어진 영화 배급업 집단)라는 세계적으로 가장 큰 영화배급업체가 우리 시장을 무자비하게 뚫고 들어왔다.

　그 이전까진 미국산 대작이나 그 밖의 세계적으로 유명한 작품들을 우리 영화 관계자들에게 팔아 오던 방식에서 미국업체가 한국에 법인을 설치하고 직접배급(이하 '직배'라 칭함)을 함으로써 수익금 모두를 미국으로 챙겨 가겠다는 논리였다.

　당시 영화 관계자들이 직배를 공급받던 명동의 모 극장 앞에서 시위를 하자 경찰에 연행되었고 또 신촌의 모 극장에 뱀을 뿌리는 소동까지 일어나는 등 갖가지 원시적인 대책부터 위로는 정치고위 관리들까지 접촉해 보았어도 안하무인(眼下無人)으로 미국의 직배는 우리 영화계를 싹쓸이해 버렸던 가슴 아픈 기억이 있다.

　여기에 힘을 잃고 필자는 그만 나동그라지고 만 당사자이다.

　그래서 더욱 그들의 술책이 눈에 훤하게 들어온다. '아마 국가의 힘이 없어 그럴 거야!……' 하면서도 그들의 행위에 울분이 터져 나오고 만다. 하루빨리 우리의 자생력이 절실히 요구되는 시점이다.

　앞날을 진정 생각하는 위정자들이라면 또 한 번 우리나라가 '문화 침탈'이라는 오명에서 벗어나야 할 것이라는 사실을 꼭 알아야 한다.

　미국 경제에 크게 덕을 보고 있는 우리나라의 입장이지만 이젠 마지막 보루인 자존심까지, 즉 문화 면까지도 그들에 의해 좌지우지되어야 한단 말인가!…… 헌법이나 국법 등 모든 법은 국민을 위한 법이어야 한다.

또 통상 압력에 의한 미국의 술책에 재경부가 흔들려서는 절대 안 된다. 그리고 청와대는 갑자기 '스크린쿼터'에 대해서 왜 벙어리인가!……아무리 세상이 힘의 논리가 앞서는 형국이지만 자국의 자존심으로 불리는 문화까지 힘의 논리에 섞여 묻혀 버린다면 과거 일제강점기와 뭐 다를 게 있는가!……

다시는 민족의 슬픔을 후손들에게 남겨 주어서는 안 된다.

재경부 관계자들께서는 하나는 얻되 둘, 셋을 잃을 수 있는 '스크린쿼터'에 대해 다시는 거론하지 말았으면 한다. '스크린쿼터'는 한마디로 논란의 대상이 되어서는 안 된다! BIT를 핑계한 술책일 뿐…… 속아 넘어가면 이제 영화의 생존권은 끝장이다. 힘이 없는 우리 영화계의 현실이 더욱 애처로울 뿐이다!……

- 신나는 영화 어디 없나요? -

"요즈음 신나는 영화가 없다." "뭐! 신나는 영화가 없다고?……" "몸으로부터 시작된 사랑이야기……어쩌고 하는 광고도 못 봤어?!……" 이처럼 필자가 신나는 영화가 없다고 강조하면 "지난 26일에 개봉한 <맛있는 섹스 그리고 사랑>이라는 영화가 있는데 무슨 소리!"라는 대답이 바로 튀어나올 것이다.

요즈음 "실제 정사장면이!……에로영화감독이 극영화감독으로!……" 이러쿵저러쿵하는 문구들이 자극적으로 비추어지고 있다.

우리나라는 에로영화 천국일까 하는 생각이 들 정도로 에로무비는 많은 관객들로부터 높은 반응을 보이고 있다.

그러나 말초적인 자극성을 띤 영화라 해서 모두 신나는 영화는 결코 아니다. 그야말로 신(神) 들린 재미가 있어야 '신나는 영화'라 할 수 있다. 물론 <매트릭스2>, <살인의 추억>, <장화, 홍련> 등과 같이 관객이 밀려드는 영화도 있지만 왠지 이 작품들도 신나는 영화라 할 수는 없다.

차라리 가볍게 여기고 슬쩍 지나쳐 버린 최근에 개봉한 <쟈니 잉글리쉬>가 훨씬 신나는 영화로 간주된다.

이 영화는 조금은 부족한 인물로 바보처럼 고집스런 첩보원 설정이 옛날 바보온달의 출세기처럼 결과적으로 정의의 편에서 세상을 올바르게 질타하는 권선징악 형식으로 묘사되었기에 '위대한 인물과 바보는 똑같다.'라는 공식도 다시 한번 강조해 준다.

바로 이런 영화의 서술 구조와 황당한 캐릭터가 영상의 동적인 요소와 잘 어우러져 필자가 바라는 신나는 영화의 형태에 매우 근접하고 있다.

그 이유로는 관객들이 실컷 웃으면서 카타르시스를 가슴으로 느끼기 때문이다. 1960년대 중반에 미국에선 '뉴 아메리칸 시네마(New American Cinema)'라는 새로운 영화 운동이 탄생되었다.

당시 미국의 영화들은 국책의 권장사항이나 '미국제일주의', '권선징악'만을 소재 삼아 영상화시켰기에 당연하게 판에 박힌 스타일로 영상이 구성되었다.

또한 월남전에 의한 반전사상의 팽배와 함께 영원한 과제인 인종차별 문제 및 경제의 어려움이 겹치는 등 1930년대 경제공항 이후 사면초가 상태였다.

이후 영화도 관객들로부터 외면당하기 시작하자 의식 있는 몇몇 감독들은 자극을 받아 미국영화의 새로운 돌파구를 찾게 된다.

<우리에게 내일은 없다>(Bonnie and Clyde, 아서 펜 감독)가 공개되자 1967년 12월 7일자 타임지는 "폭력과 섹스가 가미된 새로운 미국영화가 몰려오고 있다."고 극찬을 보냈는데 이 영화가 바로 뉴 아메리칸 시네마의 도래를 알리는 의미 깊은 작품이 됐다.

마치 지난 IMF 시절 박세리 선수의 승전보가 온 국민들의 답답한 가슴을 쓸어내리듯 새로움에 갈증을 느낀 관객들은 자본주의 체제에 대한 날카로운 비판의식을 가한 <우리에게 내일은 없다>에서 새로운 활력소를 찾을 수 있었다.

코믹한 밴조악기의 경쾌한 음악과 함께 우연히 만난 남녀가 갱으로 변신해 슈퍼마켓을 털고 은행을 털고, 경찰들을 살해하고 치안을 농락하면서 자본주의와 미국사회에 대한 맹렬한 비판을 가한다.

라스트신에서 주인공들이 벌집 같은 총알 세례로 최후를 마치자

허무해져 버린 관객들은 그만 눈물을 흘리고 말았다. 당시 방황하는 미국인들의 자화상처럼……

이처럼 관객들은 영화 속 한 쌍의 은행강도 모습을 통해 희열과 감흥에 도취되어 반사회적인 모습에 환호를 보냈다.

어차피 영화는 픽션이기에 이러한 작품이 '신나는 영화'가 아닐까?!……그래서 36년 전 <우리에게 내일은 없다>는 뉴 아메리칸 시네마의 기수로서 그 자리를 선점하는 데 충분하였다.

이제 우리도 '뉴 코리안 시네마' 또는 '코리안 뉴 웨이브 시네마'가 절실하다.

알차고 즐겁고 가슴 후련하게 해 줄 수 있는 영화를 관객들은 학수고대하고 있다.

후덥지근한 장마철에 신바람 나는 속 시원한 영화 어디 없나요?……

─관객은 정말 무서운 존재!─

필자의 지인(知人) 중에 모(某) TV 방송국의 드라마 연출자 李某씨(이후 '친구'로 칭함)가 있다.

30년 동안 가까이 지낸 이 친구와는 그동안 저명한 감독들의 작품들이나 각국의 유명한 영화들이 우리나라에서 상영되면 항상 필자와 함께 관객으로 객석에 앉아 더욱 우정을 돈독히 한 바 있다.

비록 극영화가 아닌 TV드라마 연출자이지만 영화를 접하며 감성을 키워 나가는 매우 적극적인 근성을 가진 성실한 친구이다.

또한 구례에서 하동까지의 섬진강변을 자주 찾는 이 친구는 본인 작품을 연출할 때마다 주무대 촬영지로 섬진강을 선택하기에 필자와는 이 지역에서 자주 만나게 된다.

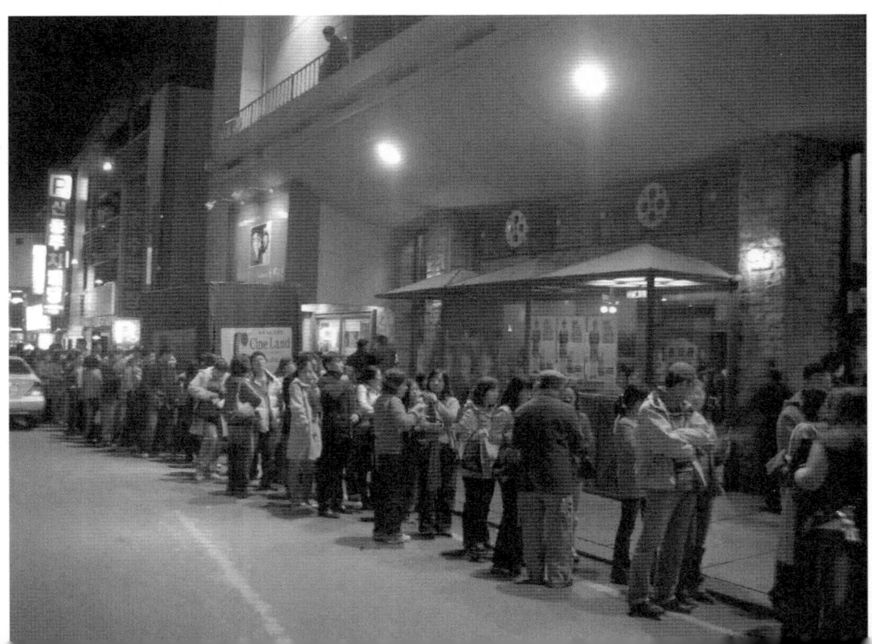

이 친구는 영화를 전공한 필자 못지않게 시샘이 날 정도로 영화를 좋아하는 영상전문가이며 인기 있는 TV드라마 연출가 겸 대학에서 영상전공학생들을 지도하는 교수이기도 하다.

얼마 전 한국영화에 대한 심각한 언사를 거침없이 필자에게 내던진 적이 있어 그 후론 연락을 안 하고 있는 실정이다. 왠지 그 친구가 배신자 같은 느낌이 들어서이다.

어느 장소나 강좌에서 대상을 불문하고 우리 영화를 자랑하고 그 가능성에 대해 설파하고 있는 필자 앞에서 단호하게 "요즘 우리 영화는 쓰레기야!……" 하며 온갖 고뇌에 찬 표정을 지으며 불쑥 뱉고 말았다.

순간 필자는 아무리 잘 나가는 현역 연출가고 친구이지만 감히 우리 영화를 업신여겨!?…… 하는 생각이 뇌리를 스쳤다.

이후 그 친구와는 다시는 영화이야기를 하지 않았다.

그러나 다시 한번 생각해 보곤 했다. 우리 영화가 비록 할리우드를 흉내 내는 정도에 불과하지만 분명 관객들의 기대치를 살펴보면 가능성이 있다는 결론을 얻었기 때문에 필자는 우리 영화에 손을 들어 주곤 했던 것이다. 서로의 생각이 다를 수 도 있는 것이 세상사 아닌가!……

그러나 각별하게 친하였던 친구 사이를 서로 의견이 다르다 하여 절교로 이어져야 할까! 하는 심정이 가끔 들곤 한다.

'내일은 내가 먼저 전화해서 우리 영화를 더욱 가까이할 수 있도록 차근차근 설득을 해 봐야지!' 하는 생각을 한다. 막상 전화를 들었다가도 그만두고 만다. 억지로 강요할 수는 없다는 생각이 다시 한번 앞서기 때문이다.

그러나 필자는 요즘 그 친구의 말에 왠지 공감이 가는 경우를 종종 느끼게 된다. 많은 영화가 금요일에 개봉이 되기에 금요일 오후엔 분명 그 친구가 생각이 나곤 한다.

말이 되지 않는 허무맹랑한 내용들로 구성된 것이 영화라는 것쯤은 기본 상식이지만 요즈음 우리 영화가 너무 한다는 생각에 가슴이 아파 온다.

에로영화, 폭력영화, 형사수사극, 가족영화, 코믹드라마, 호러영화 등이 요즘 각광을 받고 있다.

이러한 장르의 영화들 모두가 수입 영화에 비해 그 수준 정도가 질적인 면에서 너무 차이가 나는 것을 쉽게 알아볼 수 있다. 이제야 그 친구의 말이 실감이 난다. 내일은 분명히 그 친구에게 전화해야지 "우리 영화가 쓰레기들뿐이라고!……" 그러나 난 할 수 없다 영화가 내 밥줄이니까!…… 내 밥그릇에 침을 뱉으면 누가 먹겠는가! 아무도 먹지 않는다. 이것이 정답이다.

이처럼 자가당착에 빠지지 말고 우리 영화인들 스스로 48%라는 엄청나게 발전된 관객 점유율이 28%로 떨어지지 않도록 관계자 모두 자구책을 강구해야 할 위급한 상황인 것 같다.

"호기(好機)가 위기(危機)이다."라는 말이 있다. 그래도 우리 영화인데 관객들이 많이 봐 주겠지!…… 천만에 말씀! 관객들은 냉혹하다. 아무리 신토불이(身土不二)라고 해도 입맛에 맞는 떡이어야만 한다. 1988년에 UIP 직배영화를 상영하는 서울 명동 모 극장 매표소 앞에서 시위를 하고 있는 중에 시위에 참가한 많은 영화인들 앞에서 보란 듯이 시위대 사이를 뚫고 들어와 매표소에서 표를 구하는 모습과 함께 시위대를 비아냥거리듯 힐끗 쳐다보고 입장하는 관객들이 매우 많이 있었다. 그 이후 필자는 관객들이 매우 무서운 존재라는 사실을 그때 깨닫게 되었다. 그 당시의 관객들만 생각하면 후덥지근한 더위가 싹 가시고 오싹해진다. 영화를 살리고 죽일 수도 있는 관객들은 정말 무서운 존재이다.

-황홀한 영화 〈루나파파〉-

2000년 겨울에 개봉되었던 환상과 마법으로 풀어낸 가족이야기로 러시아 바크티아르 쿠도이나자로프 감독의 엉뚱하면서 황홀한 영화 <루나파파(luna papa)>가 3년여 만에 광주예술전용극장에서 오는 24일까지 再상영되고 있다.

世界的 거장인 에밀 쿠스트리차 감독의 <검은 고양이 흰 고양이>를 보고 너무도 흥분했었던 마니아라면 5년 전의 행복했던 순간들과 같은 감정으로 <루나파파>와 견주어 비교하곤 할 것이다.

카자흐스탄의 말라카라는 영화 속 주인공은 배우 탐 크루스를 좋아하며 셰익스피어 연극배우를 꿈꾸는 17세 사춘기 소녀다. 어느 날 애타게 갈망하던 셰익스피어 연극 공연단이 마을을 찾게 된다.

우여곡절 끝에 예쁜 옷까지 준비한 말라카는 연극을 보러 갔으나 이미 공연은 끝난 후였다. 공허해진 말라카는 텅 빈 무대 위에 올라가 잠시 연극배우처럼 대사도 읊조려 보면서 미래 연극인의 꿈을 꾸어보는 행복한 순간을 만끽하게 된다.

이 부분에서 필자는 "연극이나 영화에 한번 빠지면 마약처럼 깊은 수렁으로 빠져버리게 되는 그 고질적인 병은 좀처럼 치료되기가 쉽지 않은 것이 세계 공통인가 보다."라고 생각하며 극 중의 이야기가 바로 필자의 과거를 보는 듯하기에 저절로 무릎을 칠 수밖에 없었다.

그날 밤 잠시 황홀경에 빠져 있던 말라카는 달빛 속에서 얼굴도 보이지 않는 남자의 목소리에 매혹되어 순간 정신을 잃고 비몽사몽 (非夢似夢) 간에 사랑을 나누고 원치 않는 임신을 하고 만다.

이후 임신한 소녀를 바라보는 마을 사람들의 시선은 매우 곱지 않은 등 복합적인 劇의 구성이 더욱 갈등 구조로 이어진다.

결국 엄격한 아버지와 지능이 낮은 오빠와 함께 자신이 배우라 하면서 얼굴도 모른 채 달밤에 임신을 시킨 그 목소리의 주인공을 찾아 나서게 된다.

그 과정에서 말라카는 의사라고 하는 남자를 우연히 만나게 되어 결혼식까지 올리게 되지만 순간 운명이라 할까.

결혼식 도중에 느닷없이 하늘에서 떨어진 황소로 인해 말라카는 의사신랑과 아버지를 잃게 되고 이로 인해 그만 결혼식장은 장례식장으로 변한다.

바로 이러한 장면들이 영화의 본질인 몽환적인 요소로서 코믹하면서도 상상력을 충분히 발휘한 장면들이라 할 수 있다.

어느 날 말라카는 연극배우들을 태우고 자주 마을에 저공비행하며 나타났던 경비행기의 조종사가 달밤에 자신을 유혹하여 임신시킨 장본인이었음을 스스로 고백을 통해 알게 된다. 이후 남매는 서투른 총 솜씨로 그를 향해 위협하면서 뱃속 아이의 진짜 아버지인 그를 닦달하게 되자 그만 공포에 질린 파일럿은 계속 잠만 자는 병에 걸리고 만다.

말라카는 바보인 오빠의 아이디어로 황당하게 꾸며낸 마치 우주선처럼 생긴 선풍기가 달린 건물 지붕에 실려 편견 없는 세상을 향해 어디론가 구름 저 너머로 자유를 찾아 혼자만의 세상 속으로 구름처럼 두둥실 날아간다.

이처럼 몽환적이며 또 다른 구원(救援)적 요소로 인해 많은 대중들을 영화 속으로 흠뻑 빠지게 한다.

하늘에서 떨어진 냉장고에 맞아 부인을 잃는 황당한 사건으로 이야기가 펼쳐지는 호주에서 건너온 1999년 '시암 썬셋'의 유쾌함과 또 다뉴브 강가에 모여 사는 두 집시 집안의 어긋난 결혼식 소동극을 마술적 리얼리즘으로 그려낸 1998년 유고의 <검은 고양이 흰 고양이> 그리고 고래 배 속에서 섹스를 하면 소원이 이루어진다는 주제로 이야기를 풀어 가는 오스트리아에서 온 섹스코믹 환타지 1997년 '언피쉬'의 마술적이고 몽환적인 영상에 매료됐던 사람들이라면 누구나 <루나파파>에 박수와 찬사를 보낼 것이다.

<루나파파>, 모처럼 영화다운 영화 한 편 보았다.

노사분규의 소용돌이 속에 우리 모두 세상사 잠시 잊고 기분전환 될 만한 영화 한 편 보러 가시죠!……

내일은 토요일 그리고 일요일이 또 있다.

-映畵祭여 영원하라! -

지난 2003년 7월 10일 부천에서는 제7회 국제영화제가 개막되었다.

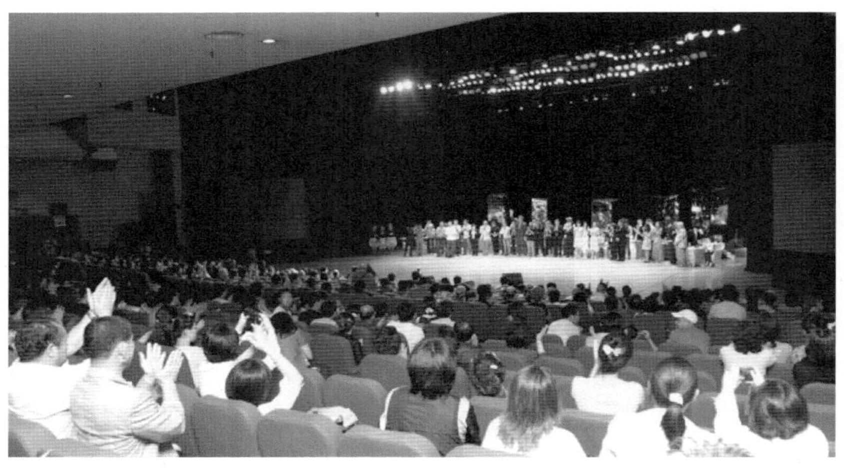

부천국제판타스틱영화제의 특징으로는 대부분의 작품들이 시중에
선 도저히 볼 수 없는 영화들로서 영화제 기간 중에 상영된다.

필자는 항상 영화제에만 참석하게 되면 모든 것을 잊고 만다.

세상사 모두 잊고 마냥 스크린 속으로 빠져 들어 나만의 공간으
로 홀연히 이동하고 만다.

또한 개막식이 끝난 이후 약 2~3일간은 어느 영화제를 가든지 영
화계, 방송계, 연예계의 과거 동료들을 만나는 저녁 시간대엔 또 다

른 영화제의 맛을 톡톡히 즐기기도 한다.

소주 한잔에 서로가 자랑이라도 하듯 슬프고 고달프게 지내던 과거사들을 이야기하면서 되돌아보기조차 싫어해야 할 지난날들을 상기시켜 보곤 한다.

또 약속하진 않았어도 현시점의 문화계의 돌아가는 방향이나 잘 알지도 못하는 정치계까지도 그저 닥치는 대로 안주 삼아 누가 먼저라고 할 것도 없이 툭 터놓고 한잔 술에 목청이 높아지기도 한다.

그래도 다음 날 아침이면 극장에서 서로 얼굴 마주보게 되고 점심시간에는 해장국으로 속 풀이라도 하듯 쓰린 속을 달래 가며 서로에게 고개 숙여 예의도 갖추면서 어젯밤 잠깐의 아픔들을 위로하며 달래 주기도 한다.

이런 모습들이 진정 영화제에 참가한 진정한 모습은 아니겠지만 왠지 필자는 이런 모습이 더욱 정겹게 느껴만 진다.

마치 그동안 가상의 세계처럼 느껴 왔고 보아 왔으며 즐겨 왔던 많은 영화 속의 모습들이 한잔 술에 그만 현실로 우리 앞에 나타나는 착각까지도 들기 때문이다.

어차피 영화의 본질인 몽환성, 모호성 등이 내 눈앞에서 펼쳐지고 있기 때문이다. 그래서 필자는 더욱 영화를 좋아하면서도 스크린 최면에 빠져 들수록 또 한편 가족과는 거리가 더욱 멀어지고 있다는 것을 느끼게 된다.

필자의 영화제 기행이 이처럼 술로만 보내는 것은 결코 아니다.

혹자는 약간의 오해가 있을 것 같아 다소 걱정은 되나 솔직한 필자의 심정이 왠지 떳떳하게만 느껴진다.

그동안 부천영화제는 판타스틱 영화제라는 컨셉으로 처음부터 계속 이어져 내려오고 있다. 이 컨셉은 부천 이외 '유바리 판타스틱 영화제', '동경 판타스틱 영화제' 등 일본을 비롯하여 세계 각국 여러 군데서 펼쳐지고 있는 컨셉이다.

오늘 폐막식이 거행되고 토요일인 내일까지 상영되는 이번 영화제는 폐막식 이후에도 상영이 계속되는 이색적인 행사로 또 한 번 관객들을 판타스틱한 상황으로 끌어들이고 있다.

한편 이번 영화제는 작년에 비해 40% 이상 관객 신장률을 기록하는 등 부산에 이어 또 다른 성격의 영화제로서 자리를 굳게 잡아가고 있다.

컨셉처럼 '부천에 가면 비주류의 발칙한 상상력과 만날 수 있다.'는 기대감이 작용했다고 본다.

이곳에서 상영된 작품들은 시대와는 무관하게 1960년대 영화평단이나 관객들에게까지 버림 받았던 발칙한 영화들 그리고 미래에 선보일 기상천외한 영화들도 함께 선보여 1823세대들로부터 즐거운 함성을 들을 수 있었다.

또 올해 처음으로 성인 대열에 참가한 대학 1년생들의 관람률도 상당히 높았으며 단편 부분이 예외로 크게 호평을 받아 거의 매진 사태에 이르렀다.

평균 관객 점유율이 80%가 넘는 영화제는 세계 어느 영화제를 비교해도 찾아보기 힘든 사례이다. 이번 영화제에서는 지난 1960년대 홍콩 쇼-부러더스 영화사의 작품들을 비롯하여 1980년대 박윤교 감독의 회고전 그리고 유치함과 과장법과 그 어떤 영화적인 촌스러움도 함께 호흡할 수 있음을 보여준 1823세대들의 여유로움까지 맛을 보게 된 필자는 이젠 영화제는 나의 일부분처럼 느껴지고 있다.

우리나라 방방곡곡에서 한 달에 한 번 정도 국제영화제가 열리길 바라면서!

'영화제여 영원하라!……'고 외치고 싶다.

－ 비속어도 영화 제목으로!……－

사람으로서 해야 할 말과 하지 말아야 할 말이 있다.

어린 친자식에게까지도 귀엽게 느껴지면 '문둥이'라는 단어를 애칭처럼 쓰기도 했던 어른들이 생각이 나고 지금도 경상도 지방에선 애칭으로 통용되고 있다고 한다.

비속어(卑俗語)라는 용어를 살펴보면 '어떤 대상을 아주 얕잡아보고 경멸하는 태도로 하는 말'이라고 되어 있다.

분명 '똥개'는 비속어이다. 그럼 사용하지 말아야 할 것 아닌가.

그러나 이젠 그 누구도 이 '똥개'라는 단어를 두고 시시비비를 따지지 않고 오히려 옛날에 많이 들어 보았던 말이라고 해서 추억의 어투로만 간직하고 있는 실정이다.

과거 필자의 성장기 땐 이런 말이나 어투를 사용하면 저질스럽다고 하여 부모님으로부터 청천벽락이 떨어지기에 감히 사용할 수 없었고 그러한 단어는 입 속에서도조차 담지 않았던 시절에 살았다.

그렇다고 필자가 반가(班家)의 문화 속에서 귀한 대접을 받으며 황족처럼 살았던 것은 아니며 그저 평범한 가정이지만 주변의 여러 경황으로 봐서 자라난 당시의 상황이 그렇다는 이야기이다.

과거나 지금이나 가끔 지나가는 개를 보고 '똥개'라고 하는 말을 들어 봤지만 비속어로 사용하는 자에게 그 누구도 들어 내놓고 뭐라 꼬집어 질타하진 않았어도 필자는 격에 떨어지는 인물로 마음속으로 평가하곤 했었다.

그러나 요즈음엔 '똥개'라는 단어가 영화 속에 나오는 대사도 아니고 이젠 영화 타이틀로까지 등장하는 시대에 우리가 살고 있다.

분명 '똥개'란 단어는 영화 속 대사처럼 길거리를 배회하며 이것저것 닥치는 대로 마구 아무거나 먹어 치우며 다니는 족보도 알 수 없는 방치된 잡종견을 가리켜 '똥개'라고 했지만 사람에게까지 붙이는 별명치곤 어쩐지 거부감이 든다.

그래도 요사이 젊은 세대에선 단지 허울에 그칠 뿐 또 아무런 가식 없이 그냥 여과 없이 사용되고 있다.

아무리 애칭으로 사용한다고 해도 '문둥이'나 '똥개'라는 단어는 조금은 천박스럽게 느껴지는 모양새가 벌써 젊은 세대들과 격세지감을 느끼기에 충분하다. 하고 싶은 대로 하고, 뱉고 싶은 대로 다 뱉어버리는 요즈음 세태가 필자는 왠지 부러우면서도 거리감을 느낄 수밖에 없으며 갈수록 언어가 비속어화되어 가는 모양새가 왠지 싫다.

1980년대 필자가 영화를 제작하던 시절에 만약 이 영화 제목으로 공연윤리위원회에 심의를 신청했다면 아마 정신병원에서 먼저 달려와 쥐도 새도 모르게 잡아 가두었을 것이다.

그러나 영화를 볼 때 선입견을 버리고 무조건 영화적 현상으로 간주하고 그 속 내용들을 들여다보니 작품이 정말 마음에 와 닿는다.

흥행과 더불어 문제작으로도 남을 여지가 다분히 담겨 있는 영화였음을 발견하곤 스스로 흐뭇하다 못해 누구에게나 권하고 싶은 영화가 바로 곽경택 감독의 '똥개'다.

출산하면 산모가 위독한 상황 속에서 태어나선 안 될 주인공이 아버지의 고집대로 태어나게 되어 그로 인해 어머니는 산후 전신불구로 살다가 세상을 떠나게 된다.

영화의 첫 장면이 바로 상여 나가는 장면이다.

많은 영화들이 이럴 때엔 상여 나가는 장면에 슬픈 음악과 애절한 창(唱) 그리고 곡소리처럼 들리는 판소리 한 대목이 삽입되곤 했었다.

그러나 이 영화는 가벼운 음악으로 약간은 비정상적인 배경음악으로 가볍게 흘려버린다.

다분히 감독의 의향이 깔려 있음을 알 수 있다.

바로 "이 영화는 가볍게 보시길 바랍니다." 또는 "쉽고 편하게 봐주십시오."라고 하는 감독이 관객에게 부탁하는 메시지가 담겨 있다.

이젠 세상이 달라졌다.

비속어도 영화 제목으로 얼마든지 사용할 수 있는 세상, 과연 어느 선까지 갈까.

필자처럼 비속어가 제목이 된 영화라 해서 무조건 질타하시며 그냥 지나치지 마시고 우리 영화의 참맛을 이 영화에서 느껴 보시기 바랍니다.

곽경택 감독의 용기 있는 선택에 박수를 보내야 할까요? 그것은 관객의 몫입니다.

─ 화려한 영화 〈컨페션〉 ─

1989년에 26살이라는 약관의 나이에 만든 데뷔작 <섹스, 거짓말 그리고 비디오테이프>(Sex, Lies and Videotape)로 스티븐 소더버그 감독은 칸영화제에서 그랑프리를 차지해 세계 영화계를 떠들썩하게 했었다.

또 2001년 제73회 아카데미감독상에서도 '트래픽'과 '에린 브로코비치' 등 자신의 두 작품이 후보로 선정돼 감독상을 놓고 자신과 경합을 벌리게 되는 진기록도 세워 결국 '트래픽'으로 수상의 영예를 안았던 일도 있다.

이것은 1928년 아카데미 시상식 이후 처음 있는 일이었다. 그런 그가 영화 제작자로 변신해 만든 <컨페션>이 요즈음 우리나라에서 개봉이 되어 필자는 매우 큰 기대를 하고 영화를 보았다.

더불어 감독을 한 조지 클루니는 2002년 '웰컴 투 콜린우드' 등 연기자로서 15편 이상 출연했었고 제작 및 기획자로 대변신해 활발하게 움직이는 인물이다. 또 영화사를 함께 차린 스티븐 소더버그의 영향을 받아 감독으로서 그의 역량을 충분히 발휘했다고 금년 베를린영화제 프레스들의 정평이다.

그런데 왜? <컨페션>은 흥행에서 외면을 받게 되었을까? 영화적으로 보았을 땐 매우 화려한 스태프에 초호화 배역진에 어느 것 하나 나무랄 곳 없는 완벽한 시스템을 갖추고 있다. <위험한 마음의 고백>(Confessions of Dangerous Mind)으로 금년 베를린영화제에 출품돼 샘 록웰은 남우주연상까지 수상했고 멋진 배우로 통하던 조지 클루니는 처음으로 메가폰을 잡아 베를린영화제에서 감독으로서도 인정받은 작품이다.

또 할리우드의 여왕으로 불려도 조금도 손색이 없는 줄리아 로버츠를 비롯해, '미녀 삼총사'로 대단한 흥행을 기록한 드류 배리모어 또 꽃미남의 연기자에서 내면적인 연기자로 바뀐 브래드 피트와 연기파인 맷 데이먼 등이 잠깐이지만 영화 속에서 함께하고 있다.

이것만으로도 관객들이 몰려들 승산이 충분히 있을 거라 생각한 필자는 왠지 영화계 초년병처럼 흥행적인 상황을 예측 못 하는 부끄러움을 감수해야만 했다.

그것은 스티븐 소더버그와 조지 클루니의 과거 명성을 너무 믿고 흥행을 우리 기준으로 쉽게 생각한 데서 오는 착오였다.

많은 연예인들은 자기의 유명세가 탄력을 받게 되면 제작자 입장이 되곤 한다.

그 이유야 뻔히 속내를 알 수 있다.

좀더 나은 미래를 위해 크게 한탕 어떻게 해 보겠다는 심사일 것이다.

그러나 '어떻게 한탕!……'이 마치 '혹시나가 역시나'라는 말이 있듯이 역시나 그만 깡그리 밑바닥까지 손바닥을 치고 마는 경우가 비일비재(非一非再)하다.

필자 역시 혹시나 하고 한탕주의에만 눈이 멀어 영화 제작사를 경영했던 과거가 있어 이런 경우를 보면 옛 생각이 저절로 떠오를 수밖에 없다.

<컨페션>은 볼거리, 즐길 거리, 느낄 거리 등의 완벽하게 영화적인 요소가 실려 있는 것은 사실이지만 결론적으로 우리나라 관객들 입맛에는 맞지 않는다는 이야기이다. 즉, 영화 흥행이란 확실하게

예측이 불가능하다는 결론이다.

예를 들어 몇 년 전에 수입된 일본영화 <춤추는 대수사선>은 일본에선 700만 명에 가까운 관객이 들었다고 하지만 우리나라에선 완전히 참패하고 말았던 기억이 있다. 분명 일본과 우리나라 문화적인 정서의 차이가 수치로 나타난 현상으로 이해되어 버린 경우였다.

그러나 이번 영화 <컨페션>은 조금은 다르다. 기술한 바와 같이 영화적 요소가 충분히 있고 세계적 스타와 스태프가 충분히 뒷받침을 해 주고 있는 상황이다.

이 영화 포스터에 강조된 문구 중 "이것은 쇼!다", "짜릿하고 위험한 이중생활이……" 어쩌고라고 하는 것처럼 알쏭달쏭한 것이 영화다.

아무리 화려한 영화라고 극찬을 해도 흥행은 정말 알 수 없는 일. 그 누구도 흥행의 결과를 딱 떨어지게 알아 맞추는 것은 신의 경지에 도달한 자만 할 수 있는 일이다.

한편으로 생각하면 흥행이야 되든 말든 화려한 스타들의 모습을 한 편의 영화에서 본다는 것은 매우 즐거운 일이 아닐 수 없다. 분명 <컨페션>은 화려한 영화다.

－ 어렵지 않은 영화 〈도그빌〉 －

<DogVille>(도그빌)은 영화 제목에서부터 개(Dog)가 사는 동리(Villege)임을 알 수 있다. 그것도 도입부인 프롤로그(prologue)에서 개 짖는 소리와 함께 사건이 본론 부분으로 넘어간다.

이 영화는 개처럼 살아가는 그러한 삶을 그린 영화임을 암시해 주고 있다.

이처럼 영화를 관람할 때 프롤로그는 매우 중요하기에 필자는 신경 써서 관람할 것을 강조하곤 한다. 또 프롤로그에서 고기가 붙어 있는 뼈다귀를 개에게 먹이자 야단을 치는 장면이 있다.

이때 개의 형상은 보이지 않고 개가 있다고 가정하는 장소에 개의 위치만 흰 선으로 표시되어 있어 마치 사건 수사 당시 현장의 상황을 알리는 표시처럼 그려져 있다.

또한 팬터마임 연극의 형식을 빌린 영화로서 약식 세트로 꾸며진 공간 속에서 펼쳐지는 모양새가 현실을 멀리한 가상의 세계임을 처음부터 일러주고 있는 특이한 구조에 내러티브 형식을 가미한 영화이다.

이처럼 영화 속에서는 가상의 현실(약식 세트처럼)이, 즉 픽션임을 강조하는 단적인 예이다. 물론 라스트신에선 끝까지 그림으로로만 보이던 개의 모습이 실지 사나운 개의 형상으로 보이기도 한다. 즉, 모든 이야기는 개처럼 천대받고 학대받는 이야기였음을 결론 부분에 뜻하고 있다.

"개는 고기 맛을 알면 집 지키는 일에 소홀해지므로 악(惡)을 키우기 위해서는 절대 고기가 붙어 있는 뼈다귀는 먹이지 말라."고 타이르는 장면도 나온다. 즉, 개나 사람 동물들은 극한 상황으로 몰고 가야 독해진다는 결론이다.

잠시 후 총소리가 나고 누군가에 쫓기고 있는 듯한 한 여인이 찾아들자 남자주인공 톰은 잠시 폐광 안에 그녀를 숨겨 주게 된다. 그녀를 쫓던 갱단들이 동리에 들이닥치게 되고 톰에게 그녀를 발견하면 후사할 것을 약속하며 갱단의 보스는 명함을 전해 주고 사라진다. 이 명함이 나중에 큰 사건의 근원이 되리라는 것은 강 건너 불 보듯 뻔한 스토리 전개이다.

이후 도그빌에 숨어사는 여주인공 그레이스는 마을 사람들과 잘 지내던 중 현상금이 붙은 그녀의 포스터가 동리에 나붙게 되자 한동안 친절하기만 대했던 사람들은 현상금에 눈이 멀어 차츰 그녀를 학대하게 되고 그 후 동리를 탈출하려다 붙잡힌 그녀를 노예나 개처럼 목에 쇠사슬까지 묶어 감시하며 정신적 육체적으로 상상치 못할 인간 이하의 취급을 하게 된다.

우여곡절 끝에 톰은 자괴감에 빠진 후 이성을 잃게 되고 영화적인 순서대로 명함에 적힌 갱단 보스의 연락처로 그만 신고하게 된다.

갱단 앞에 다시 모습을 드러내고만 여주인공은 도그빌에 머무르는 동안 모진 학대와 참을 수 없는 모멸감 속에 생활하였기에 스스로 택한 길은 아니지만 차라리 다시 과거로 돌아가 갱단 보스의 정부(情婦)생활을 선택하게 되는 필연성을 띠게 된다.

결과는 예견되었듯이 그레이스의 요청에 따라 마을과 마을사람들은 갱단들의 손에 의해 모조리 불살라지고 총탄 세례를 받게 된다. 그래도 도저히 화가 풀리지 않는 그레이스는 마지막 혼자 남은 톰을 총으로 처치하는 강인한 모습도 보이고 만다.

결국 인간은 집단의 힘에 의해 악(惡)이 나올 수 있음을 시사하고 있다. 즉, 개인은 나름대로 선량하지만 집단을 이루면 가혹한 행동도 망설이지 않고 해낼 수 있다는 걸 보여준 사례이다.

덴마크 출신인 라스 폰트리에 감독은 영화 속에 절대 인위적인 요소는 첨가시키지 않겠다는 영화의 순수서약으로 불리는 '도그마95선언'을 하였지만 그의 두 번째 작품부터 순수서약을 스스로 깨버리는 그래서 전 세계 관객들을 마치 우롱이라도 하듯 모순을 자랑삼아 저지르는 인간의 이중성도 함께 보여준 세계적 거장이기도 하다.

과연 인간의 한계는 어디까지일까요라는 의문과 함께 인간의 양면성 등도 함께 보여주는 철학적인 영화 <도그빌>.

이런 영화 속 정답들은 프롤로그에서 이미 제시하고 있다. 그만큼 영화의 도입부는 중요하다. <도그빌>, 결코 어렵지 않은 영화이다.

꼭 첫 장면부터 신경을 곤두세우고 영화 감상에 임해야 한다는 이야기이다.

-'햇볕정책' 홍보영화 〈남남북녀〉-

햇볕정책이란 용어가 어느 날부터 슬그머니 자취를 감추고 말았다. 물론 정치적인 의지 때문이란 걸 모르는 사람은 없을 것이다. 그러나 햇볕정책을 솔선수범 홍보하는 영화가 있기에 이 지면을 통해 꼭 알리고 싶어 글을 올리게 되었다.

영화의 본질인 몽환성과 모호성은 자주 강조하는 사항으로 어느 영화에서나 관련되지만 이 영화처럼 영화적인 본질에 흠뻑 젖은 영화다운 영화는 극히 찾아보기 힘들기에 힘주어 이 영화를 강조하고 싶다.

어제 개봉한 〈남남북녀〉의 영화가 요즈음을 살고 있는 우리들에게 어필이 되는 것 같아 지면을 통해 〈남남북녀〉를 극찬하고 싶다.

감독을 살펴보면 흥행성에 치우친 감독으로 정평이 나있고 프로듀서로 더욱 알려진 '정초신' 감독이다. 정 감독은 2000년에 〈자카르타〉의 각본감독을 그리고 2002년엔 흥행에 성공한 〈몽정기〉를 감독했다.

예전엔 상상치도 못할 남북의 문제를 그렇게 쉽고 또 쉽게 재해석시킨 영화임을 증명한 〈남남북녀〉가 필자는 매우 흡족하다. 물론 〈공동경비구역 JSA〉란 영화가 있었지만 그 영화처럼 이데올로기라든가 무거운 분위기완 사뭇 다르게 가벼운 코믹 형태로 멋지게 풍자한 영화는 전무후무할 것이다.

본시 코믹의 요소는 현실의 비판이 그 본질임을 모두 알고 있다.

그리고 스토리야 뻔하고 제목처럼 남측의 남자와 북측의 여자가 사랑에 빠진다는 이야기로 해피엔딩을 기본으로 볼거리, 느낄 거리, 즐길 거리 등 3박자가 모두 갖추어져 있다.

또한 유사한 영화에서 찾을 수 없는 그 어떤 마력 또한 내포하고 있다. 바로 이 영화가 뜻하는 바로는 북한의 고위 공직자나 남한의 고위 공직자의 가장 큰 고민은 다름 아닌 단 하나뿐인 자식이 가장 큰 걱정거리라는 세계 공통어를 메인 컨셉으로 하여 만든 영화임을 다시 한번 영화 마니아 분들에게 알리고 싶다.

첫 장면부터 심상치 않게 과거 1970년대 이전 영화들처럼 타이틀 백에 한문으로 쓰인 스태프와 캐스트의 자막이 고분 벽화를 배경으로 떠올려져 요즈음 정서완 다른 과거의 분위기로 영화가 시작된다.

벌써 눈치 빠른 영화 관객들은 자막이 한문으로 뜨게 되자 이 장면만 봐도 요즈음 흔한 소재가 아닌 엉뚱한 소재로 이어질 거라는 추측도 하게 될 것이다. 물론 젊은 세대들은 고리타분한 영화처럼 느꼈을지 모르겠지만 타이틀백으로 쓰인 고분 벽화는 다름 아닌 본 영화와 맥을 같이하는 고구려 시대에 그려진 벽화로 신라와 백제의 남녀가 고구려로 도망쳐서 혼례를 올리는 장면을 그린 벽화이다.

첫 장면의 이 그림은 바로 영화 속 주인공들의 모습을 상징화시킨 것이다. 이 장면들의 의미를 다시 한번 되새겨 강조하면 남북 간의 심각한 문제들을 과거사의 입장에서 다시 한번 조명해 보았으면 하는 마음에서 이 영화의 프롤로그가 예스럽게 꾸며져 있다고 강조한다. 아마 타이틀백을 읽지 못하고 그냥 넘기는 젊은 사람 많이 있으리라 생각된다. 그러나 처음과 끝에 보이는 화면이 거의 모든 영화의 정답이기에 첫 부분을 열심히 보아야 한다. 약간의 오버 미학이 더욱 돋보이는 영화 <남남북녀>는 누구에게나 권하고 싶은 햇볕정책의 홍보영화처럼 남북의 현실과 비슷하면서 또 우리 모두의 희망을 먼저 설명하는 귀중한 영화이다.

특히 연기자 조인성이 망가지면서도 북한의 여자친구를 설득하여 포용하는 캐릭터가 정말 일품인 영화이다.

영화는 픽션이다. <남남북녀>야말로 마음껏 망가지면서도 충분하게 교육적인 가치나 이데올로기적 가치 그리고 영화적인 가치가 매우 돋보인 영화이다.

영화 속에선 북한의 김정일 국방위원장이 수많은 군중 앞에서 남쪽의 남자와 북측의 여자의 결혼을 승낙하는 큰 업적을 영화 속에서 베풀고 있다.

아무쪼록 현실에서 영화처럼 화해하고 베풀면서 상호간에 존경받으며 핵 위험 없이 살 수 있는 그러한 통일된 그날을 기대해 본다.

누구하고나 함께할 수 있는 영화 <남남북녀> 꼭 좀 보시길.

남쪽의 영화광 박형균이 간곡히 부탁드립니다.

— 영화제의 성공을 기원하며 —

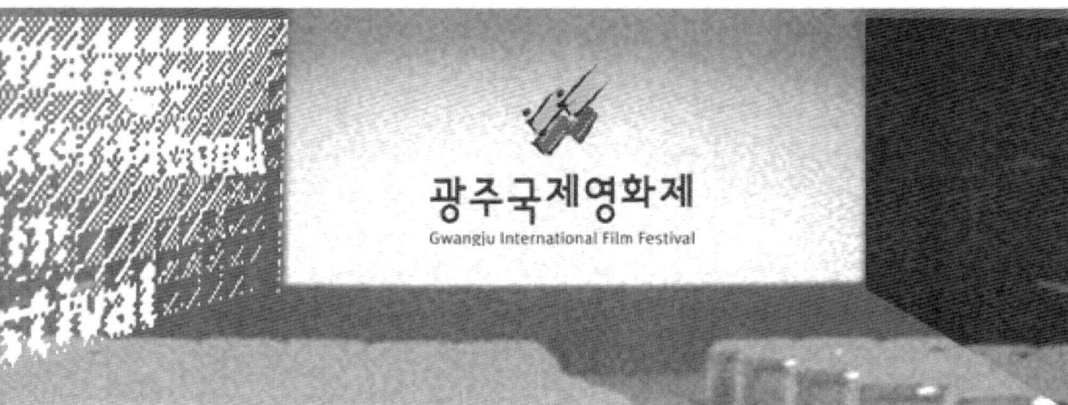

오늘 오후 7시면 제3회 광주국제영화제의 개막이다. 10여 일간 열릴 영화제에 깊이 관여하지 못하고 밖에서 관조하듯 바라보고 있어 다소 섭섭한 것은 사실이다.

'배운 것이 도둑'이란 말이 요즈음 필자는 실감하고 있다.

소위 영화를 배우고 영화계 출신이라 자칭하는 필자가 고향이라는 이유로 할 수 없이 버티고 있기도 하지만 어떻게 보면 우유부단한 자태이기도 하다. 그러나 한편으론 정말 이번 영화제가 성공리에 끝마쳤으면 하는 마음 또한 간절하다.

지금까지 처음부터 영화제에 몸을 담고 있었던 신분으로서 그동안 최선을 다하지 못한 필자가 느끼기에 스스로 자신의 양심을 속인 양 이번 제3회 영화제를 바라보는 필자의 마음은 정말 착잡하다.

물론 "이가 없으면 잇몸으로……"라는 말이 있듯이 필자가 이번 광주국제영화제에 꼭 참여해야 할 필요성은 없다. 그러나 학창시절부터 오늘날까지도 항상 영화인이라는 긍지 하나만으로 살아왔으며 또한 처음부터 광주국제영화제에 여하튼 이름이 올라 관여하게 되어 미운 정 고운 정이 들어 왔던 터이라 이번 행사에선 왠지 아웃사이더로 변신된 본인의 모습이 스스로 판단하기에 부자연스런 억지스러움을 금할 길 없다. 즉, 이번 행사에 적극성을 띠지 않은 듯 느껴지기에 주위 관계자 분들에게 다소 송구스러울 따름이다.

물론 이유 아닌 이유야 있지만 아픔들에 관한 여러 가지 깊은 골들은 추후 영화제가 끝나고 하나하나 따져봐야 할 사항이다. 그러나 분명 이번 영화제가 잘되어야 한다는 것은 변함이 없다.

필자가 이번 행사에 소홀할 수밖에 없었던 사실은 광주국제영화제의 영화적인 순수성 결여가 가장 큰 아픔이었다.

그렇다고 이번 행사가 부정적인 모양새로 흘러간다고는 보지 않는다. 그러나 순수성이란 여러 가지로 해석되지만 더욱 잘해 보려고 조직위원회와 집행부가 발버둥치다 보니 필자의 마음 한구석에 다소 섭섭함을 남겼을 것이라고 판단하고 싶다. 제발 그렇게 되길 바라는 바이다.

다름 아닌 영화제는 영화인이 대거 참여하고 영화인의 자존심이 살아 있는 생동감 넘치는 그런 행사여야 한다는 것은 두말할 것도 없다. 괜히 트집이나 잡아 영화제를 폄하(貶下)하고자 하는 것은 결코 아니며 좀더 사려 깊은 필자의 영화제에 관한 충정이 더욱 관철되었으면 하는 마음이 간절하였기에 지면으로나마 마음을 전하고 싶다.

영화제는 분명 이 지역의 문화 창달에 큰 몫을 차지하고 있다.

民이나 官 모두 합심해서 굴뚝 없는 산업인 문화사업에 매진해야 할 시기이다.

광주가 언젠가 문화수도가 되면 제일 먼저 영상이 변화할 것은 자명한 사실이다.

그것은 세계적 추세이기에 호언장담하는 것이다.

앞으론 영상 시대가 도래하여 영상을 모르면 아무것도 할 수 없는 세상이 온다. 물론 활자매체는 살아남겠지만 우선적으로 모든 최첨단 시스템이 영상화되어 가고 있는 추세가 아닌가. 특히 디지털이 점령하는 세상에선 시시각각 변하는 세상의 시점을 빨리 파악하는 지혜가 절실히 요구됨과 동시에 새로움을 두려워하지 말고 기꺼이 수용하고 내 것으로 만들어야 한다.

영화제도 앞으로의 방향을 모색해야 한다. 천편일률적인, 즉 필름만 가져다가 번역해서 상영 위주로 할 것이 아니라 영상의 미래세계를 점쳐 보는 지혜도 필요하다.

앞으로 닥칠 미래의 영상산업은 고화질이 기본인 HD 영상 시스템이 주류를 이룰 것이다.

그러므로 먼저 HD 영상의 기득권도 이곳 광주가 선점해야 할 필요가 있다.

이처럼 앞을 봐야 하며 지난 뒤도 돌아보고 영상의 어제와 오늘 그리고 내일 일어날 현상들을 빨리 간파하고 다가오는 영상의 세계에 대처해야 한다. 영상의 본분은 반드시 젊어져야 한다는 사실과 아울러 영상은 시대의 흐름을 따라 가야지 뒤떨어져 있으면 시대의 낙오자가 되며 ‘영상은 시대를 리드해야 한다.’는 것이 필자의 계속된 지론이기도 하다.

또 한 가지 부탁하고 싶은 것은 관객을 위한 영화제 그리고 관객을 무서워할 줄 아는 영화제 또 관객 위에 군림하는 영화정책이나 영화제의 행사를 위한 전시적인 형태의 업무는 있을 수 없음을 명심하기 바라는 마음이다.

　한 명의 관객도 소중히 생각하는 '관객을 위한 영화제'를 기원해 보며 진정 광주국제영화제의 성공을 기원한다.

- 세계로 바람 탄 〈바람난 가족〉-

세계적으로 권위 있는 국제영화제는 칸, 베를린, 베니스국제영화제를 들 수 있다. 작년 칸에선 '취화선'으로 임권택 감독이 감독상을 또 베니스에선 '오아시스'로 이창동 감독이 감독상과 문소리 양이 신인배우상을 수상하여 우리나라 영화계로서는 경사가 겹친 한 해였다.

이것을 계기로 우리 영화의 국내 시장 점유율이 올라가는 쾌거를 이루었다.

그러나 그것을 빌미로 금년엔 스크린쿼터의 축소 논쟁이 거세게 한바탕 불어 씁쓸한 여운을 남긴 채 구렁이가 담 넘어가듯 슬그머니 그 잡음은 꼬리를 감추었다. 그 구렁이는 결코 포기하지 않은 채 똬리를 틀고 기회만 호시탐탐 노리고 있다가 언젠가는 또다시 나타날 것은 당연한 사실이다.

그런데 금년 칸에선 별로 좋은 소식은 없었고 카를로비바리에서 김기덕 감독의 <봄 여름 가을 겨울 그리고 봄>이 크게 각광을 받았을 뿐 국제무대에선 잠잠한 상태였다.

물론 <동승>이나 <나비> 등 몇몇의 작품들이 유수의 영화제에서 인정을 받은 바 있으나 기술한 것처럼 세계적인 3대 국제영화제에서는 반가운 소식이 없었던 터이다.

지난 27일 개막된 베니스국제영화제에 우리 영화 <바람난 가족>이 의외로 초청되어 경쟁의 대상인 20개의 작품 속에서 폐막일인 9

월 6일을 기다리고 있는 상황이다.

필자는 이번 '베네치아60'이라는 뜻 깊은 영화 잔치에 우리 영화로 바람을 일으켰으면 하는 마음 간절하다.

금년이 베니스영화제가 개최되어 치른 행사 횟수가 60회인 甲年의 해를 맞는 해가 되어 더욱 욕심이 생긴다. 특히 베니스영화제는 동양의 영화에 상당한 호감을 갖는 영화제이기도 하다.

그 덕분에 1951년 일본 구로자와 아끼라(黑澤明) 감독의 <라쇼몽>(羅生門)이 그랑프리를 수상하였고 그것을 계기로 1950년대는 일본영화가 세계에 꽃피우게 되었다. 즉, 동양에서도 영화다운 영화가 제작된다는 사실을 널리 알리게 된 사례이었다. 마치 요즈음 같으면 인디아, 튀니지아, 포르투갈, 북부이란 등의 영화들이 세계 영화계에 큰 획을 긋고 있듯이 우리 영화도 이번 기회에 세계의 무대를 우리의 독무대로 만드는 큰 계기가 되었으면 한다.

이틀 후면 제3회 광주국제영화제 폐막일이다. 아쉽게도 광주는 경쟁 부분이 없어 다소 세계의 영화제 축에는 아직 함량미달이지만 그 어떤 영화제도 초년엔 모두 이랬을 것이라 생각하고 최선을 다해 열심히 앞만 보고 뛰어가고 있다.

10년 후엔 베니스 못지않게 광주국제영화제가 될 것임을 확신한다.

아무튼 이번 베니스에서 날아들 승전보를 기다려 보도록 하자.

분명 임상수 감독은 무슨 일을 내고 말 큰 작품인 <바람난 가족>을 개최 甲年을 맞는 베니스의 전쟁터에 내놓았다. 그는 일찍부터 언젠가는 큰 사고를 칠 모양새를 풍기고 있었다. 임 감독은 데뷔작 <처녀들의 저녁식사>로 흥행뿐 아니라 풍성한 논쟁거리를 제공했었고 탄탄한 드라마 속에 날카로운 문제의식을 담아내서 자기만의 독특한 입지를 구축하였다.

특히 2002년 작 <눈물>은 마치 운동선수들이 시합 전에 스트리칭을 하여 굳은 몸을 풀 듯 임 감독은 이번 작품을 위해 연습을 했다고 본다.

디지털 방식으로 제작되었던 <눈물>은 국내외 영화계로부터 많은 관심과 기대를 받아 왔다. 특히 2001년 베를린영화제에 공식 초청되어 "방황하는 10대들의 삶을 사실적으로 보여줌으로써 한국사회의 내적인 모순을 선명하게 드러낸 수작"이라는 베를린영화제 평단으로부터 좋은 평을 받아 임 감독만의 독특한 작품성을 인정받는 통과의례를 거쳤다.

또한 국내에서 그때부터 임상수 감독은 세계적 거장 대열에 명함을 내밀었다고 보면 적절한 표현이 될 것이다.

이번 <바람난 가족>은 정말 바람을 타고 세계만방에 널리 알려졌으면 한다.

불어라 바람아! 베니스로 간 <바람난 가족>한테로…….

Part

3

지역 일간지 및
목포 KBS 칼럼에 실린
박형균의 영화이야기

-〈나쁜 남자〉 수행하다-

사계절에 담긴 인생의 사계(四季)를 수려한 영상과 함께 적절하게 표출시켜 화제가 되고 있는 김기덕 감독의 <봄 여름 가을 겨울 그리고 봄>이라는 영화가 이번 광주국제영화제에서 개막작으로 상영돼 1800여 관객으로부터 호평을 받았다. 이 영화 속에서 김기덕 감독은 연기자로도 변신해 그의 또 다른 새로운 모습도 발견할 수 있었다.

그동안 김기덕 감독의 작품성향을 보면 회화적 이미지들이 매우 돋보였고, 외딴 공간에서 벌어지는 인간들의 욕망과 폭력이 적나라하게 묘사되었기에 때로는 그것이 걸러지지 않고 표현되기도 해서 비판의 대상이 되기도 하였지만 인간의 내면에 담긴 추함과 아름다움 사랑과 증오 등의 감정에 집착하는 일관성을 보여주었다.

그러나 <봄 여름 가을 겨울 그리고 봄>에서는 천진한 동자승(童子僧)이 소년기, 청년기, 중년기를 거쳐 장년기에 이르는 동안 겪는 파란 많은 인생사가 신비로운 호수 위 암자의 아름다운 사계(四季) 위에 그려지는 영화를 만들었다.

이 영화에서 연기자로도 출연한 김기덕 감독은 마지막 시퀀스에 출연하였는데 처절하리만큼 스스로 고행의 길을 택하는 절제미가 담긴 그의 연기는 압권이었다. 이처럼 감독하면서 연기한다는 것, 즉 다재다능(多才多能)하다는 것은 결코 쉬운 일만은 아니다.

종전까지는 <나쁜 남자>라고 하면 김기덕 감독 하고 거의 나쁜 남자의 대명사처럼 영화계에선 불리곤 했으나 이젠 속세를 떠나 고행의 길로 접어든 수행 중인 김기덕 감독으로 알려지게 될 날이 멀지 않은 것 같다.

그의 작품들을 살펴보면 저예산의 영화이지만 혼신의 힘을 다한 작품들로 <섬>과 <수취인불명>, <나쁜 남자> 등으로 베니스영화제와 베를린영화제 경쟁부문에 진출했고 2001년에는 <나쁜 남자>의 상업적 성공으로 대중적인 지지도 얻었다.

특히 작품마다 여성을 비하(卑下)시키는 측면이 강하게 선보인 바 있어서 더욱 '나쁜 남자'로 통했는지도 모르겠다.

1996년에 <악어>로 데뷔한 김 감독은 지금까지 9편의 장편영화를 감독했는데 그동안 각본과 아트디렉션 그리고 촬영부 일도 했으며 이번엔 연기자로서도 어느 정도 인정받아 홀로 고군분투하는 팔방미인의 모습을 통해 감독의 혼을 찾을 수 있었다.

처음 데뷔작이 대표작이 된다는 말이 있다. 그것은 첫 번째 작품이기에 혼신의 힘을 다하여 만들었다는 말이며 상당한 기간을 통해 불철주야 충분히 준비해 왔기에 좋은 결과가 나오게 된다.

그러나 김 감독은 남다르게 생명력이 매우 강한 감독으로서 점차 시간이 흐를수록 영화가 새롭고 튼튼한 내러티브와 강한 구성력을 띤 작품들을 양상해 내고 있다. 다시 말해 노력하고 실험하고 연구하는 그의 자세가 너무나 마음에 들기에 지면을 통해 그의 업적을 칭송하고 싶다.

김 감독이 처음 만든 1996년의 <악어>에서는 거칠면서 매우 독창적인 특이한 캐릭터를 보여주었는데 어느덧 세월이 흘렀는지 이번 작품 <봄 여름 가을 겨울 그리고 봄>을 통해 이젠 너무나 다른 참회의 길로 접어드는, 즉 인간이 신선(神仙)이 되기 위해 수행의 과정을 밟는 모습처럼 보여주고 있다.

마치 나쁜 남자가 새로운 모습으로 변신하기 위해 깊은 산골 호젓한 곳에 몸을 숨겨 혼자 스스로 고행하며 반성의 기회를 창출해 내고 있다.

이러한 과정 속에 그의 작품들은 영화 속의 고행처럼 아픈 만큼 성숙할 것이고 또 모든 영화감독들이 고민하며 연구하고 있겠지만 특히 젊은 김기덕 감독은 독특한 자신만의 魔性으로 영원히 영화 속에 묻혀 살아가리라 생각된다.

참고로 <5인의 해병>(1961) <맨발의 청춘>(1964) <남과 북>, <용사는 살아 있다>(1965) 등으로 과거 1960년대에 명성을 떨친 동명이인 김기덕 감독은 요즘 부산의 모 예술대학 학장으로 재직 중이시다.

한때는 나쁜 남자로 통하던 젊은 김기덕 감독이 이젠 스스로 고행을 하는 영화인으로 변신하고 있기에 오는 19일 <봄 여름 가을 겨울 그리고 봄>의 개봉일을 기대해 본다.

－웃음과 감동의 〈오(吳)! 브라더스〉－

대중적이고 흔한 영화 장르가 코믹장르이다.

분명 코믹한 내용 속엔 겉보기완 다른 진한 사회적 풍자가 섞여 있는 것이 상례이다.

그런데 아무런 메시지도 없는 것처럼 보이는 영화이면서, 웃음뿐 아니라 감동까지 주고 있고, 다른 영화와 비교해 볼 때 욕설도 들어가지 않는 영화가 있다.

오상우, 오봉구라는 吳 씨 가문의 두 형제를 앞세운 드라마로 인기 스타 이정재와 이범수를 등장시켜 김용화 감독이 처음으로 엮어내는 드라마 <오! 브라더스>는 오버 미학의 진수라 할 정도로 많은 부분이 오버된 상태로 일관되게 영상으로 꾸며져 있다.

아마 다른 영화에서, 이처럼 많은 부분들이 과장된 영상언어로 구성 되어 있다면 역겨워 영화 보던 중에 자리를 몇 번이고 떴을 것이다.

그러나 유치한 듯, 고상한 듯 좀처럼 가름하기 힘들게 설정을 해서 시종일관 그 자리에 꼭 앉아 끝까지 자리를 지킬 수밖에 없다. 이러한 영화를 버디무비(Buddy Movie)라고 한다.

버디무비란? 두 명의 남자배우를 주역으로 남성들 간의 우정과 단합된 힘으로 정치 사회에 걸쳐 있는 숱한 난관을 극복해 간다는 구도를 보여주는 영화 형태를 이르는 말이다.

이런 형식의 영화로는 우리 영화 <투캅스>, <살인의 추억>, <태

양은 없다>, <공공의 적> 등이 있고 외국영화로는 <내일을 향해 쏴라>, <이지라이더>, <스팅>, <리쎌웨폰>, <버드> 등의 예를 들 수 있다. 한편 이 영화들은 모두 신선한 영화적 감흥을 준 작품들로서 새롭게 영화의 혁신을 가져온 작품들이다.

이처럼 두 남자를 또는 두 여자를 앞세워 만든 작품들이 새롭게 재조명되는 이유는 그만큼 위험 부담도 크게 따르게 된다.

자칫하면 대부분 남녀가 함께 등장하지 않기에 '동성애 무비'로 흐를 수도 있고 남자나 여자 한쪽이 소외되어 딱딱한 분위기를 자아내는 언－밸런스적인 요소를 띨 가능성이 매우 크기 때문이다.

과거 여성영화로 불리는 <델마와 루이스>, <바그다드 까페> 등을 보면 주변에는 남성들이 조연으로 받쳐 주며 주인공인 여성 두 사람이 극을 이끌어 가는 경우도 있다. 이 경우들처럼 두 여자의 행적을 그린 영화도 버디무비라고 간주한다.

<오! 브라더스> 역시 두 형제의 행적이 담긴 영화이기에 감히 버디 무비라고 필자는 고집하고 싶다. 그렇다면 과연 이 영화는 종전의 이름난 버디무비들처럼 어떤 새로움을 전하고 있는가 하고 의심해 볼 만하다.

영화는 역시 감독의 예술답게 신인인 김용화 감독을 살펴보면 지난 2000년 한 해 동안에 국내는 물론이고 세계의 단편영화계를 떠들썩하게 주름잡았던 대학졸업 작품인 <자반고등어>를 들 수 있다.

이 작품은 감독 자신이 학교를 휴학하고 생선좌판을 운영하면서 터득했던 경험을 충분히 살린 영화로서 병석에 누운 어머니를 위해 스스로 겪어야 했던 수행의 길이도 하였다.

당시 단편 하나가 7개 국내외 단편영화제에서 수상을 하여 선세이션을 일으켰고 이번 <오! 브라더스>는 각본과 감독을 겸한 첫 번째 데뷔작으로 혼신의 힘을 기울인 수작이다.

특히 연기자인 이범수의 독특한 캐릭터는 12세 소년으로서 조로증(早老症)에 걸린 장애우로 30대 후반으로 보이는 외형적인 설정과 12세 다운 행동을 보여야 하는 내면적인 연기도 필요했으며 한 걸음 더 나아가 조폭 못지않은 구겨진 인상으로 남에게 혐오감이나 겁을 주는 악한 사람의 모습도 보여주어야 하는 2중, 3중적인 성격을 소화시켜야 한 인물이었다.

조로증 환자인 장애우로 이범수의 캐릭터를 분류한다면 그의 연기에 웃어야 하는 건지 웃음을 참으며 동정심을 유발시켜 심각하게 관찰해야 하는 건지조차 관객 스스로 의문을 던지며 고민하여야 하는 숙제를 안고 볼 수밖에 없는 황당무계한 코믹영화이다.

신인감독의 꿈이 이 한 편에 모두 담겨 있을 건 불 보듯 뻔한 이야기일 것이다.

관객 우리들은 <오! 브라더스>를 통해 그의 영화적 감성에 또 한 번 놀랄 수밖에 없고 항상 새로움을 추구하는 차기작품 또한 걸작을 기대해 본다.

-〈28일 후⋯⋯〉에는 세계적인 악몽이!⋯⋯-

1996년에 <트레인 스포팅>, 2000년엔 디카프리오가 주연한 <비치>로 잘 알려진 대니 보일 감독의 <28일 후⋯⋯>가 개봉일정을 두 번씩이나 미루면서 지난 19일에야 개봉이 되었다.

아마 오늘 어떤 극장에선 막을 내렸을지도 모르겠다. 그러나 대니 보일의 작품을 한 번이라도 보았던 관객들은 아마 영화의 참맛을 아는 분으로서 이 영화를 무척 학수고대(鶴首苦待)했을 것이다.

그만큼 마니아층이 깊게 형성된 감독의 작품이다.

필자는 어떤 영화제든 참석하게 되면 우선 우리나라에서 개봉될 가능성이 많은 영화를 제외한 나머지를 살펴본 다음 관람할 영화를 골라 보게 된다.

지난번 부천영화제에서는 <28일 후⋯⋯>가 상당한 관심 속에 상영되어 갈채를 받았고 워낙 독특한 영화 형식을 취하고 있어 많은 관객들로부터 관심의 대상이 되었던 작품이다. 이 영화처럼 결말이 두 가지인 영화는 보기 드문 형식으로서 요즈음은 관객의 시선을 끌기 위해 이처럼 갖가지 방법들이 동원이 된다. 또 결말을 관객 스스로 만들 수 있는 미래지향적인 쌍방향 시스템의 인터랙티브 시네마(Interactive Cinema) 등도 선보였고 결말을 복수로 미리 정해 놓고 감독이 두 가지의 뜻을 미리 제시하는 또 다른 형식의 영화를 보여주는 현상이 일어난 것이다.

가상의 현상이지만 <28일 후⋯⋯>에서는 처음부터 시종일관 보이는 스릴과 긴장감등을 느끼게 하는 구성력이 강한 작품을 대할 수 있어 참으로 다행이었다.

<28일 후……>이라는 영화 속 사연처럼 지구상의 모든 사람들이 광기 어린 모습으로 아무에게나 으르렁대며 죽기 아니면 살기로 무조건 공격하고 상대가 누군들 가리지 않고 닥치는 대로 죽여야 하는 공포의 분노바이러스에 감염되었다면 과연 어떤 모습으로 현재가 바뀌었을까!?…… 하는 의아심이 먼저 앞선다.

분명 이것은 몽환적이며 모호한 영화의 본질적인 요소를 띤 영화이다.

비록 가상의 세계이지만 마치 현실의 상황인 양 거침없이 몰입되어 연기하는 연기자들의 연기모습들도 참으로 놀라웠다. 어떻게 저런 연기를 잘할 수 있을까?!…… 하고 넋을 잃고 연기나 연출에 몰입하는 그런 사람들이 너무 부럽고 보기에도 흐뭇하였다.

자주 필자의 칼럼에 거론한 내용이지만 영화에선 그 어떤 것들도 현실처럼 꾸밀 수 있는 특권을 가지고 있다. 이처럼 영화는 평상시 생각으로만 느꼈던 사실들을 하나하나 현실의 모습처럼 영상에 담아 인간들에게 순화교육을 시키고 있는 것 같다. 그렇게 되어서 <28일 후……> 같은 현상이 일어나지 않아야 한다. 만약에 영화의 내용처럼 일명 분노바이러스에 감염된 채 인간이 최악의 상태로 악하게 변질되어 아무나 닥치는 대로 상대방에게 피를 흘리게 하는 참혹한 사태가 발생이 된다면 아마 누구도 살아남을 수 없을 것이다. 이처럼 영화감독은 닥쳐올 미래의 세상을 예견하는 선지자가 되는 것이다.

과거 아폴로 11호가 달에 착륙하기 1년 전인 1968년에 개봉한 작품 <2001 스페이스 오딧세이>라는 스텐리 큐브릭 감독이 그리고 1900년 초 조르쥬 멜리어스라는 프랑스 마술가가 만든 영화 <달세

계 여행>에선 후세에 이루게 될 우주과학에 관한 영화를 미리 예견하고 만들어 냈던 것이다.

이처럼 100년 전 과거에서도 그랬듯이 항상 감독은 선지자 입장에서 좋은 영화를 만들어 후대에 더 좋은 영화를 만들 수 있도록 그 터전을 만들어 놓아야 할 것이다.

영화는 그래서 미래를 선도하는 중요한 위치에 있다.

영화 <28일 후……>처럼 비참한 세계를 누가 동경이나 하겠는가!?……

인간의 잔혹성을 콕콕 잘 집어내서 세상에 알려 다시는 이런 끔찍한 일들이 일어나서는 안 된다고 하는 영화 그리고 우리에게 또 다른 경각심을 심어 주는 사회를 선도하는 좋은 영화 <28일 후……>가 부디 롱런하였으면 한다.

많은 애정으로 이 영화를 관람해 주시길 바라는 바이다.

― 영화제 관객은 쾌적함을 원한다 ―

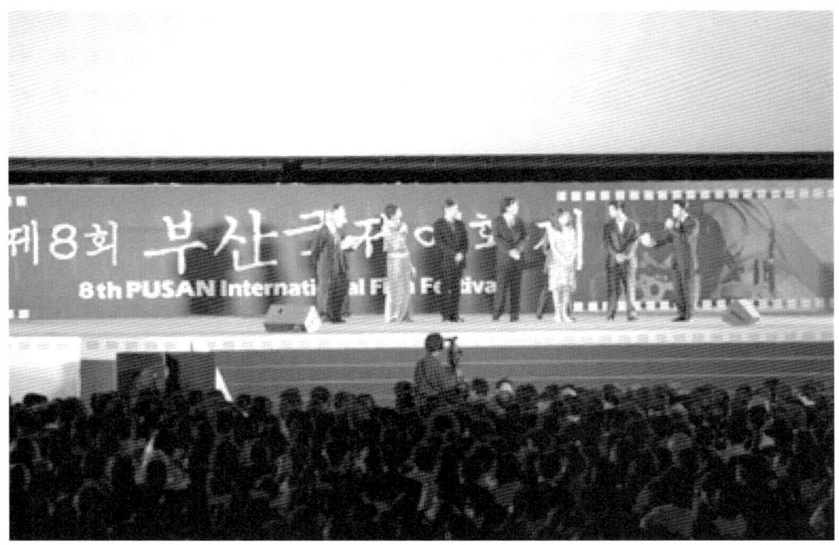

　기다리던 영화인의 잔칫날이 어제부터 항도 부산에서 그 화려한 막을 올렸다. 특히 부산 국제영화제에서는 초청작에 관련된 외국 게스트들에겐 특별한 대우를 해 주지만 국내의 초청작 인사들을 제외한 현존하는 한국의 영화인 및 영화 관계자들에겐 매우 섭섭함을 주기도 해서 이들로부터 원성 또한 끊이지 않고 있는 영화축제이다.

　물론 세계 어느 영화제이건 약간의 잡음이 없는 경우는 없다. 첫째도 둘째도 관객을 위한 영화제가 되어야 한다. 즉, 영화제에 참가

하는 관객들은 영화를 보기 위해 고통을 받지 않아야 한다.

항상 부산영화제에 참가하면 이른 새벽부터 신문지를 방석 삼아 매표소 앞에서 몇 시간을 때우는 고통을 감수해야만 한다. 그래야 가까스로 첫 회를 감상할 수 있는 기회를 얻게 된다.

아무리 경쟁 시대라 하지만 영화를 보기 위해 그렇게 고통을 받아야 되는 것일까? 영화를 전공하고 영화를 좋아하는 한 사람으로서 점점 영화제에 환멸을 느끼곤 한다.

다른 처방은 과연 없는 것일까? 영화제를 사랑하는 이들은 모두 고민을 해야 할 숙제이다. 아마 주최 측에선 이러한 모습들이 재미있는 풍경으로 보일 것이며 더욱 흥분하면서 당연한 현상으로 여기고 관객들의 고통을 즐기고 있는 것으로 판단된다. 그렇지 않다고 하면 금년에는 새벽부터 줄을 서는 그런 현상은 없어져야 하는 것 아닌가?

이처럼 부산영화제에 참가하게 되면 누구나 인내심을 테스트받게 되는 시험의 장이 되곤 한다. 좀더 많은 사람에게 편의를 제공할 수 있는 영화제가 무척 아쉽다.

요즘 한때 유행했던 어투를 빌리자면 막말로 만만한 것이 영화제이기에 항상 누구나 필자처럼 영화제에 한 마디씩 던지고 있는 실정이기도 하다. 그러나 미술이나 음악 무용 디자인 등에는 감히 누구나 한 마디씩 그냥 지나가듯이 말을 함부로 하지 않는다. 그것은 대중적인 요소가 결여된 전문영역이며 또한 같은 예술의 범주에 속해도 매우 고상한 예술로 자리매김하고 있기 때문이다.

그렇다면 영화도 고상한 예술로 자리를 잡으면 될 것 아닌가!

그러나 본시 태생이 오락과 흥행 등 상업성에 치중된 예술로서 발전해 왔었기에 할 말은 없다.

필자는 광주에서 태어난 것을 정말 다행으로 생각한다.

"전국의 영화 마니아 여러분! 광주국제영화제에 와서 보시오 어디 줄을 서서 고통을 받는가!"

어떻게 보면 영화제 관계자는 차별화 된 높은 위치에 있는 고관 모양 거만한 태도로 일반 관객들을 대하고 있는 것이 우리나라 영화제들의 현주소이다.

진정 영화를 위하며 관객을 위하고 또 영상의 저변 확대를 위한 진실한 영화제가 되기 위해선 개인적인 사심이 없는 주최 측이 되어야 하며 분명 영화제의 주빈은 관객이어야 한다.

또한 영화인들도 앞장서서 관객들을 스크린 앞으로 몰려오게 헌신적인 노력들을 게을리 해선 안 된다.

이 지역 광주국제영화제는 어떠한가? 광주국제영화제의 인터넷 게시판이 작동을 멈춘 지 오래되었다고 타 지역 영화제 관계자의 고성(高聲)이 필자에게 들려오곤 한다.

1996년에 발족된 부산영화제보다 한발 앞서 광주에 국제영화제를 유치하기 위해 동분서주했던 과거의 초심으로 다시 돌아가야 할 것이다.

요즈음 광주국제영화제가 자주 언론이나 시끄러운 입 살에 오르내리고 있는 것 또한 사실이다. 이러한 이야기들을 그냥 간과(看過) 해 버리지 말고 옛 고어에 '道吾惡者 是吾師'(도오오자 시오사('도'는 길의 뜻이 아니고 말씀 '도'로 해석, '악'은 '오'로 읽음)라는 글귀처럼 "쓴 소리가 약이 된다." 또는 "가시가 스승이다."를 되새겨 보는 영화제가 되었으면 한다.

제8회 부산국제영화제 개막을 진심으로 축하하면서 좀더 나은 내년의 광주국제영화제가 되길 기원하는 2003년 광주국제영화제 조직위 축전위원장의 감투를 쓴 박형균의 넋두리였습니다.

─ 미치도록 좋은 영화 〈자토이치〉 ─

10월 4일 가을저녁의 제법 쌀쌀한 바닷바람에 몸을 움츠린 채 고통을 받으며 부산 수영만 요트경기장 야외극장에서 상영된 <자토이치>를 관람했다.

상영 후 그만 졸도 직전의 상황까지 이어질 뻔했었던 조금만치도 과장이 아닌 필자의 진심을 말씀드리고 싶다.

왜냐하면 너무나도 영화의 열정에 취해 있었기에 한창 영화제가 진행 중임에도 불구하고 필자에겐 천금같은 양식인 영화 감상을 뒤로한 채 컴퓨터 앞에서 흥분된 상태로 글을 쓰고 있음을 어느 누가 막을 수 있으랴.

영화를 이렇게도 만들 수 있다는 사실, 즉 세계 영화계의 역사를 다시 썼다 해도 과언이 아닌 영화가 기타노 다케시 감독의 <자토이치>(Zatoichi)라는 일본 시대극으로 사무라이 중심의 영화다.

이 영화 속엔 엉뚱하게도 사이사이 추임새처럼 넘어지고 자빠지며 웃기는 유머가 있는 기타노 다케시 감독만의 재치가 묻어 있는 영화이지만 비장미를 앞세우는 시대극영화의 기본 정서로 보면 전혀 어울리지 않는 방식이다.

지금까지 기타노 다케시 감독이라 하면 <하나비>나 <소나티네> 정도의 영화를 통해서 알려진 모습대로 무표정한 연기에 양복을 입고 총을 쏘는 조직 폭력물에 주로 많이 등장하고 연출했던 인물로만 생각하게 된다.

하지만 필자에게는 적어도 <자토이치>를 통해서 새로운 영화의 매력을 발견하는 신선한 충격과 함께 "언제나 영화의 정석은 무너질 수 있구나." 하는 그동안 숙지해 온 고정적인 영화관념에서 벗어날 수 있었던 영화관(映畵觀)에 큰 변화를 가져오게 된 기회가 되었다.

기타노 다케시의 <자토이치>는 금년 제60회 베니스국제영화제에서 감독상을 수상했으며 이어 치러진 토론토 국제영화제에서도 관객상을 수상 이미 세계 영화계는 기타노 다케시를 주목하고 있는 터였다.

그러나 영화를 본 후에 더 큰 충격에 빠지게 되었기에 독자 여러분들께 미리 보고를 드리는 심정으로 글을 올리게 되었다. 지금까지는 통상적인 개념을 무너뜨리며 기타노 다케시만의 특화된 세계를 구축해 왔었지만 이번 영화는 그중에서도 월등하게 뛰어난 영화이다. 한마디로 일본영화의 저력을 볼 수 있었다고나 할까.

내년부터는 전면적으로 일본영화가 상륙하게 된다. 이러한 수준 높고 새롭게 즐길 수 있는 영화가 우리나라에서 개봉이 된다면 미리 짐작해 보건대 우리 영화의 존폐까지도 걱정이 되지 않을까 하는 노파심도 들곤 한다.

일본의 정통 시대극인 사무라이 스토리는 평상시엔 많은 마니아 층을 구축하고 있다. 더욱이 일본에서는 신출귀몰하는 맹인검객 <자토이치> 시리즈는 30대 이상의 일본인이라면 모두 잘 알고 있는 유명한 TV시리즈 영화다.

1962년부터 1989년까지 26회 시리즈 동안 사무라이 배역이었던 주인공인 신타로 가츠라는 배우의 사망 이후엔 그 누구도 <자토이치>를 만들어 낼 수 없었으며 그동안 일본 내에서는 <자토이치>를 제작하기 위해 접근하기조차 힘든 상태였다.

그러나 기타노 다케시라는 천재의 손에 새롭게 탄생된 이 영화 속엔 새로운 스타일의 뮤지컬이 그리고 사무라이의 날렵한 신종 결투장면들이 또 곳곳에 배치된 특허품으로까지 인정되는 기타노 다케시의 특유한 웃음과 함께 또 다른 철학적인 요소까지 겸비하고 있어 이 시대를 살아가고 있는 재미까지 한층 북돋워 주고 있다.

분명 이 영화 속엔 철학도 있고 오락도 있어서 작가주의 영화이지만 흥행도 만만치 않는 그러한 작품으로서 수작으로 분류할 수밖에 없다.

영화의 전반적인 내용은 지금까지의 내용들과는 큰 차이점은 없다.

억울한 자의 편에서 정의로운 칼 솜씨를 구가하는 주인공의 활약상을 담는 스토리이지만 그 과정이 정말 매력적이다.

마지막에 보여준 전통의상인 기모노에 상업주의 대명사인 할리우드 스타일의 뮤지컬이 곁들여진 퓨전 탭댄스는 정말 아이러니하면서도 영화다운 면을 강하게 심어 주는 시퀀스로서 압권이라 할 수 있다.

주인공의 마지막 대사처럼 "이 세상은 두 눈을 뜨고도 볼 수 없는 것들이 많다!", 즉 영화 <자토이치>를 못 본다는 것은 어둡게만 세상을 살아가는 눈뜬장님과 같다!

－잊지 못할 영화 〈안녕, 용문객잔〉－

필자는 영화의 바다인 부산영화제에 푹 빠져 있었기에 지난주의 원고는 당시 부산에서 영화 속에 황홀하게 지내면서 흥분해 썼던 것으로서 피곤함을 모르고 즐기면서 원고를 보냈었다.

지금은 흐트러진 본인의 리듬을 추슬러야 하는 것처럼 새로움을 재충전하고 있는 중에 뭔가 잊혀진 사실을 뒤늦게 깨닫게 되었다.

느림 속에서도 또 다른 새로움을 발견하게 되는 희열을 느낄 수 있는 영화.

대만 차이밍량(蔡明亮) 감독의 <안녕, 용문객잔>(龍門客棧)이란 영화를 알려 드린다는 것은 천만다행이다.

분명 차이밍량 감독은 느린 영화(Long take)의 대명사이다.

과거 현대사회의 질병을 진단하려는 의도가 깔려 있는 작품 <구멍>(穴)(1998)이나 화면 속에 최소한의 요소만 채워 놓고 외로움과 상실감에 빠지게 만드는 <지금 거기 몇 시니?>(2001) 등의 작품이 차이밍량 감독의 스타일을 여실히 보여준 증거물들이다.

아름다웠던 추억을 이야기하는 1988년 쥬세페 토르나토레 감독의 <시네마 천국>과는 다르게 <안녕, 용문객잔>은 영화 제목에서부터 암시하고 있듯이 이제는 소외된 사람들의 장소가 되어 버린 처량한 모습의 구식 영화관을 이야기한다.

뭐가 대단하기에 오래된 극장이 주인공일까 하는 생각이 들기도 한다.

그러나 이 영화의 주인공은 분명 오래된 1,000여 석 정도의 극장이 분명 주인공이다.

비단 영화 속 현상뿐만 아니라 우리 지방에도 멀티프랙스화되지 못한 단일극장들은 모두 문을 닫은 셈이다. 그러나 유일하게 예술극장으로 명명된 광주의 유일한 극장이 한 곳 남아 있어 영화 마니아로서는 매우 안타까우면서도 한편으론 다행스럽기도 하다.

그래서 인지 50컷도 안되는 롱-테이크들로 이루어진 <안녕, 용문객잔>은 급하게 돌아가는 요즈음과는 다르게 천천히 흘러가고 있기에 왠지 친근감이 가는 영화이기도 하다.

장대비가 쏟아지는 밤 음침한 좁은 길목에 자리한 극장이 첫 장면에 2~3분가량 계속 보인다.

마지막 부분에 가서야 알게 되는 현상이지만 내일이면 문을 닫게 되는 복화(福和)라는 극장에서 마지막 상영작으로 흘러간 1968년작 <용문객잔>이 상영되고 있다.

<용문객잔>의 호금전(胡金銓) 감독은 검사(劍士)들의 세계를 통해 중국문화를 집약적으로 보여주는 매혹적이고 독창적인 감독이다.

또 의미 있는 장면으론 몇 안 되는 관객 중에는 마오티엔이 자리하고 있다.

차이밍량 영화에서 늘 아버지로 출연하는 마오티엔은 그의 데뷔작이 바로 <용문객잔>이며 복화극장의 마지막 작품이기에 더욱 보는 이로 하여금 가슴을 뜨겁게 달군다.

즉, "세월의 흐름은 그 누구도 말릴 수 없다."라는 진리를 새삼 깨닫게 해 주는 영화다.

한편 새로움도 중요하지만 예스러움도 중요하다는 것을 이 영화 속에선 말해 주고 있다. 양동이로 빗물을 받아 내고 있고 금방이라도 어디선가 불쑥 귀신이 나올 듯한 허름한 극장에 차이밍량은 자기 영화들 속의 주인공들을 소집해 놓고 다시 한번 인간의 고독과 씨름을 하고 있다.

텅 빈 객석의 황량한 느낌이 잊혀지지 않는 한때 화려했던 작품인 과거의 영화 <용문객잔>을 마지막으로 상영하는 밤 <용문객잔>에 출연했던 두 배우가 이제 노인이 되어 극장을 찾았고 영사실 청년을 좋아하는 극장 매표소 여자는 영사실 청년에게 줄 호빵을 들고 극장 내에선 가장 먼 거리인 매표와 영사실을 2분 이상 다리를 절룩거리며 힘겹게 계단을 올라 영사실까지 찾아간다.

그러나 청년은 없고 이날도 그녀의 마음은 청년에게 전해지지 않는다.

꾸밈없이 느린 화면 50여 컷 정도로 구성된 이 영화 속에는 스크린 속 인물들에 애정을 갖게 만드는 차이밍량 감독의 영화적인 매력과 그의 철학이 고스란히 들어 있으며 그의 영화 가운데서도 가장 대사가 적은 작품이기도 하다.

이 영화는 감독이 표현하고자 하는 작품의 내용이 실제 현실과 크게 다를 바 없는 거의 현실을 말하는 대변인인 것이다.

또한 <안녕, 용문객잔>은 허름한 옛날 극장에 관한 추억을 가진 사람들에게 특별한 영화가 될 것 같다.

'현대인의 고독'이라는 주제에서 차이밍량 감독은 독보적 경지에 이른 예술가이다.

─역사가 미운 영화 〈황산벌〉─

왜 황산벌 싸움에서 백제는 신라에게 져야 했을까요? 한 번의 실수가 후대에 영원히 영향을 미친다는 사실을 선조들은 잘 몰랐을까요?

어차피 죽을 각오로 싸울 바엔 끝까지 싸워 이기는, 그래서 후세에게도 좀더 자랑스러운 선조였으면 하는 마음 간절하다.

다시 말해 꼭 승리를 했어야 하는 것 아닌가! 하는 개인적인 욕심이 앞서는 심정이다.

1343년 전 서기 660년대 이야기이지만 요즈음 한창 뜨고 있는 영화 〈황산벌〉을 보면 필자의 속이 뒤집히기 직전이다.

각설하고 영화 〈황산벌〉은 당시 신라와 백제 사람들도 지금과 같이 지방마다 사투리를 쓰지 않았을까 하는 발상에서 시작된 영화로 코미디라는 장르를 빌려 전쟁의 참혹함을 보여주는 아이러니한 영화이다.

모두 아는 사항들이겠지만 영화 속에선 어떻게 새로운 시각으로 만드느냐에 따라 영화의 흥망이 달려 있다. 요즈음엔 워낙 특이한 볼거리만 판을 치고 날개를 다는 세상이 되었기에 작품성보다는 보고 즐기는 새로움을 맛보려 하는 것이 관객들의 심리이다.

아마 세상이 척박해지고 경제가 잘 풀리지 않는 데에서도 그 이유가 기인하리라 생각된다. 영화 〈황산벌〉은 백제의 계백 장군과 신라의 대표 장수인 김유신을 배경으로 엮어진 신바람 나는 현대극처럼 꾸며진 일명 퓨전역사 코미디극으로 매우 특색 있는 작품이다.

　백제 대(對) 신라, 곧 계백 장군 對 김유신의 한판 승부가 마치 씨름이나 장기나 바둑으로 승부를 겨루듯 한 한판 승부의 이야기로서 승자만 살아남는 피비린내 나는 혈투이다.

　코믹영화임에도 계백 장군이 처자식을 자기 손으로 죽이고 출정하는 비장함도 보여주기도 해 웃다가 웃음을 참고 숙연해지는 색다른 풍경도 볼 수 있는 다양한 성격의 영화이다.

　그래서 이 영화는 한마디로 반전(反戰)영화라고도 할 수 있으며 백제의 5천 군사는 신라 5만 군사와 당나라 15만 군사에 맞서 싸워야 하는 상황하에서 요즈음 말로 게임이 안 되는 싸움을 한 당시의 비극을 코미디로 엮은 영화이다.

　극 중의 언어를 잠시 빌려 쓴다면 "왜 자꾸 건드러싸까 정말 거시기 하니까……정말 머시기 해 뿌네……" 라는 대사가 있다.

　이렇듯 한편으론 지난 역사가 말해 주듯 약자인 백제를 미화시킨 듯 보이는 그럴듯한 지난 역사를 다시 되새기게 해서 역사를 빙자해 여전히 영남의 우월성을 극찬하고 있는 영화이기도 하다.

　그래서 이 지방 사람들에겐 참을 수없이 치밀어 더욱이 요즈음 우리 주변의 정세와도 거의 흡사한 시대상도 담고 있다.

　당시의 동서 갈등이 어쩌면 영화 속 장면처럼 지금의 정치 현실과 비슷하고 삼국과 당나라와의 관계도 미국이 동북아 정세에 영향력을 행사하고 있는 현실과 흡사하다고 할 수 있다.

　당나라 이후 원나라, 청나라, 일제, 미국 등 단 한 번도 강대국이 우리나라에서 권력행사를 하지 않았던 시기는 없다.

　그래서 점점 올라오는 흥분을 스스로 자제해야만 하는 어처구니없는 소극(笑劇)이기도 하다. 앞뒤 상황을 파악하지 않고서는 해석이 불가능한 팔도강산의 사투리들을 짜 맞추는 재미도 솔솔한 영화 <황산벌>에선 경험 많고 인기 있는 연기자들이 출연하였고 나름대로 모두 자기 역할을 완벽하게 소화해 냈다.

요즈음 이처럼 화려한 캐스팅은 보기 힘든 상황이기에 이 영화가 더욱 인기 절정에 있다. 승자만 기억되고 패자의 공간은 마련되어 있지 않은 역사 속에서 '이준익' 감독은 그 누구도 관심을 가지지 않았던 '계백'이라는 인물을 스크린에 끌어들이는 작업을 남다르게 잘 해냈다는 평과 함께 데뷔작이었던 1993년의 <키드캅>으로 흥행의 실패를 맛보았던 과거의 아픔을 이젠 말끔히 씻어 냈다.

그러나 이곳 백제 땅의 과거 슬픔은 결코 씻어 내진 못하였기에 아쉬울 뿐이다. 분명 전쟁은 해서는 안 될 가치 없는 명분싸움일 뿐이다.

영화 초반 "전쟁은 정통성 없는 자들이 정통성을 잡으려고 하는 것"이라는 대사에서 잘 드러내고 있기도 하다. 그래서 역사가 밉다.

-'김선아'의 〈위대한 유산〉으로-

〈올리버 트위스트〉로 유명한 원작자 찰스 디킨스의 소설인 '위대한 유산'을 1946년에 영국의 데이빗 린 감독이 그리고 52년 후인 1998년에는 미국 알퐁소 쿠아론 감독이 수채화처럼 맑은 영상과 감미로운 로맨스 그리고 독특한 그림이 어우러진 감성드라마로 만든 바 있다.

이처럼 동명의 영화들이 자주 관객들의 시선을 혼란스럽게 하곤 한다.

예를 들면 제작 년도는 다르나 로만 폴란스키 감독의 2002년 〈피아니스트〉라는 영화와 2001년 미카엘 하네케 감독의 〈피아니스트〉가 우리나라에선 같은 시기에 개봉되어서 상당한 혼란을 겪은 바 있는데 그때마다 전쟁영화 〈피아니스트〉 또는 애정영화 〈피아니스트〉로 간략하게 나누어 버리기도 했다. 그래서 제목이 같을 경우 혼란을 미리 막기 위해 영화들의 제목을 차별화시켜 특별히 주인공이나 감독의 이름 등 고유명사를 제목 앞에 삽입해 영화제명을 공식화시키기도 한다.

대만의 차이밍량의 〈구멍〉이 그렇고 할리우드 조지클루니의 〈표적〉과 해리슨 포드의 〈긴급명령〉이 그렇듯이 얼마 전에 개봉한 오상훈 감독의 〈위대한 유산〉은 김선아의 독무대였다.

그래서 〈위대한 유산〉도 필자는 '김선아의 위대한 유산'으로 부르고 싶다. 그 이유는 김선아의 연기가 탁월했기 때문이다.

지난 10월 17일에 개봉한 <황산벌>에서도 가슴 찡한 연기를 펼쳐 김선아는 많은 관객들의 가슴에 깊은 여운을 남겼는데 <위대한 유산>에서도 여자 백수의 애칭인 일명 '백조'로 등장해 현대를 살아가는 우리들에게 반성할 기회를 강하게 각인시켜 주고 있다.

한편 촬영이 끝나 곧 개봉하게 될 <해피에로 크리스마스>까지 그녀의 출연작은 모두 5편이 된다.

그 가운데 신인감독 영화가 3편이고 나머지 2편인 <몽정기>와 <황산벌>은 각각 감독들의 두 번째 연출 작품이다.

이 영화 <위대한 유산>에서 김선아는 훌륭하리만큼 캐릭터를 잘 소화해 냈기에 한편으론 오히려 앞으로 그녀의 향방이 더욱 걱정이 된다. 과거 1975년, 당시 그늘진 구석의 버림받은 여성들의 애환을 영상화한 것으로 <별들의 고향>, <겨울여자> 등과 더불어 흥행에 성공한 작품인 김호선 감독의 <영자의 전성시대>에서 염복순의 연기는 하늘을 찌를 듯한 분위기였고 이 작품은 그녀를 일약 스타덤으로 올려놓는 데 손색이 없었다.

그러나 문제는 그 이후였다.

모든 관객들은 그녀를 윤락녀의 이미지로만 해석하게 되었다.

그 후 그녀에게 부여된 윤락녀의 이미지는 영광스런 칭찬도 되었지만 본인 스스로도 다른 작품에 출연하기가 오히려 겁이 났다고 한다.

시간이 갈수록 그녀의 천박한 이미지는 쉽게 지워지질 않게 되고 아울러 출연 제의도 뜸해지며 차츰 시간이 흘러가자 이젠 그녀의 존재마저 잊혀지고 있는 것이 오늘날의 현실이다.

그래서 연기자들은 유명세를 탄 작품 후에 슬럼프에 빠지지 않기 위해선 빨리 전 작품의 캐릭터에서 벗어난 특별한 자기 개발이 선행되어야만 한다.

결코 하루아침에 그냥 스타가 탄생된 것은 아니다. 이처럼 영화에서는 스스로 개척해야만 스타가 될 수 있다. 분명 <위대한 유산>을 통해 김선아 양은 스타로서 자리매김하였다고 본다.

<색즉시공>의 임창정과 <몽정기>의 김선아는 전작들에서 코미디의 진수를 보여준 이들의 환상적인 콤비연기는 작품 <위대한 유산>에 대한 기대치를 한껏 올려주고 있다.

남녀주인공인 창식과 미영은 요즘 신문 지면을 오르내리는 '청년 실업자'로서 시간은 많은데 할 일은 없으며 꿈은 많지만 현실은 냉정하리만치 차갑다는 점에서 그들은 아무 곳에서도 환영받지 못하는 전형적인 백수들의 모습을 확실히 표현했기에 이처럼 온통 이 영화에 시선이 집중되어 있는 것이다.

실업자도 이처럼 스포트라이트를 받을 수 있다면 누구나 한번 되어 볼 만한 일이 '백수', '백조' 아닐까요?

- 꽃뱀이 물뱀이 된 〈참을 수 없는 사랑〉-

영화는 아름다움이 최우선이다. 그것이 설령 나쁜 장면이어도 관객의 시선을 먼저 끌어당기기 위해선 아름다움이 우선이 되어야 영화적이라고 한다.

서리를 맞은 백양사 입구에 늘어선 애기단풍 나무들에서 서서히 물들어 가는 단풍잎을 자세히 살펴보면 '빨주노초파남보'의 무지개빛 형태를 머금은 황홀한 빛을 발하고 있는 최후의 애기단풍잎을 발견할 수 있다.

그 색상은 황홀하다 못해 환상의 극치라고 표현해야 할 것이다. 마치 이 가을의 단풍잎처럼 황홀한 자태의 '꽃뱀'(부유한 남성을 상대로 부(富)를 차지하기 위해 유혹하여 이익만 챙겨서 훌쩍 사라지는 여성을 가리키는 속된 칭호)으로부터 유혹을 받게 되면 누구나 그 환상적인 유혹에 넘어갈 수밖에 없을 것이다.

물론 종교계의 성직자나 덕망 있는 식자(識者) 또 지위 높으신 어른들은 그렇지 않겠지만, 그러나 언젠가 국방부 장관도 아름다움을 무기로 하는 로비스트와 국방에 관련된 무기류 수입을 로비를 통해 은밀하게 진행했던 사실이 있었다.

그때도 그 장관은 로비스트인 모 여인에게 연서(戀書)를 보낸 사실까지도 들통이 난 경우도 있지 않았던가. 그렇다면 지위고하(地位高下)를 막론하고 아름다움 앞에는 그 누구도 올곧게 설 수 없다는 이야기로 변질될 가능성도 있음을 시사하고 있다.

바로 이 영화 '코엔형제'의 <참을 수 없는 사랑>은 꽃뱀에게 물리면 그 누구도 살살 녹아나지 않을 수 없음을 잘 보여준 영화이다.

그러나 언젠가는 꽃뱀도 동면을 하게 되고 물뱀으로도 변질될 수도 있음을 시사하기도 하는 영화이다.

그래서 더욱 영화가 마음에 깊이 새겨지곤 한다.

세계적인 섹시 가이로 통하는 미남스타 '조지 클루니'와 동양적인 미모에 황홀하리만큼 아름답게 꾸미고 등장하는 '캐서린 제타 존스'라는 대스타들이 함께하는 이 영화는 처음부터 관객들의 시선은 화면으로 고정이 되어 버리고 입에선 침들이 슬금슬금 흘러내리곤 한다.

인간들은 모두 똑같은가 보다. 필자는 이런 경우 매우 짓궂은 스토커가 된다. 언젠가부터 영화 속에 등장하는 남녀의 황홀한 모습에 도취되는 관객들의 그 모습들을 필자는 슬쩍슬쩍 그들의 표정을 읽는 습관이 몸에 배어 있었다.

이 경우는 나름대로 필자가 살아가는 한 방법이었는데 그것은 다름 아닌 외국영화를 수입할 당시 서울이나 지방 관계자들에게 팔기 위해 미리 심판을 받는 시사회를 거친다.

이때 관객들인 전문가 집단과 전문기자단들의 표정을 사전에 감지하기 위해 버릇처럼 영화를 보는 척하면서 클라이맥스 때나 에로틱한 장면들 또는 위험하거나 황홀한 환상적인 장면 등 주로 시선을 끌 만한 부분에서는 어김없이 필자의 시선은 스크린에서 관객 쪽으로 패닝(Panning)할 수밖에 없다.

그리곤 재빨리 그들이 눈치 챌 수 없도록 주위 관람자들의 표정을 읽게 되었던 것이다.

곧 영화의 성패가 달린 경우로 아주 예민하게 반응할 수밖에 없는 직업이 바로 영화 제작과 수입, 배급하는 직업인 것이다.

이런 버릇이 지금도 남아 있어서 어김없이 황홀한 장면이나 웃기는 장면 또는 무서운 장면 등 관객의 표정이 마치 걱정이라도 되는 듯 이젠 수입업자가 아님에도 버릇처럼 관객들의 모습을 슬쩍 훔쳐보게 된다.

<참을 수 없는 사랑>에서의 꽃뱀인 캐서린 제타 존스와 매우 덕망 있고 신뢰감 있는 캘리포니아 부유층을 상대로 하는 이혼 전문 변호사 역인 조지 클루니의 포옹 장면이나 키스 장면에는 어김없이 필자는 고개가 돌아가곤 한다.

바로 캐서린 제타 존스가 혼미한 정신으로 조지 클루니와 키스하는 장면은 바로 꽃뱀이 아무 힘이 없는 물뱀으로 뒤바뀌는 순간이 되고 마는 경우이다.

"그런데 영화가 왜 빨리 막을 내렸을까?" 곧 비디오나 DVD로 출시된다는 설이 있다. 빨리 시중에 출시되어서 더 많은 사람들이 그들의 모습에 흠뻑 빠져 들어 날씨관계나 잡다한 업무관계로 미처 단풍놀이를 못 간 관객들에게 황홀함을 선사할 수 있는 기회가 찾아왔으면 한다.

전 국민이 봐야 할 〈여섯 개의 시선〉

최근 들어 우리나라 국가 공무원의 인지도가 훨씬 업그레이드
되었다.

매우 바람직한 일이며 당연한 일임에는 틀림없다. 영화 한 편 제
작이 바로 그 이유이다.

2003년에 "국가공무원들의 일 중에서 가장 잘한 일은?" 하고 묻
는다면 바로 <여섯 개의 시선>을 만들었기 때문이라고들 말한다.

이처럼 영화 한 편 제작으로 인해 국민들에게 국가의 인지도가
상향되는, 즉 많은 사람들로부터 놓은 점수를 받게 되었다면 국가
는 매일 한 편 이상씩 영화를 만들어 시중 극장에서 개봉을 해야
한다는 결론이다.

왜 잘 알면서 하지 않을까? 너무나 답답한 심정마저 들게 된다.
아마 다음 선거에서도 높은 점수를 받게 될 텐데. 이 작품은 국가
인권위원회에서 3억 원의 예산을 투자해 여섯 명의 감독들에게
5,000여만 원씩 제작비를 지원해 준 작품이다. 아무리 20여 분의
단편이지만 턱없이 부족한 예산이다.

그러나 고맙게도 여섯 명의 감독들은 사제를 털어 가면서 이 영
화 제작에 혼신의 힘을 쏟았다. 이처럼 여섯 개의 아이템으로 영화
한 편을 완성한 옴니버스영화(omnibus film) 형식인데 이 영화로 인
해 필자의 서운함이란……소위 '인권도시'라는 타이틀이 항상 앞서
는 이 고장 광주 지역이 아닌 다른 곳에서 이 영화가 기획되고 제

작되고 먼저 상영되었다고 하는 데 정말 서운함을 금치 못한다는 것이다.

그것은 바로 인구 62만의 全州보다 두 배 이상 큰 140만 명의 도시인 光州에서 먼저 제작되고 상영되었어야 할 일들이란 것이다.

금년 4월 25일에 개막된 전주국제영화제의 개막작품으로 바로 이 작품 <여섯 개의 시선>이 상영되었었다. 아마 지방자치제 실시 이후 전주시가 주관하는 '전주국제영화제'의 인지도 중에서 사회에 미치는 기여도가 가장 많은 부분이 아니었겠는가 하는 생각이다.

이 영화의 참신하고 뛰어난 기획력과 순발력에 진심으로 찬사를 보내는 바이다.

바로 영화가 해야 할 마땅한 사명 중 하나이다. 그래서 필자는 더욱 치밀어 오르는 흥분의 열이 좀처럼 식지를 않는다.

금년 4월 당시 이 영화를 보고 매우 흥분했던 일들이 서서히 잊혀져 가고 있을 즈음 전국 40여 개의 스크린을 통해 11월 14일에 개봉되었다. 그래서 다시 한번 이 영화에 대해 깊이 생각하지 않을 수 없게 되어 급한 성격을 가진 필자로서는 누가 볼까 싶어 허공을 향해 목소리 낮추어 가며 '꺼이꺼이' 흐느적거릴 수밖에 없었다.

영화 속 여섯 가지의 에피소드들 모두 최고의 수준급 영화였다. 분명 이 영화는 그냥 입에 담은 가식이 섞인 칭찬이 아니라 진솔한 칭찬으로서 우리 모두 가슴속에 담고 있고 현재 행하고 있는 사회적인 관습과 습관들에 대한 비판이 가해진 영화이기에 정말 뭐라고 표현해야 할지 모를 정도로 극찬하고 싶은 영화이다.

이 영화를 보고 나면 느끼는 심정이지만 왜 우린 이 영화처럼 반성하지 못하고 살았을까 하는 마음들이 저절로 들게 하는 수준이 높으면서도 누구나 공감할 수 있는 대중성도 겸한 이야기들로 엮어져 있기에 이 영화를 극찬하고 있는 것이다.

이처럼 영화의 내용들이 가슴을 애태우게 했고 한편으론 이 영화가 光州가 주관이 안 되고 타 지역이나 타 관청에서 제작된 사실들이 더욱 필자의 마음을 아프게 했다고 하면 과연 몇몇이나 동조해 줄까 하는 생각도 들곤 한다.

그러나 많은 사람들은 필자의 생각과 그 뜻을 같이하고 있음을 알 수 있었다.

"고향을 생각하는 애향심이 바로 이거로구나!" 하는 갑자기 애향심이 강한 사람으로서 필자 마음속에 스스로 자리매김하기도 한다.

또 한편 이 영화가 지난 10월에 치른 부산국제영화제에서 再상영되었고 그 후 국민에게 다시 개봉하게 되었다는 소식을 듣고 잘된 일이라 생각하면서도 애향심이 발동해서 먼저 흥분이 앞서기에 영화적 질이 어떻고 내용이 어떻다는 영화에 관한 자세한 정보를 제공해 드리지 못한 점 죄송스럽게 생각한다.

지난 19일에 막을 내린 영화이지만 全 국민 모두 꼭 봐야 할 영화임을 재삼 강조하고 싶다.

─ 기상천외한 영화 〈사토라레〉─

요즈음 영화계는 아이디어 고갈 시대이다. 억지로 웃기고, 울리고, 괴기스럽게 또는 엽기라는 신조어까지 만들어 내면서 갖가지 방법 등으로 영화의 스토리를 구성해 나가고 있는 실정이다.

이런 현상은 여러 영화에서 찾아볼 수 있는데, 최근에 개봉한 일본영화 <사토라레>가 바로 영화 소재가 고갈상태임을 보여준 단적인 사례이다.

그런데 왠지 이 영화에는 많은 점수를 주고 싶다. <사토라레>라는 단어부터 생소한 용어이지만, 영화 내용 또한 워낙 기발한 아이디어로 꾸며져 있기에 그 누구도 이 소제에 왈가왈부 토를 달지는 못할 것 같아서이다.

'사념파(思念波)에 의한 의지전파과잉증후군(意志傳播過剩症候群)'이란 단어를 탄생시킨 이 영화 역시 가상의 세계를 그린 황당한 스토리로 짜여진 영화임에는 틀림없다.

만약 자기의 생각을 옆 사람이 모두 알아 버린다면 어떤 경우가 발생할까요? 곰곰이 생각해 보면 너무 어처구니없는 상황이 벌어지게 될 것이고 마냥 황당하기 그지없다는 생각이 들게 마련이다.

바로 이런 요소가 다분히 영화적인 요소 중 하나가 아닐까 하는 생각에 이 영화에 높은 점수를 주고 싶은 것이다.

영화의 본질 가운데 바로 환상적인, 즉 몽환적인 요소가 제1의 요소임을 이 영화가 또 한 번 일깨워 주고 있는 교과서적인 성인동화라 할 수 있다.

영화 속에서는 어느 천재의 모든 생각이 '사념파(思念波)'로 바뀌어 자신의 생각이 반경 10m 안에서 생중계되는 걸어 다니는 인간 방송국처럼 주위 사람들에게 고스란히 들리게 된다는, 즉 '의지전파 과잉증후군(意志傳播過剩症候群)' 증상이란 형태로 나타나게 된다.

이 이유 때문에 <사토라레>인 주인공을 국가에서 특별히 보호해야 하는 경우가 생기게 되고 개인적으로도 곤란한 일들이 발생하게 된다.

그러나 기상천외(奇想天外)하다는 이야기는 바로 본인은 그 증세를 절대 모른다는 사실이기 때문이다.

만약에 본인이 그 사실을 알면 뒷수습이 감당하기 어려워지기 때문일 것이다.

아무튼 이런 황당하면서 기발한 아이디어가 영화 <사토라레>의 주된 흐름이다.

누구나 자기의 사생활은 감추고 싶다.

그러나 그 사실을 들키게 된다면 누구나 매우 당혹스러운 일일 것이다.

그러기에 국가의 통제하에 영화 속 주인공을 위해 주변 사람 모두는 주인공 한 사람을 위해 알면서도 모르는 체 거짓 연기를 할 수밖에 없다.

이렇듯! 어떻게 보면 사생활 침해라는 용어로 부도덕적인 영화라고 치부해 버릴 수 있지만 또 다른 영화적 상황으로 봐서는 마치 이탈리아 로베르토 베니니 감독의 1998年 작인 <인생은 아름다워>나 금년 독일 영화계의 자존심으로까지 이야기되고 또한 금년 부산 영화제에서 많은 호응 속에 매진을 기록했던 '볼프강 베커' 감독의 <굿바이 레닌>처럼 한 사람을 중심으로 이루어진 즐겁고 흐뭇한 사기극이라고 할 수 있다.

믿거나 말거나이지만 1000만 명 중 1명의 확률로 존재하는 <사토라레>는 예외 없이 IQ 180 이상의 천재들이다.

그러기에 이 천재들은 각 분야에서 두각을 나타내며 국가에 지대한 기여를 하고 있다는 가정 속에 국가기관의 철저한 비밀보호를 받으면서 주변에서 자기 때문에 일어나는 상황들을 아무것도 모른 채 자기 본연의 임무에만 충실하며 살아간다.

어떻게 보면 수많은 실패에도 불구하고 그는 좌절을 모르는 채 세상의 부정에 도전하고 세속적인 권세와 인기를 부정하기 위해 좌충우돌하며 달리는 '돈키호테' 같은 인물로서 순수함 그 자체이기도 하다.

요즈음을 살고 있는 우리 모두가 이처럼 순수한 마음으로 살아간다면 이 지구상엔 전쟁은 없을 거라 생각되고 또 요즘 정치계에 일어나는 비자금이다, 선거자금이다 운운하고 있는데 아마 모두가 순수한 <사토라레>이었다면 이런 일은 없었을 것이다.

아울러 남과 북도 갈라지지 않았을 거란 억측도 해 보게 된다. "오히려 사토라레는 속마음을 내 보임으로써 가식을 없앤다. 그 누구보다 깨끗하다. 편견 없는 사회, 거짓 없는 열린사회를 만들기 위해 우리 모두가 <사토라레>로 사는 건 어떨까?

좀 시끄럽겠지만 솔직하고 깨끗하지 않은가!"라고 강조하는 어느 인터넷기자의 영화 평에 동감하는 바이다.

― 거짓말에 핀 사랑! 〈굿바이 레닌〉―

1989년은 동족 간에 분단되었던 지구상의 두 국가 중 독일이 하나의 국가로 재탄생되어 세계 역사에 크게 기록된 한 해이었다. 이젠 그런 어마어마한 과거사가 벌써 옛 이야기처럼 들리기도 한 시점이다.

당시의 상황들이 하나의 큰 素材로 채택되어 <굿바이 레닌>이라는 영화로 만들어졌는데 이 작품이 독일에선 650만 명 이상이 관람하여 2003년 한 해는 <굿바이 레닌>의 해라고 해도 과언이 아닐 정도로 금년 독일의 대표 작품이 되었다. 뿐만 아니라 '2003년 베를린영화제 최우수유럽영화상'과 '독일영화제 작품상', '감독상' 등 9개 부문을 수상했으며 금년 부산영화제에서도 매진사례를 일구어 냈고 2004년 미국 아카데미외국어영화상에 가장 유력시되고 있는 작품으로서 전 세계 영화계에 화두가 되어 다시 한번 분단된 우리의 마음을 흔들어 놓고 있기도 한다.

이처럼 작은 아이디어 하나가 소중한 문화적인 자산으로 변화되는 모습을 볼 수 있는 영화가 <굿바이 레닌>이다.

주인공은 어린 시절부터 로켓에 관심이 많아 독일에서 최초 '소유스31'호에 우주비행사로 동승했던 '지그문트 얀'이라는 우주비행사를 동경하며 자라난다.

한편 내성적 성격으로 의사였던 주인공의 아빠가 서독으로 망명하게 되자 가족관계에 위기의식을 느낀 엄마는 동독체제에 순응하며 오히려 더욱 열렬한 당원의 기질을 발휘하게 된다. 한편 베를린의 동서를 가로지르는 장벽을 철거해야 한다는 시위가 연일 동독 시내에서 일어나던 때 엄마는 우연히 차에서 내려 그곳을 지나가다 시위군중들 가운데서 주동자를 색출하는 경찰에게 끌려가는 아들의 모습을 발견하게 된다.

그 충격으로 8개월 간 병원에서 의식불명으로 지내게 되고 독일이 통일된 이후 어느 날 갑자기 깊은 잠에서 깨어나게 되지만 완치된 상태가 아니고 충격을 다시 받게 되면 또 다른 더 큰 위험에 빠지게 된다는 의사의 진단이 내려진다.

이후 주인공은 어떻게 해서라도 엄마의 마음에 큰 충격을 드리지 않게 하기 위해 통일된 독일의 모습을 숨기며 환자인 어머니를 집으로 모시게 된다.

영화의 발단은 그렇다 하더라도 이야기의 핵심인 전개 과정이 이 영화의 포인트가 된다.

과거 열성 당원 신분이었던 엄마는 가끔씩 과거를 잊어버리기도 해 평생 저축해 숨겨 놓은 현금뭉치들이 휴지로 바뀌게 되는 상황도 일어나 그 장면을 보는 이로 하여금 안타까움을 금치 못하게 하더니 엉뚱하게도 침실 밖 건물에 코카콜라 대형 현수막이 내 걸리게 되는 장면을 목격하게 된다.

아들은 이 순간을 얼렁뚱땅 어물거리며 커튼으로 위기를 모면한 후 혹 엄마의 의심이 깊어질까 해서 '1950년대 동독에서 생긴 콜라가 코카콜라'라고 TV 뉴스 프로그램까지 친구의 힘을 빌려 조작해 만들어 거짓말로 어머니의 마음을 안정시키게 된다.

점차 거짓말의 강도는 높아 가게 마련이고 영화를 보는 관객들도 어처구니없는 거짓말 프로젝트에 그만 동감이 가게 되고 만다. 이후 제발 들키지 말아야 할 텐데 하면서 주인공의 입장처럼 관객들의 마음도 하나로 변하게 된다.

심지어는 "이젠 동독이 서독보다 훨씬 잘살아 서독의 난민들이 차를 몰고 들어와 난민 구호요청이 쇄도하고 있어요."라는 거침없는 주인공의 효성 어린 사랑의 거짓말이 유쾌한 감동으로 이어지기도 하는 광경이 펼쳐진다.

이땐 관객들은 피식 웃고 말지만 그 뒤엔 누구나 찡한 감동으로 마음이 울렁거리게 됨을 느끼게 된다.

이러한 모든 사항들이 남의 나라 이야기가 아니라 마치 우리의 상황처럼 느껴지기에 우린 모두 한마음처럼 그들의 공감대에 함께 하게 되는 것이다.

온 가족 그리고 우리 모든 국민들이 관람해야 할 시점이 아닐까요? 현재 우리나라의 정치적인 당 대 당의 싸움들은 이젠 신물 나네요.

제발 <굿바이 레닌>을 보고 순수하지 못한 정치세력들은 이젠 '굿바이'했으면 한다.

─ 여러 가지 사랑 〈러브 액츄얼리〉─

사랑도 여러 가지인가 보다. 얼마 전에 개봉한 〈러브 액츄얼리〉라는 영화 속에는 다양한 사람들의 갖가지 사랑하는 모습들이 담겨 있다.

필자는 영화 프롤로그를 영화의 핵(核)으로 본다. 영화 〈러브 액츄얼리〉의 프롤로그에는 여러 사람들의 사랑하는 모습들이 한 화면 안에 여러 형태로 분리되어 보인다.

바로 그 모습들이 영화의 전체임을 금방 눈치 챌 수 있다.

"이 영화는 많은 사람들의 사랑하는 모습들을 그린 영화입니다."라는 설명을 따로 내레이션(해설) 처리를 하지 않아도 우리의 뇌 속에는 바로 필이 꽂힌다.

연말이 다가오는 때이다 보니 이 영화를 많은 사람들은 마치 크리스마스 선물처럼 느끼곤 한다. 즉, 이 영화를 보고 나면 모든 사람들이 사랑이야기에 푹 빠져 있는 듯이 느껴진다는 이야기다.

그 이유는 영화 속 장면들이 실감나게 그려져 있어서 우리의 피부에 와 닿는 기분이란 뜻이다.

수많은 스타들이 한 편의 영화 속에 줄줄이 등장하는 영화는 좀처럼 보기 힘들다.

과거 1960년대 후반에 우리 영화계에도 윤정희, 남정임, 문희 등 '트로이카(삼두마차, 三頭馬車) 시대'가 있었다. 당시 〈결혼교실〉을 기획하던 정인엽 감독은 경쟁의식들이 대단했던 트로이카 여배우가 함께 출연하는 호화 배역의 영화를 만들기 위해 윤정희, 남정임, 문희에게 보여줄 시나리오를 각각 따로 만드는 편법으로 가까스로 출연승낙을 받았다.

그래도 당시를 한때 풍미했던 세 사람이 최고의 인기 스타인 신성일 한 남자를 두고 벌이는 사랑싸움을 그린 영화에 함께 등장하게 되자 그 영화는 요즈음 용어로 대박을 터트렸다. 1970년에 개봉한 정인협 감독의 <결혼교실>은 겨우 스타 네 사람 정도 출연하지만 <러브 액츄얼리>에는 셀 수 없을 정도로 많은 인기 스타들이 카메오(일류급 스타 또는 감독 등 지명도가 높은 사람이 잠깐 얼굴을 비추는 모습)로 그리고 조연급으로 출연하고 있다. 그래서 세계적인 영화로 불릴 만하기에 더욱 관객들에게는 이 영화가 크리스마스 선물처럼 느껴지곤 하는 것이다.

등장하는 배역진만 보아도 휴 그랜트 엠마 톰슨, 리암 니슨, 콜린 퍼스, 빌리 밥 손튼, 로원 앳킨슨 등 두 사람 정도면 한 편의 영화를 만드는 데 충분한 인물로 구성된 영화다. 또 연출을 한 리차드 커티스 감독도 잘 알려진 사람이다.

<네번의 결혼식과 한번의 장례식>(1994), <미스터 빈>(1997, 1998), <노팅힐>(1999), <브리짓 존스의 일기>(2001) 등을 쓴 작가였으며 제작자로서도 <네번의 결혼식과 한번의 장례식>, <미스터 빈>(1998), <노팅힐> 등의 작품을 제작해 우리와 친숙한 인물로 느껴진다.

이번 작품이 감독으로는 데뷔작이었지만 각본을 썼기에 많은 관객들은 그를 높이 평가하고 있다. 이처럼 유명한 연기자들과 함께 영화를 만들어 시너지 효과를 보기도 했지만 감독이 영화에 대한 열정이 각별한 이유 때문에서라도 더욱 유명한 영화가 되었다고 생각한다.

'로맨틱 코미디'장르로 불려기도 한 이 영화는 단순하게 웃기고

장난처럼 느껴지는 소극(笑劇)처럼 보이지만 그 속에 작가가 말하고 싶은 현실적인 이야기는 모두 내포되어 있음을 알 수 있다.

'휴그랜트'는 수상역할인데 그는 미혼수상으로 부임하자마자 수상 직무실의 여직원과 사랑에 빠져버리는 사건이 발생하며 과거의 수상은 '할망구' 등의 용어로 잠시 매도되기도 한다. 즉, 소재의 자유가 영화를 좀더 자유롭게 만들 수 있는 계기가 되어 현실을 비꼬고 꼬집고 또 비틀기도 하면서 초겨울의 움츠리며 쌀쌀했던 서민들의 마음들을 잠시나마 훈훈하게 덥혀 주고 있다.

그저 따뜻한 영화만이 전부가 아닌 현실을 직시하며 즐거운 마음으로 지금의 우리들을 잔잔하게 흔들어 놓고 있는 영화이면서 가벼운 영화처럼 보인 로맨틱한 코믹장르의 사랑이 담긴 크리스마스 선물 같은 영화 그리고 사실은 이것이 사랑이었다고 강조하는 다양한 사랑이야기들이 <러브 액츄얼리>에 담겨져 있다.

－평범하지 않은 性과 映畵－

모든 일들은 물이 흐르듯 세상사에 따라 흘러가기 마련이다. 필자는 요사이 무척 '퀴어 queer'라는 단어에 관심을 기울이고 있다.

'퀴어 시네마' 또는 '퀴어 영화제'라는 타이틀을 단 행사들이 종종 열리고 있다.

이곳 광주에서도 '퀴어베리테'라는 영화제 행사가 어제부터 치러지고 있는 상황에서 많은 사람들은 '퀴어'라는 단어의 뜻조차 모르는 경우가 많다.

바로 성의 관념이 변해 가고 있음을 여실히 증명해 주고 있는 경우로서, 즉 동성애를 다른 용어로 표현한 단어이다. 한마디로 동성애에 관한 영화가 많이 양산되고 있다는 증거이기도 하다.

이처럼 터부시 여겨 왔던 숨겨진 성애의 사실들이 영화 속에서부터 우리의 마음을 드러내듯 아니 세상의 흐름을 타듯 서서히 진실한 동성애의 모습들이 사실 그대로 투명해지고 있다.

그리곤 이젠 영화 속이지만 하나의 장르로 자리매김하였음을 알 수 있다.

흔히들 커밍아웃이 어떻고 변태다, 동성애다 또는 게이 호모 레즈비언 등 많은 단어들로 불리고 있다.

바로 이런 단어가 비단 영화 속 장르에서만 일어나는 일들이 아니고 과거 역사 속에서도 살펴볼 수 있다.

로마 시절 그리고 이전 그리스 신화에서도 동성애에 관한 이야기들도 많이 등장되기도 한다. 이처럼 과거 역사 속에서 베일에 감추어졌던 설화들이 이젠 현실로 다가와 오늘의 일처럼 영상화되어 꾸며지고 있다.

이번 일요일에 방영될 모 TV사의 명화극장 프로그램에서도 '퀴어'영화가 방영된다고 예고를 하고 있다. 바로 영화의 소재는 그 어떤 것들이어도 상관이 없음을 또 한 번 강조하고 있는 경우이다.

<파 프롬 헤븐(Far from Heaven)>은 5월 말에 개봉한 작품으로 보름 정도 스크린에 올려졌다가 사라진 영화이다.

필자는 금년 전주영화제 폐막작으로 이 영화를 접하기도 했다. 그런데 새롭게 극장이 아닌 안방스크린을 통해 방영된다고 하니 궁금해질 따름이다. 물론 이 영화는 개봉 당시 12세 관람가로 등급을 판정받은 영화이다.

이 영화 속에서는 남성끼리의 키스는 불륜이 아니고 하나의 질병처럼 간주되기도 한다.

부인이 어느 날 남편의 동성애 장면을 목격하고 당황하는 모습을 영화 속에서 볼 수 있다. 그러나 잠시 후 그 부인은 마음을 가라앉히고 남편이 지금 하고 있는 행위는 가정과 자신을 버리는 소위 바람을 피우는 행위가 아니라 열병이나 감기처럼 하나의 질병으로 간주하고 차츰 치료하면 완치되리라는 가정의 행복을 위해 자신만의 해결책을 강구하게 된다.

이후 주인공의 부인은 모든 힘을 기울여 남편의 질병을 다각도로 관찰하고 또 수소문하면서 그 치유방법을 모색하게 된다. 옛 같으면 "염병 맞아 급살한다."는 선조들의 질책을 받아 마땅할 장면들이 요즘엔 서슴없이 영화 속에 등장되곤 한다. 정말 요지경일 수도 있다.

마치 어떤 것이 정상적인 사고(思考)인지 모를 정도로 모호(模湖)

해지는 세상이다.

아무튼 필자는 소재에 어떤 제약이나 규제 없이 영상으로 표현된다는 데에 큰 박수와 찬사를 보내는 바이다.

TV를 타고 안방으로 전해지는 '퀴어영화', 즉 동성애를 편협적인 시각이 아닌 평범한 시각으로 봐 줄 것을 시청자와 관객에게 먼저 당부드리면서 이런 동성애의 경우들이 일상화된 일처럼 꾸며지고 있다는 영화의 흐름들이 바로 현실임을 발견할 수 있다.

요즘 많은 영화들이 이런 스타일로 변해 가고 있는 실정이다.

이성 간의 사랑은 설령 불륜일지언정 아름답게 묘사되면 '햄릿'처럼 세계적인 명작이 되고 동성 간의 사랑은 재미나 볼거리 또는 타락된 형상으로 치부해 버리는 요즘의 사람들에겐 또 다른 모델을 제시해 주기도 한다.

과연 동성애는 영화 제목처럼 천국에 갈 수 없는, 즉 먼 거리에 머무를 수밖에 없는 행위일까요? 그렇지 않으면 이성 간의 사랑이 올바른 행동일까요? 결론은 똑같은 내용이겠지만 영화 속에서 그 해답을 찾을 수밖에 없다.

금년 <파 프롬 헤븐>은 베니스영화제에서 크게 호평을 받았던 작품으로 세상에 이슈화되었으며 이젠 우리나라의 관객들도 그 어떤 소제들이 영화 속의 주 내용이 될지언정 환상이나 픽션으로 가정을 하고 극적인 재미를 느끼셨으면 한다.

과연 동성애인 '퀴어무비'는 천국에서부터 먼 거리에 있는 장르일까요?! 광주에서 열리는 '퀴어베리떼'영화제를 관람하고 그 해답을 찾아보길 바란다.

-영화 속의 여인 〈프리다〉-

특정한 사람의 인생을 영화화시킨 걸작들이 자주 눈에 띈다. 유명한 마돈나 주연의 <에비타>가 그렇고 중국의 거장 장예모 감독의 공리가 주연한 <人生> 등 비슷한 부류의 영화들이 많다.

최근에 개봉한 줄리 테이머 감독의 <프리다>가 광주 지역 예술극장의 스크린을 타고 한창 상영 중이다. 필자는 이 영화를 예술분야에 관련된 사람들은 꼭 보아야 하는 평범하지 않은 영화라고 강조하고 싶다.

지난 12월 17일에 모 대학교수로부터 화가인 '프리다 칼로'(1907~1954)의 일생과 영화에 얽힌 사연들을 한 시간 정도 관객들에게 들려준 후 영화를 감상할 기회도 있었으며 또한 <프리다>에 관한 책도 극장입구에서 쉽게 구해 볼 수 있었다.

"화가 여걸 요부 공산주의자 일급장애자 왈가닥 예술가 현모양처 동성애자 질투의 화신 페미니스트 효녀" 등의 다양한 수식어가 그녀 이름 앞에 붙여지기도 하는 특이한 경우를 <프리다> 영화 속에서 느낄 수 있다.

물론 영화 속에는 이름 있는 할리우드 스타들도 눈에 띄지만 1907년 멕시코에서 태어난 '프리다 칼로'라는 실제 인물의 모습처럼 똑같이 꾸며 연기한 <프리다> 역의 셀마 헤이엑의 연기를 극찬하고 싶다.

작은 체구, 고집 센 여인, 눈썹이 특이하게 양쪽이 하나로 이어진

一자 모습이며 맑고 당당한 그녀의 촉기 어린 눈망울 그리고 사자나 호랑이보다 더 강한 그 어떤 마력적인 힘으로 스크린을 압도하면서 2시간 3분을 끌어간다. 바로 이 여인이 영화의 主語이고 주인공이다.

작년 베니스영화제 개막작이었고 금년 아카데미 음악상, 분장상을 수상했으며 여우주연상을 포함해 6개 부분에 노미네이트되었던 경력만으로도 이 영화의 질적인 문제의 해답은 그냥 알 수 있다.

"여자는 남자를 잘 만나야 행복해질 수 있다."라는 말이 있다. 이처럼 <프리다>의 결혼도 많은 시련을 낳게 되는데 당대 멕시코 최고의 화가인 남편 디에고의 타고난 바람기로 인해 주인공 프리다의 마음은 바스러져 버린 교통사고의 흔적처럼 만신창이가 되어 버린다.

그러나 영화의 속 상황은 시종일관 여자가 중심이 되고 남편 역할은 부인의 역을 맴도는 윤활제 정도의 역할에 불과하다.

온 몸을 불태우듯 정열적인 그녀의 일상들은 가히 누구도 흉내 낼 수 없는 권역처럼 느껴지기도 하지만 이 영화 속에는 다소 언짢은 부분도 있다.

"예술가의 기질은 공산주의 사상을 가진 사람들에게 많이 있다."라는 대사가 필자에겐 상당히 거슬리기도 한 부분이다. 설령 통계 수치상 세계적인 현상이라고 한들 굳이 영화 속에서 그런 이야기들을 해야만 했을까? 그리고 1920~1930년대 당시의 미국을 자본주의에 물들어 돈에 인간이 묻혀 인간성을 상실해 버린 타락한 국가로 전락시켜 버리기도 한다.

그러나 남편과 함께 일신상의 이유로 잠시 도피할 장소가 미국이기에 마치 아메리카 드림을 꿈꾸는 모습처럼 느껴지기도 하는 아이러니를 느끼게 한다. 즉, 공산주의 사상을 예찬하는 상황 속에서 자본주의의 대명사인 미국을 택하여 남편 디에고와 함께 록펠러재단으로부터 벽화를 청탁받기도 한다.

끝내 공산주의 사상이 담긴 벽화이기에 처음으로 돌아가게 되지만 이후 프리다는 자신의 처지를 주제로 삼아 그림을 그리게 되고 파티에 참석도 하며 화려하고 섹시하고 당돌하게 살아가는 강인한 여인의 이미지를 보여준다.

이후 만신창이가 된 일급장애자로 자신의 생활이 바뀌었음에도 좌절하지 않고 에비타처럼 적극적이며 생동감 넘치는 여인으로 활동하게 된 그 이면에는 그녀 가슴에 꿈틀거리며 살아 숨쉬고 있는 활화산처럼 불타오르는 예술의 혼 때문이 아닐까?

바로 20세기 최고의 여류화가로 추앙받는 이유가 삶을 긍정적으로 바라보고 또 열심히 두들기며, '하면 된다'는 적극적인 사고방식이 그녀를 오늘의 주인공으로 만들었다.

가냘픈 생명이 끝나는 순간까지 하고 싶은 일 마음껏 하고 이승에서 저승으로 올라가 또다시 자기만의 세계를 구축하였으리라 믿는다.

영화 <프리다>, 멀리서 관조하며 즐기지 말고 느끼면서 볼 수 있는 모처럼 찾아보기 힘든 열정적인 영화이다.

─다시 또 보고 싶은 영화다운 영화
〈자토이치〉─

필자는 2003년 제8회 부산국제영화제에서 가장 큰 성과 중의 하나로 인정하고 싶은 영화인 기타노 다케시 감독의 <자토이치>에 너무 감동한 나머지 마치 시골 할머니들이 예쁘고 귀여운 손자들이 찾아오면 그렇듯 허리춤에 감추었던 구깃구깃한 지전 몇 잎을 꺼내 놓듯 그 보따리를 풀어 놓고 싶어 이 글을 띄운다.

작년 10월 4일 가을저녁의 제법 쌀쌀한 바닷바람에 몸을 움츠린 채 야외 상영장을 찾았다. 평상시 고혈압 증세로 인해 하루 두 번 투약을 받으며 지내는 터인지라 이젠 그리 혈압과는 거리가 먼 듯 보이지만 추위는 필자에게는 아무튼 조심해야 할 위험요소이다.

지병과 버티기 시합이라도 하듯 두껍지도 않는 옷 한 벌을 끼워 입고 고통을 받으며 부산 수영만 요트경기장 야외극장에서 상영된 <자토이치>를 관람했던 그때의 일이 이 순간에도 기쁨으로 내 마음 속에 자리하고 있어 상영 후 그만 졸도 직전의 상황까지 이어질 뻔 했었던 조금만치도 과장이 아닌 필자의 진심을 말씀드리고 싶다.

왜냐하면 너무나도 영화의 열정에 취해 있었기에 한창 영화제가 진행 중임에도 불구하고 필자에겐 천금같은 양식인 영화 감상을 뒤로한 채 컴퓨터 앞에서 흥분된 상태로 신문원고 방송원고를 쓰게 되었었다.

영화를 이렇게도 만들 수 있다는 사실, 즉 세계 영화계의 역사를 다시 썼다 해도 과언이 아닌 영화가 기타노 다케시 감독의 <자토이치>라는 일본 시대극인 사무라이 중심의 영화다.

이 영화 속엔 엉뚱하게도 사이사이 추임새처럼 넘어지고 자빠지며 웃기는 유머가 있는 기타노 다케시 감독만의 재치가 묻어 있는 영화이지만 한편으론 비장미를 앞세우는 시대극영화의 기본 정서로 보면 전혀 어울리지 않는 방식이다.

지금까지 기타노 다케시 감독이라 하면 <하나비>나 <소나티네> 정도의 영화를 통해서 알려진 모습대로 무표정한 연기에 양복을 입고 총을 쏘는 조직 폭력물에 주로 많이 등장하고 연출했던 인물로만 생각하게 된다. 하지만 필자에게는 적어도 <자토이치>를 통해서 새로운 영화의 매력을 발견하는 신선한 충격과 함께 "언제나 영화의 정석은 무너질 수 있구나." 하는 그동안 숙지해 온 고정적인 영화관념에서 벗어날 수 있었던 영화관(映畵觀)에 큰 변화를 가져오게 된 기회가 되었다.

기타노 다케시의 <자토이치>는 2003년 甲年을 맞는 제60회 베니스국제영화제에서 감독상을 수상했으며 이어 치른 토론토 국제영화제에서도 관객상을 수상하여 이미 세계 영화계는 기타노 다케시를 주목하고 있는 터였다.

그러나 영화를 본 후에 더 큰 충격에 빠지게 되었기에 독자 여러분들께 미리 보고를 드리는 심정으로 글을 올리게 되었다.

지금까지는 통상적인 개념을 무너뜨리며 기타노 다케시만의 특화된 세계를 구축해 왔었지만 이번 영화는 그중에서도 월등하게 뛰어난 영화이다.

한마디로 일본영화의 저력을 볼 수 있었다고나 할까. 금년부터는 전면적으로 일본영화가 상륙하게 된다. 그래서 오는 1월 29일에

<자토이치>가 전국에 개봉이 된다. 이러한 수준 높고 새롭게 즐길 수 있는 영화가 우리나라에서 개봉이 된다면 미리 짐작해 보건대 우리 영화의 존폐까지도 걱정이 되지 않을까 하는 노파심도 들곤 한다.

일본의 정통 시대극인 사무라이 스토리는 평상시엔 많은 마니아 층을 구축하고 있다.

얼마 전 잠깐 스쳐간 <킬빌>(쿠엔틴 타란티노 감독)이 그렇고 또한 톰 크루즈가 열연한 <라스트 사무라이>(에드워드 즈윅 감독)가 한바탕 요동을 치고 있기도 한 상황 속에 마치 代를 이어 충성하듯 또다시 번뜩이는 칼날을 앞세우며 사무라이들이 침략해 오고 있다.

더욱이 일본에서는 신출귀몰하는 맹인검객 <자토이치> 시리즈는 30대 이상의 일본인이라면 모두 잘 알고 있는 유명한 TV시리즈 영화라고 한다.

1962년부터 1989년까지 26회 시리즈 동안 사무라이 배역이었던 주인공인 가츠 신타로라는 배우의 사망 이후엔 그 누구도 <자토이치>를 만들어 낼 수 없었으며 그동안 일본 내에서는 <자토이치>를 제작하기 위해 접근하기조차 힘든 상태였다.

그러나 기타노 다케시라는 천재의 손에 새롭게 탄생된 이 영화 새로운 스타일의 뮤지컬이 그리고 사무라이의 날렵한 신종 결투장면들이 또 곳곳에 배치된 특허품으로까지 인정되는 기타노 다케시표의 특유한 웃음과 함께 절대적으로 차별화된 다른 철학적 요소까지 겸비하고 있어 이 시대를 살아가고 있는 재미까지 한층 북돋워 주고 있다.

분명 이 영화 속엔 철학도 있고 오락도 있어서 작가주의 영화이지만 흥행도 만만치 않는 그러한 작품으로서 수작으로 분류할 수밖에 없다.

영화의 전반적인 내용은 지금까지의 내용들과는 큰 차이점은 없다. 억울한 자의 편에서 정의로운 칼 솜씨를 구가하는 주인공의 활약상을 담는 스토리이지만 그 과정이 정말 매력적이다.

마지막에 보여준 전통의상인 기모노에 상업주의 대명사인 할리우드 스타일의 뮤지컬이 함께 곁들여진 퓨전 탭댄스는 정말 아이러니하면서도 영화다운 면을 강하게 심어 주는 시퀀스로서 압권이라 할 수 있다.

주인공의 마지막 대사처럼 "이 세상은 두 눈을 뜨고도 볼 수 없는 것들이 많다!"

즉, 영화 <자토이치>를 못 본다는 것은 어둡게만 세상을 살아가는 눈뜬장님과 같다!

<자토이치>, 1월 29일 영화 개봉이 또다시 기다려진다.

-숨길 수밖에 없었던 역사?! 〈실미도〉-

영화 <실미도>가 개봉 35일 만에 영화사상 최단 기간 전국 관객 760만 명 돌파라는 신기록을 세웠다. 물론 일본에서는 춤추는 대수사선 2편이 관객 2,000만 명 이상이라는 기록도 나왔으나 일본은 남한인구보다 2배 이상이 많다.

머지않아 우리도 관객 1,000만 명 시대라는 기대치를 카운트다운 해야 할 시점인 것 같다.

이처럼 지난해 크리스마스이브 날에 개봉한 <실미도>(實尾島)가 전국 극장가에 폭풍을 몰고 먼저 선점을 했던 <반지의 제왕 3편-왕의 귀환>이 슬쩍 꼬리는 감추고 마는 현상이 일어났다.

한때는 쓰레기 같은 사형수나 다름없던 31명의 범법자들은 개과천선(改過遷善)할 수 있다는 달콤한 말에 아무 보장도 없는 섬으로 들어가 7명의 희생자를 남긴 채 24명만이 사선을 넘는 혹독한 3년간의 훈련을 마치고 인간병기인 세계 최강의 정예요원들로 탈바꿈된다.

그들은 1968년 1월 21일에 청와대를 습격하기 위해 남파된 북한의 '김신조' 일행의 코스를 반대로 거슬러 올라가 김일성의 목을 따오라는 명령을 받게 된다.

그런데 세상의 흐름이 바뀌게 되자 남북 간의 정책노선도 바뀌어 악대악(惡對惡)이 아닌 또 다른 대응책으로 북한을 대하게 된다.

이 이야기는 분명 영화 속의 이야기이다.

이후 과거 악대악의 산물인 이들 24명의 실미도에서 생산된 정예요원들은 그만 무장병력이나 무장공비들이란 이름으로 사건이 오보된 채 1971년 8월 23일에 김일성 목을 노리러 간 장소가 아닌 서울 한복판에서 버스 안의 민간인들을 내려놓은 채 대방동 유한양행 앞에서 그만 자폭 사건이 발생하였고 이 사건은 그동안 풍성하게 떠돌던 유비통신을 타고 세간에 알려져 왔었다.

벌써 30년이 지난 일이기에 많은 사람들은 잊었거나 잊혀져 간 사건으로 간주하기도 하였을 것이다.

문민정부 이후 이 사건은 세상 밖으로 다시 부상된다.

그동안 모든 사람들은 '실미도 사건'의 당사자가 아니었을 뿐 아니라 이데올로기라는 용어도 사라져 가는 오늘날의 시점이기에 우리의 관심 밖일 수밖에 없다.

國史를 비롯해 역사 공부한 지 꽤 오래되었다.

필자가 대학입학시험을 치르기 위해 國史를 열심히 공부했던 적이 있었다. 아니 외웠다는 표현이 더욱 적절할 것 같다. 그것도 입학시험 한 달 전에서야 국사참고서를 줄줄 외우는 벼락치기 형태의 공부를 했었다.

그러나 필자가 다시 국사공부를 한다면 차라리 국사학자가 되기 위해 더욱 열심히 공부하고 싶은 심정이다.

그 어떤 감추어진 사실일지라도 진실만은 영원히 덮어질 수 없다. 그래서 언젠가는 영화 <실미도>처럼 모두 진실은 반드시 밝혀진다는 필연적 논리는 매우 설득력이 있다. 그로 인해 세월이 흐른 후엔 다시 과거를 거울삼아 재발을 방지하며 좋은 일이든 나쁜 일이든 숨김없이 역사는 밝혀져야 한다는 사실을 다시 숙지하게 되었다.

그동안 이 영화를 만든 모든 관계자들에게 고맙다는 인사를 개별적으로 하고 싶을 정도로 이번 <실미도>에 그만 푹 빠지고 싶다.

특히 영어 자막까지 넣어서 외국인들에게 우리의 과거사를 알려주기 위해 상영하였다고 하니 이 영화 한 편이 마치 영화제를 치르는 '한국사영화제' 같은 느낌마저 들게 한다.

이 영화가 어느 한 사람의 힘만으로는 이루어지질 않았을 것이다. 많은 스태프들의 노고도 뒤따랐을 것이다. 결론적으로 영화 <실미도>를 통해 우리 역사를 다시 한번 뒤돌아보게 하는 계기가 되었으며 앞으론 안보를 빙자한 독재정치는 있을 수도 없겠지만 절대로 또다시 이런 형태의 정치적인 희생물이 나와서는 안 되겠다.

이번 북파 공작요원들의 애환과 역사 속에서라도 반성의 내용을 그린 <실미도>는 정말 소재의 다양성과 자유로움을 다시 한번 영화인들에게 일러주고 있다.

숨기고 싶은 역사였지만 영화 <실미도>는 영상의 맛도 알게 해 줄 뿐 아니라 역사의 내용도 제대로 살린 영화라고 필자 나름대로 결론지어 본다.

－ 색다른 소재 〈동해물과 백두산이〉－

항상 그러하듯이 위기 뒤엔 찬스가 온다는 말이 떠오르는 시점이다. <반지의 제왕>이라는 태풍이 휩쓸고 갔어도 뒤늦게 개봉한 우리 영화들이 아직도 짱짱하게 버티고 있다. 이것이 바로 국력이 아닌가 싶다.

<반지의 제왕>으로 관객들이 마구 몰려들 땐 '이젠 우리 영화가 끝났구나!' 하는 자괴감마저 들곤 했으나 강우석 감독의 <실미도> 이후 우리도 할 수 있다는 자부심이 생겨났던 것 또한 사실이다. 문화가 바로 우리의 자존심이라고 필자는 항상 강조한다.

작년 12월 31일에 개봉한 영화 <동해물과 백두산이> 요즈음 한창 무르익어 가고 있다.

남과 북의 현 상황 속에서 그들을 형님의 위치에 서서 웃으면서 받아들여 주어야 하고 또한 감싸고 도와주는 차원에서 웃음을 자아내게 하는 특별한 마력들이 이 영화 속에 담겨 있다.

2002年에 데뷔작인 <오버 더 레인보우>를 연출했다가 인정받았던 안진우 감독이 이번에는 안정된 연출력으로 작품을 끝까지 구성지게 잘 끌고 가는 힘 있는 작품 <동해물과 백두산이>를 선보였다. 물론 말도 안 되는 황당한 스토리이지만 이만큼 소재의 자유가 고마운 줄 새삼 느껴지게 되는 기분이다.

북한의 전투함에 근무 중이던 세 명의 북한 해군들이 잠시 고무보트에서 낚시를 하며 휴식을 취하던 중 술 취해 잠든 사이 그만

폭풍우를 만나 표류하게 되고 남한의 동해안 해수욕장 부근으로 정신을 잃은 채 파도에 떠밀려 내려오게 된다.

　한편 두 사람과 다르게 다른 방향으로 조류에 떠내려 온 한 명은 우리 측의 눈에 띄어 구출되고 다시 판문점을 거쳐 되돌아가게 되어 우리의 휴머니즘이 물씬 풍기는 장면이 연출된다.

　해수욕장 부근으로 떠밀려 내려오게 된 주인공 두 사람은 자본주의의 황홀함에 도취되기 시작하지만 이내 마음을 고쳐 다시 북으로 올라갈 길만 찾게 된다. 그러나 잠시 후부터는 우리 경찰과 군인들 그리고 시골 바닷가 동리의 3류 양아치 급들은 치안 능력이나 자체 방어력들이 무능력하거나 바보처럼 비하되고 북에서 넘어온 그들은 용감무쌍한 특별한 존재로 높이 평가, 절상되는 작품이라 할 수 있다.

　그런데 많은 사람들은 영화 속 현실인, 즉 북에서 온 두 사람들의 평가, 절상된 모습인 가상의 세계에 시비를 하게 되는 경우들이 종종 인터넷 사이트에 존재한다. 그것도 인터넷의 역기능을 이용한 간접적이지만 무언의 폭력임에 틀림없다.

　자기의 영화관(映畵觀)과는 다르다 하여 논리적으로나 이성적으로 생각하지 못하고 감성에 치우쳐서 편협적인 의견을 올리게 되는, 즉 곧바로 욕설부터 시작하는 낯 뜨거운 글들이 인터넷을 타고 전국에 아니 전 세계로 널리 알려지게 된다.

　물론 한 가지 사실을 가지고 여러 의견이 충돌할 수 있으며 그것이 다각도로 분석된다는 발전적인 의미는 매우 중요하다. 그러나 진정한 발전을 위한 제시안이 필요한 시점이다. 아무리 서로의 모습이 보이지 않는 가상적인 인터넷 공간이지만 이젠 세상이 달라져 인터넷으로 세상을 살아가야만 하는 요즈음의 세태 속에선 좀더 예의바른 인터넷 공간 활용이 아쉬워 필자가 이 지면을 빌려 인터넷 세대들에게 권하고 있는 것이다.

그러나 많은 영화 관객은 개의치 않고 보고 싶고 즐기고 싶은 영화가 있으면 그 영화가 설령 저질스럽고 유치한 개그에 버금가는 영화라 하여도 어느 정도의 객석을 메워 주기도 한다.

아무튼 영화는 '먼저 재미있어야 한다.'는 절대적이고 원천적인 대중적 논리가 강하게 작용되는 시점인 것도 사실이다.

이 영화 속에는 마치 히치콕 감독 작품에서 보여준 카메오 연기처럼 '어디서 본 듯한 얼굴인데?' 하는 많은 유명인사들이 잠깐이지만 출연하기 때문에 영화 보는 재미를 더하고 있어 화제가 된 영화이다.

이처럼 영화 속에 볼거리를 많이 넣은 영화이지만 던져 주는 메시지 또한 휴머니즘이라는 큰 범주가 이 영화를 오래가게 하는 마력을 지니게 했다.

또 우리와 다른 문화로 분류될 수밖에 없는 북한 언어들을 많이 삽입해 북한 알기에 다소 도움이 되는 영화이다.

아울러 <동해물과 백두산이>는 참신한 소재(素材)와 극적인 구성력과 설정들이 매우 돋보이는 볼거리가 많은 영화라고 평하고 싶다.

-약소국을 겁주는 영화
〈라스트 사무라이〉-

겁먹은 아이들처럼 필자는 뭔가에 잔뜩 정신을 잃고 기력을 다한 듯 한풀 숨죽여 간신히 글을 쓰고 있는 기분이다. 분명 뭔가에 홀린 듯하다.

확실한 것은 이젠 세계가 모두 자국의 주도권을 상실한 채 미국에 의해 하나가 되어 가고 있음을 여실히 증명해 준 영화가 <라스트 사무라이>라는 작품이라는 사실이다.

2003년에 전미 비평가협회에서 선정한 2003년 최고의 영화인 클린트 이스트우드가 감독한 <미스틱 리버>에 이어 2위를 차지한 바 있는 <라스트 사무라이>는 에드워드 즈윅이 감독하고 톰 크루즈가 주연한 영화로서 지난 1월 9일에 개봉되어 우리 극장가에 일본 사무라이 영화의 새바람이 불고 있다.

한편 이 영화는 비평가협회의 수상과 더불어 박스오피스 1위를 차지하였던 작품이고 또한 금년 아카데미의 전초전으로 알려진 비평가상이었기에 더욱 기대가 되는 작품이기도 하다. 이 영화의 무서운 점 몇 가지를 예로 들면 분명 사무라이라는 단어는 일본 역사의 한 페이지였음을 누구나 다 아는 사실이다.

그러나 이것을 할리우드에서 자국의 에피소드처럼 간단하게 세계의 역사마저 평정시켜 버리듯 술술 가볍게 풀어서 자연스럽게 해석해 버렸다는 사실이다.

머지않아 이순신 장군 이야기나 광개토대왕의 대북방 진출사를 할리우드에서 미국인을 주인공으로 내세워 혹 만들어 내지 않을지 의구심이 앞선다.

영화 <라스트 사무라이>는 1870년대 중반 사무라이의 세계나 일본의 역사를 마치 미국의 영웅 한 사람이 바꾸어 놓은 듯한 여전히 백인 우월성을 과시한 영화이면서 조금은 양심적으로 반성의 기회도 갖는 일거양득의 효과를 거두고 있는 영화적 설정이 돋보이는 영화이다.

이 영화는 그 어느 나라에서도 넘볼 수 없을 정도로 화려하면서도 웅장하게 그려낸 블록버스터로서 다분히 일본적인 냄새가 풍기도록 일본의 역사를 깊숙이 다루어 냈다.

지금까지도 일본인들에겐 신적인 존재로 자리매김한 천황에 이르기까지 영화 속에서는 다가오는 근대화라는 숙명 속에서 대(大)를 위해 국가의 역사도 쉽게 바꾸어 버릴 수밖에 없는 천황의 고뇌를 그려내고 있다. 그래서 영화 속이지만 천황은 오직 자신을 따르는 백성들만의 살길만 찾는 모습을 보여주기도 하여 같은 동양권의 입장에선 매우 씁쓸한 점도 있다.

아마 이런 내용을 계속해서 주장한다면 필자 역시 자가당착에 빠지게 되는 경우도 접하게 될 것이다. 즉, 픽션과 현실도 구분 못 하는 어리석음을 스스로 면치 못한다는 뜻이다.

<라스트 사무라이>는 일본 메이지(明治) 시대 초기의 격변기를 다룬 영화로서 구시대의 상징인 사무라이 시대에 종지부를 찍게 한다는 내용으로서 우여곡절 끝에 상황이 반전(反轉)되어 서구 문명의 이면에 숨은 잔혹함을 몸소 체험한 한 서구인이 서구화에 반대하는 동양인의 편에 서서 싸운다는 이야기이다.

이 영화 속에는 사나이의 우정도 담겨 있고 피비린내 나는 살벌함과 전쟁의 참혹함 그리고 인간의 잔인함과 승부의 세계에 대한 비장함 아울러 중요한 일본의 사무라이 정신과 미국의 침략역사와 황금만능주의 등이 많이 담겨 있다.

한편 영화적으론 손색없는 없는 연출과 잘 짜인 구성이 153분(원판은 154분)의 긴 영화이지만 숨쉴 수 없는 긴박성으로 인해 그만 최면에 걸려 빠져 들 수밖에 없다. 그리고는 눈물까지도 흘리게 하는 탁월한 맛도 겸비한 작품이었다. 그래서 더욱 필자는 이 영화가 겁이 난다.

<라스트 사무라이> 이 영화는 세계만방에 미국영화의 위대함을 과시한 영화이면서 한편으로는 약소국에 대해 겁을 주고 있기도 한 영화이다.

그러나 우리 영화의 아성에 밀려 그만 지나가 다행인 영화였다.

- 칼은 칼로 망한다 〈고하토〉-

2004년 4월 23일은 제5회 전주국제영화제 개막일이다. 작년 한 해 동안 제작된 전 세계적인 걸작들의 결실들을 우리나라에서 그 정체들을 서서히 벗겨보는 시간이 된 것이다.

7월 중순에는 부천에서 9월 초순엔 광주에서 10월 초순엔 부산에서 각각 열리는 국제규모의 영화제들은 영화인들에겐 세계적인 영화들을 접할 수 있는 좋은 기회를 제공해 주는 반면 일반인들이나 영상을 공부하는 세대들에겐 특별한 영상들을 접할 수 있는 목적에서 개최되고 있다.

바로 여기서 유명하다는 걸작들을 맛깔 나게 감상할 수 있어 필자에게는 생일보다 더욱 귀중하며 의미 있는 시간이 되기도 한다.

흔히 영화 포스터에 보면 칸국제영화제 출품작, 선정작, 수상작 등의 문구를 찾아볼 수 있다. 그런데 대개의 경우 이런 작품들은 80~90%가 흥행에 실패하고 만다. 매우 애석한 일이기도 하다. 그러나 대중적 대세로 봐선 어쩔 수 없는 영화란 상업성이 매우 강한 매체이기에 이 지면을 통해 모두 거론할 수 없다.

하지만 영화를 아끼는 입장에서 큰 바람이 있다면 각국의 영화제에서 수상한 좋은 작품들이 언제 모두 쉽게 접할 수 있으며 국제영화제에서도 특별하게 취급되는 날은 언제 올까 하는 것이다.

결론은 더욱 많은 국제영화제가 곳곳에서 더욱 풍성하게 열려서 세상 사람들의 영상에 관한 눈높이를 올려 주었으면 한다.

마치 어제 개봉한 일본의 거장이며 세계적인 명감독으로 추앙받고 있는 오시마 나기사(大島渚 1932~) 감독의 1999년의 작품 <고하토>(御法度)가 이제야 대중들에게 선보인다. 素材가 조금은 우리에겐 간지럽고 생소한 듯 보이지만 어차피 인간들의 양면성을 질타하고 그에 대한 결과적인 의미까지 우리에게 사고케 하는 좋은 작품이다.

동성애란 우리들에겐 아직은 낯설고 어딘지 모르게 무거운 단어이기에 영상으로나 현실에서 쉽게 다가가기가 힘들다. 물론 퀴어(queer)영화제라는 명분으로 그들을 대변해 주는 영화제도 개최되는 세상이지만 말 그대로 아직은 특별한 대상으로밖에 여길 수 없는 영화제이다. 세상의 흐름에 따라 영화제 성격들도 바뀌어 가는 것이 순리이지만 재작년경부터 부천이나 전주영화제들을 통해 무척 동성애에 관한 영화들이 많이 선보이고 있기도 하다.

오늘 소개해 드리는 <고하토(御法度)> 역시 2000년 칸과 부산영화제에 초청, 상영되었던 영화로서 이제야 개봉되지만 몇 년의 세월이 흘렀기에 오히려 영화로 봐서는 적절한 시기에 개봉되었다고 할 수 있다.

과거 1976년에 프랑스에서 제작비를 투자한 작품으로서 죽음에 이르는 강박증적 性的 관계를 다룬 <감각의 제국>은 한때 포르노성 영화로 인정돼 25분가량이나 우리나라에서 가위질당했던 영화이다.

<고하토>는 바로 그 작품을 만든 오시마 나기사 감독의 작품이기에 필자인 저도 조심스럽게 이 지면을 노크할 수밖에 없는 한 시대 흘러간 칼럼니스트로 남게 되는 심정이다.

<고하토>(TABOO)는 뜻 그대로 금지된 일이란 뜻으로 18세 미소년을 주인공으로 내세워 일본의 사무라이 정신이나 체제들을 비웃음거리로 만들어 칼은 칼로 망한다는 것을 예견시켜 주고 있다.

감독의 그 깊은 뜻을 관객들은 직접화법이 아닌 간접화법으로 전해 드리기에 조금은 어려운 듯 보이지만 정말 깔끔한 영화이기에 누구에게나 거장의 숨결을 느끼게 하고픈 심정이다. 오늘날 일본은 분명 제2차 세계대전이라는 불명예를 안고 있는 칼을 좋아하는 나라이다.

결국 전쟁으로 인해 패망되었고 이젠 신세대가 자리를 잡고 세상을 끌어가고 있다.

그러나 가끔씩 당시의 착오적인 시대발상이 그리웠는지 신사참배라는 엉뚱한 행위도 국가의 수장이 떳떳이 행하고 있는 파렴치한 나라이기도 하다. 그래서 감독 오시마가 더욱 돋보인다.

분명 칼은 칼로 망한다는 정설을 심어 주기에 필자는 그를 더욱 존경한다.

사무라이 세계를 비웃는 老거장의 <고하토>, 정말 볼만한 영화이다.

─지역 영상문화산업을 꽃피울
영상위원회의 필요성─

'또 다른 영상위원회' 더욱 많이 생겨나길……

우리 광주 전남 지역에서 영상 관련 행사를 하기가 무척 힘들다는 사실을 광주국제영화제에 참여하여 영상문화 활동을 하면서 느꼈던 바 있다.

특히 '부산영화제 하나면 됐지 왜 이 지역에서까지 굳이 국제영화제를 해야 하는 것인가?'에 대한 질문들이 필자에게 쏟아질 때마다 필자는 매우 가슴이 아팠다.

물론 항변 아닌 변론을 해 보지만 전문인이 아닌 경우에는 설득시키기가 여간 어려운 것이 아니다.

그것은 영상에 관한 전문지식이 전무한 사람에게 새롭게 동영상 문화를 접목시키기란 매우 힘들기 때문에 그러하다.

필자는 국제영화제는 고을마다 지역마다 펼쳐져야 한다고 관련 세미나 및 포럼 그리고 TV 등 언론매체 등을 통해 수차 강조한 바 있다. 이는 곧 세계적인 추세이기도 하다.

광주 전남 지역에 국제영화제가 두세 개 더 탄생해도 좋다는 것이 필자의 소견이다. 이것은 영화제의 붐을 탄 시너지 효과가 형언할 수 없을 정도로 매우 크기 때문이다. 지역마다 특색이 있기에 충분한 이유와 가능성이 있다. 예를 들어 여수에 무슬목 진남관 돌산 향일암 등의 명소가 있어 충분한 영화제 컨셉이나 타이틀이 생겨날 수 있다.

동부권이 아닌 서남 권역의 목포 지역 권역은 어떠한가? 유달산 삼학도 하구언 등등 많은 지역적 특색 신안의 천혜의 자연환경 등 얼마든지 국제영화제 유치에 타당한 환경을 가지고 있다. 또한 국제영화제뿐만 아니라 '영상위' 문제도 그러하다.

광주 서구나 북구 광산구 등 구청 단위에서도 충분히 국제영화제나 지역 영상위를 태동시켜도 좋을 자원들을 지역 나름대로 많이 가지고 있다.

영화 마니아로서 그리고 영상 매체 활동에 관심이 있다면 누구나 영상위 운영이나 참여를 통해 좀더 나은 고급 영상문화 창출에 이바지할 수 있으리라 생각된다. 그러나 전문가 집단이 필요한 영역도 반드시 존재하기에 동영상전문가의 특별한 참여와 선정이 참으로 중요한 과제이다.

꼭 서울, 부산, 전 남도 영상위원회만 존재해야 한다는 것은 타당치 않으며 기득권이라든가 지역 안배 형태의 나누어 먹기 식의 영상위 관련 행위는 지양되어야 마땅하다.

'배타적 분열' 그 속에는 국가 예산이라는 말 못 할 속사정이 숨어 있기도 하지만 '나만이 할 수 있다', '우리만이 할 수 있다'는 등의 편협한 생각을 버리고 상호간에 상생할 수 있는 영상위를 꾸려 갔으면 한다.

기존의 영상위가 지역에 국한되어 활동 영역이 인위적으로 구분 지어서는 절대 안 되고 지협적인 생각으로 영상위를 설립, 운영해서는 안 된다.

누군가 '한국영상위'를 만든다고 하여 단순히 그 자체로서 우리나라의 영상위원회를 대표하는 것만은 아니다.

  필자는 다년간 영화계에서의 경험을 바탕으로 자라나는 세대들에게 교육을 통해 이 시대가 요구하는 동영상문화에 대해 틈나는 대로 자주 강조한 바 있다. 이처럼 동영상문화의 절실한 과업과 문제점들을 여러 번 토로하고 고민했던바 이 지역 광주에도 영상위가 별도로 만들어져 전주, 부산, 남도 영상위 등과 서로 타협해 가면서 영상위 운영을 꾸려 갔으면 한다. 그래서 백년대계의 문화 창달이라는 거국적인 사명을 수행해야 된다고 생각한다.

  과거 각 지역별로 촬영 유치에 소극적이어야만 했던 지난 과오들을 청산하고 이번 <태극기 휘날리며> 등에 관한 특수를 누리지 못한 것에 대한 이 지역 영상 관련의 한(恨)을 풀어 봐야 할 것이다.

  그러기 위해서는 부산, 전주, 서울, 제주, 대전, 남도, 광주영상위원회가 모두 하나라는 정신으로 상호간에 상생하며 좀더 나은 우리나라 동영상문화 발전에 디딤돌의 역할을 영상위원회는 해낼 수 있어야 한다고 생각된다.

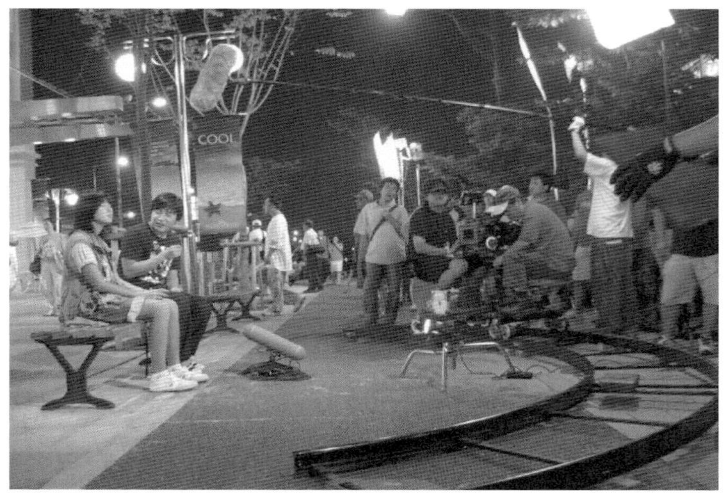

사진) 2005년 4월 광주영상위원회 지원 작품이 광주 상무지구 CGV 앞에서 촬영되고 있다.

−"영상위원회 조직이 시급하다"−

지난 23일부터 열리고 있는 전주국제영화제에 참석해서 필자는 흥분 속에서 이 글을 띄우게 되었다. 영화제 행사에만 가면 필자는 흥분을 먼저 하게 된다. 영화에 취하고 영화 관련 세미나에 흥분되고 영화 마니아들의 열정에 반해 버리며 갖가지 영화 관련 회의 등에 넋을 잃고 말아 그만 나 자신의 위치가 어디에 있는지 모를 정도로 앞뒤의 분간도 못 한 채 그냥 얼싸 그들과 함께 휩싸이고 만다. 이때를 무아지경이라고 했던가? 정말 꿈같은 시간이라고 해야 옳을 듯싶다.

이처럼 이번 전주영화제에 참석한 필자는 또 한 가지 섭섭하다 못해 피 끓는 분노도 함께 맛을 보아야 하는 처참한 상황으로 내몰리는 울분도 삼켜야 했다.

그것은 다름 아닌 24일 전주에서 치른 '지방영상위원회협의회' 발족식의 소식을 접하고 나서이다. 영화나 영상에 관심이 없는 독자께서는 별일도 아닌 것으로 흥분한다고 하시겠지만 영화계에 몸을 담았었고 영상 관련 학과에서 학생들을 가르치고 있는 입장에선 더욱 열을 받을 수밖에 없다.

우리나라에 영상위원회라는 단체가 서울, 대전, 전주, 제주, 부산 등에 설립되었고 또 이 지역 동부권에 있는 여수, 광양, 순천이 하나로 묶여 남도 영상위원회라는 타이틀로 영상위원회가 조직돼 있다.

이 영상위원회의 주된 업무는 각종 영상 관련 단체나 업체들의 촬영에 관한 모든 사항들을 도와주어 작품을 유치하게 된다.

이렇게 유치하여 완성되고 개봉되고 발표된 후 작품이 그야말로 그 작품이 한마디로 뜨게 되면 자기 지방의 문화 발전은 물론이거니와 굴뚝 없는 산업으로 불리는 관광명소로서도 크게 각광을 받게 되기에 너도나도 관련 기관이나 행정 관서에서는 이 영상위원회를 유치하기에 정신이 없다.

얼마 전 섬진강 유역 영상단지를 개발하겠다고 3,000여억 원의 예산을 세워 전라남북도의 10개 지방단체장들이 손을 굳게 잡기도 했다.

바로 경제적이며 산술적인 계산으로도 남는 장사이며 또 지방단체나 지역을 위한 일이기도 해서 앞 다투어 영상에 인력과 자금과 정렬을 투자하고 있다.

그러나 유독 우리 광주 지역과 전남 서부 권역에선 천혜의 자원을 가지고 있음에도 쥐 죽은 듯 조용할 뿐이다.

그래서 필자는 자주 갖가지 방법 등으로 노크를 해 보건만 도대체 마이동풍(馬耳東風)식으로 묵묵부답일 뿐이다.

왜? 하는 자조 섞인 필자의 볼멘소리만 메아리 칠 뿐 한마디로 '주어도 못 먹는 바보들이 아닌 이상에야 그 누가 먹는 방법을 일러 줌에도 불구하고 맛있는 양식을 먹지 않겠는가.' 하는 푸념도 늘 어놓게 된다.

필자는 과거부터 솔직히 불만이 너무 많아 여기에 신경을 곤두세우고 市 관련 부서나 관계자들 그리고 중앙부서에까지 가서 타진도 해보고 부탁도 해 보았으나 좀처럼 흔쾌한 약속을 받아내지 못했다.

그래서 얼마 전 광주시 관서에 '광주영상위원회'라고 하는 비영리 단체 승인신청을 해 놓은 바 있다. 사단법인 등의 큰 규모로 이루어져야 할 광주영상위원회 조직사항이지만 일단 개인의 신분으로 임의단체 성격의 영상위원회이지만 영상 촬영 유치 및 관련 사업 등의 일을 시작하고 차후 관련 단체나 관공서에 부탁하고 협조를 얻어 촬영그룹들을 유치할 계획이다.

그래서 관에서도 필자의 충심을 알아주어 언젠가는 광주영상위원회에 적극적인 협조를 해 줄 것으로 생각한다.

곧 영상이 산업이고 경제에 큰 보탬이 된다는 사실을 독자 분들께서도 잘 알고 계시리라 믿고 아울러 필자가 임시로 개인의 입장에서 먼저 시작한 광주영상위원회의 발족을 응원해 주시리라고 간절히 바라는 바이다.

광주영상위원회조직은 바로 지역에 보탬이 되는 큰돈이 들지 않고 돈이 되는 사업이기 때문이다.

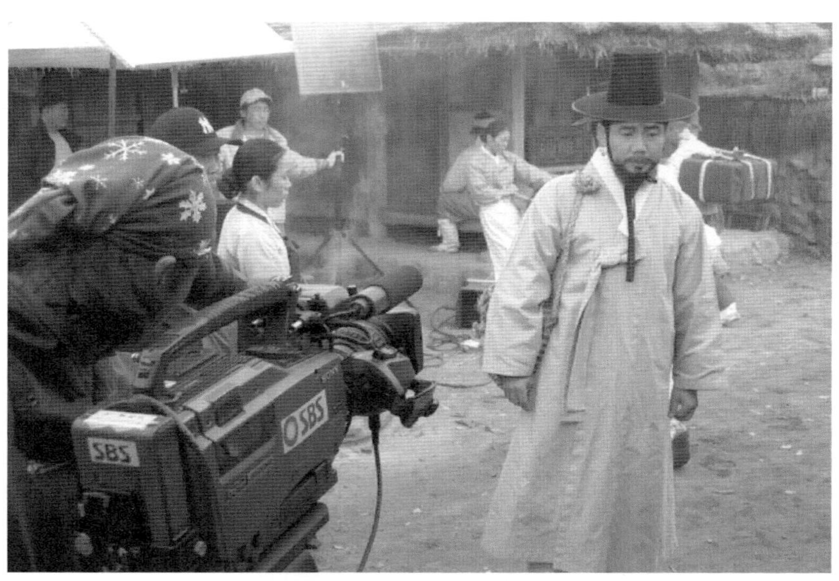

사진) 광주영상위원회가 지원한 SBS-TV드라마 〈토지〉의 촬영장면.

─현대사의 상처 〈효자동 이발사〉─

효자동이란 단어만 들어도 군부독재 시절 당시엔 왠지 으스스했던 기억이 있다.

필자는 70년대 시절에 그 주변에서 잠시 머뭇거리던 적이 있었기에 지금 한창 주가가 올라가고 있는 영화 <효자동 이발사>가 필자에겐 감회가 새롭다.

당시 군인들의 철통같은 경계태세 속의 효자동 길을 지날라치면 괜스레 가슴이 조마조마해졌던 시절들이 이젠 추억으로만 남겨져 있기에 매우 아이러니하다. 또한 아버지의 후광으로 어머니를 대신해 빈자리를 채우기도 했던 그래서 역사 속의 한 인물로도 비추어져 있기에 당사자인 모 당의 대표께서는 그 시절이 이젠 추억 속의 시절이 되었을 것이다.

또 환타지로 분류되는 영화의 매체에까지도 효자동이 거론되니 역사가 뭔지는 잘 모르지만 세월 속에 묻혀 흘러가는 것이 바로 역사처럼 느껴지기도 한다.

그래서 역사는 흘러간다고 생각한다.

한때 국부로서 민족의 배고픔을 해방시킨 위대한 인물로, 그리고 국가의 고속성장의 주역이며 장본인이었고, 산업화의 기수로서도 후대에 많은 사람들의 뇌 속에 남겨진 인물로서 故 박정희 대통령을 모르는 과거 세대들은 없을 것이다.

지금은 세월이 흘러 대통령이라는 직책은 과거와는 반대로 국민을 더욱 무서운 존재로 생각하며 국민 위에 군림하는 위치가 아닌 국민을 위해 항상 국민의 발밑에서 헌신하는 위치임을 대통령 본인도 잘 알고 있는 시절이 되었기에 필자도 이젠 감히 대통령이 어떻고라고 하는 용어를 지상을 통해 자유스럽게 거론하고 있다.

이 사실만 봐도 많이 민주화되었다고 하는 증거이다.

아무튼 요즘 영화 특히 우리 영화에 관객들이 몰린 이유를 분석해 보면 과거 찌들려 어렵게 살아왔던 시절, 속박받고 살던 시절의 소재가 유독 영화의 붐을 이루고 있음을 잘 알 수 있다.

곧 이 영화에 이어 임권택 감독의 100번째 작품 <하류인생>이라는 1950년대 이후 스토리가 영화계의 화제가 될 가능성이 매우 높은 시점이기도 하다.

얼마 전 우리 영화 역사를 새롭게 썼던 영화 <실미도>가 그랬고 <태극기 휘날리며>를 비롯해 이젠 <효자동 이발사>가 이런 붐의 대열에 끼어서 전국 극장가를 강타하고 있다.

<효자동 이발사>라는 영화의 스토리야 "과거 안보를 빙자한 서슬 퍼런 군부독재 시절에 대통령 궁인 청와대 주변을 중심으로 일어난 어느 이발사에 관한 이야기일 것이다."라는 영화의 대강의 흐름은 어림짐작으로나마 다 아는 사실이다.

그러나 관객들은 그 어둡고 무겁고 고통스럽게 핍박을 받았던 시절들을 이젠 역사 속의 한 페이지에 불과하기에 과거는 잊어버린 채 뭔가 그리워서 영화관을 찾게 되는데 이러한 상황들은 바로 과거를 살지 않았던 젊은 세대들에게는 그냥 팝콘 속에 함께 튀겨진 이야기들처럼 가벼운 마음으로 영화를 대하게 되는 바로 이런 모습은 요즈음을 사는 민초들의 모습이라고 말할 수 있다.

즉, 현대사의 상처를 다룬 영화 <효자동 이발사>는 당시 대통령의 이발사도 한몫 톡톡히 한 인물이었을 것이라는, 즉 주인공이 요즘 용어로 백그라운드가 든든한 인물로 생각되기 쉬운 배역이었건만 <효자동 이발사>라는 영화에 많은 관객들이 몰리고 있다.

그것은 결코 주인공이 대통령의 후광을 입지 않고, 즉 백그라운드와는 관계없는 소시민으로서 어리바리하지만 소신껏 착하게 사는 고달픈 삶을 살았기에 관객들은 그 주인공에게 연민의 정을 갖고 대하는 영화이다.

만약 효자동의 그 이발사가 실제 특권을 누린 인물이었다면 관객들은 외면하지 않았을까요?

역사는 흘러간다.

그리고 후세들은 영화를 통해서도 그 역사를 심판하고 있는 것이다.

－ 광주영상위원회 개소에 즈음하여!……－

광주영상위원회를 설립하면서 참으로 고달픈 작업이었다고 제일 먼저 서두를 꺼내고 싶다. 이제부터서 넘어야 할 산이 더욱 많은 갈수록 '산 넘어 산'인 줄 잘 알지만 왠지 푸념부터 하고 싶어 들머리에서 이렇게 한탄조로 시작해 본다.

그러나 진정 바라는 바로는 영상위원회의 마지막 종착지인 발전된 영상문화의 건강한 텃밭에서 자란 알곡들을 먹고 자라나는 새로운 세대들에게 참 영상의 정신과 기름진 부산물들을 남기고 싶어서이다.

과연 우리 후세들은 오늘의 영상을 어떻게 생각하게 될까?……

혹, 쓰레기뿐인 부산물로 여기지나 않을까!…… 하는 걱정이 앞서기도 한다.

'영상위원회'라고 하면 그냥 지역 영상 발전이라는 명분하에 '굴뚝 없는 산업!……' 어떻고!……하면서 도식적인 이야기로 시작해야 마땅한 줄 알지만 애국자도 못 된 처지에 괜스레 걱정이 앞서 혼자 속만 태울 뿐이다.

우리나라에서 8번째로 '광주영상위원회'라는 단체가 설립되었다. 그것이 설령 민간 주도형의 단체일지라도……관 주도하에 이루어져야 할 단체에 민간 주도가 웬 말?……그러하기에 처음부터 힘들다는 감정 섞인 서두의 표현이 되었던 것이다.

영상의 포괄적인 의미로는 영화나 TV드라마, CF뿐만 아니라 포스터나 빌딩 옥상의 동영상 전광판도 포함된다고 본다.

바로 영상위원회에서 해야 할 일이 너무 광범위하다는 이야기다.

또한 영상위원회의 사명 중엔 교육적인 사업도 꼭 병행해서 산업적인 부분과 함께 엮어져 가야만 한다. 그래서 후세에 떳떳하고 훌륭한 단체로서의 명실상부한 기름진 부산물을 공급하게 될 것이다.

천리 길도 한 걸음부터라는 말을 새기며 시작이 반이라 하듯 타영상위원회들과 어깨를 나란히 할 수 있는 그날까지 늦깎이로서 최선을 다할 것이다.

긴 항해를 알리는 뱃고동은 울렸다.

이젠 닻을 올리고 목적지를 향해 드넓은 바다 위에서 노도를 헤치며 쉼 없는 항해를 계속해야 한다.

글을 마치며……진정한, 참된 영상을 위한 활동이 과연 무얼까?……하는 의구심이 항상 뇌 속을 잠식시키곤 한다. 2004년 5월, 단체 등록을 마치고 사무실을 청소하면서……

서투른 손놀림을 마칩니다.

－ 문화외교관 '홍상수' 감독 －

필자는 홍상수의 영상적 시선과 언어를 지지한다.

그가 문화외교관이기 때문에 더욱 그렇다.

얼마 있으면 전 세계 영화인들의 잔치인 칸영화제가 5월 23일에 폐막이 된다.

이 영화제는 체육계의 올림픽이나 월드컵에 버금가는 행사이며 규모나 크기 그리고 세계적 인지도 면에서도 단연 으뜸으로 꼽힌 행사이다.

금년에도 칸영화제 경쟁부문에 홍상수 감독의 신작 <여자는 남자의 미래다>가 초청되었다. 이 사실은 우리 영화로는 지난 2000년과 2002년 임권택 감독의 작품 **<춘향전>**과 **<취화선>**에 이어 세 번째 쾌거이며 영화 마니아들에겐 '칸에서의 수상'이라는 엔돌핀이 마구 솟아나는 짜릿한 전율과 쾌감을 느낄 수 있는, 즉 수상 가능성에 대해 미리 점쳐 보는 행복한 시간을 잠시나마 느껴 보게 한다.

그러나 이번에도 세계 유명 감독들의 작품 20여 편과 '황금종려상'을 놓고 치열한 경쟁을 벌일 것으로 예상되고 있다.

필자가 틈만 나면 강조했던 양가위 에밀 쿠스트리차 감독 등의 작품들이 함께 출품되었기에 더욱 초조해지기도 한다.

홍상수 감독의 작품이 그냥 칸을 향해 날아간 것은 아니다.

1998년 작 <강원도의 힘>이 제51회 칸영화제 공식 부문 '주목할 만한 시선' 특별언급상을, 2000년엔 <오! 수정>이 제53회 칸영화제

공식 부문 '주목할 만한 시선'에 공식 초청된 바 있었기에 그만큼 인지도 면에서도 충분히 가능성이 있어 그들도 이 작품을 경쟁의 대열 속에 끼웠다고 본다.

이만하면 우리나라 영상을 세계에 알리는 선구자적인 전도사로서의 역을 톡톡히 해내고 있지 않는가. 분명 그는 문화외교관이다.

특히 홍상수 감독은 시나리오가 아침에 나올 정도로 현장성이 강하다는 평과 함께 연기자들에게도 무리한 부탁을 하지 않는 사실적 현장의 접근에 노력하는 인물로 널리 알려져 있다. 그렇다고 극사실주의 작가라고는 볼 수 없으며 "머릿속에 상상한 장면을 그대로 옮겨 놓을 뿐이다."라고 감독은 항상 강조하곤 한다.

또 한편 왜? 이 홍상수 감독은 그의 영화가 평범하지도 않는데 여성들의 대변인이라고 할 수 있는 페미니스트들로부터 따가운 시선과 독설들이 자제되고 있는 것일까 하는 것이 필자의 관심거리이기도 하다.

이번 영화에서도 김기덕 감독의 경우와는 상반되게 페미니스트들의 반론을 들을 수 없었다.

분명 이번 영화 속에서도 여성이 등장하고 다소 소외시켜서 극적 구성을 만든 것도 사실이다.

그러나 필자 생각엔 <여자는 남자의 미래다>의 영화 속에서 결론적으로 남자의 공격적이고 음탕한 행위만 지적하지 않고 여성의 복수극 같은 행위를 통해, 즉 영화적인 결말이 다분히 여성 편에서 손을 들어 주었기에 아마 여성들로부터 질책을 면하지 않았나 하는 생각이다.

이 영화는 인간의 본질의 문제에 대해 다분히 철학적이면서 사회학적이며 심리학적으로 접근하고 있으며 또 도덕성까지 모두 내포하고 있다.

즉, 누구나 갖고 있는 인간의 양심 깊은 곳에 교양과 지식이라는 두꺼운 껍질 속 호두알과 같은 모습으로 껍질에 가려진 채 동물적 습성인 남성들의 성적인 충동 등이 이중적이면서 노골적으로 묘사되고 있다.

그렇지만 이렇다 할 대안도 제시하지 않고 아무튼 여성의 입장을 옹호하지도 않았지만 그러나 결과적으론 여성의 의도대로 영화 속 결말이 이루어지고 만다.

이 홍상수 감독의 영화를 보고 있노라면 항상 작품마다 새로움을 전해 주고 있기에 별종감독이라고 필자는 칭하고 있고 항상 다음 작품이 기다려지는 감독 중의 한 사람이다.

이번에는 흔히 쉽게 접하는 에피소드이면서도 부끄러워 감출 수밖에 없었던 결코 바람직하지 못한 추억을 들추어낸 영화로서 대학 선후배인 두 남자가 우연히 만나 두 사람이 한 여인을 사랑했던 7년 전 과거를 더듬어 현재의 그 여인을 찾아가는 영화 <여자는 남자의 미래다>는 남녀관계의 이면과 일상의 모습을 낯선 화법으로 풀어 주목받아 온 바 있는 홍상수 감독의 5번째 영화이다.

좌우지간 남녀 문제는 어느 장르 어느 곳에서나 영원히 거론되고 회자되리라.

－ 희망의 '길' 찾는 배창호 －

52세 젊지 않은 나이에 모험을 시도하는 영화계의 고집쟁이 '배창호' 감독이 본인의 의지대로 또 다른 새로운 여정에 들어섰다.

"멍석을 깔아야 굿을 한다." 했다.

그러나 멍석도 채 준비되지 않은 상황에서 배 감독은 본인의 의지대로 새로운 저예산 독립영화를 산고 끝에 탄생시켰다.

'인생은 나그네길'인 것처럼 가다가 힘들면 잠시 쉬었다가 가면 어떠하랴만 항상 배 감독의 뇌리 속에는 영화로만 가득 차 있고 세상사 모든 일은 그 뒷전에 두고 사는 철저한 영화계의 골수분자이다.

그래서 배 감독을 '영화 장인'이라고 칭하고 싶다. 그것은 어려운 현실에선 도저히 납득이 안 가는 독립영화 제작이라는 모험가이기 때문이다.

그 이면에는 제작자 강충구의 도움이 매우 컸으리라 생각된다.

어떻게 보면 임권택 감독이 이태원 사장을 잘 만났다고 이야기하듯 배 감독도 강충구 대표를 잘 만난 것 같다.

참고로 강충구라는 제작자는 배 감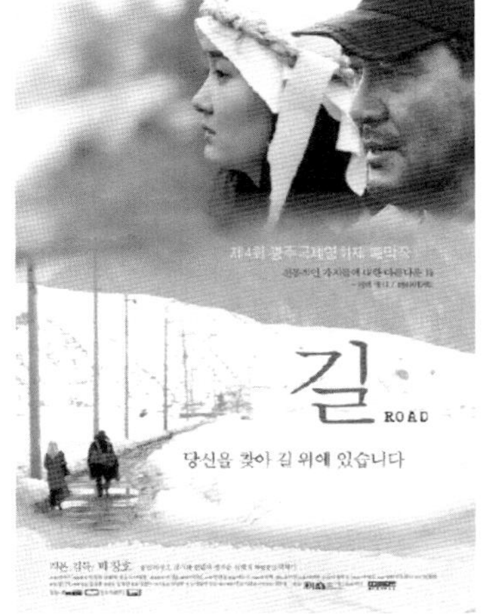
독 휘하에서 조감독을 했으며 충무로 후배이며 긴 항해를 함께 시작한 동지이기도 하다.

배창호 감독은 예나 지금이나 꿈속에서 살고 있는 먼 나라 사람 같다는 생각이 든다.

풍겨 나오는 넉넉하고 텁텁한 그의 모습처럼 배 감독은 너무나 솔직하고 있는 그대로 본인의 의지를 가감 없이 표출하기에 공해 속에 찌들어 사는 요즈음 사람들과는 차별화되고 있다.

그러나 제작자 강충구 씨와 함께 영화에 그만 푹 빠져서 총 제작비 5억 원, 촬영 기간 8개월 만에 본인의 17번째 영화 <길>을 탄생시켰다.

영화 <길>은 전라도 시골 마을의 대장장이 '태석'이 지내 온 1950년대 말에서 1970년대 말까지의 인생 시기를 플래시백(현재와 과거를 교차해 보여주는 영화기법)으로 오가며 보여준다.

모든 물건을 직접 손으로 두들겨서 만드는 대장장이 주인공 '태석'은 낫과 호미를 대량으로 제조하는 '주문생산'의 시대를 못마땅한 눈초리로 바라볼 수밖에 없게 된다.

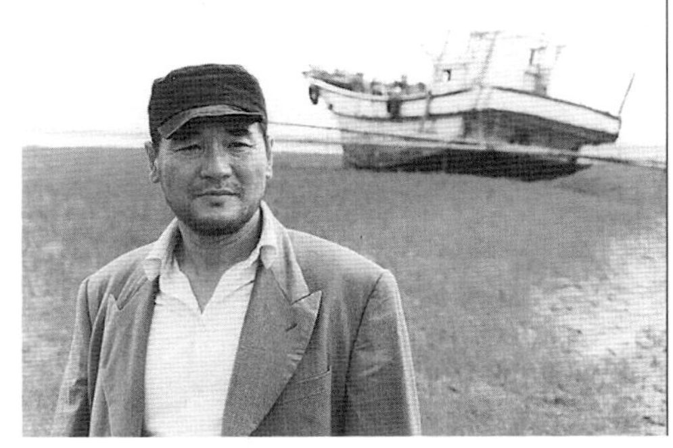

바로 이 부분이 현실의 변화에 둔하다는 뜻도 있지만 그만큼 순수한 아날로그 시대를 그리는, 즉 요즘의 인물이 아닌 자신을 영화 속에 슬쩍 드러낸다.

이처럼 그의 저예산 작품 <길>은 배창호 감독을 나타내는 '거울'이며 '바로미터'임에는 틀림없다.

인간사 새옹지마(塞翁之馬)라 하지 않았는가.

과거 80년대 초반 스타감독의 위치에 서 있던 능력 있었던 배 감독한테선 아직도 푸릇푸릇한 신선미까지 느껴지기도 하며 또한 그의 작품과 더불어서 필자의 가슴엔 영화인으로서의 뜨거운 정열과 심오한 정신 그리고 인간이 살아가는 진정한 의미까지 함께 일러주고 있다.

　과거 필자의 영화에 대한 힘이 넘치던 20~30대의 정열들은 모두 어디로 가고 이젠 힘이 들고 지쳐서 서서히 식어만 가는 이때 다시 새로운 힘을 발생시키는 촉매제로서 그는 기(氣)를 불어넣어 주고 있어 '하면 된다'는 굳은 각오와 신념을 심어 주기까지 한다.

　물론 그와 나는 과거 충무로라는 틀 속에서 한 시대를 함께 살아온 동료이기도 하지만 '감히'라는 단어가 필자의 마음에서 스스럼없이 튀어나오곤 한다.

　그래도 조금도 부끄럽지 않다.

　그 이유는 그는 저예산 독립영화 제작이라는 큰 힘을 그는 지녔기에 그러하다.

　그만큼 누구도 저예산 영화는 엄두를 내지 못하는 실정이다.

　무조건 '하면 망한다'는 사실이 거의 100%이기 때문이다.

　그래서 더욱 제작자인 이산프로덕션의 강충구 대표와 배창호 감독의 돈독한 인간관계를 존경한다.

　'황진이'였던가.

　롱－테이크에 익숙하지 못하던 우리 관객들에게 영화 속 시간과 공간의 깊은 맛을 느끼게 한 영화계 스승 같은 인물이기도 하다.

　배 감독 역시 기다림의 미학이 몸에 밴 인물이기도 하다.

　그래서 서서히 다그치지 않고 모든 고통을 감내하고 끝을 꼭 보고야 마는 '영화쟁이'인 것이다.

　배창호 감독이 11일 저녁 7시 광주극장 <길> 시사회에 참석할 예정이다. 앞으로 희망찬 앞날만 그에게 열리길 진정으로 바란다.

－ 우리 삶도 하류인생일까？ －

우리나라 영화계에서 국민감독으로 호칭되는 임권택 감독을 비롯해서 정일성 촬영감독 그리고 이들 20년의 세월을 넘긴, 벗이자 동료로 통하는 태흥영화사 이태원 사장이라고 하면 그들이 누구인가는 많은 사람들이 잘 알고 있는 사실이다. 요즘 3인방이라고 불리고 있는 이들의 또 다른 고백서가 <하류인생>으로 영화화되어서 화제가 되었다. 필자는 1970년대부터 충무로에서 영화를 연출하고 제작을 했던 터이기에 세 사람이 한마음 한뜻으로 뭉친 영화인들이라는 사실을 잘 알고 있으며 당시 매우 이들을 부러워했었다.

영화사를 한창 경영하던 1988년경 영화 제작자 회의에 참석해서 느꼈던 기억들이 아직도 생생하고 매우 남달랐기에 여기 몇 가지 밝혀 두고자 한다. 혹, 이 글이 잘못하면 현존하는 과거의 영화계 인사들을 폄하하리라 생각하기 쉬울지 모르겠지만, 이 글을 쓰기 위해 잠시 당시의 정황을 인용할 뿐이니 오해 없으시길 바라는 바다.

당시 이태원 사장은 회의석상에서 큰 목소리로 독설을 마다 않고 내뱉는 사람이었다. 그래서인지 모든 영화계가 통칭 '단순, 무지, 과감'이라는 단어가 어울리는 집단이라고 충무로 밖에서는 말들 하곤 했었다. 영화 제작자 집단에서 회의 때마다 큰 목소리를 냈던 독설가들로는 이태원 사장을 비롯하여 현 서울극장 대표인 전 합동영화사 곽정환 사장, 그리고 우진영화사 대표 정진우 감독, 또 몇몇 감독 출신 제작자들과 <하류인생> 영화 속 장면처럼 왕년에 주먹 좀 잘 갈고 닦았던 몇몇의 과거 영화사 제작부장 출신들로서 단순, 무지, 과감한 사람들이 바로 그들이었다.

이제 몇 사람은 그늘 저편으로 나가 앉아 있기도 하지만 아직도 큰 목소리들은 여전히 충무로에 울리고 있다. 귀에 거슬렸던 그들의 고성도 이젠 정겹고 그리워지는 세월이 되었다. 바로 임권택 감독의 99번째 작품인 <하류인생>이 그런 영화인들을 대변해 주고 있는 작품이다. 지금은 영화 제작 시스템들이 충무로에 머물지 않고 전국 사방팔방으로 뿔뿔이 흩어져 있어 세상사 흐름에 의해서 현재는 충무로라는 단어가 틀린 말이 되고 말았지만, 그래도 추억이라는 과거 속 사실들은 우리의 뇌 속에 충무로와 함께 남아서 당시를 회상케 한다.

그동안 제작한 한국영화와 수입한 작품들로 국내외적으로 그리고 경제적으로도 재미를 톡톡히 봐 온 이태원 사장은 한국영화 제작자를 대표하는 대표 선수처럼 인정을 받아 왔으며, 또한 그런 그가 다시 영화판에 본인의 이익 부분을 재투자해서 우리 영화계에 든든한 초석이 되어 주었다. 이 사실 하나만으로도 누구나 그를 인정하였고 <하류인생>의 주인공처럼 살아왔던 지난날 그의 과거 이력들은 땅 속에 묻혀질 수밖에 없었다. 그래서 가끔 이태원 사장의 독설은 온통 영화계에서 신경을 곤두세울 만큼 많은 영향력을 발휘하곤 했다. 그런 그가 이젠 본인의 이력서를 가감 없이 영화 속에 그려냈다. 분명 이태원 사장 자신의 문제처럼 보인 영화이지만 정일성 감독, 임권택 감독도 마치 자기의 처지인 양 심혈을 기우려 최선을 다했다고 한다.

필자 역시 과거로 돌아가, 다시 하고 싶은 영화현장 일을 하고 싶다. 그러나 "사람은 누울 시기를 잘 알고 있어야 편하게 누울 수 있다.”라는 말처럼 스스로 감정을 억누르고 자제하고 있다. 사실 필자의 진심은, 현금 60억 원 정도만 있으면 다시 현장으로 나가겠지만……. ‘임권택’ 감독, 그는 이젠 우리 영화계의 거목이며 영웅으로 칭하고 싶다. 이번 작품 <하류인생>을 통해 “지금까지 어떻게 살아왔고 앞으로는 어떤 삶을 살아야 할 것인가에 대해 다시 생각해 보게 됐다.”는 그의 말이 다음 100번째 작품을 더욱 기대하게 만든다. 영화 속 주인공의 삶처럼 한국영화계 대표주자들은 ‘지금 잘되어가고 있는 사람’이라고 영화 엔딩 크레디트에 자막으로 떠오른다.

아울러 심상치 않게 극장가에서 불어오는 ‘이젠 관객동원 2,000만 명’이라는 바람이 곧 이 강토를 뒤흔들 모양새로 급속히 영화의 양성바이러스는 퍼져 나가고 있다. 우리 영화가 무척 사랑받고 있는 이 시점에서 돌이켜 볼 때, 과연 우리의 삶이 하류인생일까?

-〈내 여자친구를 소개합니다〉 1부 -

우리나라 스크린에는 '전지연' 열풍이 그리고 전직 아시아 국가원수들이 대거 참석한 지난 3일 저녁 일본에서는 아시아의 미래라는 심포지엄 만찬에서 '고이즈미' 총리는 자신을 준(純)사마로 자칭하며 준사마 이상으로 용사마(배용준)가 훨씬 인기가 있다고 웃음을 유도했다.

즉, 한류열풍과 함께 '배용준'이라는 이름이 일본 총리의 뇌리에 잠재되어 있을 정도로 많은 장소에서 영상산업에 의한 좋은 결과들이 회자되고 표본화되어 가고 있다.

그만큼 우리나라 동영상의 힘은 날로 커져만 가고 있기에 더할 나위 없이 기쁘다.

'전지현'은 매력 있는 캐릭터로서 독특한 그녀의 연기력과 함께 인물까지 그런대로 받쳐 주고 있어 최고의 주가를 올리고 있는 연기자이다.

이러한 이유로 국내에서는 물론이거니와 홍콩을 비롯해 해외에서도 전무후무한 캐릭터를 소화해 낸 '전지현'은 그 인기가 식을 줄 모르고 계속 상승세를 타고 있어 필자의 생각으론 우리나라 스타들 중에선 주가가 월등히 올라간 연기자라고 생각된다.

그래서 더욱 엽기녀 '전지현'의 3년 만의 컴백은 관객들이 고대하는 일이 됐다.

2001년에 <엽기적인 그녀>가 개봉한 후 지금까지 우리 영화계의 판도가 달라졌다.

그것은 <엽기적……>에 영향을 받아 요즘 용어로 '망가지는 여성 캐릭터'가 인기리에 편승하면서 <엽기적……>의 캐릭터를 흉내 낸 아류성 영화들을 탄생시켰다.

1980년대에 <람보>가 전 세계를 강타했던 적이 있었다.

그래서 1980년대 영화들이 온통 유행처럼 '람보형' 영화로 변질되기도 했던 아류영화의 홍수 시대가 있었다.

그러나 처음 몇 편을 제외하곤 독불장군형의 캐릭터가 모두 실패하고 말았던 기억이 있다.

그래서 요즈음에는 전(全)편을 약간만 수정한 노골적인 아류영화가 아닌 핵심 부분이라 할 수 있는 캐릭터만 슬쩍 빌려 온 얌체 아류영화들이 지난 3년간 계속 생산되었었다.

그래서 더욱 3년 전 <엽기적……>는 온통 영화계의 화두로 떠올라 지금도 계속 회자되고 있고, 보통 영화들의 상술적인 기법처럼 '속편' 또는 '2편'으로 불리는 시리즈 작품이 아닌 오히려 <엽기적……>보다 스토리상으론 앞서는 전(前)편에 가까운 내용으로 꾸며져 있어서 또 한 번 히트라는 대박의 대열에 끼고 있다.

그동안 우리 영화들이 많이 성장을 했었고, 그래서 세계적으로 우리 영화가 눈의 가시처럼 밉보이기도 했다.

그 결과 미국으로부터 301조라는 강한 통상압력에 시달리기도 했었으나 다행히 우린 스크린쿼터라는 방어막이 있어 잠시는 안심이지만 그래도 불안하다.

문단속을 잘해야 할 때다.

그러기 위해선 집안 단속과 아울러 경쟁력 있는 작품으로 승부를 걸어서 아류영화는 이제 그만 '뚝' 해야 한다.

이번 <내 여자친구를 소개합니다> '여.친.소'라는 조금은 역겨운 영화 제목이며 너무 설명적인 긴 문장이기에 제목으론 적당하지 않다고 생각을 했었으나 영화를 보다가 제목을 길게 만든 이유를 발견하게 되었다.

그 이유로 첫째로는 길게 만든 제목으로 인해 관객들의 시선을 먼저 끌게 되고,

두 번째로는 그 긴 제목을 다시 짧게 3자로 간추려서 '여.친.소'라는 사전에도 없는 무어라 표현할 수 없는 국문학적이지 못한 특이한 단어로 만들어, 또 한 번 캐릭터처럼 특이하게 만들어 시선을 끌게 되었다.

그냥 요즈음 세태에 맞는, 줄여 쓴 말 정도로 해 두는 것이 편하게 느껴지기도 한다.

세 번째로는 영화가 여주인공의 과거를 설명형으로 넘어가기 위해 제목을 일부러 길게 잡았다고 생각이 들었다.

그래서 혹자는 자꾸 길게 구성이 처지는 듯한 감에 실망했다는 평도 있다.

필자도 같은 생각이다. 시간을 늘려서 좋을 건 없을 것 같다.

차라리 에피소드를 하나 더 특이하게 만들어 삽입시키는 편이 훨씬 나리라 생각을 해 본다.

-〈내 여자친구를 소개합니다〉- 2부

영화 제목을 길게 달게 되는 데에는 작가로서의 생각이 남다르게 있을 것이다.

감독이나 시나리오 작가로서 이유야 있을 것이다.

그건 '차태현'(지난 영화에서 '견우' 역)을 만날 수 있는 동기를 만들기 위해, 즉 남자친구 '명우'(장혁 분)의 죽음을 더욱 안타깝게 만들기 위해 꾸미다 보니 러닝타임이 길어진 것은 사실이다.

제목처럼 관객들에게 해설하기 위해 그녀의 과거를 몽땅 털어놓아서 모든 것을 정당화시키기 위해 갖은 양념으로 버무려 놓은 비빔밥과 같은 영화이다.

동시에 18~23의 젊은 관객들을 '멜로'라는 장르 속으로 끌어들여 특히 마음 여린 젊은 여성 관객들의 심상을 훌쩍거리도록 뒤흔들어 놓고 말았다.

그래도 라스트 시퀀스에서 차태현 얼굴의 빅 클로즈업을 롱-테이크로 잡아내서 많은 관객들은 과거 3년 전 감동적인 <엽기적……>의 팬임을 강조하는 와!…… 하는 탄성과 함께 동시에 "아하!……그래서 전(前)편에서는 일 년 전에 죽은 남자친구가 있었다고 했구나!" 하며 많은 관객들이 고개를 끄덕이며 이해하게 되는 모습들을 쉽게 볼 수 있었다.

이건 '곽재용' 감독의 승리이다.

좀처럼 이런 영화는 만들기 힘든 것 또한 사실이다.

필자도 이런 영화를 만드는 것이 꿈이기도 했다.

다양한 에피소드에 관객의 마음을 미리 읽어 미처 관객이 생각하지 못한 장면들을 마치 실제 일어나는 현상처럼 착각하게 만들어서, 다음 장면이나 시퀀스를 관객 마음대로 상상할 수 없도록, 그야말로 감독의 손안에서 관객들의 마음이 움직일 수 있도록 영화를 구상했었다.

그러나 워낙 세월과 금전의 뒷받침이 안 되다 보니 쉬어 가는 편이 훨씬 남을 돕는 일이 되고 말았다.

만약에 실패하게 되면 빚더미로 인해 여러 사람이 피해를 보게 되기 때문이다. 우리나라엔 이젠 젊은 영화 팬들이 많이 생겨났다.

<엽기적인 그녀>를 다시 한번 분석할 필요가 있어 요즈음엔 또다시 살펴보고 있다.

낱낱이 영화를 자세히 분석해 보면 "어쩌면 그렇게 철저하게 시나리오를 다듬었는지!……" 하면서 감탄을 할 수밖에 없다.

거기에 더욱 작품이 어필되었던 이유로 전지현 양과 차태현 군의 연기도 한몫 톡톡히 했다고 본다. "역시 손님이 들게 되어 있었다."라는 결론이 나오는 작품이었다.

순간순간 몇 분도 채 지나가기 전에 또 다른 에피소드들이 줄을 있듯 새로움으로 가득 찬 영화이었던 것이다.

종전까지는 이런 아기자기한 스토리로 그려진 특이한 여성의 배역을 본 사실이 없었기에 더욱 그러했다.

필자는 틈만 나면 이 <엽기적……>의 작품을 분석하는 것이 버릇처럼 되었는데 그것은 시나리오나 영화적인 구성을 공부하는 데 더없이 좋은 작품이기에 그러하다.

'엽기적……'에서는 약 3분을 넘기지 않고 새로운 사건이 한 번씩 터진다.

이것은 큰 영화적 자산인 것이다.

필자는 영화학도들에게 극 중에 꾸며진 에피소드들은 모두 일상에선 볼 수 없는 특이한 소재여야 한다고 시간만 나면 강조하고 있다.

이번 <여.친.소>도 그렇다. 3~4분에 한 번씩 색다른 장면들과 새로운 아이디어들이 번뜩거리고 있어 도저히 타 작품이 흉을 낼 수 없을 정도로 잘 다듬어지고 짜여진 영화이다.

그래서 필자 나름대로 이 영화를 대박의 대열에 끼어 주고 싶다.

이젠 이 영화보다 훨씬 쇼킹한 소재가 필요로 하는 시점으로서 마치 경륜장에서 자전거 페달을 밟아야만 넘어지지 않듯이 계속해서 가속의 페달이 밟혀져야만 한다.

이럴 때일수록 더욱 각성하고 분발하는 우리 영화계가 되었으면 한다. 위기가 찬스고 찬스가 곧 위기가 되기도 한다. 유비무환(有備無患)이라 했던가!……

항상 깨어 있어야만 살 수 있다.

"우리 영화여!…… 항상 깨어 있으라!……"

-'서남권 영상위원회'의 필요성을 느끼며! -

-목포 KBS 칼럼

요즈음 필자가 우려했었고 예상했던 대로 서남권의 신안군이 영화, 영상, 드라마촬영지로 각광을 받고 있다.

얼마 전 유명 연기자들로 포진된 TV드라마 <섬마을 선생님>이 신안군을 중심으로 촬영된다고 제작발표회를 가졌고 또 극영화 <라인픽쳐스사>의 '송동윤' 감독(한일장신대학 연극영화학과 교수) <김선생의 수학여행>이 7월 초순에 경관이 뛰어난 국립해상공원인 신안군 '대야도'와 '신도(薪島)'에서 크랭크인을 한다.

며칠 전 희망찬 이 소식을 '송동윤' 감독으로부터 직접 접한 필자의 솔직한 심정은 길에 나가 춤을 추고 싶을 정도로 흥분된 일이었으며, 앞으로 이 지역의 영상문화와 산업 분야의 구축과 저변 확대는 잘될 거라는 확신감을 갖게 되었다.

그러나 한편으론 무척 아쉽기도 하다. 예를 들어 '유달영상위원회', '서남영상위원회' 또는 '목포영상위원회' 명칭의 영상위원회라고 하는 영상 관련 관변단체가 있어서 천혜의 보고로 알려진 때 묻지 않은 신안 지역을 소개했으면, 진즉 더 많은 촬영을 유치하지 않았을까?!……하는 욕심이 앞서기에 섭섭함도 느껴 본다.

그러나 지금부터라도 시작하면 된다는 강한 의지 또한 필요한 시점이다. '하면 된다!' 그래서 동북아를 향한 서해안 시대를 우리 스스로 창출해 내야만 한다.

이젠 서울, 경기, 충청의 관광객들과 영남의 관광객들이 고속철도, 서해안고속도로, 남쪽 해변도로 등을 타고 속속 찾아올 날을 기대해 본다.

혹자는 영상 관련 촬영 유치를, 부정적인 시각이나 무관심의 대상으로 혹은 가십 정도로 간주하기도 하지만, 이런 발상은 시대를 역행하는 구시대적 발상이다.

지금은 '웰빙' 하고 외쳐대는 시점으로, 활기차며 새로움이란 양식을 먹고 그 느낌 속에서 살지 않으면 이젠 숨조차 크게 쉴 수 없는 세상이 되었다.

아무튼 영상(映像)은 미래산업임에는 틀림없다.

미국 할리우드가 경제의 논리로 영상을 밑천 삼아 세계를 제패한 가장 큰 본보기다.

그리고 흔히 우리나라의 관광명소로 부각된 '보성의 녹차 밭'과 '해남의 땅 끝 마을' 등 그리고 목포에서 광양 방향으로 펼쳐지는 해안선을 따라 쭉 뻗은 풍광 좋은 도로 등이 동해안 도로보다 이젠 더 새롭게 부상하고 있다.

이런 호(好)시기를 서남 권역에서 놓쳐서는 안 된다.

무조건 지역에 도움이 되지 않겠는가라는 무대포 정신도 이젠 활용해야 하는 시대가 될 정도로 우선 '선 조치 후 보고' 형태의 군대 타입이 통 할 때도 있다.

주저 말고 이 지역에 영상 관련 단체가 관 주도하에 빨리 들어서야 하고, 더불어 지역의 특성에 맞는 재미있는 영화제도 기획해 봄 직하다.

과거의 구시대적인 습성으로 인한 부정적인 시각에서 탈피해야만 한다. 그래서 영화나 영상에 관한 부정적인 단면만 보지 말고, 좀더 깊이 미래를 내다보는 마음으로 냉정하게 따져 보면 경제적으로 봐도 우선 돈이 지역에 떨어지는, 좋은 사업임에는 틀림없다.

예를 들어 전주 같은 경우 '전주영상위원회'는 일 년에 약 3억 정도의 예산으로 '전주영상위원회'를 운영을 해서 일 년에 25편 정도의 작품을 유치하고 있다.

이 유치된 작품이 한 편당 평균 5억이라고 하는 돈을 지역에 떨어트리고 가게 된다.

물론 부가적 가치는 그 몇 배에 달한다는 통계들도 많이 언론에 보도된 바 있지만, 가시적으로 나타난 수치를 따져 본다면 일 년 동안의 영상위원회의 유치 성과로 인한 지역 경제에 미치는 영향이 125억−3억＝122억 원이라는 가시적 효과로 보인다.

비근한 예로 지난 <태극기……>의 합천 촬영 당시, 합천 지역에 영화 한 편 유치로 인해 3년분의 경제적인 수입 효과가 일시에 창출되었다고 하는 보도는 자주 접하지 않았던가?!……

필자는 광주에 먼저 제의되었던 <태극기……>의 세트장 건설 사업을 유치 못 한 점에 대해선 무척 서글퍼하기도 했다.

부디 우리 서남 지역을 무대로 촬영된 모든 작품들이 모두 성공적으로 끝나서 많은 관객들로부터 깊은 사랑과 흥행적인 면에서도 성공했으면 하는 간절한 소망과 함께, 영상 관련 산업과 지역 경제가 더불어 공생하며 상생하는 그런 모양새로 발전되는 그날을 기대해 본다.

－덩달아 따라가는 유행 〈나두야 간다〉－

영화 <나두야 간다>라는 제목을 보면 언뜻 생각나는 게 여러 가지 있다.

사돈이 장에 갈 때 무작정 아무 생각 없이 따라 나서는 기분으로 나도 따라간다는 의미로 쓰인 경우도 있고 가수 '김수철'이 부른 가사로도 널리 알려져 있으며 송정리 출신이신 龍兒 박용철(朴龍喆) 선생의 광주공원에 세워진 '떠나가는 배' 시비(詩碑)에는 "나 두 야 간다 / 나의 이 젊은 나이를 / 눈물로야 보낼거냐 / 나 두 야 간다"라는 유명한 구절이 새겨져 있다.

박용철(朴龍喆) 선생의 '떠나가는 배'는 정박지를 찾아 떠나가는 '배'에다 인생을 비유한 작품이지만 당시 일본의 힘에 억눌려 허리 한 번 제대로 펴 보지 못한 우리 민족에게 힘을 북돋워 주기 위한 詩였으리라 생각된다.

이처럼 비유에 능한 선배의 恨 서린 시구가 이젠 영화 제목으로 인용되어 많은 사람들이 웃고 즐기고 있다.

바로 웃을 거리나 울어야 할 거리가 어원이나 상황에 관계없이 모두 코미디 영화의 소재로 쓰이고 있다.

물론 개똥도 약에 쓰일 때도 있다지만…….

이것이 바로 오늘을 살아가는 우리의 자화상이다.

이처럼 항상 과거는 묻혀 버리고 만다.

그렇다고 '나두야 간다'라는 용어를 朴龍喆 시인 혼자서만 전매특

허처럼 사용해야 한다는 뜻은 아니니 오해 없으시길 바라는 바이다.

다행인지는 모르겠지만 사람에겐 망각이라는 것이 있어, 과거 한 때 처절하리만큼 괴롭고 아팠던 일들을 잊어버리고 살아가게 된다.

그러기에 망각은 참으로 필요한 존재이기도 하다.

바로 이런 모두의 현상들이 영화적 요소이다.

과거 잊었던 것을 다시 되새겨 풍파를 일으키지 않고 현실에 맞게 슬쩍 양념을 섞어 넘어간다든지 오히려 더욱 부풀리고 가다듬어서 오버시켜 영화적 현실로 끌어낸 것이 요즈음의 영화적인 현상이기도 하다.

"친구 따라 강남 간다."고도 했다.

"하물며 시대의 흐름에 따라 영화 제목에 옛 선배의 시구 좀 인용했기로서니 좀 어떻겠어요?"

'쉬리'가 한창 흥행에 성공하고 있었을 1999년 당시 그동안 우리나라 대기업인 대우, 현대, 삼성그룹들의 힘에 한동안 잘 나가던 충무로가 그만 대기업들에게 충무로는 팽을 당하는 시점이었고 이후 영화계는 침체의 늪에서 허우적거리다 강우석 감독이 이끄는 시네마서비스를 중심으로 다시 일어섰다.

'CJ엔터테인먼트'라는 CJ그룹에 이어 오리온그룹에서 '쇼박스'를 그리고 롯데그룹에서 전국 12개 극장 94개 스크린을 확보한 '롯데시네마'를 앞세워 제작과 배급에 나섰다.

그 제작 배급의 첫 신호탄이 바로 일본 유학파 '정연원' 감독의 <나두야 간다>이다.

'롯데시네마'가 첫 작품을 27억 원으로 잡고 어떤 정박지를 택할지 모르겠으나 대박을 향한 뱃고동은 일단 시작되었다.

누구나 깜짝 놀랄 만한 별난 아이디어가 영화 속에 10여 차례 이상 담겨져야 한다고 필자는 항상 대박에 관한 나름대로의 소견을 피력하곤 했었다.

<나두야 간다>에는 여러 가지 볼거리의 특이한 요소들이 <엽기적인 그녀> 못지않게 담겨 있어서 관객들의 마음을 사로잡고 있다.

'쇼박스'나 'CJ엔터테인먼트', '시네마서비스'만 영화를 제작, 배급하라는 법은 없다.

물론 배급에 어려움을 안고 있는 군소 제작업이나 독립영화 제작자들도 많이 있다.

마치 '나두야 간다'라는 제목에 어울리듯 대기업인 롯데그룹이 뛰어들어 우리 영화계를 안아 가고 있는 형국이다.

물론 기업은 이윤 추구라는 명제가 앞서겠지만 영화를 하는 필자의 입장에선 롯데그룹은 매우 고마운 집단이며 앞으로 더 많은 배급회사나 제작회사들이 많이 나와 주었으면 지금보다 충무로가 탄탄해지리라 믿는다.

주인공인 '김동화'(정준호 분)로 인해 조폭 두목 역의 '윤만철'(손창민 분)의 개과천선(改過遷善)하는 영화 속 내용처럼 항상 바뀌어야 산다는 말이 실감 날 정도로 영화계도 급류를 타고 변화되어 가고 있다.

"소도 비빌 언덕이 있어야 비빈다."고 했다.

이젠 영화인들에겐 기댈 언덕이 하나 더 늘어났고 그만큼 우리 영화계도 향상되리라 생각된다.

언젠가는 필자도 '나두야 간다'라고 외쳐 보고 싶다.

-'전도연'은 영원한 '인어공주'-

<인어공주>는 전도연의 영화 작품 중 8번째 작품이다. 1997년에 <접속>으로 영화에 데뷔한 후 그동안 열심히 영화에 접근했던 전도연은 매번 변신을 거듭하고 있어 다음 작품에서는 어떻게 다른 모습으로 변할지 아무도 추측을 할 수 없다.

매번 작품을 발표할 때마다 혼신의 힘과 정열을 쏟아 붓기 때문에 차기작의 발표에 약간의 텀은 있지만 워낙 유명세가 있는 연기자이기에 쉴 틈 없이 작품에 임한다. 또한 영화를 대할 때마다 그녀는 항상 다시 시작하는 기분으로 스스로 새로워지고 솔직해질 수 있고 좀더 순수해질 수 있는 노력을 게을리 하지 않는다.

지난해 11월 중순 제주도 동쪽 섬 우도에서 <인어공주>의 한 장면인 물질 장면을 위해 물속 장면을 찍었다. 당시 물속의 온도가 18도 이하로 떨어진 바다 수온으로서는 물속에서 움직이기에 싸늘한 온도이다.

"하필이면 그때 찍었지?" 하는 아쉬움이 있다.

물론 본인도 추운 온도이기에 고생했겠지만 관객들이 보고 느끼는 영화 화면상에 굳은 표정이 보이면 안 되기에 춥지 않은 척하면서 애를 태우며 현장에 임했을 것이다.

이처럼 모든 영화는 결과물로 관객들에게 판결을 받기 때문에 춥고 더웠던 현장의 사정은 100% 무시된 채 영화적인 흐름으로만 판단이 내려지는 냉담한 현실을 영화계의 모든 스태프들은 감수해야만 한다.

그 어떤 이유도 용납이 안 되고 연기나 연출의 흠만 관객들의 눈에 띄게 되어 있다.

연출자인 박흥식 감독과는 2001년 1월 1일에 개봉한 <나도 아내가 있었으면 좋겠다>에서 함께 작품을 했고 이번 작품에서 일인2역을 해내는 것이 부담스러웠지만 "전도연 아니면 이 역을 해낼 사람이 없다."라는 감독의 말과 시나리오가 너무 좋아 해 보겠다고 단번에 수락했다고 한다.

그래서 추운 날 물속에서의 고생도 감수했다.

그러나 결코 본인의 선택을 후회하지 않는다고 한다.

이처럼 한 편의 영화가 완성되기까지는 많은 시간이 필요하면서도 그 시간은 쉬지 않고 마냥 흘러만 가기에 적절한 시기를 놓치면 많은 문제점들이 항상 노출되게 되어 있어 다른 분야 사람들과는 달리 영화인들에겐 시간의 흐름은 항상 괴로움과 아쉬움으로 남기 마련이다.

필자가 책임을 맡고 있는 '광주영상위원회'에서 촬영지원을 해 주고 있는 모 TV방송사의 작품이 있다.

경남 하동까지 촬영이 진행되는 날은 거의 매일 구례를 거쳐 왕복 200여㎞를 달려 그곳까지 내려가서 촬영을 돕고 있는데 그들은 이미 지난봄 장면을 찍기 위해 피아골 깊은 산속과 계곡에 들어가 촬영을 하고 있었다.

그 스태프들이 봄에 흐드러지게 핀 산꽃들을 손에 들고 있어 자세히 보니까 개나리·매화·진달래·벚꽃 등 가짜 모조품인 조화였다.

이 모조품들은 카메라가 가까이 접근하지 못하는 롱숏에만 가능한 것으로, 멀리서 분위기만 잡아내기는 유용하지만, 좀더 아름다운 꽃의 모습에 다가가서 친근감 있는 꽃 모습들을 담을 수가 없는 것이 약점이라면 약점이다.

자연을 배경으로 하는 영상에서는 매우 서글픈 상황이 되고 만 것이다.

그리고 개울을 건너다 빠지는 장면에서는 오히려 더운 지금의 여름철이 나을 줄 모르나 입고 있는 의상들이 구한말 정도의 시대복장이기에 초봄 정도로 설정된 두꺼운 의상이 아무리 계곡 촬영이지만 더위에 애타는 모습들이 왠지 측은하기까지 했다.

뭐든지 적절한 때가 있기 마련이다. 공부하는 학생은 공부할 시기가 있기에 그때 열심히 공부를 해야만 바라는 본인의 목적을 달성할 수 있고 영상은 준비하다가 꼭 그때를 기다려서 촬영을 해야만 한다.

작품이 끝날 때마다 항상 느끼는 감정이지만 조금 시간적으로 앞당겨서 편하게 촬영했으면 얼마나 좋았었을까 하는 아쉬움도 있지만 영화를 찍고 나면 아쉬움만 가득 남게 된다.

싸늘한 물속도 마다하지 않고 열심히 임해 준 그래서 관객들에게 날로 인정받고 사랑받는 32살 작은 체구의 당찬 여배우 전도연의 모습이 왠지 정감이 가는 영화, <인어공주>를 통해 전도연 양이 변신하게 될 앞으로의 작품이 더욱 궁금해진다.

-'부천국제판타스틱영화제'에 참석해서 향후 '목포영화제'를 꿈꾸어 본다-

부천이라는 도시는 지리적으로는 경기도 중서부에 위치해 있는 도시로서 면적 53.44㎢에 인구 83만 9900명(2003년 통계 수치)의 도시로서 북쪽과 동쪽으로는 서울특별시 서쪽은 인천광역시, 남쪽은 시흥시·광명시와 접해 있는 도시이며 서울의 베드타운으로 더욱 알려져 있다. 비록 대도시의 단순한 위성도시이지만 몇몇의 문화적 감성이 뛰어난 지역인들이 있었기에 오늘의 부천은 문화의 도시로 탈바꿈된 명실상부한 문화도시 영상도시로서 아무런 손색이 없는 도시이다.

그러나 부천 지역이 예부터 문화적 감성이 풍부한 터를 닦아 오면서 살아왔다고 하기엔 어불성설이다.

국제영화제를 선점한 부산은 제일의 영상도시라고 자부하고 있고 가까운 전주도 영상산업도시라고 크게 부르짖고 있는 그 이유를 알아야만 한다.

물론 관이 크게 움직인 계기가 큰 작용을 했지만 그렇게까지 이루어진 막후에는 영상문화는 곧 내일을 기약하는 굴뚝 없는 미래산업이기 때문이라는 점을 간과해서는 안 된다.

많은 사람들에게 한번 알려져 각인되면 '영원히'라는 단어가 어울릴 정도로 오랫동안 그 힘은 지속된다.

마치 과거사나 지난 위대한 인물들이 후세들에게 오랫동안 기억되듯이!……

예를 들어 나폴레옹 하면 워터루가 떠오르고,

고려 태조 왕건이 목이 말라 나주 吳(오) 씨 여인에게 버들잎 띄운 물을 얻어 마시고 지나갔다는 이야기가 그렇고!……

또 노벨문학상을 받은 일본 雪國의 작가인 가와바다 야스나리가 잠을 자고 갔다고 하는 어느 휴양지의 여관방이 몇 호라는 번호 대신 누가 머물다 간 방!……

이렇게 되어 관광이라는 또 다른 부를 창출하게 된 사실들은 이제 모두가 잘 아는 사실로서 공론화된 지 이미 오래전 일이다.

그러나 ‘부천’은 ‘나주’보다 못한 짧은 역사를 지닌 신생 도시일 뿐이지만, 미래산업이라고 하는 문화영상산업으로 훨씬 앞서가고 있는 것은 사실이다.

바로 국제영화제가 성공적으로 치러서 그 발판이 되어 영상산업단지도 형성이 되었다고 본다.

이러한 부천이라는 도시에 혼자 뚝 떨어져 외로움과 사투를 벌이며 향수병에 걸린 양 몸부림치며 벌써 8회 차 치르는 부천국제판타스틱영화제(이하 부천영화제라 칭함)에 참석해 있는 필자는 그만 또 다른 몽상의 세계로 젖어들고 싶다.

그래서 이곳 부천에 푹 빠져버리고 그리곤 영원히 잠들고 싶다.

이것 역시 하나의 환상인 판타스틱이라고 불리는 病으로서 어쩔 수 없는 상상의 세계에 젖어 살고 싶은 욕망이 앞서기 때문이다.

영화에 있어서 판타스틱이란 말은 1950~1960년대에 프랑스 영화 이론가들이 호러영화 장르를 초현실주의와 연결시키며 판타스틱 fantastique이란 용어를 썼던 것에서 볼 수 있듯이, 호러라는 장르와 밀접한 관련이 있다.

판타스틱영화의 전통이 오래된 유럽의 판타스틱영화제들은 일반적인 대중의 사랑을 받지는 못했으나, 그동안 映畫史에서 하위 장르로 취급받아 온 호러, SF, 스릴러와 같은 특정 장르의 영화를 선호하는 젊은 소수 관객들의 열광적인 지지를 받으며 성장해 왔다.

벨기에의 브뤼셀국제판타스틱영화제 스페인의 시체스판타스틱영화제 포르투갈의 판타스포르토영화제 등은 이런 배경 속에서 성장해 온 영화제들이다.

이젠 7~8년의 세월이 흐른 부천도 판타스틱영화제를 치르고 있는 유럽의 여러 개최국들과 어깨를 나란히 하게 된 명실상부한 부천국제판타스틱영화제이다.

가까운 일본에도 3만의 인구가 살고 있는 북해도 추운 지방 유바리에서도 국제판타스틱영화제를 개최하고 있어 항상 유바리영화제만 떠 올리게 되면 20만이 넘는 목포 지역에서도 국제영화제의 가능성을 충분히 지니고 있다고 생각이 든다.

목포는 지리적으로나 역사적 문화적 등 외적인 배경과 함께 내적으로도 예향으로 불리는 호남에서도 가장 중심에 서있는 예술의 혼이 깊이 숨쉬고 있는 지역이기에 영상에 관해서 지금까지는 무관심하게 넘겨 왔었지만 이젠 서서히 깊은 애정과 관심을 가지고 눈을 떠서 직시한다면 어느 지역 못지않은 좋은 결과가 나타나리라 생각한다.

바로 목포 지역은 영상문화의 기본이 되어 있는 지역이다.

천혜의 자원과 선조들로부터 물려받은 예술적인 감성들이 바로 그 밑천이다.

외적으론 유달산을 비롯해 갓바위 문화예술회관, 신도시 평화광장, 신안비치호텔 부근 등 주로 해안을 바라보면서 형성된 지형지물들을 이용한 영화제 행사가 치러지기를 필자는 학수고대하는 바이다.

또한 지역의 많은 문학인들과 예술인들이 배출되었지 않는가!?……

꼭 집어내서 누구누구라고 거명한다는 것이 왠지 불손하게만 느껴질 정도로 대가 분들이 많이 배출된 예향의 중심지다운 동북아 문화허브로서의 충분한 그 이유가 있는 것이다.

이젠 場을 펼쳐야 할 때다.

지역민들의 예술에 대한 열정들이 탄탄하게 뒷받침만 되어 준다면 세계 어느 영화제 부럽지 않은 가장 훌륭한 국제영화제를 꾸려 갈 수 있을 거라 생각된다.

한 서구의 영화이론가는 호러영화의 본질에 대해 설명하면서 판타지라는 환상적인 세상은 현실 세계가 지닌 모습에 대한 가장 과격한 비판일 수 있는 것이며 호러영화는 우리를 억압하는 일상성에 대한 가차 없는 공격을 가하고자 하는 악몽의 성취라고 표현하였다.

바로 영화의 본질적인 문제에 접근해서 본다면 목포의 영화적 지향점인 대중성도 환상성 못지않은 영화의 가장 귀한 본질적 요소 중의 하나이기도 하다.

－40년 만에 다시 만난 〈춘몽〉－

제8회 부천판타스틱국제영화제(Pifan)가 2004년 7월 15일에 성대하게 그 막이 올랐고 22일에 폐막식이 치러졌다.

필자는 거의 매년 이곳을 찾아 항상 쇼크를 받고 가곤 한다.

어떤 해에는 '블루무비'(BLUE MOVIE)라고 해서 포르노성 할리우드의 영화를 세미나 형식으로 상영해서 많은 영화 마니아들로부터 호기심의 대상이 되기도 해서 모두에게 깜짝 놀라게 했었다.

지난해에는 '패밀리 섹션'을 만들어 영화제에 참가한 대상이 다양한 층으로부터 호응을 얻었으며 금년에 또다시 큰일을 치르고야 말았다.

40년 전에 만들어진 거장 '유현목' 감독의 1965년 작 <춘몽>(春夢)이라는 작품이 복원되어 영화제 기간 중에 상영되어서 많은 관객들을 비롯해 내외기자단들이나 영화 관계자들로부터 높은 호응을 받았다.

지금까지 '유현목' 감독 하면 <오발탄>이라는 작품만 정평이 나 있는 감독으로 생각하기 쉬웠으나 이제는 리얼리즘 영화의 대가일 뿐 아니라 초현실주의나 표현주의 영화의 범주에서도 독특한 시도를 해냈던 '유현목' 감독의 진가를 재조명할 수 있게 되어 참으로 다행스러우면서도 필자에겐 감히 상상도 못 할 일이라는 생각이 들어서 매우 충격적이었다.

지금까지 한국영상자료원에 소장된 오래된 필름들을 복원하고자

해도 엄청난 예산 때문에 엄두도 못 내고 차라리 현 영화 제작에 힘을 실어 주기 위한 지원책들은 많이 펼쳤었다.

이제야 조금이나마 우리 영화정책 흐름들이 제대로 흘러가고 있는 것처럼 보인다.

이번 영화 한 편의 복원뿐만 아니라 그동안 펼쳐온 영상자료원의 활동들을 높이 평가하는 바이다. 물론 아직도 넘어야 할 산이 무척 많기도 하지만 한 걸음 한 걸음 오늘의 <춘몽>처럼 복원화 사업은 느리지만 지금부터라도 차근차근 펼쳐나가야 할 것이다.

지금까지 <춘몽>은 영상자료원에서 보관 중이었으나 일부 소실된 사운드 때문에 그 영화의 진가를 발휘하지 못하고 그냥 창고 속에서 자리만 차지하고 있다가 이제야 영화진흥위원회의 협조를 얻고 부천영화제 '김홍준' 집행위원장의 아집으로 인해 간신히 소멸 부위만 임시적으로나마 복원시켜 다시 상영될 수 있었다.

그래서 라스트 시퀀스 13분 분량의 소실된 사운드와 스스로 자진 삭제했던 6초 분량의 실오라기 하나 걸치지 않은 여주인공 전신 뒷모습 등이 다시 복원되고 삽입되어 많은 관객들로부터 뜨거운 찬사를 받기도 했다. 물론 아날로그와 디지털 작업이 한대 어우러진 모습이기에 상영 때에는 디지털 사운드트랙을 이용해서 상영되는 바람에 1960년대 사용된 당시의 방식이었던 아날로그 방식으로 '조승우' 음악감독에 의해 복원된 본래의 사운드트랙이 진가를 발휘하지 못했지만 추후 전편 모두 디지털로 복원해서 DVD로 출시할 계획이라고 한다.

참고로 '조승우' 음악감독은 '허진호' 감독의 <봄날은 간다>의 음악을 작곡해서 유명해진 마흔 살을 갓 넘긴 영화 음악계에선 널리 알려진 영화음악감독이다.

<춘몽>은 한낮 치과에서 벌어지는 남자주인공의 착각을 따라가는

영화로 관객들은 여주인공의 요염한 자태에 넋이 나간 남자주인공과 함께 환상 속의 길을 따라 함께 취하다 보면, 잔인스럽기도 하며 공허한 시대의 낯선 외설적 시비에 휘말리고 마는 비판 앞에 다다르게 된다. 1920년대 독일영화 <칼리가리박사의 밀실> 등의 유명한 표현주의의 스타일을 닮아 가듯 모두 세트로 꾸며진 실내의 닫힌 공간 속과 무너진 시간적인 개념 속, 그리고 취한 듯한 일그러진 거리의 야외세트와 상상 속의 인물 모습, 그리고 영상 시(詩)처럼 앞과 뒤가 섞인 한판의 시네포엠으로 불리기도 하는 부조리극과도 같다.

영상 이미지의 구성에 탁월한 '유현목' 감독의 작품 경력 중에서도 공간의 자의식과 스타일의 과잉이 가장 두드러지는 작품으로 칭송받을 만한 귀한 걸작으로 후세에 남겨 줄 영화적 재산이다.

또한 당시의 시대적 상황으로 봐서는 상당히 쇼킹한 여배우의 뒷모습 전라(全裸) 장면이 수초간 노출되었다는 사실과 함께 음(陰)으로 양(陽)으로 오랫동안 기억될 40년 전 작품이다.

- 가슴을 뜨겁게 달구는 〈화씨 9 / 11〉-

　그동안 우리는 모든 일들에 대해 그냥 남의 일인 양 막무가내로 소홀하게 다루었거나 무관심으로 대하는, 그리고 차가운 가슴으로 많은 일을 평가했으리라 생각한다. 특히 남의 나라 일들은 더욱 그러했을 것이다.

　이젠 영화 한 편을 통해서 모든 일에 좀더 적극적으로 대처하고 슬기롭게 대처하는 여유로움과 이성적인 판단을 통해 세상을 직시하는 지혜가 절실히 필요한 시점이다.

　이열치열(以熱治熱)이라고 하듯이 뜨거운 여름 <화씨 9 / 11>이라는 뜨거운 영화를 보고 그동안 먹고사는 일에 쫓겨 자신밖에 생각하지 못하며 상대방을 배려하는 마음의 문이 굳게 닫혀 있었기에 무관심 속에 차가워진 우리네 마음에 열을 가해 보았으면 하는 바람이다.

　2004년에 전 세계를 가장 뜨겁게 만들고 있는 영화감독인 '마이클 무어'는 다큐멘터리 감독이자 논픽션 작가로서 2003년엔 <볼링 포 콜롬바인>(2002년 제작)이라는 작품을 발표해 그의 입지를 확고하게 자리매김했었다.

　마이클 무어 감독의 <볼링 포 콜롬바인>은 미국 어린 학생들의 총기난동 사건을 심층적으로 밀도 있게 다루어 미국 총기소지 허가 문제에 대한 심각성을 그려낸 영화로서 각계각층에 크게 경종을 울린 기념비적인 작품이며 미 아카데미상을 비롯하여 프랑스 세자르 영화제에서 최우수해외영화상을 그리고 2002년 칸영화제에서는 55주년 기념상을 수상해서 세계를 깜짝 놀라게 했었던 작품이다.

또한 금년 57회 칸영화제에서는 마이클 무어 감독의 2001년 9·11테러사태를 배경으로 그린 <화씨 9/11>에 황금종려상을 안겨 주어 57년 전통의 칸영화제의 역사를 새롭게 쓰기도 했다.

다큐멘터리장르가 황금종려상을 받는 것은 처음 있는 일이었기 때문이다.

영화 <화씨 9/11>에는 마이클 무어 감독 특유의 뛰어난 유머와 독특한 고집스러움 그리고 코믹하며 재치 있는 편집이 돋보이는 작품이다.

이 영화를 통해 부시 행정부의 외교정책에 대해 끊임없이 문제를 제기했던 마이클 무어 감독은 영화계의 특이한 인물로서 <볼링 포 콜롬바인>이 영화비평계와 박스오피스 양쪽에서 성공을 거둔 흥행성 있는 논픽션 영화라는 새로운 물결의 포문을 열었다는 평가를 받았다.

그래서 마이클 무어 감독을 한마디로 근성이 강한 사람이라고 표현해야 옳을 것 같다.

<화씨 9/11>이라는 영화 속에는 전문가의 증언, 민감한 질문에 답을 찾으려는 그의 외골수적인 끈질긴 추적 등이 한데 뭉쳐 있으며 이 영화는 오늘날 미국이 직면하고 있는 여러 가지 고통스런 숙제들이다.

마이클 무어 감독은 9·11테러와 사우디의 연계성을 무시하고 곧바로 이라크를 대상으로 설정하여 침공을 선택한 부시 대통령과 그의 측근에 대해 회의적인 시각을 영화 속에 담고 있으며 시종일관 부시에게 질책을 가하는 부분들로 이루어진 영화이다.

어느 한구석 부시를 칭찬하는 부분은 없는 것이 특징이기도 하다.

영화의 주된 내용으론 치열했던 2000년 대선 당시부터 시작해서 실패한 텍사스 석유재벌에서 미국 대통령이 되기까지의 부시 대통령의 일련의 역사들 그리고 대통령 일가와 측근의 가까운 친구들과 사우디 왕가와 빈 라덴 일가 사이의 개인적 우정과 사업적 연계성을 보여주며 또 이러한 연관성이 빈 라덴 일가가 9·11테러 직후 미국을 어떻게 벗어났는가를 집요하게 파고든다.

또한 국가 방위의 허점과 기본적인 인권을 침해하는 애국법이 제정되면서 끊임없이 테러의 공포에 사로잡혀 있는 미국의 모습도 보여주고 이라크 전장에서 목숨을 잃고 땅에 묻힌 병사의 월급 중 한 달 복무 일수를 다 못 채우고 전사한 5일간의 봉급이 삭감된 채 지불된 사실도 일러준다.

정말 미국은 알 수 없는 먼 나라이다.

여기에 우리도 우방으로서 함께 따라 춤출 수밖에 없는 걸까? 평상시 혈압 높은 필자의 가슴은 점점 뜨거워질 뿐이다.

-불확실한 미래영화 〈아이, 로봇〉-

필자는 학교나 기관 단체 직장 등에서 영화에 관한 교양강좌를 할 때 '항상 영화는 시대를 리드해야 한다.'라는 말을 자주하곤 한다.

그만큼 영화는 세상을 앞서가는 매체이기 때문이다.

특히 극영화인 경우는 더욱 이런 현상이 일어나게 되는데, 돈을 주고 허락된 장소에서 암막을 치고, 즉 어둠 속에서 환상의 나래를 펼쳐 보고자 하는 극장 관람석의 관객들에게 과거에 보아 왔던 이미 잘 알고 있는 사실 등을 다시 반복해서 자주 보여준다고 하면 사적(史的)인 의미로나 반복적인 교육을 통한 학습의 목표에는 부합될지 모르지만 영화적인 상식으로 보아서는 입장료를 지불하고 찾아온 관객들에게 호기심에 의한 감상이라든지 환상성 등 대중적인 영화의 본질로부터 거리감이 생기게 된다.

그래서 필자는 항상 영화란 새로움, 새로움을 강조하곤 한다.

남도 모르고 나도 잘 모르는 사실들을 영상에 담아 관객들에게 서비스함으로써 관객들은 돈을 지불한 만큼의 만족을 취하게 된다.

그렇지 않고 똑같은 천편일률적(千篇一律的)인 형태의 작품을 상영하게 된다면 누가 극장을 찾겠는가?

그만큼 영화가 시대를 리드해야만 한다는 사명은 매우 막중하다고 본다. 그래서 SF적인 영상들이 많이 제작되고 보이고 호응을 얻고 있다.

2003년 7월 중순 부천영화제에서는 장준환 감독의 <지구를 지켜

라>가 재 상영되어 호평을 얻었다.

현실적으로 4월은 잔인한 달이라는 말이 있듯이 2003년 4월 4일 극장 개봉 때는 상당히 냉소적인 분위기였으나 <지구를 지켜라>가 각종 영화제에서 수상도 많이 하게 되자 관객들은 다시 시선을 돌리기 시작했고 당시 부천영화제에서는 호평과 함께 좋은 결과도 가져왔다. 이처럼 개봉 당시 호응을 얻지 못한 이유로서는 과학과 접목된, 즉 화려한 CG 등이 활용되지 못한 관계로 실감나는 환상적 요소들이 결여되었던 것이다.

또한 치밀하고 계획적이며 좀더 섬세한 짜임새 있는 기획력 등이 뒷받침되었어야만 했다는 아쉬움도 남아 있으며 결정적인 KO 펀치로는 제작비에 관한 영세한 자금 동원력과 소극적인 투자 유치 등과 함께 급성장하는 우리 영화시장에 찬물을 끼얹고 있는 마이너스 성장이라는 충무로 영화경제의 현실들이 바로 결정타인 것이다.

그러나 풍족한 자본에 의해 기획되어 생산된 외국 SF영화의 경우를 살펴보면 <해리포터>, <반지의 제왕>, <매트릭스>, <A.I.>, <스타워즈> 등에는 돈이 아까운 줄 모르고 줄을 서서 티켓을 구하곤 했다.

이는 곧 공급자인 영화 제작자들이 관객의 구미에 맞게 철저한 기획력하에 제작했었다는 점이 정답일 것이다.

이 모든 외국의 유명한 작품들은 하나같이 상상을 뒤흔드는 기발한 아이디어들이 영화 장면마다 곳곳에서 발견할 수 있다.

이러한 영화들 속에는 분명 필자가 앞서 밝힌 바처럼 시대를 리드하는 환상적인 요소들이 많이 삽입되어 있고 그럴싸한 장면들이 항상 화면 가득 넘쳐 나기 때문이다.

<아이, 로봇>이라는 영화에는 미래 로봇들의 인간에 대한 감정이 담긴 폭동 장면이 삽입되어 있다.

인간들이 만들어낸 로봇에 의해 아차 하면 속박을 받게 될지도 모른다는 가정이 숨어 있어 보는 이로 하여금 영화를 제작한 감독이나 작가의 의도대로 스릴을 느끼게 되는 공감대를 형성하게 된다.

그래서 곧 닥쳐올 미래에 대해 고민을 할 수밖에 없는 것이다.

바로 로봇에 대한 신드롬을 조성하게 된 것이다.

이렇게 되면 <아이, 로봇>은 성공한 작품이 된다.

우리 충무로 이래서는 안 된다.

우리 영화는 외적으로 급성장하고 있는 것처럼 보이지만 작년 영화 흥행 통계를 깊이 살펴보면 보면 편당 37억 원 정도 적자라는 통계 수치는 영화를 사랑하는 이들의 가슴을 아프게 하고 있다.

충무로 경제는 속 빈 강정일 뿐이기에 더욱 미래가 불확실하게만 보인 영화 <아이, 로봇>이 왠지 수작·걸작으로 보이게 된다.

－ 절제된 캐릭터로 승부한 〈신부수업〉 －

관객들은 극장을 찾을 때 반드시 자기만의 욕구를 충족시키기 위해 어두운 극장에 돈을 지불하고 프로그램을 관람하게 된다.

더듬거리며 찾아 앉은 객석에서 뭔가를 얻어 가야 직성이 풀리는 게 바로 관객의 심리이고 이것을 소홀하게 다룬 영화, 즉 관객의 입맛에 맞추지 못한 영화들은 아무리 그것이 예술적 철학적 사회적인 가치가 높고 환상성, 모호성 등이 강하다 하더라도 외면을 받게 되어 있다.

그런데 요즈음 우리 영화를 대표해서 개봉 중인 <신부수업>은 관객들의 입맛에는 약간 맞지 않은 구석이 있다.

그래도 관객들은 질타하지 않고 오히려 대박의 조짐마저 보이고 있다.

그것은 바로 모두 속 내용까지 헤쳐 속속들이 까발리는 발가벗은 그 사실 그 자체로 나타내 보여주지 않고 그것을 조금 감추는 듯 감칠맛 나게 절제된 영상과 감정의 변화를 한 단계 짓누른 영화 속 연기자들의 캐릭터가 더욱 맛깔스럽게 영화를 만든 재료가 되었다.

여기에 '허인무' 감독의 연출 또한 일품이어서 이젠 우리 영화 수준이 걸음마 단계가 아닌 세계적인 글로벌화된 세계 공통어를 사용하게 되었음을 느낄 수 있다. <신부수업>은 아프리카 대륙 중앙에 위치한 '수단'이라는 나라에서도 상영된다고 한다.

이젠 민간 외교관 노릇까지 우리 영화가 한몫 톡톡히 하고 있는 것이다.

여기에 '수단'이라는 용어는 가톨릭의 신학생들이나 신부(神父)님들이 입는 의상으로 '검다'라는 뜻이 담긴 BLACK의 의미가 있고 아프리카 중앙에 위치한 국가 이름도 '수단'으로 검은 대륙의 상징인 검은 나라의 이미지가 맞아떨어지는 '수단국'이기도 하다.

필자는 영화 '신부(神父)수업'이라는 제목이나 홍보용 포스터에서 풍기는 뉘앙스로 보아 '신부(新婦)수업'처럼 보여 하지원 양이 권상우 군에게 시집가기 위해 말괄량이 길들이기 타입의 영화인 줄 알았던 것이다.

그러나 영화 속 내용은 정반대라 할 수 있는 성당의 사제를 뜻하는 단어인 신부(神父)임을 알게 되었다.

그래서 영화를 보다 필자는 무릎을 탁 치고 말았다. 자신이 너무 부끄러워서였다.

반드시 영화의 정보를 미리 알고 감상을 해야 한다고 수업시간이나 시민강좌 등에서 자주 강조를 했건만 필자는 스스로 그 정답을 무시해 버린 처사가 되고 말았던 것이다.

물론 스스로 반성도 해 본다.

가톨릭 율법들은 규제가 강해서 1970~1980년대 시절 성당이나 사제들의 의상을 빌려 영화에 사용하기가 매우 까다로웠었다.

종교영화가 아닌 오락영화라든가 성서에 없는 사회적인 거친 내용들은 예시 당초 허락이 되질 않아 교회 내부에서의 촬영은 꿈도 꿀 수 없었던 것이 엊그제 일인 것 같다.

그러나 이젠 아무 거침없이 사제의 의상과 장소와 성당의 내·외경들이 오락성이 짙은 극영화 <신부수업>에서 보이고 있다.

물론 영화의 내용에는 구원적인 요소가 충분히 있지만 결말은 파계에 버금가는 내용으로 끝이 맺어진다.

가톨릭신학생들은 사제가 되기 위해 4년간의 어려운 수도 과정과 학습 과정을 통해야만 하고 또 가장 중요한 마지막 관문인 서품식을 통과해야만 한다.

그러나 영화에서는 그것을 그대로 놔두질 않고 다른 상황으로 끌어간다.

이것이 바로 영화적인 기가 막힌 상황 설정인 것이다.

이런 부분이 관객의 마음을 흔들어 놓고 있기에 설령 권상우의 '몸짱'이 안 보이고 하지원 양의 섹시한 모습들이 부족하더라도 절제된 구교(舊敎)의 모습처럼 무겁고 버겁게 보이지만 내면적으로 진지하면서 그럴 수도 있겠구나 하는 동정심이 앞서는 관객들의 심상은 극의 절제된 형식을 오히려 즐기게 된 것이다.

이것은 바로 구성력이 풍부한 연출력으로 이루어 낸 작가주의적인 걸작이라고 극찬하게 된 것이다.

단지 보이는 흥미에 약간 절제된 영화이지만 그래도 그 절제가 아름답고 필요한 설정이기에 눈 높은 우리 관객들은 작가들처럼 영화 속에서 공감대를 형성하게 되는 것이다.

답답하기만 했던 교회법도 이젠 현실적으로 바뀌어 가고 있다.

하물며 우리 영화도 종전의 모습에서 탈피하고, 관객들의 눈높이에 맞추어 시대를 리드하며 관객들의 마음을 끌어가는 선구자적인 입장에서 영화들이 제작되었으면 한다.

－민족의 자긍심 담긴 〈바람의 파이터〉－

얼마 전에 개봉돼 우리 영화의 관객 점유율까지 올려 주는 일거양득의 효과까지 가져다준 양윤호 감독의 <바람의 파이터> 주인공인 김제 출신의 최배달(최양의 1922~1994)이라는 분의 사생활과 활동사항들이 영화 속에 소개되어서 세간에 다시 회자되고 있다.

물론 영화는 픽션이지만 이 영화는 다분히 기록성에 가까운 고증을 통해 만들어져 실화를 영상화시킨 다큐스타일에 가까운 재현 형식의 액션영화이다. 지난 5월 프랑스에서 열린 칸 필름마켓에서 <바람의 파이터>는 200만(약 22억 원) 달러에 일본에 선(先)판매된 작품이기도 하다.

최근 우리나라를 좌우익의 시선들로 들끓게 한 송두율 교수가 출국했고 이라크 전쟁으로 인해 미국의 부시대통령의 통치권에 세계 각국 여러 곳에서 이러쿵저러쿵 말이 많으며 숨겨졌던 실미도 사건도 영화화됐고 그동안 비밀스럽게 감추어졌던 삼청교육대의 실상이 <나비>라는 영화 속에 실감나게 크게 부각되기도 했다.

이 모든 사실들은 과거엔 생각지도 못한 '쉬쉬 사건'들로서 감히 누가 입 밖에 뻥끗하지도 못한 일들이었다는 것을 많은 사람들이 잘 알고 있다.

이젠 모든 것이 달라지고 있고 급변하는 시대이다.

필자가 영화를 하던 시절도 그랬었지만 이젠 너무 달라진 세상사이기에 흐름에 따라야만 함께할 수 있다고 생각한다.

혼자 고고한 척, 나는 속물이 아닌 척 남다르게 살 필요성도 못 느끼는 세월이 된 것이다. 좌우간 어떤 이유인지는 모르지만 이것도 글로벌화된 세상일까 하는 의아심도 들게 된다.

자국의 국적을 버리고 살았다는 이유로 지금까지 조명받지 못했지만 설움 속에 살아가던 우리 민족의 자존심을 지켜주었던 재일교포 '최배달'이라고 하는 자의 무예실력을 말로만 듣다가 영화를 통해 다시 검증 아닌 검증을 하게 돼 매우 가슴이 뿌듯하다.

영화 <바람의 파이터>는 일본 가라데 '극진(極眞)공수'를 만든 무도인 최배달의 파란만장한 개인의 삶을 그리고 있다.

이 영화를 단순한 오락영화로 치부한다고 해도 즐거운 영화로 평가하고 싶다.

더욱이 민족적인 자존심이란 부가적인 의미를 내포하고 있기에 영화 속 결투가 싸움 아닌 사나이 세계의 정당한 결투로 정당화되어 결코 막싸움으로 보이지만은 않는다.

16세의 나이로 밀항해서 일본으로 건너가 잔혹한 야쿠자와 일본 무도인들에게 수모를 겪던 주인공이 마침내 강자로 거듭나는 장면에서 관객들은 두 주먹을 불끈 쥐게 된다.

이처럼 우리 모든 관객들은 약속이나 한 듯이 애국자적인 기질을 발휘하는 본인도 모르게 우리 편, 일본 편으로 나누어지게 되는 선과 악이 자연스럽게 나뉘게 된다.

마치 2002년 월드컵 때처럼 우리 모두의 마음을 똘똘 뭉치게 하는 계기를 영화 한 편이 이끌어 내고 있다.

이것이 바로 영화의 맛이다.

감독은 바로 이런 점들을 계산하였을 것이기에 다분히 감정 선까지 미리 계산해서 연출한 탁월한 능력을 지닌 예지력이 있는 감독으로 평가하고 싶다.

무조건 수단과 방법을 가리지 않고 단순하고 고집스럽게 이기기 위한 싸움만을 보여주지 않고 민족적인 감정을 삽입시킴으로써 이 영화는 사실적인 픽션이 가미된 좋은 영화로 탄생된 것이다.

이처럼 똑같은 장면도 일부분만 떼어놓고 보면 폭력에 불과하겠지만 이 영화처럼 앞과 뒤에 일본의 비열한 모습들을 삽입해 줌으로써 또 다른 감정을 싹트게 하는 것이다.

우리 심상에 있는 민족적 자긍심을 슬쩍 건드려 극화해서 많은 관객들에게 볼거리와 느낄 거리를 선사하고 있다.

이것이 바로 감독의 탁월한 연출력이며 최배달의 승리 드라마로서 흥행을 노린 또 하나의 주요한 요인이기도 하다.

산속에서 고된 수련을 거친 최배달이 속세로 돌아와 일본 공수도 도장을 찾아다니며 대결을 벌이는 일본의 유명한 무사인 미야모토 무사시式의 도장 깨기를 하는 장면까지 이 영화는 이소룡이 나오는 <정무문>을 닮기도 했지만 한편으론 과거 영화들 속에 많이 인용된 민족감정을 활용해 선악의 두 진영을 나눈 뒤 멸시당하던 선한 쪽이 복수를 하게 만드는 권선징악의 많이 보아 온 액션영화의 구성으로 만들어진 단순 볼거리이기도 하다.

시원한 영화이기에 답답한 요즘 활력소로 적당한 영화이다.

─웃으면서 보는 호러영화 〈시실리2㎞〉─

　요즈음에 개봉한 우리 영화들은 정말 걷잡을 수 없는 무적행진을 가속화하고 있다.

　그 이유로서 '영화 소재의 다양성'과 '기발한 아이디어'를 들 수 있는데 요즈음에 개봉한 영화 중에서도 매우 특이한 발상으로 영화를 성공적으로 이끈 작품이 '신정원' 감독의 데뷔작인 <시실리2㎞>이다.

　영화 <시실리2㎞> 속에는 여러 영화에서 봤던 모습들과 내용들을 담고 있다.

　1930년경 미국 경제 대공항 시절에 탄생된 '채플린'의 주옥같은 작품 <모던 타임즈>는 세계 영화사에 길이 남을 무성영화로 기록되고 있다.

　이 작품 속에는 슬랩스틱풍의 희화화된 영상들을 통해 산업화되어 가면서 벌어지는 인간들과 사회와의 미묘한 문제인 황금만능주의를 예견이라도 하듯 닥쳐올 세상을 미리 꼬집고 비트는 시대를 날카롭게 비판하고 또한 반성케 하는 도구로서 영화매체의 정체성을 강조하고 있다.

　바로 70년 전 <모던 타임즈>의 슬랩스틱풍의 희화화된 장면에서나 보아 왔던 심도 있는 사회성 짙은 내용들을 바로 <시실리……>에서 느낄 수 있다는 점을 필자는 높이 평가하고 있다.

　또한 1998년 우리 영화 '김지운' 감독의 데뷔작이었던 <조용한

가족>에서처럼 공동체를 이루고 있는 집단 속에 어느 날 갑자기 이질적 요소가 삽입되어서 부조리한 인간의 욕망 등이 어처구니없는 사건들로 연속되는 웃지 못할, 그러면서도 여름의 더위를 싹 씻어주듯 호러스타일의 섬뜩하며 오싹한 전율을 느끼게 하는 엽기적인 장면들과 코믹스러우면서 환상적으로 영상이 그려졌다.

이처럼 한 편의 '신개념 펑키 호러'라고 선전하는 <시실리2㎞>라는 영화를 알리기 위해 장황하게 서두를 꺼내는 데는 바로 이 영화가 던져 주는 메시지나 전개 형식이 너무 특이하기 때문이다.

한마디로 웃으면서 보는 공포영화!……라고 해야 옳을 것 같다.

이처럼 극(極)과 극(極)의 요소들이 극적(劇的)으로 어우러져 환상적으로 영화가 꾸며지게 된다는 엄청난 큰 사건을 영화를 통해 발견할 수 있다.

현실을 비트는 '채플린'과 '김지운' 감독의 탁월한 재능을 한눈에 볼 수 있었던 작품이었기에 문득 과거의 두 작품이 생각나게 된 것이다.

이처럼 <시실리2㎞>라는 영화는 철학적으로 심도 있는 내용들을 담고 있으며 사회적 모순 등도 많이 그려져 있기에 속물근성으로 살아가는 요즈음의 우리들에게 깊은 반성을 불러일으키게 하는 작품이다.

이처럼 웃기면서도 섬뜩함도 느끼게 되는, 그러면서 黃金萬能主義적인 현실의 부도덕성도 꼬집고 있으며, 흔히 말하는 엽기스타일의 장르와 코믹스런 모습들도 함께 자리하고 있어 모든 사람들에게 보여줄 수 있는 최고의 오락영화로 추천하고 싶다.

바로 신정원 감독의 첫 작품인 <시실리2㎞>는 명감독으로서의 가능성을 점치게 하고 있고 분명 큰 그릇이 될 감독으로 필자는 꼽고 있다.

물론 흥행과 예술의 부분들도 함께 아우르는 탁월한 감독으로서 대중들에게 친근감 있게 가까이 다가갈 수 있는 여력을 이번 영화로 충분히 증명해 보였다.

무서운 영화인 호러영화로 알고 극장을 찾았지만 너무나 웃기는 장면들이 많아서 관객들은 시종일관 처녀귀신이 나오는 무서운 장면임에도 불구하고 웃음을 참지 못하고 박장대소하는 극장내의 분위기가 이어지곤 한다.

더욱이 처녀귀신이 작품 속 시실리동리 사람들보다 순수하고 인간적이며, 오히려 마을사람들은 귀신보다 더 악한 나쁜 존재들로 표현되고 있어 묘한 아이러니도 담고 있는 작품이다.

그래서 다시 보고 싶은 '하나도 무섭지 않은 호러영화'라는 부제가 어울리는 영화이다.

이처럼 다양한 소재로 보고 느끼고 즐길 수 있는 요소들을 제공해 주고 있는 이 영화는 대중 속으로 쉽게 접근하고 있다.

그래서 호러장르가 더욱 쉽게 관객들의 가슴에 파고드는 계기가 되곤 한다.

누구든 쉽게 함께 웃어버리게 되는 경우를 접하게 된다는 영화 <시실리2㎞>는 분명 성공한 영화이다.

그래서 관객과 함께 공감대를 형성한 웃으면서 보는 호러영화라는 평가를 받게 된 것이다.

일부러라도 "요즘 경제가 어떻고!?······"라는 핑계를 들어서 답답한 마음을 달래 보기 위해 우리 모두 시간을 잃어버린 마을이라는 뜻의 시실리(時.失.里)로 환상여행을 떠납시다.

―영화계 구세주 '스필버그' 〈터미널〉―

오락성과 대중성이 강하게 작용하는 영화라는 매체가 탄생 이후 가장 침체기로 간주되는 1960년대 후반에서 1970년대 초반 시절, 미국의 영화도 당시 자국내의 정치나 사회적 상황들처럼 새로운 피를 수혈해야만 되는 '뉴아메리칸 시네마'를 탄생케 하는 요인이 되었다.

바로 이 시절 '조지 루카스'와 함께 혜성처럼 나타난 스티븐 스필버그 감독은 절망에 빠져 허우적거리던 세계 영화계에 구세주처럼 등장해 절체절명의 긴박한 위기 상황하에서 영화를 구해낸 장본인이다.

그래서 필자는 스필버그라는 감독을 두고 영화계의 구세주라고 칭하고 싶다.

너무 과한 말이 될지언정 분명 스필버그는 세계 영화사적으로 볼 때 오늘날 영화라는 단어가 과거 속의 잊혀진 단어로 사라지지 않고 현존하게끔 만든 위대한 인물이다.

미국의 3대 산업의 하나인 영상산업은 할리우드라는 메카를 중심으로 크게 번성하였고 세계인들의 꿈의 도시로 할리우드는 자리매김하였다.

그리고 곧 미국의 경제를 이끌어 온 3대 산업으로 군수산업과 광활한 대지에서 기계화로 거두어들인 식량 그리고 꿈을 팔아 주머니를 챙기는 굴뚝 없는 영상산업이 3대 산업으로서 확고한 자리를 굳히게 된다.

이런 미국에서도 하루아침에 TV라는 또 다른 매체의 급성장으로 인해 차별화되지 않는 영상에 큰 문제가 발생하게 되자 많은 영상 마니아들이 안방에 눌러앉게 된 것이다.

이 안방에 눌러앉은 사람들의 엉덩이를 들썩거려 극장으로 옮겨 오게 한 장본인이 바로 스필버 조지 루카스라는 것이다.

이처럼 영화가 대중에게 사랑을 받았던 화려했던 자리를 내 주게 된 아픈 기억이 있다.

그러나 이런 스필버그 같은 위인들이 있었기에 이젠 과학의 발달과 함께 공생하며 영상과 함께 발전하고 있다.

스필버그 감독은 과거 <죠스>라는 영화로 백주에 피서지에서 공포를 느끼게 하였고 평범한 일상 속에서 외계인이란 이질적인 피사체를 통해 <ET>라는 영화로 써늘한 전율과 함께 휴머니즘도 느끼게 하였으며 <인디아나 존스>처럼 누구나 한 번쯤 어릴 적 동심의 세계로 돌아가 꿈꾸어 보듯 꿈속에서나 볼 법한 사건들을 그럴싸하게 사실적인 모습인 양 꾸며내면서 극적인 구조를 가미해 많은 대중들의 시선을 한곳에 모으게 하는 원동력을 제공했다.

각설하고 이런 훌륭한 위인의 영화를 접한다는 사실은 영화를 전공하는 사람으로서는 반가운 일이 아닐 수 없다.

2004년 8월 26일에 개봉한 스티븐 스필버그 감독의 신작 <터미널> 역시 과거 명성에 걸맞은 훌륭한 작품을 선보여 실화를 픽션과 가미해 더욱 재미있고 의미 있는 작품으로 영상을 재치 있게 풀어 갔다.

<터미널>의 주인공인 톰행크스는 2000년에 제작된 로버트 저멕키스 감독의 무인도에서 필사적으로 살아 나오는 끈질긴 캐릭터를 다시 한번 유감없이 발휘했던 <캐스트 어웨이>라는 영화에서처럼

<터미널>에서도 손색없는 연기를 펼쳐 난감한 상황하에서도 은근과 끈기로 자신을 컨트롤하며 끈질긴 인내심을 발휘하는 그래서 대중들에게 인내심과 모험심을 길러 주는 계기를 마련하고 있다.

특히 이 영화는 실내라는 닫힌 공간 속에서 현란하게 움직이는 동선들이 강하게 표출되고 있어 터미널이라는 한정되고 협소한 장소에서의 지루함과 답답함을 잊을 정도로 연기자들이나 카메라워크나, 연출의 동선(動線)이라 칭하는 브라킹 선들이 충분히 동적인 요소를 담고 있다. 한편으론 상영시간인 2시간 8분 동안 9·11 이후 까다로워진 미국 공항들의 입국 심사대를 생각하게 한다.

실화를 바탕으로 한 작품으로서, 주인공이 해외로 여행하는 도중에 자국에서 일어난 쿠데타로 인해 순간 여행자로서 국적을 상실하게 된다.

목적지 미국에 도착한 주인공은 입·출국이 정상적으로 이루어지질 않게 되고 그때부터 9개월 동안 창살 없는 감옥 같은 공항터미널 내에서 노숙자 신세를 면치 못하게 된다는 어처구니없는 상황을 재미있게 꾸며 나갔다.

어느 여행자의 감정 선을 함께 따라 읽어 보게 하는 그래서 조국이란 단어를 항상 가슴에 새기며 살게 되는 해외 동포들을 생각게 하는 영화이다.

─과장 없는 진솔한 영화 〈가족〉─

모든 영화는 과장의 연속으로 이루어진 환상을 좇는 부분이 대부분을 이루고 있다.

그러나 영화 <가족>에는 아무런 과장됨이 없다.

그래도 이 영화를 보고 있으면 모두 가슴이 미어지는 절규를 느끼게 된다.

특히 영화 도입 부분의 출옥해서 집에 돌아온 딸에게 "너 언제 나갈거니?" 하며 묻는 장면에서 상처투성이뿐인 가족의 내력과 아비의 마음이 칙칙하게 묻어 나온다.

사회에서 마땅히 격리되어야 할 딸을 겉으로는 반기지 않게 되지만 그러나 침묵으로 일관된 아비의 마음속엔 가족의 고통을 감내하게 된다.

성경에 있는 내용처럼 돌아온 탕자를 더욱 아끼는 아비의 마음이 담긴 영화 내용이 바로 압권인 작품이다.

어차피 백혈병 말기쯤 되는 불치의 병에서 헤어나지 못할 바엔 딸과 가족을 위해 한목숨 기꺼이 바치겠다는 아비의 기회주의적이면서 이중적인 모호한 면도 순간 느끼게 되는 그래서 더욱 처절해지는 마음이 드는 순간 모든 관객들은 울 수밖에 없는 상황으로 몰리게 된다.

그러나 이 영화는 절대 관객들의 눈물을 허락하지 않는다.

관객들을 울지 못하게 그 어떤 특별한 연출력이 눈물샘을 꽉 붙잡고 있는 것이다.

눈물이 워낙 많은 필자는 작은 감동에도 눈시울을 적시곤 하지만 이번 영화 <가족>을 통해선 절절하게 아파 오는 가슴의 전율을 느끼면서도 손수건을 꺼낸 적이 없이 무난히 영화관람을 마쳤다.

그러나 마음에 간직된 그 잔상은 어떤 영화 못지않게 오랫동안 남아 있음을 느끼고 있다. 이것은 이정철 감독의 뛰어난 데뷔솜씨가 필자의 눈물샘을 억제시켜 놓았기 때문이다.

그래서 이런 영화를 절제된 영화라고 부른다. 동양권에서는 과거 일본영화들이 이처럼 절제된 영상을 많이 사용해 왔다.

요즈음 우리 영화에서도 이런 절제된 영상들이 이제는 보편화될 정도로 많이 사용되고 활용되고 있다.

다시 말해 이런 현상은 감독들과 관객들의 수준이 향상되고 있음을 증명하는 사례이기도 하다. 영화 내용 속엔 가족으로 인해 즐거움을 찾게 되는 것이 아니고 대신 서로가 서로를 경계해야만 하는 버거움만 남아 있다.

불량배들과 소매치기생활로 어울리던 큰딸 여주인공은 3년간의 교도소 수감생활을 마치고 교도소를 갓 출소한다.

그리고 3년 만에 아버지와 어린 동생을 만난다. 전직 형사였던 아버지는 그 어떤 사고로 한쪽 눈을 잃고 생선 가게를 운영하면서 겨우 생활을 해 가고 있다.

비행을 일삼는 딸, 패배한 삶을 사는 아버지, 서로 못마땅하긴 마찬가지인 것처럼 보이는 이 영화는 그래도 아비의 몫을 치러 내야 하는 과제와 화두를 제시하고 있다. 여주인공은 어려서부터 꿈꾸어 오던 미장원을 차리기 위해 돈을 마련해 아버지로부터 독립하려 한다.

그러나 한때 같은 패거리였던 조직들은 그녀를 가만두지 않고 깨어지기 직전의 한 가정을 설상가상으로 무참히 더욱 짓밟아 아주

만신창이를 만들고 만다.

그래도 고통의 시간은 흘러만 가게 되고 가족의 단란한 저녁밥상이 차려진다.

그래도 불안하다. 언제 무너질지 모르는 가족들이다.

그래도 다시 한번 힘찬 걸음을 하기 위해 뭉쳐야만 한다.

그러나 조직들은 그들에게 또다시 무차별 공격을 가해 오고 우여곡절 끝에 조직의 보스와 아버지는 한날한시에 같은 장소에서 운명을 달리하게 된다.

이처럼 심금을 울리는 영화가 또 어디 있을까?……하는 의아심도 들게 된다.

아주 철저하리만큼 대담하게 한 가정을 무너뜨리게 되는 영화적 구성과 남성이 아닌 여성을 주인공으로 내세워 관객들의 가슴을 아프게 하고 있는 것이 특징이다.

분명 영화 <가족>은 모든 연기자들과 스태프들의 승리인 셈이다.

예를 들면 여주인공이 교도소에 가기 전 빼돌린 돈을 빌미로 성상납까지 강요하는 등 횡포를 일삼는 불량배조직의 열연이 실감나게 꾸며져서 이 영화를 한층 숙성시킨다.

결국 백혈병에 걸린 아버지의 희생으로 고통으로부터 벗어나게 된다.

이처럼 영화적 구성이 철저하게 기획된 <가족>은 일찍이 찾아볼 수 없었다고 해도 과언이 아니다.

울음을 참고 봐야 할 영화, 울어서는 안 될 영화, 그래도 따뜻해지는 영화가 <가족>이다.

- 세계 영화계를 겁주는 장예모 〈연인〉-

영화감독은 크게 두 부류로 나뉜다.

흔히 예술감독이라고 칭하는 부류와 흥행성 작품 위주로 영화에 접근하는 감독 등으로 구분되어 있다.

1988년에 <붉은 수수밭>을 발표해서 중국의 영화를 세계만방에 널리 알린 중국의 국민감독이라 칭송받는 장예모 감독은 이젠 예술영화다 흥행영화다를 가리지 않고 어떻게든지 중국의 영화를 널리 알리는 데 주력하고 있다.

대부분 장예모 감독 정도의 거장의 위치에 서면 설령 흥행감독의 위치에서 활동을 했었어도 작품성 위주의 영화를 만지게 되는 현상들이 일어나곤 하지만 장 감독은 그와는 반대로 예술적인 감각에 이젠 흥행성을 가미시켜 1988년 이후 다시 한번 영화계의 천재임을 과시하고 있다.

중국의 영화를 구한 중국영화계의 스필버그나 다름없는 인물이다.

장 감독의 과거를 들여다보면 28세의 늦깎이 영화학도로 영화학과에 입학해서 현 영화계에 입문한 인물로서 이제는 두 살 아래이면서 학교는 동기생인 <폐왕별희>의 첸 카이거 감독과 동료이자 쌍벽을 이루는 중국 제5세대 감독으로서 세계 영화계의 거장이 되어 있다.

한편 1966~1976년 중국의 문화혁명 당시 지식인들이 현장에서 일하는 노동자들의 고충도 알게 하는 '하방'이라고 하는 국가적인 프로젝트에 참여한 바 있다.

이때 장 감독은 직물을 염색을 하는 공장에서 그 '하방'이라는 과정을 겪었다고 하는데 바로 그곳에서 보았던 칼라풀한 색상을 몸에 스미도록 노력하고 연구해서 이젠 본인의 모든 작품에 독특한 본인의 색감을 연출해 내고 있다.

그만큼 장 감독은 위기나 절망의 순간들도 전화위복의 기회로 삼아 한 단계 업그레이드시키는 탁월한 재능의 소유자이기도 하다.

과거 <귀주이야기>, <책상서랍 속의 동화>, <집으로 가는 길> 등에서 보여준 낙후된 자국의 모습을 통해 전 국민들에게 반성의 기회를 주어서 잘살아 보게 하는 동기를 부여했다고 보며 이 기회를 중국의 전환기로 삼아 이젠 낙후된 모습은 절대 영화 영상에 담고 있지 않다.

그리곤 2002년에 '영웅'을 통해 과거 화려했던 조국의 화양연화 (한때는 화려했던 날)를 그려냈고 2003년엔 우크라이나까지 원정을 가서 작품 <연인>을 만드는 대단한 열의를 보여 이젠 구질구질한 중국의 모습이 담긴 영화는 장 감독의 작품 속에선 찾아보기 힘들게 되었다.

그 대신 칼라풀한 아름다운 영상미와 흔하지만 멋지게 꾸민 남녀 간의 풋풋하면서도 애절한 사연이 담긴 사랑이야기와 또 묵직하게 보이는 장검과 멋지게 만들어져 소장하고 싶은 깜찍한 단검 그리고 전투 시 화살, 창 등의 대결들을 컴퓨터그래픽의 힘을 빌려 영화 속에서 그럴듯함을 맛보게 한다.

이러한 면은 바로 영화의 특징이면서 본질이기도 한 여러 가지 조건들을 모두 충족시키면서 대중들과 함께 즐기는 영화로 장 감독은 이제 팔을 걷어붙이고 군중 속으로 뛰어들었다.

한마디로 할리우드를 상대로 하는 중국영화가 세계 영화계에 겁주기를 하는 상황이다.

늦게나마 미국에선 2년 전 영화 <영웅>이 대히트를 하고 있고 가까운 일본에서는 7월에 중국 본토에서 개봉한 <연인>을 상영하고 있으면서 박스오피스 1위를 고수했다고 한다.

이젠 추석을 앞둔 우리 영화계를 침공하려는 듯 압박을 가하고 있어 자칫 방심하면 중국영화에 뒤질 것 같은 생각이 들곤 한다.

우리나라 영화계는 어느 나라 못지않게 자존심이 매우 강한 영상 제작국이다.

그러기에 대국이라 자칭하는 미국, 중국 영화들의 속박을 받아서야 되겠습니까?

이젠 세계적인 한국영화가 될 수 있는 흥행성 짙은 영화도 생각해 볼 때인 것 같습니다.

물론 금년 베니스에서의 감독상을 수상한 '김기덕' 감독과 같은 탁월한 감독들도 많아 나와야 하겠지요!……

아무튼 '장예모' 감독의 작품 <연인>은 정말 놀라운 영화이며 본인 또한 영화에 대한 열정이 많아 세계 각국을 돌며 홍보하고 있는 모습이 왠지 부러워 보인다.

이제 우리도 다시 한번 힘차게 뛰어오를 수 있도록 모두 재정비해야 할 시기이다.

시류에 따라 자국의 이익을 위해 할리우드를 압박해 가는 중국영화계의 모습들이 마치 경제가 좋은 영화를 양산한다는 경제논리와 맞물려 돌아가고 있는 듯하다.

-꼴찌에게 용기를 〈슈퍼스타 감사용〉-

정상적인 논리는 아닌 줄 알지만 "이 세상에 꼴찌 없는 일등은 없다!"라고 일단 억지스런 서두로 이야기를 시작해 본다.

프로야구 원년인 1982년, 연전연패 각종 희귀한 진기록을 남기며 한국 프로야구사에 오점으로 남은 '삼미 슈퍼스타즈'의 패전 전문투수 '감사용'은 세상사 패배의 대명사였다.

그는 5년 동안 1승15패라는 보잘것없는 성적표만을 남기고 마운드를 떠나갔으나 그를 스크린으로 불러와 감사용 투수의 인생역전을 그리기 위해 김종현 감독은 10년의 정렬을 쏟아 부었고 마침내 2004년 행복한 초가을에 많은 사람들의 저주 속에서도 자신의 꿈을 내버리지 않았던 감사용이라는 한 젊은이의 순간들을 영화로 만들어 냈다.

항상 일등만을 기억하는 세상에 과거 흘러가 버린 꼴찌에게 박수를 보내는 터무니없는 이상야릇한 영화 한 편이 우리 영화계에 회자되고 있어 각박한 세상사 많은 이들에게 경종과 함께 심금을 울리고 있다.

아울러 앞으로 우리 영화계에 색다른 소재로써 소외된 계층을 담아 영상화시키는 작업이 급피치를 올리게 될 것이라는 확신이 서게 될 것이다.

1980년대의 암울했던 시절 볼거리, 즐길 거리가 요즘처럼 산더미처럼 쌓여 있지 못한 시절이었기에 프로야구 탄생은 흩어진 민심을 한군데 몰아넣는 데 분명 일조를 했었다.

아무튼 어떤 심오한 취지에서 프로야구가 탄생했는지는 모르지만 1982년 프로야구 탄생 이후 즐거움과 섭섭함 등 희비가 매일 엇갈리는 양상이 두드러졌었고 이로 인해 직장에서 업무에 차질이 올 정도로 프로야구에 정신을 빼앗긴 부류들도 속출하곤 했다.

삽시간에 전 국민들의 마음속에 프로야구는 자리를 잡았다.

또한 프로야구로 인해 지방색들이 더욱 강화되었다고도 본다.

그래도 진정한 스포츠맨들은 지방색하곤 거리를 두었지만 워낙 연고지를 이용해 지방색을 노골적으로 앞세운 작태이기에 그런 점에서는 지탄의 대상이 되기도 했던 약점도 있다.

현재는 많은 사랑을 받고 있다고는 하지만 워낙 축구라는 무서운 스포츠가 국민들의 눈과 귀를 빼앗아 갔기에 요즈음엔 프로야구가 약간 시들해진 것 같은 느낌을 받곤 한다.

이번 영화 <슈퍼스타 감사용>을 영화화하기까지 당사자의 결단이 가장 큰 변수였다고 한다. <슈퍼스타 감사용>이 오늘의 프로야구가 있게 한 수많은 무명 선수들에게 바치는 영화라고 생각했기 때문이라고 밝힌 감사용은 "1등보다 꼴찌가 더 많은 세상, 비록 꼴찌의 자리에 있다 해도 결코 그들의 인생마저 꼴찌는 아니다."라는 것을 이 영화가 보여주었으면 좋겠다는 바람도 함께 담아서 자랑할 만한 선수 경력이 아닌데도 영화화되는 것을 승낙했다고 한다.

다시 한번 그의 진실한 용기에 찬사를 보내고 싶다.

꼴찌의 입장에선 더욱 편한 생각이 들지도 모른다는 생각도 해 본다.

누가 꼴찌를 시기하고 질투하고 그를 더욱 깎아 내려뜨리기 위해 험담을 일삼지는 않을 것이다. 그러나 일등에겐 항상 경쟁자가 뒤따라 호시탐탐 그 자리를 넘보게 된다.

－ 사랑, 진실, 감동의 영화
〈꽃피는 봄이 오면〉－

영화 <꽃피는 봄이 오면>은 '역시 최민식이구나!'라고 할 정도로 그의 탁월한 연기가 시종일관 극을 끌어가는 힘의 원천이 되고 있다.

최민식의 연기가 대단한 영화이다.

<파이란>, <올드보이> 이후에 더욱 성숙해졌다고 할까?

그만의 독특한 캐릭터인 느와르적인 분위기와 무게감 있는 연기는 감히 신의 경지에 도달했다 할 정도로 마치 도를 닦은 도승처럼 보이기도 한다.

그래서 극의 맛을 충분히 살려낸 최민식의 연기는 요즘 용어로 '연기짱'이다.

아무리 명연기자가 출연한 영화일지언정 "가지 많은 나무에 바람 잘날 없다."고 하듯이 신인 류장하 감독의 <꽃피는 봄이 오면>은 이야기하고자 하는 내용들이 많아서 그러는지 극적 구성력이 약간 산만하다는 느낌이 든다.

그 이유로 극을 형성하는 내러티브의 뿌리라고 할 수 있는 굵직한 이야깃거리들인 에피소드가 너무 많이 설정되어 있다.

그래서 본줄기인 주인공의 캐릭터가 산만한 기분이 들곤 한다.

그렇지만 한 연기자에 의해서 2시간 8분의 영상이 잘 무르익어 갔다고 생각한다.

마지막 엔딩 크레디트에 보면 시나리오 작업에 감독의 이름이 보인다.

바로 이런 부분이 캐릭터나 극적 구성에 다소 군더더기가 있어 보이는 주원인으로 판단된다.

이런 경우는 감독의 욕심이 과해서 생긴 경우이다.

그러나 차분하게 펼쳐지는 영화 내용들이 너무 잔잔한 감동과 울림을 주어서 영화가 끝이 나고서도 한참을 그 자리에 앉아 있게 하는 그래서 다시 되새겨 보게 하는 마력을 지닌 영화다.

최민식이란 세계적인 연기자가 모처럼 선보인 영화이기에 필자도 감독처럼 욕심이 앞서기 때문에 더욱 작품을 아끼는 마음에서 이런 걱정 어린 생각을 하게 되었다.

많은 감독들은 어떻게 하면 작품 속에 사실적으로 보이게 하면서 영화적 감동을 얻을 것인가에 많은 노력들을 하고 있다. 그래서 잔잔한 감동을 유발시켜 우리의 심상을 뒤흔들려고 하면 영화 속에 조금 더 현실감을 불어넣어 주어야 감동 등이 배가되기 때문에 우리 생활처럼 좀더 사실적으로 묘사를 하게 된다.

그래서 환상을 현실처럼 잘 꾸며 놔야 한다는 강박적인 思考가 감독들의 뇌리 속엔 항상 큰 고민거리로 남게 되는 바로 이런 부분들을 잘 정리해야 하는 것이 감독의 생명이기도 하다.

필자의 생각엔 시나리오를 쓰는 작가와 감독이 완전 분리된 영화가 더욱 참신한 감을 느끼게 한다고 본다.

본인이 시나리오 부분까지 작업을 했고 연출했었기에 욕심 때문에 매너리즘에 쉽게 젖게 되어서 불필요한 부분이 감독의 눈엔 잘 안 보이게 된다.

그래서 시나리오까지 담당하는 감독들의 작품들은 많은 이야기를 담으려고 하다 실패를 하는 경우들을 자주 보곤 한다.

그래서 필자는 군더더기 없는 깔끔한 영화를 좋아한다.

영화 속에선 아무리 힘들고 환상적이며 어려운 장면이래도 그 어떤 것이든지 꾸며낼 수 있다.

그러나 칸이 인정한 최민식은 <올드보이>의 '오대수' 역을 완벽하게 소화해 내기 위해서 10㎏ 정도 체중을 줄였기도 하고 스턴트맨을 쓰지 않고 고난도 액션을 직접 감행해서 욕심 많은 연기자로 정평이 나있다.

최민식은 이번 <꽃피는 봄이 오면> 영화에서도 본인이 직접 실감나는 연기를 위해서 연초부터 트럼펫 교습을 받았다고 한다.

영화 속에선 얼마든지 플레이 백이란 영화적 제작방법으로 주인공이 할 수 없는 음악적인 분위기를 그럴듯하게 만들어 지휘자나 연주자로 만들어 낼 수 있지만 이번 작품에서도 트럼펫까지 교습을 받아 가면서 <올드보이>에서 혼신의 연기를 펼쳐서 보이는 것처럼 극 중의 연기에 몰입되어 감정을 녹여냈듯이 열연을 했다.

그래서 더욱 <꽃피는 봄이 오면> 이 영화 속에는 최민식 연기자 혼자만 보이는 것 같은 영화이다.

아울러 가슴 따뜻한 사랑과 휴먼 드라마를 그린 이 영화에서 트럼펫 연주자라는 색다른 역할을 맡아 강렬한 카리스마와 소시민의 소탈함이 공존해 있는 특유의 이미지를 백분 살린 연기를 보여준 최민식이라는 연기자를 필자는 극찬하고 있는 것이다.

-아픈 만큼 성숙한 〈아홉 살 인생〉-

인생을 논하기엔 아직 빠른 아홉 살배기란 어린 초등학생들의 이야기가 감동을 주고 있어 아까운 지면을 할애하고 있다.

쌩땍쥐-베리의 '어린 왕자'와 같은 훌륭한 문학 작품은 아니지만 그래도 우리나라에서는 100만 부 이상 출판된 밀리언셀러라고 하는 작품으로서 소설 내용을 바탕으로 영상화시켜 극장에서 개봉한 지 6개월이 넘었다.

그러나 작품 <아홉 살 인생>이 아무리 어린 아이들의 이야기이지만 영화이야기로만 흘려버리기엔 너무 아쉬울 뿐 아니라 낡고 지친 기성세대들에게 충분히 자극제가 될 수 있고 청량제 구실도 할 수 있기에 이 지면을 통해 우리 모두 함께 배워 가야 하겠다는 심정에서 이 글을 올리게 됐다.

우리 기성세대들이 배워야 할 것이 바로 이들의 이야기 속에 담겨 있어 자식을 키우는 부모의 입장으로서 어린 학생들의 심리도 읽을 수 있고 아울러 부모나 할아버지 세대들도 다시 반성하고 각성하는 기회가 되었으면 한다.

한편 이 영화 속엔 기성세대들의 세계처럼 일명 삼각관계로 이루어진 사랑에 관한 질투와 모략이라 할 수 있을 정도로 애증도 섞여 있다.

또한 어린이들의 이야기이지만 볼만한 충분한 요소를 띠고 있기도 한 작품으로 누구나 한 번쯤 경험해 보았음 직한 첫사랑의 떨림과 서툰 사랑표현 그리고 그 나이 또래에 있었던 어렴풋한 세상에 대한 인식 등이 담겨 있어서 관객들의 마음을 옛날로 되돌아가게 자극시키고 있다.

또 이 영화 <아홉 살 인생>을 통해 우리 영화계에 큰 수확이 있었다.

그것은 한국영화계가 기대해도 좋을 세 명의 아역배우가 탄생했다는 커다란 사건이다.

아역배우들의 열연으로 화제를 모으고 있는 <아홉 살 인생>은 김석, 이세영, 나아현 등이 바로 그들인데 성인 연기자와 견주어도 뒤지지 않을 만큼 자신의 캐릭터를 훌륭하게 소화시켰을 뿐 아니라 선배 연기자들의 축소판처럼 보이기도 해서 화제가 되곤 했었다.

이들은 올해 모두 13살 초등학교 6학년으로 한국영화계가 주목하는 이 세 명의 차세대 배우들을 살펴보면 리틀 권상우라고 불릴 정도로 오로지 한 여자만을 향한 순정 그리고 친구들과 싸움에서도 결코 물러남이 없는 왕 배짱의 소유자 등의 모방연기를 펼쳐 <아홉 살 인생>의 백여민 역의 김석군은 <말죽거리 잔혹사>의 권상우를 떠올리게 할 만큼 카리스마 넘치는 소년 역을 너무 잘 소화해 냈다.

그리고 장우림이라는 배역의 이세영 양의 연기 역시 서울에서 시골 학교로 전학 온 시침 떼기 여학생 역으로서 주인공 여민의 마음을 한순간에 뒤흔들어 놓는 깜찍하면서도 도도하고 단아한 연기를 아무 거리낌 없이 척척 잘 해냈다는 후문이다.

이세영 양을 두고 리틀 이영애라고 부를 만큼 <아홉 살 인생>에서 연기한 장우림 역은 허진호 감독의 <봄날은 간다>에서 좀처럼 속을 알 수 없어 남자를 애타게 했던 이영애의 캐릭터와 유사하다.

아울러 두 역할 역시 마음의 깊은 상처들로 인해 두 캐릭터 모두 복잡, 미묘한 성격을 가졌는데 이처럼 이세영 양은 도도하고 쿨한 여성의 캐릭터를 대선배인 이영애 못지않게 해냈고 앞으로 악역 연기에도 도전하고 싶다는 이세영 양의 활약이 더욱 기대된다.

또 리틀 공효진으로 통할 정도로 비슷하게 닮은 꼴 연기로 처음 출연해 털털한 성격을 지녔지만 가슴 아픈 짝사랑의 주인공 오금복 역을 맡아 잘 소화해 냈기에 나아현 양은 충무로에서 많은 기대를 하고 있다.

정형화된 미인형은 아니지만 공감대를 자아내는 연기와 또래 중 유독 큰 키와 리얼한 감정연기가 공효진을 떠올리게 한 나아현 양은 <아홉 살 인생>이 발견한 배우이다.

영화 <아홉 살 인생>은 본인들의 수준과 경험만큼 맑고 순수한 감정들을 영화 속에서 여과시키지 않은 채 진솔함이라는 가장 큰 무기를 가지고 그대로 관객들을 쉽사리 동화시키고 있다.

그래서 이 영화 <아홉 살 인생>은 어린 시절의 순수만을 떠올리게 하는 것이 아니라 현재 자신의 모습까지도 반추할 수 있도록 영화를 통해 과거가 아닌 현재의 문제들을 제기하고 있다.

- 쌈짱과 범생이 〈우리 형〉 -

<철이 들면서 늙는다.>는 말이 있다.

무척 당연한 말인 듯하지만 남이라는 상대 앞에선 매우 부끄러운 말이기도 하다.

그러나 아무리 부끄럽고 얼굴을 들 수 없을 정도로 나쁜 일을 하였다 해도 덜 부끄러운 상대가 있다.

그것이 바로 가족이라는 집단이다.

이 집단은 마냥 평안하기만 하다.

그래서 오두막일지언정 부모 형제가 함께 살아가는 가족들이 있는 나의 집이 가장 편안하다.

요즈음 영화 한 편이 가족의 의미를 다시 한번 되새겨 보게 하는 계기를 만들고 있어 극장가에 큰 화제다.

바로 얼마 전에 개봉되어 큰 소리 없이 지금까지 상영되고 있는 과장 없는 진솔한 영화이면서 울음을 꾹 참아내게 했던 신인 이정철 감독의 <가족>이라는 작품에 이어 안권태 감독의 데뷔작인 <우리 형>이 바로 화제의 작품이 되고 있다.

영화 <우리 형>에서도 가족이라는 공동체는 일상적인 가정의 모습에 비해 바람직하지 못한 일들로 일관되게 꾸며져 있지만 그러한 모습들이 더욱 치밀하면서도 사실적으로 꾸며 그려졌기에 감동이 더욱 배가된다.

이처럼 꾸며낸 사실일지언정 그래도 가족을 그려내고 있기에 누가 감히 부정적인 토를 달지 않는다.

그 이유로는 누구나 자식을 키우는 입장에선 호언장담을 할 수 없기 때문에 다른 가정사에 이러쿵저러쿵 거들 필요를 느끼지 못하는 것이다.

그것은 남의 집 사정 이야기이지만 곧 나의 집 사정이 될 수 있기 때문이다.

조그마한 집단에 불과한 가족의 의미를 확대 해석하게 되면 국가이기도 하며 또한 세계일 수도 있다.

즉, 가족이라는 것은 누구나 공감할 수 있는 단어이자 집단이기에 훨씬 우리 마음속에 와 닿는 속도가 빠르고 거리감이 없음을 직감적으로 느낄 수 있다.

안 감독은 부산 출신의 감독이면서 과거 공전의 히트를 기록한 곽경택 감독의 작품이었던 <친구>의 조감독 출신이기도 해서 그런지 <친구> 냄새가 <우리 형> 영화 속에서 풍겨 나온다.

특히 동생 역인 원빈에게서 어디서 많이 보아 온 듯한 모습인 영화 <친구>에 그려진 장동건의 외형적 캐릭터와 비슷하게 닮아 있기에 그러하다.

또한 부산 지방 사투리의 억센 말투는 거슬린 듯하다가도 잠시 후엔 다시 구수한 우리네 고향의 소리처럼 마음속에 슬쩍 자리 잡게 되기도 해서 이 영화는 틀림없이 대박이라는 예감을 던져 주고 있다.

한편 이 영화는 제작 전부터 화제를 불러 모은 작품으로 시나리오가 나오자 충무로에선 걸작으로 평가되었고 해외투자자들은 제작비를 선납하는 등 영화 탄생 전부터 화려한 출발은 시작되었다.

이젠 우리 영화가 다소 불안한 감은 있지만 상위 랭킹에 올라가 있다고 본다.

이처럼 제작 초기부터 영화계의 관심을 받은 시나리오에 대한 소문과 함께 신하균-원빈이라는 톱 배우들의 캐스팅도 한몫을 했다.

<태극기 휘날리며> 이후 최고의 주가를 올리고 있는 원빈과 <공동경비구역 JSA> 이후 충무로에서 자타가 공인하는 연기파 배우 신하균은 그 이름만으로도 영화의 기대를 높이기에 충분했다고 본다.

그래서 이 작품의 대박 예감은 당연한 것으로 크게 떠들지 않아도 될 우리 영화계에서 흔하게 볼 수 있는 평범한 사건이 되었으면 한다.

한 달 전에 개봉한 문제아 딸을 다룬 <가족>이라는 영화와 학교 쌈짱인 동생과 범생이로 통하는 형과의 사이에서 펼쳐지는 연년생 형제의 이야기를 담은 <우리 형> 등, 요즈음 들어 무척 가족의 소중함을 일러주는 영화들이 히트를 하고 있어 우리 사회가 과거에 들어 보았던 예의범절이 확실한 '東方禮儀之國'이라는 소리를 다시 듣게 하고 있다.

영화 <우리 형>은 서로 다른 연년생 형제 사이에서 펼쳐지는 여러 가지의 에피소드들이 주를 이루지만 그 이야기 전체가 가족이라는 틀 속에서 펼쳐지고 있어 역시 "피는 물보다 진하다."라는 사실도 이 영화를 통해 다시 확인할 수 있다.

두 형제의 상반되면서도 매력적인 캐릭터를 통해서 펼쳐지는 영화의 다양한 에피소드가 강한 흡입력을 발산하고 있는 영화 <우리 형>은 바람 잘 날 없는 형제간의 경쟁과 화해를 경쾌하게 다룬 감성드라마로서 갖가지 영화 속 에피소드들이 영화의 재미를 책임지고 있다.

－꼭 봐야 할 영화 〈2046〉, 〈빈집〉－

이젠 영화보기가 겁이 난다. 아니 영화 감상 자체가 무섭다 못해 필자의 뇌가 어떻게 분해라도 되어 버릴 것 같은 위기감이 든다.

영화를 제작하거나 감독을 하지 않는 상태임에도 이처럼 위기감을 느끼게 된 것은 다름 아닌 요즘에 개봉한 영화들이 필자를 혼미하게 흔들고 있기 때문이다.

2004년 10월 13일에 개봉한 <2046>이 그렇고 <빈집>이 그렇다.

한마디로 이젠 아시아 영화가 바로 세계의 영화라고 필자 스스로 선포하고 싶고 바로 그 한가운데 한국과 중국의 영화가 무게 중심의 위치에 서 있음을 알 수 있다.

얼마 전 우리에게 베니스에서 승전보를 보내 왔던 '김기덕' 감독의 <빈집>과 '왕가위' 감독의 <2046>은 고급영상문화의 길로 우리를 인도하는 것 같은 착각을 일으키고 있다. 바로 고급 살롱문화 수준에 걸맞은 럭셔리한 영화라고 극찬하고 싶다.

솔직히 이런 영화는 중세 이후 타 영화 속에서 보아 왔던 모습들처럼 궁궐이나 사교 클럽 같은 장소에서 우아한 복장을 갖추고 귀족들처럼 감상해야만 할 것 같은 작품들로서 영상을 통해 업그레이드된 詩나 함축된 메시지 같은 작품이라고 평가하고 싶다.

분명 이 영화들 속엔 작가의 혼이 숨쉬고 있다. 하나의 생명체와 같은 생물임에 틀림없다. 그래서 관객들은 이 생물체를 가꾸고 보고 매만지고 잘 길러내서 더욱 좋은 위치에서 자랄 수 있도록 그

터전을 만들어 주어야만 한다. 바로 극장에서 많은 관객들이 봐 주어야만 한다는 것이다.

작품 <빈집>은 베니스영화제에서 감독상을 수상한 바 있어 우리 영화계 자존심을 한껏 살려주었던 작품이며 '김기덕' 감독 또한 세계 거장 감독의 대열에 성큼 다가서게 되는 좋은 기회가 되었다.

또 2004년 5월에 '왕가위' 감독의 <2046> 작품은 칸영화제에서 경쟁작으로 상영되었고 개막작만큼은 그 어느 곳에서라도 한 번도 상영되지 않는 프리미어 작품만 고집하던 부산국제영화제에서까지 <2046>을 개막작으로 선정할 정도로 가치가 높이 평가되는 작품으로 '왕가위', '김기덕'의 고정 팬은 상당한 수가 포진되어 있다.

이 정도 영화라고 하면 분명 두 영화는 가만히 두어도 마니아라고 자처한 사람은 무조건 보게 될 것이다. 그러나 그 숫자로만 따져 본다고 하면 틀림없는 흥행적인 면까지도 성공 예감이 드는 작품들이기도 하지만 이곳 남도 지방에서의 흥행성은 기대만큼 밝지만은 않다. 영화에 푹 빠져 사는 마니아층이 두텁지 못해 흥행적인 면은 장담할 수 없는 아쉬움이 남는 상황이기 때문이다.

<2046>과 <빈집>은 한 번 보고 느끼고 분석하기엔 어렵고 아쉽고 또한 모호하다. 특히 '왕가위' 영화를 처음 접하는 세대들에게 <2046>은 이해가 안 되는 부분이 너무 많아 영화 감상을 통해 마니아층을 두텁게 하려고 하는 의도가 오히려 영화로부터 정을 떨어지게 하는 요소도 내포되어 있어 아무한테나 이 영화를 권한다고 하는 것은 위험한 일이 될 수도 있다.

모든 '왕가위' 감독 영화가 그렇듯 한 번 보고서는 이해하기가 어렵다는 게 정설처럼 되어 있다. '왕가위' 영화뿐만 아니라 '김기덕' 감독 영화 역시 그의 전작들의 흐름과 작가의 철학적인 정신을 먼저 알고 영화 감상에 들어가야만 한다.

그럼으로써 영화의 속 내용을 느끼고 즐기고 이해하게 되어 작가의 심중을 이해할 수 있기 때문이다. 자라나는 신세대 영화광들은 새로움에 대한 호기심이 많은 세대로서 영상 발전의 커다란 조언자이자 견인차 역할을 하고 있는 그룹이다.

이런 점을 생각할 때 다소 영화가 어렵더라도 극장에 들러 <빈집>, <2046>류의 영화들을 자주 접해야만 한다.

이처럼 극장에 가는 것은 영상 발전은 물론이거니와 영상을 전공하게 될 후세들을 위한 根幹이 될 수도 있다는 이야기가 성립된다.

<2046>과 <빈집>은 잃어버리고 비뚤어지고 어긋나고 모순된 사랑에 대해 이야기하고 있다.

또한 양조위, 장쯔이, 공리, 장만옥을 비롯해 유가령, 왕페이, 기무라타쿠야, 이승연 등 많은 스타들을 두 영화 속에서 접하게 된다는 사실만으로도 초보 마니아들에겐 즐겁고 큰 기쁨이기도 하다.

-한국 상륙 실패한 일본영화들-

지금까지 우리나라에서 상영되는 일본영화들이 된서리를 맞고 있다.

아무리 훌륭한 문예물이거나 관객의 마음을 흔들어 놓는 흥행성이 강한 작품이어도 '이와이 슈운지' 감독의 <러브레터>와 몇몇 작품을 제외하곤 대부분의 수입된 일본 극영화들이 그냥 무너져 버리는 상황이 되고 만 것이다.

얼마 전 KBS-2TV 명화극장 시간에 후루하타 야스오 감독의 <엑기>(Station)라는 작품이 방영되었다.

이 작품은 제27회 아시아태평양영화제에서 감독, 남우주연, 촬영, 녹음상 등을 수상한 작품으로서 202편의 영화에 출연해서 일본의 국민 배우로 칭송받고 있는 다카쿠라 켄이라는 연기자가 1981년에 열연한 작품이기도 하다.

그러나 2000년 4월에 개봉한 <엑기>는 일주일 만에 흥행에서 참패를 당하였으며 수입을 눈앞에 둔 많은 일본영화들이 근신을 하고 있는 실정이다.

그래서 필자는 우리나라에서 이처럼 참패하고 있는 일본영화를 보고 있노라면 왠지 격세지감마저 들곤 한다.

한때는 세계를 상대로 전쟁을 일으키고 또 우리 민족의 말살을 꾀하기 위해 창씨개명을 통해 당대 모든 사람들의 정신과 문화까지 모두 일본식으로 바꾸려 했던 나라가 아닌가?!……

그러나 60여 년의 세월이 흐른 요즘 이젠 우리나라에서까지 일본

영화가 빛을 보지 못할 뿐 아니라 설상가상으로 한류열풍이라는 무서운 열병에 걸려 우리 영상물에 일본열도가 뜨겁게 달구어져 있는 형국이 되고 말았다.

심지어 TV영상물인 <겨울연가>가 안방을 강타한 후 욘사마 배용준과 최지우가 일본 내 광고물에 등장하게 되고 그 제품들이 날개 돋친 듯 잘 팔린다고 한다.

1945년, 36년의 긴 강점기에서 벗어난 이후 우리나라에서는 일본의 영상문화를 정상적인 루트를 통해서는 수용하지 못했다가 1998년 10월, 한일 양국이 21세기 새로운 한일 파트너십을 공동선언하면서부터 일본 대중문화에 대한 개방이 이루어 점차적으로 우리 영상시장의 문이 열렸다.

1997년 제54회 베니스영화제에서 황금사자상을 수상한 기타노 다케시의 <하나비>를 스타트로 우리나라에 일본영화가 정식으로 1998년 12월에 상영되었다.

뒤이어 1997년 칸영화제에서 황금종려상을 수상한 이마무라 쇼헤이 감독의 <우나기>도 1999년 5월에야 선을 보였었다.

그렇지만 예상과는 다르게 일본영화의 무서운 폭풍을 예상했던 영상전문가들마저도 막상 일본의 영화가 수입되어 상영이 되자 안도의 한숨을 쉬게 되었다.

이후 높은 점수를 주던 질 좋은 일본영화들에 대한 강박적인 사고는 차츰 사라졌고 이젠 다양하면서도 깊이 있는 우리 영화들이 일본영화를 앞설 정도이다.

영상산업이라고 하는 산업적인 측면에서는 매우 다행스런 경우가 되겠지만 어떻게 보면 영화를 전공한 입장에선 관객들인 젊은이들 사이에선 일본영화가 오히려 잘 통하지 않는 상황이기에 수입업자들도 이젠 아무리 질 좋은 일본영화라 해도 수입하지 않을 거라는 또 다른 걱정이 앞서게 된다.

다행인지 불행인지 과거 1950년대를 전후로 제작된 세계적으로도 잘 알려진 일본 걸작영화들이 요즘엔 화질 좋은 DVD로 다시 선을 보여주고 있어 다행이다.

여기서 한 가지만 집고 넘어가야 할 부분이 있다면 일본영화든 미국영화든 우리가 배워야 할 부분이 많이 있는 영화들이 우리나라에 상영이 되곤 한다는 것이다.

그러므로 독도 문제나 교과서 왜곡 등은 민감한 국가적 자존심에 관련된 문제이지만 그런 부분과는 한 차원 다른 예술적 범주에서 영상을 가름해 주었으면 하는 바람이다.

일본영화에 대한 반감만 갖지 말고 그것을 필드에 내놓고 분석하고 평가하고 비판하는 과정을 통해서 그들의 문화를 이해하고 우리의 문화도 그들에게 널리 알려주는 계기가 되었으면 한다.

좀더 거시적인 영상 관련 안목도 절실한 때이다.

-광주 남구 드라마·영화 세트장
활용에 관한 제언-

* 이 글은 당시 광주 남구청 영상 관련 부서 및 남구청장에게 질의하기 위한
남구의회 모 의원에게 발표자료로 제공해 주었던 글임.

남구 실내 세트장에 관한 설명: 2004년에 완공된 광주 남구 실내 세트장에서 촬영되어 그해 7월에 KBS <구미호외전>이 공중파를 타고 방영되었으나 고작 10%대의 시청률을 기록한 채 남구 주민들이나 영상 관계자 그리고 주변의 영상 애호가들의 기대에 못 미치는 결과를 양산하게 되었다.

그러나 지어진 16억짜리 세트장을 좀더 활용하고픈 남구의 입장과 이 장소를 이용하여 이익을 챙기겠다는 광주 모 단체의 이벤트성 기획이 맞아떨어져 그만 <구미호외전>을 마친 후 잠시 일반 손님을 맞는 납량물 이벤트현장으로 탈바꿈되고 말았다.

이 현상의 결과는 결국 엄청난 파장으로 치닫게 되는 과오를 범한 결과가 되었던 것이다.

이 사건은 남구 드라마·영화 세트장의 본시 목적과는 위배되는 현상으로 얼마만의 이익금을 분배한다는 조건으로 시작된 이벤트 사업은 예상과는 다르게 관객들로부터 외면을 받아 왔다. 이후 막대한 손실을 입고 막을 내린 이벤트 사업으로 인해 남구 세트장은 갈 길을 잃고 방황하기 시작했고 소방수로 나선 광주영상위원회 사

무국의 입주로 주춤거리던 세트장 활용 방안이 점점 가시화되어 드라마나 극영화 제작자들의 눈에 띄게 되었다.

그 결과 <주먹이 운다>, <혈의 누>, <박수칠 때 떠나라> 등이 앞다투어 남구 실내 세트장 점유에 혈안이 되었고 광주영상위원회의 알선으로 <박수칠 때 떠나라> 팀에게 기회가 돌아가게 되었다.

조립식 가건축물이었지만 갑자기 활용가치가 높아진 까닭으로는 장소의 특성상 제일 큰 요소로 가로×세로×높이가 우리나라에서는 제일가는 규모로 60×40×15미터라는 매머드 공간이기 때문이었다. 그러나 구미호의 악령이 되살아났는지 극영화 세트인 <박수칠 때 떠나라>의 세트를 짓기 위해 기존 세트를 철거하는 과정에서 철거업자의 취중 작업으로 그만 화마(火魔)에 휩싸이게 되었고 이후 가건축물인 조립식 실내 세트장은 '무보험', '무허가', '그린벨트'라는 구설수에 오르내리기 시작했다.

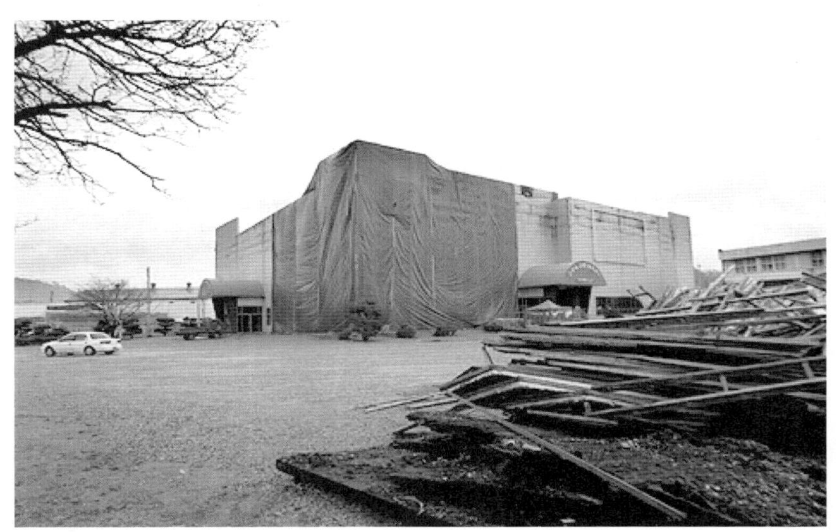

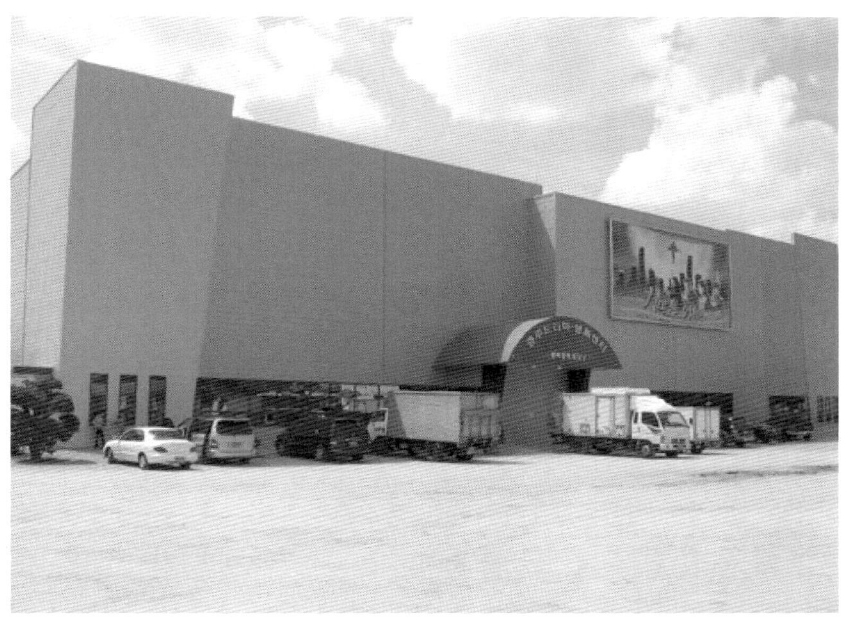

　2006년 12월에 그곳은 다행히 그린벨트 지역에서 해지되었으나 재정형편이 어려운 탓으로 남구나 시청의 도움을 받지 못한 이 세트장은 부활되지 못하고 그냥 흉물로 그대로 방치되고 있는 상황이다.

　설상가상으로 건축 당시 광주 남구의회 의원들에게 고발까지 되는 수모를 겪게 되었고 이곳은 구청 및 과거 구의원들 간의 정쟁의 장소로 탈바꿈되는 어처구니없는 불씨의 장소로 탈바꿈되고 말았다.

＊광주 남구 드라마·영화 세트장이 탄생된 이유와 그 역할

첫째: 영상산업의 활성화를 통한 지역 영상 인프라 구축
　영상문화를 널리 알려서 여러 사람들이 영상문화의 인프라를 공유하기 위함이다.

　예를 들어 선진국일수록 고급문화의 향유 빈도가 넓게 자리한다는 사실쯤은 거론할 필요도 없지만 다시 되새겨 본다면, 문화가 그 국가의 소득 수준에 따라 고급스런 살롱문화인 상위문화로 점차 바뀌어 가고 있음도 간과해서는 안 된다.

즉, 소득의 형편에 따라 문화를 즐기고 느끼는 향유하는 수준이 곧 국민의식 수준과 문화 수준이 일맥상통한다고 본다. 그래서 영상을 널리 알려서 영상이 곧 문화임을 깨닫게 하며 문화가 곧 우리 생활의 일부분임을 알려주기 위함이다.

세트장 활성화를 통해 지역 주민들께 영상문화를 인지할 수 있는 기회를 골고루 나누어주어 추후 영상문화 발전 및 영상산업으로 발전해 갈 수 있도록 세트장의 활용가치가 높아진다는 것이다.

둘째: 영상산업은 지역 경제 활성화를 꾀할 수 있는 돈이 되는 산업이며 사업이다.

관광산업과 연계되어 굴뚝 없는 산업으로서 큰 자금 없이 지역 경제에 이바지할 수 있다. 즉, 관광산업과 연계한 소득 창출이다. 그러기 위해선 사람이 모여야 한다는 것이 정답이다. 그러므로 사람이 모일 수 있는 거리를 제공해 주어야 한다. 그래서 유명한 영상 작품이 이곳 세트장에서 생산되어야만 한다는 것이다. 즉, 세트장은 본래 건립목적에 맞는 용도도 활용해서 유명상품이 생산되어야만 한다.

다시 말해 생산된 작품이 큰 성과를 올려 많은 사람들이 공감대를 형성할 수 있는 인기상품으로 만들어져야 한다.

이 작품은 무형의 자산이지만 크게 관광산업에 이바지하게 되는 것이다.

예를 들면 한류열풍으로 인한 관광지들의 즐거운 비명소리가 바로 이런 현상을 말해 준다.

배용준의 열풍이 곧 한류의 열풍이고 한류열풍은 해외 관광객들을 불러 모으는 주요 요인으로 TV드라마 <겨울연가>가 주요인인 것은 모두가 잘 아는 사실이며, 과거 1997년 제임스 카메론 감독의 <타이타닉> 영화 한 편의 수입이 현대 자동차 1년 수출액과 같다고 하는 통계적 수치는 널리 알려진 지 오래다.

이처럼 한 편의 영상물이 가져다주는 그 효과는 엄청난 것이기에 너도나도 지방자치단체들에겐 효도상품으로 작용하고 있음도 간과해서는 안 되는 일일 것이다.

그래서 누가 먼저 시작해서 먼저 뿌리를 내리느냐 하는 것이다.

곧 뿌리를 내린다는 사실은 영상문화, 영상산업이 크게 돈벌이 수단이 된다는 사실이다.

셋째: 영상 세트장은 반드시 촬영 위주 장소로만 활용되어야 한다.

가령 생산된 작품이 히트를 못 한다 해도 여러 사람들에게 남구 세트장의 가수요는 창출된다고 본다. 이 세트장은 꾸준히 시설도 보완해 가면서 순수하게 영상 촬영장으로만 활용을 해서 이곳을 널리 알리는 데 주력해야 할 것이다.

우리나라 영상산업을 평균치로 산출해 보면 매년 60~70여 편의 영화가 제작되지만 불과 10% 정도 6~7편 정도가 히트를 하고 나머지는 모두 적자에 허덕이는 형편이다.

참고로 이곳 남구 세트장에서 연간 10여 편이 촬영된다고 하면 한 편 정도 인기 작품이 나올 것이고 두 편 정도는 평균작 정도일 것이다.

그러므로 남구 세트장에서 촬영된 작품 중 어느 정도 인지도가 높은 작품이 나온다는 확률은 크게 잡아도 불과 20% 정도에 불과하다.

차후 이곳에서 생산, 제작된 영상물이 크게 성과를 거둘 시엔 촬영당시보다 축소판이 될지언정 실내용이지만 세트 모형을 본떠 소규모로 야외 오픈세트나 실내 세트를 다시 지어 일반 관광객들이 찾아볼 수 있는 테마파크를 조성해도 늦지 않을 것이다.

- 세트장에 약 1년에 많게는 10여 편, 적게는 3~4편 정도 유치되어서 작품을 완성하게 될 것으로 보임
- 영상세트를 활용해서 영상 관련 단지 조성(부천, 양수리 세트장 또는 북한의 종합 세트장처럼 갖가지 오픈세트장을 남구청 소유지인 고싸움 전수터 같은 넓은 장소에 옥외 시설인 오픈세트**로 재건축**을 시켜 **테마파크를 추진**해도 무방하다고 사료됨)
- 예를 들면 옥외 이벤트를 할 때에는 촬영된 작품 중 명장면을 골라서 재현하는 코너 등도 만들어 당시 주연 스타들의 복장으로 장면을 패러디 해내는 형식으로 이벤트를 펼쳐 나가기도 한다.
- 또한 주인공의 유명인 복장을 한 대역들과 사진도 함께 찍을 수 있는 기회도 제공해 주기도 하며, 오픈세트장에서 관객들이 체험할 수 있는 체험의 장으로도 활용해 볼 법하다.
- 각 극 영화사에 다양한 방법으로 남구 세트장을 알리고 유사 업종인 광고영화사 문화 홍보 전문 영화사, 디지털 영상 집단 또는 독립영화나 다큐영상 집단 등에도 알려서 영상 관련한 모든 행사나 유사 촬영에 관련된 행사를 치르도록 해야 한다.
- 이벤트성으로 지나가는 약 선전 같은 행사는 치러선 안 된다. 조금 늦게 세트장이 알려지더라도 알차게 꾸준히 본 세트장 건립 목적에 걸맞은 촬영 장소로만 활용되어야 한다는 것을 강조하고 싶다.

이것이 세상이다.

그래서 많은 사람들은 정반대로 꼴찌에겐 아무도 알려 하지도 않고 관심마저 가져 주질 않게 된다.

그래서 이 영화를 10년 전부터 기획해 온 김종현 감독의 기발한 착상에 감탄사를 띄워 보낸다. "oh-good!"이라고.

1등만 존재하게 하는 요즈음에 한국 프로야구가 여기까지 오게 하는 진정한 밑거름 역할을 해 준 한 맺힌 패전투수들의 쓰라림을 <슈퍼스타 감사용>의 스크린을 통해 찾아보셨으면 한다. 그래서 주위에 계시는 친지, 가족, 동료들 중에 열등감에 사로잡혀 마음들이 여려진 그들에게 삶의 희망과 용기를 심어 주시길 바라며 이처럼 우리 영화 한 편이 세상을 바꿔 즐겁고 살맛나는 세상으로 바꾸는 매개체 역할을 했으면 하는 바람이다.

이번처럼 영상문화 활성화라는 허울 좋은 핑계를 들고 이벤트성의 행사로 일확천금을 꿈꾸는 급조한 단체에 남구의 피와 땀으로 만들어 낸 신성한 세트장을 대여해 주어서 마치 로또행운을 노리는 무능력을 스스로 인정하고 마는 반건달 형태는 이번을 계기로 하루 빨리 사라져야 한다. 그래서 진정한 영상문화가 자리매김할 수 있도록 빨리 관계자들은 마음을 고쳐야만 한다.

예를 들어 여수 부근에서 촬영 중인 <혈의 누>는 실내 세트장으로 많은 고민을 하고 있다.

남구와 협의만 성사되었어도 <구미호외전> 이후에 곧바로 극영화 촬영에 들어가게 되었을 것인데!……라는 아쉬움만 남는다.

지금이라도 협의해서 <혈의 누> 세트를 유치할 수 있다. 빨리 결정 바란다.

세트장에선 촬영만을 유치하고 옥외 오픈세트를 건립해서 촬영 및 관광과 연계시켜 이벤트나 각종 홍보성 용도의 행사를 치러내야만 한다. 남구 실내 세트장은 차츰차츰 시설을 보안해 가면서 영상물 유치에만 온 신경을 곤두세워야 할 때이다. 계속 '무비 판타지' 이벤트 행사를 세트장에서 하려면 5,000만 원 상당의 보증금을 이벤트사로부터 선불로 받고 임대해 줄 것을 당부드리고 싶다.

－욕망과 유혹이 빚어낸 파멸 〈주홍글씨〉－

〈사랑과 영혼〉으로 널리 알려진 연기자 데미무어가 주연을 맡아 화제를 모았으며 게리올드만 로버트듀발 등 호화 배역이 더욱 영화를 감칠맛 나게 했던 세계적 문호 나다니엘 호돈의 유명한 동명 베스트셀러를 영화화한 롤랑조페 감독의 1995년 작품 〈주홍글씨〉가 또다시 변혁 감독에 의해 발표되어서 한창 화제이다.

17세기 말엽 영국 배경으로 그려진 롤랑조페 감독의 〈주홍글씨〉는 순결을 강조하는 엄격한 청교도 사회에서 남편을 배신하고 불륜을 저지른 죄로 수치심을 주기 위해 주홍글씨로 'A'를 가슴에 달도록 가혹한 벌을 내린 영화이다.

이처럼 남녀의 사랑은 그 누구도 가로막을 수 없다는 사실들은 동서고금을 통해 익히 들어 잘 알려진 사실이지만 주위 사람들의 냉소와 따돌림에도 불구하고 자신이 선택한 사랑을 대범하고도 열정적으로 지켜 나가는 관능적인 젊은 여인의 용기에 많은 관객들은 찬사를 보낸 바 있다.

또한 필자는 스스로 용기 없이 살아온 본인의 과거를 돌이켜 볼 때 부끄럼마저 들곤 한다.

그것은 참다운 사랑을 한 번도 해 보지 못한 나의 반성일 수도 있다.

분명 17세기 이야기를 원작으로 하고 있는 영화이지만 가혹하리만치 주인공인 여성에게 씌우는 굴레는 너무하다는 말밖에 나오질 않는 작품이었다.

이젠 세상도 바뀌어 가고 있다.

그래서인지 우리 영화 <주홍글씨>는 남성이 영화 속에선 주인공이다.

바로 남자주인공의 가슴에 'A'라는 글자를 크게 달아 주어야 할 영화인 것이다.

즉, 뒤바뀌어 가는 세상의 흐름에 동참이라도 하듯 우리 영화계의 샛별인 변혁 감독은 과감하게 남녀의 위치를 원작하고는 다르게 180도 바꾸어 각색을 해냈다.

그래서 남자가 복수(複數)의 여성을 상대로 사랑을 나누는 형국이 되고 마는 애정행각들을 가감 없이 진솔하게 스크린에 투영시키고 있다.

그런데 이 영화는 윤리와 도덕성으로 판단하게 되면 여성들로부터 많은 질타를 받아야 함에도 오히려 이 영화는 여성의 관객들이 자리를 더 많이 차지하고 있다.

본시 영화 관객의 75%가 여성이라고 한다지만 <주홍글씨>라는 작품은 과거 롤랑조페의 작품이나 변혁 감독의 작품 역시 많은 관객들에게 화제의 대상임에는 틀림없다.

경건과 순결이 절대적으로 요구되던 그 당시의 청교도적 분위기를 조금이라도 이해한다면 자신이 택한 사랑을 지키기 위해 수치심을 억누르며 속죄의 나날을 보내게 되는 일이 여성의 위치에서 얼마나 견디기 힘든 것인가를 헤아릴 수 있다고 하는 원작의 메시지를 이젠 남성에게 그 무게가 실렸다는 이야기이다.

그래도 필자는 우리 영화 <주홍글씨>의 성공예감을 다시 한번 확인하고 싶다.

그 이유로서 영화 내용 중 어느 장면이 특이해서 압권이 아닌 작품 기획에서부터 구성에 이르기까지 철저하게 계산된 세심한 작품에 대한 집중적인 분석력이 한눈에 들어오기에 극찬하고 있는 것이다.

우리나라 초일급 스타인 한석규가 복수(複數)의 사랑으로 인해 지탄의 대상이 되는 배역을 맡아서 더욱 관심이 높은 작품으로 시선을 끊어 당겼고 친구의 남편인 남자주인공과의 깊은 사랑을 잘 표현해 낸 당찬 사랑의 연기를 거침없이 정열적으로 표현한 이은주 양에게 다시 한번 찬사를 보내고 싶다.

아울러 아내 역의 엄지원 양과 남편살인의 유력한 용의자로 마치 정신이 나간 어벙한 여인으로 첫 등장해서 수사선상의 대상에서 차츰차츰 자신의 무기인 매력적인 끼를 충분히 분출한 미망인 역의 성현아 양에게도 뜨거운 박수를 보내는 바이다.

엇갈린 사랑과 그 사랑의 대가를 치르는 연인들의 이야기를 에로틱한 긴장과 비애로 그린 영화 <주홍글씨>는 어긋난 사랑과 그 사랑의 대가를 그린 형사 스릴러풍의 멜로물로서 불륜인 비도덕성을 잘 꾸며냈기에 화제인 것이다.

이처럼 영화(映畵)란?

내러티브의 소재가 설령 불륜이든 정도(正道)의 사랑이든 그 어떤 것이든 상관하지 않고 그 작품 완성도를 더욱 중시하는 것으로 이것은 전개 과정의 흐름과 형식 등에 크게 비중을 두고 있다는 뜻이다.

즉, 대중성, 예술성, 상품성 등 여러 얼굴을 지닌 영상물이 영화(映畵)인 것이다.

− 지울 수 없는 영화
〈내 머리 속의 지우개〉−

모처럼 감동 속에 흠뻑 젖어 울다가 웃게 되는 영화 한 편 보았기에 여러 사람들과 함께 공유하고파 이 글을 쓰게 되었다.

이재한 감독의 독특한 영상화법에 감탄하지 않을 수 없었고 소재가 참신하다는 느낌을 받았기에 필자는 가뭄에 단비를 만난 양 흥분을 감추지 못한 자제가 다소 힘든 감정으로 이 글을 쓴다.

<내 머리 속의 지우개>는 울다가 웃는 영화라고 하면 이상하게 들릴지 모르겠다.

이 영화는 분명 슬픈 멜로장르의 영화이지만, 희망을 주는 해피엔딩으로 종전의 영화들과는 다르게 극적 감정을 180도 바꾸어 또 다른 반전으로 펼쳐지는 생각지도 못했던 결론을 관객들에게 제시한다.

예를 들면 보통 영화의 경우는 주인공이 몹쓸 병에 걸리면 영화가 끝날 때까지 그 슬픔의 연장선에서 마무리되는 것이 일반적인 사례이다.

그렇게 해서 관객들을 울리는 효과를 택하고 있지만 이재한 감독의 <내 머리 속의 지우개>는 죽음으로 몰아가는 라스트의 흔한 형식을 이번 영화에서는 기쁨과 행복이 넘치면서 삶의 보람과 사랑의 힘을 크게 부각시킨 해피엔딩으로 끝을 맺는 영화이다.

이 점이 매우 통속적인 사실로부터 탈피한 참신한 아이디어라는 점을 강조하고 싶다.

특히 이재한 감독의 연출력을 높이 평가하고 싶다.

물론 잘 짜여진 튼튼한 시나리오의 큰 뒷받침이 있었겠지만 하는 당연한 생각도 해 보지만 각본 역시 이재한 각본으로 되어 있다는 사실을 알고서야 "야!……" 하면서 감탄하게 되는데 필자는 연출과 각본은 분리되어야 한다고 주장하는 사람이다.

그러나 이 정도로 작품성, 대중성이 뛰어난 작품이라면 항상 감독이 각본까지 겸해야만 한다는 사실을 강조할 수밖에 없다.

그러나 분명한 건 각본과 연출은 분리되는 편이 훨씬 냉철한 판단력으로 질 좋은 작품을 양산해 낼 확률이 높다는 것이 필자의 지론일 뿐이다.

요즈음 신인감독의 데뷔작들이 주를 이루고 있는 상황이다.

아무 검증도 안 된 상태에서 신인감독들에게 모험을 거는 제작자들의 얄팍한 흥행적인 사고(思考)에 의구심을 품어 보기도 하지만 상대적으로 이런 기회가 아니면 신인감독들은 영화계에 들어설 자리가 없을 거라는 생각도 든다.

서로 공생관계임에는 틀림없다.

그러나 이재한 감독은 미국 '마틴 스콜세지' 감독의 후배다운 뉴욕 영화학파답게 대중성과 작품성을 겸비해서 잘 만들었다.

유학 시절 40여 편의 단편영화를 만들어 주위 동료학우들로부터 부러움을 받았다고 들었는데 이처럼 단편영화에서의 연습이 밑바탕이 되었다고 한다.

요즈음 우리나라 젊은 감독들도 이처럼 단편영화에 많은 무게를 실어 노력을 해야 할 것이라는 경종을 울리고 있다.

아울러 이 영화 속엔 일본의 '이와이 슈운지' 감독이나 홍콩의

‘왕가위’ 감독처럼 탐미적인 영상들이 눈에 들어온다.

그리고 클로즈업이라는 어려운 작품성 컷들이 자주 등장해서 마치 탐미적 영상미(映像美)의 대가라고 하는 호주 출신이면서 이번 ‘장예모’ 감독과 함께했던 <연인>을 촬영했던 ‘크리스토퍼 도일’이라는 촬영감독을 연상케 하고 있다.

알고 보니 이재한 감독은 뮤직비디오와 광고영화 등에서도 현역에서 일하고 있다는 사실을 알게 되었다.

2002년 12월에 개봉한 <휘파람 공주>를 감독한 이정황 감독도 CF감독 출신이기에 당시 영화의 영상이 유별나다는 느낌을 받은 적이 있었다.

역시 본인의 전공을 백분 발휘하는 탁월한 연출력이 이재한 감독의 독특한 장점이다.

많은 광고영화 감독들이 장편 극영화의 꿈을 안고 기회를 엿보고 있지만 이처럼 픽업되기까지는 상당한 뼈를 깎는 고통도 있었으리라 생각된다.

아무튼 이번 <내 머리 속의 지우개>는 보기 드문 수작이다.

아쉬운 점은 너무 아름답고 순진무구한 여인의 모습이 가련형으로 바뀐다는 사실이 단지 아쉬울 뿐!……

그 밖에 더 이상 꼬집어 낼 곳이 없다.

아무리 잠자리에 누워 방금 보고 온 이 영화를 내 머릿속에서 지워 버리려 해도 지워지지 않는다.

앞으로 ‘이재한’ 감독에게 바람이 있다면 우리 영화계에 좋은 결과물들을 많이 양산해 내길 간절히 바라는 바이다.

-숨겨선 안 될 〈패닉 룸〉-

지난 2002년에 개봉한 작품인 <패닉 룸>이 왠지 필자의 가슴에 와 닿는다.

워낙 유명한 영화이면서도 우리나라에선 맥 못 추리고 그냥 사라졌던 아까운 영화이기에 더욱 아쉬워서 다시 한번 들추어내 본다.

어찌 이 작품만 우리 영화의 득세에 눌려 조용히 사라졌을까마는 그만큼 빛을 발하지 못하고 스네이크아웃되고 만 작품이다.

이 작품의 여주인공은 2001년 칸국제영화제에서 심사위원장으로 초대된 조디 포스터(Jodie Foster)라는 여배우이다.

아마 조디 포스터에겐 개인적으론 더 이상의 영광이 없었을 것이다.

세계적인 영화제에서 심사위원장이라는 칭호는 평생에 한 번 기회가 찾아오기 힘든 귀한 시간임에는 틀림없다. 그러나 조디 포스터는 <패닉 룸>이라는 데이빗 핀처 감독의 작품에 출연 중이었다.

그래서 아쉽지만 시간 관계상 참여할 수 없었다고 한다.

그만큼 영화 <패닉 룸>은 가치 있는 작품임을 증명해 주고도 남는다.

그런 작품도 우리나라 개봉관에서는 어느 날 슬쩍 자리를 내놓고 뒷전으로 사라지고 말았다.

더욱이 조디 포스터라는 여배우는 미국과 영국 두 아카데미영화제에서 연기상을 수상한 기록도 가진 명연기자이면서 예일대 출신의 명문대 졸업생이기도 하다.

그래서 더욱 필자는 아쉬움이 남아 다시 거론하고 있는 것이다.

이 작품은 제목에서 풍기는 뉘앙스처럼 스릴러 작품이다.

<패닉 룸>은 비상사태(panic) 시 대피하기 위해 집안 깊숙한 곳에 숨겨져 있는 비밀의 방을 의미한다. 영화는 우연히 패닉 룸이 설치된 집이 또한 여주인공에 니콜 키드만이 캐스팅되었다고 한다.

그러나 <무랑루즈> 촬영 시 다친 상처로 인해 출연이 보류되고 말았고 그 이유로 정숙하고 지적이며 세련된 조디 포스터가 캐스팅되었다. 또한 1999년 작인 데이빗 핀처의 <파이트 클럽>의 경우 로케이션 장소가 150군데에 달했지만 <패닉 룸>에서는 단지 볼거리 없는 한 곳에서만 이루어진다.

그래서 흥행이 걱정이 된 영화 제작사는 감독에게 영화 결말 부분을 고치라고까지 하는 감독에겐 치욕적인 행위도 스스럼없이 지시했고 그러나 고집을 세운 데이빗 핀처 감독은 과거 1995년에 발표해서 대성공을 거둔 <쎄븐>의 감독 명성답게 본인의 뜻대로 <패닉 룸>을 개봉해서 일주일 만에 3,000만 불이 넘는 흥행을 거두어서 조디 포스터와 인연을 맺은 후 크게 대박을 터트리고 말았다.

이후 조디 포스터는 흥행 연기자로 자리를 잡을 정도로 이젠 정숙하기만 한 캐릭터에서 흥행도 보장하는 보증수표로 돌변한 연기자이기도 하다.

한편 감독 데이빗 핀처도 대단한 인물임에는 틀림없다.

어려서부터 영화의 SFX(특수효과)에 관심이 많았던 데이빗 핀처는 8세 때 보았던 <스타워즈>에 동요돼 조지 루카스사단에 들어가 미니어처와 시각 효과 부문의 촬영 조감독을 했으며 계속 어려서의 꿈을 키워 끝내 감독으로 자리매김했다.

그래서 사라진 영화 <패닉 룸>은 결코 영화사에선 높이 평가되고 영원히 사라지지 않는 작품으로 자리하고 있다.

- 늦가을 영화 〈노트북〉-

한 달 전에 개봉되어서 한창 상영 중인 이재한 감독의 <내 머리 속의 지우개>의 슬픔을 다시 연상케 하는 미국영화 <노트북>이라는 작품이 다시 극장가에서 화제가 되고 있다.

<내 머리 속의 지우개>는 젊은 나이에 알츠하이머라는 무서운 병에 걸려서 관객들을 애태우게 하다가 해피엔딩으로 끝나 우리들에겐 꿈과 희망을 심어 주었다.

<노트북>은 <병 속에 담긴 편지>(1999년)의 작가인 니콜라스 스파크스 장인이 겪었던 실화로서 이 내용이 소설로 출간되어 뉴욕타임즈 베스트셀러 리스트에서 1년여 동안 인기를 끌었었고 <존 큐(2002년)>라는 영화를 감독했던 닉 카사베츠 감독에 의해 영화화됐다.

마치 영화 <노트북> 내용처럼 25년 동안 중풍으로 인한 병마에 시달리시면서 철부지 삼남매를 어엿한 사회인으로 키워 놓으신 지금은 하늘나라에 계신 필자 생모(生母)의 뒷바라지를 헌신적으로 하셨던 아버님을 생각나게 해 필자의 가슴엔 내 가족의 이야기를 그리는 것처럼 느껴져 영화가 끝날 때까지 그만 흐르는 눈물을 주체할 수 없었다.

그래서 필자에게 남다른 영화로 보이게 한 영화이다.

그래도 실컷 울다 보니 영화가 끝나고 기분이 상쾌해지는 기분도 느끼게 되었다.

역시 눈물은 꼭 흘릴 때 실컷 흘려야겠다는 생리적인 현상도 터득하게 되었다.

솔직히 필자는 부모님 장례식 때마다 터져 나오는 울음을 남에게 보이지 않게 하기 위해 많이 자제하면서 눈물을 감추곤 했었다.

그러나 이 영화 이후로는 절대 흐르는 눈물은 멈추지 않고 슬플 땐 실컷 울어버릴 작정이다. 영화의 내용은 젊은 시절 우여곡절 끝에 우연히 만난 두 남녀가 상당한 신분의 차이와 외부의 압력 그리고 여자 측 부모의 반대를 극복하고 마침내 결혼으로 골인하는 역정을 환상적으로 멋지게 꾸려 나갔다.

그러나 세월이 흘러 노년이 된 시절, 부인에게는 운명의 장난처럼 닥치지 말아야 할 몹쓸 치매가 찾아들게 된다.

그래서 영화 도입 부분에 간호사의 안내로 치매 병동에 들어간 남편은 치매에 걸린 부인 옆에 앉아서 연속극 형식으로 책을 감칠맛 나고 궁금증이 들도록 읽어 주게 된다.

바로 두 사람의 과거 연애담이 이 영화의 주된 내러티브이다.

그래서 이 영화는 이야기 속에 또 다른 시점의 이야기가 펼쳐지는 이중적인 이야기 형식을 띠고 있는 복합 구조의 영화로서 회상이라는 기법을 차용해 과거를 보여주고 있다.

이런 되풀이 형식은 관객들에겐 쉽게 내용을 이해하게 되는 장점이 있는 영화편집 형식이다.

특히 <노트북>에서는 끝까지 부부가 함께하는 아름다운 모습이 매우 인상적이기에 지면을 통해 알려 드리고자 한다.

한날한시에 부부가 숨을 거두게 되는 슬프면서도 기이한 현상이 마지막 장면에 보이는데, 이 장면은 죽음이라는 혐오스러운 장면으로 보이는 것이 아니라 뿌듯한 기분이 드는, 노부부의 운명을 아름답게 승화시킨 작품이라고 극찬하고 싶다.

그래서 많은 사람들이 이 영화의 매력에 흠뻑 젖어 보셨으면 하는 마음에서 낙엽 떨어지는 늦가을에 <노트북>이라는 영화를 권해 본다.

- 인정 넘치는 〈바그다드 카페〉-

　1987년 작품인 〈바그다드 카페〉는 그것도 제작국가가 서독이라서 그러는지 오래된 작품 같은 느낌을 받게 된다.

　본시 '바그다드'라는 지역은 사막 가운데서 옥토로 이루어진 황금의 땅으로, 고대 문명의 발상지라 하지 않았던가! 지금은 세계전쟁의 중심이 되어 버린, 버려야 할 땅처럼 보이는 곳이지만 17년 전만 해도 한때는 화려했던 흔적들과 함께 영화 한 편의 제목으로도 그럴듯하게 자리매김하였었다.

　하필 이때에 바그다드와 관련된 영화를 선택했을까 하고 의아해할 독자 분들이 계실지 모르겠으나 대량 살상무기인 화학무기가 있다는 설 때문에 전쟁을 겪고 있는 지역이기에 요즈음 세계의 이목이 집중된 곳이 바로 바그다드이다.

　또 바그다드 하면 티그리스 강과 유프라테스 강에 이르는 중동 사막 지대 안의 비옥한 지역으로서 세계 고대 문명의 발상지이기에 더욱 유명한 곳이다.

　그런데 영화 〈바그다드 카페〉는 도시 이름만 상징적으로 빌려온 영화 제목으로, 즉 화약고 바그다드가 아닌 바람과 모래뿐인 쓸모없는 땅 한가운데 오아시스가 있는 바그다드처럼 영화 〈바그다드 카페〉는 삭막한 도시생활에 찌든 요즈음의 우리들에게 잠시 쉬어가며 지친 몸의 피곤함도 잊게 해 주는 청량제 구실을 하는 영화라고 생각하면 좋을 듯싶다.

영화 <바그다드 카페>는 아쉽게도 개봉 당시 아무런 반응을 얻지 못하고 조용히 그늘로 숨어 버린 작품이다.

그러나 삭막한 영화 배경 속에 울려 퍼지는 음악은 우리의 가슴을 미어지게 하는 데는 조금도 손색이 없었던 작품으로 17년 전에 제작되었지만 지금도 이 작품은 많은 영화 마니아들과 음악 애호가들 사이에서 회자되고 있다.

이 영화 속의 콜링 유라는 아름다운 멜로디에 많은 영화 팬들은 음악 때문에 취하기도 한다. 그래서 보기 드물게 영화 속 음악으로 인해 <바그다드 카페>라는 영화가 덤으로 끼워서 팔리듯 음악의 덕을 톡톡히 본 본보기 영화이다.

이처럼 <바그다드 카페>가 입 소문이 나게 되니까 비디오테이프를 구하기 위해 마니아들이 애를 먹었다고 한다.

필자는 "일찍 영화도 보았고 비디오테이프도 구했었고 DVD도 출시되자마자 구입했다."라고 자랑 아닌 자랑을 서슴없이 하고는 마치 무슨 영웅이나 된 것처럼 이 영화에 대해서 거침없는 극찬의 소리만 털어놓곤 한다.

이 영화 속에는 포근하고 따뜻한 영상과 인간미 넘치는 연기자들의 캐릭터 그리고 부조리한 삶의 아이러니도 함께 담겨 있어 인생의 교과서와도 같은 영화이며 한편으론 페미니즘영화이기도 해서 여성들로부터도 많은 호응을 받고 있다.

잠시 쉬었다 가는 카페처럼 <바그다드 카페> 속에는 인간미 물씬 풍기는 휴머니즘이 듬뿍 담겨 있어 한마디로 인정 넘치는 카페에 한 번 들러 달라는 부탁을 하고 싶을 정도이다.

이 영화는 여행하다 벌어진 사건을 영화화했기에 '로드무비'이면서 두 사람의 우정이 담긴 '버디무비'이며 아줌마들의 삶 속의 아픔을 담고 있어 페미니즘의 본보기 영화이기도 한 다양성도 함께 내포된 영화이다.

일단 영화를 보신 후에 다시 음악만을 감상하게 되면 우리 삶 속에 따뜻함을 남겨 주는 그래서 노스탤지어를 불러일으켜 주는 인상적인 영화가 펄시 애들론(Percy Adlon) 감독의 <바그다드 카페>이다.

－몸과 마음이 자유로워지는 〈발레교습소〉－

12년 이상 초·중·고교의 경직된 정규교육을 마치고 수능을 치른 수험들에겐 경직된 근육과 정신을 이완시키기 위해서라도 운동은 꼭 필수다.

그러기 위해선 변영주 여류감독의 두 번째 장편 극영화인 <발레교습소>를 먼저 보고 난 후 동리 발레교습소를 기웃거린다 해도 괜찮을 것 같다.

수능 부정 문제로 인해 가뜩이나 볼 상 사나운 지경에 이른 시기에 이곳 호남 지역에선 이젠 전국 규모의 부정 사건으로 밝혀지자 다소 안도의 한숨을 쉬는 것 같은 느낌이다.

그러나 애향심 측면에서 보면 지역민으로서는 전국적인 부정 행위가 현실로 밝혀지고 있어 얼마 전의 따가운 시선이 다소 누그러졌기에 '휴! 다행이다.'라는 생각이 들기도 하지만 앞으로 이런 과오를 범하지 않도록 우리 온 국민 모두 고개 숙여 진지하게 논의하고 고민해야만 할 것이다.

그런데 하필이면 이 시기에 <발레교습소>라는 수능 이후 벌어지는 사건을 중심으로 다루어진 영화가 개봉되었다.

이 영화 속에는 고삐 풀린 망아지처럼 마구잡이 형태로 뛰어다니는 젊은 10대들의 모습을 거침없이 잡아내어 보여주고 있다.

한마디로 구속에서 벗어나고픈 10대들의 현실로부터 일탈이라는 용어가 적당할 것 같다. 12년 이상 그동안 숨죽이며 지내 왔고 이젠 어느 정도 숨을 쉴 수 있는 시기이기에 다소 어른들의 눈엔 거슬려도 현실이 그런 만큼 젊은이들의 반항 아닌 반항도 눈감아 주어야 할 부분이 있는 것 같다.

'꾸중과 질책만이 최선책은 아니다.'라는 사실도 이 영화 속에서 보여준다. 이유는 항상 어린 자녀로만 생각되지만 이젠 20세를 바라보는 성인의 문턱에서 나름대로 성숙해지는 고민들을 하면서 아픔만큼 성장하고 있기 때문이다.

아울러 어느 작가의 "실수는 젊음의 특권이다."라는 말처럼 필자 역시 "젊음은 실수가 크게 죄가 되지 않는다."라고 한마디로 압축하고 싶다.

설령 그것이 윤리적으로나 도덕적인 관점에서 볼 때 큰 오점을 남긴다 하더라도 젊음이라는 미래지향적인 가치 앞엔 별로 중요하지 않다고 생각한다.

그러한 과오를 거울삼아 더 낳은 삶을 영위할 수만 있다면 10대 때 잠시 실수는 영원한 촉진제로 작용하리라 믿는다. 필자 주변에도 많은 분들이 10대 당시에는 갈팡질팡하면서 현실과의 괴리감에 흐느적거리며 지냈었던 친우나 동료들이 지금은 훌륭한 일꾼으로서 이 민족과 나라에 충성하면서 화목한 가정을 꾸려 가고 있는 모습을 자주 접하고 있다.

바로 이런 미래지향적인 내용을 듬뿍 담고 있는 수준 있는 영화가 바로 변영주 감독의 <발레교습소>라는 영화인데 이 영화가 멀티플렉스극장에서도 외면당하고 있는 것 같은 추세이다.

그래서 필자는 많은 대중들로부터 멀어지려고 하는 이 영화에 더욱 애착이 간다.

영화 속이나 현실에서나 누구나 한 번쯤 한때 사랑, 싸움, 질투, 시기, 고통 등에서 자유로워지고 싶고 자기 뜻대로 살아가고 싶어지는 시기가 있다.

누구나 한 번쯤 겪는 과정일 뿐이다.

또한 기성세대들은 바로 이런 점을 너무 잘 알고 있기에 노파심에 꾸중도 하는 것이다.

부디 영화 <발레교습소> 속에서 고민도 해 보고 해답도 찾아보았으면 한다.

-1950년대 한류원조 〈역도산〉-

1950년대 초까지만 해도 일본은 전후 복구에 힘을 쏟던 시기로서 많은 일본 국민들은 허탈한 상태이기도 한 마치 패닉 상태에 놓여 있었던 시기였었다.

그때 스모라는 우리의 씨름 같은 스포츠가 전통일본스포츠로 각광을 받다가 역도산(力道山)에 의해 일본에 미국에서 건너온 프로레슬링이 전파되었었다. 이 프로레슬링이란 신종 스포츠는 일본열도를 단숨에 휩쓸었고 그 가운데 역도산은 주역으로서 한가운데 있었던 중요한 역사적 인물이기도 하다.

모든 역사엔 시대적 흐름이 있듯이 스모나 프로레슬링에 이어 프로야구 그리고 동경올림픽 등이 일본 역사 속에 자리하게 된다.

이처럼 스포츠에 관련된 화젯거리가 풍부해지자 1960년대엔 일본의 프로레슬링계는 그만 잠자리에 들게 된다.

패전국이기에 전 인류에게 큰 죄인이기도 한 일본 국민들이지만 당시 대중들의 우상인 요즈음 욘사마로 통하는 배용준의 인기처럼 일본인들은 잠시나마 그들의 우상인물로 역도산을 설정해 놓고 마냥 즐거워했었다.

영화 속 이야기에서도 보이지만 미국인 선수들과의 사각의 링에서 이루어진 단순 경기인 프로레슬링이지만 역도산이 미국인과의 경기에서 대신 화풀이를 실컷 해 주게 되자 마치 전쟁 당시 일본을 패전국으로 전락시킨 미국을 이겨낸 승자인 양 매 경기마다 승승장

구한 역도산의 폭발적인 그 인기는 날로 급물살을 타듯 일본열도를 열광의 도가니 속으로 몰아넣었고 온 일본 국민들은 흥분 속에 살아가게 해 주었다.

여기에 한술 더 떠서 송해성 감독은 역도산의 '아야'라는 여인을 사랑의 메신저로 양념처럼 가미시키는 힘이 강한 사나이와 상대적으로 가녀린 일본 여인을 등장시켜 극적 구성에 강약을 삽입함으로써 영화의 완성도를 한층 업그레이드시켰다.

거기에 주인공의 단면들도 진솔하게 담아내서 한 인간의 전부를 영화 속에 진솔하게 가감 없이 파헤쳐 놓았다고 본다.

물론 한 시절을 풍미했던 이런 인기몰이는 사회적 상황으로 인한 변수에 의해 작용하는 일시적 현상으로서 한때나마 일본인들의 가슴에 잠시 머물다가 역도산의 의미지는 그들의 허전함을 달래 준 주요한 인물이었지만 요즘엔 잊혀진 인물이기도 하다.

그러나 1950년대를 살아온 이들에겐 지나간 과거 인기인에 대한 향수는 지금도 잔존해 있을 것이다.

역도산에 대한 관심은 국내보다 일본에서 더 높은 편으로서 내년엔 이 영화 <역도산>이 일본에서도 개봉한다고 한다.

분명 한국인으로 태어나 일본에서 행세했지만 일본인들의 마음 한구석엔 일본인 못지않은 영웅적인 인물로서 자리하고 있기에 영화 <역도산>은 일본에서의 흥행도 기대가 된다.

그 이유는 그의 삶이 목적의식이 뚜렷하고 강인한 사람의 전형을 보여주고 있기 때문에 이러한 붐은 쉽사리 사라지지 않을 것으로 예상되고 있기 때문이다.

역도산의 41주년 기일(忌日)에 맞춰서 우리나라에서 개봉한 영화 <역도산>을 계기로 한국과 일본에서는 역도산을 다시 이해하려는 분위기가 나타나고 있다.

한편 북한에서도 <력도산의 비밀>이라는 영화를 제작하고 있다는 사실도 밝혀 두고 싶다. 이처럼 동남아를 비롯하여 세계적으로 요즘 바람이 불고 있는 한류에 관한 원조는 운운할 수 없을 정도로 1950년대 역도산의 신드롬은 일본열도를 주름잡던 대단한 실화였었다.

─ 지역에 꼭 필요한 ‘영상위원회’ ─

늦었지만 이젠 우리 광주 전남 지역에는 영상문화라는 함박꽃이 반드시 활짝 피어야만 한다.

그래서 문화수도로 가는 길에 근간(根幹)이 되어야 한다.

영상의 효용성을 잘 모르는 보통의 대중들에게 영상문화가 뭐기에? 하필 왜? 우리 지역이어야만 하는가라고 의아심을 갖을지도 모르겠지만 영상은 바로 돈이 되는 꿈의 세계이기에 이젠 일확천금의 대명사처럼 변해 버린 로또라는 신종 바이러스에 감염되지 말고 영상에 모두가 신경을 곤두세워 제2의 로또를 우리 손으로 창출해 내야만 할 때이다.

그동안 5공 시절까지의 현대사를 거슬러 가 보면 현재 보수파라 지칭하는 과거 위정자들이 이 나라를 좌지우지하던 시절엔 그 얼마나 차별화된 풍토 속에 우리 지역은 고립되어 한 맺힌 설움을 받아 왔던가!……

지역민 고용 창출이

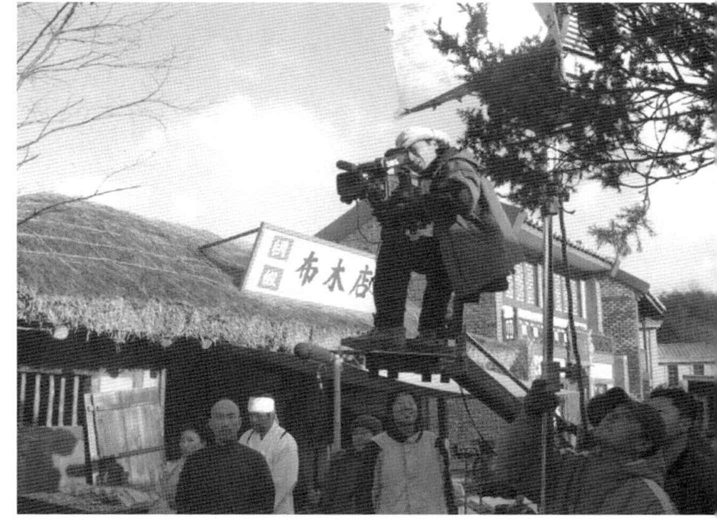

사진) SBS – TV 드라마 〈토지〉 횡성세트장

라는 명분하에 영남 지역을 중심으로 한 큰 공장들이 편협적으로 들어서게 되었을 때만 하여도 이 남녘에는 대형 공장이란 전무했던 것이 그 사례이다.

바로 고용을 창출하게 되는 그래서 동리가 번쩍번쩍 光이 나게 되는 그 공장 하나 유치하지 못한 채, 허리끈을 움켜쥐고 1차 산업만 바라보면서 묵묵히 땅속에 묻힌 김칫독의 김치처럼 삭히며 숙성되어 왔었던 것이 이 지역의 바보스런 못남이 특성이 되어 버렸던 터였다.

그러나 상전벽해(桑田碧海)라 했던가! 그것이 화가 복이 되었던가!?……

서러움 대신 이젠 자연스런 古風 그대로의 예스러움이 보물이 되었다. 바로 이때가 찬스! 찬스인 것이다.

이젠 우리 차례다. 그래서 이 지역을 세계만방에 널리 알려 2012년엔 온 국민의 힘을 모아 여수 지역을 중심으로 월드엑스포도 치르고 또 지역에 유일한 광주국제영화제도 세계적인 행사로 탈바꿈시키며 항구도시 목포도 다도해라는 천혜의 자원과 함께 비린내 나는 해안을 중심으로 유달산과 무안의 황토, 그리고 맨손으로 무에서 유를 창출하듯 일구어 낸 함평의 나비축제 등과 함께 영상을 통해 세계에 알리는 호기로 삼아 남도의 풍광과 함께 우리의 멋과 자존심과 정과 맛을 함께 관광상품화시켜 지역 모든 곳을 명소로 만들어 내야 할 때이다. 그러기 위해선 영상이라는 매체의 힘을 등에 업고 매진해야 할 때이기에 필히 영상위원회의 역할이 시급하다는 이야기다.

서울도 시장이 영상위원회를 직접 챙겨 들고 서울시장의 이름으로 지방에 단돈 1원이라도 빼앗기지 않기 위해 영상 제작을 도와주며 안간힘을 쏟고 있다.

아울러 관광명소인 제주도에선 모든 촬영 장비를 빌려 준다고 하면서까지 영상 제작자들에게 버거운 장비는 놔두고 그냥 몸만 오라고 유혹도 한다.

이처럼 자국 내에서 선의의 경쟁은 필수이며 점점 성숙되면 세계적인 영상위원회의 역할도 필요하게 될 것이다.

우선 이 지역에 영상 제작을 많이 유치해야만 답이 나오게 된다. 부디 이웃 전주에 비해 국제영화제도 그러하듯 영상문화에 관련한 측면에선 항상 뒷북을 두드리고 있는 가련한 형국이기도 하지만, 그래도 아직 희망은 있다.

항상 노력하며 새로움도 창출하게 되면 이 지역도 할리우드의 영상산업 못지않은 좋은 영상문화의 메카가 되어 후손들이 좀더 윤택한 생활을 할 수 있는 그때가 오리라 필자는 굳게 믿는다.

늦었지만 관, 민 모두가 하나 되어서 영상 제작에 많은 관심을 가져 주시길 기대해 본다.

-대단한 작품 〈하울의 움직이는 성〉-

올겨울 방학선물이 뭐가 좋을까 하고 고민하는 학부모들이 있을 것이다.

그땐 서슴지 않고 한 편의 애니메이션 작품 <하울의 움직이는 성>을 권하고 싶다.

이 작품은 3년 전 <센과 치히로의 행방불명>이라는 작품으로 일본에서 2,400만 명의 관객을 동원한 전대미문의 대흥행기록을 세웠던 미야쟈키 하야오 감독의 작품이다.

당시 일본열도를 신드롬에 빠지게 했던 미야자키 하야오 감독의 <센과 치히로의 행방불명>이 세운 그 거대한 과거의 기록을 이번 <하울의 움직이는 성>이 그 진기록들을 뛰어넘을 수 있을 것인지에 전 세계의 관심이 쏠려 있었다.

<하울……>의 일본에서의 첫날, 둘째 날의 흥행기록은 <센……>에 비해 무려 40% 이상이나 관객들을 더 끌어들였다. 그래서 전 세계 영화계는 비록 애니메이션 작품이지만 이 영화에 깜짝 놀라지 않을 수 없었다.

<하울……>이 <센……>처럼 블록버스터도 아닌 작품인데도 불구하고 '왜! 그렇게 많은 사람들을 열광케 했을까?'

거기엔 어떤 비결이 있을 것이고 분명 그 이유를 파헤쳐야만 한다.

필자는 단연코 극적인 환상성에 그 이유가 있다고 본다.

같은 판타지장르의 영화라고들 하지만 어느 정도 우리의 상상을 뒤엎는 독특한 캐릭터를 지닌 작품인가 하는 것이 관건이기도 하다.

바로 우리가 상상도 할 수 없었던 상황을 어떻게 그렸는가에 핵심이 있다고 본다.

<하울……>의 영화 속 남녀주인공과 주무대인 네 발로 걸어 다니는 괴물 같은 움직이는 城이 바로 정답이다.

이처럼 상식적으로는 절대 움직일 수 없는 城의 모습이 차별화된 캐릭터이며 남자주인공인 하울의 설정 역시 여자들에게 인기가 많은 꽃미남의 전형으로서 다른 왕국에서 마법사로 초청해도 부담스러워하는 소심한 남성이지만 평상시 별로 하는 일도 없이 그냥 살아가는 정처 없이 떠돌아다니는 장돌뱅이 모습으로 설정이 되어 있는 독특한 인물이다.

또 여주인공인 18세의 어여쁜 소녀 소피를 90세의 노파로 변하게 한다는 엄청난 설정이 또 대단한 압권이기도 하다.

이런 모습들은 그 어느 작품에서도 볼 수 없었던 설정들로서 미야자키 하야오 감독은 명랑 할머니 여주인공 18세 소피를 통해서 환상성이 강조된 작품임을 자연스럽게 드러내 보여주고 있다.

그 이유는 무미건조하던 일상에서 벗어난 자신이 할머니가 된 일대 충격적인 사건을 18세 소녀인데도 오히려 덤덤하면서도 그 처지를 달관하고 즐겁게 받아들이는 상황 설정이 매우 인상적이기 때문이다.

즉, 여주인공 소피를 통해 나이 드는 것은 결코 쉽지는 않지만 그렇다고 그리 나쁜 것도 아니라는 가상적 역설도 함께 띄워 주고 있다.

‘하울’의 움직이는 城 안에서 할머니 소피가 청소부로 일하게 된 후부터 그 구부정하던 허리도 꼿꼿이 세워져 건강한 노인으로 세월을 보내게 되는 설정 역시 단연 타 작품의 일관성에 비해 훨씬 두

드러진 작품임을 증명하고 있다.

그러한 이유 때문인지 <하울……>은 2004년 베니스영화제에서 애니메이션 역사상 최초로 기술공헌상을 수상했고 베를린 국제영화제 최우수작품상과 아카데미영화제 최우수 장편 애니메이션 대상을 수상하는 영광도 안았던 작품이다.

바로 영화는 우리 현실에서는 도저히 느끼거나 생각하지도 못하는 그런 경험들을 화면을 통해 대리만족 또는 대리 행위를 스크린해서 카타르시스를 경험하게 하는 것이다.

－잘 알려진 블록버스터 〈오페라 유령〉－

뮤지컬 <오페라의 유령>은 20년에 가까운 세월 동안 800만 명의 관객을 모았고, 전 세계 18개국에서 6만 5천 회 공연됐다.

뮤지컬 공연장을 한 번도 가본 적이 없어도 <오페라의 유령>이라는 타이틀은 알고 있는 것이 보통 사람들의 상식이다.

1986년에 런던에서 초연된 이래 전 세계를 순회하며 공전의 히트를 기록한 뮤지컬 <오페라의 유령>을 스크린을 통해 만날 수 있게 되었다.

여기까지 오는 데는 어느 특별한 제작자의 숨은 노력과 오페라에 대한 열정이 뒷받침되었다. 마치 일본에서 맹인검객 자토이치를 영화로 만들기엔 TV를 통해 너무 오랫동안 사랑을 받아 잘 알려진 작품이었기에 기타노 다케시가 제작하는 데 상당한 부담감을 받았다고 한다. 그렇듯 <오페라의 유령>은 역사상 가장 뛰어난 뮤지컬이기에 영화로 만드는 데 대한 부담감 역시 어느 누구도 자유로울 수 없었고 그 결과 원작을 가장 잘 이해할 수 있는 단 한 사람 앤드류 로이드 웨버뿐이었다.

그래서 개봉한 <오페라 유령>이라는 영화의 특징적인 면을 들라고 한다면 극적 내러티브 대신 앤드류 로이드 웨버라는 음악가를 들게 된다.

앤드루 로이드 웨버는 1973년에 <지저스 크라이스트 슈퍼스타>로 록 뮤지컬이라는 신종 단어를 탄생시키면서 브로드웨이를 떠들썩하게 했고 그 후 돈방석에 올라앉았으며 제작자로서 세계의 음악계나 오페라계에 큰 충격을 던져 주었던 장본인이기도 하다.

또한 <지저스 크라이스트 슈퍼스타>, <캣츠>, <선셋 대로> 등으로 7번의 토니상과 3번의 그래미상 골든글러브와 아카데미상까지 섭렵한 영화계의 절대 군주이기도 하다.

1988년, <오페라 유령>의 뉴욕 상연이 시작됐던 첫해부터 영화화를 염두에 두고 있었던 뮤지컬 계의 마이더스라 불리는 앤드류 로이드 웨버는 작품이 영화화되기까지 장장 16년의 세월이 필요했다.

세계적인 가수 겸 배우인 아내 사라 브라이트만과 앤드류 로이드 웨버의 이혼으로 인해 모든 계획은 원점으로 돌아갔고 또한 제작한 <에비타>도 별다른 성과를 거두지 못하자 기획된 <오페라의 유령>마저 제작 위기에 처하기도 했었다.

그러나 앤드류 로이드 웨버의 끈질긴 아집 덕택에 <오페라의 유령>은 영화로 빛을 발하게 되었다.

우리 영화의 제작이나 관객들의 관극 수준도 이젠 세계 수준이다. 그러기에 <오페라 유령>도 미국보다 2주일 앞당겨 개봉되었다.

이젠 할리우드 뮤지컬처럼 대작들도 만들어 낼 수 있는 자신감이 넘치는 시점이기도 하다.

우리나라에선 조선 시대의 마지막 왕비인 명성황후 시해 100주년을 추모하기 위해 1995년 12월 30일에 뮤지컬 <명성황후>가 초연되었고 벌써 10년이란 세월이 지났다.

<명성황후>가 공연된 세월이 이야기하듯 우리나라의 뮤지컬도 브로드웨이의 뮤지컬처럼 세계의 뮤지컬로 자리 잡을 수 있다는 본보기이며 이로 인해 우리나라에 뮤지컬 전용 극장을 세우겠다는 지자체나 또 필요성을 느끼는 문화공연 관련 단체들이 공연장을 만들겠다고 나섰다.

<오페라 유령>이 영화화되듯이 우리 <명성황후>도 손색없는 뮤지컬영화로 탄생시킬 수 있을 거라는 생각이 자꾸 드는 이유는 과연 뭘까?

필자의 욕심이 너무 앞서는 건 아닐는지!……

－ 전편보다 잘된 속편일까?
〈오션스 트웰브〉－

영화가(街)에선 흔히들 전편만 한 2편은 없다는 것이 속설이기도 하다.

<오션스 트웰브>는 2001년에 발표된 바 있는 <오션스 일레븐>의 속편으로서 감독과 출연자들을 살펴볼 때 3년 전 작품과 같고 오히려 유명세가 높은 인물들이 전편에 비해 3명이 더 출연해서 화제이다.

이처럼 할리우드뿐만 아니라 세계적으로 영화가에선 전편이 흥행에 성공했다 싶으면 어김없이 속편이 나오기 마련이다.

그리고 성공한 전작에 비해 후편에 거는 관객들의 기대치는 더 크고 더 화려하길 바라기에 여기에 포인트를 두고 꾸미는 것이 바로 속편 전략이다.

당연히 전편보다 더 재미있어야 한다는 강박관념이 앞서기 때문이다.

이 영화 역시 3년 전 카지노를 털었던 <오션스 일레븐>의 속편이기에 더 위험한 상황에서 더 많은 돈을 털 줄 알았는데 후편인 <트웰브>에선 그것은 아니었다.

시리즈物에선 지금까지 몇 편의 영화를 제외하고 거의 전편을 능가한 작품이 드물게 나타나고 있는 실정이기 때문이다.

예를 들어 프랜시스 포드 코폴라가 각본, 감독하고 마론 브란도가 출연한 <대부>(God father)라는 작품은 1편보다 알파치노가 출연했던 2편이 더욱 알려진 작품이지만 다른 시리즈물에선 찾아보기 힘들 정도로 2편은 1편의 힘을 능가하지 못한 게 현실이다.

그러나 작가들마다 한계가 있기에 관객들의 기대에 부응하질 못한 실정이다.

그런 이유로 항상 속편은 그냥 아류의 작품들처럼 속물(俗物)로 전락되는 경우가 비일비재(非一非再)하다.

그러나 우리 영화 중 1968년 작 정소영 감독의 <미워도 다시 한번>은 속편으로 갈수록 더 많은 관객들을 불러 모아 화제가 되곤 했었다.

그래서 1969년에 2편을 1970년엔 3편을 제작했었고 10년이 지난 후 1980년엔 변장호 감독이 다시 1, 2편을 완성했었다.

그리고 2002년엔 왕년의 스타감독인 정소영 감독이 다시 이승연, 이경영을 주인공으로 내세워 다시 인기몰이를 기대했었다.

그러나 80년대 변장호 감독 경우까지는 그런대로 관객들의 반응이 좋았으나 2002년 정소영 감독의 리메이크 작품엔 관객들이 냉담하고 말았다.

그래서 알 수 없는 것이 여자의 마음이 아니라 영화의 흥행성이다.

그래도 혹시나 하는 심정으로 많은 영화인들은 한 번 성공한 영화를 버려두지 못하고 못내 아쉬워 꼭 다시 제2, 제3의 시리즈로 만들어 다시 흥행에 도전하곤 한다.

이처럼 흥행 중독이라는 증후군이 영화인들 내에는 영원히 잠재되어 있기에 흔히들 마약사범으로 분리되는 약물중독자들처럼 영화계의 흥행에서도 마약처럼 끌어당기는 그런 마법의 힘이 잔존해 있어 많은 영화인들의 애간장을 태우고 있는 실정이다.

또한 흥행이라는 요물은 작품과 영화인들을 죽이고 살리는 무서운 결과를 초래하는 영화가의 상한 달걀 같은 요소이기도 하다.

<오션스 일레븐>과 <트웰브>는 그럼 어떤 영화일까?……

10여 명의 주연급 배우들을 잘 조율한 스티븐 소더버그 감독의 탁월한 연출력이 아니었다면 속편 격인 트웰브는 가능하지 않았으리라!……

이젠 '오션'의 일행이 3부 4부에선 어떻게 새로운 충격적인 요법으로 관객들에게 다가오게 될까?…… 하는 것이 관건으로 남아 있다.

－참신한 기획 작품？〈키다리 아저씨〉－

많은 영화인들에게 한 번쯤 리메이크하거나 차용하고 싶은 강한 매력을 느껴 왔던 작품으로 소문이 난 멜로장르의 작품이 <키다리 아저씨>라는 작품이다.

이 작품은 1912년에 미국에서 출판된 여류작가 진 웹스터(Jean Webster)의 아동문학 소설을 토대로 꾸며낸 작품으로 <키다리 아저씨>의 제작은 마치 콜럼버스의 달걀과 같은 의미를 지니고 있다는 표현이 어울리는 영화이기도 하다.

바로 이 작품은 원작의 높은 인지도와 재구성에 대한 부담감 때문에 선뜻 영화화되지 못했던 작품 중의 하나로 쉬운 듯하지만 생각처럼 만만치 않은 이 과제를 해결하기 위해서 영화 <키다리 아저씨>만의 참신하고 과감한 도전과 착실한 기획력이 동원되었다.

바로 영화는 기획력이 가장 큰 생명력이기도 하다는 말과 일맥상통한 이야기이다.

그러나 원작이 미국의 작품인 수입된 구성이기에 다소 씁쓸하다.

그래서 이 부분이 영화<키다리 아저씨>의 가장 큰 약점이기도 하다.

그렇지만 앞서 밝힌 논리를 적용해서 따져 본다면 <조폭마누라>와 같은 우리 영화와 <링>이라는 일본영화는 참신하고 기발한 기획력에 힘입어 미국에 수출되지 않았던가!

그럼 <조폭마누라>와 <링>은 기획력이 탁월한 훌륭한 작품이기에 영화적인 평가도 대단한 영화로 평가되어야만 한다.

그러나 흥행적인 면만 고려한 채 영상에 관한 예술적 감각에 대해선 조금도 거론된 바 없다.

아울러 평가받기를 거부한 듯 오직 박스오피스에만 신경을 곤두세우고 있는 게 우리 영화계나 세계 영화계의 실정이기도 하다.

하지만 기획적인 면으로만 본다면 수입된 <키다리 아저씨>라는 영화는 기획력이 뛰어난 작품이지만 구성력은 의심이 가는 졸작이라는 이야기도 될 수 있다.

그 이유는 흥행에서 별 재미를 못 봤기에 그러한 답이 나오기도 한다.

그러나 이번 영화는 조금은 다르다는 교훈을 심어 주듯 이젠 영화를 기획한 국가가 중요한 것이 아니라 세계가 하나라는 글로벌 시대임을 영화의 기획 부분에서도 보여주고 있는 셈이다. 즉, 누가 어디서 썼느냐가 아니라 그 구성력이 얼마나 탁월하며 철저하게 짜임새 있게 기획되어 있는지가 관건인 시점이다.

공정식 감독의 <키다리 아저씨>는 원작을 뛰어넘는 색다른 작품을 만들기 위해 아주 세심한 장치들을 영화 속에 골고루 배치시켰다.

바로 그 안에는 고전의 감동적인 주제와 모티브를 그대로 살린 채 전개 부분에 이메일 속에 비밀을 간직한 슬픈 사랑이야기인, 즉 이야기 속의 이야기 형식을 띤 이중적인 스토리 전개와 그리고 다양한 사랑에 관한 구성들을 색다른 모습으로 관객들에게 선보이고 있는 것이다.

<키다리 아저씨>는 이처럼 수입된 기획력에 의해 제작된 작품이었지만 우리에게 모처럼 잔잔한 감동을 불러일으키게 한 작품이다.

기획과 구성 부분 등이 수입되었다는 그 이유 하나만으로도 글로벌 시대에 함께한다는 의미로 보아 지구촌 영화계 모두를 아우르는

계기가 된 작품으로 간주하고 싶다.

이번 영화를 기회 삼아 세계 제일의 기획력이 뛰어난 국가로 탈바꿈되었으면 한다.

우리 영화계에 진정한 기획력을 다시 한번 기대해 본다.

-사회적 통념을 깬 영화 〈공공의 적2〉-

무조건 외모가 잘생기고 봐야 한다는 사실은 요즘을 살아가는 우리들에게 큰 과제이며 정답이다.

바로 사회적 통념으로 통하는 말이기도 하다. 그래서 성형외과가 인기직업 순위에서 상위그룹을 형성하고 있다. 어려운 경제적 이유에서인지 요즘엔 성형외과도 예전 같지는 않다고 한다. 이처럼 세상은 항상 변화한다는 사실도 정설이다.

최근에 개봉한 영화 <공공의적2>는 강우석 감독의 작품으로 이 영화 역시 <실미도>에 버금가는 사회적으로 가볍게 판단하기 버거울 정도의 사회적 이슈가 강한 내용이 영화화됐고 3년 전 <실미도>의 신화를 재창조라도 하듯이 흥행성을 염두에 두고 제작된 철저한 대중적인 오락영화이다.

이처럼 우리 영화계에서 흥행의 제왕이라는 소릴 듣는 신화 같은 존재이기도 한 '강우석' 감독이 다시 자신에 도전하듯 천만 명 관객동원에 도전장을 던져서 극장가에선 카운트다운이 시작되었다.

우리나라의 교육은 백년대계의 기획사업인 중(重)차대한 국가사업 중 하나이다.

그래서 범죄자 중 교육에 관련된 범죄는 크게 다루어져야 할 부분이다.

이처럼 보통이 넘는 사회성 강한 문제점들을 영화화시켜 처음부터 이 영화는 점수를 미리 얻고 시작한 셈이다.

이 영화를 본 관객들은 마치 영화 <실미도>로 사회성 강한 이슈를 다루어 흥행까지 성공의 길로 이어지듯 이번 <공공의 적> 2편에서도 <실미도> 못지않은 사회적 문제점들을 건드리고 있기에 모두 고개를 끄덕일 뿐 아무도 영화를 보고 크게 나무라질 못하고 있다.

그만큼 강우석 감독은 철저하게 사회적 이슈를 상업적으로 잘 이용하고 있는 흥행의 귀재이다. 흔히 말하고 비유되는 스티븐 스필버그 감독의 흥행적 재주와 비교해도 크게 뒤떨어지지 않는 구성력과 탁월한 기획력을 겸비하고 있다는 사실이다.

이처럼 오락영화는 관객의 마음을 사로잡을 수 있는 철저한 구성력이 뒷받침되어야 한다는 점이다.

아울러 이 영화가 또 많은 관객들에게 보이고 있는 이유 중 하나로 관객들은 잘생긴 악역의 정준호의 연기에 점수를 많이 던져 주고 있다.

바로 이 영화의 흥행적인 면을 뒷받침하고 있는 부분이 공공의 적으로 등장시킨 정준호라는 인물 설정에 달려 있다고 봐도 과언이 아닐 정도로 악역에 거는 영화 속의 비중은 매우 크다는 이야기이다.

그런데 악역이 너무 잘생긴 배우가 등장한다.

그래서 관객이 미처 예상치 못한, 잘생긴 사람은 무얼 해도 괜찮고 용서된다는 속설을 깬 그래서 미남연기자 정준호의 표독스럽고 악의에 찬 연기력이 더욱 돋보이게 된다.

물론 필자 역시 정준호 연기에 감탄사를 연발할 수밖에 없었던 것도 사실이다.

그래서 요즘 유행하고 있는 욘사마처럼 잘생기고 봐야 동정표도 얻을 수 있다는 사실을 새삼 깨닫게 한다.

아무튼 <공공의 적2>는 사회적 통념을 깬 흥행성을 겸비한 고단수의 대중적 오락영화임을 다시 한번 강조하고 있는 영화이다.

비록 영화 속에 부와 권력이라는 금기에 도전이라도 하듯 비추어진 부분이 있어서 악역의 연기가 잘 표현돼 우리의 법이 조롱이라도 당하듯 악역에 관한 미묘한 뉘앙스를 풍겼지만 현실적 상황에선 악은 절대 정당화될 수는 없다.

그러나 영화 속에선 다를 수 있다. 이처럼 영화는 이현령비현령(耳懸鈴鼻懸鈴)인 물건이다.

2004년 하반기 이후 침체된 우리 영화계에 새로운 활로를 여는 첫 영화가 되길 바라는 마음이 간절하다.

-상처뿐인 〈그때 그 사람들〉-

　개봉 전부터 큰 화젯거리로 등장했던 영화 〈그때 그 사람들〉이 홍보성이라는 우려의 목소리와 함께 많은 매스컴과 네티즌들의 입방아에 지칠 대로 지쳐 버린 느낌이다.

　즉, 오히려 여론화되어서 작품성이 인정을 못 받고 흥행을 위한 여론 몰이로 비추어지면서 손해 보고 있다는 설이 분분하다.

　그 이유로 각 매스컴마다 마치 논문이나 어느 이슈를 심층 분석하듯이 샅샅이 영화의 부분 부분을 너무 파헤치고 있어서 영화에 대한 그 신비성이 떨어지고 있다.

　그래서 마치 갈기갈기 찢겨져 공중분해라도 되어 버리는 듯한 인상을 남기고 있다.

　이러한 현상은 영화를 미학적으로나 영상의 본질적인 문제로 풀려 하지 않고 대중성이 강한 오락물로 단정하여 정치적인 방법으로 풀려고 하는 사회성에 기인한 데서 비롯된 현상이다.

　바로 이러한 것이 결론적으로는 예술 분야를 격하시키게 되는 경우이다. 영화 선전용 전단이나 인터넷 사이트에 소개된 영화 홍보글을 보면 이 영화는 블랙코믹장르로 분류하고 있다. 본시 코믹이라고 하는 장르는 자본주의의 문제점들을 비판하는 데서 기인한 영화적 장르이다. 과거 '찰리 채프린' 시절에도 이 장르가 유행을 했었고 이후 계속 발전된 코믹장르는 점차 블랙코믹장르를 탄생시켰다. 블랙코믹이라는 장르는 현실을 비판적인 입장에서 따가운 질책과 함께 웃음도 함께 담아 극화시켜 관객들의 카타르시스에 보탬이 되고 있다.

이처럼 코믹장르 영화가 보기엔 쉬운 영화지만 의미를 알고 보면 무서운 영화이다.

무섭다는 갱스터무비도 자본주의에 반항하는 의미에서 제작되곤 했지만 코믹이라든가 블랙코믹이라는 단어가 붙은 영화들은 역시 그냥 스토리텔링 위주의 영화가 아닌 현실을 비판하는 시각과 함께 웃음까지 담아내는 천재적 작업을 요구하게 되는 장르이다.

이렇게 어렵고 전문화된 영화 영역에 누가 감히 이러쿵저러쿵 간섭한단 말인가?!…….

임상수 감독의 영화 <그때 그 사람들>은 아마 여론에 의해 홍보성 효과보다도 잔인하리만치 고사하게 되는 경우까지도 생각하지 않을 수 없다.

여러 사람들이 지나친 간섭 아닌 간섭들을 통한 보이지 않은 압력을 가하게 되어서 이 작품을 추락시키고 있는 것이다.

바로 인간사 인간의 뜻대로 될 수 없다지만 이건 간섭이 너무 심하다 못해 과거 후진국 스타일처럼 자율권을 빼앗겼던 과거 우리 예술계를 떠올리게 하는 사건이기도 하다.

또 이 작품에 대해서 작품 속에서 그 어떤 인물도 의도적으로 희화화시키지는 않았다는 것이 감독의 변이다.

예를 들어 영화 속에 군용차량이 아닌 생소한 중앙정보부장 승용차가 육군본부에 들어오자 그 차에 타고 있던 육본 참모총장을 미처 알아보지 못한 초소의 초병들이 육군 참모총장의 신분임에도 믿지 않고 집을 잘못 찾아온 술주정뱅이 정도로 착각하게 되는 장면이 있다.

당연히 아무 연락 없이 초소에 민간인 복장으로 불쑥 찾아든 육군 참모총장이 오히려 실수한 모습으로 비추어지는 장면이 있는데 이런 모습은 희화화되었다고 보기보단 으레 당연한 일로 받아들이는 것이 정상일 듯싶다.

초소의 초병으로서는 당연한 일이니까!……

이렇듯 영화가 오직 영화의 본질에 어긋나지 않는 작업을 했을 땐 박수는 쳐 주지 못할지언정 격하시키지는 말아야 할 것이다.

-특수를 노린 〈B형 남자친구〉-

〈B형 남자친구〉라는 영화는 혈액형에 관한 소문들을 수집해서 만들어 낸 영화로 최근 우리 극장가에 개봉이 되어서 인기리에 상영되고 있다.

이 영화는 극장을 찾는 관객들을 96분 동안 그럭저럭 유쾌하게 웃고 즐기게 하는 부담감 없는 소재로서 혈액형에 관한 이야기가 주를 이루고 있는데 각각 혈액형으로 분류된 인물들의 성격에 관한 장·단점들이 주된 소재로 사용되고 있다.

혈액형마다 다른 타입으로 분류, 해석된다는 이 영화 속 내용들은 이미 젊은 계층을 중심으로 많은 이들 사이에서 회자되었고 그것을 바탕으로 탄생한 이 영화가 〈B형 남자친구〉라는 영화인 것이다.

이런 내용을 접하는 순간 필자는 여러 가지를 떠올리게 한다.

그 이유로 영화는 세간의 우스꽝스런 잡다한 소문들까지도 하나의 영화 소재로 손색없이 이용되고 있다는 사실이다.

그래서 영화 속 소재로는 그 어떤 내용이든 상관이 없다고 하는 것이 영화적 정설이기도 하다.

즉, 〈B형 남자친구〉라는 영화는 기획영화의 극단적인 모양새를 취하고 있는 영화라 볼 수 있다.

분명 가설로 설정된 이야기로 흥미롭게 영화이야기를 끌어가는 그냥 즐기기 위한 재미있는 영화일 뿐이지만 이처럼 영화 제작 단계 중 기획성이 다시 한번 중시되고 있음을 입증하고 있다.

한편 지난 2월 14일에 밸런타인데이라는 상술로 꾸며낸 큰 명절은 극장가엔 또 한 번 웃음을 가져오게 하는 즐거운 날이기도 했다.

이날 극장가에는 발렌타인 특수를 노렸다고 볼 수 있는 어떻게 보면 황당하기도 하면서도 상술에 놀아난 <B형 남자친구>라는 영화는 젊은 세대들의 특수를 노린 구실 있는 영화이다. 이 영화는 청춘 남녀가 조건 없이 만나서 사랑을 느끼고 이후 서로 사랑한다는 것이 이야기 전부이지만 어느덧 아무 조건 없이 만났던 그런 맹목적이었던 남녀의 만남이 사랑으로 이어지고 그래서 두 사람이 뜨거운 관계로 전환된다는 이야기들은 젊은이들의 입맛을 돋워 주었다.

바로 이런 부분도 밸런타인데이라는 특수를 노린 기획력이라고 본다. 밸런타인데이라는 신종 명절은 아무래도 젊은이들에겐 하루이지만 많은 의미와 그에 대한 파급 효과도 크게 느껴지기도 한다고 한다.

신종 명절이 이번 영화의 맛을 한층 살려주는 기회가 되었고 또 설문조사에 의하면 밸런타인데이 때 가장 데이트하고 싶은 연예인에 <B형 남자친구>의 남자주인공인 '이동건' 군이 수위를 차지했다.

이번 투표 결과는 지난해 인기리에 방영되었던 TV드라마로 상종가를 쳤던 이동건의 인기가 영화 <B형 남자친구>로 한층 더 달아오르고 있다고 하는 것을 입증해 주고 있기에 이처럼 좋은 일만 더불어 생겨난다면 우리 영화계도 고민이 없는 항상 축제의 분위기가 될 것 같다.

이러한 경우는 극장가에는 신바람 나는 정말 절호의 찬스처럼 구정에 이은 또 하나의 찬스인 셈이다.

이처럼 현실적인 상황에서 아이디어를 찾아 영화 속 흥행의 도구로 삼는 전적으로 젊은이들의 입방아에 자주 오르내리는 이야기이기에 관객들이 만든 영화나 다름없는 철저하게 사전에 마케팅을 실시한 기획에 의존한 영화가 <B형 남자친구>이다.

바로 젊은이들 사이에서 생겨난 에피소드들이 이 영화를 만든 것이다.

- 고정관념에서 벗어난 〈에비에이터〉-

<에비에이터>라는 영화는 "이젠 변화만이 살길이다."라는 말이 실감이 나게 하는 영화이다.

이 영화 속 주인공 레오나르도 디카프리오와 마틴 스콜세지 감독 두 사람이 돋보이는 이 작품은 너무나 볼거리, 느낄 거리들이 많아 오히려 걱정이 되기도 한 작품이다.

이러한 이유로 <에비에이터>라는 영화는 두 사람의 작품이라 단정 짓고 싶다.

2년 전 <갱스 오브 뉴욕>이라는 작품으로 세계 유수 영화제에서 크게 호평을 받았고 그 여세를 몰아가듯 다시 두 사람이 뭉쳐 새로운 영화에 도전장을 냈다.

그리곤 예견이라도 했다는 듯이 신년을 알리는 첫 달부터 연이어 골든 글러브, 영국 아카데미, 미국 아카데미영화제 등에서 괄목할 만한 좋은 성과를 거두었다.

<에비에이터>라는 영화는 한 편으론 디카프리오의 인물을 너무 편파적으로 부각시켰다고 할 정도로 1인극을 만들었다.

그래서 주연이 아닌 조연들의 모습은 산만하리만큼 너무 많이 등장한 것 같아 정서가 다른 타국의 영화 관객들은 조연급들의 잦은 등장에 다소 혼란스러워할 수도 있을 것이다.

또한 3시간에 가까운 170여 분이라는 긴 시간을 한 의자에 앉아 고문을 받듯 꼼짝 못 한 채 스크린만 지켜봐야 하는 고충도 어느 정도 감내해야만 하는 고통을 수반한 영화이기도 하다.

아마 독자들께선 필자의 생각이 너무 핀잔이나 비아냥거리는 경우로 생각이 드실지 모르겠으나 우리 옛말에 사돈이 논을 사면 배가 아프다고 하듯 필자의 속마음은 두 사람이 펼친 세계 영화계의 훈풍은 당연한 일처럼 느껴지면서 부럽기도 하고 솔직히 배가 아프기도 하다. 한편 이 영화에서 다른 특징을 찾는다면 단연 변화된 감독의 의지를 들 수 있겠다.

그 이유로는 지금까지 일관된 고집 하나로 그동안의 영화를 아날로그적인 방식으로만 연출을 해 왔던 마틴 스콜세지 감독이 웬일인지 새롭게 스스로 자신을 변화시키고 말았기 때문이다.

영화 속 예를 들면 압권이라고 할 수 있는 상대국 전투기와의 공중전 장면에서 스크린을 창공으로 변화시켜 버리듯 화면의 특수효과와 음향으로 인해 광활하고 스펙터클한, 즉 객석이 비행석으로 변하는 듯한 놀라운 체험을 하게 만들어 20세기 초 '젊은 미국'의 꿈과 광기를 한눈에 보여주는 장면이 매우 인상적이었다.

바로 영상과 음향을 통해 익사이팅한 화면을 연출하였는데 과거 아날로그시절의 마틴 스콜세지 감독이 아닌 젊은 감독의 모습처럼 정말 실감나며 가슴 오싹한 공중전의 모습을 실감나게 연출했다.

아무리 세계적 거장이지만 대세에는 어쩔 수 없는가 보다!

그래서 1920년대에서 1940년대까지의 시대를 완벽하게 스크린에 복원하기 위해 최첨단 디지털 기술이 총동원된 영화인 것이다.

21세기의 첨단 영상 테크놀로지인 컴퓨터그래픽이 필수조건처럼 여겨지는 할리우드에서 철저하게 아날로그 방식을 고집해 왔던 마틴 스콜세지 감독도 그의 원칙들이 <에비에이터>로 인해 바뀌었다.

그래서 영화 한 편의 힘으로 관객들의 마음을 잠시나마 추억 속으로 되돌려 놓았다.

이처럼 변화된 인물로 인해 과거를 생각하게 하고 옛 것들의 귀중함 또는 선배들의 정신 등이 영화 한 편을 통해 많은 것을 생각하게 하는 계기가 되고 있다.

－ 눈빛 연기가 압권인 〈숨바꼭질〉－

어린 아이에게 어떻게 저런 표정이 있을까 할 정도로 다코타 패닝은 세상 어느 아이보다도 천진난만한 눈웃음을 보여주는 눈 연기의 달인처럼 보이는 소녀이다.

필자는 <마농의 샘>, <걸 온더 부릿지>에 출연했던 다니엘 오떼유라는 남자 연기자의 탁월한 눈빛 연기에 그동안 많은 찬사를 보낸 바 있다.

당시 <걸 온더 부릿지>라는 작품을 통해 다니엘 오떼유의 너무나 강렬한 눈빛 때문에 관객들조차 감히 그의 눈빛을 바라보기가 민망할 정도였던 상황이 기억난다.

그런데 요즈음 잠시 극장가에 머물다간 영화 존 폴슨 감독의 <숨바꼭질>이라는 한 편의 영화 속에 어린 9살 소녀의 눈빛 연기가 너무 인상적인 나머지 필자는 어린 다코타 패닝의 눈 연기에 완전히 매료되어 그 소녀의 눈 속에 푹 빠져버리고 싶은 충동도 느끼곤 했다.

즉, 순수하게만 생각했던 소녀의 눈빛에서 어느 순간 강렬하며 살벌한 공포와 살의마저 느껴져 눈빛으로부터 9살 소녀의 강한 카리스마를 느끼기도 한다.

시시각각 상황에 따라 자유자제로 바뀌는 소녀의 눈 연기는 관객들의 몸을 움츠리게 할 정도로 강렬한 캐릭터가 너무 인상적이었기에 눈빛에서 나오는 눈 연기에 많은 관객들은 매료되었다.

세상의 모든 슬픔을 간직한 눈과 세상의 모든 공포를 느낀 것 같은 눈을 보여주는 소녀 다코타 패닝으로 인해 영화는 그 아이의 눈을 통해서 때로는 영화의 성패가 달라진다고 봐도 과언이 아닐 정도이다.

그래서 영화가 끝나는 순간까지 알 듯 모를 듯 나타나는 영화 속 여러 가지 진실의 실마리들을 9살 소녀의 눈을 통해 감독은 사실을 밝혀 주고 있기도 한다.

존 폴슨이라는 감독도 특이하리만큼 재치가 넘친 감독으로 알려져 있는 인물이지만 남자주인공인 로버트 드 니로 역시 대단한 연기자라는 사실은 관객이 먼저 알고 있는 상황이기도 하다.

과연 이런 표현을 써도 적당할는지 모르겠는데 필자는 무아지경의 상황에 휩싸인 양 정신을 가눌 수 없을 정도로 충격적인 사실에 지금도 흥분을 자제할 수가 없다.

바로 소녀의 눈빛 연기가 극장 밖을 나와 한참이 지난 이 순간에도 계속 악령의 그림자처럼 필자의 가슴에 깊이 새겨져 있기 때문이다.

그래서 너무 강렬한 소녀의 눈빛 연기로 인해 아빠 역의 명연기자로 통하는 노장 대열에 낀 로버트 드 니로 역시 상대적으로 약하게 보일 정도이다.

이런 부분도 <시암선셋>을 감독한 재치 있는 존 폴슨 감독다운 특이한 연출수법으로 판단하고 싶다.

다양한 재능의 소유자인 존 폴슨 감독의 깜짝 쇼와 같은 독특한 영화 <숨바꼭질>은 아마 극장에서 막을 내린 후에도 많은 마니아층으로부터 <디아더스>, <식스센스> 못지않은 극찬을 받는 작품 대열에 끼워지리라 생각한다.

엄마의 죽음 이후 상상 속 친구 찰리와 위험한 게임에 빠져 드는 자폐증 9살 소녀 에밀리(다코타 패닝 분)와 이런 어린 딸을 보이지 않는 존재로부터 보호하려 애쓰는 아빠 역인 캘러웨이 박사(로버트 드 니로 분)가 벌이는 섬뜩한 서스펜스 스릴러물 섬뜩하며 충격적인 연기 변신과 알 수 없는 공포에 맞서 싸우는 두 배우의 완벽한 연기 호흡이 돋보이는 <숨바꼭질>에 대한 좋은 호평을 기대해 봅니다.

―미국 아카데미를 휩쓴
〈밀리언달러베이비〉―

세계 영화계의 큰잔치 미국 아카데미시상식이 지난 2월 28일에 6시간이나 생중계되었다.

역시 미국인들다운 독특한 행사였다는 평이다.

가장 관심이 많았던 마틴 스콜세지 감독의 하워드 휴즈라는 대재벌의 이야기를 영상화시킨 작품과 백만 불짜리 여성복서를 그린 클린트 이스트우드 감독과의 두 노장들의 대결이 이번 영화제 기간 중에서 가장 볼만한 사건 중의 사건이었다.

결과는 76세의 황무지땅 서부를 배경으로 세계적 스타로 자리바꿈 한 특이한 사나이인 클린트 이스트우드가 뉴욕대 영화과 출신으로 영화계의 정도(正道)를 걸어왔던 리틀 이태리라는 이태리인들이 집단 거주하는 동리에서 자란 마틴 스콜세지를 단숨에 거뜬히 제압해 버린 상황이 연출되고 말았다.

이로써 미국 아카데미 시상식에 출전하여 히치콕 감독과 더불어 스콜세지 감독 역시 5전5패라고 하는 타이기록을 보유하게 되었다.

아무튼 필자 역시 마틴 스콜세지 감독의 <에비에이터>에 큰 관심을 보인 바 있기에 너무 지나친 큰 기대를 했던 것이 화근이 되어 솔직히 배가 아프기도 하였다.

아무튼 시상식이 10일 경과한 시점에서 개봉되었지만 이제서라도 역작을 볼 수 있는 기회를 주신 영화 수입 관계자 제위께 감사의 말씀을 드린다.

영화 <밀리언 달러 베이비>로 생애 두 번째 오스카 감독상과 최우수 작품상을 수상한 클린트 이스트우드의 나이는 올해 76세. 비단 클린트만이 아니다.

<에비에이터>로 편집상을 움켜쥔 델마 스쿤메이커는 66세, <밀리언 달러 베이비>로 남우조연상을 수상한 모건 프리먼은 68세 그야말로 백전노장들이라고 할 수 있다.

한편 이런 세계적인 대작들을 감히 동리에서 쉽게 감상할 수 있다는 말인가?

영화를 만든 제작국과 별 큰 시차 없이 문화를 향유할 수 있게 해주어서 한편으론 가슴 뿌듯하고 마음 사무치도록 감사할 뿐이다.

그러나 항상 아쉬움이 남는 게 아카데미영화제이지만 한편으론 능력 있는 감독 한 사람 기(氣)를 꺾어 놓지나 않았는지?

왠지 클린트 이스트우드가 미워지기도 한다.

이젠 조금 쉬면 어떨지!

그래서 스콜세지라는 감독, 외로운 영웅에게 필자는 그냥 동정표만 던질 수밖에 없다.

힘이 없기 때문이다.

이유는 상대가 너무 힘이 센 거장이기에 그렇다.

<황야의 무법자>(1964)로 연기자로서 전 세계 스타덤에 올랐지만 이젠 황량한 사막을 제패하고 영화계 전체를 석권하게 된 손색없는 거장 감독으로 돌아온 클린트 이스트우드!

거기에 제작 각본 음악 출연까지 겸비한 다양한 그의 행동반경은 그 누구도 따라가기 역부족이다.

또한 영화 속 내용에서처럼 딸과 서먹서먹한 관계에서 다른 극적인 이유로 인해 반전 같은 현상이 이루어지듯 클린트 이스트우드라는 한 인물의 인생은 영화적 삶처럼 항상 외줄 위에 올려놓고 아슬아슬 살아왔다.

그래서 끊임없이 활기찬 그의 집념에 아낌없는 찬사를 보내는 바이다.

노익장이란 소린 당치 않다. 그냥 거장일 뿐이다.

76세라는 이름 앞에 붙는 글씨는 바로 숫자일 뿐 76이라는 숫자에 그 어떤 이유도 달 수 없다.

아직도 90세가 넘은 포르투갈의 마누엘 드 올리베이라 감독도 건재하고 있지 않는가!

-'광주영상위원회에 격려를'-

 광주영상위원회가 지난 2005년 4월 6일에 창립총회와 기념 세미나를 열고 이제야 지역 영상 발전에 보탬이 되고자 영상단체로서 명분을 갖추기 시작하고 있다. 한편 4월 28일 전주국제영화제 개막식 당일 전주영상위원회 사무국에서 열린 한국영상위원회 협의회(KFCN)에 광주영상위원회(GFC)가 가입되었다.

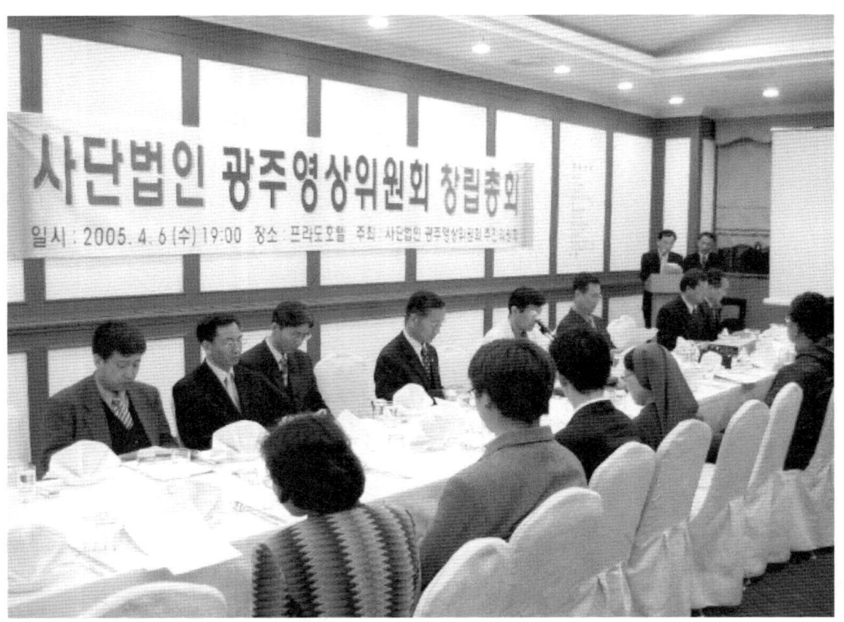

지난 2~3년 동안 광주영상위원회 조직은 무명의 단체로 지역에 촬영차 내려온 영화인들을 만나 지역과 주변들을 소개하고 함께 시사회도 치르고 풍광 좋은 명소, 맛있는 음식도 소개하며 한마디로 서울 사람들을 도와주며 시간과 돈과 몸을 던져 정성스레 일해 왔던 터였다.

그래도 보람된 일들이었기에 이젠 함부로 내뱉을 수 있는 처지가 되었다.

간신히 남구청의 드라마 세트장에 몸을 의지한 채 잠시 안도의 숨을 쉬고 있던 차에 장진 감독의 <박수칠 때 떠나라>라는 이게 웬 떡인가! 할 정도의 지명도 높은 작품이 우리 고장 실내 세트장에 유치되어 솔직히 기쁨을 감추지 못했던 터였다.

그런데 웬일인지 잘 풀리기에 꿈인지 생시인지……할 때쯤에 그만 火魔가 큰 상처를 남기고 말았다.

아마 종전에 촬영되었던 <구미호외전>이 시샘을 해서 그러는지 하는 애꿎은 생각까지 들게 되었다.

이젠 툴툴 털고 모두 다시 영상 유치에 나설 때이다.

지성이면 감천이라 했던가.

하늘이 도왔을까?

작년에 한참을 도와주었으나 주연급 연기자들이 캐스팅이 안 되었다는 이유로 광주에 모습을 보이지 않았던 태창엔터테인먼트(구, 태창영화사)가 권남기 신인감독을 내세워 광주에 있는 전남여자상업학교를 배경으로 <카리스마 탈출기>라는 코믹액션영화를 촬영하기로 100% 약속이 이루어졌다.

6월 13일에 1진이 6월 14일엔 촬영팀이 그리고 6월 15일엔 드디어 크랭크인을 하게 되었다.

그러나 하늘도 무심하게 혼신의 힘을 영화 유치에 쏟아내고 보니 이젠 기력이 떨어졌는지 거동조차 힘들 정도로 탈진한 상태일 때 MBC 드라마 제5공화국 제작진들이 그것도 5·18의 소재로 광주영상위원회를 천 리 아래 낭떠러지로 내밀어 버리고 말았다.

아마 비 온 후 땅이 더욱 단단해지리라 믿고 아픈 만큼 성숙해지리라 생각하며 인내하며 참아 넘어가기로 마음먹었다.

그래도 오뚝이처럼 벌떡 일어나 기운을 차리고 씩씩하게 버티며 태창영화사를 기다리며 카운트다운에 들어가 이젠 못 잔 잠이나 실컷 자러 이부자리에 들어가야겠다.

아참 자면 안 되지.

언제 또 큰 사고가 터질지 모르니까?

－변화를 꿈꾸는 〈여자, 정혜〉－

이윤기 감독의 <여자, 정혜>라는 영화는 배우 김지수의 발견 혹은 '2004년 한국영화의 발견'이라는 호평을 들을 정도로 영화街에선 단연 최고의 화두이다.

한마디로 일상에서 탈출하고 싶은 여자, 정혜 또는 변화를 꿈꾸는 여자, 정혜라는 부제가 어울리는 영화로서 금년 1월부터 한 달에 한 번 세계 유수 영화제에서 큰 영광을 누리고 있는 우리 작품이기에 더욱 관심도가 높다.

단적으로 척박한 우리 영화시장에 해외에서 먼저 청신호를 보내주어 답답했던 우리 한국영화계의 자존심이 조금이나마 업되었다.

바로 그 작품성과 김지수의 연기가 세계무대에서 인정받게 된 것이다.

<여자, 정혜>는 저예산 영화이다.

어떤 영화는 130억 원 넘게 소요되어 블럭버스터라는 공룡의 덩치만큼 크게 포장되어 알려졌다가 낙엽처럼 사라지는가 하면 이처럼 <여자, 정혜>는 적은 예산으로 만들어졌지만 해외에서 먼저 인정받고 국내에선 냉소적인 대우를 받고 있는 처지이다.

다시 말해 우리 영화의 관극 자세에 문제가 있다는 결론이다.

그동안 국내에서 흥행 위주의 영화로 성공했던 <잠복근무>, <말죽거리 잔혹사>, <조폭마누라>, <신라의 달밤>, <친구>라는 영화가 형편없는 영화라는 역설적인 논리가 성립되는 아쉬움도 있다. 그러나 흥행성과 대중성이 하나로 된 영화도 있다.

과거 <서편제>, <씨받이>, <피막>, <물레야 물레야> 그리고 세계 영화 중 가장 딱딱하게 느껴지는 독일의 영화 가운데에서도 <엑스페리먼트>, <굿바이 레닌> 등을 들 수 있다.

이처럼 흥행성과 대중성이 결코 하나가 될 수 없을 것 같지만 당시의 관객들 관심도에 따라 다르게 작용하기도 한 것이 영화인 것이다.

정확한 과학적 근거나 통계적인 사례를 논할 수 없는 상황이지만 영화만이 지닌 특성으로서 그 형태가 다양성을 요구하는 종합예술 매체이기에 영화를 제작하기 전 기획단계에서 흥행성이나 예술성을 점치기가 매우 힘든 것 또한 현실이다.

작년 10월 부산영화제에서 상영되었을 당시만 해도 이 영화가 해외에서 많은 수상을 하리라고는 몇몇 관계자를 제외하고 많은 영화인들도 미처 생각하지 못했을 것이다.

1월에는 선댄스에서 2월엔 베를린에서 3월엔 프랑스 도빌에서 수상을 하게 된 이 영화는 4월 이후엔 우리나라에서 그 작품성을 인정받아 마땅하다.

여성의 내면에 대한 세심한 묘사가 매우 돋보이는 영화, 여주인공 '김지수' 양의 열연이 가장 큰 볼거리인 영화, 사랑의 가능성을 통한 치유와 성장에 관한 통찰이 담겨 있는 영화 등 수상 이후 이 영화에 쏟아지는 찬사는 매일 매일 한 마디씩 늘어나고 있다.

늦었지만 그래도 재조명되어 알려진다고 하는 사실에 필자는 상당히 고무되어 있는 상황이다.

원작이 있는 작품이지만 누구에게나 한 번쯤은 간직되어 있을 아픈 지난 상황들로서 한편으론 누구나 겪을 수 있는 일상적인 사건 정도에 불과한 이런 소재를 극적 구성이라는 틀 속에 넣어 극화시킨 이 작품은 대단한 작품이라는 칭송을 받게 된 것이다.

이처럼 일상적인 너무 평범한 사건을 아기자기하게 이야기 형식으로 그것도 동영상이란 틀로 꾸며 놓았기에 이 영화가 대단하다고 하는 것이다.

- 재치와 반전 〈잠복근무〉-

한마디로 김선아 양의 <잠복근무>라는 영화는 재치에 반전(反轉)劇에 오락성과 대중성 그리고 흥행성뿐만 아니라 즐길 거리, 볼거리, 액션, 코믹, 풍자가 모두 담겨 있는 영화이다.

거기에 시나리오의 치밀성과 아울러 다양한 흥행 요소의 삽입 등 철저한 기획력이 뒷받침된 시추에이션, 코믹액션 스타일로 영화의 한 부분을 잘라내서 콩트 형식으로 사용해도 충분히 활용될 수 있을 것 같은 토막토막이 하나의 깊이 있는 문장이나 볼거리 내용처럼 또는 드라마처럼 평가받을 수 있을 정도로 잡다한 장르의 하이브리드(hybrid) 필름이라는 칭찬을 하고 싶다.

그런데 이 영화를 보고 난 후 어딘지 모르게 개운하지만 않는 기분을 느끼게 된다.

분명 그러한 부분에는 이유가 있다.

이렇게 흥행성만 겨냥하여 볼거리, 즐길 거리와 함께 다양한 액션에 10차례의 반전에 관객들을 놀라게 했지만 진단해 보면 너무 잔재주에 치우쳐 얄팍한 상술로만 영상을 끌고 갔기에 큰 이야깃거리가 희석되게 되어 있다는 결론이다.

그래서 보고 난 후엔 흥행 위주로 제작된 영화들은 그저 그렇다는 말밖에 나오지 않고 감탄사의 연발이나 거장의 숨결이 느껴진다 등등 이러한 용어는 사용하기가 왠지 쑥스러울 뿐이다.

한때 우리 영화가 침체기에서 허우적거릴 때 이 영화가 나왔다고 하면 과거 곽경택 감독의 <친구>처럼 떠들썩하게 선전되고 저녁 9시 TV뉴스에도 크게 장식되었을 것이다.

그러나 요즈음엔 5, 6백만 명 정도가 넘어야 보도가 다루어질 뿐 2, 3백만 명 정도의 관객들이 본 영화는 그냥 지나치고 있을 정도로 우리 영화가 급성장한 것은 사실이다.

이 영화 역시 다른 권선징악을 표방한 영화들과 큰 차이는 없지만 역시 많은 관객들 취향을 새롭게 만들었고 관객들의 상상을 초월한 영화로서만 만족해야 할 영화이다.

아울러 즐기면서 보는 환상성에 가까운 초현실성이 가미된 재미있는 신바람 나는 영화라고 평하고 싶다.

요즈음 가뜩이나 학교의 일진회 문제로 골머리를 앓고 있는 상황하에서 학교에 잠복근무한다는 설정이 너무 앞서지 않았나 하는 우려의 목소리도 높았던 것은 사실이다.

그래서 많은 관객들은 학생의 비리를 파헤치기 위해 학교를 깊이 조사하려고 그런 행위까지 영화 속에 삽입하지 않았을까?……하는 의아심도 갖게 된다.

그렇지만 그 상황과는 전혀 다른 이야기로서 어느 여학생의 아버지가 폭력조직과 경찰에서 쫓고 있는 주요한 대상으로 설정이 된다.

그 범인은 딸이 다니는 학교에 나타나 아빠로서 딸에게 접근한다는 소식을 접하게 되고 경찰과 조폭 집단 양측은 혈안이 되어 그 범인 검거에 난리법석을 떨게 된다.

이런 상황하에서 범인의 딸에게 접근하려는 의도로 학교에 처녀 경찰인 김선아를 여고생으로 변신시켜 학생으로 활동하게 한다.

이처럼 범인을 검거하기 위해 범인 딸의 학교에서 기다리다 잡겠다는 설정이 이 영화의 큰 맥이다. 그러나 여주인공 김선아는 잡으려 하는 범인과의 한판 승부가 아니라 학교의 짱들로부터의 도전이 김선아를 잠시도 가만두지 않게 된다.

이처럼 학교를 무대로 설정된 잠복근무라는 영화는 처음부터 끝까지 관객들의 시선을 잠시도 놓아주지 않는 철저하게 흥행과 결부시켜 제작된 재치 넘치는 영화이다.

-촬영 유치를 못 해 〈주먹이 운다〉-

이 영화에 등장하는 두 주인공들의 공통점이 있다면 클라이맥스에 보이는 권투라는 공통분모로 인해 링 위에서 만나 싸우게 된다는 사실이다.

이 싸움은 아버지 같은 42세의 인물과 22세라는 아들 같은 나이의 두 사람이 함께 만나 승부를 하게 된다는 설정으로서 정말 잔인한 이야기이다.

물론 45세 때 조지 포먼이 챔피언 자리에 등극했던 일도 있지만 42세의 나이로 설정한 주인공 최민식은 신인왕전이란 무대에서 타이틀을 놓고 22세의 류승범 군과 자웅을 겨루게 되는 설정이 아무리 영화 속 이야기라 해도 너무 잔인하게 느껴지기 때문이다.

영화 속 내용이 잘못되어 섭섭하다는 이야기가 아니라 영화 속에 젖어서 생각을 해 보니 상대가 상대인 만큼 너무한 처사임에는 틀림없다는 필자 나름대로 동정심에 한 마디 거들고 싶어서이다.

즉, 감독의 발상이 잔인하다는 결론이다.

아무리 영화라 하지만 청년과 할아버지와 달리기 시합을 시켜 놓은 격이다.

100% 노인은 달리다 쓰러지게 될 거고 헐떡거리다 목숨까지도 위태로워질 것이다.

그럼에도 젊은 사람과 한자리에 올려서 시합을 시킨다는 경우는 혹 볼거리가 있어 즐기게 될지 모르겠으나 상황으로 봐서는 감독의 잔인성이 나타난 경우로 간주된다.

그래서 필자는 영화적인 설정이 너무 잔인하다 할 정도로 특이해서 <주먹이 운다>라는 작품은 흥행과 볼거리 위주의 영화임을 새삼스럽게 느낀 바 있다.

바로 이런 흥행이 뒷받침되어 주기에 유명배우를 선택하기 위해 영화사들은 제작에 앞서 연기자 물색에 크게 고심하게 된다.

그 다음엔 촬영을 하게 될 마땅한 장소를 선택하게 된다.

그래서 장소가 마땅하면 바로 촬영에 들어가게 되는데 필자가 꾸리고 있는 광주영상위원회에 <주먹이 운다> 제작팀으로부터 신인왕전 장면을 촬영하게 될 호텔 분위기 특설 링의 설치에 관한 문의가 들어온 바 있었다.

그런데 당시 광주 양과동에 위치한 실내 드라마·영상세트장에 무비판타지라는 단체가 지난여름 KBS에서 촬영해 간 구미호외전의 세트를 이용한 이벤트 행사를 치르게 되어 있었다.

그래서 아쉽게도 광주에 영상물 제작 용도로 설치된 실내 세트장에 촬영을 유치하지 못했었다.

흥행에 성공한 작품들은 그냥 돈만 벌어들이는 게 아니라 촬영 장소까지 뜨게 되어서 그곳이 곧 관광자원화되곤 한다는 사실은 너무나 잘 알려져 있다.

가까운 사례로 완도 해신 드라마 세트장이 그렇고 보성 녹차 밭이 그렇고 또 욘사마 열풍을 몰고 온 남이섬과 배용준을 기용해 <외출>이라는 영화를 허진호 감독이 촬영하고 있는 삼척지방이 그렇다.

바로 영상위원회의 활동 하나가 지역 경제를 좌지우지할 수도 있다는 이야기다.

영화 속 내용은 그렇다 하더라도 분명 그 영화가 성공적으로 흥행을 하게 된다면 부가적인 가치는 이루 말할 수 없을 정도로 그 촬영 지역은 큰 혜택을 누리게 된다는 것이다.

바로 그 지방의 영상위원회가 크게 한 부분을 차지하고 있으며 행정관서에서는 이들 단체에 대한 적극적인 지원과 행정서비스를 아껴서는 안 될 것이다.

우리 지역을 알리게 될 절호의 찬스였지만 이처럼 무비판타지라는 이벤트 사업으로 인해 이곳에 <주먹이 운다>를 유치하지 못해 무척 아쉽다.

놓친 고기는 크다고 했던가! 50대 중반이지만 영화 속 주인공처럼 필자의 마음은 이벤트 사업자들을 향해 마냥 주먹이 운다.

- 희망을 제시하는 〈달콤한 인생〉-

김지운 감독의 <달콤한 인생>이란 영화는 글로벌화된 요즈음 느와르 형식의 영화가 우리 것인 양 토착화되어 가고 있는 모습을 여실히 보여준 영화이다. 그래서 그 속엔 과장된 환상이 존재하고 있고 또한 관객들에게 카타르시스의 공간을 제공하고 있는 보기 드문 우리 영화이다.

쓸쓸한 인생의 반대말인 <달콤한 인생>이란 영화는 제2의 <첩혈쌍웅>이라 칭하고 싶다.

과거 1980년대 중반에 홍콩을 대표하는 오우삼 감독의 <영웅본색> 시리즈들은 거칠고 암울함의 대명사로 통하는 느와르 형식 영화들의 시작을 알리는 계기가 되었다.

그리고 1980년대 말엔 다시 홍콩인들의 마음을 정리하고 시대적 상황을 대변이라도 해 주듯 <첩혈쌍웅>이란 영화 한 편이 결론적인 느와르 형식 영화의 종합편으로 선보여 세계 각국에 오우삼 감독의 역량을 한껏 뽐내게 했던 기억이 다시 새롭다.

당시 주윤발, 장국영, 양조위 등의 스타가 탄생했고 오우삼과 서극이란 인물들이 세상에 알려지기 시작했었다.

검은색 바바리코트를 입고 위조지폐로 담뱃불을 붙이던 주윤발은 젊은 세대들에게 우상으로 떠올랐다.

한편으로는 희망을 단절시켜 버렸던 시대적 상황에 대한 홍콩인들의 저항과 불안 심리를 연상케 하는 장면이기도 했었다.

그래서 허무와 불안이라는 시대적 상황과 맞아떨어진 그 영화들은 순식간에 홍콩뿐 아니라 세계 각국으로 번져 나가 흥행영화의 선두그룹에 올라서게 되었고 그로 인해 홍콩의 느와르 영화들은 세계 진출이라는 교두보 역할을 톡톡히 했다.

그리곤 이 홍콩 영화계의 고급 인력들은 미국에 들어가 안주해 버리고 만다.

요즘 용어로 잘나간다고 좋아하면서 그들은 미국으로 팔려간 셈이다.

결론적으로 미국의 영화산업만 발전시켜 놓은 형국이 되었고 홍콩이라는 자국의 영화산업은 답보상태로 만들어 버렸다. 우리나라는 다행이다.

외국에서 열심히 공부한 영화계의 인재들이 속속 입국해 충무로 한구석에서 배고픔을 참아가며 밝은 미래를 설계하고 있다.

이런 경우는 홍콩과 매우 다른 점이다.

그래서 결코 <첩혈쌍웅>이나 <영웅본색> 등과 비슷한 영화를 만들었던 우리 영화계이지만 희망이 넘쳐 나는 시점이기에 필자는 <달콤한 인생>이란 영화에 박수를 보내는 바이다.

진즉 <조용한 가족>이나 <반칙왕>, <장화 홍련> 등을 선보여 관객들로부터 실력과 능력을 인정받았던 김지운 감독.

얼마 전 한석규가 등장했고 광주 출신 변혁 감독이 연출했었던 <주홍글씨>라는 영화 제목처럼 김지운 감독의 이 영화 역시 1960년 이태리 페데리코 펠리니 감독의 <달콤한 인생>(La Dolce vita)이라는 유명세를 탄 영화 제목과 같은 영화이기에 더욱 영화 전문가로서 많은 관심이 갔었던 게 사실이다.

그러나 왠지 불안하다.

마치 홍콩의 1980년대 중반이 생각이 나고 <영웅본색>과 <첩혈

쌍웅>이 자꾸자꾸 문득 생각이 나기에 더욱 그러하다.

이젠 우리 마음속에 영화실력 해외 유출이라는 단어에 빗장을 걸어 잠글 때인 것 같다.

그리곤 모두의 힘을 모아 더욱 실력을 갖추고 공룡과 같은 거대한 영상문화의 외세 압력과 침략에 대항해야만 한다.

유비무환(有備無患), 자꾸 들어야만 할 단어이다.

－ 사랑의 대명사 〈엄마〉－

언제 들어도 싫증이 나지 않는 단어가 있다.

그것은 첫째는 엄마, 둘째는 가족이다.

엄마라는 이미지는 항상 따뜻한 품이 연상되기에 영화 제목인 〈엄마〉라는 단어에서 따뜻한 온기가 감지된다.

바로 엄마란 존재는 항상 포근함과 무조건적인 용서의 상징이며 따뜻함의 이미지를 품고 있는 하느님 다음으로 거룩한 존재로 우리의 마음속에 자리 잡고 있다.

그 어떠한 자식들일지라도 항상 용서만 해 주는 그런 존재인 엄마!

부엌 아궁이 앞에 쪼그리고 앉아 식구가 먹고 남은 반찬에 찬밥만 드셔도 당연하게만 생각되었던 엄마라는 존재, 곤히 잠들어 있을 새벽 가족 모두 잘되라고 정화수 떠놓고 빌고 또 빌던 엄마, 모두에게 희생만 강요당해도 당연하게만 생각되었던 그런 엄마, 이러한 대상을 주제로 한 영화 〈엄마〉에서는 어느 작품에서도 보여준 적이 없는 68세 노모 역할로 고두심이라는 배우가 등장하여 우리 모두의 혼을 흠뻑 빼 놓고 만다. 바로 '고두심의 엄마'라는 타이틀이 어울리는 영화이기도 하다.

고두심은 이번 영화를 통해 그냥 불린 국민배우가 아니라는 점을 재확인 시켜 주었고 조연인 늘 곁에 있던 큰아들(손병호) 부부와 건달인 둘째 아들(김유석)의 연기 또한 감칠맛 나게 잘해 주었다.

특히 꽃샘추위가 지나가고 독도의 망언을 비롯해 황사까지 겹쳐

짜증이 날 정도로 신경이 곤두선 요즘 허전하기만 했던 우리들 마음 속에 영화 <엄마>는 상처받아 일그러진 우리들의 마음과 닫힌 감정을 자극하는 매개체가 되어 많은 이들을 따뜻하게 감싸 주고 있다.

이 영화는 분명 오락성이나 환상성 등과는 거리가 먼 영화 본질적 요소하고는 맞지 않는 사실성에 근접한 현실성에 그 중점을 두고 있다.

그래서 오락성보다는 작품성과 작가주의적인 입장에서 그려낸 작품이기도 하다.

그러나 대중적인 오락성이 가미되지 않았다는 이유로 예상보다 관객이 많이 들지 못해 형편없는 영화라고 매도해서는 안 된다.

특히 인터넷에 올려진 글들을 보면 형편없는 영화라고 순간에 엉터리영화로 매도해 버린 경우를 볼 때면 무척 가슴이 아프다.

그 이유는 유명 스타가 고두심 씨 외에는 없다는 이야기이다.

물론 기왕이면 연기자 모두가 잘 알려진 스타급이면 좋겠지만 감독의 의도는 오히려 신선함을 주기 위해 연극 연기자들을 일부러 기용했다고 본다.

막내딸의 결혼식에 참석하기 위해 엄마는 必生則死 必死則生의 정신으로 해남에서 목포까지 걸어가는 과정이 영화의 줄거리이다.

즉, 로드무비 형식의 영화로서 화면에 펼쳐지는 산천초목들 곳곳이 낯이 익고 정감이 가기에 필자도 영화 속 주인공들의 모습처럼 여행길이 아닌 고행의 길에 올랐던 기분을 잠시 느낄 정도였다.

특히 이 영화에서는 자연 그대로 무공해 청정 지역을 화면에 가감 없이 담아냈다.

그래서 흔한 CG 하나 없는 아름답게 보여주려는 가식적이며 인위적인 그림들보다 자연 그대로의 더욱 아름답고 예쁜 길 등의 비주얼을 통해 천혜의 아름다운 풍광과 청량한 기분을 스크린 속에서 마음껏 느끼게 된다.

여기에 <엄마>라는 무공해 사랑까지 더해져서 관객들의 가슴속 깊숙이 하나의 공감대가 형성이 된다.

요즘의 드라마처럼 사치스럽고 고급스런 분위기 장면은 없지만 관객들의 가슴에 친근하게 다가갈 수 있는 작품의 흐름이 곧 <엄마>라는 영화의 장점이다.

- 다양한 볼거리 〈驛前의 명수〉-

흥행영화를 주도하는 연기자 정준호가 1인2역을 해내서 화제인 영화 <역전의 명수>라는 작품은 한마디로 다양성을 추구하는 볼거리 위주의 재치 있는 다양한 장르의 영화이다.

요즈음 우리 영화들이 사실주의 영화에 근접한 것처럼 사실적으로 꾸며서 관객들 곁으로 한 걸음 다가서고 있다.

그래야만 영화가 성공할 수 있기에 더욱 현실적으로 근접하도록 환타지를 꾸며 가는 것이 영화이기도 하다.

그러나 <역전의 명수>는 환타지가 너무 많이 가미된 볼거리 위주의 작품이다.

바로 우리 일상에서 흔하게 볼 법한 이야기들인 것처럼 보이지만 앞뒤를 계산해 보면 너무 동떨어진 행동들이 미화되어 영화 속에 강조되고 있다.

또 아쉬움이 있다면 거침없이 사용되는 쓰레기 같은 욕설이나 대사인데 이젠 우리 영화 속에서 자취를 감추었으면 한다.

이처럼 충무로에선 수단과 방법을 가리지 않고 어떻게 해서라도 흥행에 성공해서 손실이 발생한 전편의 영화 제작비를 보충하려는 보상 심리가 크게 좌우하게 된다.

그러나 더 이상 듣기 거북스런 야한 용어라든가 비어, 속어, 은어 등은 영화 속에서라도 보여주지 말았으면 하는 바람이다.

오랫동안 내려온 우리의 민족적 정서인 동방예의지국이라는 뿌리가 있는 국민들이기에 더욱 그러하다. 문화는 국민의 의식 수준을 알려주는 바로메타이기도 하다.

이처럼 영화 <역전의 명수>에선 현실감을 살리기 위해 많은 속어나 비속어들이 삽입되어 있기에 걱정이 앞선다.

분명 욕설 없는 영화들도 흥행에 성공하기도 한다.

최근 <오! 브라더스> 같은 우리 영화 속에서는 상스런 욕설과 비속어들이 없다.

그래도 성공한 사례 중에 하나인 영화이다.

상대적으로 욕설과 듣기 거북스런 비속어 등을 주로 사용해서 성공한 작품들도 있다.

쿠엔틴 타란티노 감독의 <펄프픽션>이던가? 이 영화를 통해 미국사회의 또 다른 이면을 소개했던 경우들을 보면 거침없는 욕설과 거친 장면들로 가득하다.

그래도 걸작처럼 대우받고 있다.

이런 경우는 극히 일부분의 사례이다.

교육은 백년대계라 했다.

분명 영화를 통한 교육도 큰 효과가 있을 것이다.

먼 앞날을 내다보고 앞으로 제작될 영화가 좀더 성실한 미학적 구조로 영화답게 바뀌었으면 하는 마음 간절하다. 그래서 영화는 세상을 이끌어 가는 도구로 사용될 수 있다.

자극적인 장면이나 거칠고 흉한 대사들 어느 한 부분을 잘라 평가해 볼 때 설령 그 장면들이 개과천선하는 탕자의 과거 모습을 그렸을지언정 미성년자들에겐 큰 충격을 주어 그 부분만 오랫동안 인식하게 되고 그것을 흉내 내어 보고 당연한 것처럼 아무런 여과 없이 쉽게 받아들이는 우를 범하게 된다.

그것들이 무서운 사실이라고 하는 것을 알 때는 이미 늦어버린 경우이다.

그래서 사회적인 악영향이라는 용어가 나온 것이다.

한편 이런 현상은 우리나라에서만 일어난 현상이 아니라 영화를 공식적으로 대중예술로 인정한 모든 나라에서 겪는 일이기에 이런 현상을 나무랄 수는 없다.

그러나 사회에 미치는 악영향에 대해서 모두 하나의 공감대를 형성해 인간의 기본적인 양심에 비추어 행동하고 이야기해야만 할 것이다.

-위험한 사랑 〈댄서의 순정〉-

광주국제고등학교 3학년에 재학 중인 문근영 양은 항상 소녀티를 간직했으면 한다.

<댄서의 순정>에서 앳되고 순결하고 청순한 이미지가 듬뿍 담겨 있고 영원한 국민여동생인 소녀로서 더욱 빛을 발하고 있어 더 이상 문근영 양이 나이가 들지 않았으면 하는 마음이다. 여성이 나이가 들면 언제부터인가 가치가 떨어진다는 속설이 있다.

틀린 이야기는 아니지만 꼭 맞는 이야기도 아니다!

여성의 나이와 상품적 가치와의 상반된 함수관계가 미묘해서 하는 이야기이다.

어떻게 보면 많은 대중들의 마음속엔 제가 이야기하고 있는 여성의 가치는 곧 나이와 반비례한다는 대중적인 속설을 마치 정설처럼 느끼고 있을 것이다.

바로 대중들은 인기 스타가 나이가 들어가는 모습을 싫어한다는 이야기이다.

영화 <댄서의 순정>은 <어린 신부>처럼 어린 나이의 문근영에게 결혼이라는 부담스럽기도 하고 위험스럽기도 한 굴레를 씌우게 되는 데에서부터 이야기가 시작된다.

분명 잔인한 전개이다.

바로 이런 위험적인 요소와 더불어 정의의 사도가 짱-하고 나타나기만 기다리는 어떻게 보면 무능할 수밖에 없는 관객들은 구원적인 요소를 가만히 의자에 앉아서 기대하도록 장치해 둔 영화의 구성을 통해 관객들의 시선을 꽉 붙들어 놓고 동정심을 유발시켜 관객들을 항상 주인공의 입장에서 영화를 바라보게 한다.

이런 경우가 영화를 성공으로 끌어가는 요인이다.

물론 우연하게 시기와 잘 맞아떨어져 성공한 영화도 있다.

이번 전주국제영화제에서 독도 문제를 다룬 2002년에 제작된 북한영화 <피묻은 약패>가 2005년 전주국제영화제에서 최고의 화제를 낳았다.

이처럼 관객들과 함께할 수 있는 하나의 공감대를 형성한다고 하는 것이 영화의 성패를 가름하고 있다.

어떻게 보면 <댄서의 순정>이나 <신부수업>은 어린 여성에게 성적인 상상을 불러일으키게 하는 불손한 영화인 <로리타> 콤플렉스가 지적되는 영화이기도 하다.

이 <로리타>란 용어는 과거 스탠리 큐브릭 감독의 영화 <로리타>의 작품 속 주인공 이름에서 비롯된 이야기로서 원작은 18세 설정이었지만 영화에선 15세의 어린 나이로 낮추어 제작된 영화에서 비롯된 용어가 '로리타 콤플렉스'이다

<어린 신부>라는 작품에서는 할아버지 때문에 어쩔 수 없이 대학생과 결혼한 여고생으로 <댄서의 순정>에선 한국의 못된 조직들에 의해서 위장결혼을 하게 되는 요즘 유행어인 타자(他者)인 연변 아가씨로 설정되었다.

어린 나이에 연변 출신이며 눈동자가 큰 겁먹은 토끼 같은 소녀로서 위장결혼이라는 약점을 지닌 설정, 그래서 동정의 대상이 된 여성이기도 하고 또한 아슬아슬한 결혼생활이란 점에서 <어린 신부>와 일맥상통한 영화적 재미나 감동보다는 문근영 표 기획상품인 영화이다.

- 잔혹한 영화 〈혈의 누〉 -

2001년에 <번지점프를 하다>라는 작품으로 데뷔한 김대승 감독의 두 번째 작품인 <혈의 누>가 개봉 첫 주에 100만 명을 기록해 관객들로부터 대단한 호평을 받고 있는 데에는 그 이유가 있다.

첫째는 영화계의 흥행 메이커로 이름난 차승원의 연기에 힘입어 많은 관객이 찾게 된 것이고 둘째는 과거 신소설인 血의 淚와 동명이라는 점이다.

그래서 1800년대의 신문화를 접하게 되는 역사적 의미도 내재해 있는 것이다.

영화 <血의 淚>는 이인직의 신소설인 혈의 누(血의 淚)와 동명의 작품이다.

1906년에 동학(東學) 대표자라 할 수 있는 천도교 손병희 선생에 의해 창간된 일간신문 만세보(萬歲報)에 연재되었던 혈의 누는 우리나라 문학계를 떠들썩하게 했던 작품이었었다.

이처럼 옛 명작의 이름을 빌려 영화화한 작품들로는 여러 차례 본 칼럼을 통해 알려 드린 바 있다.

미국 소설문학의 전통을 확립시키는 한편 세계문학의 수준으로 미국문학을 끌어올린 나다니엘 호손의 <주홍글씨>는 이미 고전이 된 지 오래다.

이 고전 같은 미국의 문학 작품 <주홍글씨>가 변혁 감독의 영화 <주홍글씨> 제목으로 사용되어서 크게 호평을 받은 바 있다.

이처럼 영화 <혈의 누> 역시 근대소설의 효시라는 신소설 혈의 누의 유명세를 업고 있기도 하다.

셋째는 실내 세트를 지어 보여준 자동화된 한지(漢紙) 생산 모습은 아무것도 아닌 것처럼 보이지만 그런대로 관객들에겐 볼거리를 제공해 주는 요소가 되고 있다.

한지를 만드는 제지소를 재현한 스펙터클한 분위기는 자본주의 초기 모습을 그려낸 듯한 분위기를 그렸다.

그래서 영화 <혈의 누>는 1800년대 초기의 화려함까지도 느낄 수 있는 영화이다.

넷째는 영화 구성의 탄탄함과 지금까지 우리 영화에서 보기 힘든 또 다른 볼거리인 잔혹성에 그 이유를 들 수 있다.

죄인을 처형하는 장면에서 양팔과 두 발등 사지에 각각 소를 매달고 동시에 사방으로 끌어당기는 두 눈을 뜨곤 차마 볼 수 없는 참혹한 처형의 모습이라든가 또 날카로운 창으로 몸을 관통시키는 등 상상치 못할 처참한 모습들이 이 영화 속에선 컴퓨터그래픽과 특수분장의 덕택으로 무난히 완성하였기에 우리 특수분장 업계의 수준도 업그레이드되는 기회를 맞게 되었다.

한편 이 영화의 핵심은 부(富)의 분배와 축적으로 인한 충돌로 사건들이 발생하게 되고 그것을 수사하는 과정이 이 영화의 주요 내용으로 인간 내면에 잠재한 탐욕에 의한 죄의식을 잘 끌어내서 세상에서 가장 잔인한 것은 바로 사람임을 다시 한번 강조하기도 한다.

즉, 인간의 잔혹성을 스크린을 통해 다시 한번 일깨워 주는 전도사 역할을 하고 있는 것이다. 바로 우리의 내면을 직설적으로 추악하지만 실감나게 보여주고 있는 이런 점들이 더욱 많은 관객들이 이 영화를 찾게 되는 비결이 되고 있다.

이 영화의 반응처럼 관객들은 즐겁고 화려한 것만 좋아하는 것이 아니라 잔혹한 장면도 은근히 기대했다는 증거이기도 해서 정말 우리 인간은 알 수 없는 존재이다.

끝으로 신소설인 이인직의 혈의 누든 김대승 감독의 영화 <혈의 누>가 되든 작품들을 통해 많은 사람들이 좀더 영화와 문학에 친근감을 갖게 되는 좋은 기회가 되었으면 한다.

-성스러움과 웅장한 〈킹덤 오브 헤븐〉-

5년 전에 개봉한 <글래디에이터>는 2001년에 12개 아카데미상에 노미네이트되어 최우수작품상, 남우주연상 등 주요 상들을 휩쓸었다. 이 작품을 감독한 리들리 스콧 감독이 1100년경의 십자군 전쟁을 배경으로 한 <킹덤 오브 헤븐>이라는 제명으로 사나이의 영웅담을 영화화시켜 세계에서 제일 먼저 우리나라에서 개봉했다.

이 영화는 12세기의 프랑스와 예루살렘을 무대로 하는 어느 명예로운 기사의 운명적인 이야기를 그린 영화로 영화 속 남자주인공의 휴머니티가 너무나 강해 영화를 감상하는 내내 마치 성서를 읽는 기분을 느끼게 한다.

크리스트교 순례자를 박해한 사건이 십자군 전쟁의 원인이 되어 1096년에서 1270년까지 로마 교황은 영향력을 확대하고자 7차에 걸쳐 200년간 십자군 전쟁을 감행하게 되었다.

그 결과 제1차 십자군 전쟁 때 예루살렘을 회복한 것 외에 나머지는 모두 실패로 끝났다. 이후 십자군 전쟁의 의미가 왜곡되어서 이슬람국가가 아닌 동로마제국을 공격하게 되고 마침내는 라틴제국을 세우기도 했었던 우(遇)를 범하기도 했다.

그래서 얼마 전 타계하신 교황 요한 바오로 2세는 지난 십자군 전쟁은 분명 잘못된 일이라고 사과문까지 발표했던 전쟁이었기에 더욱 많은 사람들에게 알려진 전쟁이야기이다.

요즘 영화는 상대의 공격에 즉각적인 대응을 해야만 하고 그에 상응한 대가를 치르게 되어 관객들의 비위를 맞추게 된다.

그래서 관객들에게 시원한 카타르시스를 제공한다.

바로 이런 점을 노려 영화는 억눌림, 고통 등을 적절히 배합해서 나중엔 속 시원한 볼거리를 제공해 주고 응어리졌었던 한(限)을 풀어 주게 된다.

그리곤 흥행의 이득도 노리게 된다.

이런 순리가 바로 세상의 이치이고 영화적 현실이기도 하다.

그러나 이 영화가 특이하다고 하는 것은 분명 성서처럼 희생을 강요하는 영화는 아니지만 분명 이 영화 속엔 예수나 성인들처럼 거룩함과 성스러움이 묻어난다.

바로 감독이 노리는 또 하나의 원칙인 것이다.

그것은 총칼 앞에 당당히 대화로 맞서 싸워 백성들을 안전하게 지켜낸다는 훌륭한 전술이 영화 속에서 크게 부각되고 있다.

그래서 스펙터클한 전투 장면과 자상하고 휴머니티가 물씬 풍기는 또 다른 전투를 이 영화 속에서 생생하게 느낄 수 있다.

<킹덤 오브 헤븐> 이 영화는 다른 영화완 차별화되고 있으며 종교 전쟁에 대한 비판적 시각이 강하게 담긴 그래서 어느 종교와도 상관없이 피비린내를 풍겨야만 하는 전쟁은 없어져야 한다고 하는 반전(反戰)적 설득이 강한 영화이다.

한편 대규모 군중 장면에서는 실제 엑스트라를 총동원해서 리얼한 광경을 보여주는 스펙터클한 장면의 진수를 맛 볼 수 있다.

실제 사람을 움직이게 되면 CG(컴퓨터그래픽)처럼 힘 있고 빠르게 원하는 모습을 작품에 담아내긴 힘들지만 영화적으로 봐선 무게와 리얼리티 면에서 감히 CG는 실사를 따라올 수 없다는 생각이 들 정도이다.

또 다른 볼거리는 후반부에 벌어지는 대규모 전쟁 장면인 예루살

렘 성을 빼앗으려는 자들과 뺏기지 않으려는 자들 간의 치열한 공방은 엄청난 중압감과 함께 생동감 넘치는 충격을 던져 주고 있다.

주인공의 말처럼 진정한 성지(聖地)는 예루살렘만이 아닌 마음속에 존재하는 것일 수도 있는데 사람의 욕심과 집착은 그것을 허용하지 않고 무고한 희생을 치러가면서 눈에 보이는 허상을 잡으려 한다.

이것이 이 영화의 포인트이다.

-희망과 비극 〈아무도 모른다〉-

2004년에 야기라 유야라는 14세 소년이 고레에다 히로카즈 감독의 네 번째 작품인 〈아무도 모른다〉로 영화계 모든 연기자들의 선망의 대상인 칸영화제 남우주연상이라는 최고의 명예를 어린 나이에 그것도 첫 출연 작품에서 수상해서 큰 화젯거리가 되었고 또 그 내용이 너무 가슴 아프게 꾸며져 있어 많은 매스컴들을 달구었었다.

실제 도쿄에서 있었던 사건을 소재로 극화된 〈아무도 모른다〉 이 작품은 지난 4월 우리나라에서 개봉하여 영화를 자주 보는 필자에게도 큰 충격을 주었는데 당사자인 야기라 유야에게는 대단한 영광이겠지만 남자연기자로서는 칸영화제가 57회를 거치는 동안 27세가 최연소 수상자였는데 14세로 수상자 연령이 내려와 영화 관계자들 역시 충격이 컸다.

이런 결과는 고레에다 히로카즈 감독의 탁월한 연출력 때문이라 단정할 수 있다.

이 작품은 일본 특유의 영상미와 함께 상식적이고 도덕적이라 할 수 있는 윤리관마저 선입견을 넘어선 영화이다.

마치 40년 전 초등학교 4학년이었던 이윤복 군의 일기를 바탕으로 영화화해 세상을 울음바다로 만든 〈저 하늘에도 슬픔이〉라는 작품을 떠올리게 한다.

가난한 가정의 맏아들인 이윤복 군은 구두닦이를 하며 동생들을 보살피는 소년가장으로 생계를 이어 가면서도 열심히 일기를 써서 그 일기가 화제가 되어 전 국민의 심금(心琴)을 울렸던 1965년 김수용 감독의 작품이 생각난다.

그러나 윤복이의 일기를 극화해 화제가 되었던 그 작품보다 <아무도 모른다>에서는 더 큰 슬픔이 담겨 있는데 그 이유로 우리보다 선진국이라는 일본에서 4남매가 초등학교도 가지 못하는 상황으로까지 설정이 되어 있어 너무 관객들의 마음을 아프게 하고 있다.

글을 깨우칠 수 없는 환경에 처한 인물이라면 앞으로 세상을 헤쳐 나가기란 매우 힘들 것이라는 사실이 강조되고 있기에 실화를 극화시킨 극 중의 인물 설정이지만 그 슬픔이 더욱 배가되는 것이다.

<아무도 모른다>에서 야기라 유야 배역은 일본의 현시점을 배경으로 하고 있지만 초등학교도 다니지 못하는 비참한 신세로 등장하여 더욱 화제의 중심에 서게 되었다.

이처럼 어린아이들을 앵벌이 신세처럼 거리로 내몰게 된 것은 부모 탓이 100%이겠지만 이 영화 속엔 그 아이들의 부모에게 포커스가 맞추어져 있지 않다.

이 영화는 마냥 관객들을 관찰자 입장으로만 유도하여 한 어린 아이의 가정을 이 사회나 어느 특정 인물이 떠맡아 키워 주기를 바라고 만든 작품이 아닌 모든 부분을 객관적으로 생각하게 하고 있다.

그래서 우리 모두가 통감하고 반성해야만 한다는 또 다른 메시지가 담긴 내용으로 다시는 이 지구상에 버려진 아이들이 생겨서는 안 된다는 사실을 영화화시켜 직·간접적으로 일러주고 있는 것이다.

그것이 고레에다 히로카즈 감독의 탁월한 연출력인 것이다.

이제부터라도 앵벌이 소년, 버려진 아이들이라는 단어가 나오지 말았으면 한다.

대도시의 무관심 속에서 벌어진 슬픈 비극을 따뜻한 성장 드라마로 그린 '고레에다 히로카즈' 감독의 <아무도 모른다>는 감동의 성장 드라마로 지극히 비참한 삶을 그리면서도 인간에 대한 실망과 희망을 동시에 안겨 주는 관객들에게 주위를 다시 한번 둘러보게 하는 영화이다.

―'광주국제영화제' 무엇이 문제인가? (1)―

우리만의 작은 소리로 떠들고 덮어 두어야만 할 현실들을 이렇게 인터넷이나 신문, 방송의 매체에 내보내야만 하게 된 상황이 필자로선 씁쓸한 기분이 든다.

그러나 바로 내 살점을 깎아 내는 아픈 고통을 겪을 수밖에 없는, 극약처방 같은 상황이라면 할 수 없지 않겠는가?!……

필자가 광주국제영화제 2001년 첫 회부터 주최 측의 배려로 이사회 2년, 집행위원 4년을 거치는 동안 집안 사정들을 잘 알기에 이렇게 몇 자 토해 보고 싶어 글로 옮기고 있는 것이다.

'광주국제영화제'가 뭐가 문제이기에 그처럼 중앙에까지 형편없는 영화제로 낙인 찍혀 물위에 뜬 폐유 덩어리가 되었을까?……분명 시청 영화제 영화계 시민단체 측 등 얽히고설킨 많은 이야기들이 이번 일 안에 내재되어 있다.

아울러 단체장 선거 1년여의 기간을 두고 혹시 정치적인 변수까지 포함되어 있지 않나 하는 의심마저 들고 있다.

이처럼 다각도로 고민되는 일이 바로 '광주국제영화제'이다.

얼마 전 보도에 의하면 시청에서 시비 및 국비 등 예산을 지원해 주고 싶어도 받을 준비가 안 된 영화제 측에 문제가 있음을 언론보도를 통해 많은 시민들이 알게 되었다.

즉, '광주국제영화제' 이사회를 통한 법인체 조직의 대표가 확정이 안 돼 그런 결론이 나온 것이다.

한편 영화제 측은 이사회를 열었지만 이사회 회의장에 때맞추어 참석한 ○○영화사랑 동호회의 항의성 격론으로 인해 이사회가 무산되었다고 한다.

얼마나 부끄러운 일인가. 오죽 답답하면 시민단체가 국제영화제 이사회를 망쳤을까?……하는 의구심도 가게 될 것이다.

그러나 허와 실을 알고 보면 또 문제가 있다. 이사회가 열리는 장소에 광주국제영화제 이사 신분이 아닌 자 누구라도 참석하여 발언하게 된다면 그런 이사회는 있으나 마나 한 이사회임에는 틀림없다.

분명 어느 단체의 이사회이든 해당 조직의 활성화를 위해 이사회가 있는 것이다. 바로 다수의 의견을 소수가 대표해서 의결하는 의결기관이라는 사실은 상식적인 선에서도 모두가 잘 알 것이다.

분명 모 영화동호회의 인사가 영화제 이사회의 이사가 아닌 참석할 수 없는 자리임에도 무조건 참석해서 그 회의를 결론적으로 무산시켰다고 한다는 사실만으로도 영화제를 이끌고 있는 영화제법인 이사장은 단체의 장으로서 씻지 못할 누를 범하게 된 경우이다. 그러나 불행인지 다행인지 당시 책임자인 이사장은 없는 공석으로 간주된 모양이다.

그러니까 그런 난데없는 해프닝 같은 경우가 발생했다고 본다.

이처럼 8월 말이라는 영화제 개최 시기도 빠듯한데 차일피일 이사회의 결론도 얻을 수 없게 되고 말았기에…… 그럼 이사회를 무산시킨 책임은 누가 지는가?……

그러나 그 부분에는 아무도 책임을 지지 않고 있다. 그래서 그 이사회는 아무 소득 없이 끝을 맺고 말았다고 한다.

그러니 영화에 정신의 팔린 필자가 가령 광주광역시장이라고 해도 시비, 국비를 내려 줄 수 없다는 판단이 앞선다.

당연한 이치이다.

받을 책임자가 없는 단체에게 엄청난 금액을 어떻게 내려 준단 말인가?……이처럼 어처구니없는 상황 속에 영화제는 매년 조직의 문제로 갈등을 겪고 있는 현실이다.

솔직히 영화전문인으로 자처하는 필자의 입에서 영화제를 그만두라는 소리는 차마 못 하겠고 속으로 육두문자만 뇌까리고 있는 바보 같은 처지가 되고 말았다.

'그래도 참고 속 끓이지 말고 지내자!'라고 스스로 마음을 달래고 있다.

혹 영화제에 사용될 수억 원이라는 집행되는 돈을 보고 그랬는지?

앞으로 더욱 크게 확대될 영화제에 대비해서 잘되어야 할 텐데 하는 우려하는 마음에 그랬는지?

광주국제영화제에 대한 사랑의 농도가 남다르게 다르기에 그러는지? 또는 높은 자리를 탐내서 그러는지?

그리고 할 일이 많아서 이것저것 꼭 챙겨야 속이 풀리는 성격이어서 그러는지?

이처럼 영화제 조직의 문제는 항상 말썽이 끊이질 않고 있어 10일간의 행사 하나를 위한 '개혁특별위원회'까지 생겨난 이상야릇한 영화제가 되어 가고 있다.

마치 부도난 회사를 살리기 위한 희생이 앞선 '구사대'나 또는 '법정관리'를 해야만 하는 비극적인 모양새처럼 각 분야에서 대표가 선정되어 10여 명이 공동으로 꾸려 가야만 한다는 외계에서나 들어 볼 법한 '개혁특별위원회' 구성이라는 생소하면서 가슴 미어지게 하는 단어가 필자를 억누르고 있다.

평상시 혈압이 높아 하루 2회 상시 약을 복용하고 있는 터이기에 그만 흥분을 삼가는 것이 내 스스로 혈압 수치를 떨어트리는 길인 것 같아 무관심으로 일관되게 영화제를 지켜봐야 할 바보온달이 되어야 할 상황이다.

－'광주국제영화제' 무엇이 문제인가? (2)－

광주영화제로 함성을 지르고 기쁘고 즐거워야 할 영화제가 상처만 남기고 매년 거의 똑같은 현상만 자꾸 되풀이되고 있어 착잡하다.

조금이라도 밖으로 거론되지 말아야 할 영화제에 관련된 불협화음으로 인해 우리 광주영상문화의 자존심인 '광주국제영화제 파행 국면!' 어쩌고 하는 기사를 대할 때면 집행위원인 필자로서는 솔직히 쥐구멍을 찾고 싶다.

이처럼 영상문화 인프라 구축이라는 슬로건들이 어느새 변질되어 가고 있어 정말 두 눈으로는 차마 볼 수 없기에 고향인 광주를 떠나고 싶은 마음뿐이다.

그래도 금년엔 전문가 집단이 일찍 새롭게 구성되어 작년부터 집행위 구성에 들어가 서둘러서 영화제 준비가 시작되었다.

필자는 내심 흥분한 상태였고 이번 2005년의 5회 행사는 잘 이루어지겠지 하는 기쁨에 차 있었다. 그러나 지금의 형국으론 별 작년과는 크게 달라질 것도 없는 것 같다. 그래서 금년 영화제 행사의 성공 여부도 미지수이다.

기득권이 뭔데!……

내가 만들었으니까 절대 못 내놔!……이런 마음으로 영화제의 리더가 되었다면 지금도 늦지 않았다. 빨리 국회로 달려가 의원 배지를 하나쯤 차야 할 것이다.

그래야 직성이 풀릴 것 같아 비유해 본다.

법이라고 하는 것은 지켜져야 하고 꼭 지켜야만 아름답다.

설령 그것이 악법이래도 지난 후에 다시 고쳐 나가는 경우가 발생 하더라도 법에 의해 모든 사항들이 추려져야만 한다. 그러한 사실들을 누구보다 잘 아는 식자들의 집단이 영화제에 속해 있는 어른들이라고 하시는 리더 분들이다. 그리고 아울러 미숙하거나 부족하면 서로 서로 밀어주고 양보하고 상대를 북돋워 주어 더욱 영화제 집행에 박차를 가할 수 있도록 위에서 끌어주어야만 한다.

그러나 우리 광주영화제에는 독불장군들이 너무나 많이 있다. 필자 역시 전문인력 이외에는 경시하는 부분이 강한 편이다. 물론 성격 탓이지만 약간은 조상 탓도 있다.

각설하고 가끔 서울에 올라가게 되면 항상 영화계 지인들로부터 질타를 당하곤 한다.

그래도 필자는 이렇게 이야기한다.

"금년 한 회만 지켜봐 주세요!……잘될 겁니다."

다른 해 와는 달리 전문인력들이 많이 포진되었으니까 조직만 정상적으로 갖추어지면 잘될 겁니다.

"지켜봐 주세요!"라는 홍보성 멘트도 빠트리지 않고 꼭 하게 된다……

과연 이 실마리를 누가 풀어 주어야 하는가?……라는 질문엔 답은 하나이다.

바로 영화제에 깊숙이 관계하고 있는 몇몇의 인사들이다.

그런데 그들은 누구인가 아무리 영화가 대중적인 요소가 강하다고 한들 그래도 전문인력이 있는 법일 진데!……

그러나 광주 지역의 특성상 모든 전문인력은 영화제만큼은 배제된 상황이고 영화를 사랑한다는 동호회 성격의 단체가 피켓과 목소리를 높여 가며 영화제의 보호에 앞장서고 있는 것처럼 보이는 상황이 광주국제영화제의 현주소이다.

즉, 영화계 출신들은 근접해서도 안 되고 할 필요도 없는 영화제처럼 탈바꿈된 기이한 영화제라는 현실이다.

여기에는 이유가 있다. 바로 원인은 첫 단추라고 본다.

본시 영화제 창단은 기분 좋게 시작되었다.

어느 훌륭하신 법대학장 출신의 모 교수님과 시민운동에 참여했었던 모 인사 두 분께서 불철주야 뛰어 오늘의 영화제를 만들어 냈다.

그래서 직접 참여하지 못해 전문인으로 자처하는 자신이 영화제를 이 지역에 유치하는 데 능력이 못 미쳤던 까닭에 내 자신 스스로 부끄러워 뻔뻔스럽지만 한땐 "이분들의 동상도 세워주자."라고 하는 발언도 서슴지 않고 해 댔던 일이 있다.

차츰 영화제에 관련한 칭찬과 비판 속에서도 전문인과 관심 있는 많은 지역의 인사들로부터 호응을 얻어 시작된 영화제 행사는 점점 예산 규모가 커지게 되자 너도나도 하며 관심도가 높아진 게 사실이다.

필자 역시 안타까운 마음에 큰 예산에 눈이 뒤집혀서 그랬는지 항상 시끄러움 속에 개최되는 영화제를 지켜보면서 자신이 훌훌 털어 내지 못하는 한편으론 바보 같으며 예산에 눈이 멀어버린 파렴치한이기도 하다.

그래서 아무리 덩치가 큰 국제영화제라도 누구나 할 수 있는 것이고 누구나 참여할 수 있는 넓은 영역에 불과한 것이다.

바로 이처럼 아무나 해도 괜찮다는 생각이 앞선 광주국제영화제의 어느 특정 인사의 생각이 바뀔 때까지 광주국제영화제의 잡음은 계속 되어 바람 잘 날이 없을 것이다.

어쩌면 당사자는 이런 바람이 계속 불어서 깨졌으면 하는 마음일지도 모르겠다.

그래서 '예라, 내가 못 먹을 밥상 뒤집어엎어지든지 내가 알게 뭐야!' '나 아니면 절대 안 돼?!' '지역 영상문화완 관계없어!' 이런 마음으로 영화제 이사회가 오랫동안 공백 기간이 있었다고 한다면 영상문화를 퇴보시키는 원흉으로 길이길이 지역 영화제 사전에 기록될 것이다.

이것도 역사다.

세월은 흐른다. 그리고 역사는 후세가 판단한단다!!……

그렇지만 배운 게 도둑인지 몰라도 영화제가 잘되어야 할 텐데!……하는 희망도 혹시나 하고 기대해 본다.

필자는 영화로 밥을 먹고 산다 해도 과언이 아닌 지방에 눌러앉게 된 영화계 퇴물이기도 한 셈이다. 그래서 혹시나 하고 살고 있다.

그만큼 이 지역은 영화에 관련해서 매우 열약한 지역임에는 틀림없다는 사실을!……자신을 비하시키는 발언이라는 질책도 감수하면서 필자는 이렇게 마무리를 한다.

"道吾惡者 是吾師"(쓴 소리를 해 주는 자가 바로 스승이라!)는 글귀가 가슴에 와 닿는 글이 되길 간절히 비는 바이다.

2005년 6월 광주국제영화제 집행위원　박 형 균

－이중성을 띤 세상사 〈劇場前〉－

좋은 영화를 보면 가슴과 머리가 훈훈해지고, 나쁜 영화를 보면 가슴과 머리가 차가워진다고 하는 어느 여기자의 기사 내용이 필자에겐 가장 와 닿는 정답처럼 느껴진 영화가 홍상수 감독의 <극장전(劇場前)>이다.

홍상수 감독의 여섯 번째 이야기인 이 작품은 누구나 한 번쯤 겪어 보았을 법한 이야기 형식을 띠고 있고 또 그것이 이 영화의 전부인 것처럼 보이면서 극장이라는 매체를 중심에 두고 곁에서 맴돌아 보는 구조로 되어 있다.

그래서 다른 세상을 이야기하듯 그런 야릇하면서도 환상적이면서도 어딘지 현실과는 괴리감마저 들어 보이며 또 어이없는 오버처럼 보이기도 하는 그렇지만 어딘지 우리 곁에서 흔하게 볼 법한 아리송한 이야기들로 구성되어 있어 종잡을 수 없는 혼란에 빠질 수도 있다.

영화 <극장전>은 과거 홍상수 감독 자신의 영화 형식들과 비슷한 부분도 있다.

그러나 형식미나 내러티브들도 전혀 다르게 새롭게 실험한 부분들이 많이 있어 또 다른 홍상수 감독을 의식하게 한다.

한마디로 자기 자신을 깬 스타일이 군데군데 <극장전> 속에는 담겨 있다.

남자들이 침을 흘리며 먹이 사냥을 하듯 여성 앞에서 엉큼하게 본심을 드러내는 노골적인 인간의 이중적인 모습이라든가 롱－테이크 형식 속에서 동시성 동소성(同所性)을 통해 억지스럽게 진솔함을 강조하는 장면들은 전편들과 흡사한 형식들이며 두 남녀의 쾌쾌한 이불 속 도발적인 장면들도 과거의 그것들과는 별 차이는 없다.

그러나 <극장전>에선 이젠 여성들의 권모술수가 영화 속 한편에 자리하고 있음을 발견할 수 있다.

"뭐 그까짓 장면들이 다른 영화 속엔 없나?……" 하고 반문하겠지만 이번엔 다르다.

지금까지 이런저런 모습들을 분석해 보면 여성들을 영화 속에 도구로 사용한 홍상수 감독은 이번 작품 속 여주인공의 캐릭터를 통해 감독 자신이 KO펀치를 맞아 넉 다운되고 말았기에 적어도 홍 감독 차기 작품 속에서 여성의 위상은 남성을 압도하는 여성들의 모습들로 채워지리라 확신한다.

즉, <극장전>은 여자주인공을 통해 또 다른 세상사를 읽게 해 주고 있으며 모호한 이미지도 포용하고 있는 작품으로 홍상수 감독 특유의 실험 작품이다.

한편 작가 대열에 오른 홍상수 감독은 작품마다 다른 모습들을 영화 속에 끌어들이면서 진정 본인은 멀리서 관객들의 표정을 관음(觀陰)하고 있는 것 같아 기분은 썩 좋지는 않다.

그러나 우리의 현실에서 김기덕과 홍상수가 없다면 누가 이런 자신 있는 실험을 할 것인가? 그들의 자신감에 진정한 박수를 보낸다.

항상 황우석 박사와 같은 대단한 인물은 산고의 고통을 겪은 후에야 탄생하듯이 우리 영화계에서도 '홍상수' 같은 작가성 짙은 감독들이 생겨나야만 세계로 치닫는 우리의 방화가 하루빨리 정상에 우뚝 서게 되는 것이다.

<스타워즈 에피소드3>의 조지 루카스 감독과 스티븐 스필버그

감독은 대중적인 영화만을 만들고 있기에 대신 돈을 벌어 매월 한 번씩 작품성 있는 영화를 만들도록 영화계 후배들에게 후원금을 보낸다고 한다.

한편으론 이런 할리우드 영화인들의 양심이 너무 부럽다.

우리 영화계에 종사하는 영화인들도 이처럼 작가정신이 깃든 작품을 위해 과감하게 투자하고 이끌어 주는 여건들이 많이 형성되어 우수한 독립영화들이 많이 탄생되었으면 하는 마음이다.

영화 <劇場前>이 저예산 영화의 표본으로 우뚝 서는 그날이 우리 영화계의 진정한 승리의 날이다.

- 통일소재를 희화화시킨 〈간 큰 가족〉-

'모방의 천재는 일본'이라고 하는 불명예스럽지만 나중은 세계 강국으로 발돋움했던 과거들의 기억들이 되살아난다.

이처럼 모방이 결코 나쁘지는 않다고 하는 것을 세계의 경제가 증명해 주고 있는 것이다. 영화도 모방에서부터 시작된다.

오늘의 영화계는 스필버그 감독의 <ET>가 조지 루카스 감독의 <스타워즈>가 워쇼스키 형제의 <매트릭스> 등의 최첨단 블록버스터급 영화들이 많은 영화들의 선두에 서서 영화들을 선도하고 있다.

이처럼 앞서 가는 영화들 덕택에 유사 아류영화들이 함께 묻어가고 있는 현실이 어찌 어제 오늘만의 일이겠는가?

가끔은 앞서 만든 영화보다 더 잘 만들어진 아류작도 탄생하는 경우도 있다.

최근 우리나라에서 제작된 간이 부어 간경화 증세인지 간암인지 하는 중병에 걸린 아버지가 중심에 선 영화 <간 큰 가족>이라는 영화 한 편이 극장가에서 화제가 되었고 민족의 염원인 통일될 그 날을 기다리는 실향민들의 지쳐버린 가슴들을 다시 한번 흔들어 놓기에 충분한 드라마였다.

독일도 우리의 모습처럼 한때는 분단이라는 아픔 속에 동서 냉전을 주도하던 슬픈 사실이 있었다.

그러나 독일은 원죄를 씻는 쓰라린 아픈 과정도 톡톡히 치러 냈고 그 부상(副賞)으로 동과 서로 분단되었던 땅도 다시 원상으로 되찾게 되었다.

우리 영화 <간 큰 가족>은 평상시 북에 두고 내려온 고향의 처자를 그리며 살았던 실향민인 아버지가 중병에 걸려 촉각을 다투게 되자, 가족들이 아버지를 위한 특별한 이벤트를 만들게 된다.

원인이나 과정상의 그 어떤 것들이 문제가 아닌 거짓으로 통일모습을 꾸며내는 행위로 어처구니없는 해프닝이 될지언정 너무나 펼쳐지는 영화 속의 소재들이 다양하기에 영화로서 충분한 볼거리가 있고 재치도 번뜩거린다.

아울러 많이 소개되었던 금강산 초입의 북한 온정리에 가는 길도 영화 속에 보이는데 최초 북한에서 영화촬영을 했다는 큰 화제를 불러 모았던 이벤트성이 짙은 작품이기도 하다.

이산가족의 숫자를 확인해 본 결과 1세대는 123만 명 그리고 2, 3세대와 그 가족들까지 합하면 약 1천만 명에 달하는 이산가족이 바로 이 영화의 주요 관객층이라고 본다.

그러나 그 숫자만큼 관객들에게 좋은 반응은 얻지 못한 작품이기에 필자는 통일은 아직 요원할 것 같다는 결론이다.

그래서 <간 큰 가족>은 분단의 아픔을 노래하며 즐기고 있지나 않는지?

오히려 의심이 앞선다.

이런 분단된 조국으로 인해 부모에게 선의의 거짓말로 통일이 되었다고 알리게 되는 거짓말 프로젝트인 유사 영화가 이미 몇 해 前 全 독일을 달구었고 2003년 부산영화제를 달구었다.

바로 볼프강 베커 감독의 <굿바이 레닌>이라는 작품으로 어느 날 아들이 시위대 행렬에서 경찰에 끌려가는 모습을 보고 크게 충격을 받아 엄마는 그만 불치의 병에 걸리게 되고 그 와중에 독일은 통일이 된다.

그러나 아무것도 모르는 엄마를 위해 거짓으로 동독이 서독을 흡수, 통합한 것처럼 꾸며내는, 지상 최대의 거짓말이 행해진다는 이야기로 대단한 호평 속에 부산영화제 기간 내내 만원사례를 이루어 냈던 작품이기도 하다.

그러나 우리 작품은 필자가 기대한 만큼 그렇게 호평을 받지 못해 섭섭할 뿐이다.

이젠 모방을 해도 흥행에는 변수가 많기에 극적인 소재보다 전개 과정이 튼실해야 흥행에 성공하고 관객들로부터 사랑받을 수 있다는 결론이다.

-〈거북이도 난다〉, 〈안녕 형아〉에서-

　요즈음 소년소녀가장들을 주인공으로 내세우거나 불치병에 걸린 어린 아동들을 소재로 만들어진 영화가 상영되고 있다.

　갑자기라는 표현들이 어울리게 곤경에 처한 어린 아이들을 대상으로 하는 눈물샘을 자극하는 최루성 영화들이 극장가에 화제가 되고 있다.

　눈물샘을 자극하면 돈이 되는 영화들을 필자는 신종 패러다임을 생산하는 영화들로 분류하고 싶다.

　어떻게 보면 "어린이의 눈물로 어른들은 요행수를 노린다."라는 질책성 여론도 나올 법하다.

　그동안 스크린에는 <가족>, <말아톤>, <파송송계란탁>, <엄마> 등 인륜과 천륜을 대상으로 그린 영화들이 개봉되어 화두에 올랐었다.

　또한 앞서 칼럼에 실었던 고레에다 히로카즈 감독의 네 번째 작품인 <아무도 모른다> 역시 절제된 일본 특유의 눈물을 머금게 한 영화이다.

　그리고 작년 부산영화제를 비롯해 산세바스찬 상파울로 금년엔 로테르담 국제영화제 관객상 부분까지 수상하게 되었던 <거북이도 난다>라는 영화가 광주 예술극장에선 한창 상영 중이다.

　북부이란 감독인 바흐만 고바디 감독의 <거북이도 난다>라는 이 영화 속엔 세상을 등지고 하늘을 꿈꾸는 현실적으론 이해조차 할 수 없는 실화가 아니면서도 실화처럼 느껴질 수밖에 없는 영화이다.

이 영화 <거북이도 난다> 역시 슬픈 동화처럼 가슴이 메어지는 최루성 영화로 전 세계를 눈물바다로 만들기 위해 제작된 영화이다.

필자는 거의 강제로 기말고사 직전 이 영화를 학생들에게 리포트 제출을 요구했다.

그래서 요즈음을 살아가는 젊은이들에게 웃고 즐기는 코믹성 영화들을 통해 즐기며 희망을 노래하는 감성들도 꼭 필요하다.

그렇지만 이라크 국경 지역을 배경으로 미국과의 전쟁에 얽힌 그곳 아이들의 삶과 주민들의 에피소드들이 담긴 영화 <거북이도 난다>처럼 내면에 던져진 암울함과 고독함, 쓸쓸함과 적막함, 괴로움, 슬픔, 막연함 등 이런 안개 속 모습처럼 도저히 앞이 보이지 않는 이들의 모습을 통해 다시 세상을 깊숙이 읽게 하고 싶어서이다.

그러나 아쉽게도 이 영화는 예술극장에서만 상영되어 멀티플렉스관에선 상영을 하지 못하는, 즉 흥행성과는 거리가 먼 작품으로 그냥 지나쳐 가듯 슬쩍 들려 눈물샘만 자극하고 떠날 채비 중에 있는 작품이다.

한편 우리 방화 중에 임태형 감독의 <안녕 형아>는 최루성 영화의 형태를 띠고 있으나 무작정 울리기만 하는 영화가 아닌 주인공 7살 꼬마의 성장기를 통해 나타나는 여러 가지 재치들과 천진난만한 아동심리들도 그대로 표현되어 웃음과 함께 가슴을 때리고 있다.

그리고 소아암이라는 특종 같은 조금은 우울한 현실을 보여주어 반대급부라 할 수 있는 구원적인 요소와 희망의 메시지도 유도해 내서 많은 소아암 투병 환자들에게 용기를 환자부모들에겐 희망을 던져 주고 있다.

이처럼 우리 사회에 비추어진 여러 모습들 가운데 아차 하면 잊고 넘어가게 될 요소들인 어린아이들에 대한 무관심 등을 영화를 통해 잠시나마 집고 넘어갈 수 있도록 화젯거리로 만들어 그동안 소외되었던 소외층에게 대중들의 관심을 유도하는 시너지 효과도 영화 제작을 통해서 만들어 내고 있다.

그처럼 영화는 단순 볼거리가 아닌 사회현실 참여 도구로서도 유용하게 쓰이는 훌륭한 도구이기도 하다.

그런데 항상 타의 모범이 되셨고 적어도 자식들의 입장에서 볼 땐 훌륭한 교육자이셨던 우리 부모님들께선 왜 그리도 필자의 영화 직업을 반대하셨을까?!……

한편으론 섭섭하면서도 필자 역시 영화 관련 활동을 하면서도 제자들과 자식들을 통해서 격세지감(隔世之感)을 느끼게 된다.

그래서 세월의 흐름은 유수 같고 그 누구도 세월만큼은 역행할 수 없음도 깨닫게 된다.

이처럼 영화는 희망의 노래가 될 수 있다는 것이다.

아울러 답답한 우리 현실에서 "희망은 영화요, 영화는 희망이다." 라는 억측도 가능하지 않을까?

그렇다면 수단과 방법이야 어떻든 눈물샘을 자극해서라도 많은 대중들의 가슴속에 깊이 파고들기 위해서 영화 시나리오 구성은 항상 불행이 앞서고 그 뒤에 희망을 찾게 되는 당연한 영화적 수순이 또 다른 영화이론의 정석으로 자리 잡게 될지! 하는 새로운 영화의 패러다임이 형성되지 않을까 싶다.

-발칙, 당돌한 〈연애의 목적〉-

발칙하고 도발적이고 너무 솔직해서 말문이 막혀버린 <연애의 목적>이라는 영화 한 편이 개봉되어 멀티플렉스 스크린들을 잠식하고 있다.

"영화는 오직 시대를 미리 앞서 읽어 가야만이 살아남는다."라고 필자는 본 지면을 통해 항상 강조한 바 있고 또 그렇게 믿고 영화학도나 동호인들이나 교양과목 부분에서 강조하고 있다.

영화는 시대를 리드해 나가야만 한다는 사실은 이젠 고전적인 텍스트가 되었고 그러기 위해선 항상 새로움을 향한 '창조'라는 단어가 따라다녀야만 한다.

이미 사용했던 단어나 액션 등을 다시 리바이벌하여 영화에 보여준다면 패러디 전용 장르로 구분되는 '패러디영화'이거나 또는 가치 없는 B급 아류 작품으로 매도된다.

바로 도발적이며 발칙하고 당돌한 영화라고 단정 짓고 있는 한재림 감독의 <연애의 목적>이 보기 드문 지금의 시점을 속 시원하게 꿰뚫어 보듯 관객들의 깊숙한 심상들을 헤아리고 있다.

그동안 터부시되었던 성에 관한 누구도 함부로 발설하지 못한 젊은이들의 가슴앓이들을 이 영화 속에 후련하게 털어놔 또 다른 카타르시스를 시원스레 느끼게 하고 있어 관객들로부터 좋은 반응을 보이고 있다.

이 영화 <연애의 목적>은 관객을 향한 허를 찌르는 대사의 맛도 특종별미인 짜릿한 영화이다.

그러나 너무 솔직하다 보니 때로는 속이 빤히 들여다보여 어이가 없고 어느 땐 솔직해서 당황된다.

이쯤 되면 무슨 이야기를 하려는지 눈치 빠른 관객들은 금방 아실 거다.

그동안 함부로 뱉어 보지 못했던 적나라한 대사의 자극적인 맛으로 계속되는 이 영화는 능청맞은 연기자들의 연기력에 깜빡 속아 그만 영화를 끌어가는 두 주인공들의 연애담에 귀 기울이게 되고 눈동자가 구르는 소리가 날 정도로 좌우로 재빠르게 굴리며 화면 좌우를 이리저리 뚫어지게 바라볼 수밖에 없을 정도로 성에 관한 적나라한 이야기들을 털어놓고 있다. 이젠 우리 영화계에서도 유럽처럼 프랑스의 '세드릭 칸' 감독의 1998년 <권태>나 2001년 작인 미카엘 하네케 감독의 <피아니스트>처럼 여성이 훨씬 더 나이가 많거나 또 23년 차이의 남녀관계는 사회적으로도 용납이 된다고 하는 도발적이며 당돌하며 망측하며 충격적으로 보이기까지 한 성에 관한 이야기를 서슴없이 화면을 통해 할 수 있다는 사실만으로도 또 다른 충격이 아닐 수 없다.

독특한 영화, 요즈음 찾아보기 힘든 발칙한 영화, 솔직해서 정겨운 영화 등등 여러 네티즌들의 솔직한 후기들을 보고 또 한 번 놀라고 있다.

영화 <연애의 목적>에는 비주얼은 물론 대사가 전하는 색다른 재미도 있다.

그것도 박해일 같은 젊잖게 생긴 미남으로부터 뱉어내는 언어가 상스러운 듯하면서 코믹스러워 실소를 금치 못하기도 하고 한편으론 어색도 하고 속이 후련하고 도무지 종잡을 수 없는 많은 감정들을 이 영화를 통해 불러일으키게 된다.

그래도 연기력으로 어색함이 어물쩍 넘어간다.

같은 경험도 어떤 이에겐 가벼운 유희가 되고 어떤 이에겐 지독한 고통이 될 수 있다고 하는 성을 통해 얻는 기쁨과 쾌락 아픔과 상처 믿음과 배신 등이 이 영화 속에 담겨 있어 마치 유아적 발상과 동물적 생리현상을 억제하지 못한 단순히 성적 호기심에 대한 자극을 원하던 젊은이들에겐 따끔한 채찍질과 함께 심금을 울려 주고 있는 또 다른 교과서이기도 하다.

- 권태기 탈출법
〈미스터 & 미세스 스미스〉-

'황우석' 박사의 줄기세포 연구가 임상실험을 통해 완벽하게 성공하게 된다면 난치병에 처한 인류를 구원하게 될지 모른다는 학설로 우리나라 의학계는 물론이거니와 세계 여론의 중심에 서서 지구상에 신드롬을 일으키고 있다.

이처럼 축산학자의 기발한 연구 하나가 온 인류 미래의 구원적 요소가 되고 또한 곤경에 처한 우리들을 즐겁고 기쁘게 하는 큰 원동력이 되고 있다.

줄기세포 연구로 인해 우리 의학계 수준이 세계적 수준임을 널리 알린 큰 계기가 되었듯이 오락영화 한 편이 좋은 약이 될 수 있다 또는 인간구원의 원동력이 될 수 있다는 또 다른 속설이 정당화되어 버린 <미스터 & 미세스 스미스>라는 영화가 개봉되었기에 소개한다.

세계적 톱스타라 일컫는 브래드 피트와 안젤리나 졸리는 세상에서 가장 근사하고 완벽해 보이는 부부로 영화 전반부에 소개된다.

이 영화의 절대 줄거리라고 하는 주요 스토리를 알려 드리면 두 부부가 속한 조직들은 막강한 킬러그룹인 상대적인 경쟁 조직으로서 남녀 두 주인공이 부부이지만 상대가 누구인지 모른 채 서로의 목숨을 노려야 하는 절체절명의 임무가 주어지는 순간이 이 영화의 키포인트이다.

이게 할리우드가 만들어 낸 기획상품인 것이다.

아무튼 타의 추종을 불허한다는 말처럼 할리우드다운 영화적인 아이템으로서 그 어떤 영화적인 소재와 견주어 봐도 손색없는 기발한 착상이다.

그래서 영화 관객들은 이 영화 속에 흠뻑 빠져 들어 웃고 스릴을 느끼게 된다.

각자 경쟁 조직에 속한 일급킬러들이지만 완벽한 외모와 성품을 가진 최고의 배우자를 만났다고 기뻐하는 두 주인공들은 서로의 정체를 전혀 눈치 채지도 못한 채 결혼에 골인한다는 처음 설정부터 아주 흥미로운 영화다운 발상임에는 틀림없다.

필자는 이 영화를 통해 그동안 부부 사이에 앙금처럼 쌓인 분진들을 말끔히 털어 내는 계기가 된다고 자신 있게 강조하고 싶다.

바로 이런 점에서 필자는 <미스터 & 미세스 스미스>라는 영화 한 편이 한동안 서먹했던 부부 사이를 하나로 묶어 놓는 좋은 기회가 되기에 혹시 등을 맞대고 지내는 부부들이 계신다면 이 영화를 마지막 처방전으로 생각하고 필자의 의견에 따라 관람해 보시고 그 후 부부가 후회 없는 삶을 결정하시기 바라는 마음이다.

이처럼 한 편의 영화가 현실에서도 구원적인 요소가 되어 입에 쓴 보약과 같은 가치 있는 문화로 자리매김하기도 하며 또 늪에 빠져 허우적거리는 한 가정을 수렁에서부터 구할 수도 있다는 가상적 현실들을 통해 영화의 또 다른 가치를 느끼게 된다.

지적이고 논리적인 매혹 킬러 '미세스 스미스'와 본능에 충실한 감각 킬러 '미스터 스미스' 배역의 세계적인 두 스타 안젤리나 졸리와 브래드 피트가 각각 처지가 다른 두 조직의 상대 타켓으로 설정이 되어 알콩달콩 깨가 쏟아지는 부부이지만 할 수 없이 조직의

임무에 의해 맞붙게 되는 어처구니없는 설정으로 하여금 관객들은
또 다른 해프닝 같은 즐거움 속에 두 주인공들의 아기자기한 삶 속
으로 그만 푹 빠져 들게 된다.

　스릴 넘치는 로맨스와 코믹액션의 유쾌한 조화로 인해 시종일관
오락영화라는 본분을 잃지 않고 달려가는 유쾌한 영화 <미스터 &
미세스 스미스>는 온 세상을 재미와 가치가 있는 삶으로 만들어 주
고 있다.

- 빽 투 더 페스트 〈천군(天軍)〉 -

1985년 작인 <빽 투 더 퓨쳐>가 1987년에서야 우리나라에서 개봉되었다.

당시 필자는 영화사를 운영하고 있었던 터여서 여러 경로를 통해 미8군 영내에 들어가 <빽 투 더 퓨쳐>를 관람하게 되었고 종영 후 필자는 그 작품에 군침을 흘릴 수밖에 없었던 기억이 있다.

그래서 시간과 공간을 자유자제로 넘나드는 재미있는 오락영화로서 필자 기억에 남는 작품이 있다면 로버트 저메키스 감독의 SF물인 <빽 투 더 퓨쳐(1985년)>를 단연 으뜸으로 꼽고 있다.

그러나 퓨전이라 할까 관객들의 기호에 맞는 시간과 공간의 자유로움을 영화 속에 표현한 현대적 감각의 우리 영화로는 없었다.

과거사나 원작을 토대로 다큐멘터리처럼 심청전, 홍길동전, 콩쥐팥쥐 등을 이야기 형식으로 꾸려 간다면 지금의 관객들은 곧 외면하고 말 것이다.

실례로 1987년대 <성 리수일면>이 그렇고 임권택이라는 국민감독의 작품인 2000년 <춘향면> 역시 관객들로부터 외면을 받았다.

얼마 전 드라마 <다모>, <해신>을 보면 현대인들의 감성에 맞는 음악이 주를 이루었고 연기자 의상이나 대사 역시 요즈음 감각에 맞는 스타일로 눈요기를 시켜 주었기에 많은 시청자들에게 호평을 받았던 것이다.

이처럼 역사를 그대로 사실적 측면에서만 충실하게 꾸며 갈게 아니라 코믹과 현실감에 맞는 언어와 음악 등으로 살을 덧붙여 요즈음 관객들 입맛에 맞는 영상물로 재창조해 보여주어야만 한다는 결론이다.

지금까지는 과거의 일을 들추어 오늘의 사건들과 결합시키는 그래서 과거의 이야기들을 끄집어내서 회상을 시키거나 상상 정도에 불과한 이야기들로 꾸며진 영화 속 내용들이었지 직접 타임머신을 타고 과거세계로 영화 속 주인공들이 날아가 그곳에서, 즉 생과 사를 경험하게 되는, 즉 과거 속에서 리얼한 시공간을 확보하게 되는 경우는 많지 않았다.

영화 <천군>은 과거 속에 살아가는 '이순신'이란 인물을 만나게 되어 펼쳐지는 이야기로 꾸며진 영화이다.

이 영화는 현실 속의 인물들로 설정된 남북 군인들이 과거의 시간대로 들어가서도 자주 아옹다옹 다투기도 하지만 위기의 순간에 서로 하나가 되어 모두 자신의 목숨을 던져 '이순신' 장군을 구하게 된다는 구원적 요소로 사용된다.

이런 점은 영화 속 이야기이지만 설정이 높이 평가되어야 한다.

그동안 영화들에선 단순한 꿈의 현상을 영상화했다면 환상이나 상상의 세계에서 갖가지 수난을 겪었을지언정 현실의 시점으로 돌아오면 인물들은 반드시 살아 돌아와야만 했었다.

그러나 이번 <천군>이라는 영화에서는 살아오지 못한 인물구성이 대부분이다.

그래서 더욱 색다르고 리얼한 한국형 SF물로 간주된다. 그러나 과거의 세계에 푹 빠져 드는 이 영화는 시대적인 배경과 상황으로 봐서 코믹스럽게 넘겨 버릴 수 있는 장면들도 근엄하고 실제 상황으로 착각을 일으키게 할 수 있도록 그럴듯한 요소들이 잔재하고 있어 더욱 역사에 충실한 무게감을 주고 있다.

아울러 이 영화는 너무 뻔한 스토리 전개로 흘렀기에 뒷맛이 개운하지만은 않다. 아무리 알려진 역사적 사실이라고 하지만 과거 사실에 충실하지 말고 영화적인 색다른 모습을 영화 관객들은 더 원하고 있다는 것이다.

즉, 결말인 과거에서 현실로 돌아가게 되는 과정에서 여러 가지 위기를 모면하고 해피엔딩하게 된다는 교과서적인 이야기를 피하고 좀더 특이한 색다른 발상이 아쉽기도 하다.

우리의 과거사를 현시점에서 다시 재조명해 보는 재치 있는 영화들이 더 제작되었으면 한다.

-발견! 〈웰컴 투 동막골〉-

1950년 한국동란을 배경으로 한 영화가 모처럼 선보여 화제이다.

필자는 이 작품의 충격으로 종영 후 패닉 상태가 될 정도로 영화에 취해 비몽사몽간 한참 동안 몽롱해졌다.

필자의 이런 일방적인 평가에 칭찬이 너무 과장되지나 않았나? 하는 우려의 소리도 있을 것이다.

영화를 관람하는 주요 층이 18~23세대임에도 <웰컴 투 동막골>은 55년 전 이야기를 소재로 제작되었지만 어느 연령층 누구나 이 영화를 보게 되면 실소를 머금게 되고 또 크게 박장대소를 하게 되며 슬퍼 울먹이며 위기의 순간엔 가슴 조아리며 기쁜 장면엔 가슴 벅차 눈물도 흘리게 된다.

이처럼 스크린 최면에 걸린 채 관객들은 어처구니없는 상황 속으로 푹 빠져 들고 만다.

이유는 바로 작품성에 그 이유가 있다.

그만큼 탄탄한 구조의 시나리오가 바탕이 되었다는 증거이다.

각본을 쓴 인물을 살펴보면 감독인 박광현 감독을 비롯하여 제작과 원작을 겸한 장진 감독도 각본에 참여하여 본인의 실력을 과시하였다.

전쟁 한가운데서 만나게 된 남과 북의 폐잔병과 탈영병 등 전장의 낙오병들과 전투기 추락으로 크게 부상당한 미군 조종사.

이들은 산골 주민들의 보살핌과 우여곡절 속에 구사일생으로 살아나 동리 사람들과 하나가 되어 전장의 폭격으로부터 시골 동리를 지켜 나간다는 믿지 못할 남·북·미 연합작전이 펼쳐진다.

물론 이런 유의 작품들은 전쟁을 경험했거나 전쟁 영화를 즐겨 보았던 팬들이라면 아군과 적군이라는 상대적 개념들이 피아간 구분 없이 휴머니즘이라는 큰 카테고리 안에서 함께 적과의 동침이 쉽게 이루어지게 된다는 사실들을 잘 알 수 있을 것이다.

한편으론 현실성이 결여된 말도 안 되는 엉터리 같은 이야기를 극화시킨 영화이지만 오히려 문학성이 뛰어나게 보이는 영화가 <웰컴 투 동막골>이다.

그 바탕에는 주 무대로 보이는 깊은 산속 마을 주민들의 순수성에 그만 감동되어 남북 양측의 대립된 상황들이 하나 둘 허물을 벗고 그 순수 속으로 빠져 들고 만다.

결론은 힘의 논리인 약육강식을 기본으로 패잔병에 불과한 약자인 주인공들은 모두 희생되지만 설상가상으로 아군을 포함시킨 당시 연합군의 무자비한 살상과 만행도 화면에 보여 충격적인 상황을 이해하고 스스로 감수하고 영화 속에 몰입해야 하는 부담도 안고 있다.

그러나 이 영화는 사실과 다른 픽션으로 치부해 버리기엔 너무 현실감이 들어 누구나 영화 속 상황에 그만 정신을 놓고 말게 된다.

그래서 이 영화를 필자는 '구조가 튼튼한 영화이다.'라고 극찬하고 싶은 모처럼의 완벽한 우리 영화다.

CG 부분도 완벽하고 동리 배경에도 애쓴 흔적이 남아 있고 라스트의 처절한 클라이맥스 부분의 전투 시퀀스도 매우 잘 꾸며진 훌륭한 영화라는 평가를 내리고 싶다.

여기에 많은 주·조연 연기자들의 열띤 연기가 돋보였고 동리 주민 역들인 거의 보조출연자 수준의 연기자들도 독특한 연기를 해 주었다.

<진주만>, <라이언 일병>, <태극기 휘날리며>, <실미도>처럼 블록버스터 급은 아니지만 많은 물동량이 동원된 이 영화는 금년 우리 영화 중의 수준작으로 손꼽을 만하다.

그래서 <웰컴 투 동막골>은 지쳐 있는 우리 영화계에 여름철 청량제처럼 느껴지며 한편으론 신선한 충격과 함께 영화 평단에서는 대어를 낚게 되는 수준작을 발견한 셈이다.

발견! 발견! 새로운 우리 영화 '파이팅!'을 외쳐 본다.

─ 영상의 꽃은 언제 필까? ─

오늘 제5회 광주국제영화제 팡파르가 울리는 날이다. 필자는 금년 5회째 맞는 영화제가 좀더 성숙한 영화제의 모습으로 보이길 간절히 원한다.

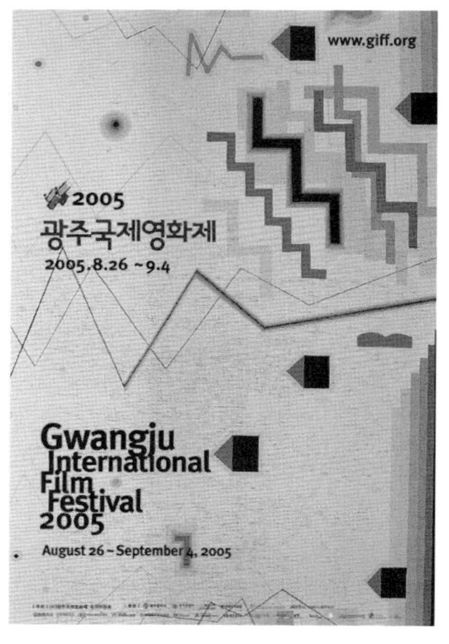

다행히도 이번엔 전문 영화인들이 집행위에 포진되어 있어 그동안 우물 안 개구리식으로 지방에만 묻혀 살아온 필자는 전문가 집단들께 영화제 전반에 걸쳐 모든 것을 의뢰하고 관망만 하고 있는 실정이다.

그동안 광주영화제를 두고 '졸속이다', '불 보듯 뻔하다'라는 각계각층의 질타들이 있어 왔던 것 또한 사실이다.

그러한 잡다한 소리들은 영화제를 끌어가는 입장에선 듣지 않는 것만 못한 소리임엔 틀림없다.

그러나 항상 질책은 앞날을 위한 발전적인 애정 어린 질타임에는 틀림없다.

필자 역시 몸을 담고 있으면서도 그러한 밖의 소리엔 불만도 토로하지만 내부에선 자책의 목소리도 서슴지 않는 아부할 줄 모르는 딱딱한 성격 소유자임을 자신도 인정하는 바이다.

요즘엔 과다할 정도로 광주 지역에 동영상 촬영을 요구해 오고 있어 미처 국제영화제에 신경을 쓸 수 없는 상황이 되었다.

광주국제영화제 조직 내에서 활동하는 거나 광주영상위원회를 꾸려 나가면서 지역 영상 발전에 기여한다는 사실은 어떻게 보면 같은 맥락이다.

그래서 국제영화제로부터 느낀 섭섭한 마음을 뒤로한 채 광주영상위원회 활동에 전념을 하고 있다.

그러나 어떻게 하면 영화제를 잘 만들어 볼까 하는 의욕이 넘치던 지난날들이 새삼 그리울 때가 있다.

이렇듯 지역의 관과 민 모두 국제영화제에 많은 관심을 보여주듯 이제는 지역민들에게 직접 다가가는 광주영상위원회 활동에 더 많은 관심을 가져 달라는 부탁이다.

지난 4월 6일에 창립총회를 치른 광주영상위원회는 2003년 12월부터 시사회를 20회를 치러 냈을 정도로 그동안 눈코 뜰 새 없이 동분서주하며 영상 인프라 구축과 제작 유치 그리고 교육에만 힘을 쏟아 부은 결과 업무는 과다하게 늘어나지만 필자의 역량엔 벅찬 과부화가 걸린 듯하다.

그러나 많은 지역민들은 잘 모르고 있다.

그 이유는 영상위원회가 홍보가 되질 않고 있다는 증거이다.

솔직히 이번 기회를 통해 많은 회원들을 확보하고 싶다.

그리고 지역 영상 발전에 좀더 매진할 수 있는 역량을 관으로부터 지원을 받고 싶다.

그러나 이번에도 공허한 메아리만 울릴 거라는 당연한 이치를 깨닫고 있기도 하다.

그것은 조직이 民으로 구성되어 약하기에 官으로부터 인정받아 영상위원회를 키워 나가기란 여간 힘들지 않을 거란 사실이다.

심지어 광주국제영화제 측으로부터 크게 관심을 받고 있지 못한 실정이기도 하다.

서울영상위원회, 남도(순천 여수 광양)영상위원회, 전주영상위원회, 부산영상위원회, 청풍(재천)영상위원회, 대전영상위원회, 제주영상위원회들의 조직위원장은 대부분 시장, 도지사 등이 맡고 있다.

이처럼 전국에 산재한 8개의 영상위원회 중 유일하게 官으로부터 지원을 받고 있지 못한 순수 民으로 구성된 영상위원회가 광주영상위원회임을 밝혀 둔다.

이런 사실들을 종합해 볼 때 어떠한 이유에서든 하루빨리 광주국제영화제가 만인들이 즐기는 영화제로 거듭 나고 광주영상위원회도 충분한 지원을 받을 수 있는 그날이 와서 굴뚝 없는 영상산업을 높은 고부가 산업으로 이끌어 이 땅에 영상산업이 정착되길 간절히 바라는 바이다.

아울러 2005년 8월 26일에 개막될 광주국제영화제의 성공을 진심으로 기원한다.

─박수칠 때 떠나야만 하는가?─

'살인 사건의 수사 과정이 TV를 통해 생중계 된다.'라는 버라이어티 리얼수사극을 표방하고 나선 독특한 컨셉의 영화인 <박수칠 때 떠나라>는 극 중 방송 해설자의 멘트와 함께 관객들을 살인 사건 현장인 특급호텔 1207호실의 알쏭달쏭한 현장 속으로 안내하게 된다.

이처럼 수사에 초점을 맞춘 <박수칠 때 떠나라>의 스토리는 범행이 발생하기 전 사건 현장을 다녀간 7명의 용의자들의 취조 과정을 차례로 보여주며 사건에 대한 호기심을 자극하여 극을 진행하는 수사극이다.

어떻게 보면 단순한 살인 사건으로 간주되어 큰 관심거리가 못되는 평범하기도 한 살인 사건인 이 영화가 살인 사건 수사 과정을 생방송 한다는 특이한 아이템 한 가지로 8월 25일자 통계에 의하면 200만 관객을 넘어 300만을 향해 치달고 있기에 과연 이 영화가 이토록 스크린을 잠식하는 이유는 무엇일까 하는 의구심 때문에 잠시 머뭇거려지기도 한다.

그 이유로 필자는 첫 번째 <박수칠 때 떠나라>는 영화 제명을 꼽고 싶다.

분명 이 <박수칠 때 떠나라>라는 명령어화법의 특이한 영화제명은 다른 영화 제명들처럼 직접화법을 인용한 직설적인 문구를 사용하지 않고 간접적으로 은유와 비유를 통해 영화에 대해 궁금증을 더욱 불러일으키고 있다.

그래서 제명을 직접적인 화법으로 풀어 본다면 모름지기 사람은 떠날 때를 맞추어 떠나가야만 한다는 억측이 아닌 억측 같은 해석이 나온다.

즉, 시기를 잘 택하여 물러날 줄 알아야 한다는 이야기로 해석하고 싶다.

그러나 어디 요즘 사람들은 그러한가?

어느 곳 어느 분야에서나 떠날 때가 되었음에도 떠나지 않고 눌러앉아 있기에 종종 철 밥통인 양 눌러앉아 있는 파렴치한 경우들을 발견하게 된다.

누구누구가 그렇다고 꼭 사례를 밝히지 않아도 필자나 독자 분들은 잘 알고 있다.

이 작품에 관객들이 많은 관심을 갖는 이유 중 두 번째로 연기자를 들 수 있다.

차승원이라는 주연급 연기자 한 사람의 힘이 크게 좌우되었지만 결코 한 사람의 힘이 아닌 조연급의 김지수, 신하균, 신구, 정재영, 박정아 등이 잠깐 반짝 출연하여 열연하는 일명 카메오 출연자들과 장진이라는 젊은 감독의 실력이 조화를 이루었다고 본다.

특히 장진 감독은 제작사나 배급사들이 인정하는 인기 감독 상위 대열에 들어간다.

이처럼 차승원, 장진, 신하균의 어울림이 곧 승부수를 두게 되었고 당당하게 높은 고지를 향해 치닫고 있다.

그것도 장진 감독이 제작한 <웰컴 투 동막골>과 함께 예매 순위 1, 2위를 기록하며 상영되고 있기에 더욱 값진 성과이기도 하다.

아쉬움이 있다면 이곳 광주 남구 드라마·영화 세트장에서 100% 촬영을 하기 위해 로케이션 장소 헌팅까지 100% 마친 상태에서 예기치 못한 火魔로 인해 그만 다른 곳에서 거의 촬영을 마쳐 버리게 되는 상황이었기에 필자는 다소 가슴이 아팠다.

그래도 이곳 광주 지역에서 우리나라 최초로 시사회를 펼치게 되어 서운했던 감정도 다소 누그러들었던 것이 사실이기도 하다.

박수칠 때 떠나야만 하는 것이 정석일까?

광주 남구 드라마·영화 세트장이 아직은 박수를 받지 못했는데 벌써 떠나야만 하는 건가 하는 아쉬움이 항상 필자의 마음을 짓누르고 있다.

조속한 시일 내에 火魔의 상처가 복원되길 관계자 분들께 부탁의 말씀도 힘께 전하고 싶다. 광주가 아직은 영상으로 박수를 받지 못한 상태라고……

그러나 언젠가 300만 관객을 육박하는 영화 <박수칠 때 떠나라>처럼 광주영상위원회에서 치중하고 있는 영화촬영 지역 유치가 활발해져서 지역민들에게 박수를 받으리라 믿는다.

-1,000만 관객! 무서운 숫자이다-

언제부턴가 우리 영화계에 1,000만 관객이라는 단어가 유행어처럼 보통으로 생각되는 현상이 발생했다.

필자는 과거 3만 명이라는 숫자에도 영화감독 분야에서는 흡족해하던 시절을 겪었었다.

즉, 관객 3만 명이면 감독으로서 인정을 받던 때가 엊그제 같아 새삼 관객동원 1,000만 명이라는 숫자에 놀라지 않을 수 없다.

1,000만이라는 숫자는 <태극기……>와 <실미도>가 각각 올린 쾌거라고 하는 것쯤은 이 영화를 보지 않았다 하더라도 많은 국민들이 알고 있는 현상이다.

약 15세 이상인 전국의 인구를 4,000만 명 정도로 추산한다면 4명 중 한 명꼴로 즉, 한 가정에 한 사람은 <태극기……>와 <실미도>를 보았다는 결론이다.

이런 숫자는 우리 인구에 비해 대단한 숫자이다.

이것이 바로 우리의 힘인 것이다.

이젠 우리 국민은 모두 마음만 먹으면 월드컵 4강의 신화를 만들어 내듯 1,000만 관객동원이라는 숫자 정도에는 무감각해지기도 한다.

그래서인지 요즘 한창 지면들을 달구고 있는 3편의 영화(<……금자씨>, <……동막골>, <박수칠……>)가 1,000만 명을 동원해서 또 화제이지만 일반 관객들에겐 큰 화젯거리는 되지 않고 그냥 영화가(映畵街)에서만 들썩거리고 있는 형국이다.

이처럼 1편이 아닌 3편에 동원된 관람객이 1,000만 명이라고 하면 별것 아닌 것처럼 보이지만 이번 경우처럼 한 시기에 동시에 개봉되어 함께 우리 영화의 붐을 조성하고 전국 극장가를 뜨겁게 들뜨게 했던 적은 없었다.

이런 힘은 바로 우리 한국영화의 질적 수준 향상에서 비롯된다.

최근까지 통계를 인용해 보면 최소한 편당 제작비의 손해액은 20억 원 이상을 넘어섰었던 것도 사실이다.

그래서 한국영화의 위기설까지 돌았던 것이다.

어느 때 어느 시절에서나 위기는 항상 도사리고 있는 것도 사실이다.

1960년대 말 TV산업에 밀린 미국 할리우드 영화계를 비롯한 세계 영화계가 허우적거리며 영화(FILM)라는 단어가 추억 속의 단어로 묻힐 뻔했던 시절 혜성같이 나타난 스티븐 스필버그와 조지 루카스라는 두 사람 때문에 기사회생되었던 기록이 있다.

당시 이 두 사람이 없었다면 <죠스>, <ET>, <스타워즈> 등의 영화도 볼 수 없었겠지만 영원히 필름으로 만들어낸 영화라는 존재는 기억 속으로 묻힐 뻔했던 위기가 있었다.

그렇듯 우리나라 영화산업이 엉망으로 변하려 한 시점에서 3편의 영화가 활력소가 되어 충무로라고 하는 깃발 아래 다시 모여 더 멀리 뛸 수 있는 용기를 주고 있는 것이다.

그래서 언제 위기가 있었던가 하고 우리 영화계가 모두 용기 백배 사기가 충천되어 열심히 뛰고 있다.

이처럼 1,000만이라는 좋은 경사가 또 어디 있겠는가!

바로 한 편이 아닌 3편의 영화가 함께 이루어 낸 효과이지만 그 파급 효과는 한 편의 영화보다 여러 방향에서 훨씬 더 나은 긍정적인 변화와 현상을 만들어 내고 있는 것이다.

곧 중추절이 다가온다. 명절에는 유원지가 휴무이기에 달리 갈 곳도 마땅치 않는 상황하에 구정이나 추석처럼 큰 명절이면 많은 사람들이 극장가를 찾게 된다.

이번 중추절에도 우리 영화가 70% 이상을 넘어 80~90% 정도 극장가의 스크린들을 장식했으면 하는 바람이다.

이젠 영화 관객 1,000만 명이 아닌 2,000만 명도 넘볼 수 있는 자존심이 강한 문화강국, 문화민족으로 남고 싶을 뿐이다.

더욱 1,000만이라는 숫자가 무섭게 느껴진다.

─ 걱정 반 기대 반 〈외출〉 ─

불륜 같지 않은 불륜으로 꾸며진 영화 〈외출〉이 항상 즐거운 마음으로 이 원고를 쓰고 있는 필자를 괴롭히고 있다.

두 사람의 외출 그 행위가 불륜일까? 또는 만남 자체가 두 남녀의 걱정되는 외출일까?

이처럼 영화 〈외출〉을 본 후의 느낌으론 필자는 많은 대중들과 이 영화를 해석하는 방향에서 약간 차이를 두고 있다.

어느새 우린 한국형 오버미학의 진수인 코믹─멜로─액션드라마 장르에 필자를 비롯하여 많은 관객들이 익숙해져 버린 상태에서 한마디로 필자에겐 영화 〈외출〉은 깔끔한 느낌이 들지 않는 '어설픈 느낌만 가득한 영화이다.'라고 단정 짓고 싶다.

물론 영화 상영 도중 키득거리는 젊은 18~23세대들의 실소도 없기에 더욱 그러할지 모르겠다.

그래서 더욱 이 영화에 부제(副題) 달기가 걱정이 된다.

〈외출〉에는 아직 덜 익은 과일처럼 풋풋하면서도 세련미 없는 남녀 간의 사랑이 그려져 있다.

지탄의 대상이 되어야 할 유부남과 유부녀 사이의 적절치 못한 관계가 마치 불장난 같은 사랑의 표현들로 보이는데 이런 장면들이 왠지 매끄럽지 못하고 어딘지 모르게 어색함이 내포되어 있기에 영화 〈외출〉을 통해 멜로장르의 진수를 맛보기란 여간 힘들지가 않다.

필자는 허진호 감독을 어디에서나 손꼽아 자랑하는 우리나라 몇

안 되는 유능한 작가주의 감독이며 탁월한 젊은 감독으로 극찬하는 상대이다.

영화학도들에게나 영화 동호회 또는 영화 관련 특강 등에서 필자는 항상 영상언어란 무엇인가?라고 하는 화두 속의 중심축에 단골메뉴처럼 빼놓지 않고 허진호 감독의 작품들을 거론하곤 했었다.

이처럼 허진호 감독의 지난 작품들에 대단한 많은 애정을 느끼며 지내 왔었기에 이번 영화에 너무 큰 기대를 걸었던 것도 사실이다.

그래서 필자는 더더욱 걱정 반 우려 반의 속병을 앓고 있다.

물론 롱-테이크의 절제된 영상언어라든가 또 필요할 때 핸드헬드(hand held)라고 하는, 즉 흔들리는 화면을 일부러 강조하는 기법으로 들고 찍기의 촬영기법들을 적절하게 삽입한 것도 사실이다.

그래서 주인공 두 남녀가 동병상련(同病相憐)의 고통을 겪으면서 그 억지스럽기까지 한 고통의 현장을 벗어나고파 두 사람은 자연스럽게 둘만의 시간을 갖게 되는 사건이 발생하고 만다.

이때 영상은 색다른 언어로 표현되는데 두 사람의 걸어가는 뒷모습을 흔들거리는 화면으로 보여준다.

이 영상의 의미는 앞으로 펼쳐질 두 사람의 관계가 원만하지는 못할 것이라고 하는 뜻을 내포하고 있다.

이런 의미 깊은 영상언어들이 군데군데 포진해 있는 몇 부분을 제외하곤 전체적으로 왠지 어색함이 역력히 보이는 밋밋하면서도 덜컥거리는 사랑의 변주곡들이 곳곳에 펼쳐진다. 특히 두 사람이 관계를 가진 후 남자주인공이 모텔 방에서 과일을 깎으며 대화를 하던 중 남자주인공의 장인이 그 방을 노크하게 된다.

이때부터 멜로장르 속에 서스펜스나 스릴을 느낄 수 있는, 즉 식탁에 또 다른 특식을 차려 놓은 것인 양 비추어지게 된다.

그러나 얼마 가지 않아 흐지부지되어 버리는 마치 얼버무려 버리

는, 즉 애들의 꿈 속 장난 같은 내용이 전개되고 스릴 넘치고 기대
되었던 후속 드라마가 그만 은근슬쩍 구렁이가 담을 넘듯 없었던
일처럼 살짝 비켜가 버린다.

이때 그 사건의 결과를 잔뜩 기대했던 관객들은 어떻게 두 주인
공들의 관계가 형성되었을까 하고 영화 속 내용에 치중하기 보단
오히려 불륜 관계를 들켜버리게 된 부적절한 두 남녀 관계의 결과
에만 신경이 곤두서게 된다.

아마 이런 점을 노린 감독의 별난 의도가 담겨 있기를 필자는 은
근히 기대해 본다.

-〈가문의 위기〉로 外畵는 위기-

이번 중추절은 필자가 예상했던 대로 우리 영화 승리의 나팔 소리가 유난히 드높았던 시간이었다. 이런 현상이 1년 12달 계속되었으면 하는 꿈도 꾸어본다.

단, <타이타닉>, <진주만>, <반지의 제왕>, <해리포터> 등만 나타나지 않는다면 이런 환상을 현실처럼 계속 기대해 봄 직하다.

즉, 할리우드의 자금공세와 그들의 철저한 기획력을 우리가 따라잡게만 된다면 세계 영화를 제패하기란 식은 죽 먹기일 것이다.

이처럼 너무 방만하고 안일한 생각에 잠겨 있을 때는 아니지만 잠시 흥에 취해 볼 만한 시점이다.

지금까지 그들의 압박 속에 눈치 보며 얼마나 피나는 고생을 했던가?!

이젠 어느 정도 여유가 있다는 사실이다.

이쯤 해 두면 할리우드 영화는 이제 서서히 포기하고 우리나라에 스크린쿼터 압력은 자제해야 할 때가 된 것이다.

그래도 집요하게 그들은 파고들게 뻔한 사실이지만, 즉 엄청난 자금력을 앞세운 그들과 승부를 할 수 있는 것은 우리가 가지고 있는 특수비법인 우리 정서에 맞는 기획과 캐릭터 개발, 즉 다양하고 건강한 영화시장 확보에 있다.

그것은 바로 후학양성이 정답이다.

우리나라에는 단편영화제가 여러 곳에서 치러진다.

바로 그것이 큰 힘이다.

영화 <가문의 위기>를 감독한 정용기 감독 역시 1993년 단편영화 <기억의 저편>을 비롯해 크고 작은 상들을 여러 곳에서 수상한 기초가 튼실한 단편영화감독 출신이기에 더욱 그러하다.

마치 일본의 갑자원 야구대회를 치르기 위해 600여 개의 고교야구 팀이 예선전을 치러 내듯 우리도 수십, 수백 개의 단편영화들이 여기저기서 자웅을 겨루고 있다.

그만큼 영화가 젊고 그들의 힘이 여러 곳에 산재해 있어 우리 영화계의 장래는 밝을 수밖에 없다는 결론이다.

이처럼 단편영화로 힘을 키운 우리 영화계이기에 어느 장르 어떤 영화일지언정 다양한 장르의 영화들을 소화해 내는 그 힘은 막강하고 그래서 다양한 관객층들의 욕구를 해소시켜 주고 있다.

솔직히 <친절한 금자씨>라는 영화는 어려운 영화이다.

대중들은 황당한 사건 전개와 마구 점프된 영상 속에 빠른 두뇌 회전을 요구하는 영화 전개에 고심을 하셨으리라 생각한다.

그래서 반대로 쉬운 <웰컴 투 동막골>에 머리도 식힐 겸 관객들이 더 모였을지도 모른다. 이렇듯 대중성이 결여된 영화일지언정 관객들 소화의 폭이 매우 높아지고 있음도 간파할 수 있다. 그만큼 우리 영화시장이 건강하다고 표현할 수 있다.

<가문의 위기>라는 영화는 캐릭터나 극적 구성 면에서 과거의 형식처럼 틀을 깨지 못하는 아쉬움이 남는 영화이지만 부활을 위한 영화 속의 파산 설정은 그 발상이 매우 황당하면서 다분히 진취적인 설정이었다.

그래서 중추절을 기회 삼아 함께 모인 가족들을 극장으로 불러들여 손자, 손녀들과 함께 할아버지, 할머니들의 영화관람 모습을 쉽게 찾아볼 수 있었다.

바로 이러한 모습들을 살펴볼 때 그동안 우리 호주머니를 털어 가버린 외화에 넉-다운 펀치를 거세게 날리는 형국으로 정말 볼만한 굿판이 되었다.

필자는 <……동막골>의 광녀(狂女)처럼 빛고을의 생뚱맞은 광남(狂男)이 되어 마냥 싱글벙글 흥겨운 굿판에 멍석을 펴 그 위에 서서 춤을 추며 놀아보고 싶다.

이번 기회를 호기로 삼아 우리 영화학도들에게 더욱 많은 氣를 불어넣어 주는, 즉 이제는 말로만 하는 애국이 아니라 실제 우리 영화를 가꾸고 지켜내는 첫 번째 사명으로서 관극(觀劇) 행위 이것이 바로 외세 침입을 가로막는 애국하는 지름길임을 알아야만 한다.

－다양한 줄거리로 대박!
〈내 생애 가장 아름다운 일주일〉－

요즘에 개봉한 민규동 감독의 영화 <내 생애 가장 아름다운 일주일>은 6가지의 다른 이야기를 모아 한 편의 스토리를 형성하고 있는 옴니버스(omnibus) 형식의 영화이다.

옴니버스란 하나의 주제를 중심으로 몇 개의 독립된 짧은 이야기를 늘어놓아 한 편의 작품으로 만든 것을 말한다.

대부분의 영화들은 한 가지 결론을 향한 이야기 전개 형식을 띄우는 것이 정석이다.

그러나 민규동 감독의 작품은 완전히 색다른 영화의 맛을 선사하고 있어 필자는 다양한 스토리를 조합한 새로운 스타일의 영화들도 대중성을 띠며 충분히 흥행성까지도 넘볼 수 있다는 사실을 다시 한번 알게 되었다.

민규동 감독은 영화진흥위원회에서 배출한 아카데미 출신으로 단편영화를 썩 잘 만드는 감독으로 정평이 나 있다.

지난해에는 영화진흥위원회에서 제작한 이공(異共)이라는 주제의 단편영화프로그램에 참여하여 멋진 단편 작품을 만들어 내기도 했던 단편영화의 달인쯤 되는 감독이다.

단편영화 모음집처럼 꾸며진 <내 생애~>에서는 분명 아무도 생각하지 못한 영화의 형식을 선보여 관객들에게 심판을 받고 있는 상황이다.

이처럼 우리 영상은 <내 생애~>를 통해서 이미 선진화되어 가고 있음을 한눈에 알 수 있었다. 관객들의 다양한 영화적 섭취로 인해 우리나라의 영화가 성숙되었고 그래서 우리 영화계가 무척 건강하다라 밝힌 바 있었고 얼마 전 장진 감독의 <박수칠 때……>와 <…… 동막골> 등을 언급할 때도 필자는 우리 영화의 가능성과 성공을 미리 예견한 바 있다.

갖가지 재치 있고 흥미 있는 에피소드들을 생동감 있게 펼쳐 놓았기에 많은 영화 팬들로부터 극찬을 받고 있는 민규동 감독의 <내 생애~>은 실험정신이 강한 젊은 감독들과 마니아들에게도 큰 화젯거리가 되고 있다.

그 이유로 순수한 흥행을 목적으로 한 극영화(상업영화)장르에서 이처럼 다양한 영화 형식을 선보여도 멋진 한판 승부를 기대해 볼 수 있다고 하는 것이 후배들에게 큰 꿈과 희망을 안겨 주었던 것이다.

특히 남녀 연기자들의 활약이 눈에 띈 작품이기도 하다.

이 작품 속에선 마치 연기의 각축장이라 할 정도로 많은 연기자들을 한 편의 영화 속에 불러들여 볼거리를 제공해 주었다고 하는 또 다른 기록도 남기게 될 것이다.

아직 못 보신 관객들을 위한 약간의 정보를 흘려 드린다면 단순하면서도 어리바리하며 거칠게도 보인 형사 역의 황정민은 이 영화 속에서 첫사랑에 빠진 연기를 너무 잘 처리해 지금까지 보여준 그의 연기 중 가장 훌륭한 연기를 한 작품으로 간주하고 싶다.

또한 깐깐한 이혼녀이면서 정신과 의사 역을 해낸 황정민의 상대역인 엄정화와의 키스 장면은 관객들의 입을 다물지 못하게 만든다.

또 젊은 사람 못지않은 귀여운 사랑을 연기해 낸 구두쇠 극장 사장 역의 주현과 오드리 햅번 신드롬에서 헤어나지 못하는 철없는 커피숍 여사장 역의 오미희 커플은 싱글로 살고 있는 사람들의 가슴속에 희망과 행복감을 가득 안겨 주고 있다.

그 밖에 엽기 수녀 역의 윤진서와 록가수 역의 정경호가 서로 밀고 당기는 사랑이야기를 펼쳐 내고 또 생활고에 시달리는 가난한 신혼부부인 임창정과 서영희의 역할을 통해 요즘의 현실적인 단면과 현상들을 살펴볼 수도 있다.

그리고 전직 농구선수 역의 김수로와 그의 딸 등 사랑스러운 인간군상들의 다양한 에피소드가 감독 특유의 재치 넘친 편집에 의해 잘 묘사 되고 있어 2시간 5분이라는 긴 러닝타임이 아쉬움으로 남아버리게 된다.

이처럼 민규동 감독의 <내 생애~>은 남녀 간에 펼쳐지는 사랑 속에 담겨 있는 알 수 없는 복잡 다양한 이면들을 깔끔하게 그려낸 작품으로 대박 조짐이 보인다.

-가슴으로 우는 〈너는 내 운명〉-

요즘 한창 주가를 올리고 있는 <너는 내 운명>이라는 박진표 감독의 영화가 생각지도 않던 대박의 대열에 들어서서 극장가의 스크린들을 달구고 있다.

박진표 감독은 한때 TV방송에서 30편 이상의 다큐멘터리 프로그램을 연출한 다큐가 전공인 감독이다.

영화계에 입문하던 2002년에 박진표 감독은 대단한 홍역을 치른 바 있다.

실화를 소재 삼아 만든 <죽어도 좋아>라는 제목의 영화가 노인 분들의 성(性) 문제를 너무 적나라하게 다루었다고 해서 영상물 등급위원회로부터 두 차례나 제한상영가 등급판정을 받아 매스컴을 한때나마 떠들썩하게 했던 파란만장한 우여곡절을 겪었던 감독이다.

<너는 내 운명> 역시 박 감독의 특기인 실화를 바탕으로 꾸민 작품으로 비루하게 보이는 사랑이지만 당사자인 두 사람은 마냥 행복한 두 남녀의 사랑이야기를 소재로 300만 관객들을 울리고 있다.

영화는 숫자 싸움이라 할 정도로 관객 숫자가 곧 영화의 생명이다.

그래서 3만 명이 아닌 300만 명이라는 천문학적인 숫자가 곧 우리 영화계 현상이며 이 많은 관객들의 마음속엔 <너는 내 운명>이라는 최루성 멜로드라마가 가슴속 한구석을 차지하게 된 것이다.

과거 선배 영화인들의 신파조 극을 보면 뻔한 스토리로 극을 끌어갔기에 우리 영화가 관객들로부터 외면을 받아 왔었고 더욱이 소재의 빈곤으로 인해 천편일률적인 구성과 줄거리로 관객들을 쉽게 타성에 젖게 하여 영화인 스스로 관객들을 밖으로 내몰았던 것이다.

1970년대 <별들의 고향> 등을 필두로 한 시대를 풍미했던 호스티스물이나 윤락녀 이야기들이 바로 그것들이었는데 당시 작품들은 거의 모두 통속성을 벗어나지 못해 진부해지기 십상이었지만 이번 영화는 두 연기자와 연출력의 덕분에 속칭 통속 멜로물에서 완전히 탈피한 최첨단 멜로 한 편을 만들어 낸 것이다.

그것도 흔히 사용하는 눈물의 소스인 백혈병이나 위암 폐암도 아니고 알츠하이머(치매)도 아닌 후천성 면역결핍증이라는 하늘이 내린 가장 무서운 병 에이즈를 처방한 이 영화는 한편으론 극약처방을 한 셈이다.

이 영화를 관람한 많은 관객들은 이구동성(異口同聲)으로 우리들 가슴에서 이미 떠나버린 진실성과 순수성을 우리 마음속 어딘가에서 다시 찾고자 하기에 우리의 가슴들이 쿵쿵 요동치고 있다는 사실을 느끼게 되는 영화라고 말한다.

특히 극 중에 나오는 에이즈라는 병과 관객들의 심상에 숨어 있는 순수함에 대한 그리움은 극과 극으로 치닫는 최고조 대립된 감정 선으로 이 영화가 성공하게 된 큰 요소이기도 하다.

그래서 관객들은 이 영화를 통해 잃어버렸던 순수함을 찾기 위해 스스로 반성하는 계기가 되고 한편으론 순수성을 망각한 우리의 마음을 이 한 편의 영화에서 보상을 받고 있는지도 모르겠다.

<너는 내 운명>속에 보이는 황정민의 완벽한 농촌 총각으로 변신한 모습과 사랑하는 여자를 끝까지 지켜내려는 그의 절절한 사랑이 담긴 지고지순한 남자주인공의 사실적인 연기에 관객들은 감탄하게 된다.

그래서 황정민 연기에 열광하게 되고 한편으론 정의롭지 못한 삶

을 살아가고 있는 어쩌면 기회주의적인 삶을 살아가고 있는 우리들은 남자주인공의 순수성에 매료되고 여주인공 역의 전도연 역시 천재성에 가까운 신들린 연기로 관객들에게 극 중의 상황으로 몰입할 수 있는 공간을 제공하고 있는 <너는 내 운명>은 모처럼 찾아온 가슴으로 우는 영화이다.

차분한 영화 〈새드무비〉

필자는 우리 영화에 치우쳐 칭찬 일변도의 흐름으로 글을 쓰기도 한다.

70~80년대 충무로의 열악한 환경 속에서 그들과 함께했던 아름다웠던 시절의 미련이 남아 있다.

지금도 충무로인들과 함께하고 있는 것처럼 느껴져 그들에게 도움이 되었으면 하는 마음에 개봉한 작품을 혹평하기가 마음이 아파서이다.

분명 우리 영화에 애정과 관심뿐 아니라 종합예술인 영화는 함께해야만 하는 모두의 작품이기에 그들에겐 항상 발전적인 희망이 필요하기 때문이다.

이번 <새드무비>의 권종관 감독은 2000년에 단편영화로 명성을 떨친 <이발소 이(異)씨(氏)>에 이어 작년에 <S다이어리>라고 하는 장편 극영화를 발표하여 감독으로서도 능력을 인정받은 바 있다.

얼마 전 단편영화의 달인으로 높이 평가받던 민규동 감독의 <내 생애 가장 아름다운 일주일>은 6가지의 다른 에피소드들을 모아 한 편의 스토리를 형성하고 있는 옴니버스 형식의 영화라고 소개했었다.

권 감독의 <새드무비> 역시 슬픈 사랑이야기들이 4토막으로 나눈 이야기 구조로서 마지막 시퀀스에선 죽음의 상황으로 클라이맥스를 만들어 4팀 주인공 모두가 같은 병원에서 함께하게 된다는 설정이다.

이것은 한 장소에 모여 여러 가지 사연들을 담아내는 형식으로 꾸며진 시나리오 구조론에서 이야기하는 그랜드호텔 형식의 영화이지만 <새드무비>는 옴니버스 형식의 영화를 취하면서도 그랜드호텔 형식의 영화 구조를 띠고 있는 다양한 슬픈 사랑 노래를 그린 개성이 뚜렷한 새로움을 창출해 낸 영화이다.

그러나 관객들은 영화가 끝날 때 허탈감을 느끼게 된다.

문제는 이 작품의 전개 과정이 너무 느리다고 하는 것이다.

영화 속 사연들은 차분하고 설득력을 얻으면서 한 페이지 한 페이지 정독을 하듯 하나하나 사연들이 차분하게 전개된다.

과거 1964년에도 <새드무비>라고 하는 이한욱 감독의 영화가 전국 극장가를 들썩거리게 했었던 과거가 있고 당시 전국방방곡곡이 <새드무비>라는 영화 주제곡으로 뒤덮일 정도였다.

어린아이들까지도 "오-오-오-세-에-드 무-비……"라고 하는 가사를 흥얼거릴 정도로 당시엔 <새드무비> 영화 주제곡이 전 국민의 애창곡이 되었던 시절이 있었다.

"……뉴우스가 끝나고 밝은 불이 켜질 때 나는 그만 깜짝 놀라……"

"그이와 나란히 앉은 사람은……"이라고 하는 사랑의 아픔을 노래한 영화이었지만 사실과는 다른 반전에 의해 관객들을 깜짝 속여보는 결코 슬프지 않은 재미있는 영화였다.

그러나 세월이 흐른 요즈음의 <새드무비>는 정반대로 차분하게 관객들의 마음속에 슬픔을 각인시켜서 눈물을 자아내게 하고 있다.

어차피 영화라고 하는 활동사진은 모방에서부터 시작되어 환상의 세계로 최대한 접근시키며 그러기 위해선 꾸밈과 과장의 연속이 곧 영화의 본질이자 생명처럼 여겨지는 동영상이다. 그래서인지 이번 권종관 감독의 <새드무비>는 64년의 <새드무비>의 제명과 같지만 당시 작품과는 전혀 다른 내용들로 슬픈 사랑을 그려내고 있다.

　부부 사이의 슬픈 사랑과 또 자식과 부모 간에 그리고 젊은 연인들의 아쉬운 이별을 또 맺을 수 없는 사랑의 슬픔 등을 관객들에게 차분하게 전달시켜 다양한 생각을 유도하는 권종관 감독의 <새드무비>는 차분한 새드무비이다.

-속 후련한 〈강력 3반〉-

요즈음 <새드무비>, <내 생애 가장 아름다운 일주일>, <너는 내 운명> 등 멜로드라마와 옴니버스 장르가 좋은 성과들을 거두고 있기에 액션 위주의 볼거리 영화인 <강력 3반>에 대한 칼럼 쓰기를 슬쩍 건너뛰고 싶었다.

그러나 <강력 3반>으로 인해 가슴이 답답해 오기에 하고 싶은 이야기를 하고 지나가야만 필자의 건강에 좋을 듯싶어 안 되는 독수리 타법이지만 키보드 앞에 앉아 토닥거리게 된 것이다.

영화 <강력 3반>은 양념이 필요 없는 폴리스 스토리라는 부제(副題)를 달고 싶을 정도로 여자 연기자 설정은 잘못되었다고 본다.

조직적인 집단폭력이나 마약류 사범 등에 대항하는 강력반 형사들의 숨 막히는 갈등만 전개한다면 관객들은 식상해질 수 있는 영화이기에 의식적으로 연약한 여성을 등장시켜 상대적으로 한 호흡 쉬고 넘어갈 수 있도록 영화 흐름을 순화시켰다고 본다.

그러나 <강력 3반>은 에너지가 강한 드라마이기에 필자는 여성 캐릭터에 불만을 품고 있다. 차라리 여성도 한 술 더 떠서 도움이 되는 배역이었으면 어떨까 하는 아쉬움이 남기 때문이다.

모처럼 속 시원한 액션영화 한 편 보고 싶어 극장을 찾은 관객들은 순진무구한 신출내기 여순경의 나약한 통속적인 연기 틀과 예견된 드라마트루기(劇性)에 그만 짜증을 느끼게 된다.

어느 영화에서나 남녀 관객의 반응들을 의식해 항상 여성이 등장한다.

아무리 남성들만의 세계를 다룬 영화라고 해도 여성 캐릭터 설정은 양념처럼 중요하게 다루어지고 있는 것이다.

그래서 피치 못해 여성은 거친 영화 속에 상대적으로 순화시키는 존재로서만 등장한다고 하는 억지스러움도 내포하게 되는 것이다.

즉, 강한 형사들 틈에 연약한 여성 캐릭터를 등장시켜 남자 못지않은 액션을 펼친다면 그만한 볼거리를 만들어 주고 있기에 카타르시스에도 큰 도움이 된다.

예를 들어 <조폭마누라>처럼 여성의 또 다른 강한 면이 오히려 극을 꾸려 나가는 중추적 역할이 되기도 한다. 그래서 영화를 성공하게 하는 요인이 되기도 하지만 <강력 3반>처럼 나약한 여성을 등장시켜 수사관들의 강인한 캐릭터들이 오히려 절감되어 버리는 현상처럼 느껴져 영화의 맥을 끊어버리게 되는 아쉬움이 남는다.

그만큼 극 중 캐릭터 설정은 반드시 영화의 성격에 맞아야 한다는 것이다.

또 지적을 한다면 클라이맥스 시퀀스인 산 중턱까지의 굽이굽이 펼쳐지는 아찔한 자동차 추격 장면과 일각(一刻)이 여삼추(如三秋)인 낭떠러지 앞의 긴박한 위기의 상황 속에 상호간 총을 겨눈 채 오고가는 대사들 역시 왠지 격에 어울리지 않는다.

"너와 내가 싸워 내가 이기면 이 여자를 살려주고 당신이 이기면 나를 죽여라" 식의 긴박한 상황에 불필요한 대사가 오히려 극을 방해하는 요소로 꾸며져 있다. 급한 상황 속에서 오직 필요한 것은 대사보다 액션이다. '사필귀정', '인과응보', '권선징악' 등 극(劇)을 꾸미는 틀거리가 충분히 뒷받침되고 있기에 필요 없는 대사는 필요 없다는 결론이다.

사나이들의 한판 승부가 펼쳐지는 부분에서 위기 상황에 걸맞은 격투 장면들을 더욱 관객들은 바라고 있는 것이다.

그리고 경찰청 도움으로 지원받아 촬영된 헬기 장면들이 아직도 할리우드의 완벽한 편집이나 연출력에 비해 매우 나약함을 드러내고 있다. 바로 그것은 다양한 전문적인 액션 연출 인력이 필요하다고 본다.

물론 무술감독이 있지만 더욱 보강되어야 한다는 것이다. 즉, 많은 경제적 부담과 시간 소모에 비해 극의 흐름 관계상 템포감이 마지막 클라이맥스 장면에서 힘을 잃어 가고 있어 아쉬움이 남는 작품이다. 한마디로 좀더 투자하고 완벽한 장면의 연출이 매우 아쉽다.

그러나 강력계 형사들 생활을 중심으로 펼쳐지는 <강력 3반>은 정의사회 구현이라는 구호 아래 펼쳐지는 이들의 가슴 시린 형사들의 애환과 범죄 소탕을 위해 목숨까지도 담보로 항상 위험 속에서 살아가야만 하는 그래서 가정도 뒤로하고 사랑도 멀리한 채 오직 범인 검거에만 혼신의 힘을 기우려야만 하는 그들만의 처절한 삶도 값지게 다루어져 있기에 이 영화를 평가한다면 별 4개를 주고 싶을 정도로 시원한 카타르시스를 느끼기엔 충분한 속이 후련한 볼거리 위주의 영화이다.

-순수함의 극치 〈천국의 아이들2〉-

우리나라 관객층은 매우 건강하다는 표현을 필자는 자주 사용한다.

그만큼 우리의 영화는 다른 나라의 영화산업에 비해 월등히 발전 가능성이 높다는 가능성을 지면과 특강을 통해 자주 알려 드린 바 있다.

2005년 11월 18일에 개봉되는 <천국의 아이들2>는 가난하지만 순수하고 천진한 아이들이 선사하는 무공해 웃음과 감동이 넘치는 영화로서 한 소녀의 일상사와 함께 이란의 궁핍하고 답답하기만 한 경제상과 사회상 등을 펼쳐 보인 홈드라마이다.

그러나 소재 배경이 누추하기만 한 영화이지만 함부로 이 영화에 돌을 던질 수 없는 그래서 누구나 깨끗한 마음으로 정화될 수밖에 없는 순수 그 자체인 해맑은 영화이다.

이 영화 속에 나타난 악이라는 요소들까지도 코믹스런 모습으로 보여 애타는 마음으로 가슴 조이며 감상하면서도 실소를 머금을 수밖에 없는 인상적인 독특한 영화이다.

흔히들 특이한 액션이나 야한 장면이 없으면 외면해 버리지만 이 영화가 대박의 행렬에 들어가면 우리 영화계는 세계 제1의 훌륭한 영화 대국이 될 것임을 필자는 확신한다.

지금까지 이런 유형의 영화들은 제작비는커녕 선전비도 투자할 수 없는 상황이 되기에 기획단계에서부터 제작 기회를 상실하기 쉬운 작품이었다.

그러나 우리나라는 조금 상황이 다르다.

2001년 3월에 개봉되어 100만을 넘은 '마지드 마지디' 감독의 <천국의 아이들 1편>과 2002년 4월에 개봉한 이정향 감독의 철부지 소년과 외할머니와의 관계를 그린 <집으로>가 역대 우리나라 영화 관객동원 순위 15위에 랭크될 정도의 410만 명에 가까운 많은 관객들을 동원하여 세간에 큰 화제가 되었던 당시의 따스한 봄날이 생각난다.

이런 이유들로 우리나라 영화 관객층은 참으로 건강하다고 생각된다.

항상 모든 영화가 관객들의 입맛에 맞게 기획되고 제작되어야 한다는 문제는 세계 영화계의 영원한 숙제이기도 하다.

우리나라 1년 평균 제작편수가 약 60~70편 정도인데 그 가운데서 10여 편 정도가 현상 유지 이상 되고 나머지 50~60편은 적자의 늪으로 빠져 다음에 다시 일어날 수 있는 기력마저 상실하고 마는 경우들이 왕왕 발생하고 있다.

그것이 우리 영화계의 현주소이다. 작년 광주국제영화제 폐막작인 배창호 감독의 저예산 영화 <길>도 개봉도 하지 못해 제작자인 강 모 대표는 아직도 빚더미 속에서 헤매고 있어 다시 영화 제작자로 컴백하기가 어려울 정도이다.

물론 필자도 강 모 대표와 마찬가지로 영화계에 아픈 과거가 있다.

이처럼 흥행실패라고 하는 충격적인 KO펀치는 다시 영화 제작의 길로 접어들기에는 패자부활에 큰 걸림돌인 주홍글씨처럼 되고 만다.

즉, 아무리 순수를 지향하는 세상을 맑게 한다는 영화이지만 관객들은 볼거리, 즐길 거리가 없으면 인정사정없이 그 영화로부터 눈을 돌리고 마는 냉정한 심판만 뒤따르게 된다.

그러나 오늘 개봉되는 <천국의 아이들2>는 전편 못지않게 누구나 빠져 들 수밖에 없는 상황으로 전개되기에 감히 이 영화에 누구도 이러쿵저러쿵 흠집 내기엔 어려움이 있을 것이다. 그만큼 순수 그 자체인 너무나 고귀하고 성스러운 영화이기에 누구에게나 이 영화를 권하고 싶다.

　빈부의 격차가 날로 심각해져 가고 있는 경제적 상황이나 여야 갈등이 항상 끓이지 않고 있는 어수선한 정치적인 상황에서 벗어나 잠시나마 이 한 편의 어른들을 위한 동화 같은 영화를 통해 해맑고 희망찬 내일을 만끽해 봅시다.

- 바보들의 행진 〈나의 결혼 원정기〉-

어리바리한 바보, 얄미운 바보, 보기 싫은 바보, 착한 바보, 멍청하고 어둔한 바보, 똑똑하지만 불안한 바보, 착하기만 한 무능한 바보 등등 바보들의 여러 캐릭터가 영화로 재창조되어 많은 관객들의 가슴을 두드리고 있다.

과연 이 바보들의 행동에 그 누가 돌을 덜질 수 있겠는가?

아무도 이들의 행위에 질타를 가할 수 없을 정도로 순진무구한 바보스런 캐릭터들로 요즈음 극장가가 술렁이고 있어 과연 어느 바보 캐릭터가 승리할 지 2006년 초에 집계될 바보들의 행진에 대한 금년 박스오피스 결과가 기대되기도 한다.

얼마 전 극장가를 떠들썩하게 했던 박진표 감독의 <너는 내 운명>의 36세 노총각 남자주인공이 소도시 다방 아가씨이며 에이즈 환자인 여자주인공을 두고 순진무구한 모습으로 관객들을 울리더니만 늦가을의 차가운 공기에 따스함을 전하듯 이젠 금년 부산영화제 폐막작인 황병국 감독의 데뷔작 <나의 결혼 원정기>는 38세 시골 노총각들을 앞장세워 우즈베키스탄까지 색시를 구하러 원정을 보낸다는 심각한 너무 현실적인 설정을 영화화하기도 했다.

또한 이에 뒤질세라 <광식이 동생 광태>라는 특이한 제명의 영화는 표현력 부족 혹은 자신감 결여라고 표현되는 대도시 노총각의 캐릭터를 만들어 놓고 반대로 얄밉도록 여성편력이 너무 강한 동생과는 대조적인 모습을 설정하여 많은 또래의 젊은이들 마음을 사로

잡고 있다. 이 세 작품의 주인공들 모두 요즘 말하는 바보들인 셈이다.

특히 잘생기지도 못한 정재영, 유준상, 수애라는 세 명의 연기자들을 주연으로 내세운 <나의 결혼 원정기>는 비행시간 7시간 걸리는 먼 나라 우즈베키스탄의 다양한 볼거리와 한국을 동경하며 찾아드는 우즈베키스탄 여성인력들과 산업연수를 빌미로 한국에 취업하여 돈을 벌려고 하는 그곳 남성들의 코리안 드림까지 섞어 놓고 있다.

또 탈북자의 애환까지 함께 묶어 찡한 감동 등을 섞은 하이브리드 타입으로서 멜로, 로드, 코믹 등의 여러 장르와 이데올로기나 사회성 등이 한데 어우러진 드라마이다.

또 김현석 감독의 <광식이 동생 광태>가 지고지순한 노총각들을 주어로 삼아 약삭빠르게 물불을 가리지 않고 이익만을 추구하는 요즈음을 살고 있는 우리들에게 큰 울림을 안겨 주고 있다.

식물에도 씨앗이 있어 널리 그들의 종족을 번식하고 있다.

우리 인간도 원초적 본능에 의한 종족보존이 사명일 수 있다.

그러나 애꿎은 환경이 원초적 본능을 능가하기에 인간으로서 의무를 다할 수 없어 고향을 떠나 멀리 원정을 떠나야만 하는 또 다른 현대병을 그리고 있다.

또 <광식이 동생 광태>라는 영화는 순진무구한 것인지 바보스런 모습인지 잘 모를 정도로 특히 여자 앞에선 표현력이 남달리 뒤떨어진 형과 반대의 성격으로 약삭빠르게 매사를 가볍게 생각하며 아무 생각 없이 살아가는 동생을 설정, 비교해서 젊은 세대들의 안일한 행동과 사고를 꼬집고 질타하고 있다.

아무튼 바보로 사는 세상이 요즘을 살아가는 지혜일지도 모른다.

누구나 그들의 행동을 동경하면서도 절대 그들의 행동을 찬양하지는 않는다.

이것이 오늘의 현실이다.

이젠 우리 영화는 다양한 소재, 다양한 캐릭터 설정으로 풍부한 볼거리, 느낄 거리들을 자유롭게 개발하고 있다.

그 덕택에 이젠 바보들의 행진만이 돋보이는 세상이 된 셈이다.

-映像열차 타고 文化首都 가고 싶다!-

2005년 겨울은 유난히 눈도 많고 춥다는 예보가 있었다. 그래서 필자는 멀리 떨어져 있지만 기차를 타고 흰 눈이 함박 쌓인 강원도 태백의 눈꽃축제에 가고 싶다. 그곳에 가면 세상이 모두 하얗게 보이기에 더욱 가고 싶어 몸살이 날 정도다. 과거 그곳은 너무 잘 알려진 탄광촌이 아니었던가!

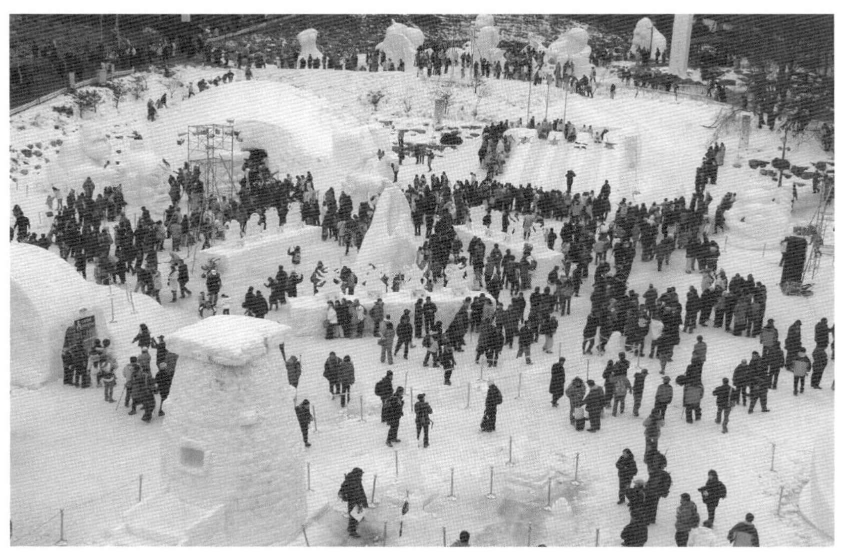

사진) 태백 눈꽃축제

하늘이 내려준 하얀 눈이야말로 태백을 名所로 만들어 손님을 끌어들이는 값진 도구라 할까?

그러나 한때는 하얀 눈은 자연이 준 선물이 아닌 버림받은 땅으로 멸시받게 해 준 저주스런 도구였고 또 고통 속에 살게 했던 원흉이었다.

아울러 고산 지대 탄광 지역이라는 자연환경으로 말미암아 태백은 더욱 사람들로부터 외면받는 깡촌으로 알려진 그냥 새까만 탄광촌이 아니었던가!

그렇다고 필자는 태백 지역을 풍류도 없는 그저 비루한 촌락으로 폄하시키려는 의도는 전혀 아니다.

그처럼 보잘것없었던 그곳이 이젠 하얀 눈에 덮여 과거의 새까만 지형지물들이 모두 눈꽃 속에 자취를 감춘 채 하얗게 밝은 웃음으로 손님들을 기다리고 있다.

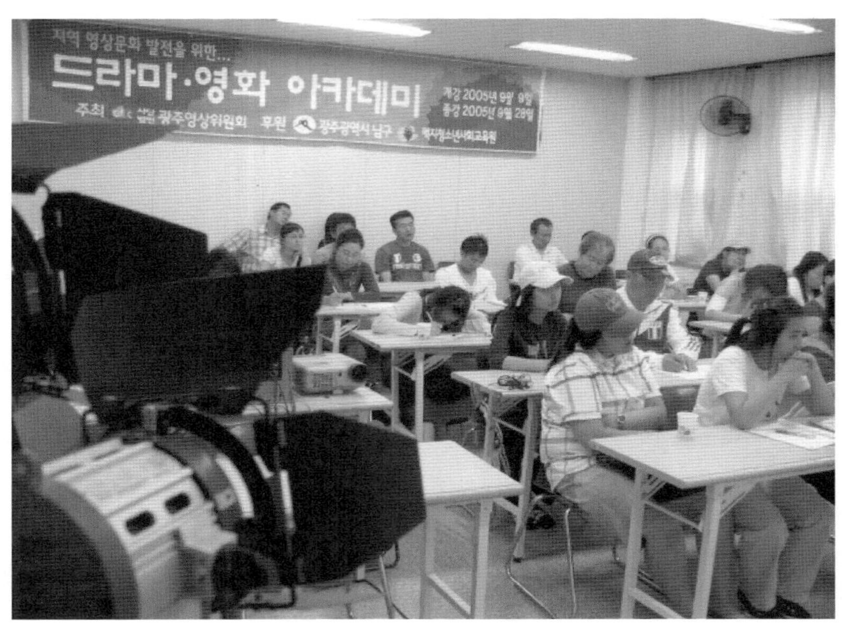

과거 새까만 땅이었으면 어떠한가! 현재가 중요한 까닭에 꼭 그곳에 들러 새로운 세상을 보고 싶을 뿐이다.

이처럼 우리 지역 광주를 그렇게도 가고 싶어 동경하는 자들이 과연 몇 명이나 있을까?……

분명 이 문제는 가만히 앉아 있다고 해결되진 않을 것이다.

우리 고장에 손님들이 찾아올 수 있도록 당근이 필요한 것이다.

즉, 우리 고장 광주에 오고 싶어 몸 달아 비몽사몽간에도 광주를 꿈꾸며 그리워할 수 있도록 이곳을 가꾸어 보자는 이야기다.

이런 문제는 관광협회나 해야 할 진데 왜! 映像이나 운운하고 있는 필자의 처지에서 그렇게 애향심을 발동하는 것일까?

가끔 필자 자신도 어이가 없어 혼자 쓴웃음도 띄어 보곤 한다.

그래서 다시 나를 찾아 되돌아가고 싶을 때가 있다.

그러나 스스로를 통제할 수 없을 정도로 이젠 이미 미쳐 있기에 그 자체를 즐기고 있는 것이다.

배운 것이 도둑이라 했던가!

일찍 어려서부터 고삐 풀린 망아지처럼 하고 싶은 일만 했던 필자는 영화를 한다는 이유 하나로 부모님들의 가슴에 限을 심어 드렸기에 이젠 좋은 세상을 만나 살고 있어 하늘에 계신 부모님께 효도 한번 하고 싶은 마음 간절하다.

과거 정철이라는 선비께서 그랬던가? "어버이 살아실 제 섬기기를 다하여라 지나간 후면 애닳다 어이하리 평생에 고쳐 못할 일이 이뿐인가 하노라" 마치 이 글귀가 가슴에 사무쳐 오기도 한다.

하늘에 계신 부모님께 속죄하듯 이 불효자식은 이젠 영상 시대라는 좋은 세상을 만나 살고 있기에 부모님께 값진 일 하나 남겨 불효의 멍에를 떨쳐버리고 싶은 마음에서 결코 映像運動은 멈출 수 없다.

이미 늦었지만 하늘에 계신 부모에게 효도하는 심정으로 태어나 묻힐 이곳 전라도 광주 땅에 오직 영상문화를 뿌리 깊게 심고 싶을 뿐이다.

이 필자의 넋두리가 헛되지 않고 우리 지역에 영상문화가 깊이 뿌리내린다면 머지않아 로마 베니스 파리처럼 관광 지역으로 특화될 날도 멀지 않았다.

바로 영상문화는 돈과 직결되는 지역 경제 활성화의 주춧돌이 되는 굴뚝 없는 산업이기에 할 일 없는 필자는 틈만 나면 영상타령만 하고 있는 것이다.

하루빨리 관광과 영상운동을 함께할 수 있는 광주영상위원회의 활기찬 활동을 기대하면서 문화수도로 向하는 광주호 열차에 몸을 싣고 영상문화와 함께 철로 위를 달리고 싶을 뿐이다.

필자의 넋두리 같은 외침이 다시 메아리 되어 언제 돌아오려나!

-향수를 자극한 〈친구〉와 현대 비극사 〈태풍〉-

'곽경택' 감독 하면 젊은 영화 관객들에게는 금방 <친구>라는 작품을 떠올리게 하는 감독이다.

2001년은 <친구>라는 영화로 세상을 떠들썩하게 만들었던 곽경택 감독이 유난히도 추운 2005년 12월을 <태풍>이라는 영화로 뜨겁게 달구어 주고 있다.

이 영화는 제목처럼 엄청난 반향(反響)을 기대하면서 다시 한 번 세상을 들썩거리게 하고 있다. 곽 감독의 <친구>라는 작품은 2001년 당시 9주 동안 흥행 1위 자리를 달리며 전국 818만 1,377명 관객동원이라는 우리 영화사에 큰 사건을 돌출시킨 상상할 수 없는 대기록을 세웠었다.

이후 청소년 사이에선 영화 <친구>라는 신드롬에 빠져 허우적대면서 영화 속 장면을 흉내내는 모습들을 자주 볼 수 있었고 4년이 흐른 지금에도 가끔 TV프로그램에서까지 패러디하고 있다.

한편으론 어디에나 있는 현상이지만 영화 <친구>로 인해 영화예술에 대한 안티 집단이 탄생되었는데 그들의 사고는 영화를 전반적으로 사회악의 축 또는 있어서는 안 될 몹쓸 매체로 폄하해 버리는 사회적 병리현상을 초래하기도 했었다.

이처럼 영화 <친구>는 조직폭력배 집단들의 악의적 요소만 돋보이게 만들어 세간의 화두로 몹쓸 것은 영화라고 할 정도로 큰 반향을 양산했었다.

심지어 감독은 조직폭력배들과의 관계설로 인해 법정에까지 서게 되는 우여곡절도 감수하게 되었다.

이런저런 이유들로 영화의 대중성을 생각할 때 분명한 것은 영화 <친구>는 대단한 성공이었다는 점이다.

이면에는 또 장동건, 유호성의 두 연기자의 대결로 구성되는 흥미로운 캐릭터들과 사라져 버린 고등학교 교복에서 풍기는 제도권에 대한 시대적 풍자 등이 또 다른 향수를 자극하여 흥행의 주요인이 되었다.

이처럼 필자가 곽 감독의 과거를 들추어 흥분하는 이유는 영화 <태풍>이 바로 대중성을 띤 흥행영화이면서 지난 <친구>에서처럼 사회적으로도 또다시 큰 후폭풍까지 염려가 되기에 미리 염려해서이다.

즉, 이번 작품도 심상치 않다는 마니아들의 입심들이 점점 바람을 일으키고 있다는 사실이다.

그래서 잔잔한 바람들이 이곳저곳에서 불어와 한곳에 모여 하나의 큰 태풍이 되어 후폭풍까지 걱정해야만 하는 우리 영화계의 행복한 순간들이 연일 계속되고 있다.

그래서 우리 영화 관객 점유율 65%라는 우리 영화인들과 마니아들에겐 엄청난 민족적 자긍심까지 안겨 주고 있으며 이 수치는 결코 하루아침에 이루어 낸 수치가 아닌 우리 영화인들의 각고로 이루어 낸 값진 보물이었음을 시사한 수치이기도 하다.

<태풍>은 전국 520여 개 스크린을 통해 12월 14일 개봉 첫날에 28만 관객을 동원하여 1,000만 명 선(線) 정도는 거뜬하지 않을까 하는 또 다른 고민도 동반하기에 그렇다.

과거 <친구>는 향수(鄕愁)라는 큰 재료가 있었고 이번 <태풍>은 할리우드에 내놓아 비교해도 손색이 없을 정도의 대형 특급액션이라는 점이다.

이젠 우리도 경제적인 여유만 갖추어진다면 얼마든지 할리우드와 비교해 견주어도 손색없으리라 생각된다.

물론 이데올로기로 인한 적대적 감정과 민족적 감정 그리고 휴머니즘 파괴로 인해 파생되는 후폭풍이 두렵기도 한 영화 <태풍>은 사회적으로도 크게 이슈화될 수 있는 작품이기에 더욱 신경을 곤두세워 지켜보고 있는 것이다.

1984년 이후 중공과의 수교가 원만하게 이루어져 지금까지 큰 마찰 없이 양국 간의 교류는 잘 이루어지고 있지만 북한에서 탈출한 탈북자들을 1984년 전에는 중공의 의지에 의해 좌지우지되다가 이젠 우리 측으로 대부분 인도되고 있는 실정임을 우리 국민들은 잘 알고 있다.

영화 <태풍>은 중공과 외교관계가 원만하지 않았던 시절을 배경으로 그려진 사건을 기초로 한 영화로서 자유가 절실하여 사선을 넘어 중공으로 넘어간 북한 탈북자들에게 대한민국은 중공과 실리외교를 앞세운 국제적인 이해관계로 인해 그들이 찾는 꿈의 나라 대한민국으로 인도하지 못하였던 아픈 과거가 있었다.

바로 탈북자들에게는 더 이상 대한민국은 희망의 나라가 아닌 그들을 버린 그래서 더욱 뼛속 깊이 원한이 사무친 나쁜 나라로 각인된 비극적 현상을 이 영화 속에서 그려내고 있다.

과거 월남전을 반성하는 의미에서 정지영 감독의 <하얀 전쟁>이라는 영화가 제작되었듯이 <태풍>은 우리 과거사의 허점을 우리 스스로 반성하고파 엮어낸 영화이다.

이젠 사회적 큰 문제로까지 번진 탈북자 문제가 이슈화되어 과거를 되돌아보고 잘못된 점을 반성케 하는 구원의 길잡이가 바로 <태풍>이라는 영화이다.

그래서 영화는 구원적인 요소가 필수인 매체이다.

다가오는 크리스마스에는 꼭 가족과 함께할 수 있는 현대사의 비극적 요소를 그린 반성문 같은 영화 <태풍>을 권하고 싶다. 옛 친구와 함께 봐도 좋겠지요!……

－ 긴 귀향 항로 〈청연〉 1 －

여류비행사 박경원(1901~1933)의 생애를 劇化한 <청연>이 지난 12월 하순에 개봉하여 연말 특수를 노리는 영화 중 이준익 감독의 <왕의 남자>와 쌍벽을 이루며 박스오피스 상위 자리를 놓고 순위 다툼을 하고 있다.

이미 350만을 넘긴 곽경택 감독의 <태풍>과 뒤따라 개봉한 <청연>과 <왕의 남자>가 마치 지난 <웰컴 투 동막골>, <친절한 금자씨>, <박수칠 때 떠나라>의 세 작품이 전국 극장가를 강타하면서 관객동원 1,000만을 넘기던 작년 '8월의 행진' 상황과 비슷하게 흐르고 있어 필자는 예의 주시하고 있다.

당시 세 작품은 많은 관객들의 관심 속에 앞서거니 뒤서거니 하며 우리 영화의 입지를 하늘만큼 올려놓았었고 지금도 그때의 상황과 흡사할 정도로 이번 세 작품의 후풍(後風)도 만만치 않다.

이처럼 우리 영화의 급진적인 성장 뒤에는 소재의 다양성을 들 수 있다.

군부독재 시절은 자유를 위해 저항정신을 앞세워 작품을 만들어 세간의 주목을 받았지만 영화적 소재로서는 많은 제약 속에 용트림을 했어야만 했고 민주화가 된 이후엔 인권에 대해 또 다른 사관(史觀)에 대해 그리고 다양한 소재를 바탕으로 갖가지 휴머니즘을 비롯하여 대중성을 띤 오락적인 작품들과 다양한 예술적 감각을 충분히 살린 여러 장르의 작품들이 수시로 발표되었었기에 우리 영화는 그 어느 나라 영화보다 훨씬 더 많은 축복을 받은 영화라 칭하고 싶다.

필자는 <청연>(靑燕) 속에서 세계적 극작가 유진 오닐의 <긴 귀향 항로>라는 작품 제명이 문득 생각났다.

어려서부터 품어 왔던 비행사의 꿈을 이루기 위해 이국땅 일본에서 많은 시련과 고통 그리고 사랑과 죽음의 극한 갈등도 넘기며 이루고 싶은 꿈을 위해 긴 시간 동안 진취적으로 생각하고 저돌적으로 행동하며 끝내 실행하고야 마는 진솔한 삶을 사는 여주인공의 모습들이 다시 출발선으로 되돌아가기가 어려운 험난한 여정이었기에 긴 귀향 항로의 제명이 떠올랐다.

영화 <청연>의 주인공인 장진영 양은 기쁨과 슬픔을 절제된 감정처리로 탁월하게 표현하고 있어 그녀의 연기에 그만 빨려 들어갈 정도이다.

물론 연출자의 의도가 들어 있었겠지만 그 어떤 곤경에 처하거나 난관에 부딪혀도 먼저 슬퍼하거나 눈물 먼저 보이지 않고 먼저 웃는 그녀의 모습부터 영화 시퀀스는 시작된다.

그러다 차츰 감정이 격해지면 그때서야 소리 없이 눈물을 흘리는 등 항상 웃음으로 극복하려는 굳은 의지가 그녀를 더욱 강한 여자로 보이게 만들었다.

일본에선 드라마를, 중국에선 군중들을 미국에선 비행장면을 그리고 한국에선 특수촬영과 후반 작업을 통해 완성된 이 영화는 무려 130억 원 투자라는 한국형 블록버스터로서 세계 어느 영화와 비교해 견주어도 가히 손색없는 작품이다.

욕심이 있다면 이 한 편의 영화로 한국형 블록버스터는 실패한다는 속설을 잠재우는 계기가 되어야 하고 그래서 재생산의 밑거름이 될 수 있도록 관객 모두는 힘을 실어 주어야만 한다. 창공을 자유롭게 나는 제비처럼 우리 영화들도 훨훨 자유롭게 그 꿈들이 이루어졌으면 한다.

- 긴 귀향 항로 〈청연〉 2 -

1920년대를 연상케 하는 복엽기(상하날개가 달린 비행기)를 재탄생시킨 영화 <청연>이 제작비 130억 원이라는 버거운 무게를 견디지 못하고 관객동원 60만 명 정도에서 날개를 접어야 하는 아쉬움을 남기게 되었다.

이 사실은 한국형 블록버스터는 쉽게 무너진다는 속설을 재입증케 하고 있어 너무나 큰 아쉬움을 남기고 있다.

더구나 설상가상으로 일시에 4~5백 개의 많은 스크린을 통해 개봉되었기에 마치 융단폭격 영화배급 형태를 취해 반짝 일회성으로 끝이 나버렸기에 그만큼 잊혀져 가는 속도도 매우 빠르다는 것이다.

윤종찬 감독은 2001년 소름이라는 작품에 이어 장진영 양을 다시 주인공으로 내세워 또 한 번 용트림을 꿈꾸어 보았으나 그 꿈은 그냥 꿈으로 끝이 나게 되어 <청연>은 관객들 기억 저편으로 사라져 가야만 한다.

남녀 간의 애틋한 사랑도 민족의 비극적인 역사의 과오도 또한 여성들 간의 질투도 <청연> 속에는 그럴듯하게 야릇한 세계도 보여주었고 친일과 반일이라는 민감한 사회 이슈도 재치 있게 슬쩍 피해 영화적인 모습으로 재창조시켜 놓았다.

또한 볼거리, 느낄 거리, 즐길 거리 등 누구나 부담 없이 쉽게 이 영화에 접근할 수 있도록 다양한 내용들도 섞어 놓아 마치 오락영화처럼 팝콘을 먹으면서 쉽게 즐기면서 보다 한동안은 눈시울도 붉히게 되어 목이 메도록 민족적 감정도 삭히게 된다.

이처럼 관객들은 이 한 편의 영화로 애국자가 되어 보기도 하고 여주인공의 연인이 되어 보기도 하는 다양한 심적 반응을 일으키게 된다.

그러나 전체적으로 영화를 평가할 때 위태롭게 느껴진 그래서 화를 부른 부분도 있다.

반드시 영화의 성공 요인 중 하나인 대중성을 띠어야만 한다는 상업영화 측면에서 냉정히 생각할 때 한 인물의 사실적인 인생역정을 그린다는 것은 다소 무리수가 뒤따르게 된다.

그것은 한 인물의 과거에 얼마나 많은 대중들이 영화적 소재로서의 공감대를 형성하게 되느냐는 것이다.

이순신, 세종대왕, 나폴레옹, 칭기즈칸 등 훌륭한 역사적 인물이 아닌 그보다 약한 평범한 한 여류비행사라는 인물의 재조명을 통해 대중들이 그 영화를 통해 과연 무엇을 얼마나 얻게 될 것인가가 미지수이기 때문이다.

그래서 남자도 하기 힘들다는 그것도 세상이 열리기 전인 1920년대에 여자의 몸으로 일본에 가서 비행사가 되었다고 하는 사실 하나만으로 또 다른 험난한 영화계의 낙타 바늘구멍과 비유되는 대중성 흥행성이라는 장벽을 넘어설 수 있을까 하는 많은 숙제를 안은 채 130억 원이라는 무게만큼 제작진들은 무척 고심했을 것이다.

이처럼 한 인물을 재조명하는 영화의 경우는 모험성이 강하다는 결론이다.

즉, 이미 속속들이 잘 알고 있기에 흥미가 없다는 것인데 이것을 역으로 이용해 감독은 더욱 흥미를 유발시키는 재치를 <청연> 속에 가미시켜 관객들로부터 박수와 환호를 받으려 했던 것이다.

비록 여주인공은 꿈에 그리던 조국 땅에 안착은 못했지만 그녀의 도전적이며 적극적인 실현가능한 꿈이 지금 후세들에겐 엄청난 용기를 심어 주고 있다.

그래서 오직 하나의 목표를 향해 달려갔던 순탄치 않은 그녀의 인생역정인 영화 <청연>은 필자의 가슴에는 오랫동안 기억될 것이기에 <긴 귀향 항로>라는 제명이 더욱 어울리는 영화이다.

－ 色깔 다르고 슬픈 〈왕의 남자〉－

필자는 태생이 본시 영화계 출신인지라 어쩔 수 없는 냄비근성을 버리지 못하는 광대 부류이다.

그래서 우리 영화 성패의 가름이라 할 수 있는 관객동원 수치에 곧잘 흥분하고 슬퍼하며 괴로워하고 아쉬워 어쩔 줄 몰라 가슴 태우기도 하는 경우가 종종 있다.

한국형 블록버스터의 매력을 잃어버린 지 오래된 요즘 140억 원이 투자된 <태풍>이 500만 명을 못 채우고 턱걸이하고 있는 실정이며 130억 원 가까이 투자된 <청연> 역시 한국영화사 그늘진 구석 한편으로 위치해 곧 자취를 감출 운명에 있는 이때 '이준익' 감독의 <왕의 남자>라는 우리 영화 자존심이 다시 살아나 500만을 넘어 높은 미지의 고지를 향해 질주하고 있다.

이 영화 <왕의 남자> 속에는 매관매직(賣官賣職)으로 인한 신분상승은 절대 이루어질 수 없다는 가설을 연산군이라는 코드를 통해 죽음으로 표현하고 있다.

이 내용을 자세히 들여다보면, 즉 인간의 출세욕은 끝이 없음을 증명하고 있다.

아울러 언젠가는 숨겨진 죄의 사실들은 밝혀지기 마련이기에 반드시 해서는 안 될 일은 남을 비방하며 득을 취하는 중상모략이라는 점도 교훈처럼 담고 있다.

<왕의 남자> 속에 나타난 비천한 인간군상의 상징인 광대들의

삶을 보면 우여곡절 끝에 궁궐에 들어가 왕을 웃기며 하루하루 풍전등화의 삶인 위태로운 순간을 살아가는 광대들의 모습은 관객들의 두 손에 땀을 쥐게 하는 스릴과 서스펜스를 자아내게 하는 코드로 변해버린다.

마치 서스펜스의 거장 히치콕 감독을 능가할 것 같은 훌륭함까지 엿보이게 한 경우이다.

그래서 이 시대를 비웃고 조롱이라도 하듯 狂적인 연산군의 역할을 통해 영화 속에 긴장감과 함께 세상사를 은유한 이준익 감독의 탁월함에 박수를 보내는 바이다.

왕으로부터 爾(이)라고 불리며 사랑을 받았던 여자처럼 곱고 아름다운 광대 공길이라는 역할은 연산군의 총애를 받아 그만 권력의 맛에 취해 본시 광대라는 자신의 본질을 잊고 지내게 된다.

그러다 결국 광대로 되돌아가게 되는 과정들을 드라마틱한 광대들의 삶에 화려한 볼거리를 가미해서 이(爾)라는 연극 상품을 <왕의 남자>라는 영화 상품으로 새 단장하여 관객들을 사로잡고 있다.

과거에도 당시에 잘 나간 톱스타 광대들은 왕과 함께 지낼 정도로 극진한 대접을 받았는가 하면 궁중의 사냥 놀이에 동원되어 짐승의 탈을 쓰고 사냥감 역할까지 해야 하는 인간 이하의 비참한 삶을 살았던 선배 광대들의 웃지 못할 뼈아픈 과거들도 들추어내는 영화 속에 웃음과 슬픔과 눈물도 담아 놓았기에 영화 <왕의 남자>는 세간의 큰 화제가 되고 있다.

한편 다른 볼거리로는 왕의 여자인 장녹수보다 더 잘 나가게 된 왕의 남자 광대 공길이가 있어 동성애적 흐름을 그냥 알 수 있는 영화이다.

외국영화 속엔 자주 나타난 동성애 코드이지만 아직은 우리나라에선 생소한 설정이다.

그러나 2002년 김인식 감독 황정민 주연의 '로드무비'에선 사람이 사람을 사랑하는 것 그 자체가 아름다움이라는 것을 이야기했던 적이 있었다.

그러나 <왕의 남자>에서 동성애 코드는 즐기기엔 역겨운 코드이지만 보지 않고는 못 배길 쫀득쫀득한 땅김이 있어 시선을 놓치지 않고 스크린 최면에 그만 빠져 들게 된다.

볼거리, 느낄 거리가 많고 色깔 다르고 슬퍼 웃게 되는 <왕의 남자>는 우리 영화의 자존심을 지켜주고 있다.

-영화 〈홀리데이〉로 분주해질 익산-

이 지면을 통해 영화의 맛깔스런 면을 알려 드려야 하겠지만 우선 필자의 감정에 치우쳐 문화적 차원으로 이 영화를 재조명해 보고 싶다.

光州는 자타가 공인하는 문화도시, 문화수도의 꿈을 향해 달려가고 있는 상황이다.

그러나 빛의 고을 광주는 빛은 있으나 그림자가 보이지 않는 도시로 보편적 개념과는 거리감 있는 다른 모양새의 부조리한 도시처럼 영상과는 거리가 멀기만 한 고을이다.

예를 들면 광주국제영화제가 그렇고 양과동 드라마·영화 세트장이 그렇다. 이런 사실을 이야기한다면 이 칼럼 10회를 사용해도 부족할 것 같다.

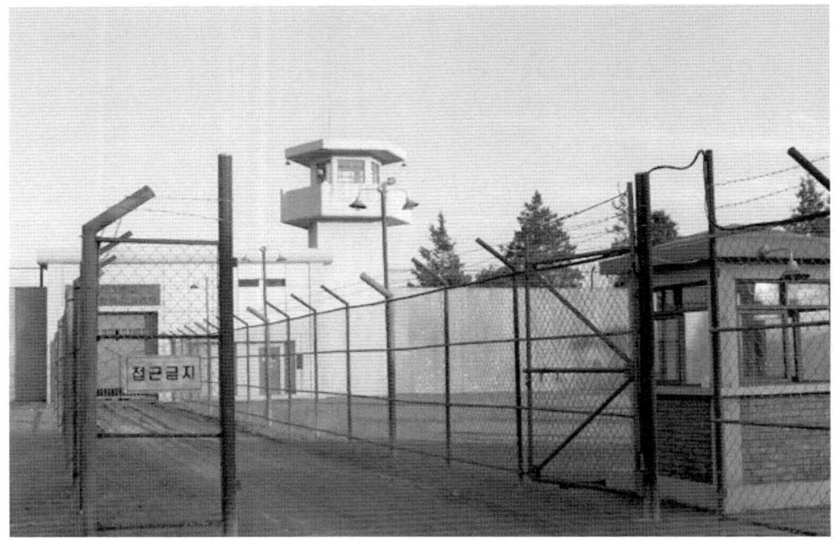

사진 1)

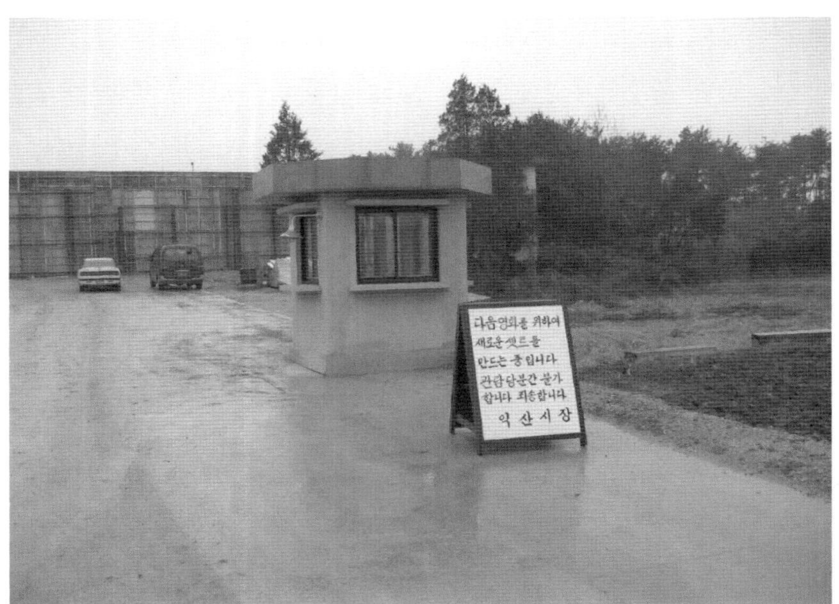

사진 2)

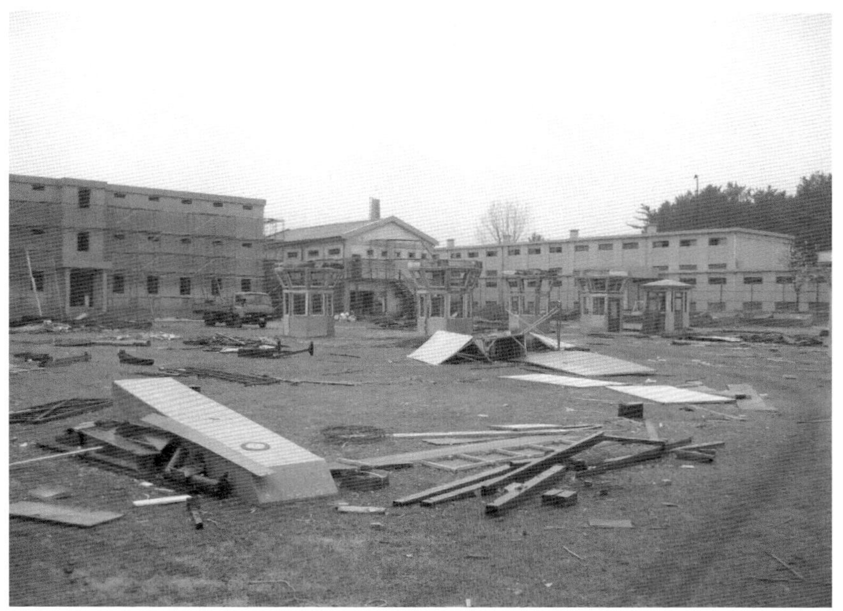

사진 3) 익산에 세워진 교도소 세트 〈전주영상위원회 제공〉

각설하고 양윤호 감독의 <홀리데이>라는 영화를 통해 그동안 우리 영화계에서는 성역(聖域)시(視) 여겨졌던 교도소 내부 촬영의 꿈이 이루어졌다. 전북 익산시 성당면 와촌리 1만여 평의 부지 위에 13억 원이 투자되어 교도소 세트가 완성되었다.

이 사실은 한국영화사적인 측면에서도 괄목할 만한 현상이다.

즉, 우리나라 영상산업의 획기적인 발전의 기틀을 세웠다는 사실이 중요하다.

또한 <홀리데이>는 관객동원 300~400만 명 정도는 거뜬히 돌파할 것으로 생각된다.

이로 인해 익산은 완도의 <해신> 세트와 문경세제나 부안군 '이순신' 세트처럼 촬영 장소를 보기 위해 지역을 찾는 인파로 뜻하지 않던 사람 구경 한번 실컷 하게 될 것이다.

전남 영광 지역에서도 <마파도>라는 영화 한 편이 오지인 동백 마을을 크게 관광지로 바꾸어 놓았고 완도, 청산도, 보성 녹차 밭 역시 영화촬영지로서 한류원조 터인 남이섬 못지않게 크게 각광을 받고 있다.

이처럼 영화 한 편이 주는 부가가치는 <타이타닉> 시절부터 화두가 되어 이젠 많은 국민들이 그 가치를 너무나 잘 알고 있다.

그러나 지자체에선 영화 세트장 건립을 운운하며 한탕주의 불장난으로만 간주하여 선뜻 승낙을 하지 않고 머뭇거리기만 하고 있는 실정이다. 용기 있는 자만이 승리할 수 있듯이 지역이 잘살기 위해서라도 문화에 투자할 용기가 필요한 시기이다.

문경 같은 경우가 그렇다. 처음 TV드라마 <왕건> 세트로 잠시 반짝이다가 드라마가 종영되자 관광지로서 인기가 수그러들었던 것이 사실이다.

그러나 연이어 다른 작품들이 유치되자 이젠 수학여행 코스로 체험 학습장으로 또 문화유산 답사를 하듯 많은 인파들이 그곳을 찾고 있다.

사람이 모이는 자리엔 반드시 경제적인 현상이 자연발생적으로 이루어지게 되었다.

바로 문화는 돈이 된다는 사실이다.

일본에는 80여 개의 크고 작은 지역을 대표하는 영상위원회가 있다. 이 영상위원회를 통해 주민 모두는 자기 집안일처럼 지역에 관광과 영상을 접목시키는 인프라 구축에 앞장서 노력을 하고 있다. 바로 이런 모습들이 문화수도로 가는 길의 정도가 아니겠는가?

분명 필자에겐 꿈일 뿐이지만 익산시에는 영화 속 사건과 흡사한 과거 탈주범 사건의 오명을 씻어버리기라도 하듯 보석가공도시 익산에서 영상관광도시 익산으로 거듭 태어나게 되었다.

  그리고 경제적인 이득과 함께 지자체 장들의 경영능력도 인정받고 있다. 예견되는 일로서 얼마 남지 않은 지방선거에도 큰 영향력이 있을 것이다. 기술한 것처럼 영상은 문화이며 문화는 곧 돈이 된다. 우리 모두 각 지역의 영상일꾼으로서 관광가이드로서 내 지역 내 고장을 아름답게 형상화시켜 경제대국, 문화대국의 길로 나아가야만 한다. 익산의 꿈이 될 <홀리데이>에 축포를 쏴 주고 싶다. 익산으로 이사나 가볼까?!

－CG에 의존한 환타지 〈무극〉

영화 관객들은 항상 새로움에 목말라한다. 그래서 히트한 작품 이후엔 속편 또는 2편이라는 제명으로 제작되지만 성공할 확률은 그다지 높지 않다.

이유는 전편보다 더 좋은 발상과 재치 넘치는 구성으로 관객들의 허전한 곳을 달래 주어야 하기 때문이다.

그러기 위해선 항상 색다른 주제나 설정으로 꾸며 나아가야만 한다.

이 얼마나 힘든 일인가! 그래서 1편만 한 2편은 없다고 하는 것처럼 영화는 반드시 다른 작품에서는 느낄 수 없고 볼 수 없었던 새로운 발상이 생명이며 관객들의 심리를 미리 읽고 그들의 마음을 헤아려 관객들 생각을 뛰어넘어 앞서가야만 한다.

즉, 시대를 리드하지 못한 영화에는 곧 흥행실패라고 하는 가혹한 심판만 뒤따르게 될 뿐이다.

2001년에 <해리포터>, <반지의 제왕> 시리즈 영화들이 개봉되어 반응이 좋아지자 세계 영화계는 CG라는 특수촬영기법에 더욱 흥미를 느꼈다.

물론 그전에 미국 할리우드라는 거대한 공룡 같은 집단에서는 <스타워즈>, <쥬라기공원>, <매트릭스>라는 영화 등을 통해 이미 재미를 톡톡히 봐 온 터였지만 특수촬영 CG로 인해 점점 관객들은 환상의 날개를 마음껏 펼 수 있게 길들여지고 특수한 기법으로만 불린 CG기법은 점차 보편화되어 갔다.

우리 영화들도 특수한 경우에 주로 사용되어 왔던 CG기법을 어느 영화든 마음껏 즐겨 사용하고 있다.

그만큼 보편화된 사실이지만 우리 몸에 아무리 좋은 비타민이라도 너무 지나치게 복용하면 넘쳐 나 아무 소용 없듯이 우리 관객들 또한 CG에 너무 길들여져 있는 상황 속에서 CG기법이 많이 활용된 어설픈 영화들에는 시선을 주지 않고 있다.

그래서 류승범 군이 주연하여 200만 명이 넘는 흥행기록을 세운 <아라한 장풍대작전>을 제외한 블록버스터 급으로 제작되어 기대를 잔뜩 했던 <성냥팔이 소녀의 재림>, <튜브> 등이 쓴맛을 보고 무너지고 말았다.

3년의 제작 기간과 7개월의 촬영, 5개월의 편집으로 총 3천만 달러라는 중국에서는 최초로 거대한 제작비가 투입된 첸 카이거 감독의 판타지서사극인 액션영화 <무극>은 우리나라 관객들에겐 큰 호응을 얻어내지 못할 것 같다.

또 아무리 글로벌화된 시대 속에 아시아의 스타들이 한데 어울린 작품이지만 중국을 제외한 나머지 국가에선 크게 호응이 없을 것으로 보인다.

미국에서도 골든글러브 외국어영화상과 아카데미상을 겨냥해 상영관을 잡아 배급한 형식일 뿐 관객들에게 큰 호응을 얻어내지는 못할 거라는 추측이다.

지금은 우리 극장가 멀티스크린에 달랑달랑 매달려 있는 상황이지만 거대한 공룡의 자태처럼 여기저기 각 매스컴에서 크게 홍보하고 있기에 아직까지는 <무극>의 향방은 점칠 수는 없지만 분명한 것은 높은 평점을 받기 어렵다는 사실이다.

이 영화에 우리나라 영화사가 3분의 1 정도인 30억 원을 투자한 바 있다.

아마 잘되면 투자비 정도 회수에 그치지 않을까 하는 전망이다.

한국의 장동건, 중국의 장백지, 일본의 사나다히로유키 등의 화려한 배역과 중국 5세대 영화물결의 주체인 첸카이거 감독이 하나가 되어 만들어 낸 역작 <무극>이 중국에서만 크게 호평을 받고 있을 뿐 다른 나라 관객들에겐 큰 호응을 얻지 못하고 있다.

CG의 어설픈 작업은 곧 이 영화를 실패하게 만든 주범이다.

그러나 중국에선 크게 히트하고 있다고 하니 중국의 정서와 우리의 정서는 많이 다른 모양이다.

-문화 침탈의 본보기 〈게이샤의 추억〉-

세계 영화계 구세주인 스티븐 스필버그가 <게이샤의 추억>이라는 영화를 만들어 냈다.

이는 일본 배경의 영화이지만 일본어가 아닌 영어로 대사가 처리되어 있다.

혹시 동양의 문화를 자기들 문화로 바꾸어버리고 싶어 하는 음흉한 계략이 없지 않았을까?……영화 한 편에 문화 침탈이라고 운운하기엔 너무 예민한 반응이 될지 모르겠다.

스크린쿼터(Screen Quota) 문제로 떠들썩해진 지금 미국영화를 평가함에 있어 신중을 기해 접근해야만 한다는 강박관념이 앞서는 것 또한 사실이다.

그만큼 우리는 미국의 눈치를 보면서 성장했기에 언젠가부터 그들의 입장에 서서 응원하게 되는 경우가 왕왕 있었다.

혈맹이라는 단어를 앞세운 우방이기에 더욱 그러했다고 본다.

그러나 돋보기로 크게 살펴보자. 자국에 이익이 없다면 한국영화인들이 반대하는 스크린쿼터를 탐내서 야비하리만큼 다양한 술수로 우리 정부를 압박하여 스크린쿼터를 뒤흔들어 놓았단 말인가?!……국제회의를 통해 문화는 FTA 협상과는 별개라고 문화의 다양성을 강조했던 적이 있다.

그러나 감언이설로 경제개방을 시키기 위한 통상압력 등을 행하면서 약소국가들의 문화쯤은 대수롭지 않게 여겨 세계를 할리우드의 市場으로 묶어 버리려 하는 FTA 협상 뒤에 숨은 문화 침탈의 실상을 알아야만 할 것이다.

한국의 경제와 문화를 살려주기 위해 미국이 손해 보면서 천사 또는 구세주와 같은 마음에서 스크린쿼터에 압력을 가하진 않았을 것이다.

분명한 것은 100% 자국의 이익을 추구하기 위해서이다.

각설하고 중국에선 중화권의 톱스타인 장쯔이, 공리, 양자경 등 세 연기자들이 출연한 영화 <게이샤의 추억>을 단호하게 상영금지하고 말았다.

물론 그 이유는 다양하다.

남성들의 노리갯감 정도로 비하되는 '게이'라고 하는 일본 사회의 한 부류인 여성층을 중국 여인들을 앞세워 다루었기에 중국 자체에서 2차대전 당시의 위안부 사건에 관련하여 상영을 거부했던 것이다.

글로벌화된 요즈음에 고리타분한 주장이 될지 모르겠으나 한국 연기자 김윤진 양에게 <게이샤의 추억> 주인공 역 출연제의가 들어왔으나 사양했다고 한다.

김윤진 양 개인에게는 스필버그 감독이 제작하고 롭 마셜(Rob Marshall)이 감독하였기에 세계적 스타로 발돋움하기에 매우 좋은 상황이었지만 개인의 이익을 버리고 민족의식이 선행된 그녀의 처신은 의연한 한국인이라 극찬하고 싶다.

어느 영화든 자국에서 제작된 영화는 반드시 자국의 언어로 제작된다.

그 논리처럼 미국에서 제작된 영화이기에 대사 또는 더빙이 자국어인 영어로 제작되는 것은 당연하다.

자국의 주권이 고귀하듯 자국의 영상문화도 주권 못지않게 중요하다는 것이다.

그래서 요즈음 화두에 오른 스크린쿼터는 필히 지켜져야만 한다는 대승적 견지에서 드린 말이다.

공리와 장쯔이는 중국영화계 속의 현실처럼 항상 대립관계일 수밖에 없다.

그런데 공교롭게도 일본 게이샤로 분한 두 여인이 숙명적으로 다시 재대결을 벌이듯 영화 속에서도 상대역을 맡아 열연을 펼치고 있어 두 여인의 대립관계 역할이 볼만한 이야기임에는 틀림없다.

공리, 장쯔이 두 여인을 좋아하는 아시아권 관객들은 앞 다투어 극장을 찾아 <게이샤의 추억>을 관람하게 될 것이다.

－ 아쉬워서 이를 어쩌나 〈사랑을 놓치다〉－

욕망이 너무 지나치면 탐욕으로 바뀔 수도 있음을 명심해야 한다.

요즘 S재벌이 수천억 원을 사회에 환원시켜도 지은 죄에 대한 조사는 계속된다고 하는 것이 현실이 아니던가! 바로 원죄는 탐욕인 것이다.

그래서 시절에 관계없이 과욕은 금물이다.

영화에서도 마찬가지이다. 많은 영화들이 순수하게 과욕 부리지 말고 있는 모습 그대로 표현하면 어떨지! 이창동 감독의 <초록 물고기>처럼 또 한 번 사실주의 영화의 참맛을 보고 싶다.

영화는 작가 혼자만의 예술이기도 하지만 대중예술이 우선시된다는 것이 정설이다.

그래서 영화를 판가름하는 지표는 박스오피스(흥행성적)이다.

영화 <사랑을 놓치다>는 사랑만 놓치는 것이 아닌 관객들까지 모두 놓칠 것 같아 걱정이 앞서 서두가 장황했다.

이 영화 속 배경에는 순수함이 절절이 베어 있어 새로운 영화를 발견한 것처럼 필자의 가슴이 두근거렸다.

그러나 많은 관객들은 바로 이 부분에서 시선을 옮겨버린다.

요즘 추세로 보면 황홀할 정도로 배경들이 럭－셔리해야 한다는 것은 모든 영상물의 기획단계에서부터 상식처럼 되어 있다.

그래서 화장기 없는 연기자들을 비롯해 화면에 비추어지는 사물들과 배경이 누추하기에 관객들에게 거리감을 주게 되는 것이다.

한편 설경구, 송윤아 두 연기자의 꾸밈없이 펼쳐 보이는 진솔한 연기와 있는 그대로를 보여주는 배경들이 적어도 필자에겐 친근감을 보여주고 있지만 그 영상이 또 다른 의미를 지니는 경우에는 다르다.

이태리 미켈란젤로 안토니오니 감독의 <정사>나 <태양은 외로워>에서처럼 건축물이나 배경을 통해 비추어지는 이미지가 곧 영상의 감정과 직결되는 의미 부여 형식의 화면으로서 사실적인 화면 속에서 또 다른 의미를 간접적으로 풍기게 되는 경우가 있다.

이처럼 똑같은 사실적인 영상을 표현하지만 한 차원 다르게 설명할 수 있게 되는 영상이 값진 영상인 것이다.

어느 극장에서나 <사랑을 놓치다>는 개봉 2주 차에 들어서자 다른 작품과 교차 상영을 하고 있어 뒤에서 기다리는 대박을 꿈꾸는 한국영화들에 슬쩍 밀려나고 있는 현상이다.

그 원인은 감독이 각본을 쓰고 연출하여 과감한 편집을 하지 못하고 과욕을 부린 것이 큰 실수이다. 거기에 에필로그도 상당히 부담스럽다.

그러나 관객의 몫으로 남겨진 에필로그이지만 요즘 찾아볼 수 없는 순애보 형식으로 세파에 찌들어 사는 우리들에게 새로운 활력소이기에 권해 보고 싶은 영화이다.

과욕은 금물인 것을! 버릴 것은 버려야지요! 아마 오늘이면 절반 이하로 스크린이 감소되었을 것 같아 필자의 마음이 매우 아프다.

작품 성격이 순수를 지향하는 만큼 배경도 가식 없는 순수한 그 자체였고 주인공의 얼굴도 화장기 없는 순수한 피부색 그대로인 리얼리즘을 표방한 요즘 보기 힘든 경우이다.

그래도 관객들이 많이 보아주면 좋으련만 설경구의 열연과 모처럼 송윤아의 감칠맛 나는 연기의 조화가 너무 아쉬울 뿐이다.

관객들은 너무나 냉정하다. 그리고 우매하다. <색즉시공>, <투사부일체>, <신라의 달밤> 등 억지웃음을 팔아 횡재를 한 경우가 우리 영화계의 수준일까?……관객들의 사랑을 놓쳐버린 영화 <사랑을 놓치다>이기에 너무 아쉽고 또 한편으론 심금을 울리는 영화가 너무 그립다.

<초록 물고기>, <8월의 크리스마스> 그리고 <화양연화> 같은 순수하면서 짜릿한 작품 어디 없나요?!

－엔돌핀이 솟는 오버미학의 중심
〈구세주〉－

영화를 보는 이유 중 가장 큰 이유는 카타르시스이다.

그렇듯 함을 앞세워 억지로 창조한 어설픈 코믹물보다 <구세주>처럼 미리 신이, 최성국이라는 오버미학의 진수를 보여주는 두 연기자를 톱으로 내세운 기획 그 자체가 성공했다.

성공이라는 단어 역시 웃음을 많이 선사했다는 의미이고 흥행적으로도 적자는 면하고 대박으로까지 갈 수 있는 가능성이 보인 작품이다.

흔히들 억지웃음 뒤에는 살을 도려내는 듯한 뼈아픈 비판과 흥행 실패라는 더욱 가혹한 형벌까지 받게 되었던 것이 우리 영화계 현실이었다.

그러나 이번 경우는 조금 다르다.

이 영화를 유치찬란하다! 저속의 극치다! 쓰레기에도 갑, 을, 병이 있다! 등등 저속한 저급 영화 부류로 떠들어대면 큰 오산이라는 것이다.

이 영화에 돌을 던지는 자는 그야말로 영화 볼 자격이 없다.

이 영화는 웃기기 위해 억지웃음으로부터 시작해야 하는 영화인 줄 알고 이 영화를 접했어야 한다.

그리곤 극장을 나설 땐 툴툴 털어 버리고 언제 영화를 보았던가

하면서 태연하게 아무 느낌 없이 그냥 뒤돌아보지 말고 퇴장해야만 한다.

이처럼 영화를 대하는 순간만을 위해 존재하는 작품으로서 상황 하나하나에 가식 없는 웃음으로 박장대소하며 극장 내에서 모든 것을 해소하고 나와야 종합예술로서의 사명이기도 한 영화를 통한 카타르시스가 이루어지는 것이다.

정당한 요금을 지불하고 극장좌석에 드러누울 정도로 비스듬하게 왕처럼 편한 자세로 앉아 즐겁고 가벼운 마음으로 2시간을 누구의 눈치 볼 것 없이 화면에 몰입해 실컷 웃다 보면 엔돌핀이 솟아나 심신이 허해진 건강에도 도움이 될 것이다.

안티만을 고집하며 옥에 티를 찾는 취미를 갖고 계시는 관객들에게 이 영화를 놓고 평가하지 마세요라는 대전제를 앞세우게 된 필자의 의지를 잘 알았으면 한다.

그래서 영화를 보는 도중에 참지 못할 웃음보따리가 터져 나와도 아무 거리낌 없는 것이 바로 부담 없는 이 오버미학 중심의 영화들인 코미디물인 것이다.

아마 관객들 상대로 팝콘이나 콜라를 파는 극장 매점은 그 어느 영화들보다 매출이 많이 상승했을 것이다.

신이라는 연기자를 보면 어느 영화에서나 도저히 주연을 맡을 수 없는 이목구비에 독특한 연기캐릭터를 지닌 배우이며 최성국이라는 캐릭터 역시 큰 차이점이 없는 비슷한 급수이다. 비록 <구세주>는 얽히고설킨 내러티브와 단순하면서도 상투적인 멜로성 구성에 구원적 요소를 담아낸 억지성 로맨틱 멜로장르의 영화이지만 시간이 흐를수록 서서히 모두가 스크린 최면에 걸려드는 경우가 발생하고 만다.

바로 그것이 영화 구성력인 것이다.

즉, 이 영화는 뻔한 스토리에 그저 그럴 것 같아 보이는 오락영화이지만 보는 순간은 즐기고 느끼고 잠시나마 푹 빠져 함께 호흡했다고 볼 수 있다. 그 정도면 이 영화는 성공한 셈이다. 정부의 시녀 격인 각급각료들의 FTA 협상을 위한 발언들이 하루하루 앞 다투어 스크린쿼터 바치기에 앞장서 가고 있는 이때 우울하기만 했던 필자 마음 역시 이 영화에 그만 한시름 잊게 되어 마음이 허(虛)하던 찰라 속 후련한 영화 한 편으로 실컷 즐기게 되었다.

요즘 시국이 시국인 만큼 먹구름이 낀 우울한 날에 영화 한 편으로 인해 엔돌핀이 솟는다는 사실이 매우 중요하다.

알고 보는 오버미학의 진수 <구세주>는 실컷 웃을 수 있는 엔돌핀 솟는 영화이다.

－ 엉큼 퓨전 므훗! 〈음란서생〉－

필자는 2003년 이재용 감독의 <스캔들>(조선남녀상렬지사)의 각본을 쓴 김대우 작가가 <음란서생>의 감독이기에 <스캔들> 아류의 영화로만 생각했었다.

그러나 전혀 다른 장르인 영화라는 점을 알고 관람 전 상상불허라는 철칙을 깨닫게 되었다.

영화는 4월 초파일 탑돌이에 참석하기 위한 등불을 들고 거리로 나온 여인네들의 화려한 외출이 시작되는 분주한 밤거리가 환상적으로 펼쳐진다.

그러나 시간이 흘러갈수록 영화의 흐름은 깊은 잠에 빠져 들듯 리듬감은 마치 비단구렁이가 담을 넘어가듯 몹시 느려지다가 갑자기 액션 장면이 등장하면서 스크린에 열기가 일기 시작한다.

이후 상상을 초월한 초현실적인 대화와 재치 넘치는 발상 등이 화면을 채운다.

음란소설은 이 영화의 주된 도구이다.

그 소설을 쓴 작가에게 답글 형식으로 독자들의 바람을 써 놓은 글을 일러 대꾸하여 쓴 글이기에 너무 길어 줄여 사용한다면 댓글이라고 말하는 장면이 있다.

또 음란한 글을 읽으며 좋아하는 독자들을 가리켜 한마디로 폐인이라 하지만 열혈 팬을 일컫는 장면들로써 영화 속에 언어의 유희를 선보이기도 한다.

여기서 우리의 정서가 중요하다는 것을 또다시 알게 된다.

만약 댓글이나 팬이라는 이런 부분이 외국어로 더빙이 되었다면 누가 얼마나 웃고 넘어갈 수 있을까 하는 생각이 들게 되고 우리 문화인 우리 영화를 꼭 지켜야만 한다는 오기도 발동하게 된다.

그래서 우리의 문화는 정서이며 곧 정서는 혼(魂)인 것이다.

그러므로 문화는 우리의 혼임을 이 글을 통해 온 국민이 알아두었으면 하는 바람이다.

결론은 스크린쿼터 사수는 절대적이라는 사실이다.

아울러 이 영화는 다양한 장르를 앞세워 만든 하이브리드장르로서 퓨전화시킨 여러 장르들을 아우르고 있다.

왕의 옆 자리에 앉은 퍼스트레이디인 '정빈'이 왠지 요염한 자태로 스크린을 압도하기 시작한다.

왕방울 짝눈을 주무기로 한 '정빈'은 숫한 남정네들을 당장이라도 삼켜버릴 것 같은 도도하고 당당한 자태이지만 야릇하게 보이는 춘여(春女)의 그러한 모양새이기도 하다.

여기에 대조적으로 작은 눈이 볼품없어 보이는 남자주인공 윤서, 그 윤서와 정빈 이 둘만의 공간, 게슴츠레한 눈빛의 남자 윤서와 왕방울 눈의 엽기적인 여인 정빈의 모습이 화면 가득 교차되면서 점점 둘은 하나가 되는 멜로적이며 감성적인 분위기가 연출되어 한 장면에서 여러 장르를 표출해 내고 있다.

또한 CG와 롱테이크(Long Take)를 사용해 관객들에게 작가의 볼거리 의도를 각인시켜 놓는 색다른 방법은 종전의 코믹장르에서 보기 힘든 부분이기도 하다.

여기에 신나는 무협적 요소가 가미된 액션 장면과 끝까지 동행하며 이루어 내는 사나이들의 의리를 담아 낸 버디무비이지만 목숨을 담보로 한 우정도 담겨 있어 자칫 게이형식인 퀴어무비로까지 넘어

가게 될지도 모르는 위험적 요소도 있다.

결론 부분에서는 <주홍글씨>의 아이콘처럼 이마에 남자주인공은 선명하게 '淫亂(음란)'이라는 글씨가 이마에 새겨진 채 귀양생활을 하는 장면에서 패러디장르의 또 다른 맛도 선사하고 있다.

이처럼 우리 영화들은 다양한 장르 속에서 살아남기 위해 필사의 노력을 하고 있는 것이다. 그런데 <왕의 남자>라는 한국영화계에 새로운 신화를 창출하고 있는 덩치 큰 영화 곁에서 함께 언제까지 숨쉬게 될지 귀추가 주목되는 상황이다.

－ 스크린쿼터 사수는 민족적 자존심이다 －

요즘 한창 스크린쿼터(Screen quota 한국영화 의무상영) 절대사수를 외치며 영화계가 소용돌이 속에 휘말린 채 하늘만 쳐다보는 격이 되고 말았다.

참으로 통탄을 금치 못할 일들이 정치권을 중심으로 일어나고 있는 것이다.

우리나라뿐 아니라 여러 나라에서 시작된 바 있는 스크린쿼터가 우리나라에서는 1966년에 제정되어 1967년부터 실시되어 왔다.

그 내용을 들여다보면 한국영화 의무상영 일수가 121일에서 146일로 늘어나다가 미국으로부터 FTA를 앞세워 이젠 제로 상태로 줄여 줄 것을 거세게 강요당하고

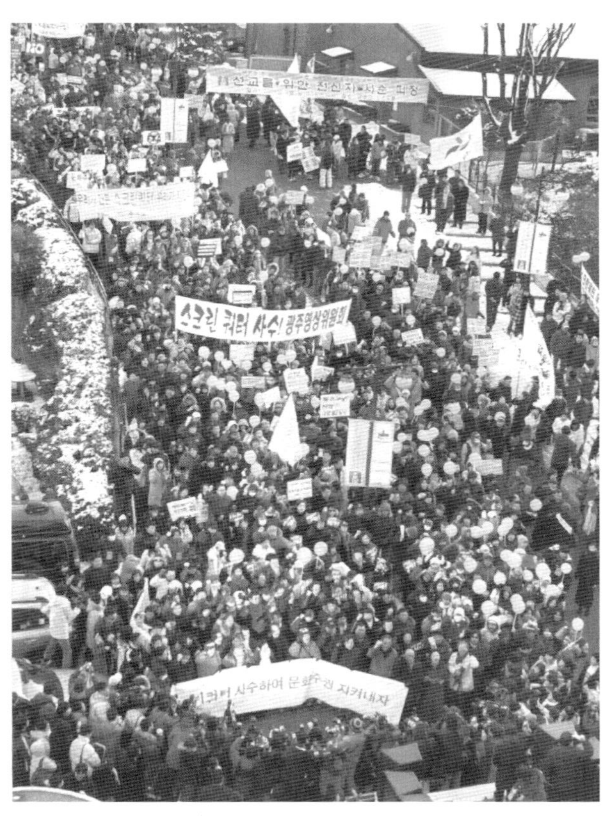

사진) 명동성당 앞 행사

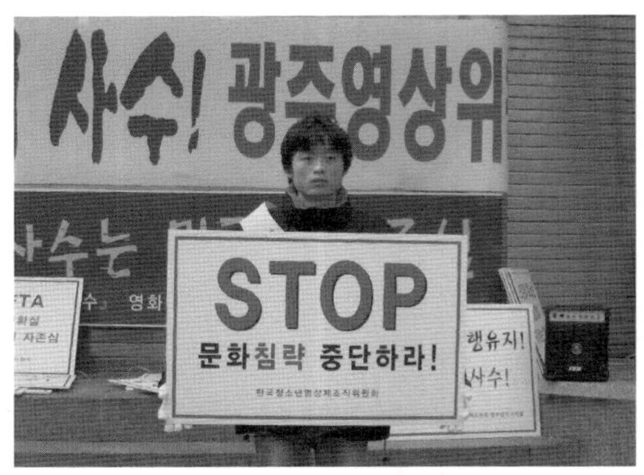

사진) 광주 충장로 광주 우체국 앞 행사

있는 형국인 것이다.

그러나 강력한 우리의 입장에 한발 물러난 척하며 시장의 물건값을 흥정하듯 절반의 흥정으로 결정되어 가시화되고 있다.

현재 진행되고 있는 146일을 절반으로 자른다고 하는 韓美 간의 흥정 자체는 곧 우리 영화 말살을 의미하는 것이라는 우리 영화계의 일관된 입장이다.

미국의 요구대로 우리 영화 의무상영 일수를 줄여 주고 또는 없애 준다면 영화를 만들어도 흥행할 수 있는 배급망에서 큰 차질이 예상되고 상영할 수 있는 극장을 잃게 되는 경우가 발생하게 될 것이다. 그래서 끝내는 우리 영화는 5년을 넘기지 못하고 고사하게 된다. 영화산업이 활성화되지 못한 현실, 즉 적자를 면치 못하는 우리 영화계 현실을 외면한 처사로서 그렇게 되면 영상을 통한 지역의 경제, 문화, 관광 등의 효과를 기대하고 어렵게 만들어 낸 광주 영상위원회 조직도 필요 없게 되는 것이다.

지금의 세계 영화시장을 살펴보면 80% 이상을 할리우드 영화가 점령하고 있어 세계 여러 나라가 자국의 문화

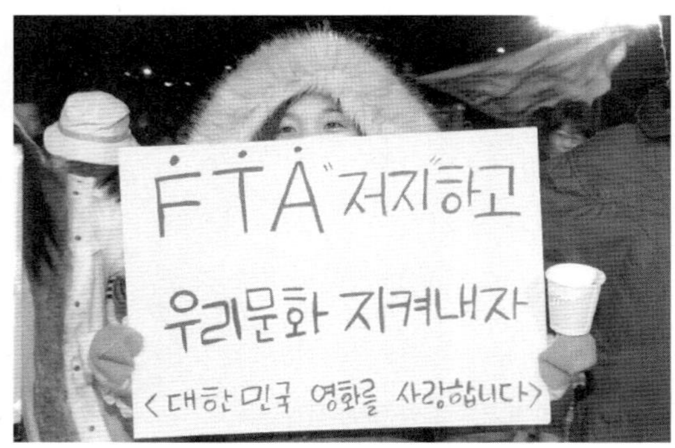

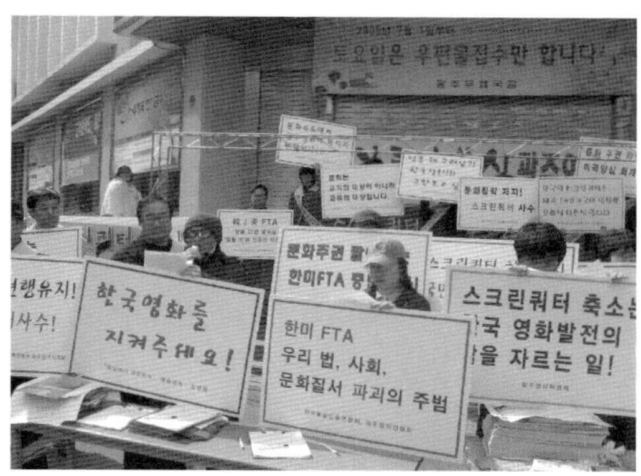

사진) 광주 충장로 광주 우체국 앞 행사

를 잃어 가고 있는, 즉 할리우드에 종속되어 버린 상황이기에 더욱 심각하다는 결론이다.

마치 신호가 잘 지켜져 도로 소통에 지장이 없으니 전국 도로 위의 신호등을 없애자는 어느 영화인의 비유가 적절하다고 생각되고 골목 축구에서 우승했으니 월드컵에 나가라고 떠미는 경우와 같은 우스꽝스런 모습이라 생각된다.

물론 비유가 지나칠지 모르겠으나 이는 상대가 안 되는 일을 억지로 떠맡기겠다는 정부의 정책에 개탄을 금치 못한다는 것이다.

아직은 시기상조이다.

우리의 문화인 영화 그리고 그 문화가 바로 우리의 정서 아니겠는가?

곧 그 정서는 우리의 혼(魂)인 것이다.

우리의 혼을 담보로 거래한다는 사실은 어처구니없는 현

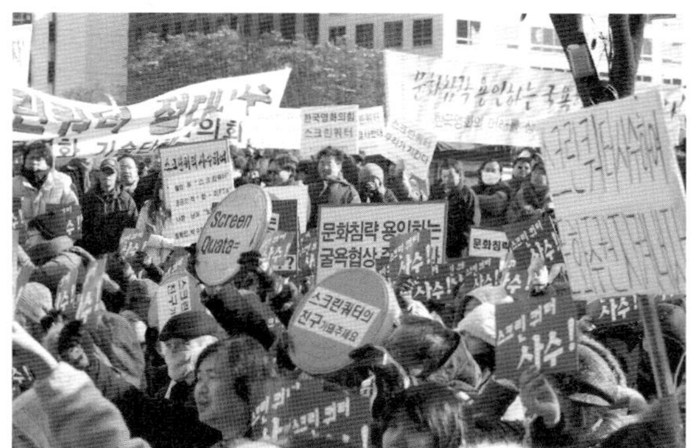

사진) 광화문 행사

상이 될 것이며 애국(愛國)과는 거리가 먼 행위가 아닐까 한다. 혼을 잃어버리면 자국의 문화를 모두 잃어버리게 된 것이다. 그만큼 스크린쿼터 사수는 세계 영화계를 위해서도 지구상에 남은 유일한 하나뿐인 우리 스크린쿼터를 사수해야만 하는 것이다. 그래서 세계 각국의 영화계나 문

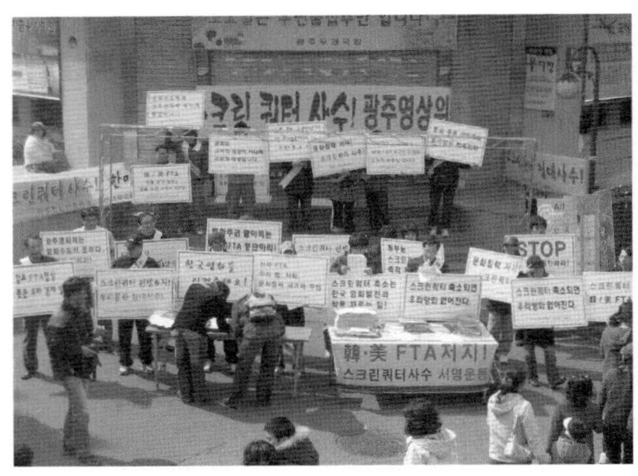

사진) 광주 충장로 광주 우체국 앞 행사

화계에서 날마다 응원의 전문이 날아들어 오고 있다. 약육강식의 세상이지만 문화 침탈은 이제 우리의 혼(넋)까지 빼앗아가겠다는 속셈이다. 속칭 10만 명 일자리 창출, GDP 4% 상승효과를 가져온다는 감언이설! 이런 경제 수치 통계는 과거의 자료는 100%라고 믿겠지만 앞뒤 구분 못 하고 말만 앞세우는 미래형 수치, 즉 예상 수치에 현혹되지 말아야 한다.

달콤하게 제시한 수치는 결코 숫자일 뿐이다. 또 FTA로 인해 300만 농민들의 삶의 터가 사라질 텐데 영화마저 설 자리를 잃어버리면 땅과 혼이 없어진다는 결론이다. 스크린쿼터에 관한 그 어떤 대안도 필요 없다. 오직 146일이라도 지켜내야만 한다는 것이다.

땅과 혼을 끝까지 지켜내지 못하면 우리 민족적 자존심도 모두 잃게 되는 경우이다.

-로맨틱 멜로, 숨겨진 사랑 〈데이지〉-

꽃 이름으로 영화가 제작되었다는 사실은 누군가 꽃에 취한 나머지 상상의 나래를 펴 영화를 통해 그 날갯짓을 하려 했다고 본다.

이 영화는 처음 접하는 순간 제목이 주는 뉘앙스로 인해 그 꽃의 아름다움과 꽃이 상징하거나 나타내는 의미가 작품 전체일 것이라는 선입견이 들 수밖에 없다. 그래서 필자는 꽃말이 무엇일까 궁금하기에 일부러 개봉 당일에 영화를 보았다. 누구나 꽃이 뜻하는 꽃말들을 항상 기억하고 있는 사람들은 그리 많지는 않을 것이다. 영화 속에 나타난 데이지(DAISY)꽃 말은 '숨겨진 사랑'이라고 극 중에서 알려주기도 한다.

영화 <데이지>는 두 남자와 한 여인의 숙명적인 사랑을 그린 작품으로 너무 훌륭한 러브스토리 구성에 볼거리, 느낄 거리를 감성적이면서도 차분하고 지적으로 그리고 탁월한 영화 미학적 재능까지 가미시킨 방법으로 접근하였다.

거기에 가끔은 죽음이라는 충격요법도 곁들여 관객들은 110분 동안 시선을 스크린에 고정시킬 수밖에 없을 정도로 가슴 조이며 러브스토리에 끌려가야만 했다.

이 영화를 필자가 극찬하고자 하는 이유로는 세 사람의 주된 연기자와 두 조연의 열연이 돋보이는 당연한 이유와 아기자기한 멜로적 이야기 전개와 갱스터무비를 방불케 하는 야외로케이션을 통한 어려운 액션 장면들을 무리 없이 소화해 내는 극적 내부 요인을 들 수 있다.

어떻게 하면 우리도 저런 넓은 도심광장에서 촬영을 자유롭게 할 수 있을까! 하는 욕심이 필자의 뇌를 스쳐 영화 감상을 하는 동안 광주영상위원회를 꾸려 가는 입장에 서서 잠시 다른 고민을 하기도 했다.

또 우선 시각적으로 느껴지는 외적 요인으로는 유럽 하늘의 희뿌연 하늘색 등 풍겨지는 전체적인 색상 톤이 느와르적 감성에다 암스테르담 도심광장의 수려함까지 어우러져 우리나라에서는 도저히 찾아볼 수 없는 색다른 볼거리를 제공하고 있기 때문이다.

꽃의 나라이며 초록빛 대농장이 펼쳐지는 네덜란드라는 나라가 멀고 먼 나라이지만 이처럼 영화 한 편이 그곳 암스테르담이라는 도시를 중심으로 제작되어 수백 년 전부터 우리와 유독 친하게 지낸 나라처럼 느껴질 만큼 <데이지>가 제2의 외교관 역할도 하고 있는 것이다.

이 영화가 관객들의 시선을 더욱 당겨 준 또 다른 요인으로는 감독인 유위강(劉偉强)은 그동안 <무간도> 시리즈로 우리 마니아들에게 잘 알려진 너무 친숙한 홍콩 출신 감독이다.

참고로 영화 <데이지>는 제작비 전액을 우리 측이 부담하였으며 우리 영화이지만 감독인 유감독의 지분을 인정해서 공동제작을 하였다며 홍콩과 한국의 합작영화가 된 셈이다.

즉, 자본주가 속한 나라가 영화의 생산국이 되는 것이다.

또한 이 영화의 각본을 맡은 곽재용 감독은 그동안 <내 여자친구를 소개합니다>라는 작품으로 이미 검증된 바 있으며 전만배 감독의 <피아노 치는 대통령> 각본도 맡아 충무로에서는 이미 검증이 끝난 독특한 로맨틱 각본의 대가이다.

이처럼 영화 속 내용 외에 든든한 스태프들이 버티어 주고 있어

<데이지>는 튼실한 목재로 비유될 만큼 대중성을 띤 훌륭한 작품으로 평가한다.

액션, 범죄, 느와르가 홍콩의 아이콘이라면 우리 한국은 순수, 수려함, 정통멜로가 우리의 아이콘이다.

<미워도 다시 한번>이라는 우리 영화처럼 그 누구도 미워할 수 없는 세 주인공들의 얽히고설킨 러브스토리가 우리의 가슴에 잔잔한 감동으로 와 닿는 영화, 숨겨진 사랑을 상징하는 <데이지>는 보기 좋은 멜로영화이다.

－지역 경제 살리는 효자가 없어진다면?－

우리 지역 경제를 살리는 효자는 큰 밑천이 들지 않는 영상이다.

완도 <해신> 세트장이 그렇고, 청산도의 수려함이 그것이고 보성의 차 밭들이 그리고 천혜의 은덕을 입고 있는 신안의 다도해가 그렇다.

이제 막 영상의 진미를 알아 관광, 영상, 경제라는 일석3조의 효과가 가시적으로 나타나고 있는 이때 찬물을 끼얹는 현상이 일어나고 말았다.

바로 미국과의 FTA 협상 전에 '스크린쿼터 축소'라는 결국은 영상대국인 미국에 상납하게 되는 형국이 되고 말 것 같은 위기가 찾아오게 된 것이다.

그 말은 '스크린쿼터'라는 우리 영화에 관련한 보호장치가 무너져 버리면 우리 영화는 산업적, 예술적, 대중적, 오락적, 측면에서 영원히 사라지게 되기에 걱정이 앞서는 것이다.

대만은 1년에 10여 편 정도 제작되고 있고 멕시코 역시 스크린쿼터가 무너져 버린 상태이기에 연산 10여 편 정도 제작된다고 한다.

그나마 만들어도 자국의 의지대로 상영할 장소가 쉽게 마련되질 않는다고 한다.

관객동원 1,000만 명이 넘은 <실미도>, <태극기……>, <왕의 남자> 등도 우리나라 작품이라고 하지만 우리 극장에 걸릴지 의문인 것이다.

다음에 돈이 되는 할리우드 블럭버스터인 <킹콩>이나 <타이타닉>을 상영할 수 없기 때문에 극장주들은 영상대국의 눈치를 살펴야 하는 이유이다.

이처럼 세계는 할리우드의 시장정책으로 모든 극장들이 매수되어 버린 상태가 되기에 극장 측에서도 아무리 좋은 우리 영화일지언정 쉽게 상영해 줄 수 없다는 결론이다.

그래서 우리 영화는 자연도태된다는 사실이다.

길게는 5년 안에 우리 영화는 막을 내리게 될 것이고 영화인이라는 단어도 없어짐과 동시에 우리 지역 경제에 효자노릇을 하던 관광, 영상 등의 단어조차 자취를 감추게 된다는 사실이다.

영화는 문화요, 문화는 정서이며 정서는 곧 우리의 혼(魂)인 것입니다.

우리의 혼을 우리가 지켜야지 누가 지켜주겠습니까?……

그래서 더욱 안타깝기에 그 어떤 방법을 통해서라도 꼭 스크린쿼터는 사수해야만 한다는 것이다.

－알쏭달쏭! 〈여교수의 은밀한 매력〉－

작년 봄에 광주영상위원회는 〈여교수의 은밀한 매력〉의 제작사인 엔젤언더그라운드 영화사로부터 촬영지원요청을 받아 지역방송국 내부의 여러 가지 모습들을 촬영하고자 방송사들을 노크했으나 영화사에 제공해 줄 만한 시간과 장소가 여의치 못하다는 결론을 듣고 무척 아쉬웠던 적이 있었다.

흔히들 강태공들에게서 놓친 고기는 컸다는 이야기를 듣곤 한다. 분명 이 영화는 영화계의 혁명을 예고하고 멋지게 도전하는 실험성 코믹영화이다. 그래서 필자에겐 〈여교수의 은밀한 매력〉은 아쉬웠던 큰 고기에 비유되는 작품이기도 하다.

한편으로는 대중적인 요소는 그런대로 봐 줄만 하지만 영화 주관객층인 18~23세대들의 영화 해석력이 뛰어나다고 하나 작가의 의도대로 이 영화를 잘 소화시킬 수 있을지 의문이다.

얼마 전까지 나타난 현상으로 봐서 색다른 형식의 옴니버스영화 〈여섯 개의 시선〉, 〈내 생애 가장 아름다운 일주일〉도 받아들인 건강한 관객층이기에 이런 색다른 영상을 즐길지도 모르겠다는 조바심도 들지만 관객층들의 다양성을 볼 때 성공의 예감도 점쳐 보게 된 것이다.

이 영화는 시퀀스(상황)와 시퀀스 간의 이야기 벽을 허물어 버리고 훌쩍훌쩍 월담하듯 전개되는 상황들이 처음으로 대하는 관객들에겐 비약이 너무 빨라 어리둥절할 수 있고 영화의 정석적인 장면

전환기법 등은 완전히 무시된 채 마치 1950년대 말 프랑스 장뤽 고다르 감독 등을 중심으로 발원된 누벨바그라는 세계 영화계에 큰 화두를 던진 새로운 물결처럼 새로움으로 가득 찬 영화이다.

화면은 정지된 양 느리고 느리게 롱테이크(한 컷이 오래 촬영된 모습) 형식으로 펼쳐지고 있다. 그래서 등장인물들이 충분히 몰입할 수 있기에 다행이지만 상황과 상황들이 너무 빠르게 전개되어 영화를 보고 나온 젊은 관객층들도 미스테리한 부분은 도무지 해석들이 분분한 모습을 보이곤 한다.

그러나 여주인공의 탁월한 연기에 모두들 넋을 잃고 스크린 최면에 흠뻑 빠져 들어 마치 모노드라마처럼 느껴지기도 하는 부분이 아쉽기도 하다.

일본의 기타노 다케시 감독 겸 배우의 영화들에서나 봄직한 희한한 영화적 세상을 경험하게 되는데 황당하면서도 독특한 코믹적 요소를 가미한 사건들에 의해 관객들은 기타노 다케시 표 영화로 칭할 정도로 한 편의 영화에서 특이한 맛을 느끼게 된다.

그래서 감독의 의도대로 관객들은 빨려 들어가곤 한다.

젊은 김기덕 감독이 그렇고 홍상수, 박찬욱 감독이 해외에서 인정을 받고 있듯이 단편영화감독 출신인 이하 감독도 곧 해외에서 먼저 인정받는 영화감독으로 등극하지 않을까 하는 생각이 든다.

극 중 죽은 자들의 함수 관계는 무엇인지 남자주인공과는 어떤 과거가 있었는지 그리고 주변의 인물들의 설정이 왜 다양하고 컷 속의 진행들이 느끼할 정도로 설정되어 보이고 전개방법은 보통의 영화와는 차별화를 선언하고 있는지, 즉 알쏭달쏭하게 이야기를 전개하고 있어 관객들로부터 관심을 불러일으키려는 작가적 정신이 매우 돋보인 작품이다.

그래서 왜 여주인공은 다리를 절뚝거려야만 했는가 하는 의문도 관객들에겐 숙제로 남게 되었고 한편으론 거친 비속어가 난무하기에 허접스런 쓰레기 같은 삼류영화로 전락하게 될 우려도 있어 걱정이 되는 실험정신만이 살아 있는 영화이다.

만약 이 작품이 우리나라에서 대박을 낸다면 우리 관객들의 수준은 세계 제일의 영화강국임을 나타내는 바로메타가 될 것이다.

－광주産 영화 〈카리스마 탈출기〉를
유치하고서－

　필자에게 조그마한 소망이 있다면 그것은 웃으면 복이 온다는 우리네 속담처럼 웃음꽃이 만발한 언제나 넉넉한 우리 광주 전남이 되었으면 한다.

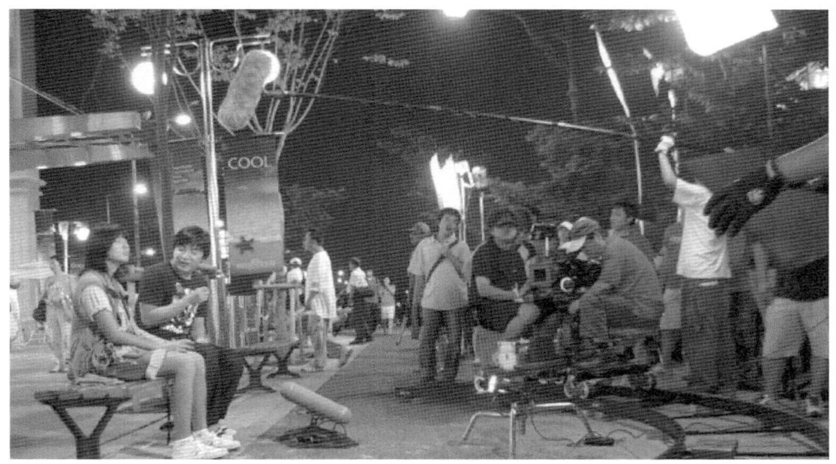

사진）〈카리스마 탈출기〉촬영현장

　이처럼 웃고 싶어 하는 까닭은 스스로를 생각해 봐도 영화에 대한 열정 때문에 항상 머리 아파하고 걱정하는, 너무나 지나친 관심으로 인한 속병이 생겼기 때문이다.

그렇지만 배운 것이 도둑이라고 하듯 어찌하겠는가? 아는 게 영화뿐인 걸 하면서 나 자신을 위로하곤 한다.

요즘 한창 인기리에 방영 중인 모 방송사의 <宮>이라는 드라마에서 주인공을 맡아 시청률 30% 대를 유지하면서 세간에 크게 화제를 불러일으킨 윤은혜 양이 가수생활에서 연기자의 길로 접어들어 크게 성공하고 있다.

바로 이 여주인공이 처음으로 영화에 출연해 화제를 모으고 있는 권남기 감독의 처녀작 영화 <카리스마 탈출기>가 잘되어야 할 것이라는 강박관념 때문에 너무 신경이 날카로워져 요즘엔 소화불량 증세까지 나타나고 있다.

지난 3월 30일에 드라마 <宮>은 종영이 되었고 이어 영화 <카리스마 탈출기>는 3월 30일에 개봉하여 윤은혜 양의 네임 덕을 이어가고 있다.

2004년 가을부터 영화 <카리스마 탈출기>를 광주에 유치하기 위해 광주영상위원회 몇몇 식구들은 올-인을 할 수밖에 없었다.

그 이유는 광주를 중심으로 거의 모든 촬영을 하겠다는 영화사 측 제의 때문에 굴러들어 온 떡을 그냥 발로 차버릴 수 없었던 것이다.

한 편의 영화 유치가 이루어 낸 경제적 효과를 환산해 보면 적게는 1억에서 많으면 수십억의 경제적 효과를 낳게 된다고 하는, 즉 잘된 영화 한 편이 황금알을 낳는 거위에 비유되곤 하는 예를 들지 않아도 잘 알려진 사실들이다.

그래서 영화 속 내용으론 고교생들의 수학여행 장소가 설악산 부근으로 쓰여 있었지만 우리 전라남도 쪽으로 방향을 바꾸도록 감독에게 권유하였고 그 대신 전폭적으로 우리 측에서 현장을 제공하기로 약속을 했다.

이렇게 적극적인 마케팅의 결과로 이루어진 <카리스마 탈출기> 촬영 유치는 거의 70회를 넘는 대장정 끝에 목적한 바대로 촬영을 성공리에 마무리할 수 있었다.

이때 이 영화에 많은 협조를 해 주신 여러 장소의 관계자와 기관들에게 감사의 말씀도 함께 보내고자 한다.

담양의 관방제림 및 부근의 주택가와 거리 광주의 동명동 주택가 남광주고가 밑 하천부지, 백운동 로터리 공터 부지, 광천동 고속버스터미널, 봉선동 아파트건설현장, 상무지구 거리, 화순 안양산휴양림, 전대 화순병원, 장흥 보림사일대, 해남송지, 어란진등대, 목포제주간 카 훼리호 선상 및 항공촬영까지 도와주신 광주소방항공대 그리고 학교를 거의 세트처럼 활용할 수 있도록 배려해 준 전남여상 측에 감사의 말씀을 드리고 싶다. 아울러 광주의 영상 발전과 지역 경제를 위해 물심양면으로 협조를 해 주신 광주 남부·북부소방서 광주 동부경찰서 등의 기관 덕택에 이 영화를 무사히 마칠 수 있었다.

아무튼 상영결과까지 좋아서 광주 전남지역 경제에 활성화가 이루어졌으면 하는 마음이고 더욱 많은 영화·드라마들이 우리 고장을 찾아 주어 영상과 관광이 하나가 되는, 즉 굴뚝 없는 산업으로 인한 경제적 효과가 배가되었으면 하는 마음 간절하다.

이번 영화가 극영화로서는 처음으로 많은 분량을 촬영하여 도와준 입장에서는 뿌듯하지만 욕심 같아선 많은 작품들이 하루를 촬영하더라도 여러 편의 영화들을 유치하고 싶은 과욕도 생기곤 한다.

이왕 시작한 영상사업이기에 더욱 크게 발전하기 위해선 많은 작품들의 촬영이 이곳에서 이루어져야 그 시너지 효과까지 더해질 수 있는 것이기에 욕심을 부려 볼 생각이다.

순천의 <사랑과 야망> 세트가 그렇고 장흥의 <천년학>, 완도의 <해신> 또 곧 빛을 보게 될 나주의 <삼한지> 오픈-세트장과 광주의 '드라마·영화' 실내-세트장들이 함께 힘을 모은다면 한국의 모든 영화는 우리 고장에서 생산해 낼 수 있다고 자부하고 싶다.

스크린쿼터 축소 논란으로 위축된 우리 영화계를 爲하고 또한 우리 지역 경제를 위해서라도 영상에 관심이 있으신 분들께서는 우리 고장에 영상물 촬영을 유치할 수 있도록 적극적으로 동참해 주시기 바라는 마음이 간절하다.

하루빨리 전북 부안군의 <이순신>, <왕의 남자>, 익산의 <서동요>, <홀리데이>, 문경세제의 <왕건>, 부천의 <야인시대>, 하동과 횡성의 <토지> 등의 영상단지 못지않은 훌륭한 영상단지가 우리 고장에서도 활화산처럼 활활 타올라 관광객들로 붐비는 우리 지역이 한국영화의 메카로서 자리를 잡았으면 한다.

─아쉬운 이연걸의 은퇴작 〈무인 곽원갑〉─

사람다운 길, 인간 본연의 길을 스스로 깨닫고 떠날 때를 본인 스스로 알고 떠나기에 더욱 그의 모습에 정이 간다.

그동안 무인의 삶과 화려한 은막의 스타였었다는 두 마리의 토끼를 완전무결하게 잡은 그런 삶을 함께 살아온 이연걸(李連杰)은 자기의 모든 것을 마치 <무인 곽원갑>이라는 한 편의 영화에 총망라하듯 새겨 놓고 있다.

은퇴작으로 보여준 <무인 곽원갑> 이 영화 속에는 이연걸에 관한 많은 이미지가 겹쳐지듯 담겨 있어 가치 있는 영화로 평가하고 싶다.

그는 무술의 도인이자 세계적 영상 스타임을 조금도 손색없이 보여주고 있기에 극찬이 아깝지 않은 영화이다.

친구 간의 우정을 그린 버디무비가 남녀 간의 애틋한 사랑도 담겨 있는 멜로적 장르도 우월주의에만 사로잡혔었던 지난날의 어리석음과 아픈 후유증도 그려내고 있다.

또 우여곡절 끝에 절대로 복수해서는 안 된다는 자비의 정신을 몸소 실천하여 무인의 정신을 길이 새기고자 이 한 작품에 지난 본인의 의지와 武道의 正道들을 재치 있게 그리고 있다.

인간만사를 한 편의 영화 속에 압축시켜 놓은 시나리오가 철저하게 잘 다듬어진 인생 지침서 같은 영화이기도 하다.

그래서 이 칼럼의 부제를 단다고 하면 무인 이연걸다운 무협 은퇴

극 그리고 마지막을 멋지고 화려하고 의미 있게 장식하고픈 보통 사람들의 심정도 함께 묻어나는 영화, 떠날 때는 중국인들의 습성처럼 요란하고 화려하게, 화려한 이력의 소유자 이연걸의 역작 <무인 곽원갑>, 박수칠 때 떠나는 43세 세계적 스타 이연걸 등 여러 가지 부제를 달고 싶을 정도로 호감이 가는 영화 <무인 곽원갑>이다.

다시는 그의 영화에서 무인(武人)의 기(技)를 볼 수 없기 때문에 무척 아쉽다는 말을 할 수밖에 없다.

이연걸은 그동안 많은 영화에서 좋은 연기를 보여주었을 뿐 아니라 어린 나이에 <소림사>로 영화계에 입문하여 열심히 영화에 인생을 걸고 살아온 스타였다.

그래서 이 영화를 끝으로 은퇴하겠다는 그의 발표에 더욱 아쉬움이 남고 또 다른 훌륭한 무인의 재탄생도 기다려 본다.

일찍이 어려서부터 운동 신경이 탁월했던 이연걸은 8살 되던 해 북경 업여체육학교(業餘體育學敎)에 입학하여 중국 전통 무술을 배우기 시작했다.

1974년 11살 되던 해에 전 중국 무술대회에서 종합우승을 차지한 것을 시발로 1979년까지 무려 5연패를 달성한 정통무술 실력에 중화영웅으로 자리매김할 수 있는 무예의 신동으로 기대가 컸던 인물이었고 또한 잘생긴 외모 덕에 이연걸은 홍콩의 영화사들이 눈독을 들여 은막으로 그의 무술을 옮겨 놓았다.

당시 이연걸은 이소룡(李小龍) 주연의 <정무문>(精武門)에 흠뻑 빠졌었던 씨네키드였다.

1973년 당시 사인을 모르는 채 숨을 거둔 세계적 스타 '이소룡'의 죽음은 영화 팬들에게는 큰 아픔이었고 그를 잃고 허전했던 영화 마니아들의 텅 빈 가슴에 '이연걸'이라는 소년이 나타나자 '이소룡'의 대를 이어가겠다는 언론기사에 모두 찬사를 보낸 바 있다.

그래서 모두가 '이소룡'의 뒤를 이을 만한 대단한 인물의 탄생을 기꺼이 받아들였던 것이었다.

필자도 그 당시 이소룡의 부활을 이연걸의 데뷔작인 1979년의 영화 <소림사>를 통해 잘 알 수 있었다.

이후 아시아 최고의 스타이며 세계 최고의 무술 배우인 그는 홍콩 반환 후 미국으로 건너가 <리쎌웨폰4>, <로미오 머스트 다이>, <키스 오브 드래곤>, <더 원> 등의 영화에 출연하며 1천만 달러 이상의 개런티를 받는 특급배우가 되었다.

이젠 은퇴하겠다는 그의 결심에 찬사를 보낸다.

중국 베이징 출생 홍콩스타를 거쳐 할리우드에 진출한 세계적 스타의 은퇴작 <무인 곽원갑>은 오랜 세월 동안 세계 영화사에 간직될 것이다.

이젠 우리나라 차례이다.

한국에서도 세계적 스타 탄생이 이루어지게 될 그날을 기대해 본다.

─재치 있는 초현실적 영화
〈달콤, 살벌한 연인〉─

한국영화에선 흔하지 않은 엽기적 로맨틱장르의 <달콤, 살벌한 연인>이 전국 283개 스크린을 통해 한창 불을 밝히고 있어 비수기인 요즘 우리 영화의 자존심을 지켜주고 있다.

이 영화는 연애에 대해 체질적으로 거부감을 갖고 있어 한 번도 연애를 못 해 본 소심한 성격의 대학강사인 남자주인공과 도대체 과거와 정체를 알 수 없는 여인으로서 엽기적인 행동으로 인해 극의 분위기를 살벌하게 만들며 긴장을 자아내게 하여 관객을 압도하는 독특한 캐릭터의 여자주인공 설정으로서 예측불허 남녀 연애담을 담은 로맨틱 스릴러이다.

전체적 내러티브는 어느 여인의 엉큼함이 그만 대학강사의 순정에 감화되어 결국 두 사람은 예견된 수순에 따라 알쏭달쏭한 엔딩을 맞게 된다는 통속적인 전개와 결말 형식을 밑바탕에 두고 있다.

요즈음은 불과 한두 달이면 아무리 큰 영화라도 그 생명은 끝나게 된다.

즉, 융단폭격처럼 일시에 수백 개의 멀티스크린을 통해 관객들에게 보여 마치 벚꽃처럼 일순간에 화려하게 피었다가 순간에 지고 마는 경우와 흡사한 생명력으로 봐선 단명하게 되는 현실적 특성을 띠고 있다.

대작이 없는 비수기 시즌인 요즘 우리 영화든 외국영화든 큰 작품은 찾아보기 힘든 세계적 추세이다.

이때 우리 영화 <달콤, 살벌한 연인>이 화제의 중심에 서서 거론된다는 사실만으로도 큰 수확인 셈이다.

그 이유를 살펴보면, 요즘 관객들은 두 번 이상 같은 상황을 보려 하지 않는다는 특성을 감독이 미리 읽고 있다는 것이다.

즉, 관객들은 항상 새로움을 추구한다는 결론이다. 과거 <엽기적인 그녀>가 개봉되어 화제가 되었을 때와 마찬가지이다.

그만큼 상황이 초현실적이든 비현실적이든 또는 현실적이든 가리지 않고 반드시 단순한 사건이라도 비주얼로서 예전에는 볼 수 없었던 상황들이 펼쳐져야만 한다.

바로 소구대상인 관객들에겐 항상 새로움만 존재할 수 있다는 결론이다.

<달콤, 살벌한 연인>의 작품 속 특징을 살펴보면 독특한 엽기적인 내용들의 소재가 가득한 영화로 종전의 다른 영화들과는 차이를 보이고 있다.

물론 <조용한 가족>과 <형사에겐 디저트가 없다>라는 영화에서도 유사한 상황이 연출되긴 했었다.

그러나 이번 손재곤 감독의 데뷔작 <달콤, 살벌한 연인>에서는 히치콕의 연출수법처럼 관객들의 심리를 역이용하고 있다는 것이다.

그것은 관객에게 범인이 누구임을 일찍 알려주어서 그 영화가 전개되는 동안 계속해서 범인의 행동에 관객들은 예의 주시하게 되는, 즉 심리적 수법을 이용하고 있는 것이다.

<달콤, 살벌한 연인>은 손재곤 감독의 첫 장편 연출작이지만 그 연출수법은 많은 작품을 연출했던 거장의 모습처럼 보이고 있어 신인감독의 두둑한 배짱을 영화 속에서 느낄 수 있다.

범인을 미리 알려주고 시작되는 영화이기에 관객들은 도도하고 지적이고 아름다운 여자주인공이지만 칼을 들고 요리를 하는 모습에서 금방이라도 또 다른 살인을 저지를 것 같은 스릴을 느끼게 한다.

그래서 관객들은 항상 긴장 속에서 영화를 접하게 된다.

그것이 거짓이고 속임수이고 허구일지라도 관객들은 감독의 의지대로 움직일 수밖에 없는 것이다.

이것은 관객들의 심리를 잘 이용할 줄 아는 감독의 능력으로서 범인을 미리 밝혀 관객들은 그 범인의 행동에서 스릴과 서스펜스를 느끼게 된다.

바로 이러한 점들이 종전의 영화들과는 차별화된 감독의 재치인 것이다.

－통속적으로 덧칠된 멜로 〈연리지〉－

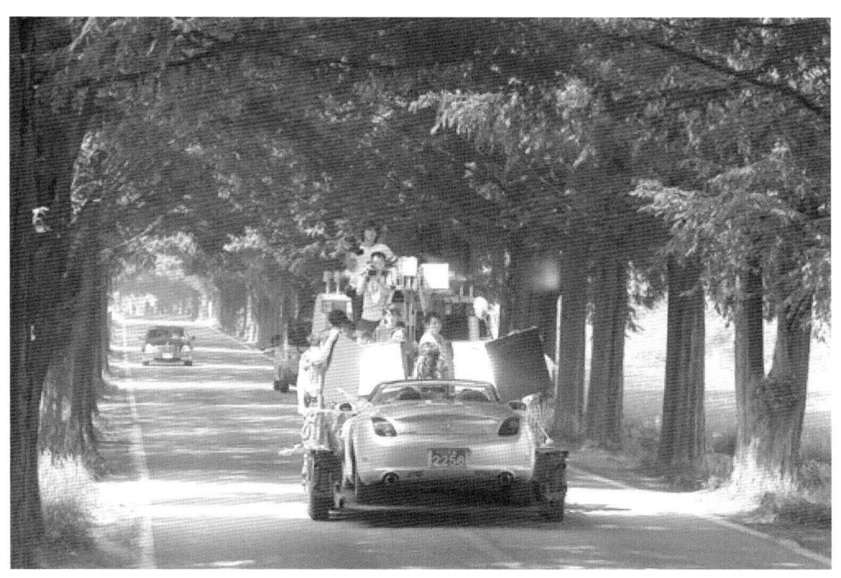

사진) 담양 메타세콰이어 가로수길 촬영현장

한류스타 '최지우' 양이 참여하여 제작 당시부터 화제의 중심에 섰던 <연리지>는 일본에서도 우리나라 개봉 이틀 후인 4월 15일에 개봉되었다.

그러나 <연리지>는 화제가 된 유명세만큼 그 기대에 미치지 못하는, 즉 통속적 멜로드라마의 한계를 벗어나지 못하는 작품으로 평가되고 있다.

<연리지>는 멜로적 요소를 약간 칼라풀하게 원색으로 덧칠되었을 뿐 보통의 드라마와 큰 차이가 없는, 즉 죽음을 상투적으로 내세운 평범한 멜로 작품으로 평가되고 있다. 애써 만든 종합예술 작품을 이처럼 감히 밑도 끝도 없이 난도질하듯 이렇게 딱 잘라 말하는 데에는 필자 역시 그 누구보다도 가슴이 아파 오는 부분이 있다.

이 영화 속에는 우리 지역을 중심으로 한 아름다운 풍광들이 곳곳에 펼쳐진다.

그러나 그 특징적인 풍광들이 갖고 있는 가치에 비해 극 중에서 보이는 비중이 크지 않고 영화 속에 보이기만 할 뿐 아무런 의미가 부여되지 않는 죽어 있는 배경화(背景畵)에 불과하다는 결론적 의미이다.

단순한 불치병에 걸린 여주인공의 슬픔이 아닌 남녀 두 주인공들이 동시에 불치병 환자로 설정되는 그래서 관객들에게 죽음이라는 코드가 두 배로 강조된 작품적 특징을 가지고 있다.

이처럼 너무 강하게 꾸며진 죽음이라는 코드로 인해 관객들은 미처 주위에 펼쳐지는 아름다운 풍광에 신경을 곤두세워 음미하게 되는, 즉 시간적 정신적인 여유를 잃어버리게 되는 것이다.

바로 이런 부분에서 죽음이라는 코드가 너무 강하게 표현되어 관객들에겐 아름다운 풍광들이 그냥 배경의 그림으로만 인지될 뿐 큰 관심거리에서는 멀어지게 된다는 것이다.

욕심 많은 필자는 아름다운 우리 고장의 풍광들이 영화 속에서 빛을 발하지 못하기에 섭섭한 마음이 앞서게 된다. 그래서 이 영화를 평가 절하시키고 있는 것이다.

그러나 작품 속 사랑이 더욱 순수하고 참으로 아름다운 사랑이었고 좀더 진지하고 더욱 애틋한 감정의 선이 살았다고 한다면 펼쳐지는 그림들 모두가 의미 있는 풍광으로 아름답게 보였을 것이다.

예를 들어 한국전 배경 영화인 윌리암 홀덴과 제니퍼 존스가 주연하고 헨리 킹이 감독한 <모정>에서 종군기자인 남자주인공이 한국으로 가기 전 여주인공이 근무하는 홍콩의 병원 뒤 언덕 위의 큰 나무 밑에서 사랑을 속삭이던 그림이 너무 인상적으로 보였던 적이 있다.

그때 언덕 위엔 한 그루의 고목만 있었지만 그 나무를 배경으로 주인공들의 사랑을 그려낸 그림이 너무 인상적이었기에 수십 년이 흐른 지금에도 그 언덕 장면이 생생할 정도로 매우 인상적이었다.

그러나 우리 지역 여러 곳의 명소 모습들은 이 영화 속에선 그냥 스쳐 지나가는 단순한 풍광에 그치고 있어 필자는 아쉬움이 크기에 처음부터 이 영화에 점수를 후하게 주지 못하게 된 것이다.

순천의 아름다운 모 종합병원의 이모저모가 또 보성의 운치 있는 낚시터와 담양의 메타세콰이어 거리 등 천혜의 아름다운 풍광들이 크게 부각되지 못하고 화면 속에서 그냥 사라지듯 의미 없이 적당히 스쳐 지나가고 만다.

연리지(連理枝)란 본시 뿌리가 다른 두 나무가 성장하면서 가지가 하나로 이어져 하나의 나무로 돌연변이화된 나무를 가리키는 단어로 영화에선 하나의 사랑으로 만들어 가는 연인들을 비유하는 용어로 쓰여 멜로적 요소가 듬뿍 담긴 영화 제목으론 가치 있는 제목이다.

그러나 영화로 탄생된 <연리지>는 모든 영화적 요소들까지 빛을 발하지 못해 환상성과 현실성이 자연스럽게 교차하지 못하고 생각만큼, 제목만큼 그 몫을 다하지 못한 아쉬움이 많이 남는 작품으로 기억될 것이다.

-우리 지역 낙후된 영상문화!-

오는 2006년 4월 27일에 전주 소리의 전당에서는 '제7회 전주국제영화제' 개막식이 펼쳐진다.

매년 열리는 가까운 곳의 전주국제영화제를 필자는 한 해도 거르지 않고 찾아가곤 했다.

마치 시집간 딸이 1년에 한 번 정도 기다렸다 친정집 방문 길에 오르듯 으레 전주국제영화제 기간인 4월 말에서 5월 초순까지 열흘 정도 생활 보따리를 꾸려 들고 전주로 향하게 되는 것이 언제부터인가 필자에겐 삶의 한 여정으로 마음속에 자리하게 되었다.

어떤 이유에서 관광객들이 4월이면 전주로 향하게 되는 것인지 그 정답의 바로메타가 필자인 셈이다.

그 이유를 열거해 보면 개인별 차이는 있겠지만 필자의 경우는 영화제가 좋아서 또 전국에서 참석하는 영화계의 지인들을 만나기 위해 그리고 축제라는 볼거리와 다양한 들뜬 밤 분위기가 좋아서 또 체험하기도 하는 종이축제나 난장(亂場)이 서는 풍남제 등이 함께 열려 이 기간에 전주에 들르면 여러 축제들이 함께 열려 시너지 효과를 극대화시키고 있다.

그래서 사람들이 많이 모이기에 그곳에 묻혀 자기 정신을 잃고 잠시나마 쉬어 가고파 1년이 기다려지는 축제 기간이기도 하다.

가까운 우리 지역 주변에서도 함평에서 나비를 담양에서는 대나무를 소재로 하는 큰 이름난 축제가 있어도 그냥 영화에 푹 빠져 사는 필자에게는 영화가 우선이기에 국제영화제 기간 동안은 전주 방문이 어느덧 연례행사처럼 몸에 젖어 있다.

지금 거론하기에는 다소 이른 감은 있으나 그동안 찢겨지고 헤어지고 버려져 버린 우리 지역 유일의 영화제인 광주국제영화제 기간 동안에 과연 몇 사람이 애정과 감탄 속에 기다리면서 광주에 푹 빠져서 광주국제영화제를 즐기고 돌아갔을까 의아심이 들기도 한다.

필자는 작년까지 5회 동안 광주국제영화제에 이름을 달고 조직위원과 집행위원을 한 바 있다.

그러나 아무것도 할 수 없는 허울 좋은 전문가 집단으로 바보처럼 들러리에 욕만 챙겨 먹게 되는 자신이 둘러봐도 한심스런 영화계 전문가 집단이라는 비참한 영화인이 되어 버린 셈이다.

고향 영화제에 참석해 필자의 인생이 이렇게 비참하게 구겨져서야 되겠는가?

물론 능력의 한계가, 즉 제도권에서 헤어나지 못하는 나 자신도 문제가 있겠지만 지역의 억지스런 문화적 배타성이 너무 강하게 작용한 결과로서 많은 부분에 멍과 얼이 들어 일어난 현상이라고 되집어 본다.

그래서 아무나 국제영화제를 집행하고 추진하고 헐뜯고, 간섭하고 등등 이처럼 어처구니없고 말썽 많은 지역에서 자초지종도 모르는 채 지역 언론들까지 가세해 아무것도 걸러내지 않고 마구잡이로 보도해 버리는 오류를 범하는 경우를 당사자인 필자에겐 너무 충격적이지 않을 수 없었다.

심지어 고향에서의 영화운동은 참으로 바보짓에 불과한 어처구니없는 광대 짓일 뿐이었기에 태어난 고향을 버리고 싶을 정도로 고향에 정이 떨어지는 수모를 피부로 느껴야만 했다.

그렇지만 광주 시청의 영화담당 관련 부서에서도 인정하지 않는 마냥 혼자 환상과 망상에 젖어 사는 영상운동가로 지역에서 활동하여 아무런 공헌도 한 바 없는 허울 좋은 엉터리 인물로 낙인찍힐지라도 필자의 영상을 향한 애정과 굳은 의지는 그 누구도 꺾지 못할 것이다.

광주 남구에 위치한 드라마·영화 세트장에 둥지를 틀고 있다가 설상가상으로 화마(火魔)로 인해 터를 잃고 방황해야 할 상황하에서 필자의 의지를 조금이나마 이해해 준 송 모 회원의 배려로 한 칸의 사무실에 눌러앉을 수 있었고 그래서 힘을 얻어 기약은 없지만 언젠가는 우리 고장 영상의 꽃을 꼭 피우게 될 그날을 기다리면서 영상의 망각 속에 푹 빠져 지내고 있다.

필자의 작은 가슴이 썩어 문드러지는 한이 있어도 먼 산을 바라보고 허공에 짖어대는 선술집 마당의 늙은 수캐처럼 이젠 기다릴 수밖에 없다.

그래서 진정한 영상 애호가들이 많이 생겨나고 관(官)에서도 진정한 영상운동의 의도를 간파하여 영상의 무한한 힘은 지역 경제에 큰 밑거름이 될 거라는 확신 속에 타 지역의 영화제와 축제처럼 사람과 사람들이 부대끼며 진행하는 영화제나 영상 관련 행사들을 만들어 내리라 학수고대해 본다.

특히 목포 지역은 해양성이라는 특화된 문화를 구축할 수 있는 좋은 여건이 형성되어 있다.

평화의 광장을 메인으로 하는 목포해양영화제를 그래서 칸을 능가하는 세계적 영화제로 발돋음할 수 있다는 희망도 버리지 말고 누군가는 십자가를 메고 앞장서야 할 때이다.

조금 앞서면 멀리 갈 수 있다.

광주영화제보다 전주영화제가 1년 빠르다.

그러나 광주영화제는 현재로서는 도저히 따라갈 수 없을 정도로 선두주자인 전주영화제와 멀어져 가고만 있다.

　63만 명이 안 되는 전주시의 문화예술행정이 140만 명이 운운하는 문화수도 광주의 문화지수와는 반비례한다는 소리는 들어서는 안 될 것이고 25만 인구의 목포는 칸보다 큰 도시이기에 충분히 문화 마인드만 키운다면 국제해양영화제의 가능성도 충분하다.

　문화는 또 다른 황금알을 낳는 산업이기에 지역 경제의 효자노릇을 톡톡히 할 것이라는 확신을 이 글을 통해 다시 한번 강조하고 싶다.

　부디 잠에서 깨어나 영상문화의 참맛을 알게 되는 그날을 기대해 본다.

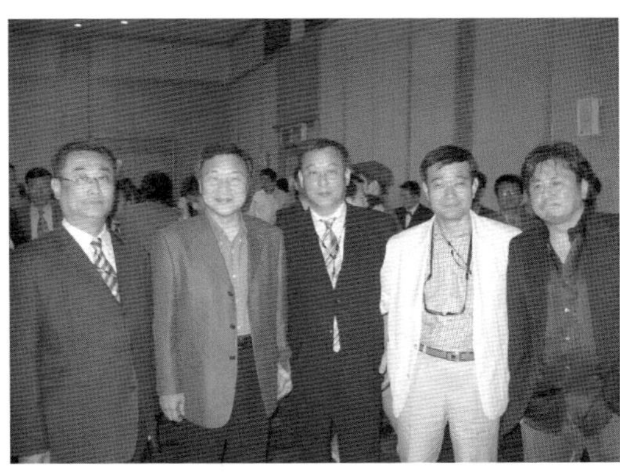

사진1)
2006년 제7회 전주국제영화제 리셉션장에서 좌측 필자, 손학규 전 경기도지사, 조병건 광주민예총 영상위원장, 차두옥 동신대 영화과 교수, 영화배우 최민식 씨

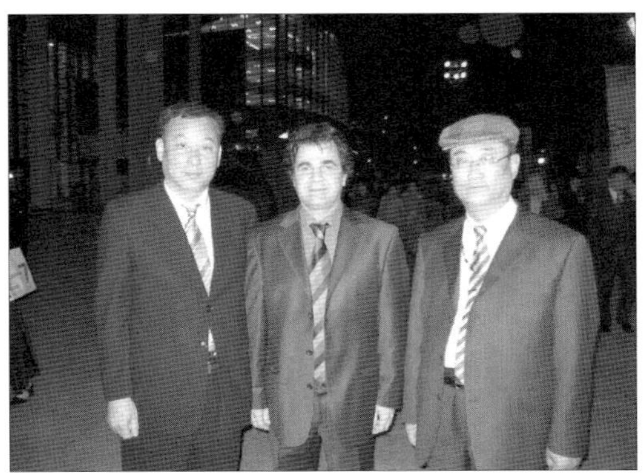

사진2)
－2006년 제7회 전주국제영화제 개막작 〈오프싸이드〉의 상영 후 이란의 자파르 파나히 감독과 함께－
좌측이 광주 민예총 조병건 영상위원장, 모자 쓴 우측이 필자

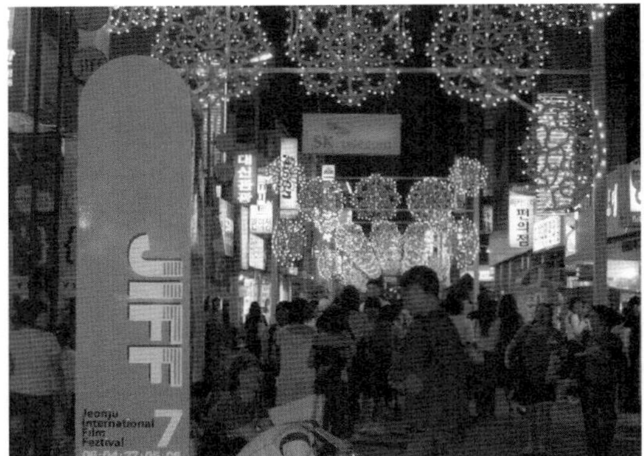

사진3)
2006년 제7회 전주국제영
화제(JIFF 7)를 알리는 홍
보판과 루미나레 거리의 관
객들

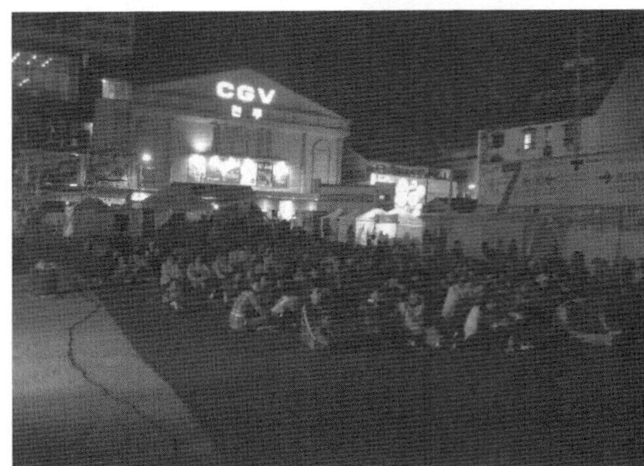

사진4)
2006년 제7회 전주국제영화
제 야외극장에서 관람하는
관객들

－ 재조명된 영화 〈사랑니〉－

　지난 5월 5일에 막을 내린 제7회 전주국제영화제가 필자를 10여 일간 전주에 붙잡고 말았다.

　영화제가 열리는 동안 계속 전주 고사동 영화의 거리에는 그 어떤 곳을 가도 영화가 아닌 또 다른 다양한 볼거리들이 있기에 매일 그곳은 인파들로 북적거렸다.

　영화제 집행부의 세밀한 계획하에 운영된 영화제 센터가 자리한 영화의 거리 중심가에는 요란하면서도 흥겨운 락－벤드가 세팅되어 영화 속에 푹 빠져 사는 젊은 가슴들을 더욱 신나고 뜨겁게 달궈주기에 충분하였다.

　그래서 전주를 찾았던 영화 마니아들은 영화와 함께 또 다른 밤의 문화를 즐길 수 있었는데 영화 상영이 끝나는 저녁 10시 이후에도 극장에서 쏟아져 나오는 젊은 관객들의 시선을 끌어들이기엔 충분하였다.

　국제영화제 컨셉에 맞는 들뜨고 흥분된 황홀한 밤거리 문화 그리고 다양한 볼거리 중심의 이벤트성 행사들은 전주를 찾아온 젊은층들에겐 젊음을 만끽할 수 있도록 아이디어들이 번뜩이는 즐길 거리들을 제공하고 있어 풍요로운 한때를 보낼 수 있었던 것이다.

　필자는 그들과 함께 비록 춤은 추지 못했으나 흥분된 그들의 분위기에 매료돼 한참을 그 자리에 서서 우리 광주영화제도 잘 해낼 수 있을 텐데 하는 아쉬움만 남게 되었다.

특히 필자 나름대로 이번 영화제에서 발견한 큰 수확은 타국의 실험적 영화들뿐만 아니라 우리 영화의 재발견이라는 큰 기쁨이 있었다.

그동안 '스크린쿼터 사수', '한류열풍', '신토불이' 등을 목청 높이 외쳐대며 우국지사가 된 착각 속에 지내는 반복되는 단어의 쇠뇌로 인해 우리 것만 찾고 주장하다 보니 언젠가부터 외국 영화를 간과했던 것이 사실이다.

그러나 이번 전주국제영화제를 통해 그동안 접하지 못했던 제3, 제4세계의 훌륭한 영화들을 접하게 되었고 우리 영화와 비교할 수 있는 좋은 기회도 되었다.

특히 작년 9월에 개봉되었던 필름이었기에 다시는 못 볼 줄 알았던 정지우 감독의 <사랑니>가 영화제 기간에 재상영되어 결과적으론 다행스럽기 그지없었다.

만약 이 작품을 이번에도 못 보고 넘어갔다면 아마 필자의 가슴이 이처럼 쿵쿵 뛰는 경우는 없었을 것이다.

누구나 오랫동안 간직하게 되는 첫사랑에 대한 아련한 추억들은 한 번쯤 있었을 것이다.

영화 <사랑니>에는 바로 지난날에 대한 추억 속의 사랑과 현실 속의 사랑을 함께 그려 넣어 과거가 현재이고 현재가 과거인 것 같은 특이한 설정이 매우 인상적이었다.

첫사랑 시절에 겪었던 아픈 추억들과 즐거웠던 추억들이 영화 속에 교차되고 또 여주인공을 중심으로 상대인 남자 쌍둥이 형제 설정으로 다양한 에피소드들이 펼쳐진다.

그리고 십이삼 세 연하의 상대와 거침없이 잠자리도 함께하는 파격적이면서 당차고 절제된 연기를 보여준 김정은 양과 이러한 여주인공을 받쳐 주는 주·조연급인 동거인 오정우 역의 김영재의 연기가 너무 자연스러워 정지우 감독의 연출력이 더욱 돋보이게 되었다.

프랑스에서는 13세 차이의 연하 배우자를 법적으로 인정해 주고 있다고 한다.

그래서 2001년에 발표된 프랑스영화 미카엘 하네케 감독의 <피아니스트>에서 여주인공 이자벨 위페르의 연하 남과의 당찬 연기가 문득 떠오르곤 했다.

정지우 감독의 영화 <사랑니>가 던지는 메시지는 이성(理性)보다 감성에 치우치는 여성들을 꾸짖는 영화일까?

현실적 사랑과 환상적인 몽롱함이 함께 엮어진 야릇한 연가(戀歌)인 <사랑니>는 영화적으론 탁월한 수작이다.

아픈 만큼 성숙한다는 진리는 인간사의 정답이기도 하다.

-효사랑 지극한 미워할 수 없는 영화
〈공필두〉-

　미워하고 싶어도 도저히 미워할 수 없는 사람이 있다.

　그 사람들은 바로 효심이 지극한 사람들이다.

　예부터 우린 동방예의지국(東方禮義之國)라는 말을 듣고 살아온 나라이기에 더욱 그러하다.

　이것이 바로 우리의 정서인 것이다. 요즘 영화 <맨발의 기봉이>나 <공필두>가 효와 사랑으로 그려진 영화이기에 크게 화두에 오르내리고 있다. 광주 지역에도 '孝사랑'이라는 브랜드를 앞세운 남구가 있고 진도 지역처럼 '孝'를 앞세워 노인공경과 함께 항상 이웃을 사랑하는 마음으로 지역행정을 펼쳐 가는 지방자치단체들도 있다. 또한 병원간판에서도 '○○효사랑 병원', '○○인사랑 병원' 등과 같이 기존 병원들의 통상적인 명칭들과는 다른 점을 알 수 있다.

　심지어 아파트에 '○○사랑으로 아파트'라는 명칭까지 이름 붙이고 있어 '孝'라는 단어와 '사랑'이라는 단어는 세상사 영원불변의 화두가 될 것임을 보여주고 있다.

　영화 <공필두>에서 주인공 이문식은 홀로 사신 아버님을 위한 효심 지극한 노총각으로 궁핍한 생활을 이유로 어쩔 수 없는 고민 끝에 순간 비리 형사로 궤도 수정하게 된다.

　그 비리 사건이 역전되는 반전에 반전을 거듭한 나머지 아기자기한 구성과 함께 극은 권선징악의 원칙대로 결말을 맺는다.

이처럼 영화 속 주인공 '공필두' 캐릭터는 사회의 악과 타협도 하며 세상을 요령지게 살아가고 있는 인물이지만 한편으론 인정이 많은 까닭에 그만 감당하기 어려운 빚보증으로 인해 불량 채무자로 낙인찍히고 만다.

이후 경찰서 직장 동료들까지 아무도 그를 진정으로 대해 주질 않을 정도의 비참한 외톨이 신세가 되고 이후 주인공 <공필두>는 아무 생각 없이 사는 노총각으로 그려져 현대의 돈키호테나 다름없는 그런 인물로 설정되었지만 연기자 이문식은 홀로 서기를 한 신화적 인물이기도 하다.

솔직히 필자는 만년 조연급에 그냥 머물렀으면 하는 아쉬움도 있다.

주연을 한다고 앞서 나가려 하다 혹시 실패하면 어떡하나 하는 마음이 앞서기도 한다.

그러나 영화 <공필두>를 끝낸 이후의 상황은 달라졌다.

그동안 이문식을 조심스럽게 바라본 필자는 이젠 주연급으로 업그레이드되어 그가 어느 영화에서나 설쳐대도 아무런 문제가 없음을 느끼게 되었다.

한겨울 풍파 속에 피어난 인동초처럼 역시 고진감래(苦盡甘來) 끝에 성공한 입지적인 인물로서 차갑고 딱딱한 땅을 뚫고 올라온 새싹 같은 신선함도 그에게서 풍겨나기에 이문식을 기용하여 모험을 한 제작진들에게 찬사를 보내는 바이다.

이처럼 <마파도>와 <공필두>라는 영화로 인해 이문식은 이젠 당당한 주연으로 어디든 앞서 관객들을 이끌어 가기에 충분한 능력을 지닌 재주 많은 연기자로 평가받게 될 것이다.

조연과 주연의 차이는 매우 큰 것임에는 틀림없다.

한때 노역으로 재미를 본 김수미 씨와 가정부 역할의 단골 배역이었던 전원주 씨 그리고 재치 있고 코믹스런 연기로 주위의 시선을 모아온 김수로, 이문식은 요즈음 지켜봐야 할 주요 인물들이다.

이들의 공통된 외모에서는 도저히 주연급이라는 말이 나오지를 않는다.

그래서 이 배우들은 대단한 배우라는 역설이 가능하다는 것이다.

연기자 이문식은 관객과 가장 쉽게 소통될 수 있는 강력한 코드인 웃음이 그의 모습에서는 항상 넘쳐 나고 있기에 오늘의 이문식이 탄생된 것이다.

효사랑 지극한 영화 <공필두>는 이문식을 한 단계 상승시켜 놓은 작품이다.

－구원(救援)할 수밖에 없는 〈가족의 탄생〉－

1999년 <여고괴담 두 번째 이야기>에 이어 6년 만에 재도전하는 김태용 감독의 <가족의 탄생>은 황당 스토리이지만 가슴에 와 닿는 사랑이야기로서 가족과 사랑에 관한 지상 최고의 화두를 설정하여 가족들의 다양한 사랑에 관한 이야기들을 담고 있다.

흔히 남들에게 마누라와 자식자랑을 하면 팔불출이라고 해서 금기시되어 남에게 할 말을 못 하듯 가족을 이루고 사는 사람들은 영화 <가족의 탄생> 속에서 펼쳐지는 상황을 두고 잘잘못을 논하기란 곤란한 영화이다.

이 영화에서 감독은 시간 공간의 배열을 작가적 입장에서 최대한 펼쳐 보이려는 의도로 시도하였다. 즉, 현재나 과거의 이야기들이 순차적으로 흘러가는 것이 아니라 현대 영화를 보지 못한 관객들에겐 난해하게 생각이 들 정도로 작품 속의 시간과 공간들이 자유롭게 넘나들고 있다.

그래서 퍼즐게임처럼 관객 스스로 앞뒤를 짜 맞추어 하나의 판을 형성해야만 하는 번거로운 부담을 주고 있다. 이처럼 처음 도입부부터 관계 설정 모두가 모호하게 보여 감독의 의도대로 종전의 영화들처럼 미리 들키지 않고 끝까지 관객들을 이끌어 가고 있는 것이다.

바로 이런 점이 다른 영화와 차별화된 내러티브 구조가 특이한 영화이다. 이 영화는 고전적 이야기의 형식적인 틀에 얽매이지 않고 결말 시퀀스 부분에서야 모두 얽히고설킨 가족관계를 풀어 헤쳐 다시 모아 두게 된다.

그로 인해 오랜만에 우리 관객들에게는 철저하게 계산된 신선한 자극을 전해 주고 있고 또한 B급 영화라고 불리는 저예산 영화의 산 표본을 이 한 편의 영화로 설명하기에 충분하다. 특히 영화진흥위원회로부터 제작비 지원을 받은 작품들 거의가 대중성을 띠지 못해 흥행에서는 참패하는 경우가 비일비재(非一非再)하다.

<가족의 탄생>도 영화진흥위원회로부터 제작비를 지원받았으나 그 구조가 튼튼해서 조금은 오랫동안 멀티스크린 시스템하에서도 살아남아 있을 것 같다.

해체되고 무너져 내려버리고 황당하면서 어이없게 보이기도 하며 헷갈리기까지 하는 영화 속 가족사들이 하나 둘 자리를 잡아 가는 라스트 시퀀스 부분에서 교회 내부의 찬양대 속에 끼어 있는 영화 속 주요 인물이 점점 화면 가득 채워지면서 컴퓨터그래픽의 힘을 입어 하늘로 용이 된 듯 승천하게 된다.

그리고 하늘에 수놓은 불꽃 속으로 영화 속 가족들을 끌어들인다.

모두가 축제의 분위기 속에서 삶과 사랑의 결말을 응집시켜 보여 주고 예견된 해피엔딩은 사랑과 행복의 풍요로움 속에 저마다 높고 많은 꿈을 그려보게 되는 것이다.

그래서 에필로그의 교회 찬양대 합창소리는 갈기갈기 찢어져 버린 어느 가족사에 구원의 소리가 되어 울려 퍼진다.

한편 영화적 문법으로 풀어 보면 영화 속 필수인 구원적 요소는 그 가치를 충분히 스크린 속에 감당해 낸다.

그래서 종교의 힘은 대단한가 보다는 생각도 든다.

아마 이 영화는 종교영화제가 있다면 어느 상 하나쯤은 받았을 것 같은 구원적 요소가 핵심이 되는 영화이기도 하다.

다양하고 황당하고 과분하기까지 한 영화 속 어느 가족들의 삶과 사랑의 설정이 각박한 세상을 살아가는 현대인들에겐 감정이입을 통한 카타르시스로서 활용되기도 한다.

이 한 편의 B급 영화(저예산 영화)를 통해 인간사 사랑이 소중하고 고귀하고 따뜻함을 느껴지게 한다.

복잡한 관계들의 이야기를 담고 있는 것처럼 보이는 <가족의 탄생>은 가벼운 사랑이야기이지만 우리들에겐 일용할 양식이 되어 가고 있는 것이다.

-누구나 영화 속에 푹 빠질 수 있다-

필자는 이 칼럼이 주어진 천운으로 생각하며 어떻게 하면 우리 지역 영상 인프라 구축에 일조할 수 있을까 하는 언제나 영상문화 활성화만을 위해 골몰하고 있다.

그래서 될 수 있으면 질 좋은 작품이지만 널리 알려지지 않았거나 다시 상기시켜 알리고 싶은 영화가 있으면 개봉되고 있는 영화와 함께 나름대로 선정해 칼럼을 싣고 있다.

지방선거도 막을 내렸으니 온 국민들은 모든 매스컴과 함께 월드컵 축구에 올인하고 있는 형국이다.

그래서 그동안 여타 이유 등으로 쌓인 스트레스를 응원으로 풀어야 할 시기이기도 하다.

필자는 우리나라 선수들이 타국인들과 경기하는 사활이 걸린 격투기나 흥분을 요하는 경기는 될 수 있으면 그 결과만 알려고 노력한다.

TV를 직접 시청하게 되면 나도 몰래 극도의 흥분 속으로 빠져들게 되기 때문이다. 그런 이유로 4년 전 월드컵 축구경기가 열리는 4강을 가름할 광주게임 당시에도 의식적으로 경기에 관심을 갖지 않기 위해 모 극장을 찾았다.

그러나 극장 측에서도 영화 상영 대신 대형 스크린으로 월드컵 축구를 관전하는 실내 응원전이 준비되어 있었다.

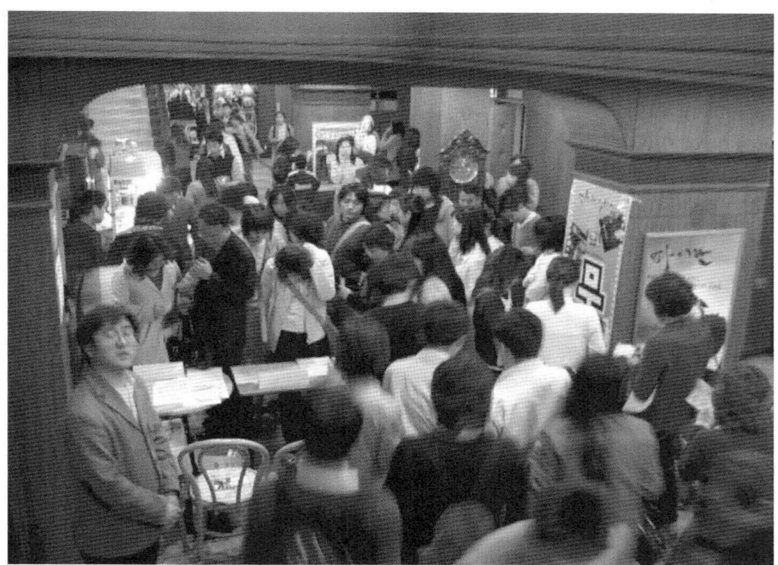

사진 1)

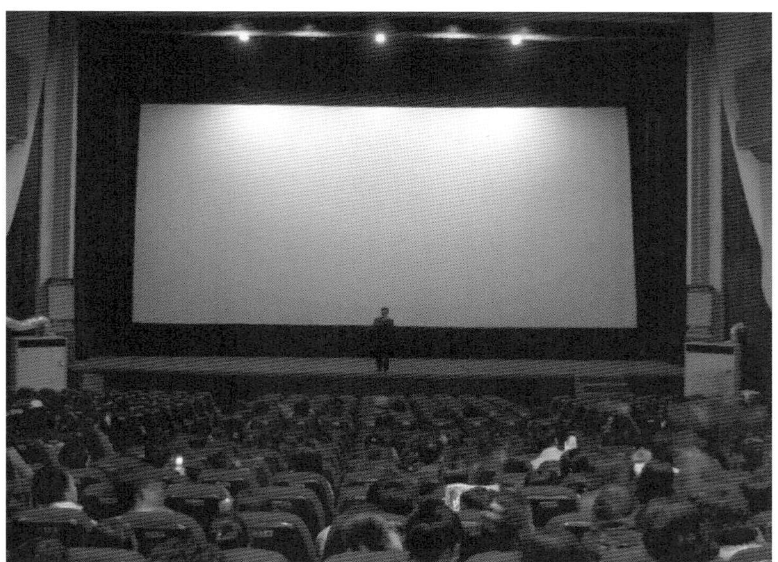

사진 2) 광주영상위원회가 심사하는 시사회 모습(광주극장 내부)

월드컵 기피자가 될 수밖에 없는 필자의 입장에선 극장이 너무 미웠다.

이때 대학선배이면서 가수이자 연기자인 장나라 양의 부친 주호성 선배한테서 전화가 왔다. 월드컵 4강전을 보기 위해 장나라 양과 함께 차량으로 광주로 가고 있으니 광주에 도착하면 월드컵 축구경기장까지 일행들을 에스코트를 해 달라 한다.

그래서 교통통제가 실시되는 시점이기에 2~3㎞ 전방에 차량을 세워두고 경기장까지 걸어가야 하니 차라리 다시 서울로 돌아가라고 종용하기도 했다.

당시엔 장나라 양의 인기가 최고도에 달했을 때이기에 주 선배도 딸 장나라 양을 데리고 광주월드컵경기장 부근에서 2~3㎞를 걸어갈 수 없는 상황이었다.

결과적으로 주호성 선배의 부탁도 급한 사정이 있다는 핑계를 들어 전 세계인들의 관심사였던 광주경기가 끝난 후 장나라 양과 주 선배 일행을 만나 식사를 하기도 했다.

참고로 장나라 양은 2002년 당시 필자의 권유로 광주국제영화제 홍보대사를 맡았던 까닭에 주 선배에게 필자는 큰 빛을 지게 되었던 것이다. 이후 주 선배는 필자의 모든 부탁을 쉽게 들어 주지 않게 되었다. 필자에겐 악몽 같은 금년 월드컵이 제발 빨리 지나갔으면 한다.

금년 대종상영화제가 월드컵 축구로 인해 1개월 연기가 되어 7월에 시상식이 거행된다.

그래서 6월에는 대종상영화제가 생긴 이래 처음으로 광주에서 대종상 본선 심사를 광주영상위원회와 광주영화인협회의 주관하에 200여 명의 광주 지역 영화 마니아들 및 영화를 사랑하는 네티즌들로 구성해서 하게 된다.

광주 지역에 이처럼 20여 편의 영화를 한꺼번에 심사하는 경우는 보기 드문 모처럼의 기회이다.

혹 20여 편의 우리 영화를 심사(무료)하고자 하는 독자 분들이 계시면 필자가 관계하는 광주영상위원회(1566-0678)로 연락 주시면 일정 교육 후 10일 동안 20여 편의 영화를 심사하시는 심사위원 자격까지 주어지는 특혜를 누리게 된다.

금년 월드컵의 달인 6월에는 핑계가 아닌 대종상 본선심사 핑계로 인해 무병장수의 기회까지 누리게 되는 행운을 얻게 되어 필자는 너무 너무 기쁘다.

- 가뭄의 단비 같은 영화 〈비열한 거리〉-

'유하' 감독이 연출한 조인성 주연의 <비열한 거리>에 필자는 가슴이 툭 터지는 것 같은 기분을 만끽하고 있다.

<말죽거리 잔혹사>로 이미 유하 감독은 흥행감독으로서 검증을 받은 바 있다.

이번 작품은 어디서 많이 본 듯한 느낌마저 들고 또 여러 상황들이 이곳저곳에서 따온, 즉 짜깁기를 한 듯한 인상도 드는 영화이지만 한편으로는 그만큼 영화적 소재의 빈곤이라고 할까?

영화 한 편을 완성하는 데에는 수많은 상황 설정에 대한 자료와 시간과 정신과 경제적 여건들의 많은 각고가 따르겠지만 여러 정황으로 보았을 때 <비열한 거리>는 단연 수작으로 평가하고 싶다.

설령 영화 속에 나타난 영화촬영 장면이라든가 평상시 느낄 수 없었고 다시는 생각하기 싫은 터무니없는 엽기적인 상황 그리고 흔히 다루어지는 격투 장면에서 볼 수 있는 액션들과 느와르적인 스타일에 어울리는 회색빛 속에 펼쳐지는 러브테마 등의 병행 승차가 바로 그것이다.

이 영화는 종종 엽기적인 행위들도 보이면서 소위 일컫는 폭력조직들의 내적인 갈등도 그려내고 있어 마치 알파치노가 주연한 <대부>(God Father)라는 영화를 연상케 하고 있다.

조직들 간의 이권과 세력다툼으로 인한 처절한 사투나 조직내부 상하 간의 氣 싸움으로 인해 펼쳐지는 폭력을 이용한 해결방법 등의 묘사가 마치 1984년 세르지오 레오네 감독의 <원스 어폰어 타임 인 아메리카> 같은 폭력성이 강한 영화들을 표방한 부분들처럼 보인다.

이처럼 여러 영화들에서 봄직한 이야기 형식들로 점철되었지만 그래도 이번 <비열한 거리>의 구성력은 대단하다.

한마디로 필자가 한시도 눈을 떼지 않고 끝까지 영화에 몰입할 수 있었다는 사실만으로도 정말 대단한 영화로 간주하고 싶다.

그럴듯함을 구축한 보편적 리얼리티를 충분히 살린, 즉 영화 속에서 철저하게 꾸며낸 환타지가 충분히 현실성과 맞물려 잘 혼합되었기에 많은 관객들은 이 영화의 매력에 빠져 들게 되는 것이다.

주인공의 연기와 스토리 전개상황 그리고 조연급들의 캐릭터에 흠뻑 빠져 들었기에 영화 보는 내내 스크린 최면에 저절로 빨려 들어간 것이다.

월드컵 축구도 중요하지만 우리 영화의 흥행도 무척 중요한 시기이다.

우리 영화를 사랑하시는 관객 여러분!

이젠 한미 FTA에 관련한 스크린쿼터 축소 방침으로 인해서 우리 영화 제작이 부실해지게 되었고 또 영화를 제작한다 하지만 유통의 논리로 해결하려 해도 배급라인이 점점 힘을 잃게 되어 우리 영화계 사정은 점차 관객들의 관심 밖으로 밀려 나가게 되어 있습니다.

이젠 우리의 영화보다 할리우드의 큰 대작들만 우리 멀티스크린에 넘실거리게 될 날이 머지않았습니다.

이럴 때일수록 우리 영화를 비롯하여 국산품들을 많이 애용하고 사용하여 우리의 것이 우리 몸에 좋다는 말과 또 身土不二라는 단어가 우리 뇌리에 오래 기억되듯이 우리 영화를 아껴 주시기 바라는 마음이 간절합니다.

당연히 영화인들도 각성하고 모든 경쟁에서 글로벌화되어야만 한다는 영원한 숙제는 남아 있을 겁니다.

요즘 한창 월드컵으로 떠들썩할 때 <비열한 거리>가 개봉되었지만 흥행 면으로 볼 때 상영 시기에 약간 아쉬움이 남는 영화이다.

그러나 이 영화가 흥행가에서 살아남을 것이라는 그 기대치로서 첫째, 조연들의 독특한 캐릭터들의 실감난 연기와 둘째, 철저하게 계산된 탁월한 연출력을 꼽을 수 있다.

그래서 영화 <대부>에서처럼 다양한 캐릭터들을 소화해 낸 인물들을 대하는 것 같은 착각도 일으키게 한다.

그동안 많은 조폭물이나 B급 폭력영화에 비교할 때 보통의 영화에선 자주 찾아볼 수 없었던 다양한 액션 장면을 실감나게 꾸려 갔고 또 리얼리티를 충분히 살려주었기에 마치 가뭄에 단비 내리듯이 영화에 흠뻑 빠져 들게 된 것이다.

－ 문화수도를 꿈꾸며 －

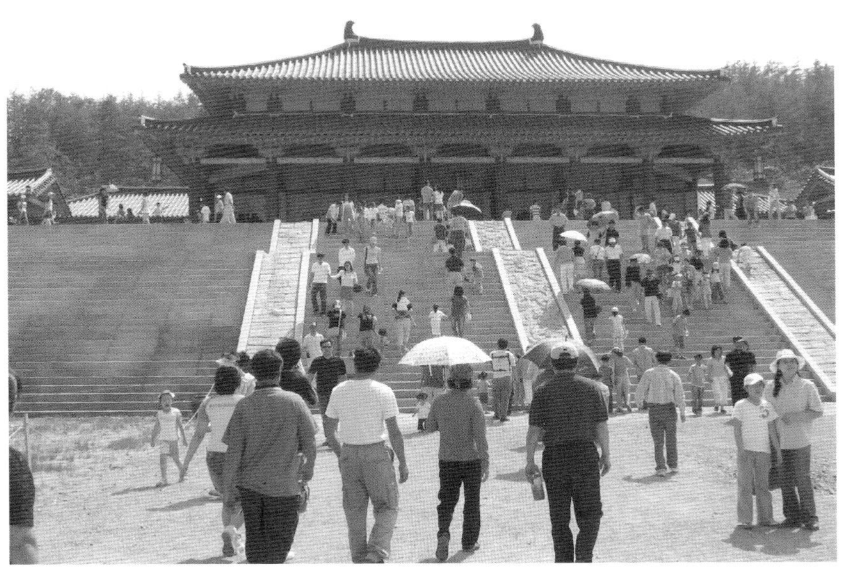

사진 1) 나주 MBC－TV드라마 〈주몽〉 오픈 세트장

***문화수도에 걸맞은 영상 발전을 꿈꾸어 본다!

영화감독의 꿈을 키우기 위해 1970년대 중반부터 충무로로 통칭되는 한국영화계 현장에 몸담아 온 필자는 세계적인 명감독이 되겠다는 한 가닥 희망만 가슴에 안은 채 젊은 날을 그렇게 꿈꾸며 허기진 배고픔을 참아 가며 세월을 그렇게 보낸 적이 있다.

물론 학부나 대학원에서도 작품도 만들었고 영화현장 수업도 게을리 하지 않았다.

그러나 젊음의 꿈도 이루어 내기 전 가족들의 생계가 현실로 다가와 나 혼자만의 달콤한 꿈을 접고 이십 년 넘게 연출, 제작, 배급 등으로 몸담았던 충무로를 떠나게 되었다.

그 후 필자는 충무로의 미련을 툴툴 털어 버리고 이젠 후학들과 지역 영상 발전에 남은 날까지 최선을 다하며 즐겁게 보내고 있다.

그러던 어느 날 우리 지역을 문화수도로 만들겠다는 말을 들었을 때는 천하를 모두 얻은 것 같은 기쁨을 만끽하게 되었고 다시 충무로에 입성하는 기분이었다.

이처럼 우리 광주 지역이 문화수도가 될 거라는 희망은 언제 들어도 기분 좋은 말이 아니던가!

그러나 문화수도를 향한 발걸음은 영화를 전공한 필자에겐 적어도 무겁게 느껴지고 문화수도를 향한 과정이 더디게 진행되고 있기에 이 지면을 통해 답답함을 토로하고 싶다.

오늘날 동영상(動映像＝주로 극영화나 TV드라마를 말함, 이하 '영상'이라 칭함)은 대중성이 강한 매체이기에 우리 지역에 그 중요성을 널리 알려 모든 사람들에게 꼭 필요한 매체가 되었으면 하는 바람으로 지역 영상(映像)산업이 굴뚝 없는 산업으로서 지역민들에게 큰 희망이 되었으면 한다.

우리가 사는 이곳 지명이 광주(光州＝빛고을)다. 빛이 있는 고을이기에 한국의 할리우드라고 필자는 기회만 되면 지면이나 언론매체를 통해 또는 강의나 특강을 통해 수차례 밝힌 바 있다. 즉, 빛이 많아 타 지역보다 촬영을 유치하기가 좋기 때문이다. 이처럼 천혜의 자원까지 뒷받침되어 주고 있기에 광주의 영상산업은 도전해 볼 만한 매체이다. 예를 들면 미국 서부 사막 지대에 불과했던 불모의 땅 할리우드가 세계적인 영상단지로서 황금알을 낳는 산실이 되고 있음은 그 누구도 부인할 수 없는 현실이다. 경제적 가치로 보았을 때 <타이타닉>이 그렇고 <킹콩>이 어찌하다는 천문학적인 경제적 수치를 들어 자주 거론되었지만 솔직히 먼 나라 이야기처럼 그냥 듣고 흘려버리기 일쑤였던 지난날들이 이젠 현실로 우리나라에도 적용되고 있기에 간과해서는 안 될 일이다.

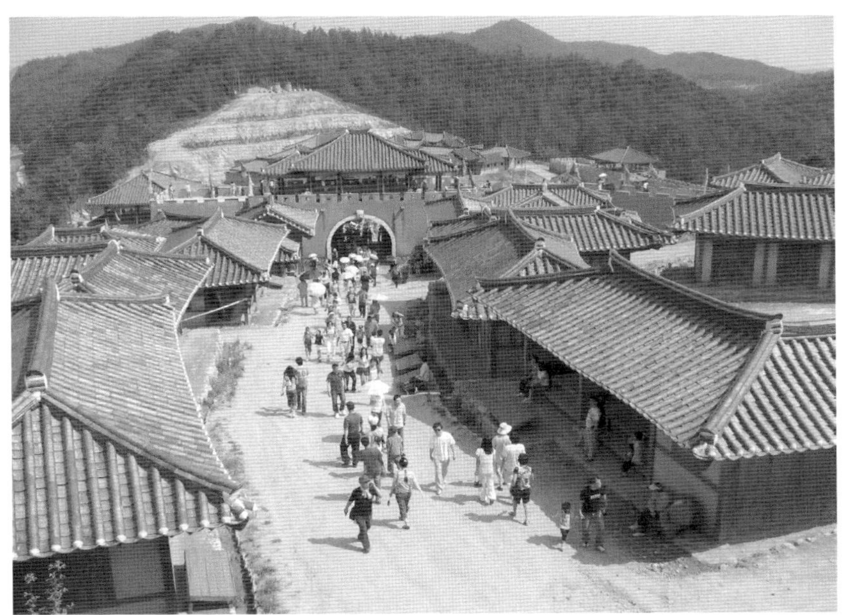

사진 2) 나주시 〈주몽〉 세트장

가까운 완도의 '해신세트장'만 예를 들어도 역사의 산물인 장보고라는 역사성을 특화시켜 4~5백억 원의 경제적 부가가치를 창출했다.
좋은 본보기가 또 있다. 현재 방영 중인 드라마 <주몽>이 40%가 넘는 시청률을 올리고 있어 머지않아 척박했던 나주시 공산면 일대는 완도군처럼 경제적 효과를 톡톡히 보게 될 것이다. 거기엔 자치

단체장들의 영상에 대한 과감한 용기와 배려가 필요했던 것도 사실이다.

2002년에 방영된 <야인시대> 드라마로 인해 경기도 부천의 <야인시대> 세트장이 들어선 당시 부천영상단지는 주말이면 3~4만 명의 관광객들로 특수를 누렸었다는 사실들만 보아도 분명 영상으로 인해 세상이 다르게 변화될 수도 있음을 충분히 증명해 보였던 것이다.

이후 각 지역의 지자체들은 영상의 특수를 실감하게 되자 영상과 맞물려 경제적 효과까지 극대화시키고 자기 지역을 알리기 위해 지역마다 오픈세트장(야외 촬영용 건축물)과 영상의 모든 것을 관장하는 특수 전문단체인 지역명칭을 단 영상위원회가 조직되어 모든 영상 관련 업무를 독창적으로 영상물 제작자들에게 행정과 로케이션(촬영현장 소개 및 안내) 등을 돕는 서비스를 시작했다.

이에 뒤질세라 전남의 여수, 순천, 광양 등 세 도시를 아울러 남도영상위원회라는 집단이 지자체와 광역단체의 노력으로 탄생하였다.

이후 광주에서도 필자를 중심으로 2002년 제2회 광주국제영화제에 참여했던 집행위원 몇 사람의 뜻을 모아 영상위원회 탄생을 추진해 왔었다.

그러나 웬일인지 우리 광주에서는 무척 힘이 들었다.

필자를 위시하여 자주 시청의 관계자들을 접촉했으나 그동안 광주일원에서 행해진 각종 영화 관련 사업이 관공서에 좋지 못한 인상을 남겼었다는 편견을 들어 광주 지역 영상위원회의 설립에 관해 수차례 노크를 해 봐도 아무 소용이 없었다.

많은 지역민들에게 영상을 알려주기 위해서는 官 주도 형태로 영상위원회 구성이 이루어져야만 한다.

그래서 일사불란한 행정적인 면을 기반으로 단체의 신뢰도가 높아 쉽게 民에게 다가갈 수 있으나 민의 차원으론 아무래도 어떤 보이지 않는 한계가 있다.

그래서 경제적으로 여유가 있는 경기도는 2005년 11월에 도지사가 직접 챙겨 들어 서울, 부산, 전주, 남도, 대전, 제주, 광주, 청풍(제천)에 이어 늦었지만 영상위원회를 발족하였고 지금은 가장 크게 활동하고 있는 단체이다.

소도시인 충북 제천에서도 시와 도가 하나 되어 청풍영상위원회를 끌어가고 있다.

예를 들어 경찰서, 군부대, 교도소 등의 특수한 상황을 촬영하기는 여간 힘들지 않다.

그러나 실내가 되든 실외가 되든 작은 도시이지만 청풍영상위원회만 가면 뭐든 다 찍을 수 있다는 확고한 신임을 주고 있기에 작품의 가장 어려운 부분을 해결해 주는 지자체를 향해 너도나도 카메라를 들고 시설물 등을 먼저 선점하기 위해 작은 도시 제천으로 영화·드라마 촬영이 쇄도하고 있는 실정이다. 이처럼 영상의 중요성을 간파한 지역의 단체장들이 너도나도 앞 다투어 영상위원회의 조직을 만들어 지역 영상산업에 큰 관심을 보이고 있다.

이것은 전 세계 어느 지역의 영상위원회도 같은 상황이다.

그러나 광주는 이제껏 다른 영상위원회의 구성과 조직처럼 이루어지지 못하고 임의로 민간단체로 꾸려 파행적으로 운영되어 왔었다. 그렇지만 누군가 해야 할 사업이기에 영상을 전공한 탓으로 필자는 지역 경제와 영상 인프라 구축에 다소나마 도움이 되었으면 하는 마음으로 오늘도 일선에서 "우리 지역에 촬영을 와 주세요."라고 목청 높이 외쳐대고 있다.

관으로부터 100% 운영지원과 영상 관련 사업의 위탁을 받고 영상사업을 하고 있는 타 지역 영상위원회에 비해 늦었지만 포충사

입구에 세워진 실내 세트장(2005년 3월 화재로 인해 사용 불가)이
라도 있기에 그곳에 둥지를 틀고 서서히 영상의 꿈의 나래를 펼쳐
보려 한다.

시민 여러분들의 적극적인 영상에 관한 애정이 가장 큰 문제이기
도 하다.

과거 한국영화계에서 세월을 보내던 필자의 쓰라린 과거가 이젠
지역 영상 발전에 다소나마 도움이 되고 있다고 생각하니 나름대로
위안도 된다.

언젠가는 영상의 꽃이 펴 지역이 활화산처럼 불타오를 결실의 그
날을 학수고대하며!

필자의 지난날의 각고가 이젠 희망으로 남았으면 하는 마음이 간
절하다.

－우리 영화 이제 어쩌란 말인가？－

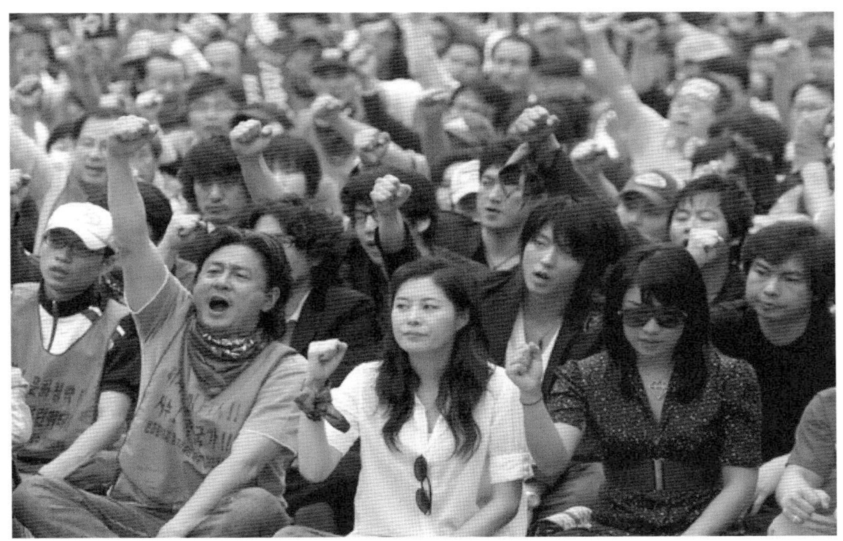

사진) 「문화침략 저지 및 스크린쿼터 사수」 영화인 대책위 제공

　2006년 7월 1일은 우리 영화인들에겐 비운의 날이었다.

　그동안 스크린쿼터 축소 반대를 위한 갖가지 형태의 문화행사와 촛불 일인시위 그리고 국토종단 등의 항의성 건전 행사 등을 통해 스크린쿼터 절대사수라는 우리 영화인들의 입장을 충분히 표명하였지만 영화인들의 목소릴 뒤로한 채 노무현 대통령 이하 정부는 그만 한국영화 의무상영 일을 146일에서 절반인 73일로 축소시키고 말았다. 이것은 곧 금명간에 제로로 된다는 의미와 다를 바 없다.

스크린쿼터란 우리 영화를 의무적으로 일정 기간 동안 상영해야 하는 제도로서 1967년에 이 제도가 시행되어 그동안 우리 영화 발전에 상당한 공헌을 한 바 있다.

2005년 12월에 친애하는 노무현 대통령께서도 스크린쿼터는 꼭 지켜 나가겠다고 천명한 바 있다.

그 후 6개월이 지난 오늘에 대통령의 그 말은 공수표가 되고 말았고 믿었던 정부의 처사는 비열하리만치 너무 일방적이었고 기습적이었으며 참으로 야비하게 영화인들의 의견을 묵살하고 말았다.

이번 한미 FTA는 노무현 대통령의 치적 중 큰 치적이 되겠지만 영화인들에겐 사형선고나 다름없는 커다란 충격이다.

멕시코의 10년 전과 똑같은 현상이 우리에게 다가온 것이다.

연 100여 편을 양산했던 멕시코 영화는 현재 거의 자국의 영화가 사라진 상태이다.

이처럼 자국의 영화가 없어진다는 것은 문화가 없어진다는 것이요 문화가 없어진다는 것은 정서가 없어진다는 결론이다.

우리 영화는 이젠 어떡하란 말인가?

우리 글, 우리 말, 우리 모습, 우리 정신이 담긴 영화가 없어지고 모두 영어로만 말하고 영어로만 생각하게 만든다는 결론이다.

즉, 우리의 모습을 담은 우리 영화는 없어지기에 우리의 정서마저 없어진다는 결론이다.

한편 스크린쿼터가 없어지면 한국영화만 없어지는 것이 아니라 더불어 방송쿼터도 무너질 것이 자명한 사실이다.

이미 케이블방송 채널들은 외화로 넘치고 있지만 공중파의 방송들은 다행스럽게 아직까진 우리 드라마를 제작하고 송출하고 있다. 시청자들이 우리 드라마를 선호하고 있기 때문이다.

그러나 쿼터제도가 무너지면 영화처럼 방송도 할리우드의 막강한 제작 시스템에 의해 외화들로 가득 차게 될 것이다.

지난날 우리 드라마들이 빈약했을 때를 생각해 보자. <600만 불의 사나이>, <콜롬보 형사> 등의 화려한 외화가 방송되어 온통 안방을 잠식했던 지난날들의 경우처럼 우리 드라마는 온데간데없고 외화들만 안방에 넘쳐 나게 되는 할리우드의 배급 형태에 따라 우리의 정서는 사라질 것이라는 억측도 하게 된다.

이처럼 미국은 철저하게 자국의 이익이 되는 영상산업에 올-인하고 있는 것이다.

한편 할리우드라는 천혜의 입지적인 여건을 살려 세계 영상시장을 지배한 지 오래다.

그러나 날이 갈수록 한류의 열풍은 아시아를 넘어 유럽까지, 미주까지 전염되어 가고 있기에 미국 측은 상당히 곤혹스러울 것이다.

그래서 더욱 한국의 스크린쿼터는 미국 측으로 봐선 꼭 없애 버려할 정책이었다.

그런데 우리 정부는 한미 FTA가 힘을 쓰게 되자 미국이 원하기 전 미리 알아서 상납한 꼴이 된 것이다.

미국영화계가 그토록 노리고 있는 스크린쿼터를 아니 한국영화계 안방을 미리 내주고 만 것이다.

그러나 우리 민족은 5천 년 역사를 봐도 외세에 억눌리긴 하였으나 언젠가는 다시 일어서고 마는 은근과 끈기가 있는 배달민족이다.

이번 스크린쿼터를 잠식당했다고 해도 언젠가는 다시 우리의 영화가 삼천리 방방곡곡에 활짝 피어나는 날이 다시 돌아올 것이라 한 가닥 희망을 가져 보며 스스로 위로해 본다.

―〈아파트〉에 오싹함이!―

무서운 공포영화를 보게 되면 동공이 커지면서 긴장을 하게 되고 신체의 털이 곤두서게 되면서 혈관이 수축되어 손발이 차지게 된다.

즉, 교감신경이 자극되면 피부에 난 땀이 증발하면서 표피체온을 낮추어 잠시나마 더위를 잊게 된다고 한다.

2006년 7월 6일에 여러 가지 혹평과 함께 개봉한 영화 <아파트>가 요즘 화두이다.

많은 사람들이 아파트에서 살고 있기에 그 반향은 대단하다. 특히 이 영화를 촬영했던 경기도 모 지역 아파트에서는 아파트 값이 떨어지니 이 영화를 상영해선 안 된다는 상영금지 가처분신청을 법원에 제출하기도 했다.

이 영화를 제작하기 위해 안병기 감독 측에서 필자가 속해 있는 광주영상위원회에 이 영화에 필요한 아파트를 구해 달라는 요청이 들어온 바 있다.

그것도 건축법에 위배되는 거실이 마주 보이는 아파트 단지를 찾아 달라는 요청에 그만 억지스러운 영화인들의 고집에 답답하기만 했었던 적이 있었다.

무려 3년 동안 500여 아파트를 찾아다녔다고 한다.

그러나 끝내 거실이 마주 보이는 장면은 세트를 세워 촬영했다고 한다.

네티즌 사이에선 널리 알려진 인터넷 만화작가 강풀 작가의 <아

파트>라는 만화가 영화화된다는 사실에 과연 누가 이 영화를 감독할 것인가 하는 문제가 큰 화제였다.

닫힌 공간인 아파트를 공포의 미장센으로 창조하고 또 인간 내면의 외로움을 자극하는 차별화된 공포미학은 오직 안병기 감독만이 만들어 낼 수 있는 능력이자 장점이고 그를 공포영화의 지존으로 군림하게 만드는 결정적 요인이기도 하다.

영화를 보는 도중 한국의 알프레드 히치콕 감독으로 생각이 들 정도로 "역시 안병기 감독이야!" 하는 감탄사가 절로 나올 수밖에 없었다.

과거 히치콕 감독의 대표작이라 하는 <이창>, <싸이코>라는 작품 등에서 보이듯 옹기종기 모여 사는 아파트라는 한정된 공간 속에서 남의 사생활을 관찰하듯 쌍안경 등으로 훔쳐보고 위기에 처한 이웃집 사건들을 경찰서에 고발까지 하는 행위인 관음증(觀陰症)이라는 영화의 본질까지 이 영화 속에 담아내고 있다.

또 미처 생각하지도 않았던 남자가 여자 분장을 하고 칼을 들고 살인을 하기 위해 화면에 급히 뛰어드는 장면이 있다.

과거 1960년의 <싸이코>라는 히치콕 감독의 유명한 작품 속에서도 남자주인공은 어머님의 분신으로 변해 할머니 분장을 하고서 여자주인공을 해치는 장면이 있다.

이러한 장면들은 프로이드 심리학을 많이 공부한 감독이 아니면 연출할 수 없는 장면들로서 안병기 감독은 정신분석학이나 인간행동의 이해 등을 충분히 터득한 감독답게 대담하게 프로이드 심리학에 뿌리를 두고 극을 연출하여 관객들로 하여금 우리나라의 새로운 호러장르의 영화를 선보이고 있다.

여기에 4년 만에 스크린에 등장한 고소영 양은 한정된 공간 속에서 연기를 해야 하는 고충이 있었을 것이다.

그러나 고소영이라는 연기자에게서 또 다른 새로움을 찾기 위해 잔뜩 기대를 했던 많은 관객들이 실망을 했다고 한다.

한정된 공간에서의 연기란 무척 힘든 작업이라는 사실은 좀 알아 두었으면 한다.

장마와 함께 찾아온 후덥지근한 여름철 더위를 잠시라도 잊기 위해서 피서 대신 극장을 찾아 영화를 보면서 시원함을 느껴 보시면 어떨지요!

－일촉즉발(一觸卽發) 위기의 〈한반도〉－

민족적 자긍심을 건드리는 영화로서 우리 역사와 우리의 정서를 알아야 이해할 수 있는 영화이다.

만약 이 영화를 일본인이나 중국인들 또 미국 사람들이 보면 100% 우리와 같은 공감대를 형성하기란 힘든 영화이다.

그만큼 우리의 문화는 우리만이 누릴 수 있는 특권이자 당연한 것이고 그러기에 스크린쿼터 사수는 절대적인 것이다.

많은 사람들로부터 관심의 대상이 되었던 한국형 블록버스터인 〈한반도〉라는 영화는 스케일이 보통 영화와는 차별화된 강우석 감독다운 작품이었기에 흥분하게 되는 것은 당연한 일이다.

〈투캅스〉 이후 명예나 경제적으로 성공 대열에 서게 된 입지적인 강우석 감독은 한국의 스필버그라 부르고 싶을 정도로 항상 만드는 영화마다 화두의 꼭짓점에서 거론되곤 하였으며 또 후학들이나 영화계 원로 선배들의 복지를 위한 자금도 선뜻 기부하곤 하는 자선가이며 우리 영화계에 어려운 일들이 발생하게 되면 으레 앞장서서 거금을 기부하는 대표적인 인물이기도 하다.

그래서 많은 선후배 영화인들로부터 항상 부러움과 찬사를 받으며 우리 영화계의 거목으로 성장해 왔다.

할리우드의 스티븐 스필버그와 조지 루카스 감독들은 대중적인 영화로 큰돈을 벌지만 그 대신 오직 예술영화만 고집하는 후배 영화인들과 할리우드의 장래를 위해 선뜻 장학재단을 만들어 크게 뒷받침하고 있다.

이처럼 강우석 감독은 우리 영화계의 가장 모범적인 인물이다.

바로 이런 인물들의 작품은 하느님이 보우하사 잘되게 하는 것은 당연한 이치일 것이다.

영화 <한반도>는 항상 우리 민족이 껄끄러운 상대인 일본에 대해 좋은 인상을 갖고 있지 못하다는 사실을 노골화시키는 영화로 보이기도 한다.

그동안 정신대 문제를 비롯해 왜곡된 역사교과서 문제, 독도 문제 등 첨예한 역사적 산물들로 인해 양국은 항상 정서적으로 맞서온 터이기에 이번 영화가 우리 국민들에겐 큰 화두가 된 것이다.

글로벌 시대에 어울리는 세계적인 추세에 따라 개방적인 사고로 국정에 임하는 어느 정치인 부류들과 자존심이 최우선이면서 국익의 차원을 염려하는 영화 속 대통령과 외고집 30년의 주인공인 국사학자 및 몇몇 보수세력들 사이에서 펼쳐지는 갖가지 해프닝이 구성지게 펼쳐지는 영화 <한반도>가 당분간 한국영화시장 판도를 크게 좌지우지하게 될 것 같다.

스펙터클하게 펼쳐지는 한·일 간 일촉즉발의 해전 장면에 불을 뿜는 전투 장면이 없어 긴장으로만 연결이 되어 있기에 현실적으로 거리감을 느끼게 하는 괴리감마저 드는 장면이며 안기부 내 역사전문가인 차인표의 캐릭터가 갑자기 좌에서 우로 돌변하는 과정이 많이 생략되는 허술함도 지적의 대상이 되곤 한다.

또 마지막 대통령 집무실 장면이 롱-샷으로 넓게 보이는 시퀀스에선 국무총리와 상대적 관계인 대통령의 대화가 화면 양쪽으로 갈라서는 두 사람의 모습을 보여주는데 이것은 관객들로 하여금 두 사람이 지향하는 국익이 과연 어떻게 이루어져야 옳은 것인지 하는 질문을 감독이 관객들에게 던지는 감독의 의도이다.

또 여러 명의 보기 드문 연기파 배우들이 많이 출연하였기에 더욱 관심이 가는 영화이다. 스펙터클한 볼거리 짜임새 있는 구성으로 한층 이 영화 속에 푹 빠져 들게 한다.

그래서 147분이라는 긴 상영시간이 절대 길게 느껴지질 않는다.

온 국민들이 봐야 할 자존심이 듬뿍 담긴 우리 영화 <한반도>에 찬사를 보내는 바이다.

-〈수퍼맨 리턴즈〉가 우월주의 샘플?-

지금까지 <수퍼맨> 시리즈가 5편이 등장했다.

28년 전인 1978년에 리차드 도너 감독의 <수퍼맨> 1편이 개봉되어 연일 만원사례를 이룬 적이 있었다.

당시엔 우리 영화보다 외화 한 편이 영화사 입장에선 1~2년분의 경비를 조달하게 되는 황금알을 낳는 거위나 마찬가지였다.

외화 한 편 수입하기 위해서는 의무적으로 우리 영화를 1/4분기 (3개월)에 2편 이상 만들어야 했었다.

물론 해외영화제나 대종상 등에서 작품상이나 감독상, 대상 등을 받은 작품에도 외화를 수입할 수 있는 자격이 주어지곤 했었다.

그래서 수입된 외화들은 종자(種子)돈이 되어 우리 한국영화를 만드는 밑거름이 되었다.

당시 필자는 충무로에서 영화감독으로 데뷔하기 위해 조감독생활을 청산하고 수억 원의 영화 제작비를 믿고 지원해 주게 될 회사를 물색하던 중 우리 지역 출신이신 김용덕 사장께서 운영하시는 '우성사'라고 하는 영화사에서 갖은 눈치를 보며 영화사의 허드레 일에서부터 기획 업무, 제작부 업무, 홍보 업무 등을 거들어 주었던 시절이 있었다.

그 당시 우성영화사에서는 지금은 전설이 되어 버린 크리스토퍼 리브가 주연한 <수퍼맨> 1편을 수입하게 되었다.

필자는 사주의 명령에 따라 극장용 예고편과 TV 광고용 예고편을 별도로 만들었고 또 어린이들이 알기 쉽게 우리말로 더빙까지

하는 시도도 해 보았다.

이후 영화가 개봉되자 어린아이들과 보호자들이 이룬 매표소 앞 행렬은 극장 부근을 두 바퀴 정도 감싸 돌 정도로 연일 매진사례가 일어났다.

이러한 분위기는 마치 명절날 귀향길에 오른 서울역 앞 귀향객들의 행렬처럼 관객의 행렬은 꼬리에 꼬리를 물고 있었다.

또 한때의 호기를 놓칠까봐 암표상인들도 전성기를 맞아 극성이었다.

이젠 암표판매상인 이야기는 추억 속의 그림이 된 것 같다.

<수퍼맨>이 개봉되기 전 미리 영화사 측에선 영화상영 외 부수입원까지 철저하게 고려해 여러 홍보용 상품을 제작한 바 있다.

어린아이들에게 호기심이 넘치는 수퍼맨 도안이 들어 있는 T-셔츠나 퍼즐, 책받침, 배지, 가면 등의 판매고가 입장객들의 관람 수입보다 앞서기도 했었다.

그래서 <수퍼맨> 1, 2편이 생각나게 하는 <수퍼맨 리턴즈>(수퍼맨 시리즈 5편)는 적어도 필자에게는 남달리 감회가 새로운 작품이기도 하다.

세상이 하루하루가 다르게 급진적으로 바뀌어 요즘의 <수퍼맨> 시리즈에선 그동안 20년 전에 보여주었던 모험과 환상 그리고 희망과 꿈은 그리 강조되지 않고 이젠 환상 같은 수퍼맨의 활약상들이 인간사의 일부분처럼 그려져 있다.

마치 그 어떠한 지존적 인물이라도 그것을 인간이 조종할 수 있다는 것을 그려내고 있어 인간보다 우월한 존재는 없다고 하는 것을 강조라도 하는 듯하다.

항상 우월주의와 제일주의를 앞세운, 즉 전지전능이란 용어가 인간에게 더욱 어울리게 되는 단어인 양 미국영화의 우월주의 고질병이 다시 되살아난 미국 특유의 감정이 밴 영화이다.

- 가족애로 물리친 〈괴물〉-

봉준호 감독의 야심작인 <괴물>이 최근 우리 극장가에서 큰 화두로 떠올랐다.

우리 영화계는 스크린쿼터 축소로 인한 충격으로 노심초사하고 있는 이때 우리 영화 두 편이 큰 힘이 되어 주고 있다.

<한반도>와 <괴물>이 우리 영화계 길잡이 역할을 하고 있는 것이다.

2003년 봄에 개봉되었던 <살인의 추억>에 이어 봉준호 감독의 3번째 작품 <괴물>은 마치 많은 사람들이 하늘에 떠 있는 UFO를 목격했다고 주장하듯 한강에서 직접 보았다고 하는 괴물체의 정체에 의문을 품어 왔었던 봉준호 감독이 바로 그 괴생명체를 소재로 영화를 만들었기에 큰 의의가 있다.

대표적인 예를 들면 스티븐 스필버그 감독이 어릴 적 꾸었던 꿈들은 <인디아나 존스>와 <쥬라기공원>으로 환생되기도 하여 전 지구인들을 흥분의 도가니로 몰아넣었었고 또 무서운 <죠스>로도 변신하여 전 세계를 공포의 도가니로 밀어 넣었으며 한때는 <ET>로 돌아와 많은 어린이들과 그의 팬들을 동심의 순수한 세계로 잡아당긴 그래서 영화의 귀재이며 세계 영화계를 구원한 위대한 존재로 일컬어지고 있는 귀한 존재이기도 하다.

꿈만 먹고 살았던 스필버그 감독의 영화적 상상력이 곧 실현이라도 되듯 그의 넓은 상상의 나래는 한없이 뻗어만 가고 있는 것이다.

이런 꿈이 이젠 우리 곁에서도 그 날갯짓을 하고 있다.

바로 괴물이라는 괴이한 생명체를 그린 영화가 바로 그것이다.

이 영화 속에는 한강을 삶의 터전으로 삶고 한강 변에서 매점을 운영하며 3대가 살아가는 영화 속 주인공 가족은 어느 날 괴물에 의해 여중학교에 다니는 막내가 실종되고 만다.

이후 가족애(家族愛)를 앞세워 영화 속 주인공들은 무서운 괴물과 대치하게 된다.

사투 끝에 잃었던 가족을 거의 공식처럼 군경이나 정부보다 더 빨리 찾아내는 용감무쌍한 가족으로 설정하여 국민의 영웅으로 되돌아오게 되는, 즉 모험심과 희망을 그리고 참된 가족애를 심어 주는 영화이기도 하다.

영화 <괴물>은 마치 실베스타 스텔론이 주연한 <람보>처럼 근육질의 육체미나 그들만의 우월주의를 내세운 자화자찬(自畵自讚)도 아닌 단지 휴머니즘이 물씬 풍기는 가족애를 앞세워 괴물과의 사투를 다루고 있어 더욱 많은 관심을 받게 된 것이다.

또 경제계에서도 틈새시장을 노리는 타짜들이 있듯이 괴물과 사투를 벌이고 있는 동안 잠시 빈틈을 노린 밤손님이 주인공들이 운영하는 이들의 매점에 일명 서리꾼으로 자신을 순화시켜 가며 매점에 있는 먹을 양식들을 훔쳐간다는 웃지 못할 잔인함까지 영화 속에 담아내고 있다.

이런 사회성 짙은 부분이 이 영화를 더욱 값지게 만들고 있는 것이다.

그래서 오늘을 살아가는 현대인들에게 경종을 울려 주는 좋은 사례가 되고 있다.

당분간 강우석 감독의 <한반도>와 함께 우리 영화가 강세를 보일 추세다.

봉준호 감독의 꿈을 영화화한 <괴물>은 저기압 상태인 우리 극장가에서 단연 화두의 꼭짓점에 놓일 것이 분명하다.

제발 <괴물>이 큰일을 저질렀으면 하는 바람이다.

－고정관념의 틀을 깬 〈플라이대디〉－

요즘 국민배우로 칭송받을 만한 두 배우가 등장해 화제가 된 영화 <플라이대디>가 개봉되어 우리 극장가에 비상한 관심이 모아지고 있다.

칸영화제에서 그랑프리를 수상했던 <올드보이>를 비롯하여 일본에서 더욱 흥행에 성공한 <내 머리 속의 지우개> 등 일본산 원작을 바탕으로 제작된 한국영화들이 큰 성공을 거둔 바 있기에 요즘 <한반도>, <괴물>, <캐리비안의 해적> 등 화제작들이 즐비한 가운데서도 명실공(名實共)히 <플라이대디> 관객 점유율이 상승세를 타고 있어 더욱 이 작품의 행방이 큰 관심거리일 수밖에 없다.

특히 묵직한 뱃살을 단단한 근육으로 바꾸기 위해 체중을 15kg 늘였다 줄이는 신체적인 노력도 마다하지 않는 호연을 한 이문식이라는 걸쭉한 연기자와 <왕의 남자>로 스타덤에 오른 이준기의 열연도 돋보인 볼만한 영화이다.

일본 '가네시로 가즈키(金城一紀)'의 소설 '플라이, 대디, 플라이'(Fly, Daddy, Fly)가 원작인 <플라이대디>에는 보통 일상적인 관습이나 통념적인 습관으로부터 벗어난, 즉 일탈을 꿈꾸며 그려낸 여러 모습들이 이 영화 속에 담겨 있다.

처음 이런 형식의 영화를 대하는 관객들은 충격이 컸을 것이다.

필자 역시 색다른 우리 영화의 색깔에 놀라지 않을 수 없었다.

그러나 <플라이대디>가 시종일관 현실의 일탈과 관습으로부터 해

방을 추구하는 그림을 그렸다면 또 다른 현상이 빚어졌겠지만 영화 후반부엔 다시 현실적인 모습으로 되돌아오는 마치 꿈을 꾸고 난 모습처럼 영화는 몽롱한 몽환적 분위기로 이어져 보통의 관객들에게 충분히 설득력 있는 영화적 구성이 된 것이다.

이 영화 속에는 삼강오륜(三綱五倫)이나 위계질서(位階秩序) 등 우리의 정서인 동방예의지국(東方禮義之國)이라는 단어 등은 찾아볼 수 없을 정도로 모든 상식적인 사고는 땅속에 묻혀버린 장면들로 연속되기에 더욱 조심스러워지기 때문이다.

너무 착하고 평범하기에 답답하기만 한 보통의 가장이 권력과 돈이 있는, 즉 힘 있는 자로부터 엄청난 모욕을 당하게 된다.

그리고 설상가상으로 자식 같은 나이 어린 고등학생에게 무릎도 꿇어야 하고 이후 사각의 링이라는 공인된 장소에서 딸과 자신의 가정에 큰 상처를 안겨 준 고교 짱과 처참하고 참담한 필사의 승부를 펼치면서까지 갖은 수모도 겪어야만 하는 주인공의 비애를 통해 오늘날 망가지고 왜소해진 우리 가장들의 또 다른 모습도 발견하게 된다.

한편으론 잃어버린 가장의 자존심을 찾기 위한 필사의 노력들도 영화 속에서는 코믹요소를 가미시켜 웃음으로 그려지고 있어 왠지 씁쓸함도 느끼게 한다.

한편 극단적 상황하에서 고교생이 주인공에게 스승으로 군림하며 각고의 훈련을 통한 승부의 세계를 전파해야만 하는 이런 보통의 상식선을 넘는, 즉 세상의 이치를 한순간에 무너뜨리는 아이러니한 코믹 구성도 담고 있는 작품이다.

고정의 관념에서 깨어나야만 살 수 있는 독특한 영화 <플라이대디>가 더 많은 사랑을 받았으면 한다.

Part

박형균의 우리 지역
영상문화 걱정!

─ 꼭 살려내야 할 세트장 ─

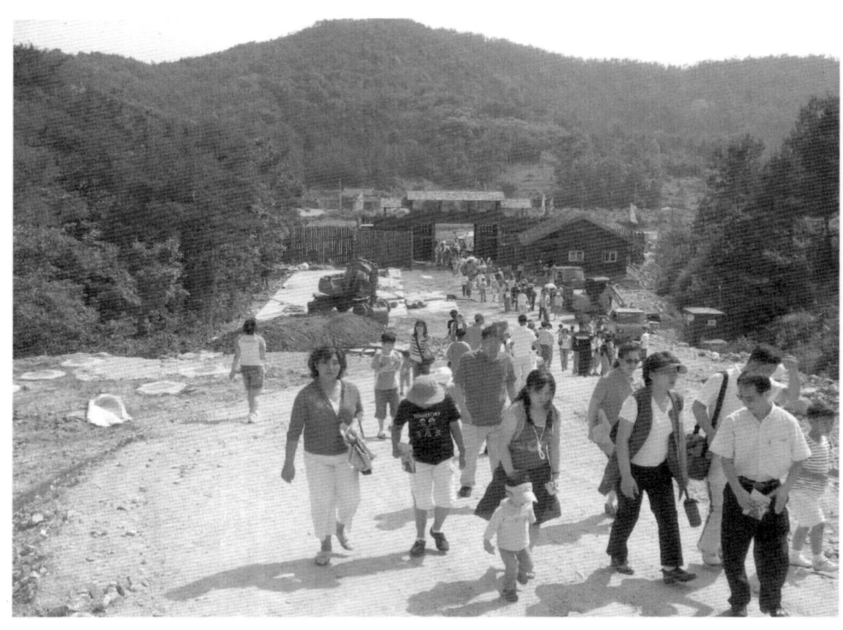

사진 1)

　며칠 전 광주 지역에 유일한 드라마·영화 세트장 건립에 관련된 광주 남구청의 관계자 13명이 고발되었다는 소식을 접하고 영상문화 불씨가 꺼져 가는 우리 지역의 비극적인 현실에 개탄을 금치 못하는 영화인으로서 피를 토하고 싶은 심정으로 이 글을 쓴다.

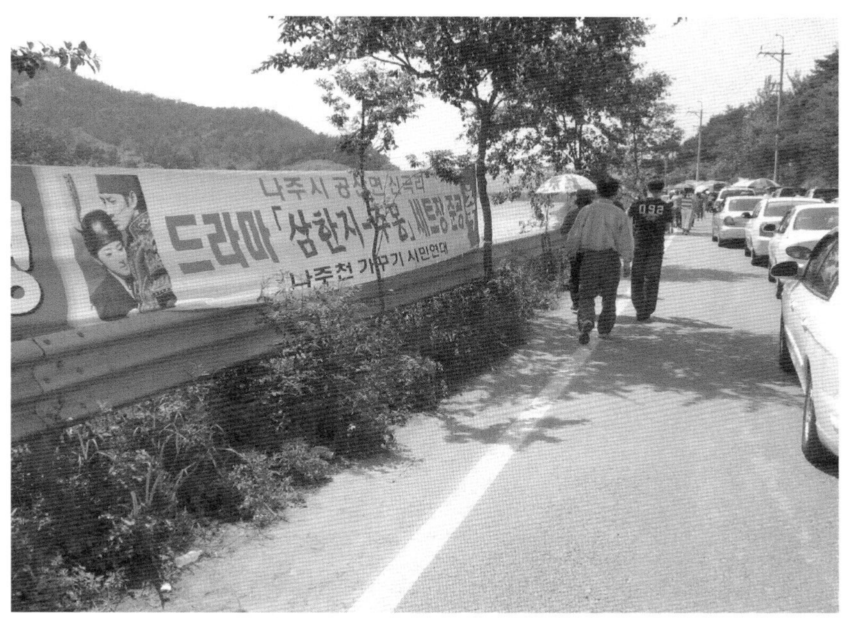

사진 2)

　필자는 몇 년 전부터 이 지역의 영상산업과 영상문화를 어떻게 하면 살려 볼까 하고 고민하던 끝에 세계 대부분의 지역에서 관의 지원을 받아 활발하게 운영되고 있는 지역 영상을 대표하는 영상위원회를 우리 지역에도 뿌리 내려 보려고 영화에 관심이 있는 이들과 전문가인 영화계 출신 인사들로 조직을 만들어 민간단체 성격으로 우선 출범한 사실이 있다.

　한국영화 점유율이 60%를 달성하였던 2005년도까지 전국에 크고 작은 영화촬영지, 야외 세트장들이 영화와 함께 크게 흥행을 하던 중, 필자의 고향 광주에도 드디어 드라마·영화 세트장(실내 촬영용)이 건립되어 기쁜 마음을 감출 수가 없었다.

　KBS－TV드라마 <구미호외전>을 촬영하고 뒤이어 <구미호외전> 세트를 활용한 '무비판타지'라는 체험공간을 만들어 대중들에게 오싹한 분위기를 제공했던 시설물로도 재활용되어 왔었다.

이후 많은 영화들이 실내 세트를 사용하기 위해 대기한 상태였다.

잘 알려진 <박수칠 때 떠나라>, <주먹이 운다>, <혈의 누> 등 실내 세트를 이용하려고 경쟁까지 했었던 적이 있었다.

그러던 중 불의의 사고로 세트장은 제 구실을 할 수 없게 되었다.

이후 놓쳐버린 고기가 크다고 하듯이 계획된 작품들을 유치하지 못하게 되어 예상과는 다르게 지역 경제에 보탬이 되지 못하게 되었던 것이다.

또 한편으론 가장 중시 여기는 지역 영상문화의 근간(根幹)이 흔들리게 되었다는 사실에 큰 충격이 되고 만 것이다.

이런 사실은 누구보다 필자는 애석해하고 괴로워했던 것도 사실이다.

물론 남구 양과동에 위치한 드라마·영화 세트장 건물을 건축한 남구청 관계자들의 심정이야 오죽했을까?……

영상으로 지역들이 회생한 사실을 알아보면 완도 <해신> 세트장이 좋은 본보기이다.

또 과거 한류열풍의 본거지인 춘천 지역이나 남이섬 역시 그동안 별 소득이 없었던 관광지가 이젠 많은 관광객들로 넘쳐 나고 있음은 매스컴을 통해 잘 알려진 사실이다.

그리고 요즘 드라마 시청률 30%를 능가하여 한창 화두에 올라 있는 나주 공산에 위치한 <주몽> 세트장을 보면 잘 알 수 있다.

그동안 폐광으로 인해 주변 농지들까지 잔류농약검사에서 위험수위에 가까운 결과가 나와 한때는 버려진 땅으로 포기한 상태였던 나주 공산면 외진 곳에 나주시의 과감한 결단에 의해 70억이라는 막대한 예산을 투입하여 이제는 주말이면 4~5천 명의 관광객이 끊임없이 찾아오고 있어 좁은 시골길이 인산인해를 이루고 있다(참고로 일반인은 3,000원의 입장료를 지불하는 곳이다).

아울러 길가에서 여름제품을 판매하는 포장마차 형태의 이동 상가들도 톡톡히 한몫 챙기고 있다.

또 순천의 SBS-TV의 <사랑과 야망> 세트장이 그렇고 완도 청산면의 천혜의 촬영현장과 장흥의 <천년학> 세트가 그리고 곡성의 구 철도부지와 역사(驛舍), 담양의 대나무테마파크, 관방제림, 메타세콰이어거리, 금성산성, 보성의 차밭 또 장성의 영화마을, 함평의 5일장터, 영광 백수의 해안도로 주변의 <마파도> 세트장, 지리산 계곡일대와 사찰, 여수 돌산 향일암 등 우리 지역 주변 곳곳에 수려한 경관과 함께 산재한 영화나 드라마의 촬영현장들을 보면 예전과는 다르게 관광객들의 발길이 끊임없이 이어지고 있다.

영화·드라마를 지역에 유치함으로써 발생되는 경제적 이익, 홍보 효과, 문화산업적 성장에서의 막대한 이득을 어느 누구도 의심할 수는 없을 것이다.

과연 이런 사실들을 살펴보았을 때 영화·드라마 세트장을 문제삼는 분들 중 몇 분이나 위의 세트장에 다녀오셨는지 모르겠다.

현재 전라북도 전주, 전라남도 순천 등지에서 많은 영화가 촬영되고 있다. 광주에서도 많은 작품들이 촬영을 준비하고 또 촬영 중이다.

그러나 실내 세트 촬영은 서울, 부산, 파주 등 스튜디오가 설립된 지역에서만 하고 있는 실정이다.

바로 이런 영상 제작팀들 중 전라도에서 촬영하는 제작팀들이 오픈세트와 로케이션을 전라도에서 촬영하고 "실내 내부 촬영은 서울까지 가지 않고 광주의 실내 세트장을 제공해 줄 테니 이곳 광주에 와서 촬영을 하라." 이 얼마나 좋은 생각인가!

이미 많은 작품들이 광주의 드라마·영화 세트장을 손쉽고 시간을 절약하고 인력의 낭비를 줄이는 차원에서 이용하게 될 것이기에 벌써부터 양과동 세트장의 화재 뒷정리를 기다리는 많은 영상 제작팀들의 문의가 쇄도하고 있다.

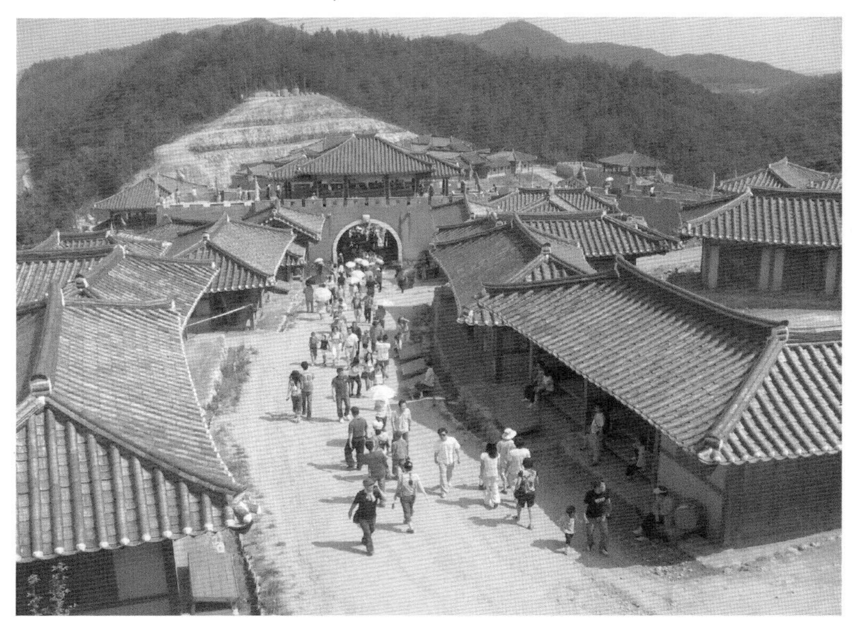

사진 3)

현재 광주에서 5·18을 재현하듯 한 '기획시대'라는 영화사가 촬영하고 있는 <화려한 휴가> 팀들을 비롯하여 <올드보이>로 세계에 명성을 떨친 바 있는 '박찬욱' 감독의 <싸이보그지만 괜찮아> 그리고 400억 원의 예산이 투입되는 대규모 전투 장면이 연출되었던 SBS의 <연개소문> 등의 관계자들로부터 문의가 있었다.

그 밖에 완도나 여수, 장흥, 완도, 해남 등 전라도에서 촬영하고 서울로 올라갈 팀들의 발목을 붙잡기엔 안성맞춤인 것이다.

특히 방영 중인 MBC의 <주몽>(나주, 무등산 일대)과 SBS의 <사랑과 야망>(순천 오픈세트장), '연개소문'(완도 해신 세트장) 그리고 여수에서 촬영하게 될 KBS 드라마인 <해어화> 등의 실내 촬영 부분을 얼마든지 광주 실내 세트장인 드라마·영화 세트장으로 끌어올 수도 있었다는 것이다.

실내 세트를 광주에서 촬영하면 광주에 무슨 이득이 있을까?

바로 전주, 순천을 잇는 영화·드라마의 중심지 역할을 할 수 있다는 것이다.

세트 촬영은 1달에서 길게는 3달 정도가 소요되는데 그동안에 광주에서 제작팀이 거주하면서 소모하는 비용은 물론이요, 각종 장비의 기자재 소품, 보조출연의 인건비 등 부가적 경제이익은 말할 수 없이 크다.

전라도의 영화나 드라마의 촬영 중심지 역할을 광주가 이루어 내게 되는, 곧 관광의 허브가 될 수 있다는 것이다.

특히 남구 드라마·영화 세트장이 중심이 되어 이제부터는 '모든 전라도 관광은 광주에서부터 시작한다.'라고 하는 타이틀로 관광객 유치에도 큰 도움이 될 것이다.

이어 많은 영상 관련 업체, 엔터테인먼트 업체, 관광 요식 업체 등 우리 지역에 미치는 그 파급 효과는 엄청나게 클 것이다. 이처럼 충분히 있는 자원을 잘 활용하여 지역 영상산업에 이바지할 수 있는 좋은 시설을 우리 모두가 더욱 힘을 합하여 살려내야 한다는 것은 너무 자명한 사실이다.

우리 지역엔 국제영화제도 스스로 자충수를 두어 그나마 커 오던 영상의 불씨에 찬물을 끼얹는 결과를 초래하기도 하였고 또 이번에는 지난 지방선거 당시 공천이나 지역 여론들로부터 소외된 구정치인들과 상대적으로 우리 지역 정서에 밀려 소수의석을 차지한 모당의 지역의원들이 남구 세트장에 관련하여 쟁점화시키는 행동은 스스로 영상에 대한 무지함을 여실히 증명하고 있다는 사실이다.

한마디로 광주가 문화중심도시를 지향하는 도시라는 사실을 내세우기가 부끄러울 정도이다.

　왜 하필이면 지방선거가 끝난 지금에 와서야 유독 드라마·영화 세트장을 문제 삼는 것인지 그 숨은 속뜻이 궁금하다.

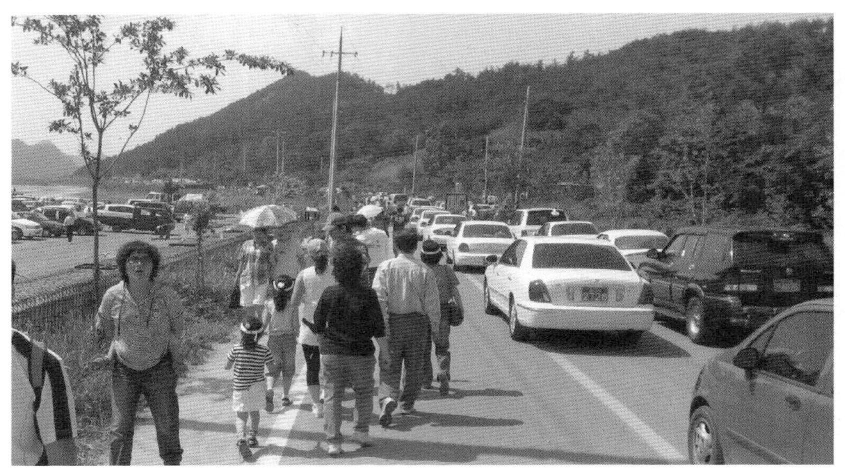

사진 4)

　건축물이 설립될 당시 말없이 동의해 준 몇몇의 전·현직 남구의회 의원들이 불의의 사고로 인해 잘 운영되지 못하였다고 이제 와서 세트장을 빌미 삼아 시시비비를 가린다는 것은 '광주 남구청의 과거행정에 흠집을 내기 위함'이라고 하는 그런 의미가 있는 것인지 또는 어느 한 사람을 타깃으로 끌어내리려 하는 것인지 또 진정 남구의 영상산업과 영상문화에 애정을 가지고 취하는 관심의 표현인지 필자로서는 알쏭달쏭하기에 그저 답답하기만 하다.

　기왕 다 같이 만든 우리의 자산이라면 그것을 잘 가꾸고 키워 볼 생각을 먼저 하지 않고 그린벨트 지역에 세운 불법건축물이며 2004년 세트장 건립 시 예산의 과다한 지출이라 하여 뒤늦게 문제 삼고 있는데 그린벨트 지역엔 체육시설이나 문화시설은 세울 수 있다고 필자는 정치나 행정은 모르지만 매스컴을 통해 듣고 알고 있는 사실이다.

또 절차가 다소 문제가 되었으면 그 당시 문제를 삼고 시시비비를 가렸어야 옳은 처사이다(2005년 12월 16일경 남구 양과동 드라마·영화 세트장 지역 그린벨트가 풀림).

언제 우리 지역의 영상의 꽃은 피어나게 될지? 또 세트장에 관련하여 고발장에 동조하신 전·현직 의원들께선 과연 우리 지역의 영상문화를 한 번쯤이라도 생각해 보셨는가?

그리고 이 분들이 부산이나 부천, 전주 등의 영상산업이나 영상문화에 관련하여 벤치마킹해 보셨는지?

세계적 영상단지들이 얼마나 천문학적인 경제적 이익을 창출해 내고 있는지?

이런 점들을 조금이라도 고려해 보셨는지 되묻고 싶은 심정이다.

필자는 30년 이상 영화에 몸담아 왔지만 우리 지역처럼 영상에 문외한인 소수 전·현직 지역의회 의원들의 무성의한 모습을 고운 시선으로만 바라볼 수가 없다.

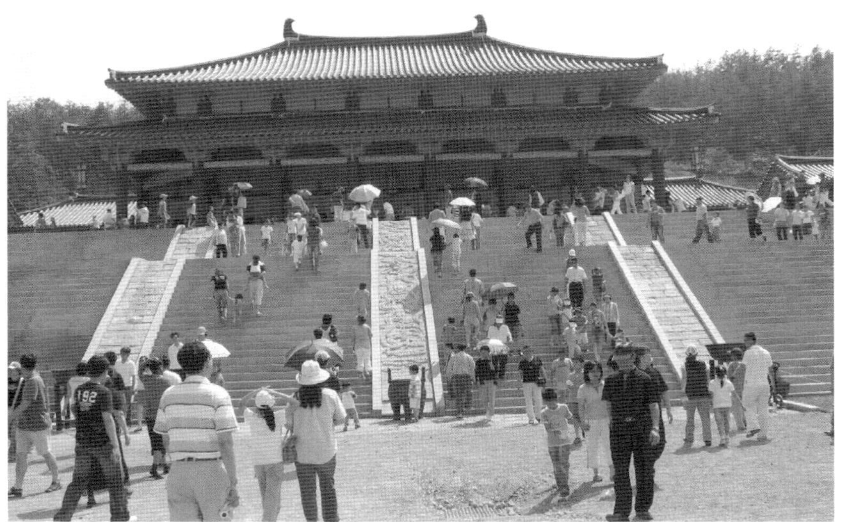

사진 5) 나주시 〈주몽〉 오픈 세트장

그래서 더욱 안타까운 심정이다.

그러나 의지를 보이는 단체장과 관계자 분들이 있어 다소 위안이 되기도 한다.

정치인들의 뜻은 잘 모르겠지만 이제부터라도 초당적인 자세로 여야가 손을 잡고 윈윈전략의 차원에서 광주가 문화수도로 가는 길을 함께 모색해 보면 어떠할지?

언젠가는 우리 지역에도 영상산업 영상문화라는 단어들이 화두에 올라 이 지역에서 많은 영상물들의 제작이 이루어지길 간절히 바라는 바이다.

영상산업이란 단순한 볼거리만 제공하는 경우와는 너무 다르다.

바로 영상은 돈이 되는 그래서 지역 경제에 큰 도움이 되는 사업이며 우리의 자긍심을 한껏 불러일으킬 수 있는 문화의 유산으로서도 손색이 없는 큰 자산인 것이다(사진은 2006년 6월 11일 나주 공산면 삼한지 <주몽> 촬영 세트장 입구와 내부 모습).

감동 넘치는 〈각설탕〉

  말[馬]은 당근을 좋아한다는 것으로 알고 있었던 필자는 새삼 각설탕도 잘 먹는 동물인지는 미처 알지 못했고 이 영화를 보고서야 알게 되었다.

  이 영화의 제목이며 말이 매우 좋아하는 '각설탕'은 여주인공이 어릴 적부터 성장해서 경마장 기수가 되어서까지 좋아하는 애마 '천둥이'의 사이를 다리 놔 주고 있는 매개체이다.

  엊그제 개봉한 이 영화는 벌써 각 매스컴을 통해 감동의 물결이 넘쳐 화제로 떠오르고 있어 〈각설탕〉의 향방도 〈한반도〉나 〈괴물〉에 이어 나름대로 탄탄대로를 걷게 될 것임을 암시해 주고 있다.

  사람과 말[馬]의 우정을 소재로 만든 이 영화는 좀처럼 우리 영화에서는 보기가 힘든 소재이었기에 더욱 주목받고 있다.

  말과의 우정(友情)! 우정이라는 표현이 좀 어색하지만 친동생으로 생각하며 애마 천둥이와 여주인공이 나눈 각별한 정(情)은 어려서부터 여주인공을 엄마 없이 키운 홀아버지마저도 그 누구도 떼어 놓지 못하고 망아지 천둥이와 헤어졌다가도 몇 년이 흐른 후 성장하여 다시 만날 수밖에 없는 하늘이 맺어 준 인연처럼 여주인공과의 끈끈한 매듭은 감동으로 넘쳐 스크린을 달구어 주고 있다.

  종영 후 스크린을 향해 뜨거운 박수도 보내고 싶을 정도로 내 마음 한구석에는 애석함과 황망함 그리고 허전함도 남아 있어 무더운 여름 이열치열(以熱治熱)이라 하듯 우리의 메마른 감정을 달구어 더위를 이겨내야 할 필요가 있다.

이토록 가슴 시린 애틋한 감동이 담긴 말과의 우정을 그린 영화는 반드시 성공할 수밖에 없다.

영화 속에는 볼거리도 있는데 첫 번째로 손꼽을 만한 풍광으로는 뭐니 뭐니 해도 경마장에서의 질주다. 달리는 힘찬 말들의 모습에서 삶의 긍정적인 모습과 경마장 객석의 이런저런 모습들에서 사회의 이면들도 보여주고 있다.

두 번째 볼거리는 제주도의 드넓은 목장의 풍광이다.

시원하게 트인 제주도 바다 배경에 넓게 펼쳐진 목장에서 말을 타고 달리는 여주인공의 모습을 목장 옆으로 곧게 뻗은 도로 위를 달리는 자동차에서 팔로(Fallow)하는 장면이 있다.

이국적인 모습으로까지 보인 이 장면은 누구나 '와!' 하며 탄성을 지를 것이다.

우리 영화가 잘될 징조가 보인다.

<새드무비>(2005년)가 그렇고 <내 생애 가장 아름다운 일주일>이 그렇듯이 다양한 소재와 짧은 에피소드로 이루어진 옴니버스 형식의 영화에도 관객이 찾아가고 과거 히트한 영화들의 명장면을 그대로 패러디한 <재미있는 영화>(2002년)도 즐겨하며 국제영화제 등에서 그랑프리를 차지한 예술성 짙은 아트영화들에도 극장을 찾아가는 다양한 손님들로 인해 우리 극장가는 맑음이다.

동물을 사랑하는 우리 국민들의 수준을 가늠케 한 <각설탕> 이 영화 한 편이 한국인들 정서의 표본이 되었으면 한다.

이처럼 정이 많은 우리 국민성은 하늘에서나 찾아볼 수 있는 선인의 정신이요 천국 그 자체이다.

다양한 장르의 영화들에 관심을 보인다는 것은 그만큼 관객들의 눈높이가 올라가 있다는, 즉 우리 영화는 건강하다는 결론이다.

-작금에 이슈화된 나주시 〈주몽〉 세트장을 이렇게!-

● 버려진 땅을 꿈의 영상단지로!(전)

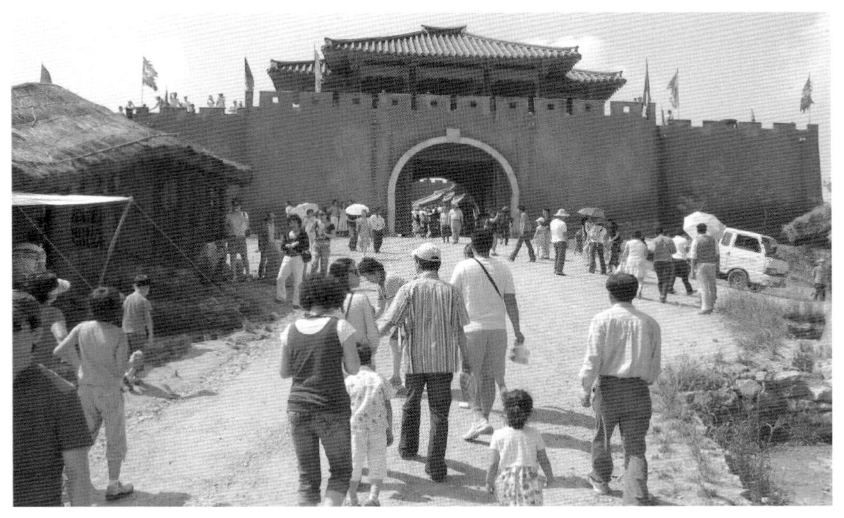

나주 공산면에 세워진 <주몽> 오픈세트장에 관한 질책성 기사들을 대하면 씁쓸해진다. 광주 전남 지역에서는 영상문화가 무척 배타적인 것이 사실이다.

순천의 <사랑과 야망>, 여수의 <해어화> 오픈세트장들이 설립 초기부터 지역에서 이런저런 말들이 무성했었다.

타 시도의 세트장을 충분히 다녀 보고 할 말들을 하셨으면 하는 영상전문가로서 솔직한 마음이다. 타 지역에서는 영상단지나 영상단체를 꾸미지 못해 안달이 날 정도이다.

경남이나 경북 경우를 보면 진주는 촉석루를 중심으로 그리고 하동은 악양뜰 최 참판 댁 토지세트장에 또 마산, 창원에서도 거제도 포로수용소와 외도 등을 중심으로 지역 영상위원회 발족을 위해 선의에 경쟁도 한 적이 있다.

그리고 대구나 경상북도에서도 영상위원회를 만들겠다고 2~3년 전부터 별러 왔었다가 2005년 4월에 광주영상위원회와 재천청풍영상위원회 그리고 2005년 11월에 경기영상위원회에 이어 2006년 5월에는 경북영상위원회도 발족되어 서로서로 지역 영상 발전에 촉각을 곤두세우고 있는 실정이다.

이런 사실들과 비교해 보면 정말 우리 지역 영상문화 점수는 미래가 불확실한 낙제 점수일 수밖에 없다. 그래서 필자는 이런 질책성 기사들을 접하게 되면 영상을 관계하는 일원으로서 무척이나 가슴이 아픈 것이다.

한편으로는 오히려 우리 지역이 영상의 불모지이기에 영상운동에 더욱 매진하게 된 동기이기도 하다.

타 지역에선 만들지 못해 야단이고 반대로 나주보다 몇 배 큰 광주광역시는 돈도 땅도 없어 드라마 세트장을 꾸미지 못하고 있는 실정인 데 비해 인구 몇 안 되는 나주시가 지난 <왕건>의 쓸쓸한 맛을 보고 난 후 조금 늦었지만 지금이라도 영상을 앞세운 문화도시로 탈바꿈하려는 것 같아 무척 부러워했었다.

물론 먼저 들어선 완도, 순천, 나주, 여수, 장흥 등에 지어진 야외 오픈세트장을 비롯해 일찍이 명명된 장성의 영화마을도 잘 가꾸어야 하는 것은 당연하다.

또 우리 고장에 숨겨진 자랑거리가 있다.

영화 <황산벌>, TV드라마 <형사>, <대장금>, <궁>, <주몽> 등 옛 사극의 대소도구 등을 만들어 소리 소문 없이 꾸준히 납품하여 그 실력을 인정받고 영화 제작사나 방송국에서 탐내는 영상 제작의 귀재 한 사람이 담양을 거점으로 활동을 하고 있다.

그리고 본인의 금쪽같은 사비 30억을 투자해 세운 송학민속체험 박물관에 찾아온 관람객들에게 영상물 체험의 공간도 제공하고 있어 담양에서 홀로 영상위원회를 꾸려 가듯 지역 영상문화 활성화와 더불어 지역 경제에도 큰 도움을 주고 있다.

바로 그 인재가 광주전남고미술협회지회장 김종욱 관장으로 우리 고장에 살고 있다는 것만으로도 가슴 뿌듯한 심정이다.

이처럼 담양의 민속체험장과 다시 재건할 여건을 만들고 있는 광주 양과동 실내 세트장 등에 애정 어린 시선과 채찍질이 필요할 때이다.

● 버려진 땅을 꿈의 영상단지로!(후)

나주와 광주가 비록 타 지역에 비해 늦게 시작한 영상산업이지만 분명 우리가 하나 되어 지혜를 모으면 좋은 결실을 거둘 자신이 있다고 장담한다.

뭐든지 처음 하면 실수는 따르는 법! 관람자들의 불편도 잘 알겠지만 1살도 안 되는 아이에게 과중한 질책의 경우가 아닌가 싶어서이다.

차라리 발전성 있는 고민을 할 수 있도록 나주시 관계자들께 오히려 칭찬으로 힘을 실어 주면 어떨까 하는 영화적 발상도 필자는 기대해 본다.

　　나주시는 영상에 투자한 만큼 영상 마인드는 향상되어 가고 있으며 우리 지역에는 특별한 영상 부분 인재도 건재하고 있어 영상산업에 투자하면 반드시 돈이 된다는 사실쯤은 이제는 모두 다 아는 사실이기에 실리경영을 하고자 하는 의욕만 더욱 강해진다면 나주 <주몽> 세트장은 드라마 시청률 못지않은 축복받은 관광지가 되리라 믿는다.

　　아직은 처음 꾸며 본 초창기이기에 오픈세트장 경영 요령을 잘 몰라 관람객들의 원성이 높은 것은 당연하다.

　　이런 아픔은 모처럼 80억을 투자한 영상문화사업이기에 넉넉한 호남인의 지혜로 풀어 가야만 할 것이다. 필자 역시 광주 지역에 촬영하러 오시는 영상 관련 관계자들과 3,000원씩 입장료를 지불하며 두 번 <주몽> 세트장을 찾은 적이 있다.

　　<주몽> 세트장 입구 1키로 전방부터 꽉 막혀버린 교통의 마비는 무더운 날씨 때문에도 짜증을 더욱 가중시켰고 다양하고 깔끔한 토속적인 음식과 나주의 특산물도 노점이나 임시 가설 점포가 아닌 좀더 반듯하고 세련된 매장에서 판매가 되었으면 했다.

　　또 갈증을 달래 주는 음료 판매대도 쓰레기박스와 함께 지저분하게 설치되어 있어 너무 누추하기 이를 데 없어 동리 소풍 온 기분 정도였던 것이 사실이다.

　　아무렴 경주나 남이섬 같을까마는 필자부터 불편하고 힘이 들었던 것이 사실이다.

　　관광지로서 미흡한 점이 많았다고 할까?

　　그러나 고향 사랑하는 마음으로 참아야만 했다.

　　그래도 과거 폐광 터로서 주변 땅들이 오염도가 높아 버려진 땅이었던 점들을 감안한다면 주변에 들어선 <주몽> 세트장은 공산면 일대를 명동(번화가)으로 만드는 주역이 된 셈이다.

상전벽해(桑田碧海) 그날이 온 것이다.

이젠 지속적으로 유치해야 할 후속 촬영이 더 큰 문제이기 때문에 음식점과 편의시설 등에 관한 논의는 잠시만 쉬었다 꾸려 갔으면 한다.

물론 편의시설, 음식점도 중요하다.

그러나 일에는 순서가 있으니 더 큰 앞날의 행복을 위해 질타보다 힘을 실어 주시는 일이 더 낳은 방법일 것 같다.

분명 영상전문가를 비롯해 관광 건설 행정 교통 관계자들과 머리를 마주하면 점진적인 발전방향이 나오리라 확신한다.

함평의 나비축제와 인지도 면에서 비교는 안 되지만 나비축제의 정신도 잘 벤치마킹해서 믹서하면 어떨까 한다.

모처럼 찾아온 <주몽>의 인기는 또다시 찾아오기 힘든 현상이 분명하다.

이 사실은 우리 지역에 찾아온 특별한 행운이다.

이 호기를 놓쳐 후회하는 일은 있어서는 절대 안 되는 일이다.

나주시 행정가들의 탁월한 운영의 묘를 기대해 본다.

－무더위를 이겨내지 못하는 〈아이스케키〉－

'1950~1960년대를 배경으로 만든 영화가 과연 지금에도 먹혀 들어갈까?' 하는 충무로의 걱정들이 곧 필자의 걱정거리이기도 하다.

세월만큼 세상도 달라지겠지만 문화의식도 점차 바뀌어 가고 있다는 증거이다.

<태극기 휘날리며> 이야기 속처럼 아군 1명이 적진지 내에서 신출귀몰하는 아이러니한 장면들도 그냥 심각하게 보고 넘어가야만 하는, 즉 전투와는 무관한 상황들이 연출되는 엉뚱한 그림들이 난무하는 전쟁 같지 않은 전쟁을 그린 영화가 그야말로 대박을 터트리고 있는 현실이 오늘인 것이다.

또 40~50년 전 당시의 실상을 그대로 재미있게 꾸민 TV드라마나 70~80년대를 배경으로 한 영화들까지 크게 두각을 나타내고 있다.

물론 극(劇) 내용이 흥미롭고 진솔하였기에 관객이나 시청자들에게 더욱 어필되었겠지만 그 내용이 비록 비현실적이며 허구일지라도 지금의 관객들에게는 필요한 즐거움만 안겨 준다면 아무런 관계가 없다는 결론이다.

영화가 성공하기 위해선 관객들은 그 영화를 통해 스스로 자아도취되고 고무되어 영화 제작자나 배급사를 대신해 입에 작품을 물고 이곳저곳 다른 입과 귀와 눈으로 전달을 해 주어야 한다.

그러기 위해서는 꼭 필요한 충분조건들이 있어야 한다.

연기는 기본이며 감동도 기본이고 또 색다른 뒷받침이 꼭 필요하다는 것이다.

생각할 수 없는 특이한 반전(反轉)이 자주 이루어져 관객들의 혼을 완전히 빼 놓는다든가 또 엉뚱한 사건과 이어져 도저히 상상 못한 다른 결론으로 관객들의 마음을 움직여 준다면 그 작품은 반드시 성공하게 되어 있다.

그만큼 일상과 거리가 있는 환상(幻想), 모호(模糊), 관음(觀陰), 일탈 등이 영화의 흥망성쇠의 관건이 된 셈이다.

이쯤의 사실들도 많은 관객들이 잘 아는 사실이지만 영화가 개봉되면 항상 필자는 걱정이 앞선다.

무조건 우리 영화는 잘되어야만 한다는 강박적 사고가 앞서 있기 때문이다.

한마디로 필자는 환자인 셈이다.

지금 한창 개봉 중인 영화 <아이스케키>는 1969년 당시를 배경으로 그린 영화로 최연소 연기파 아역배우 박지빈 군과 데뷔 17년만에 스크린에 도전하는 중견 여배우 신애라 씨의 연기가 볼만한 영화이다.

그러나 이 영화를 보고 난 관객들의 입장들이 너무 다양하다.

향수(鄕愁)를 그린 영화이기에 50대가 넘는 관객들에게만 어필되고 젊은 영화 주관객층인 18~23세 여성들에겐 큰 감흥을 얻어내기란 여간 어려운 것 같은 상황들을 간파해서이다.

무더운 여름 오싹한 <괴물>과 함께 같이 갈 우리 영화 어디 없을까?

그만 더위에 <아이스케키>가 다 녹아버리면 어떡하나 하는 겁이 드는 이유가 무얼까?

이처럼 필자를 환자의 위치에서 헤어나지 못하게 하는 작품이 <아이스케키>이다.

디지털 세대에게 전해 주는 아날로그 정서의 가슴 찡한 감동!

비록 느린 템포로 진행되며 반전에 큰 기대가 가지 않는 영화이지만 정석으로 영상을 끌어갔기에 보통의 관객들 마음속에 내재된 향수(鄕愁)라는 숨겨진 감성을 더욱 거세게 건드려 주었으면 하는 바람이다.

－〈화려한 휴가〉 보조출연 이대로는
안 된다－

　〈화려한 휴가〉 보조출연 뒤에 찾아올 씁쓸한 광주시민들의 볼멘소리가 걱정된다!

　영화라는 매체는 종합예술로서 문화라는 범주에 속하며 또 한편으로는 영상산업이라는 거국적인 타이틀을 거머쥔 산업의 일환으로 이 시대에 떠오르는 상업성이 강한 상품이기도 하다. 즉, '산업'이라는 명분과 하이브리드 시대에 걸맞은 '예술'이라는 양면성을 지닌 영상 매체인 것이다.

　최근 5·18 당시를 재현시키려고 하는 영화 한 편이 광주 지역에서 중점적으로 촬영하고 있다. 참으로 우리 지역을 세계 방방곡곡에 알리는 경우이기에 다행스러운 일이다. 그리고 만약 이 작품이 타 지역 세트장에서 제작된다면 아마 필자는 소름이 돋아 다시는 이 작품을 쳐다보지도 않았을 것이다. 그만큼 이 작품에 거는 기대도 크고 애정을 담고 이 글을 쓰게 된 것이다. 그러나 제작사의 실익만 생각한 나머지 광주시민들에겐 너무 무리한 요구를 하는 것 같아 매우 유감이다.

　영화사 '기획시대(대표 유인택)'의 〈화려한 휴가〉는 지난 6월에 제작발표를 광주 시청에서 관의 도움으로 터트려 마치 우리 지역에 크게 경제적으로, 정신적으로 도움을 주는 것인 양 관을 등에 업고 우리 지역에 땅을 빌려 세트를 지은 다음 오로지 이윤을 목적으로 만들어지고 있는 영화일 뿐이다.

광주의 정신으로 일컫는 5·18을 소개하는 즉, 숭고하고 거룩한 광주의 민주화 정신을 세계 방방곡곡에 널리 알려 광주시민들의 자존심과 자긍심을 일깨워 주려 한다는 영화 제작사의 의도는 광주시나 시민들의 기본 정신과는 사뭇 다른 표면적인 목적으로, 즉 페이퍼성인 목적과 의도로 끝마칠 가능성이 높은 작품이 되고 있는 형국이다.

최근엔 5·18을 앞세워 우리 지역 정신을 그려낸다는 명분으로 그럴싸하게 포장해 영화 선전 및 보조출연자를 모집하고 있는데 겉과 속이 다른 영화 제작사의 표리부동(表裏不同)한 내적 진실을 밝혀 두고자 한다. 이는 상거래를 흐리게 하고 있기에 광주시민들 이름으로 영화 제작의 나쁜 관행에 제동을 걸고 또 이들로부터 피해를 보는 사례가 발생하지 않았으면 하는 마음으로 미연에 예방 차원에서 드리는 내용이다.

극영화 <화려한 휴가>는 보조출연자(엑스트라)를 필요로 하여 일당 지급액 3만 원으로 책정, 모집 중이기에 관련된 영상사업을 하고 있는 사람으로서 또 광주시민 된 도리로서 도저히 묵과(默過)할 수 없어 이들의 행각을 만방에 알려 다시는 5·18을 앞세워 광주시민을 이용한 저임금 토착화 시도를 꾀하려 하는 작태에 철퇴를 내리고 싶어 알려 드리는 바이다.

이것은 시민들의 순수한 정신세계에 먹칠하는 경우로 "그동안 보도된 참된 역사성과는 전혀 다른 거리감이 있는 것으로 한마디로 적정 인건비를 드리지 않고 어떻게 하면 값싼 인건비를 드려 제작을 할 것인가에만 골몰하고 있다."라고 평하고 싶다.

각 지역마다 약간씩은 특성상 차이는 있겠지만 일출, 일몰을 기준하여 4~6만 원의 임금이 보통의 경우이다. 그리고 일출에서 일몰까지 촬영에 임하고 야간에는 별도의 조치를 취하는 것이 상례이기도 하다. 그러나 일출에서 야간 늦게까지 촬영현장에 묶어 두고자 하는 의도를 포착한 필자는 영화 관계자로서 묵과할 수 없어 광주시민 여러분들께 더 이상 피해를 입어서는 안 되겠다는 결론을 전달하고자 한다. 물론 2만 원이나 단돈 1만 원에라도 출연을 원한 사람도 있을 것이다. 그러나 상거래에도 도리가 있는 것이다.

이들이 하루빨리 아무것도 모르고 단순하게 화려한 영화계의 겉모습에 매료되어 참여하게 되는 보통의 보조출연 지원자들에게 호기심의 일부를 채워 주고 주/야간의 교통비와 식대 명목 정도로 지급을 하고 있는 형국인 것이다.

화려한 영화계를 맛보게 해 준다고 하는 단순한 사고방식에서 벗어나 제작사는 적정한 돈을 주고 참된 제작의 길로 접어들어 영상사업이나 영상문화를 잘 모르는 광주시민들에게 더 이상 정신적 물질적인 피해가 돌아가지 않도록 정당한 배려를 당부하는 바이다.

지금까지 우리 지역을 중심으로 제작된 드라마나 영화 그리고 충무로의 관행을 보더라도 적정한 임금을 들여 제작된 영화는 말썽없이 잘 이루어지곤 하나 자금이 부족해서 또는 이곳저곳으로부터 펀딩이 잘 안 되어서 주저주저하는, 그래서 인건비 명목인 보조출연자 임금을 깎아 내리려는 발상부터가 영화의 질을 저해시키는 큰 요인이 되고 있다는 사실도 잘 알아야 할 것이다.

발 없는 말이 천리를 간다고 했다. 광주 지역에서 3만 원 인건비로 보조출연자를 기용했다는 소문은 삽시간에 충무로에 자자하게 퍼져 나갈 것이고 아울러 광주시민들도 불쾌한 이 사실을 접하게 되면 <화려한 휴가> 이 작품에 바로 안티성 글들로 댓글을 장식하게 될 것이 불 보듯 뻔한 사실이다.

광주가 중심이 되는 이 영화가 광주 사람들을 우롱하게 되는 상황으로 번져서는 안 될 일인 것이다. 다시 한번 심사숙고하여 영화제작에 임하였으면 하는 바람이다.

지난 6월 제작발표회 당시엔 100억 원 제작비 투자 유치 성공을 운운하더니 보조출연자 저임금 모집 형태는 겉과 속이 다른 재정적 형편 사실을 실토하고 있는 상황으로 영화 제작사 스스로 자충수를 두고 있는 형국이다.

순수한 5·18 정신을 위한 작품 제작이라 한다면 필자부터 나서서 "무료로 출연해 주십시오." 하며 곳곳을 찾아다니며 애걸하며 사정 이야기를 했을 것이다.

그러나 엄연한 현실로서 이 영화는 이윤 추구를 위한 영화이며 두 번째로 5·18 정신 함양이라는 구실을 붙이고 있는 작품인 것이다.

필자는 여기서 더 이상 3만 원이라는 어처구니없는 저임금으로 우리 광주시민들의 정신마저 흐려 놓지 말고 더 이상 보조출연자 모집을 자제해 달라고 영화 제작사에 당부드리는 바이다.

광주시민 여러분!

5·18을 빙자하여 두 번째 광주시민들의 가슴에 못을 박으려 하는 이런 행위를 이 땅에서는 다시는 일어나지 못하게 우리 시민 모두가 감시하고 이를 철저히 파헤쳐 그동안 아무것도 모르고 값싼 출연료에 그것도 고맙다고 하면서 출연한 우리 시민들의 출연 사실들은 다른 지역에도 누를 끼치는 계기가 될 것입니다. 또 유사한 작품이 우리 고장에서 또 제작될 당시에는 다른 영화 제작사에도 이번 일이 표본이 되어 광주시민들만 계속 저임금으로 이용당하고 결국 우롱당하게 된다는 기막힌 사실도 알아야 할 것입니다!

한편으로는 광주시민들이 이런 상업성 영화의 들러리가 되지 말아야 한다는 자성의 목소리도 우리 시민들 안에서 일어나야 한다는 주장을 하고 싶다. 다른 말로 표현한다면 일출에서 일몰 기준 3만 원의 보조출연료라는 실체는

'광주시민의 피를 빠는 흡혈귀 같은 영화 제작사!'
'5·18을 빙자한 이윤 챙기기에 바쁜 파렴치한 상혼(商魂)!'
'광주시민 우롱하는 화려한 휴가!'

등등으로 표현하고 싶다.

이처럼 속내를 알 수 없는 보조출연자 모집에 관한 악덕상혼이 계속된다면 광주시민은 분노를 금치 못할 것이며 이런 파렴치한 영화 제작사는 우리 광주시민의 힘으로 이 땅에서 퇴출시켜야 마땅하다. 광주시민들의 경제와 영상 마인드 고취에 진실한 몫을 하기 위해서 필자는 값싼 임금으로 출연하게 될 보조출연자 모집이 계속된다면 그들을 위해 기꺼이 대변인 역을 할 것을 천명하는 바이다.

상품이란 이윤을 추구해야만 한다는 절대적인 목적이 있다고 하지만 그러나 도덕성이라는 큰 규범적 틀 안에서 존재하고 있다는 사실 정도는 알고 영화사업을 해야 함이 마땅하다.

즉, 세상사 기본인 도덕성이 결여된 사업이나 산업은 반드시 화(禍)를 자초한다는 사실도 함께 명심해야 한다.

다시는 이런 영상문화사업이라는 허울 좋은 탈을 쓰고 우리 지역에 누를 끼치는 어이없는 행위는 다시는 발생해서는 안 된다고 만방에 고하고 싶다.

이후 제발 더 이상 광주시민들의 피해사실이 없었으면 하는 바람이다.

-감동이 약한 〈일본침몰〉-

만약 '일본이 침몰된다.'라는 사실이 알려진다면 환호소리에 박수를 보내든가 흐뭇해하는 표정쯤은 우리국민들 누구에게서나 찾아볼 수 있는 보통의 현상일 것이다.

바로 우리 민족의 한이 서려 있는 상대국이기에 더욱 그러하다는 사실쯤은 누구나 공감하는 일이고 특히 독도 문제와 교과서 왜곡 문제가 발생한 이후 젊은 층까지 일본은 우리의 또 다른 상대국으로 자리하게 되었다.

그러나 필자부터 일본제품 하나쯤은 몸에 지니고 다닌다든지 집에 보유하고 있다든지 또는 일본제품 속에서 생활하고 있다고 볼 수 있다.

또 모든 방송매체에서는 쏘니 제품들이 거의 독점을 하고 있는 실정이다.

그만큼 일본의 경제는 각국에 침투되어 일본경제 속에 세계가 움직이고 있음을 증명하고 있다.

그러나 1999년 일본영화 <우나기> 개봉 이후 많은 일본영화들은 겨우 안티성 작품에 그치고 말았다. 이처럼 일본영화들이 참패를 면치 못하는 상황하에서도 혹시나 하고 우리 시장에서 <일본침몰>로 재도전을 실시하고 있으나 아마 이 작품도 기대만큼 큰 성과가 없을 것 같다.

바로 필자가 지적하고 싶은, 즉 대중의 가려움증, 궁금증, 호기심을 충족시켜 주지 못하는 데 그 원인이 있다.

필자에게는 재난영화 중 주로 다루어지는 대서양의 허리케인이나 태평양에서 발생하는 토네이도를 주제로 하는 미국의 영화가 너무 실감나게 그리고 있어 매우 호감이 간다.

이 영화들은 첫째 화면이 밝다는 것이다.

대낮에 느끼는 재난에 대한 공포가 어둠 속의 그 어떤 공포보다 훨씬 무게가 실린다는 증거이다.

대부분의 무서운 공포나 큰 재난을 표현할 때는 일부러 어두운 화면을 택하게 된다.

실지 사건 당시는 일기가 불순해서 어두운 화면이 정상적인 환경 설정이 될지언정 관객들에겐 아무래도 밝은 화면 속에 벌어지는 사건들이 더욱 관심을 사로잡기에 좋은 방법이 되고 있다.

그러나 영화 제작자들은 화면을 구가하는 데 있어서 트릭이나 CG의 한계를 어떻게 하지 못하고 할 수 없이 어두운 상태로 은근 슬쩍 넘어가려 하는 것이다.

많은 영화들이 그렇듯이 대부분 어두운 화면으로 표현되고 있어 느껴지는 감흥은 밝은 화면보다 절반도 안 되는 느낌을 받게 된다.

물론 전체적인 흐름은 이해를 한다고 하지만 이것은 바로 실패의 원인이 된다.

그래서 호러영화나 서스펜스를 자아내는 영화들 중에서 히치콕 감독이 그려내는 백주(白晝)의 공포가 훨씬 값지게 느껴지기도 하는 것이다.

역시 일본영화의 한계이다.

영화 <진주만>처럼 무지막지한 전투 장면이 40~50분가량 계속되는 블록버스터의 영화와는 비교가 안 될 정도로 <일본침몰> 영화의 재난 관련 몹－장면(Mob scene)은 짧은 컷으로 표현되어 있다.

아무리 경제강국일지언정 영상강국은 될 수 없음을 단적으로 보여주는 사례이다.

이번 기회에 한강에 산다는 괴물이 다시 한번 일본의 중심부에 나타나 다시는 독도 망발이 나오지 않도록 하기 위해서라도 일본을 좀 어떻게 공포의 도가니로 몰아넣었으면 하는 영화적 상상도 해본다.

─기대가 약해진 〈우리들의 행복한 시간〉─

영화에는 정답이 없다는 말이 있다.

이처럼 영화는 모호한 영화적 본질의 산물이기에 영화를 통해 또는 영화에 의해서 그 어떤 확실한 예측 가능한 정답을 얻어내기란 여간 힘들지 않다고 결론지을 수 있다.

"9월 14일 멜로영화의 진수를 맛보게 된다."

봉준호 감독의 <괴물>에 이어 스크린 싹쓸이, 멜로영화 최다스크린 확보, 잘될 것 같은 영화 한 편만 밀어 주자는 식의 스크린 매점매석이 계속되고 있다 등의 거창한 홍보 멘트를 앞세워 개봉한 우리 영화<우리들의 행복한 시간> 그 실체가 드러났다.

평범하리만큼 단순 나열된 스토리 전개만을 위한 영화 또는 담백한 영화 또는 이야기뿐인 영화라고 평가하고 싶다.

과거 <한반도>나 <성냥팔이……>처럼 크게 히트할 단순예감으로 극장 스크린만 잔뜩 잡았다가 재미를 보지 못한 경우처럼, 즉 보는 사람들마다 영화의 맛은 다르기에 그 누구도 장담할 수 없다는 것이 영화의 흥행 성적이다.

이런 사실들은 일반 관객들에겐 흥미 위주의 뜬소문에 불과한 가십(gossip)이겠지만 영화인들에게는 큰 사건으로서 관객 한 명 한 명은 피와 살로 표현될 정도로 영화인들에겐 큰 의미로 남아 있게 된다.

2001년에 장백지·최민식 주연의 <파이란>으로 필자의 가슴을 요동치게 했던 송해성 감독의 야심작인 <우리들의 행복한 시간>에 필자는 야박하지만 한 여인의 단순 반성문 같은 참회록 정도로 보아져 많은 점수를 주고 싶지 않다.

영화는 최대한 현실과 비슷한 상황으로 끌어가 그 속에서 감동이 가슴을 요동치게 만들어야만 한다. 바로 감동적인 요소가 관건인데 그러기 위해선 픽션으로 점철된 영화라는 공간 속에서 어떻게 해서든지 현실성을 그리고 우리 일상과 최대한 가깝게 느껴질 수 있도록 노력해야 하고 <스타워즈>, <반지의 제왕>처럼 철저하게 판타지로 몰아넣어 주어야만 한다.

그렇지 않으면 '신데렐라'나 '바보온달'처럼 유명세를 등에 업은 다른 외적 요인도 필요하다. 그렇기에 반드시 환상을 전제로 펼쳐지는 영화 속에서 밑바닥 인생을 그린 <너는 내 운명>처럼 서민적 감동이 주재료가 되면 훨씬 어필된다.

반대로 이 영화처럼 상류의 여성과 고아 출신의 남성이 하나 된다는 사실은 나쁜 소재는 아니지만 둘의 결합을 위한 공간적, 시간적, 사회적 요소들이 너무 영화 속에서 평범하면서도 극히 정상적이다. 또 관행 정도로 영화가 무리수를 두지 않고 일상성에 기인한 나머지 더욱 디테일을 다듬어 가며 평범하게 풀어 가기에 평범한 멜로드라마 정도로 감동과는 거리감을 둔 작품으로 평가된 것이다.

오히려 멜로의 진수가 이 영화를 통해 깨지지나 않을까 걱정되었다.

바로 환상과 모호성을 잃어서는 안 되는 것이 영화의 본질임을 알아두어야 한다는 것이다. <우리들의 행복한 시간>이 제목과는 상의한 아쉬운 영화이기에 더욱 아쉽다.

－ 남겨 두고픈 〈화려한 휴가〉 오픈세트장 －

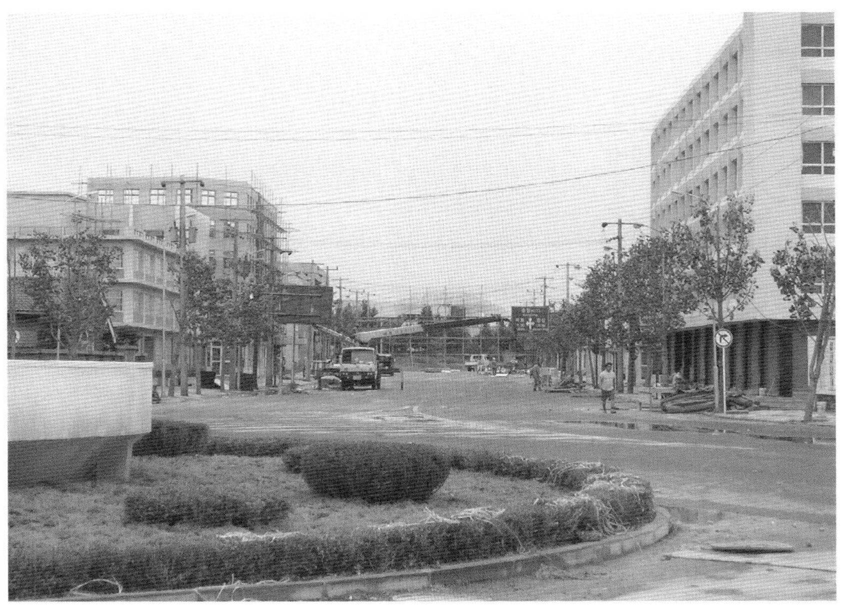

사진) 광주광역시 북구 오룡동에 세워진 1980년대 광주 금남로 거리 세트장

　지난 9월 12일에 영화 <화려한 휴가>의 오픈세트장이 광주 북구 첨단 지구에 완성되어 영화촬영이 한창이기에 당연히 필자는 광주 시민으로서 애정을 가지고 이곳을 주시하고 있다.

　애써 수억 원을 들여서 세운 1980년 5월 18일 당시 금남로 구도 청 앞 거리를 재현시킨 영화 세트장이 금년 11월 말경에 없어지게 된다. 즉, 1회용 소모품에 불과한 경우이기에 영화 관계자들은 가슴 앓이를 하고 있는 실정이다.

필자 역시 영화인의 한 사람으로 참으로 애석한 마음 금할 길 없어 일회성으로 쓰고 버려지는 세트장에 대해 다시 한번 관계자들이 심사숙고해 줄 것을 당부드리는 바이다.

아마 영화 제작사 입장에서 가장 애석해 할 것이고 광주시민들 역시 몹시 서운할 것은 당연하다.

물론 한시적이지만 그나마 세트를 지을 수 있도록 땅을 빌려 준 토지개발공사 측의 도움에 진심으로 한없는 감사를 보내는 바이지만 광주의 상징적인 5·18 정신을 기리고 세계 방방곡곡에 널리 알린다는 차원에서 좀더 관계기관들은 멀리 보고 신중하게 중지를 모아 구도청 앞 거리를 세트화시킨 이 영화 세트장을 살려내 오랫동안 광주에 보존하였으면 한다.

문화수도를 펼쳐 가려는 광주에 아무리 민간 회사 차원에서 지은 영화세트이지만 영상문화 저변 확대라는 예술성과 5·18 정신 함양이라는 사회적인 명분도 갖추고 있기에 얼마든지 의지만 있으면 되살려 광주의 명소로 만들 수 있다.

강원도의 춘천시나 남이섬 같은 명소가 이곳 광주에서도 탄생되지 말라는 법은 없는 것 아니겠는가?

얼마든지 우리 고장에도 세계적으로 내세울 좋은 자산이 있다는 것도 참으로 다행이다.

영화 한 편만을 위한 일회성으로 끝마칠 공산이 크기에 다른 방도를 찾아내야만 한다는 사명감에 항상 가슴에 큰 무게를 느끼며 필자는 아쉬워하며 지내고 있다.

분명 이 오픈세트장은 광주가 생긴 이래 가장 큰 영화촬영용 세트로 5·18이라는 광주민주화운동의 싹이 발아되었던 장소의 상징물이기도 하다.

이런 상징성을 띤 명실상부한 오픈세트장이 한 편의 영화로만 만족하고 쓸어버린다면 국가적으로도 손해이고 문화적 자산으로도 큰 손실임은 누구나 잘 아는 사실이다.

비록 영화촬영용 오픈세트장이지만 문화적 자산 가치로 보면 광주의 상징적 존재로 느껴질 정도의 역사적, 교육적, 사회적 가치들이 매우 많다는 점이다.

이런 좋은 가치를 생각할 때면 오픈세트장의 철거는 낭비요, 다시 짓기 위해선 많은 시간과 돈과 인력과 지혜로움이 필요할 것이며 추후 광주를 찾아 과거이야기를 찍고자 한다면 또다시 건물을 지어야 하는 2중, 3중의 소모적인 요소가 숙제로 남겨지게 된다는 사실이다.

그러므로 필자의 생각처럼 광주광역시에서 이 세트장을 지상권이라도 설정해 주어 상징적이지만 광주민주화운동의 제2의 표본으로 만드는 과정이나 관광 상품으로 그리고 교육의 장으로 만들어 후세에 광주를 자랑하는 큰 모체가 되었으면 한다.

영화 오픈세트장이 광주인의 긍지와 자긍심을 불어넣어 준 좋은 본보기가 될 수 있도록 모든 시민들의 의지를 한데 모아 영화촬영용으로 단 한 번 사용되고 버려질 오픈세트장에 더욱 깊은 애정과 깊은 관심으로 5·18 국립묘지 못지않은 우리 고장 명소로 만들어지기를 제안해 본다.

-왕년스타가 꿈꾸는 노스탤지어
〈라디오 스타〉-

뭐니 뭐니 해도 흩어져 살고 있는 가족들이 한데 모이기에는 중추절만 한 명절이 없다. 이때 모처럼 만난 가족들은 그동안 못 다한 이야기로 꽃을 피우고 식사를 한다.

그리고 너나 할 것 없이 삼삼오오 짝을 이루어 화투를 친다.

이러한 모습들이 중추절을 보내는 우리네 보통의 모습들이다.

이번 중추절에도 그러했으리라 믿는다. 혹 조금 다른 집안이 있다면 극장을 찾아 영화를 보는 것이 고작이다.

과거 놀이문화가 다양하지 못하고 TV프로그램이나 볼 것이 다양하지 않던 시절 중추절에는 남녀노소 할 것 없이 으레 찾는 곳 중의 하나가 극장이었다.

그래서 극장가는 구정과 추석 때면 충무로 용어로 '몸비'라고 하는 일 년 중 가장 바쁜 시기인 대목을 맞곤 했다.

세월이 흘러 이젠 '몸비', '대목'이라는 용어도 이젠 생소해지는 시절이 되었지만 그래도 극장을 찾는 인구가 많았던 시절이 영화인들에겐 더욱 힘을 실어 주는 시기이었기에 지금도 혹시나 하는 심정으로 충무로 사들에겐 가장 기대되는 명절이기도 하다.

금년 중추절 역시 작년처럼 우리 영화들 일색이다.

분명 우리 영화가 아직 건재함을 과시하는 경우임은 두말할 나위 없다.

바로 이런 귀중한 시기에 우리 영화의 입지를 다시 한번 보여주는 좋은 기회가 되어 그동안 스크린쿼터 축소 문제로 가슴앓이를 했던 시간들에 대한 보상을 톡톡히 받고 싶다.

<왕의 남자>로 1,300만 명을 훨씬 넘긴 이준익 감독의 영화 <라디오 스타> 역시 코믹 스타의 대명사처럼 불리는 박중훈이라는 걸쭉한 스타가 그리고 다양한 캐릭터로 한국영화계의 산 증인처럼 불리는 국민 스타 안성기의 열연이 돋보여 마치 속이 꽉 찬 알밤으로 느껴지는 영화이다.

영화 속 퇴물 인기가수를 중심으로 펼쳐지는 <라디오 스타>는 왕년 가요계 톱스타의 고뇌 섞인 고집스러움과 이를 관리하는 매니저의 두루뭉술한 성격이 서로 충돌되지는 않지만 절박하면서도 처절하리만큼 급박한 상황으로 이끌어가 보는 이로 하여금 가슴앓이를 하게 한다.

소도시 라디오방송국의 색다른 생방송 진행으로 인해 종전의 평범한 방송 내용들에서는 느낄 수 없는 소시민들의 적나라한 삶의 진솔한 모습들이 차별화되어 방송되자 많은 관객들의 가슴에 잔잔한 파문을 일게 하고 있다.

시골 라디오 음악방송이 전국방송으로 확산되어 다시 왕년스타의 명성을 되찾을 수 있는 구원적 요소도 가미되는, 즉 반전을 기대하는 설렘을 창출해 내고 있기에 또 다른 이준익 감독의 재치 있는 극적 구성을 찾아볼 수 있다.

역시 <황산벌>, <왕의 남자>로 관객몰이에 대단한 힘을 과시했던 이준익이라는 걸출한 감독의 소박한 심정이 그대로 많은 관객들의 가슴에 와 닿아 이번에도 심상치 않은 결과를 기대해 봄 직하다.

물론 이번 이야기가 지금의 세대는 그냥 잊혀질 수밖에 없는 한

정된 부류의 이야기이지만 흘러간 인물에 비유하여 세월의 무상함도 대중가수의 생명력도 그리고 대중예술의 단명이라는 심각성에 대한 철학성까지 우리들의 이야기처럼 들려오는 영화이기에 영화를 보는 동안 필자 가슴이 쿵덕거리며 요동치는 모습을 느껴 보기도 했다.

－ 여우 장쯔이 매력이 돋보인 〈야연〉－

장쯔이(章子怡)의 데뷔작 <집으로 가는 길>(我的父親母親, 1999년 제50회(2000년) 베를린 국제영화제 은곰상 수상 장이모우(張藝謨) 감독)을 보면서 필자는 영화 속 풍광, 연기, 연출 등의 매력에 넋을 잃고 푹 빠져 든 적이 있다.

더구나 장쯔이의 시골소녀 연기는 순수 그 자체를 보는 것 같았고 화장기 없는 스크린 속 그녀 모습이 지금도 눈에 선하다.

그러나 의심 많은 필자는 혹 여배우를 성공시킨 화려한 경력의 소유자였던 장 감독과 이렇고 저런 사이가 아닐까 하는 괜한 남의 집 안방까지도 걱정이 되었던 것도 사실이다.

1987년에 장 감독은 공리(鞏俐)를 만나 동거를 시작했고 1995년에 헤어졌던 사실이 있다.

그만큼 지난 1988년에 <붉은 수수밭>으로 데뷔해 세계적 스타덤에 오른 공리와 동거시절의 장 감독 생각을 떨쳐 버릴 수가 없었기 때문이다.

1988년에 '공리(鞏俐)'의 영화 데뷔작 <붉은 수수밭>의 감독으로 함께 데뷔했던 장 감독은 1989년 베를린영화제에서 금곰상을 수상한 이후 세계적 감독이 되었다.

이후 공리와의 관계가 무너지자 세계적 스캔들처럼 확대되어 갔고 많은 언론들이 이를 다투어 보도했다.

그래서 걱정이 너무 든 나머지 혹시 장쯔이도 하는 걱정 아닌 걱정까지 하게 된 것이다. 영화계 역시 뭇사람들에게 사랑받고 있는 演藝界인지라 항상 추문은 비일비재(非一非再)한 것 또한 사실이다.

세상사 모두 하늘을 우러러 한 점 부끄러움 없이 산다는 것은 거짓이겠지만 영화계처럼 이목이 집중된 여러 스캔들은 그리 많지는 않을 것이다.

그만큼 많은 이들에게 관심을 받고 있다는 사실이다.

<야연(夜宴)>을 보는 관객들은 성숙해진 장쯔이를 만나게 된다.

영화 스토리야 어찌 됐던 우선 여배우의 모습에 시선은 고정되는 것이 보통의 관객들의 심리이다.

그래서 더욱 영화계의 추문은 걷잡을 수 없이 널리 퍼져 나가 오해의 불씨가 되기도 한다. <집으로 가는 길>의 장쯔이 모습과 <야연(夜宴)>의 모습을 비교해 보면 관객들은 7년의 세월 속에서 재미있는 현상을 발견하게 될 것이다.

아무튼 스타는 관객의 박수와 사랑을 먹고 살아가기에 힘없는 가녀린 존재이지만 반짝이는 빛을 발산할 수 있는 인간이기도 해 누구나 동경의 대상이 되기도 한다.

<야연>은 인간의 욕망을 그린 영화로 장르를 굳이 구분지어 본다면 멜로장르의 러브스토리이다.

햄릿처럼 모호한 가족관계로 인해 일어나는 슬픈 비극적 요소를 띤 영화이지만 찬란한 색감과 거대한 황실세트, 장중한 음악과 실감 나는 효과 그리고 화려하면서도 정교한 CG 또 보통의 영화에서는 맡을 수 없는 중국의 냄새까지 이 영화 속에 담겨 있어 관객들의 탄성을 자아나게 한다.

무서운 것은 중국의 영화가 곧 세계의 영화가 될 것 같아 필자는 이제부터 또 다른 고민에 빠져 들게 될 것 같다. 야연은 여우(女優) 장쯔이를 위한 영화처럼 보인다.

마치 백 년 묵은 여우(wolf) 장쯔이 모습에 많은 관객들의 마음이 흔들리면 안 될 텐데?

이처럼 아직도 그녀의 매력은 많은 이들 가슴속에 자리하고 있다는 사실이다.

-가슴으로 볼 수밖에 없는 부산국제영화제-

　한국영화계의 최고 경사는 부산영화제이다. 오늘이 그 열한 번째 막을 내리는 날이다.

　필자는 매년 거르지 않고 연중 3군데 정도의 국제영화제에는 꼭 참석하곤 한다.

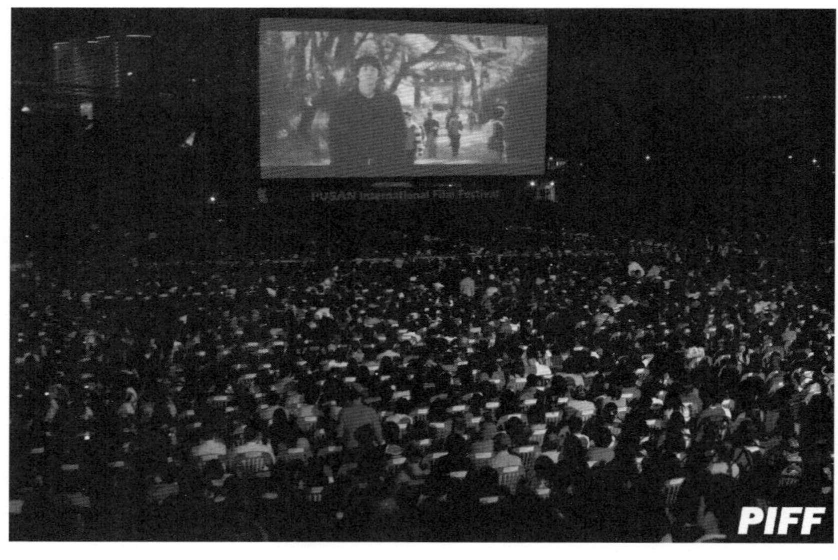

　유독 금년은 쓸쓸한 한 해이기도 하다. 그것은 광주국제영화제에 신경 쓸 일이 없어졌기에 더욱 황망하고 우울한 기분마저 들곤 해서이다.

이번 부산국제영화제의 큰 성과로는 아시안 필름마켓의 처음 운영과 그 결실이고 총 245편의 출품된 영화 중 처음으로 상영되는 프리미엄 작품이 64편에 이르기에 국제영화제 관례에 따르면 64편이라는 숫자는 매우 큰 성과로 간주되고 있다.

그리고 해외 게스트들이 어느 해보다 더 많이 참석했다고 하는 것이 괄목할 만한 성과이다.

국제영화제를 치르는 이유 중 가장 큰 목적으로는 그 지역의 영상문화 인프라 구축이 가장 큰 목적이다.

즉, 국제영화제 개최는 그 지역민들을 위한 것으로 언제 그 지역민들이 칸이나 베니스나 베를린영화제에 참석하여 그 많은 영화들을 볼 수 있느냐 하는 것이다.

이처럼 영화제를 통해 그 지역민들에게는 영상에 관련한 많은 문화를 향유하게 되는 절호의 기회가 제공된다는 것이 가장 큰 성과이다. 영상도시로서의 좋은 본보기가 부산이다.

영화나 드라마를 제작하는 데에 이젠 부산에서도 아무런 불편이 없다고 한다.

심지어 영상 관련 전문고등학교까지 영화제에 힘입어 탄생되었고 또 영상물 제작 지원을 위한 영상위원회를 비롯하여 산업으로서의 일익을 담당하게 될 필름마켓까지 들어서 이젠 명실상부한 세계 유수 국제영화제로 탈바꿈되어 가고 있다.

예를 들어 영화 한 편이 부산 지역에서 교통을 통제하고 촬영해야 할 경우에는 미리 며칠 전부터 촬영장 부근에 ○○영화가 언제 몇 시부터 촬영하기에 어느 지역 교통을 통제합니다라는 플래카드나 홍보용 광고판이 크게 나붙게 된다.

그러면 많은 시민들에게 영화 제목도 자연스럽게 알려지게 되고 촬영장 주변은 영화촬영으로 인해 일어날 수 있는 피해를 미리 예방할 수 있다는 것이다.

또 그로 인해 자연히 지역에서 영상 인프라가 구축되게 되는 것이다.

마치 요즘 광주에서도 5·18 소재의 <화려한 휴가>가 촬영되고 있어 광주시민들이 적극적으로 참여하고 있다.

영화 한 편이 영상 인프라 구축은 물론 경제적으로도 지역에 크게 이바지하고 있는 사례로 일석이조 이상의 큰 효과가 일어나고 있다.

현재 70% 정도 촬영된 이 영화는 11월 말경까지 우리 지역에서 촬영되는데 지역에 뿌려지는 경제적인 실질적 효과는 40억 원이 넘을 것으로 본다.

이처럼 영화 한 편이 개봉되기도 前 제작 단계의 과정에서 40억 원 이상의 경제적 파급 효과를 가져오게 된다는 사실을 많은 시민들이 알아두었으면 한다.

우리 지역도 하루빨리 영상도시라는 이야기가 들려왔으면 한다.

영상도시 부산 못지않은 영상문화의 꽃이 언젠가는 문화수도라고 자처하는 광주 전남에서도 활짝 만개할 그날이 오리라 믿어 의심치 않는다.

그리고 이제부터 눈과 가슴으로 국제영화제를 지켜보리라!

'장진'의 실험영화 〈거룩한 계보〉

영화 <거룩한 계보>의 장진 감독은 너무너무 큰 사건으로 만난 사이이기에 영원히 잊을 수 없는 추억 속의 영화인으로 필자의 마음속에 자리하고 있다.

벌써 20개월 전 어처구니없는 상황으로 둘의 인연은 처음이자 끝이 되어 버렸다.

작년 3월 말경 광주영상위원회 사무국이 광주 남구 양과동 드라마·영화 세트장에 둥지를 틀고 있을 당시 <박수칠 때 떠나라>의 실내 세트 촬영지원 요청이 들어온 바 있어 광주영상위회 입장에선 적극적으로 유치하기 위해 온갖 행정적 지원 및 실내 세트 촬영을 할 수 있도록 모든 만반의 준비를 다 마쳐 놓고 3일 후엔 크랭크 인할 예정이었다.

그러나 하늘도 무심하게 실내 세트장이 화마(火魔)에 휩쓸리게 되어 <박수칠 때 떠나라> 영화 제작에 관한 촬영 유치가 그만 순간에 무산되고 말았던 것이다. 당시엔 류승범 감독의 <주먹이 운다>, <가을로>의 감독인 김대승 감독의 <혈의 누> 등 동시기(同時期)에 3작품이 경합을 벌여 <박수칠 때 떠나라>가 선정이 된 바 있었다.

그래서 장진 감독과의 만남의 인연은 악연처럼 만나게 된 경우로 그 후 장진 감독과 연루된 작품만 보면 그때의 일이 자꾸 생각나곤 한다.

그 뒤 장진 감독이 제작한 <웰컴 투 동막골>, <박수칠 때 떠나라>가 연속으로 히트하여 장진 감독의 영화사는 든든한 반석 위에 오르게 되었고 이후 제작된 작품이 바로 <거룩한 계보>이다.

장진 감독 필모그래피를 보면 잘 알 수 있다.

그동안 드라마 형식을 빌린 미스테리 장르와 코미디 그리고 액션 등 장르도 다양하게 여러 형식의 영화들을 만들었는데 그 모든 작품들이 필자의 눈에는 <거룩한 계보> 이 한 편을 완성하기 위한 실험성 영화였을 정도로 지난 장진 감독의 영화들은 <거룩한 계보>를 위한 연습 작품에 불과한 듯하다.

다음 영화가 어떤 형식의 영화가 될지는 의문이지만 이번 영화에 이야기하고 싶은 본인의 의지를 속 시원하게 작가적 의식을 담아 놓았다고 본다.

교도소라고 설정한 공간에는 다양한 인물들이 존재하고 있다.

그래서 교도소 이야기를 통해 세상사 단면을 대신 보여주고 있다.

사회적 정의와 그들만의 정의가 어떻게 다른 것인가 또 사나이들의 우정 그리고 얽히고설킨 배신과 야합 또 진솔한 보통 사람들의 삶과 색다른 그들만의 휴머니즘도 보여주고 있다.

암흑 속에서도 흑진주를 발견하기를 감독은 속으로 은근히 바라고 있을 것이다.

지금의 사회적 현실 속에 협잡과 암투와 비리 그리고 얼마나 많은 추악한 사실들이 이 세상 속에서 꿈틀거리며 용트림하고 있는가 하는 모호(模糊)하며 몽환적(夢幻的)인 모습을 그린 영화이다.

이처럼 상명하달(上命下達)을 철칙으로 하는 단순 무지한 그들의 세계에서 오히려 그 어느 곳보다 더욱 진실을 찾기가 쉬워 이 영화에 박수를 보내는지 모르겠다.

아무튼 장진은 또 다른 장진 표 영화를 만들기 위해 지금쯤 아니진작부터 분주히 뛰고 있을 것이다. 장진의 실험영화 <거룩한 계보>의 성공을 고대해 본다.

－꿈나무 잔치 제8회 한국청소년영상제－

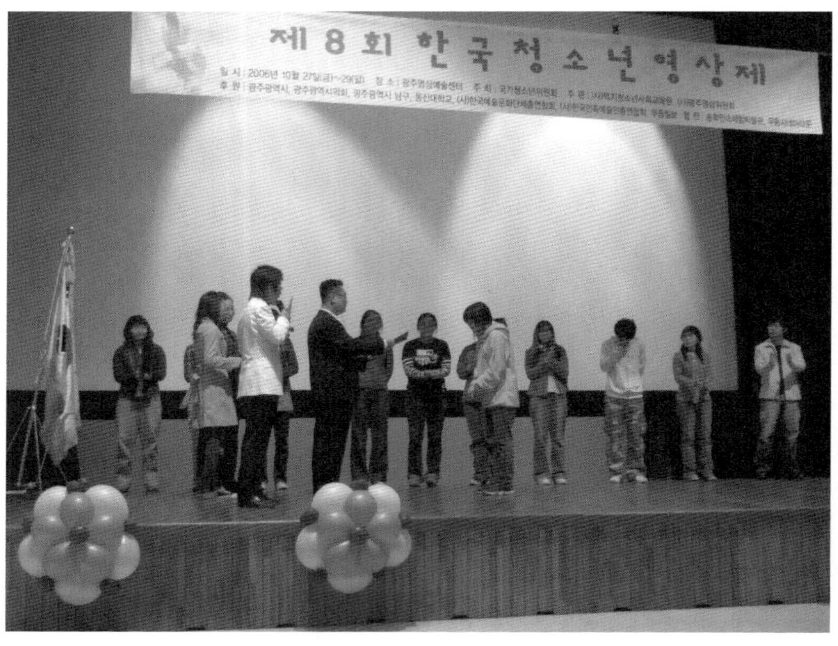

사마란치 IOC 위원장이 1981년 9월 30일 바덴바덴 IOC 총회에서 "쎄울 꼬레아!"라고 발표하던 때가 엊그제 같다. 당시 어리게만 느껴졌었던 '꿈나무'들이 자라 7년 후엔 올림픽 사상 우리나라가 세계 4강이라는 언간생심 넘볼 수 없는 자리까지 높고 높은 권좌에 오르듯 우뚝 솟아났었다.

마치 고구려 발해 시절 아시아 대륙의 중원 벌판을 차지하듯 우리 모두가 올림픽으로 하나가 되어 세상을 향해 크게 포효했던 적이 있다.

모두 꿈나무 덕분이리라 생각한다. 그렇듯 영화도 이젠 꿈나무들을 잘 가꾸어야만 할 때이다.

우리나라 큰 도시는 거의 청소년 영상제가 있다.

그중에서도 광주 지역에서 치르는 한국청소년영상제는 금년이 8회째로 서울에 이어 두 번째의 긴 역사성을 띠고 있는 영상제이다.

이처럼 8년 전부터 영상 관련한 꿈나무 잔치인 청소년영상제가 시행되어 왔지만 경제적 여건 상 매우 빈약한 행사에 불과하여 언론에서조차 많이 다루어 주질 않았던 것도 사실이다.

청소년영화제이니까 경제적 지원이 조금 빈약하다 해도 관계없다는 안일한 생각으로 쉽게 넘어가려 함을 필자는 이번 제8회 한국청소년영상제를 통해 알 수 있었다.

물론 중앙에서 치르는 영상제는 아니지만 지역 영상제로서는 가장 오래된 우리나라의 보배인 청소년을 위한 영상제가 광주맥지청소년 사회교육원과 광주영상위원회가 주관하고 있는 제8회 한국청소년영상제이다.

지방에서 개최되는 영상제이다 보니 부상으로 지급되는 상금도 매우 약소한 것 또한 사실이다.

그러나 부상액의 크고 적음에 무관하게 매년 100여 작품 이상씩 출품되고 있어 관계자로서 무척 고무된 사항이기도 하다.

예를 든다면 광주 출신 영화감독 변혁은 1990년에 단편영화 <호모 비디오쿠스> 한 편으로 샌프란시스코영화제와 끌레르몽페랑영화제 등에서 최우수 단편상을 수상한 바 있는데 이것은 단편영화로서는 한국 최초로 해외 영화제에서 수상한 작품이다.

이후 변 감독은 영화계에서 인정을 받게 되었고 <주홍글씨>, <인

터뷰> 등의 극영화를 연출한 바 있다.

이처럼 단편영화는 곧 우리 한국영화의 중심이며 핵인 셈이다. 그래서 우리 영화가 잘되는 길의 근간이 되는 단편영화의 중요성을 항상 어디서나 필자는 강조하고 있다.

그러기 위해서는 우리 청소년들을 위한 영화제가 더욱 활성화되어야 한다는 사실이다.

이로 인해 많은 영화 인재들이 영화제를 통해 배출되어 그동안 영상불모지에 속했던 우리 고장의 영상 인프라가 자연발생적으로 탄탄하게 구축될 것이다.

이처럼 청소년 영상인 육성이야말로 우리나라 영상 발전의 근간으로 꼭 우리가 활성화시켜 키워 나가야 할 중차대한 과업인 것이다. 영상의 꿈나무를 육성하고 발굴하는 한국청소년영상제가 우리 고장을 비롯하여 한국영화계의 버팀목으로 승승장구할 수 있도록 여러 관련 관서의 힘들이 절실한 때이다.

어린 새싹인 청소년 영화인들이 부디 올곧게 자라야 우리 영화계의 앞날도 밝아지리라 확신하면서 내년 9회 차부터 아시아존으로 확대되는 한국청소년영상제의 무궁한 발전을 기원해 본다.

가을에 보는 가을영화 〈가을로〉

　가을은 낙엽 지는 일기로 인해 싸늘해지고 마음까지 을씨년스러워지며 모든 만물이 동면 준비를 하는 계절이다.

　또 낮의 길이도 날이 갈수록 짧아지기에 모든 것이 아쉬움만 남는 계절이다.

　영화 <가을로>에 담긴 사랑의 아픈 추억 속에는 가을을 보내야 하는 아쉬움과 황망함도 담겨 있다.

　또 남녀주인공들의 열연 속에 한번 푹 빠져 그들과 함께 스크린 속에 나 자신을 던져 시간과 공간을 훌쩍 뛰어넘는 시간 여행도 함께 해 보는 그래서 환상과 야릇함도 느껴보는 상념의 시간도 얻을 수 있다.

　"가을은 사랑의 계절"이라는 유행가 가사처럼 사랑이란 씁쓸하고 고통스럽고 상큼하고 짜릿한 과정을 통해 실과를 얻어내는 것이다.

　필자가 사랑 타령에 영념하는 것도 그만큼 세월의 흐름에 민감해지고 있다는 결론이다.

　누구나 한두 편쯤 기억이 생생한 영화가 있을 것이다.

　한 장면의 기억 때문에 두고두고 그 영화가 본인의 뇌 속에 자리하게 된다.

　바로 그런 영화가 본인에게는 명화인 것이다.

　필자는 게오르규 원작을 헨리 버뉴엘 감독이 영화화했던 인간과 정의와 아름다움에 대한 사랑과 존경을 일러준 안소니·퀸 주연의 영화 <25時>(1967년) 엔딩 장면이 40년이 지난 지금에도 기억이 생생하다.

제2차 세계대전으로 명명된 전쟁으로 인해 헤어져야만 했던 주인공이 우여곡절 끝에 귀향하게 된다.

가족과 상봉하는 기차역에서 주인공의 아내는 전쟁으로 인한 또 다른 비극의 씨앗인 아빠가 다른 아이를 품에 안고 나타난다.

주인공의 마음은 어떠했을까 하고 고민도 하게 된다.

이때 취재하러 온 기자는 얄궂게도 "스마일" 하면서 주인공에게 웃을 것을 강요한다.

이런 상황하에서 주인공은 웃어야 할까 울어야 할까 어정쩡한 그의 모호한 표정은 역시 안소니 · 퀸이라고 할 정도로 명연기로 처리해 낸다.

그때부터 필자는 안소니 · 퀸의 열렬한 팬이 되고 말았다.

김대승 감독 <가을로>의 마지막 시퀀스인 크레인 샷이 바로 그런 명장면 못지않기에 아직 못 본 분들께 보시길 권한다.

과거 사랑했던 여인 김지수는 지난날 찾아왔던 가로수 길의 명소인 담양 메타세콰이어 거리에 서서 생각에 잠겨 본다.

영화는 과거의 장면으로 컷 백(CUT BACK)된 상태이다.

그녀는 주위를 살피며 상념에 젖어들고 카메라는 서서히 그녀 위로 시간과 공간과 함께 크레인을 타고 넘어가듯 올라간다.

이때 화면에 슬며시 끼어드는 현재의 남자주인공 유지태와 과거 여주인공을 따랐던 현재시점의 여주인공인 후배 엄지원.

이 두 사람이 과거의 여주인공 김지수를 회상하는, 즉 과거와 현재가 공존하게 되는 시간과 공간의 이동이 매우 자연스럽게 한 컷으로 연결되어 보인다.

이 장면을 보는 순간 필자는 김대승 감독의 간결한 영상언어의 영상표현에 무릎을 치고만 것이다.

　가을에 보는 가을영화 <가을로>가 필자뿐 아니라 많은 사람들의 가슴에 명장면으로 남았으면 하는 바람이다.

－영상으로 쓴 논문
〈애정결핍이 두 남자에게 미치는 영향〉－

'참으로 보기가 민망스럽기 짝이 없는 영화이다.'라는 시선으로 보는, 즉 엽기적 코드와 함께 패륜스토리로 치부할 수밖에 없는 관객은 40대 이상의 관객일 것이고 반대로 계속 웃고 즐기는 관객들은 20대 미만의 관객임에는 틀림없는 그런 두 부류를 정확하게 나누는 영화가 바로 <애정결핍이 두 남자에게 미치는 영향> 이 영화이다.

필자는 영화가 상영되는 동안 시종일관 웃어 보기는 오래간만이었다. 결론적으로 아직 필자의 가슴은 젊은 피가 끓고 있다는 증거이다.

그렇지만 패륜스토리임에도 이런 영화 속에 푹 빠져 보는 이유로 인해 학생들에게 영화를 만들고 이해하고 읽는 법을 가르치는 교육자임과 동시에 다른 한편으로는 사회에서 지탄의 대상인 파렴치한 가장으로 오인받을지 모르는 상황이기도 하다.

그러나 다행히 영화 속 이야기이기에 다행히 몰매는 피할 수 있어 안도의 숨을 쉬어 본다. 필자는 영화를 보고 또 영화 속의 상황에 빠져 드는, 즉 관객들과 함께했던 이유 하나만으로도 비난의 화살을 피할 수 없으리라 생각한다.

그러나 현실로 돌아와 냉정히 생각하면 10대들도 이런 상황은 패륜스토리로 규정하여 스스로 반성하고 자제할 줄 아는 사회적 현상으로 되돌아가리라 믿는다.

그만큼 우리 관객들이 성숙해졌다는 증거이다.

관객들이 성숙해졌다는 또 다른 증거로는 다른 여러 영화들 속에서 잘 알려진 유명한 장면들을 그대로 모방한 패러디 컷이 사용되어 이 영화 속에서 시종일관 관객들의 웃음을 자아내고 있는 원동력이 바로 그것이다.

패러디 장르란 어느 정도 그 나라의 영화적 수준이 향상되어야 성행하게 되는 것으로 세계 영화계의 전반적 추세이기도 하다. 결론적으로는 우리 영화가 세계 수준이며 이 영화가 결코 저질적인 영화가 아님도 증명하고 있는 또 다른 논리가 성립되기도 한다.

또 감칠맛 나는 아버지, 아들 역할의 명연기와 연속된 엉뚱하며 야릇하고 생기발랄하며 짜릿한 상황들로 이끌어 가는, 즉 관객들의 심상을 미리 읽어 이끌어 가는 탁월한 연출력으로 관객들의 시선을 한순간도 놓치지 않게 하고 있다.

분명 이 영화는 흥행 위주의 오락성 영화로 대부분의 대학생 관객들과 10대의 관객들은 스크린에 취해 입가엔 웃음과 가슴엔 그동안 맺힌 스트레스를 풀어버리는 희대의 엽기 부자 백윤식 씨와 봉태규 군의 대결을 중심축으로 삼은 코미디 영화 <애정결핍이 두 남자에게 미치는 영향>은 세상에 이런 아빠와 아들이 다 있을까 할 정도로 영화를 보고 나면 고민하게 되지만 영화를 보기 전에는 어느 학위논문이나 세미나의 주제로 착각이 들 정도로 딱딱한 영화임을 영화 제목에서 느끼게 된다.

그러나 그 생각을 뒤엎는 반전을 노린 발상처럼 처음부터 엽기적인 코드로 스토리를 몰고 간다.

한 여인을 두고 절대로 부자지간에 일어날 수 없는 비상식적인 상황들은 관객들로 하여금 웃게 만드는 힘을 발휘한다.

그 어떤 지탄이 따를지언정 필자는 철없는 관객들과 함께 영화를 즐길 줄 아는 바보스런 영화인이 되고 싶을 뿐이다.

-상큼, 모호, 감동의 예술극장 영화들-

상큼하고 모호하고 야하고 관음적이며 감동스런 영화의 맛을 보기 위해 과연 어디로 가야 할까 고민하는 영화 마니아층이 서서히 두터워지고 있다.

그만큼 문화 수준도 다양해짐과 동시에 영상문화에 많은 이들이 서서히 익숙해지고 있어 그들이 영화 마니아층으로 흡수되고 있다.

우리나라에는 예술극장으로 10여 군데가 지정되어 있다.

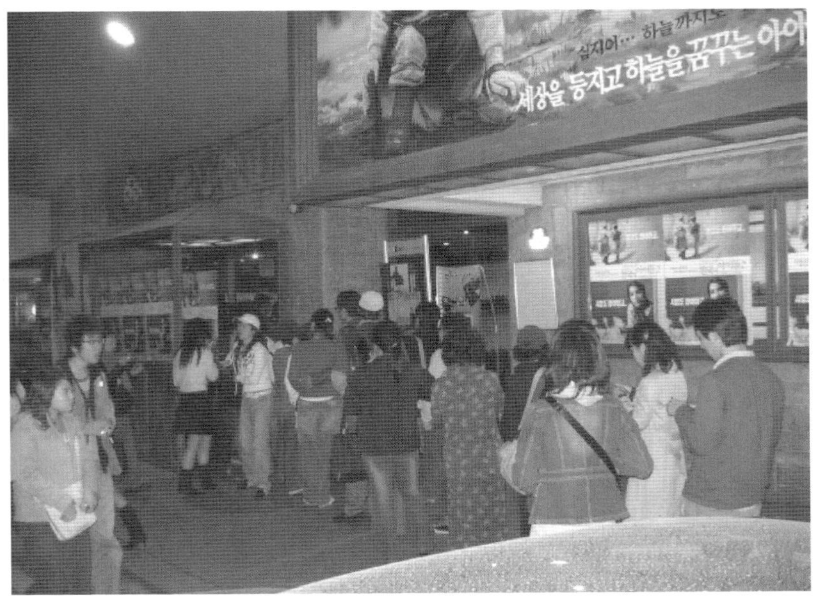

사진) 광주에 유일한 예술극장 〈광주극장〉 앞 관객들 입장 모습

이곳에서는 독립영화와 실험영화 그리고 예술영화와 대중성을 띠지 못한 예술적 사고로 만들어진 작가주의적 영화들이 나래를 펴기엔 부족한 현실이지만 그나마 고개를 들고 숨을 쉴 수 있고 움직일 수 있기에 몇 군데 안 되는 예술극장들이 명분을 이어가고 있다.

그동안 예술영화들은 설 곳이 없어 몇몇 독지가들이 예술 활동을 목적으로 만든 또는 제공한 극장에서 혹은 허울 좋은 가식적인 문화성 규제에 못 이겨 재벌들이 만든 억지성 예술극장에서 상영되곤 했었다.

지난 2003년 1월부터 지정된 10여 군데의 예술영화 상영관들은 정부로부터 연 3천만 원 정도에서 6천만 원까지 보조금을 받아 간신히 운영되고 있다고 한다.

예술극장이라는 명분으로 치러내는 대가로서는 작은 액수이지만 그나마 지원되고 있어 천만다행이다.

그러나 전남 북 광주를 포함한 호남 지역에는 광주극장 한 군데만이 예술영화 상영관으로 지정되어 있는 현실이 무척 아쉽다.

과연 필자가 극장을 운영한다고 해도 돈이 되는 대중영화를 상영하여 일확천금의 꿈을 이루려 할 것은 자명한 사실일 것이다.

그러나 손실을 마다하지 않고 광주에서 가장 크고 오래된 극장으로 예술영화를 상영하는 850여 석의 대형극장인 예술영화 상영관은 규모에 맞는 대형 스크린도 보유하고 있고 영화를 좋아하는 마니아들끼리 담소나 의견을 교환할 수 있는 극장 내 쉼터가 즉석 카페로 활용되곤 하여 마니아들에겐 안식처가 되고 있다.

멀티플랙스극장 공간의 4~5배 정도 넓은 예술극장 공간은 한두 명의 관객을 위해서라도 난방과 영사시설들은 365일 쉬지 않고 돌아간다.

그래도 겨울만 되면 이곳은 마냥 춥다. 참으로 안타까운 현실이다.

필자는 이 글을 통해 관련되는 관청에 우리나라 영화예술 발전을 위해 좀더 예술극장 유지에 더 투자해 줄 것을 당부드리고 싶다.

혹자는 필자의 이런 모습에 오해의 소지가 있지 않을까 하는 노파심도 생기지만 이런 예술영화관을 살리기 위해 받는 오해쯤은 아무렇지도 않게 신나는 마음으로 이겨내리라 다짐해 본다.

영화를 좋아하시는 마니아 여러분!

광주의 유일한 예술영화 상영관을 찾아 색다른 감흥에 젖어 보시기 바랍니다.

그곳에 가면 국제영화제를 통해 알려졌지만 시중에서는 도저히 볼 수 없는 예술성이 짙은 희귀한 영화들과 일반 관객들로부터 외면받은 독립영화와 실험영화 그리고 야한 영화 또 상큼하고 관음적이며 모호성과 상상력이 동반되어야 이해할 수 있는 알쏭달쏭한 영화들을 접하게 되는, 즉 다양하고 귀한 영화를 만날 수 있는 곳으로 아주 편하게 영화에 푹 빠져 자기만족을 누릴 수 있게 된답니다!

-情! 그리고 希望? 〈해바라기〉-

2004년 개봉 당시 관객들로부터 크게 호평을 받은 바 있는 <어디선가 누군가에 무슨 일이 생기면 틀림없이 나타난다, 홍반장> 각본과 연출을 그리고 <투사부일체> 각본을 쓴 강석범 감독이 얼마 전 두 번째 각본 연출 작품인 <해바라기>를 내놓았다.

필자의 개인생각으로 300만 명 이상 관객이 동원된 대박의 대열에 낀 작품의 점수를 90점 이상으로 환산할 경우 강감독의 전작은 85점 <해바라기>는 89점 정도로 평가하고 싶다.

특히 상업성을 생명으로 하는 극영화를 일상적인 수치로 평가한다는 것이 감독에겐 큰 결례(缺禮)인 줄 알지만 필자의 의도는 영화의 흥행성에 치우친 대중적 가치를 논하기보단 영화계 흐름으로 보아 총체적인 가치 기준으로 구분할 뿐이다.

영화 <해바라기>는 엄마 역의 김해숙 씨와 양아들 역 김래원 군의 눈물나는 열연 그리고 살벌하고 잔인하며 섬뜩하리만큼 살기 어린 카리스마를 보여주었던 몇몇의 조연급 연기자들의 개성 있는 연기들로 인해 매우 강한 인상을 준 영화이다.

또한 작품이 리듬을 타듯 긴장과 이완이 적절히 배치되어 강석범 감독의 뛰어난 연출력이 돋보였으나 냉정하게 평가해 보면 과거 다른 작품들에서 흔히 보았던 비슷한 상황들을 주제로 삼아 전개하여 관객들은 이미 결말을 알아버리게 되는, 즉 독창적이고 재치가 번뜩거린 새로운 상황들이 부족한 탓에 낮은 점수를 주게 된 것이다.

또 감독이 시나리오를 직접 쓰고 연출을 한다는 것은 필자가 자주 거론하는 부분으로 영화에서는 모험이나 다름없는 경우이다. 이처럼 각본과 연출을 동시에 하게 되면 자칫 감독은 자기만족에 도취되어 자기의 분신과 같은 장면들을 과감하게 편집하기가 어려워진다.

그로 인해 작품이 반복되듯 이야기 구조가 길어지는 오류를 범하게 돼 전체가 진부해지기 때문이다. 설상가상으로 이런 현상을 감추기 위해서 연기와 연출이 현실과는 너무 동떨어지게 오버하게 되고 억지성을 띠게 되는 오류도 함께 발생하게 된다.

필자는 이 영화를 보는 동안 언제 폭발할지 모르는 주인공의 숨은 카리스마가 기대되었고 그로 인해 긴장되어 스크린에서 잠시도 눈을 뗄 수 없었다.

그러나 앞으로 펼쳐질 장면들이 미리 읽혀지기에 필자 스스로 긴장에서 해방이 되어 고의적인 억지성 숨고르기를 통해 안정도 취해 보곤 했다.

시나리오의 탄탄한 극적 구성력과 연출력이 돋보인 <해바라기>는 관객들의 심상을 빨아드리는 흡입력이 강했다. 오로지 대박만을 꿈꾸는 모든 영화들은 볼거리, 느낄 거리, 즐길 거리들이 풍성하다.

그러나 <해바라기>엔 군더더기처럼 영상이 가끔은 반복되거나 필요하지 않는 영상들도 눈에 띄는, 즉 이중적으로 강조되는 부분들이 '옥에 티'라고 할까?

분명한 사실은 이 영화를 통해 정의란 무엇인가?

그리고 희망은 우리가 꼭 필요한 가치 있는 그 무엇일까 하는 의문점도 담고 있기도 하는 극적 구성력이 뛰어난 영화다. 지금까지 필자는 지면을 통해 이처럼 점수를 주어 평가하거나 특정 영화에 대해 폄하 발언을 한 사실이 없음도 분명히 밝혀 둔다.

-'삶'이 드라마!
〈사랑할 때 이야기하는 것들〉-

필자가 영화현장을 떠난 지 꽤 오랜 세월이 흘렀지만 아직도 영화 같은 삶 속에 살아가고 있다. 이것은 환상과 모호함 속에 스트레스와 공존하며 살아가는 현대인들이 많아지고 있다는 현상이다.

필자는 짧은 조감독생활을 청산하고 <초록물고기>, <박하사탕>, <오아시스> 등을 연출한 영화감독 이창동과 <8월의 크리스마스>와 <봄날은 간다>, <외출> 등 세 편의 극영화를 발표했지만 작가 반열에 오른 젊은 허진호 감독을 좋아한다.

이 두 감독의 작품세계에는 환상과 모호성이 잘 버무려져 현실처럼 표출되고 있다는 것이 최대의 강점이다. 즉, 관객들은 꾸며낸 드라마 속에서 환상적 미학의 꼬임에 곧잘 넘어가 현실처럼 느끼게 된다는 것이다.

그리고는 관객들은 영화 속에 푹 빠져 패닉 상태가 된 채 주인공의 편에 서서 스크린 최면을 벗어나지 못하고 사경을 헤매듯 두 감독의 손에 빨려 들어가고 만다.

그 후 가슴을 애태우게 되고 극장 객석에 꼼짝 못 하고 앉아서 잠시 영화 속 이야기로 인해 멍든 상처들을 스스로 치유해야만 한다.

이처럼 이들의 작품은 곧 우리의 양식처럼 마음에 와 닿기에 너무 가슴이 뿌듯해 감독의 정서에 그만 푹 빠져버리곤 한다.

그래서 필자는 이들이 만든 작품은 책을 정독하고 탐독하듯 곱씹어 소화시키곤 했다.

바로 이런 사실주의 영상미학에 탁월한 재능을 선보인 이창동 감독의 조감독 출신 변승욱 감독이 내놓은 양분 많은 걸쭉한 작품 <사랑할 때 이야기하는 것들>이 개봉되어 필자의 가슴을 요동치게 하고 있다.

오랜만에 맛보는 이 쿵덕거림이 가슴속에 오랫동안 요동쳤으면 하는 마음이 간절하다.

이 영화는 젊지 않은 두 청춘 남녀주인공을 통해 찌든 현실의 삶 속에서 멍든 상처를 스스로 치유해 나가는 과정을 보여주고 있으며 요즘 젊은 세대들 삶의 모습들이 흥미롭게 전개되기도 한다. 또 단조로운 일상들을 아기자기한 영화적 구성으로 만들어 서민들의 질펀한 삶의 고충도 솔직, 담백하게 표출하곤 한다.

그래서 화장기 없어 보이는 아름다운 미모의 여인 김지수의 모습은 더욱 아름다워 보이고 한석규의 구수하며 친근감 있는 모습은 바로 우리 가족의 채취를 풍기고 있기에 관객들은 쉽게 이 두 연기자들의 연기에 도취되는 것이다.

이젠 변승욱 감독도 이창동, 허진호 감독처럼 리얼리즘을 추구하며 삶 속에서 영화를 엮어 내고 영화 속에서 또 다른 진솔한 삶을 추구하는 작가주의 감독으로서 인정받게 되었다.

영화를 통해 현실을 심도 깊게 분석하며 우리 삶의 질을 업그레이드시키는 관찰자이자 선구자이며 시대의 리더로서 또 보통 사람들과 시대의 아픔도 함께하는 관객으로 그 몫을 해 주길 바라는 마음이다.

그리고 충무로에서 아직 빛을 보지 못한 숱한 동료 영화인들과 어깨를 나란히 하며 그들의 고통도 함께 나누는 진정한 영화인이 되어 주길 바라는 마음이다.

영화 <사랑할 때 이야기하는 것들>은 삶은 곧 드라마라는 의미를 내포한 영화다.

─독특한 작가주의 영화
〈싸이보그지만 괜찮아〉─

〈싸이보그지만 괜찮아〉 이 작품은 정신병원이 배경이 된 싸이코 드라마로서 환상에 사로잡힌 두 청춘 남녀가 정신병원에서 펼치는 '로맨틱 코미디'물이다.

박찬욱 감독은 과거 시네필이라는 명성에 걸맞은 열렬한 영화 팬이었으며 평론가와 칼럼니스트 그리고 시나리오 작가 제작자 기획가로도 활발하게 움직였던 인물이다.

이처럼 다양한 재주를 가진 거장이 만든 작품 〈싸이보그지만 괜찮아〉이지만 '속상하지만 괜찮아'로 변하지 않길 바란다.

또 다른 걱정거리가 있다면 연기자들이 걱정이다.

평상시 경험하고 느껴 보지 못한 또 다른 사람들의 인생을 표현하는 연기자들은 본인이 경험해 보지 못한 노인 역 그리고 실생활과 많은 차이가 있는 창부 역 그리고 정신병자 역, 장애우 역 등이 연기자들에겐 언제나 모험이자 발전의 기회가 되기도 한다.

과거 1975년 김호선 감독의 〈영자의 전성시대〉에 염복순 양이 출연하여 큰 히트를 했다.

그 후 많은 영화들과 TV드라마는 그녀를 출연시켰으나 〈영자의 전성시대〉라는 작품 속 윤락녀 이미지가 너무 강해 후속 작품들이 모두 실패하고 말았던 기억이 있다.

즉, 윤락녀라는 너무 강한 캐릭터의 이미지를 관객들의 뇌리에서 하루빨리 벗겨내질 못해 연기자에겐 치명타가 되기도 했던 사례이다.

이처럼 본인의 이미지 관리 차원에서 심사숙고한 후 충전을 더하여 출연을 결정했어야 한다. 또 보통의 세상사와 차별화된 정신병원 내에 수용된 정신병자 연기는 나름대로 극단적인 모습을 보이는 것이기에 힘겨울 수도 있겠지만 잠재된 내면의 연기세계를 여러 사람들에게 알리는 데 있어 큰 효과를 가져오게 된다면 한번 도전해 볼 만한 배역이다.

과거 사례들을 보면 <뻐꾸기둥지 위로 날아간 새>에서의 잭 니콜슨, <참을 수 없는 자유>에서의 안젤리나 졸리는 정신병자 캐릭터로 열연을 하여 자신의 연기인생을 한 단계 업그레이드하였다.

이 영화를 계기로 가수인 비(정지훈)의 영화연기 폭이 더욱 넓어지길 바라고 임수정 양 역시 <각설탕>에서의 순수하며 맑은 소녀적 이미지를 빨리 벗어나는 성숙하며 매력 넘치는 여인으로 거듭 태어나길 바라는 마음이다.

또 다른 필자의 큰 걱정거리가 있다.

이 영화 <싸이보그……>는 거장 박찬욱 표 영화이지만 자기만의 충족을 위한 개인주의적인 성격이 앞선 영화이다.

감독의 탁월한 미래지향적인 감각만 선보였을 뿐 많은 대중들의 가슴속에 공감대를 형성하기란 조금은 무리인 것 같다.

즉, 작가만이 좋아하는 대중성이 결여된 작품이라는 것이다.

그래서 스티븐 스필버그나 죠지 루카스 감독들은 상업영화로 돈을 챙기고 작가주의 작품들을 만드는 후배들에게 장학금을 주는, 즉 독립영화나 작가주의적인 영화에 투자를 계속하고 있다.

이런 작지만 힘 있는 작가주의적 저력이 살아 있기에 미국영화가 식을 줄 모르고 계속 세계 영화시장을 석권하고 있는 원동력이 되고 있는 것이다.

흥행성과 거리 먼 독특한 작가주의 영화 <싸이보그지만 괜찮아>
가 <친절한 금자씨> 흥행기록만큼 될지 매우 궁금하다.

－ 밝고 따뜻한 웃음 〈미녀는 괴로워〉－

2003년에 조로증(早老症)이라는 희귀병을 소재로 한 영화 <오! 브라더스>가 개봉돼 웃음을 전해 주어 화제가 되었던 것처럼 이번에도 밝고 따뜻한 웃음코드를 선사해 준 김용화 감독의 <미녀는 괴로워>가 관객들로부터 호응을 얻고 있다.

이 영화는 누구나 잘 아는 보통의 상식들을 소재로 하지만 보통의 이야기에 특별한 영상미와 음향 그리고 절제되면서도 오버된 따뜻한 감동을 함께 담아 엮어내는 별난 음식 같은 특별한 재미가 있는 코믹장르의 영화이다.

김아중과 주진모라는 결코 가벼운 연기자가 아닌 투톱을 앞세운 이 영화는 김현숙이라는 김아중의 S라인을 더욱 돋보이게 하는 또 다른 장치인 드럼통라인 캐스팅을 통해 더욱 이 영화는 그 가치를 발휘하고 있다.

물론 외국에서도 이런 류의 영화들도 많이 있지만 우리나라에서도 경제의 발전과 함께 찾아든 비만의 고통을 이젠 모두가 함께 고민해 봐야 하는 절실한 사회적 문제로 대두되었음까지도 시사하고 있는 것이다.

그래서 코믹드라마는 결코 웃고 그냥 넘어가서는 안 될 이면(裏面)에 숨은 작가의 의중을 잘 읽어 볼 필요가 있는 것이다.

한마디로 세상을 희화화(戱畵化)한 영화가 바로 <미녀는 괴로워>이다.

그것이 현실인지 잘은 모르겠지만 아무튼 현실의 모양새가 자신을 돋보이기 위해 그 어떤 것이든 뜯어 고치고자 하는 많은 국민들의 세태를 반영한 모습일지도 모른다.

물론 영화 속 이야기로 발전시킨 이유는 여러 가지로 해석될 수 있다.

무분별한 성형수술로 인해 일어난 세상사 여러 가지 병폐들을 알리고자 했을 것이며 인간의 속과 겉이 다른 이중적인 또 다른 모습들을 꼬집고 그리고 외모지상주의를 질타하고 있는 것이다.

물론 유행하는 여성들의 S라인을 보여주는 것에 포커스를 맞추어 흥행성과 직결시키려는 의도도 영화 속에 묻어 나오고 있다.

즉, 무대 위에 가수가 나와 춤추고 노래를 하지만 이면에는 립싱크를 통해 사운드를 흘려보내고 무대 위 스타는 율동으로만 관객들의 시선을 사로잡는 모습이 크게 어필된다.

바로 대다수의 군중들이 원하는 늘씬한 몸매를 가진 S라인의 가수를 볼거리로 원하고 있다는 것이 요즈음 세태인 것이다.

물론 보기도 좋아야 한다는 것이 정설이지만 스타들처럼 되고 싶어 하는 외모지상주의가 많은 젊은 세대들의 건강까지 위협하고 있어 필자의 걱정거리가 하나 더 늘어난 셈이다.

필자의 바람이 있다면 김용화 감독의 <미녀는 괴로워>가 세간에 화제가 되어 제발 건강을 해치는 몸매관리만은 하지 않기를 바란다.

여성들이여 누구나 꿈에 그리는 44 사이즈는 동경의 대상이 되겠지만 그대들의 몸은 개인의 몸이 아닌 국가의 자산인 것이니 무모한 행동은 삼가 주었으면 한다.

분명 영화 속에는 자연 그대로인 순수함이 좋다는 진리도 담겨 있다.

외모지상주의를 한번 뒤집어 보는 영화! <미녀는 괴로워> 영화 속 이야기처럼 이상을 좇지 말고 현실에 만족하며 건강한 삶을 살아가도록 모두 노력해야 할 것이다.

밝고 따뜻한 웃음을 주는 영화 <미녀는 괴로워>가 사회를 어루만지는 명약이 되었으면 한다.

－ 변해야 사는 영화 ‘007시리즈’－

　영화는 시대를 앞서가야 한다고 항상 주장하는 필자의 입장에서 보면 지난 20일에 개봉한 ‘007시리즈’ <카지노로얄>은 아쉬운 영화이다.

　좀더 다양한 액, 황홀한 관능미 그리고 과학과 접목되는 수사와 첩보극 등이 펼쳐져야 했다.

　그만큼 지난 과거 007시리즈의 인기도로 보아 이번에 개봉한 <007 카지노로얄>에 거는 기대가 컸다는 이야기다.

　1963년에 <007 위기일발>로 시작된 ‘007시리즈’가 그동안 흥행영화의 대명사처럼 자리 잡아 왔으며 오락영화의 진수를 선보였다고 봐도 과언은 아니다.

　볼거리, 즐길 거리가 마땅치 않았던 당시의 시대상으론 한 번만 ‘007시리즈’를 대하게 되면 누구나 다음 속편을 기대하게 되었었다.

　그만큼 관객들의 마음을 꽉 붙잡아 둔 영화로 ‘007시리즈’는 작품마다 기발한 아이디어들이 속출하는 여러 장면들을 통해, 즉 시대를 앞서가는 과학과 접목시킨 영화들로 정평이 나 있었고 세계 최고 장수 시리즈로 각광을 받고 있기도 했다.

　물론 1960년대 후반부터 북한에는 김정일 총비서 당시 직접 제작에 관여했다고 하는 50부작이 넘는 다부작 예술영화 <민족과 운명>도 있지만 흥행 목적의 오락성으로 제작된 영화로는 ‘007시리즈’가 가장 오랫동안 제작되고 있다.

이번 카지노로얄 편까지 21번이나 진행된 007시리즈 속에는 그동안 아름다운 여인들이 대거 등장하여 영화들마다 색깔 있는 연기들로 인해 항상 여인들의 미를 과시하는 그런 장이 되기도 하여 많은 관객들에게 호기심을 심어 준 작품이다.

특히 바닷가 석양 실루엣으로 보이는 '본드 걸'들의 요염한 자태들은 많은 이들의 애간장을 녹이는 데에 즉효였다.

그리고 스릴 넘치는 화려한 액션들과 그때마다 들려오는 007 특유의 테마뮤직 또 권선징악의 기본 틀 속에서도 그 진행은 복선을 깔고 반전을 항상 담아내고 있기에 알쏭달쏭하면서도 휴머니즘을 잃지 않고 아기자기하게 이야기를 끌어가는 힘이 있기에 시리즈로 거듭 탄생되는, 즉 영화수명이 오래가게 된 것이다.

그러나 점차 어린 세대들까지 거칠어지고 악랄한 폭력이 난무하게 되는 요즘 사회적 현상으로 인해 점차 관객들의 눈과 귀의 감각이 달라져 과거 액션영화의 환상성에서 탈피하고 자극적인 입맛을 찾고 있는 형국이다.

그만큼 선과 악의 구도를 표현하기란 변화되는 시대상에 맞추어 영화도 제작되어야 한다는 것이다. 이런 현상을 들여다보면 인간의 폭력성이 점점 더 악랄해지고 잔인해지고 있다는 증거이며 또 영화 속에서 대리 만족을 취하게 되는 관객들의 입장에서는 범죄 수법과 구원의 모습들이 좀더 거칠고 강하며 엽기적이라도 자극적인 요소들을 원하고 있어 항상 달라지는 관객들의 입맛에 맞추어 영화를 제작하기에 무척 힘들 거라 생각한다.

그래도 아직까지 007시리즈가 건재한 이유로는 인본주의로 이야기를 매듭지어 가며 항상 색다른 수법의 국제범죄를 일망타진시켜 세계의 평화를 지켜 나가려는 주인공의 굳은 의지를 풍부한 볼거리와 함께 제공하고 있기에 명맥을 이어가고 있는 것이다.

그러나 007시리즈에 욕심이 있다면 좀더 업그레이드된 다양한 볼거리 위주의 화려한 액션과 최첨단 과학을 응용한 수사 첩보 그리고 화려한 관능미를 계속해서 영화 속에서 보여주길 바라는 마음이다.

― 영상이 살아야 나라가 산다! ―

2006년 연말 광주 전남 지역 TV방송의 뉴스를 듣고 필자는 충격 스러움을 금치 못하고 있다. 항상 강조했듯이 영상강국이 곧 세계 의 강국임은 누구나 다 잘 아는 사실이 아닌가! 2004년에 완공되어 KBS―TV드라마 <구미호외전>을 촬영했던 남구 양과동 드라마·영 화 세트장이 당시 그린벨트 지역에 건축되었다 하여 지역정치인들 에 의해 고발되었다. 한마디로 당시 건축 관련자들의 큰 흠을 들추 어내려 하고 있어 영상을 전공한 필자는 답답하기 그지없다. 물론 관에서 하는 일이 무조건 옳다는 이야기는 아니지만 그래도 영상문 화를 앞세워 경제발전을 꾀하고자 하는 관청의 의도는 우리 지역에 서는 보기 드문 사례이다.

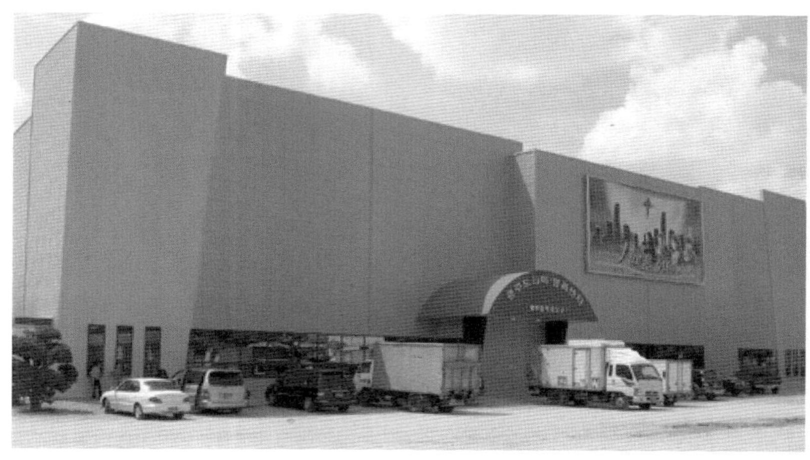

이런 현실을 참작해 보면 이해 관계자들이 한데 힘을 모아 더욱 박차를 가해야 할 형국에 지난 연말 뉴스를 보면 스스로 우리 목을 조이는 그런 행위같이 느껴져 안타까운 마음뿐이다. 먼저 큰 그림을 생각하고 상생을 생각한다면 잘한 일은 칭찬을 잘못된 일은 질타보다 더욱 잘할 수 있도록 용기를 주어야 진정한 정치인이 아니겠는가? 남구 양과동에 지어진 드라마·영화 세트장 터는 지금은 그린벨트 지역에서 해제되었지만 당시엔 그린벨트였다. 그러나 건축 당시 남구의회에서 통과가 되어 지어진 건축물이다. 그렇다면 건축승인을 해 주었던 남구의회의 의견들은 무엇이며 2006년 5·31 선거 이후 정치인들의 입지가 달라진 이후에서야 그린벨트 유용에 관한 고소, 고발 건은 무엇이란 말인가? 분명 이런 현상은 표리부동한 보복성에 가까운 결과물로서 지역정치 관계자들의 이해관계에 따라 변한다는 것을 알 수 있다. 한편으론 당리당략만 앞세운 정치인들을 왜 시민들은 우매하게 이들을 뽑아 주었는지 참으로 원망스럽기도 하다. 그러나 필자 역시 이들만 원망하면 무엇 하겠는가! 앞으로가 더욱 중요한 시점이다. 어렵게 세워진 세트장이 2005년 3월 말에 설상가상으로 화상을 입어 언제 복구가 될까 하며 관계기관들과 정치인들의 눈치만 살피고 있는 남구 양과동 드라마·영화 세트장을 모 영화사에서 자금 일부를 부담해 주는 조건으로 재건축을 요구하고 있다. 드라마나 영화 등 영상물이 많이 제작되고 있는 우리나라 현실로 볼 때 분명 실내 세트장의 공급 부족으로 인해 광주에 세워진 우리나라에선 제일 큰 15미터의 층고에 700여 평의 넓은 실내 세트장이 절대적으로 그 필요성이 강조되는 시점이다. 지역을 살릴 수 있는 명약처방이 여러 가지 있겠지만 그중에 영상을 이용한 지역 경제 살리기가 명약 중에 명약이 되리라 확신한다. 물론 완도 <해신>, 나주의 <주몽>, 문경의 <왕건>, <이순신>, <연개소

문>, 부안의 <왕의 남자> 등의 영상테마파크가 그리고 합천의 <태극기……>와 <서울1945> 세트장이 또 삼척의 <대조영> 하동과 횡성의 <토지> 등의 세트장들이 모두 그 지역에서 약간의 잡음들은 있었다고 하지만 광주 남구 양과동 실내 세트장처럼 철저하게 영상의 중요성을 배제한 채 많은 공직자들을 상대로 정치인들의 격투장으로 바뀌어선 안 될 말이다. 제발 상대를 헐뜯기 위한 그래서 우리 고장이 타 지역에 웃음거리가 되지 않는, 즉 자기 집 강아지를 남들이 보는 앞에서 절대 발로 차지 않는 그런 형국으로 가야 마땅하다. 영상의 중요성은 그 어느 때보다 강조되어야 할 시점이기에 더욱 그러하다.

－ 한국영화의 희망 〈마파도2〉 －

　전남 영광 백수 동백마을에서 촬영되어 개봉한 <마파도2>에 쏠리는 관객들의 관심이 보통이 아니다.

　<마파도> 1편에서도 그랬듯이 2편 역시 영화 속 주요 인물들을 살펴보면 5명의 할머니들과 두 사람의 젊은 남자가 이야기의 큰 인적 요소이다.

　소설도 아닌 영화 형식으로는 좀처럼 찾아보기 힘든 인물구성으로 외국의 경우도 마찬가지다.

　<마파도> 1편 상황처럼 복권에 얽힌 이야기를 그린 1998년 커크 존스 감독의 <웨이킹 네드(Waking Ned)>를 비롯하여 노인들에 얽힌 여러 형태들의 영화들은 많이 있었지만 5명이 넘는 노인들과 젊은 연기자가 한데 엮어지는 장면들은 그리 흔치 않은 현상이다.

　바로 마파도 시리즈의 큰 단점이자 장점이 되기도 하다.

　물론 영화의 흥행성만 따지는 것은 결코 아니지만 노역(老役)이 많이 나와 흥행까지 성공한 경우는 그리 많지 않다.

　또 우리 영화들이 그렇듯이 총 제작비 30억 원이 안 되는 소규모 예산에 가까운 영화들이 대부분이다.

　100억 원이 넘는 한국형 블록버스터급 영화들이 자주 등장하지만 대개의 경우 30억 원 미만으로 많은 영화들이 제작을 마치곤 한다.

　이것이 우리의 현실이기도 하다. 그래서 더욱 영화다운 영화를 만들어야만 살아남을 수 있다는 사실도 자각하게 만들어 주고 있다.

이러한 현상을 보면 스크린쿼터의 축소는 두말할 나위 없이 우리 영화의 앞길을 막는 주된 원인이 될 수도 있다.

그러나 마파도 시리즈처럼 좋은 아이디어가 있다면 비록 저예산 영화이지만 한국형 흥행영화를 만들어 낼 수도 있다는 희망을 이 영화에서 찾을 수가 있다.

한마디로 우리 영화 자존심을 세워 주는, 즉 스크린쿼터 축소의 울분을 상쇄(相殺)시켜 주는 효과를 찾을 수 있는 희망이 마파도 시리즈에 있다.

이 영화 속에는 코믹과 슬픔과 반전 그리고 휴머니즘이 담겨 있어 남녀노소 누구나 즐길 수 있는 가족영화가 되기도 한다. 가족중심의 영화들과는 조금은 다르지만 동리 주민들이 한 가족처럼 보이면서도 아옹다옹 서로 다투며 살아가는 모습과 세상사 허접한 이야기들도 이 한 편의 영화 속에 다 들어 있다.

그래서 관객들은 영화 속에서 희망을 맛보고 웃음도 맛보고 서스펜스도 느끼면서 통속적인 슬픔과 오버된 웃음까지 모든 세상사 쓰고 단 맛들을 보게 된다는 것이다.

영화 속 소재가 영화의 전부는 아니다.

아무리 소재가 특이해도 연출의 힘이 약하면 구성력이 떨어져 흥행에도 실패하고 여러 투자자들도 큰 손실을 입게 된다.

그렇게 계속되면 우리 영화는 경쟁력이 떨어질 것이고 점차 영화산업에 투자하겠다는 사람들은 없어지고 자연발생적으로 우리 영화는 자취를 감추게 될 것이다.

그러나 이런 마파도 시리즈가 계속 양산된다면 앞으로 우리 영화도 희망이 보인다는 것이 필자의 강력한 주장이다.

우선 살아남아야 후일을 약속할 수 있듯이 우리 영화가 살아남기 위해서는 오버미학도 명약으로 알고 잘 대처해 나가야만 한다.

이젠 세계 영화계 속에서 발버둥치며 견디며 싸우며 살아남아야만 하는 영화계 현실이 아쉽기도 하지만 이번 마파도 시리즈를 통해 희망과 용기를 잃지 말고 광주 전남에서 좋은 영화들이 많이 탄생되었으면 한다.

―부활한 희망과 꿈 〈로보트 태권V〉―

필자는 충무로 초년병 시절인 1976년에 영화 〈로보트 태권V〉를 제작했던 유현목 감독이 운영하던 유프로덕션에서 〈로보트 태권V〉라는 이 영화를 처음 접하게 되었다.

이 영화가 당시 18만 명의 관객을 불러 모은 영화로서 경이적인 사건에 속할 정도로 엄청난 충무로 사건인 효자상품이었다.

당시 3만 명이면 '히트'했다고 하여 감독의 체면치레가 되었던 수치이고 8~10만 명 이상을 동원하면 요즘 용어로 대박인 셈이었다.

더불어 이 영화를 만들었던 김청기 감독과 지상학 시나리오 작가의 명성은 하늘을 찌를 듯 하루아침에 충무로 저명인사가 되었고 영화계 황제인 영화 제작가들에게 극진한 대접을 받을 만한 위치로 급상승하게 되었다.

당시 필자는 이 영화의 대본 집필을 맡았던 지상학 작가를 유프로덕션에서 처음으로 상면했고 그 후 지금까지 형제지간의 정을 나누며 호형호제하는 사이로 지내고 있다.

지상학 작가 역시 작가생활 초년이었지만 충무로에서는 많은 제작자나 감독들의 기대에 부응할 수 있는 기대주였던 것이다.

그러던 어느 날 지상학 작가로부터 뜻밖의 푸념을 듣게 되었다. 시나리오 작가들인 동료들과 선후배들 그리고 극영화 감독들까지 자기를 망(亡)가 작가라고 불러 여간 곤혹스럽지 않다는 것이었다.

이유인즉 당시 일본발음으로 만화(漫畵)를 가리켜 망가라고 하였는데 충무로에서는 만화라는 뜻의 망가를 속된 표현으로 망하다는 망(亡) 자를 써서 망가(亡畵)로 사용했다.

즉, 망할 수 있는 영화 또는 망한 영화 등으로 잘못 불려 지상학 작가를 일컬어 망가(亡畵) 작가라는 닉네임을 붙여 부르곤 했다.

이런 현상은 지상학 작가 본인에게는 요즈음 인터넷의 악플 정도보다 훨씬 강도가 높은 충격적인 사건이 된 것이다.

그 후 만화를 그렸던 김청기 씨는 만화영화감독으로 명성을 널리 알리게 되었고 지상학 시나리오 작가는 유명세 이상으로 홍역을 치르듯 충무로 영화인들 사이에서 부러움과 질투심을 사게 되어 한동안 유명세를 톡톡히 치러야 했다.

이후 지상학 작가는 <로보트 태권V>라는 영화이야기만 나오면 아무리 대박이 난 작품을 집필했지만 세상사가 다 그런지라 쥐구멍을 찾듯 슬그머니 자리를 뜰 수밖에 없었다.

필자가 지난 2005년에 광주에서 제1회 영화아카데미를 개최하면서 시나리오 부분의 특강을 지상학 작가에게 의뢰했었다.

그때 수강하는 40여 명의 영화작가 지망생들에겐 과거 30년 전의 모습들과는 너무 다른 현상으로 그들에겐 지상학 작가는 선망의 대상이었음을 알게 되었다.

세상사 새옹지마(塞翁之馬)라 했던가?

그렇기에 인생의 길흉화복은 변화가 많아서 예측하기가 어렵다는 선인들의 말씀이 새롭게 새겨졌었다.

아무튼 30년 만에 우리의 디지털기술로 복원되어 부활한 희망과 꿈이 되어 버린 <로보트 태권V>.

과거의 대박 상품이 요즈음을 사는 젊은이나 어린이들 가슴에도 '로보트 태권V'라는 캐릭터가 우리 만화영화의 자긍심과 함께 애국심을 심어주는 좋은 계기가 되어 참으로 필자는 행복한 마음 이루 말할 나위 없다.

─메이드 인 헤븐(Made In Heaven)
〈허브〉─

필자에게는 뼈아픈 과거가 있다.

하지만 이 과거사가 삶의 지침서로서 항상 뇌리에 박혀 있기에 다시는 이런 과오를 범하는 일은 없으리라 굳게 믿으며 살아가고 있다.

20년 전 우리 영화를 제작하고 외화를 수입하며 배급까지 하였던 충무로 영화사 경영 시절 초창기의 에피소드다.

처음으로 경영 일선에 나선 필자는 아무 생각 없이 아름다운 천국의 이야기를 그린 <메이드 인 헤븐>(티모시 휴턴 켈리 맥길리스 주연 / 1987년)이라는 영화 속 순백의 하얀 마력에 푹 빠져 1988년에 과감히 수입을 단행하였다.

이 영화는 대부분이 천국 이야기로 현실의 이야기 속에도 악(惡)이란 생략되고 모두가 선(善)뿐인 세상을 그린 영화이다.

당시 우리 영화계의 흐름을 보면 모두가 영세업자들로 가까스로 수입한 외화 한 편에 사활을 걸고 어떻게 해서든 수입한 한 편의 영화로 일확천금을 노려 주머니를 채운 다음 우리 영화(이후 방화 / 邦畵로 표기)를 만들어내야만 했었다.

영화사들은 1년에 분기별로 2편의 방화를 의무적으로 만들어야 한 편의 외국영화 수입쿼터(Quota)를 문화공보부로부터 받게 되었다.

100%에 가깝게 방화를 제작하면 실패했던 시절이었기에 외화를 수입해 상영해야만 현상 유지가 가능했었다. 외화 한 편에 목을 맨 많은 영화사들의 수입경쟁은 매우 치열했고 극장을 소유한 극장주(主)들은 배를 내밀며 거드름을 피우게 되었다.

그러던 어느 날 지방흥행사들로부터 <메이드 인 헤븐> 지방 개봉이 어렵다는 이야기가 들려오기 시작했다.

<영자의 전성시대(1975)>, <애마부인(1982)> 이후 말초신경을 자극한 에로틱한 영화들이 1년에도 시리즈로 2회 이상 쏟아져 나왔으며 또한 자극적인 내용들로 가득 찬 볼거리의 흥행 요소가 많이 있어도 독특하고 색다른 모습이 아니면 그중에서도 살아남지 못해 쓰러져 나가는 형국이었다.

여기에 순수하고 지상이나 천국이나 모두가 선(善)으로 가득하고 밝고 아름답게만 그려진 <메이드 인 헤븐>이라는 천국이야기가 흥행할 수 없다는 지방흥행사들의 결론들이었다.

그러나 '필생즉사 필사즉생'의 강인한 정신으로 무장하며 살았던 필자는 서울 중심에서 조금 벗어난 곳에 비싼 대관료를 감수하면서 극장을 빌려 비 내리던 토요일에 개봉을 했다.

모두의 걱정과는 다르게 여자대학교 부근인지라 연 이틀 동안 매진을 기록하였고 금방이라도 재벌 대열에 합류할 것 같은 기분에 사로잡혀 있었다.

꿈도 잠시, 개봉 3일 차인 월요일부터는 관객들의 발걸음이 뜸해지더니 개봉 10일도 지나지 않아 간판을 내리자는 극장 측의 제의에 몸 둘 바를 몰라 실의에 빠지기도 했었다.

순수하고 맑고 밝음을 앞세운 영화들이 세파에 찌든 중생들 곁에서 살아남을 수 있는 것은 낙타가 바늘구멍을 통과하는 경우쯤 되는 비극적 현실이었음을 뒤늦게 알아차린 경우이다. 바로 <허브>가

똑같은 경우를 겪고 있는 것 같아 무척 안타깝다.

개봉 열흘인데 멀티스크린으로 가득 찬 극장가에서 교차 상영으로 영화 <허브>를 인정사정 볼 것 없이 밀어내고 있다.

순수가 버림받는 세상에서 살아가는 요즈음의 우리들.

<허브>의 주인공 7살 정신연령보다 못한 우리의 모습을 되돌아 깊게 반성해 볼 시간이 왔다.

﹣깔끔한 코믹불륜 〈바람피기 좋은날〉﹣

요즘 부쩍 우리 영화계에서 연기자들의 나이란 아무 의미가 없는 단순한 숫자에 불과하다는 말이 어울릴 정도로 그 한계가 모호해졌다.

〈마파도〉 시리즈에서 그랬듯 매우 많은 세월동안 스크린에 선보였던 연기자들도 기존 충무로의 상식선을 넘어 자신 있게 그리고 당당하게 흥행의 중심에 서 있다.

2월 8일에 개봉한 〈바람피기 좋은날〉에서도 여성연기자들의 나이는 인기도 유지 측면에서 크게 문제되지 않았음을 여실히 증명해 보였다.

그래서 과거의 경우처럼 결혼을 하거나 세월이 흘러도 절대 나이는 그 어떤 이유가 되지 않는다는 것이다.

물론 세상의 흐름이 싱글즈가 선망의 대상이 되는 시절이기도 하여 나이는 이젠 평가의 개념에서 사라졌다고 본다.

오직 개인 능력 위주의 사회로 탈바꿈된 것이다.

즉, 연기, 연출, 기획력이 삼위일체가 이루어져야만 영화가 성공할 수 있다는 좋은 본보기가 된 것이다.

이처럼 우리 영화계가 기획생산 시스템으로 일찍이 바뀌었다면 지금처럼 스크린쿼터 축소 논란은 아무 의미가 없었을 것인데 하는 아쉬움만 남는다.

객관적으로 이 영화를 평하면 깔끔하고 세련되고 짜임새 있고 관객들을 끌어 모으기에 가장 정석적으로 철저하게 계산된 그런 영화

장치들을 이용한 볼거리, 즐길 거리, 느낄 거리까지 3박자가 골고루 잘 버무려진 입맛 당기게 하는 비빔밥 같은 영화가 <바람피기 좋은 날>이라고 극찬하고 싶다.

이제부터 할리우드만 부러워하거나 미워하지도 말고 이처럼 우리의 입맛에 맞는, 즉 정서적 문화현상을 찾아 영상물을 제작해 낸다면 충분히 우리 나름대로 영상문화를 개척해 낼 수 있을 것이라고 확신한다.

지난날 우리 영화계에 트로이카 전성시대라는 신종 어원을 창출해 낸 문희, 윤정희, 남정임 시절만 해도 결혼을 하거나 여자로서 아름다움을 잃어 가게 되는 30세가 넘으면 영화계에서는 스스로 물러날 줄 아는 상식적인 그 시절이었다.

38세라는 여우(女優) 김혜수의 나이는 아킬레스건이 아닌 그냥 숫자일 뿐 스크린을 통해 넘쳐 나는 그녀의 마성(魔性)은 <타짜>에 이어 충무로의 떠오르는 올드 불루-칩이다.

여기에 신성(新星) 25세 윤진서의 색감 다른 매력에 빠져 들게 하는 농염 짙은 내숭연기 또한 일품이다.

극 중 감정 몰입이 잘되는 윤진서와 김혜수의 톡톡 튀는 노련함으로 인해 영화는 군더더기 없는 깔끔한 영화로 생산되었다.

바로 두 여우로부터 연기를 뽑아낸 감독의 탁월한 연출력이야말로 두말할 나위 없이 이 영화를 대박의 지름길로 끌고 가는 선봉장 노릇을 톡톡히 해낸 것이다.

물론 1999년에 <행복한 장의사>로 감독 데뷔한 전남 신안 출신 장문일 감독의 탄탄한 구성력의 결과물인 이 영화는 매우 튼실하다 못해 완벽하게 느껴지며 철저한 기획력과 구성력으로 탄탄하게 엮어낸 모호하고 몽환적이며 다분히 관음적으로 꾸며낸 영화이다.

또 리듬이나 구성력 그리고 영상미가 탁월하며 오버하지 않고 절제된 듯 보이는 코믹이라는 양념까지 동반되어 마치 동면하던 원초적인 인간본능을 일깨워 주고 있다.

그래서 이 영화 속 매력에 흠뻑 빠지게 한다.

이처럼 연기, 연출, 기획력이 함께 그 힘을 발휘하였기에 롱런이 예상된다.

이런 영화가 많이 나오면 할리우드가 결코 부럽지만은 않다.

깔끔한 코믹장르로 엮어진 <바람피기 좋은날> 제목부터 심상치 않음도 간파할 수 있지 않는가! 지금부터 우리 영화의 바람이 일기 시작했으면 한다.

－현실과 환상을 버무린 〈그놈 목소리〉－

'인간의 탈을 쓰고 어찌 그럴 수가!'

'성질 급한 사람들이 봐서는 안 될 범인과의 전화대화 장면!' 등 차라리 무자식이 상팔자일까라는 모호한 생각까지 들게 하는 영화가 <그놈 목소리>이다.

특히 이 영화는 범인의 목소리가 크게 어필되어 인물 중심의 영화에 목소리가 주인공처럼 만들어진 흔치 않은 범죄영화다.

영화 속에는 완전범죄의 형식까지 제시하기도 했고 수사기관의 수사 방법까지 알려주어 혹 제3, 제4의 범죄라도?……아무튼 생각조차 하기 끔찍한 사건인 지난 1991년의 '이형호 군 유괴 사건'을 다룬 다큐형식의 극영화 <그놈 목소리>가 개봉되어 세간에 화제다.

2007년 1월 26일자 칼럼을 통해서 필자는 <로보트 태권V>의 각본을 맡았던 지상학 작가와는 호형호제(呼兄呼弟)하는 격의 없는 사이라 밝힌 바 있다.

바로 그 지상학 작가 장녀인 '지한별' 양(당시 12세)도 1992년 8월 8일에 아파트 단지 내 상가 부근에서 20대 여성을 따라나섰다가 아직까지 소식이 없어 부모의 애간장을 태우고 있다.

이처럼 필자의 주변에도 유사한 큰 아픔을 간직하면서 사는 지인이 있기에 <그놈 목소리>를 그냥 재미 삼아 볼 수가 없었다.

15년이 지난 '지한별' 양의 사건 역시 '이형호' 군 사건처럼 미궁이다.

이런 이유로 <그놈 목소리>를 관람하는 순간 필자의 가슴이 흔들리기 시작하여 영화를 보는 동안 착잡한 심정으로 잠시도 화면에서 눈을 뗄 수가 없었고 한편으로는 지상학 작가의 모습이 한없이 눈에 떠올라 어떻게 이 영화를 접해야 하는가 하는 혼란으로 가득차고 말았다.

세상에서 가장 못된 사람은 바로 가족 파괴범이다.

영화를 연출한 박진표 감독은 1992년에 SBS-TV <그것이 알고 싶다> 다큐프로그램의 조연출로 이형호 군 유괴 사건을 직접 취재하면서 충격과 분노를 느꼈다고 한다.

이후 영화계로 나온 박 감독은 <죽어도 좋아(2002)>, <너는 내 운명(2005)> 등을 만들어 많은 관객들과 평론가들로부터 호평을 받아 그의 명성을 널리 알린 바 있고 방송가에 근무했던 당시 취재했던 이형호 군 사건에 항상 마음을 두고 있던 터라 우리 사회가 이런 비극적인 사건을 쉽게 잊거나 용인하지 않도록 그 내용을 영화로 재조명하게 된 것이다.

영화적 재미와 사회적 메시지를 동시에 구현하며 사회적 반향을 일으키는 <그놈 목소리>는 실화를 바탕으로 그려낸 작품이지만 영화적 환상과 현실의 경계를 모호하게 만들면서 관객들의 마음과 시선 모두를 빼앗은 독특한 영화기법으로 꾸며낸 휴먼드라마다.

필자는 이런 수작들을 대할 때면 기분이 너무 좋아 곧잘 흥분하게 되어 입 소문을 여기저기 내면서 영화에 취해 보기도 하는 여린 감성의 소유자이다.

비록 공소시효가 만료된 범죄 사건이라지만 추후 예방 차원에서라도 범인을 꼭 잡아 엄한 벌로 다스려야 마땅하다.

그래도 이형호 군과 지한별 양 가족들 마음의 상처는 치유되지 않을 것이다.

두 가족 그리고 개구리소년 가족들에게도 하루빨리 마음의 평화가 깃들기를 다시 한번 기원해 본다.

-〈하얀물고기〉 제작 후기-

어렸을 적 단체로 얼 차례를 받을 때 버드나무 가지로 만든 회초리에 맞기 위해 종아리를 걷어 올리고 차례를 기다리던 순간! 그 매를 맞기 전 살 떨림에 대한 공포를 아시나요? 철부지 그 시절 누구나 한 번쯤 매라는 두려움 앞에서 자기 차례가 돌아올 때까지 잠시 동안이지만 그 기다림이라는 순간은 무시무시한 공포감과 비교해 큰 차이가 없었을 것이다.

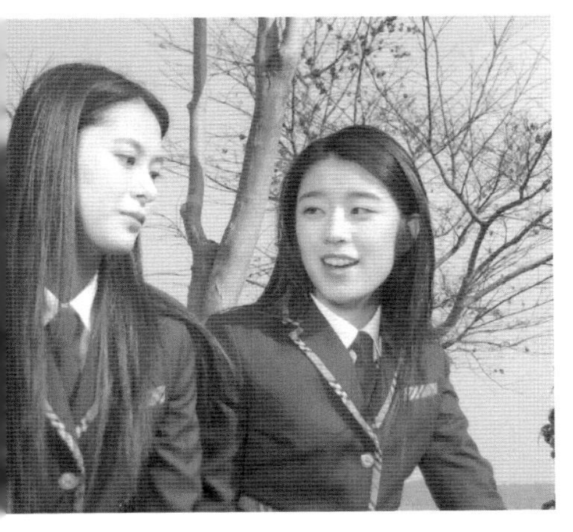

사진 1)

한편으로는 밀려오는 바보 같은 자신에 대한 애잔한 서운함 그리고 원망스런 주변 때문에 애간장을 태우며 차례를 기다려야 하는 절체절명의 순간들 같았던 묘한 상황에 한 번쯤 부딪혀 보았을 것이다.

이처럼 필자는 지난겨울부터 시작된 〈하얀물고기〉 영화 제작이 시작되면서부터 걱정 반 두려움 반으로 가득 차 있었다는 사실은 누구에게도 말 못 할 괴로움이었다.

그런 이유들을 일일이 다 열거할 수는 없지만 단지 짧은 기간과 재정적으로 워낙 열악한 환경 속에 어떻게 좀더 나은 작품을 만들어 내야 할까 하는 오직 한 가지 결론에만 신경을 쓰고 있던 터였다. 바로 그 당시 필자는 다가올 두 번의 매 맞을 상황을 걱정했던 매우 소심한 인물이다. 그 한 번은 발주자인 맥지로부터 받아들여야 할 매와 또 한 번은 작품이 DVD로 배포된 후 대중들로부터 받게 될

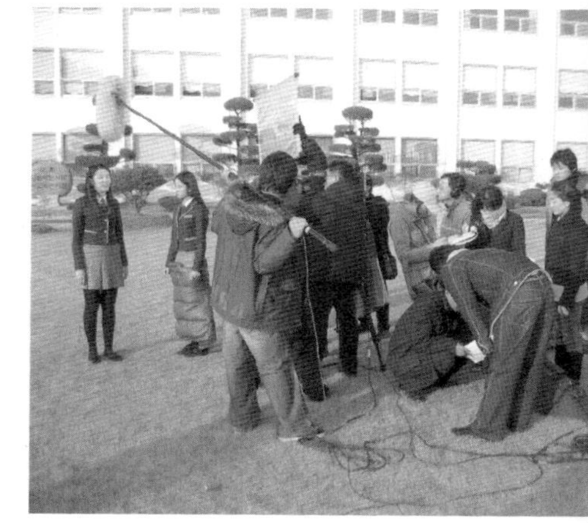

사진 2) 〈하얀물고기〉 촬영 모습

질책이 두려웠다. 그 공포감을 잊어버리려 하거나 최소한 축소를 시키기 위해 나름대로 명약처방을 스스로 내려 치유하려 했었다. 그래서 이리저리 뛰면서 전 스태프들의 제작흐름을 최대한 원활하게 하기 위해 뛰어다녔던 때가 바로 엊그제 같다.

작품의 질을 올리기 위해서는 화면 속에 보이는 사물들이 완벽하리만큼 다양해야 하고 충분히 못 보던 그림들을 만들어 내야 했었기에 욕심껏은 다 채우지 못하지만 어느 정도 흥은 내야 한다는 강박관념이 항상 필자의 뇌리를 스치곤 했다. 그래서 여학생 교복의 협찬을 받게 되었고 여러 훌륭한 장소들을 헌팅하게 되었으며 아마추어 티를 벗어난 주연급 연기자들의 섭외와 함께 훌륭한 제작 스태프진들을 구성할 수 있어 참으로 다행스러웠다.

또 가장 힘들게 생각했던 주요 핵심적인 스태프 구성에서 촬영과 조명의 프로급 인사들을 만나게 되어 참으로 다행스러웠다. 이처럼 주위의 지인들로부터 큰 힘을 빌려 제작에 임할 수 있었기에 생각보다는 힘들지 않게 그 두려움 속에서 벗어날 수 있었다.

그러나 이젠 빚진 죄인이 되고 말았다. 언젠가는 이 작품을 도와주었던 그 고마우신 여러 지인들께 어떻게 해서든 그 빚을 갚아 드려야 하기 때문이다.

이런 모든 것은 바로 '맥지'라는 큰 버팀목이 있었기에 가능했다고 본다. 아무리 필자가 최선을 다해 뛰어다닌다고 해서 될 일이 아니라 그만큼 맥지 법인이 뒷받침되었기에 감히 이번 작품을 저예산으로 마칠 수 있었던 것이며 좋으신 분들과 함께할 수 있었다는 사실이다. 즉, 충분한 인적 요소로 인해 여러 난관들을 나름대로 쉽게 극복할 수 있는 힘이 생겼었던 것이다.

다시 한번 그 당시의 고마우신 분들을 되새겨 보면 고등학교 학생이지만 방학을 이용해 조명과 오디오 촬영 등 가리지 않고 허드렛일을 도왔던 두 연기 지망 남학생들, 그리고 새벽같이 추운 겨울날 말 한 마디 없이 촬영 장소로 나와 주었고 뒤에서 열심히 도와주었던 의상, 분장, 헤어 담당 두 여학생들, 하늘이 도와 한 여학생은 분장 메이크업 부문의 미용교사 임용고시에 합격하여 이젠 선생님의 칭호를 받으며 중등학교에 부임했을 것이다.

그리고 한 학생은 호주로 더 많은 공부를 하기 위해 촬영이 끝난 순간 곧바로 유학의 길을 떠났다. 너무나 고마운 학생들이었다.

또 광주 연극계 연기자 분들이 큰 힘이 되었고 광주영상위원회 회원 여러분들의 아낌없는 격려와 도움으로 무사히 마칠 수 있었음에 매우 감사하게 생각한다.

그리고 학교에서 저와 인연이 되었던 몇 명의 제자들이 크게 도움이 되었다.

이런 모든 분들께 다시 한번 이 지면을 통해 감사의 말씀을 드리고 싶다.

결론적으로 바로 '하면 된다'는 신념과 열정이 있었기에 저예산이라 하지만 많은 분들의 힘이 한곳에 집약되니 못 이룰 것 없이 다 이루어 낼 수 있었다고 본다. 부디 다음 작품에는 좀더 젊은 혈기로 영화 제작에 임할 수 있는 피 끓는 열정 많은 젊은이들이 많이 참여해 주었으면 하는 바이다.

끝으로 고된 작업이었지만 개인적인 중요한 시간들을 모두 뒤로 한 채 이번 영화의 연출을 맡아 묵묵히 마무리 지어 주신 차두옥 교수께 감사를 드린다. 작은 결과물 <하얀물고기> 한 편의 영화로 인해 국가 백년대계의 밑거름이 되어 큰 결과가 생겨 나길 학수고대해 본다.

이제부터 맥지의 용트림이 온 천하에 퍼져 나가길 바라는 바다.

丁亥年 정월 초이튿날 〈하얀물고기〉 제작을 맡았던 박형균

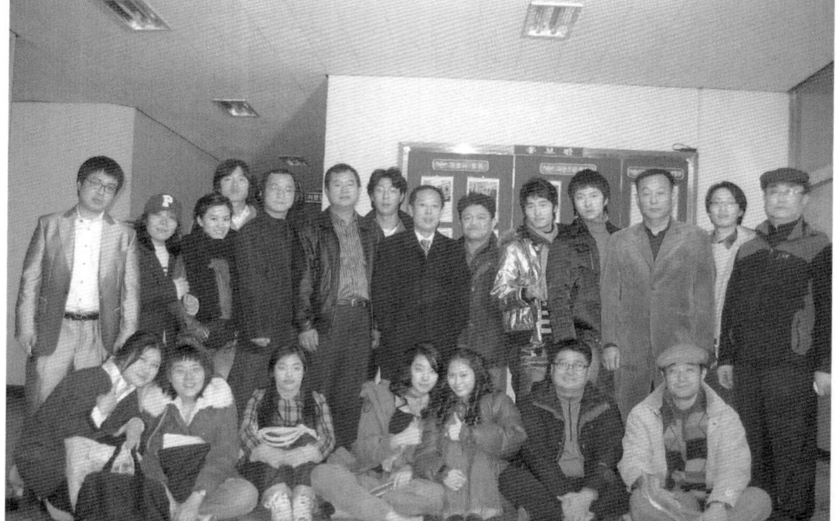

사진) * 2006년 12월 24일
　　　〈하얀물고기〉 촬영을 모두 마치고 광주남부경찰서 현관에서……
　　　뒷줄 맨 우측 모자 쓴 필자

－노병 실베스터 스탤론의 〈록키〉 상륙기－

"노병(老兵)은 결코 죽지 않는다. 단지 사라져갈 뿐이다."라는 맥아더의 말이 와 닿는 영화 <록키 발보아>가 구정 연휴 기간에 개봉돼 화제다.

이태리 출신 가난한 이민자 아들로 태어난 실베스터 스탤론의 분신처럼 느껴지는 영화 속 주인공 록키가 헝그리복서로 등장했던 '록키 1편'은 '아메리칸드림'이라는 단어를 일반명사화시킨 영화이기도 하다.

1976년에 무명 배우 실베스터 스탤론은 <록키>라는 각본을 33번이나 고쳐 쓰며 가까스로 제작자에게 승낙을 받아내 겨우 100만 불도 안 되는 저예산으로 28일 만에 촬영을 끝내 고진감래(苦盡甘來) 끝에 흥행까지 성공시켰다.

그리고 아카데미 3개 부문까지 차지하는 큰 영광도 만끽했던 당시 용트림처럼 이번에는 또다시 많은 대중들에게 잃어버린 삶의 용기를 불어넣어 주는 위대한 영웅 <록키 발보아>로 되돌아와 단순한 무명복서의 성공기가 아닌 서민들의 애환을 간직한 인간승리의 지표를 보여주고 있다.

시리즈 6편으로 불리는 이번 영화 <록키 발보아>에서는 주인공, 각본, 감독, 기획, 제작 등 예전에 보기 힘든 일인 5역이라는 자칫 개봉된 지 며칠 가지 못해 그만 지하에 묻혀 버릴 수도 있는 엄청난 모험도 시도한 것이다.

지난 16년 전 발표된 '록키 시리즈' 5편에서 록키는 글러브를 끼지 않고 출연하여 흥행 위험 수위에 서게 되는 간 큰 모험도 시도했고 이제 작은 레스토랑의 경영자로 식당을 찾는 올드 펜들에겐 과거 자신의 승리담을 들려주는 재담가로 재상륙을 시도하고 있다.

하지만 가까운 주변에서 퇴물복서라는 비아냥거림과 함께 갖가지 태클도 견디며 이런저런 사건들 속에 부대끼며 살아가게 된다.

또 초췌한 홀아비 록키는 자신밖에 모르는 외아들과 충돌하며 살아가고 끝내 아들은 아버지 품을 찾게 된다는 부자지간의 정을 그린 버디무비 형식도 취하게 된다.

즉, 부성애를 다룬 휴머니즘영화 장르도 담겨 있다.

한편 흥행사들의 욕심과 환갑이 넘은 주인공의 승부욕이 의기투합되어 33전 30KO 무패의 기록 보유자인 젊은 챔피언과 위험스런 한판 승부가 펼쳐지는데 만약 주인공이 쓰러지게 된다면 그동안 쌓아온 록키의 명성과 부와 자존심들이 한꺼번에 무너지게 될 것 같은 불안감이 이 영화를 더욱 감칠맛 나게 하고 있다.

여기에 영원한 록키의 상징이며 희망과 용기의 주제곡인 'Gonna Fly Now'가 울려 퍼지는 가운데 피땀 흘려 훈련하는 몬타쥬 장면과 불 밝혀 화려하게 펼쳐지는 눈물샘을 자극하는 라스베가스 사각링 위의 혈투는 가히 일품이다.

이쯤 되자 어김없이 필자의 눈물은 마르지 않았음이 증명될 정도로 손수건이 안경 속 눈앞을 스쳐간다.

실베스터 스탤론 역시 세월의 흐름 앞엔 어쩔 수 없었던지 이마엔 많은 주름이 세월을 이야기하고 있다.

그렇지만 나이는 숫자라는 사실을 다시 알게 해 주었고 60을 갓 넘긴 왕년 스타지만 끝내 영화를 잊지 못하고 주인공이자 감독이자 그리고 기획, 각본, 제작자로 다시 재기하여 <록키 발보아>로 상륙

했다.

　분명한 것은 '노장은 살아 있다.'라는 사실을 확실하게 보여주고
있다.

－꿈★은 이루어진다. 〈복면달호〉－

누구나 눈앞에 성공이라는 高地(고지)가 보인다면 그 고지에 오르기 위해 필사의 노력을 기울이게 될 것이다.

그러기 위해서는 오직 열심히 한길을 걸으며 꾸준히 노력해야만 한다.

그래야 그 꿈은 이루어질 수도 있을 것이다.

그만큼 꿈을 성공적으로 이루어 낸다는 사실은 낙타가 바늘구멍을 통과하는 것과 마찬가지이다.

지난 1992년에 제작된 영화 <복수혈전>은 개봉관에 관객이 들지 않아 유명해진 영화 중 하나이지만 이번 제작한 <복면달호>는 관객들이 많이 보아 유명한 작품이 되어 가고 있어 개그계 황제 이경규는 이젠 영화사 사장으로서도 손색이 없는 어엿한 회전의자의 주인이 된 꿈을 이룬 집념의 사나이로 거듭 태어나게 되었다.

여기에 비하면 필자는 충무로 패잔병이란 말인가 하며 부끄럽기 한이 없다.

그러나 결코 흥행에 성공한다 해서 승리자이고 흥행에 실패했다 하여 불행한 사람이라는 말은 아니겠지만 일단 흥행은 성공하고 봐야 누구나 공감이 가는 성공한 삶으로 인정하는 것이 세상사 아니던가? 패배자는 말이 없다. 그저 숨만 죽이고 남들의 비웃음 속에 15년을 살았던 이경규 씨의 마음을 필자는 조금은 이해한다. 이제야 필자의 눈엔 흥행 요소의 그 바닥이 조금씩 보이기 시작했다.

그래서 요즘에 개봉한 작품들을 보면 흥행 성적표를 필자 나름대로 계산하게 되고 필자의 그 느낌대로 거의 백발백중 흥행 성적이 이루어지고 있음도 잘 알게 되었다.

이번 영화 <복면달호>는 안타 정도는 거뜬하다.

즉, 관객 200만 명 돌파는 무난하리라 예상된다. 이 영화를 들여다 보면 우여곡절 끝에 간신히 공중파 방송 출연을 하게 된 주인공이 생방송 전 본인의 모습을 감추기 위해 얼떨결에 가면을 쓰게 된다.

그리고 무대 위에 출연하게 된 주인공은 공중파를 타게 되고 이후 주변 사람들의 염려와는 다르게 마스크 속에 감추어진 그 모습이 시청자들에게 궁금증을 유발시키게 되고 또 한편으로는 그의 악성이 인정받게 된다.

예상에 없던 가면 사건으로 우연이지만 그 우연이 우연으로 끝나지 않고 기발한 참신한 아이디어로 뒤바뀌게 되어 일약 스타덤에 오르게 된다는 사실이다.

또 이 영화에 관객들이 환호를 보내는 데는 다른 이유도 있다.

요즈음 세태의 흐름으로 보아 일명 뽕짝으로 통용되는 트롯장르는 과거의 산물로만 여겨지거나 혹 비웃음의 상징이나 천한 허드레 물건처럼 버려져 가는 형국이다. 즉, 뽕짝에 흥을 돋워 노래와 음악에 취해 보았던 과거 많은 이들의 思考(사고)도 이젠 바뀌어 버린 지 오래기에 장윤정 같은 가수도 트롯가요 ‘어머나’가 히트를 하였지만 한때는 몸 둘 바 몰라 혼자 고민을 많이 했다는 후문이 있다. 이처럼 록이나 랩을 선택하든지 차라리 魁星(괴성)처럼 들려 고함에 가까운 그런 음악들을 선호하고 있기에 요즈음 젊은이들의 樂性(악성)을 간파하기란 매우 어려운 현실이기도 하다. 그렇지만 유행에 따르지 않고 선택하게 된 트롯이 주인공의 미래를 밝게 해 주는 원동력이 되고 있다. 그래서 장르에 관계없이 한곳에 꾸준히 매진한 결과를 관객들은 선호하기에 이 영화에 더욱 환호하고 있다.

한 가지 확실한 것은 하나의 목표를 향해 매진하면 그 꿈은 이루어진다는 사실이다.

필자도 <복면달호> 주인공처럼 오직 나의 길을 가련다. 평생 영화와 함께하리라!

-꿈꾸며 사는 다양한 삶 〈1번가의 기적〉-

　우리 삶 속에 땀 흘려 노력하지 않고서는 기적이란 꿈같은 환상은 절대 없다는 사실을 극단적으로 표현한 영화가 <1번가의 기적>이다.

　마치 기적을 꿈꾸듯 어린 꼬마가 날개를 달고 하늘을 날아보고 싶어 하는 장면은 가히 환상적인 초현실주의 영화를 표방하는 듯하면서도 한편으로는 관객들에게 지금 보고 있는 이 장면은 영화 속 장면이오니 그리 알고 이 영화를 꿈속의 장면으로 생각하고 보라는 서술적 예시도 아끼지 않은 차분하게 엮어진 영화다.

　도시 빈민촌 달동네를 배경으로 그린 이 영화는 고달픈 현실 속에서 언젠가는 지금의 울타리를 넘어보려는, 즉 현실의 음지와 양지를 조명해 상대적 위압감에서 살아가는 민초들의 애환을 그리고 있어 관람하는 동안 우울해지는 기분도 들게 하는 수준작이다.

　또 세상사는 선과 악이 동시에 공존하며 법보다 주먹이 우선이라는 현실적이면서도 이율배반적인 모순된 삶도 담겨 있고 그 이면에는 열심히 살다 보면 꿈꾸던 희망도 이루어질 수 있음도 비틀어 시사하고 있다.

　이 영화는 서민들의 아주 소박한 작은 욕망에서부터 힘이 없어 도저히 올라갈 수 없는 정상의 자리까지 언간생심 넘보게 되는 인간들의 과욕에 일침을 가하는 질책성 휴머니즘 드라마이다.

　또 양념처럼 펼쳐지는 액션 장면은 볼거리로 등장한다.

그 장면들을 분석해 보면 어린아이들이나 어른들 모두 힘이 있는 자와 없는 자 간의 뺏고 빼앗기는 약육강식의 자연적인 섭리를 부각시켜 도시 빈민들의 처절한 삶의 모습들을 더욱 애통하게 만들고 있다.

즉, 비애감도 느끼게 하여 인권도 무시된 모순된 사회와 인간의 동물적 본능을 질타하고 있다.

등장인물로는 상큼 발랄한 하지원 양과 항상 코믹하고 밉지 않은 어리바리 독불장군 임창정이 투톱으로 엮어져 펼쳐진다.

여기에 이훈과 강예원이라는 조연급 두 남녀를 등장시켜 진솔한 사랑이야기도 슬쩍 끼워 넣었고 등장하는 조폭물 액션 장면에는 치를 떨게 하는 야비함과 충격도 담겨 있다.

또 사회에 큰 이슈화되었던 안락사 문제와 철거민들의 한(恨)을 담은 상상하기조차 싫은 분신자살 장면 등을 통해 바닥을 살아가는 서민들의 애환도 애절하게 고발하고 있다.

한편으론 어린 아이들 세계까지 확산되어 사회적으로 크게 문제화되어 있는 왕따 장면들을 통해 어른들의 반성을 요구하고 있는 인권운동가가 바로 윤제균 영화감독이다.

이미 <두사부일체>를 통해 검증받은 바 있는 윤 감독은 <1번가의 기적>을 통해 다양한 인간 군상들을 적나라하게 그려내고 있는 휴머니즘을 추구하는 휴머니스트로 그 위치를 다져 가고 있다.

그리고 심각한 사회성 질타를 보여주면서도 관객들의 정신적인 이완을 위해 코믹터치까지 가미해 지루하지 않으면서 웃음도 던져주면서 세상사 모순도 꼬집고 비틀어 비비꼬면서 관객들이 도망갈 수 없도록 스크린최면을 걸어놓고 있다.

이처럼 관객들의 심리를 미리 알고 세밀하게 기획된 영화가 바로 <1번가의 기적>이다.

달동네 위주로 펼쳐지는 이야기들이지만 다양한 삶의 방법을 통해 현대인들에게 고백성사를 유도하고 있다.

결코 지루하지 않은 가슴 찡한 여운을 안겨 주는 영화 대박을 기대해 본다.

-행복 비전 제시 〈행복을 찾아서〉-

평범하면서 무능력한 의료기 세일즈맨으로 등장하는 주인공은 갖은 고난을 겪으면서 홈리스로 전락했다가 다시 재기하여 월스트리트의 정상에 오른다는 내용의 영화 <행복을 찾아서>는 크리스 가드너라는 실지 인물의 다큐 같은 감동적 성공담을 소재로 삼아 화제다.

주인공의 인생 역정 속에는 아들을 향한 뜨거운 사랑까지 담겨 있어 필자의 여린 가슴을 마구 흔들어 놓고 있다.

마치 이 영화는 1948년 세계대전 직후 이태리를 배경으로 그린 거장 빅토리오 데시카 감독의 <자전거 도둑>을 연상케 하는 1980년대 샌프란시스코 배경의 영화이다.

<자전거 도둑>과 유사한 내용은 아니라 하지만 부자간의 정을 확인시켜 주는 로드무비 형식으로 부성애를 잘 보여 주고 있기에 <자전거 도둑>이라는 영화가 거론되는 것이다.

당시 자전거의 가치가 몹시 크게 느껴졌던 시절 경제활동의 큰 도구로 쓰인 자전거를 잃어버려 찾아 헤매고 다니던 주인공 父子(부자)를 그린 <자전거 도둑>은 결국 아빠가 도둑으로 몰려 많은 사람들과 어린 아들 앞에서 망신을 당하게 된다는 가슴 아픈 시대상을 고발했던 영화로 금세기 명화로 정평이 나 있기도 한 네오리얼리즘이라는 영화 장르의 대표 작품이다.

네오리얼리즘이란 있는 그대로의 현실을 직시하듯 영화 속에 그려내면서 그 안에서 또 다른 숨어 있는 참된 인간의 의지와 모순된 사회적인 구도를 고발하게 된다는 영화 장르로 판타지를 주요소로 추구하는 보통 영화들의 환상성과 몽환성 그리고 오락성 등과는 거리감 있는 파격적인 현실 비판적 영화 장르이다.

산업사회로 바뀌어 버린 요즘엔 많은 선진국들이 생겨나 서로 경제대국임을 뽐내고 있다.

이런 가운데 세계 제일의 강국이라 자처하는 미국에서 1980년대를 배경으로 서민들의 애환과 성공담을 그린 네오리얼리즘 형식의 영화를 만들어 많은 관객들로부터 향수를 자아내게 하고 있는 것이다.

이처럼 과거 지난날들의 아픈 추억들을 영화에서 건드리려는 그 이유는 지난 난들의 역경들을 거울삼아 오늘을 좀더 알차게 살아가야 한다는 교훈을 강조하고 있기도 하다.

특히 흑인 슈퍼스타 윌 스미스가 굴지의 투자회사 가드너 리치 앤드 컴퍼니를 설립한 크리스 가드너의 성공 신화를 주제로 한 영화에 주인공으로 나와 <행복을 찾아서>가 빛을 한껏 발하고 있다.

윌 스미스라는 인물은 연기자로서 육중하면서 무게감을 느끼게 하는 고상한 캐릭터가 아닌 가장 서민적이며 연령층에 구애 없이 사랑받고 있는 떠 벌이 캐릭터로 명성이 잘 알려진 연기자이며 지금까지 관객들에게 코믹스런 인물로만 알려진 귀염둥이 연기자였다.

마치 우리나라 젊은이들 사이에서 요즘 인기가 많은 방송인 노홍철 군과 같은 인물로서 그동안 보여주었던 어리바리 떠 벌이 윌 스미스라는 본인의 캐릭터를 뒤로하고 진정한 내면의 연기에 몰입하는 명연기를 선보이고 있어 다재다능한 그의 재주에 또 한 번 관객들은 놀라지 않을 수 없었다.

실화를 바탕으로 아들을 위해 헌신하는 아버지의 눈물겨운 사랑을 연기한 윌 스미스 그에게 진심 어린 찬사를 보내는 바이다.

어떤 역경이라도 견디어 내며 열심히 살아가는 아름다운 삶의 방법과 끝까지 좌절하지 않고 살아가는 7전 8기의 용기와 희망, 즉 새로운 삶의 비전도 제시해 준 영화 <행복을 찾아서>를 극찬하고 싶다.

-콩가루 집안도 구원되면
〈좋지 아니한가〉-

　가족(家族)이라는 단어에 대해 사전적 의미를 알아보면 혼인으로 맺어진 부부나 부모 자식과 같이 혈연으로 이루어지는 구성원을 일컫는 단어이다.

　그러나 필자의 생각은 다르다. 아무리 혈연관계로 맺은 관계지만 한 지붕 한 가족이 아니면 가족이라 말하기 어렵다는 것이 필자의 주장인 현실적 해석임을 알려두고 싶다.

　또한 한 지붕 두 가족을 한 가족처럼 같은 구성원으로 볼 수도 있겠지만 마음과 뜻이 서로 다른 이질적 집단의 결합은 결코 하나의 구성원으로 볼 수 없다.

　반면 한 핏줄이지만 멀리 떨어져 있어 가족 구성원으로서 그 의무나 사명을 다할 수 없는 경우 역시 잠시 가족으로서 자격이 유보된 무늬만 가족이라는 개념도 옳을 듯싶다.

　각각 性이 다른 남남이 만나 가정을 이루고 자식을 낳아 기르고 함께 산다는 것이 힘든 삶이기도 하여 진정 피를 나눈 형제이지만 멀리 떨어져 살면 가족이라 할 수 없고 반대로 피 한 방울 서로 나누지 않았어도 뜨거운 혈연관계 못지않은 정 넘치는 두 이질적인 집단이 하나로 불릴 수도 있다는 뜻이다.

　즉, 뜻과 마음이 하나가 되어 생사고락을 함께할 수 있어야 가족이지 혈연관계를 앞세운 가족에 관한 정의란 이젠 구시대적 발상이 아닌 원론에만 치우친 표리부동(表裏不同)한 논리로 간주하고 싶은 것이다.

자칫 가족이라는 단어에 회의론까지 진행될 수 있는 위험한 발상이 될지 모르겠으나 요즘 너무나 개성이 강한 사회로 변모되어 가고 있어 억지 논리인 줄 알지만 필자는 걱정 아닌 걱정이 앞서 기존 개념적인 가족의 단위를 현실적 상황에 맞추어 사전적 의미를 부정하고 싶은 것이다.

2005년에 500만 명 이상의 관객을 스크린 앞으로 다가오게 하여 극장가를 뜨거운 감성으로 들끓게 한 <말아톤>의 정윤철 감독이 다시 의미 있는 영화 <좋지 아니한가>를 통해 가족이라는 화두로 관객들 앞에 질문을 던지고 있다.

영화 제목부터 심상치 않다.

<좋지 아니한가>, 결론은 좋다는 뜻을 반어법(反語法)처럼 보이는 반복된 부정형으로 강조한 가족 구성원에 대한 의구심을 잘 보여주고 있다.

한편으로는 콩가루나 모래알처럼 쉽게 부서지고 무너질 수 있게 약하게 보이는 집단들이지만 뜻하지 않던 갑작스런 위기 상황에서는 필이 통하게 되는 그래서 어쩔 수 없이 하나의 가족으로 볼 수밖에 없다는 아이러니를 영화를 통해 알려주고 있다.

엉뚱하고 거칠면서 톡톡 튀며 재치 넘치는 코믹 드라마 <좋지 아니한가>에서 정윤철 감독은 요즈음 세태를 마구 꼬집고 비틀고 질책하고 있다.

영화 <좋지 아니한가>에는 무너져 가는 모래성 같은 집단 그리고 콩가루처럼 힘없이 무너질 것 같은 약한 개체들로 이루어진 무늬만 가족처럼 보이지만 위기의 순간에는 하나로 똘똘 뭉쳐 난국을 돌파해 나가게 된다는 지혜도 보여주고 있다.

그래서 더욱 가족의 소중함과 귀중함도 일깨워 주고 있다. 그 진리를 밝혀 주는 라스트 시퀀스가 비록 온 가족이 쫓기며 도망가는 처절한 장면일지라도 그래도 그들이 한 가족으로 다시 구원받을 수 있기를 간절히 소망한다.

그리고 대박을 기원하며 우리 영화 만세를 외쳐본다.

-어둠 속에 빛을! 〈드림걸즈〉-

극단적 생각일지는 모르겠지만 사람들이 모여 사는 지구에는 언제나 상반되는 두 집단이 존재하고 있다.

잘되는 집단과 그렇지 못한 집단으로 나뉘어 있기에 두 집단은 항상 대립구도를 형성하며 서로 상대방을 경멸하며 멸시하고 아귀다툼하며 살아가는 것이 세상사라 할 수 있지 않겠는가?

선진대국이라 자칭하는 미국에서도 흑백 인종 문제만큼은 항상 정부를 압박하고 있는 큰 고민거리 중 하나이다.

이처럼 백인들의 멸시를 받으며 살아가는 미국 내 밑바닥 층이라 불리는 흑인사회 내부 바로 그 안에서 벌어지는 또 다른 아픔을 그려내고 있는 영화 한 편이 바로 <드림걸즈>라는 뮤지컬영화다.

이 영화에서는 같은 색(色)을 띤 집단의 이야기이지만 서로가 대립하며 경쟁하는, 즉 오직 자신들의 안위만을 생각한 채 살아가는 모습들을 그려내고 있어 영화 한 편이 바로 오늘을 살아가는 인간들의 이기적이며 추한 모습들도 담아내고 있다.

2007년 2월 25일에 치른 79회 미국 아카데미 시상식에서도 작품상 후보에서 배제된 것에 대한 여러 의견들이 생길 정도로 큰 관심거리였던 <드림걸즈>는 비록 7개 부분에 후보로 선정되었지만 여우조연상과 음향상 등 2개 부문 수상에 그치고 말았다.

아카데미 시상식은 오래전부터 미국인 우월주위라는, 즉 백인 우월사상을 추구하고 있는 영화제이다. 그러나 <드림걸즈>는 미국의 고민을 솔직하게 털어놓은 영화였기에 아카데미 작품상 후보에 오르기란 여간 힘들지 않았을 것이다. 즉, 미국의 희망과 비전을 제시하거나 세계 으뜸이라는 의미를 담아내지 못한 작품에는 아카데미는 거리를 두고 있다는 증거이다.

그러나 이 영화는 그 어떤 영화들보다 훨씬 값진 작품으로 평가받고 있는, 즉 약자들의 편에 서서 그들의 애환과 아픔을 노래하며 또 한편으로는 그들의 아픈 부위를 감싸 주는 솔직 담백한 실화를 바탕으로 한 예술성 짙은 따뜻한 영화이다.

이처럼 영화 <드림걸즈>는 오늘의 현실인 이런 사회상을 한눈에 알아볼 수 있도록 흥미 있는 뮤지컬로 만들어 미국이 가지고 있는 큰 고민거리인 그들만의 상처를 치유하려 하고 있다.

한편 사람의 능력은 무한한 것으로 노력한 자는 반드시 노력의 대가만큼 값진 행복을 추구하게 되며 게으르고 계획 없이 지내는 집단이나 개인은 항상 남의 눈치나 살펴 가며 살아가야 하는 비참한 부류에 속하게 된다는 교훈도 함께 던져 주는 메시지 강한 설파용 영화이기도 하다.

또 자기들끼리 내분으로 인해 발생된 불미스런 사실들도 마치 사회의 악습이나 편견으로 인해 일어난 사회의 모순성을 핑계로 스스로의 잘못들을 감추려 하고 있다.

한편으로는 절대 백인들을 능가하여 앞설 수 없음도 은근히 시사하고 있으며 또 한편으로는 스스로 자책하게 된다는 반성의 의미도 제시해 주고 있다.

즉, 흑인들만의 또 다른 처절한 아픔을 영화 속에 담아내고 있다.

가장 큰 적은 바로 가까운 내부에 있다는 말이 있듯이 흑백논리를 따지기 앞서 아등바등 거리며 살아가는 그들 집단 내에서의 갈등이 더욱 처절하게 느껴지기도 한 영화이다.

그런데 진정 이 영화의 각본과 감독을 맡은 빌 콘돈 감독은 뮤지컬영화의 달인으로 백인이지만 흑인들이 처한 삶을 잘 분석하고 고민들을 뽑아 내 앞장서 대변해 주고 있는 휴머니즘 넘치는 감독이다.

－ 거침없이 세상을 향해 〈쏜다〉－

우리 영화의 발전을 한눈에 알아보게 한 영화가 감우성, 김수로 주연의 <쏜다>이다.

이 영화의 본질을 살펴보면 흥미를 유발시키기 위해 액션영화 과정을 거치면서도 분명한 것은 세상을 풍자하기 위한 코믹장르를 차용한 영화이다.

한편 가슴 찡하게 울리는 휴머니즘도 담아내고 있고 남자 두 사람이 엮어 가는 버디무비 형식을 통해 필자의 가슴속 어딘가에 잠자고 있던 그 어느 곳을 건드려 불끈 혈압을 올려놓고 있다.

그건 바로 영화가 끝나도 객석에서 일어나지 못하게 하는 마력이라 할 수 있다. 물론 100점짜리 영화라는 사실은 아니지만 이 영화는 지난 선배 영화들도 거침없이 모방한 용기도 보여주고 있다.

1969년에 뉴아메리칸시네마의 한 편으로 불리는 조지 로이 힐 감독의 <Butch Cassidy And Sundance Kid>(내일을 향해 쏴라)에서 잊지 못할 명장면이 바로 라스트신이었는데 그 영화와 흡사하리만큼 액션이 거의 같은 분위기이다.

두 주인공인 로버트 레드포드와 폴 뉴먼이 총알이 쏟아지는 적진으로 몸을 던지면서 스톱모션으로 정지되었던 장면을 아마 많은 영화 마니아들은 기억할 것이다.

그 영화처럼 <쏜다>의 마지막 장면도 죽음의 총알 밭으로 뛰어드는 모습에서 스톱모션이 걸리는가 하면 페미니즘의 진수를 보여준 1991년 미국 아카데미를 비롯하여 세계 영화사에 한 획을 그은 바 있는 리들리 스콧 감독의 <Thelma & Louise>(델마와 루이스)의 라스트신에서 "가자!"라고 외쳐대며 두 여인은 경찰의 포위망을 뒤로한 채 두 손을 곡 잡고 낭떠러지를 향해 자동차의 페달을 깊숙이 밟는다.

이처럼 두 여성이 모순된 사회를 향해 목숨을 던지며 외쳐대듯 <쏜다>에서도 그 맥을 같이하고 있다.

그러나 이것을 두고 모방이라고 말하지는 않는다. 비록 영화적 형식은 모방을 했다 하지만 그 안에 담긴 극적 구성이나 이야기 전개 형식은 차별화되어 이 영화를 보고 표절했다는 시비는 없을 것이다. 바로 정의사회 구현이라는 허울 좋은 글귀나 말들은 현실과는 괴리감이 있기에 <쏜다>라는 이 한 편의 영화로 세상을 질타하고 있다.

또 모순성을 풍자하는, 즉 악법도 법이라고 하는 조금은 문제성 있는 문구가 진리이기에 그래서 세상을 향해 총구를 겨냥한다는 의지를 표현하고 있다.

분명 우리 모두가 알아두어야 할 것은 이 사회에 기본은 효와 사랑이 가장 근본임을 알아야 한다는 의지를 영화로 표현했다는 사실이다.

즉, 부모와 자식 그리고 부부 사이에 이루어진 가족이라는 공동체적 사랑이 세상사 가장 기본이 되는 집단이며 행위라는 사실도 거역해서는 안 된다는 것이다.

바로 그 가족 단위에서 인성이 키워지고 다듬어지며 그 후 성숙된 인격이 곧 사회로 연결된다고 하는 큰 교훈까지 일러 주고 심어 주는 철학적이며 사회성 강한 메시지를 전파하는 영화이다.

우연히 만난 두 남자가 하루아침에 세상으로부터 쫓기는 신세가 되는, 즉 자신들이 선택한 인생항로는 가족에서 떨어져 나와 그만 복잡한 도시 한복판을 질주하게 되고 만다. 그리고 둘은 영원한 자유를 향해 돌진한다는 사회의 악습과 모순들도 함께 질타한 그래서 거침없이 세상을 향해 쏜다.

[저자약력]

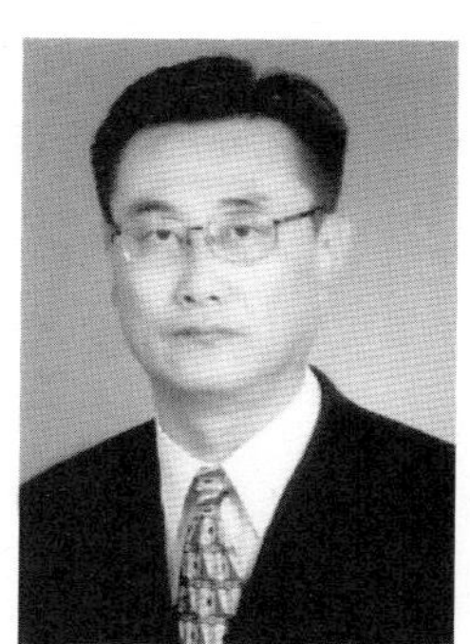

□ **학 력**

   o 광주 서중·일고 졸업
   o 중앙대학교 예술대학 연극영화학과 졸업
   o 호남대학교 정보산업대학원 예술디자인학과
      연극영상전공(영화전공) 졸업

□ **작품 경력**

   o 1974년-극영화 조감독활동-최하원 감독 〈소〉 외 다수
   o 1974년-영화사 감독활동 / 광고영화, 기록영화, 기업홍보영화, EBS
      교재용 영화감독
   o 1979년-국군홍보관리소 / '배달의 기수' 감독
   o 1983년-서울시청 / 시정 홍보영화 감독-'84 우리의 서울 外
   o 1984년-현대그룹 / 사내CATV방송국 프로듀서-일일뉴스방송 및
      다큐, 홍보물 제작
   o 1987년-2000년/극영화사 '유영필림' 운영=극영화 제작 및 수입, 배급

□ **근무 경력**

   o 1974년-한국영화인협회 감독분과위원회 감독 WORK SHOP 제1기
   o 1979년-국군영화제작소(현, 국군 홍보원) 감독-군 홍보영화 감독
   o 1983년-서울시청 공보관(별정 5급)-시정 홍보영화 연출
   o 1984년-현대그룹 / HBS-TV방송국 창설 프로듀서 활동
   o 1987년-유영필림(주) 운영-한국영화 제작 및 외국영화 수입, 배급

□ 강의 경력
  ○ 백제예술대학 방송연예학과 호남대 다매체영상학과 출강
     조선대학교 사회교육원 및 IRP(산학연계)과정 겸임교수
  ○ 現 / 청주대 연극영화학과 출강
  ○ 現 / 동신대 연기영상학과 겸임교수

□ 활동 경력
  ○ 2001년–2003년 / (사)광주국제영상축제위원회 이사
     2002년–2004년 / 광주국제영화제 집행위원회 부위원장
     2005년– / 집행위원
  ○ 2003년– / 광주영상위원회 설립 추진위원장
     2005년 4월–現 / 광주영상위원회 상임부운영위원장
  ○ 2007년 2월 現 / 사)맥지청소년사회교육원 부설 광주청소년영상미디
     어센터장

□ 논 문
  ○ 북한영화의 실상과 특징분석 外

□ 방송 및 칼럼니스트 활동 경력
  ○ 2002년–2005년 광주매일–"박형균의 영화이야기"연재
  ○ 2002년–2005년 목포KBS 박형균의 시네마데이트 생방송
  ○ 2002년–2007년 現 / 목포KBS 박형균의 영화이야기 칼럼 연재 중
  ○ 2006년–2007년 / 남도일보–"박형균의 씨네24시"연재

지역 영상문화산업 발전을 위한 박형균의 영화읽기

• 초판 인쇄   2007년 12월 15일
• 초판 발행   2007년 12월 15일

• 지 은 이   박형균
• 펴 낸 이   채종준
• 펴 낸 곳   한국학술정보㈜
              경기도 파주시 교하읍 문발리 513-5
              파주출판문화정보산업단지
              전화   031) 908-3181(대표) · 팩스   031) 908-3189
              홈페이지 http://www.kstudy.com
              e-mail(출판사업팀사업부) publish@kstudy.com
• 등   록   제일산-115호(2000. 6. 19)
• 가   격   55,000원

ISBN   978-89-534-7965-4 93070 (Paper Book)
        978-89-534-7966-1 98070 (e-Book)